（第十四版）
FOURTEENTH EDITION

管理学
MANAGEMENT
A GLOBAL, INNOVATIVE AND ENTREPRENEURIAL PERSPECTIVE
——全球化、创新与创业视角

海因茨·韦里克
Heinz Weihrich
[美] 马克·V·坎尼斯/著
Mark V. Cannice
哈罗德·孔茨
Harold Koontz
马春光/译

经济科学出版社
Economic Science Press

图书在版编目（CIP）数据

管理学：全球化、创新与创业视角：第 14 版/
[美] 海因茨著；马春光译. —北京：经济科学
出版社，2015.7（2019.3 重印）
ISBN 978 – 7 – 5141 – 5928 – 8

Ⅰ. ①管… Ⅱ. ①海…②马… Ⅲ. ①管理学
Ⅳ. ①C93

中国版本图书馆 CIP 数据核字（2015）第 169327 号

责任编辑：王　丹
责任校对：徐领柱
责任印制：邱　天

管理学——全球化、创新与创业视角
（第十四版）

海因茨·韦里克

Heinz Weihrich

[美] 马克·V·坎尼斯/著

Mark V. Cannice

哈罗德·孔茨

Harold Koontz

马春光/译

经济科学出版社出版、发行　新华书店经销
社址：北京市海淀区阜成路甲 28 号　邮编：100142
总编部电话：010 – 88191217　发行部电话：010 – 88191522
网址：www.esp.com.cn
电子邮件：esp@ esp.com.cn
天猫网店：经济科学出版社旗舰店
网址：http://jjkxcbs.tmall.com
固安华明印业有限公司印装
787×1092　16 开　37.75 印张　780000 字
2015 年 8 月第 1 版　2019 年 3 月第 3 次印刷
ISBN 978 – 7 – 5141 – 5928 – 8　定价：68.00 元
（图书出现印装问题，本社负责调换。电话：010 – 88191510）
（版权所有　侵权必究　举报电话：010 – 88191586
电子邮箱：dbts@ esp.com.cn）

作者简介

海因茨·韦里克（Heinz Weihrich）是旧金山大学全球管理和行为科学退休教授。他在加利福尼亚州大学洛杉矶分校（UCLA）获得博士学位，并荣获秘鲁圣玛丁大学名誉博士学位，分别在加利福尼亚州大学伯克利分校、哈佛商学院和韩国高级科技学院（KAIST）商学院做过访问学者。他的研究领域包括管理、国际管理和行为科学。韦里克教授先后在亚利桑那州立大学、加利福尼亚州大学洛杉矶分校以及在奥地利、中国（北京和上海）、埃及、法国、德国、中国香港、牙买加、科威特、马来西亚、墨西哥、新加坡、韩国、瑞士、中国台湾和泰国等国家及地区任教。同时，他还是瑞士苏黎世管理研究生院和中国上海中欧国际工商学院（CEIBS）的教授。此外，他还是北京大学、上海华东科技大学（ECUST）和德国路德维希港应用科学大学的兼职教授。

韦里克教授出版了包括各个不同版本和译文版在内的90多本书籍，是经典之作《管理学——全球化视角》（已故的哈罗德·孔茨和西里尔·奥多奈尔为此书的合作著者，目前已经翻译成了不同版本的16国文字）、《管理学——全球化与创业视角》和《管理学精要》（同样译成了不同版本）的合作著者。多年来，《管理学》一直是世界市场上的畅销书，其西班牙语版本在过去25年中一直位居最畅销书榜首。他的另一本专门探讨目标驱动和成功导向管理系统、名为《管理卓越：通过目标管理提高生产率》的专著，已经被翻译成了中文、德文、希腊文、意大利文、日文和西班牙文。韦里克教授在美国和海外以多种语言在各类期刊上发表了140多篇论文，这些期刊包括《人力资源计划》、《系统管理期刊》、《国际管理评论》、《长期规划》、《行政学院管理》和《欧洲商业评论》（他的其中一篇《用TOWS矩阵分析德国竞争优劣势——波特模型的选择方案》论文于1999年被评选为当年最佳论文奖）。他目前的研究领域包括如何提高企业和国家的全球竞争力、战略管理、管理卓越和职业生涯战略。

除了从事学术研究外，韦里克博士在美国、欧洲、非洲和亚洲各国积极参与了管理咨询和高层管理人员以及组织发展工作。他所从事的管理咨询、企业管理以及教学工作涉及许多公司，包括伊斯曼—柯达公司、大众汽车公司、通用汽车公司（英国）、休斯飞机制造公司、ABB（瑞士）、德国梅赛德斯—奔驰汽车公司、中国华润（集团）有限公司、广东企业（中国）以及马来西亚企业研究院（马来西亚）。他多次在美国、欧洲、亚洲、墨西哥和秘鲁等地进行管理学术演讲。此外，他还被推选为国际管理学院院士，这是国际管理学界所授予的最高荣誉。韦里克博士被列入以下名人录：《国际企业家名人录》、《成功人士录》、《国际人物传记词典》、《国际成功人士录》、《加州名人录》、《美国教育名人录》、《西方侯爵名人录》、《美国名人录》、《世界名人录》和《世界五千名人录》。有关他的更多传记信息刊登在他的互联网网页上：www.usfca.edu/facstaff/weihrichh/。

作者简介

马克·V·坎尼斯（Mark V. Cannice）博士是旧金山大学管理学院创业和创新学教授、系主任，旧金山大学创业项目（为全美领先的创业学项目之一）的创始人。他被旧金山大学管理学院誉为杰出的研究、教学、服务、学生代言人和支持者代表。坎尼斯博士还创办了旧金山大学"国际企业规划竞赛"和香港科技大学"国际企业规划竞赛"，这两项赛事在全世界毕业生创业项目中享有盛名。坎尼斯教授是发行量很大的季刊《硅谷风险资本家信心指数报告》的撰稿人，该刊物由ProQuest数据库出版，经彭博财经服务网（彭博股票代号：USFSVVCI）在全球125个国家转载，并被《经济学家》、《华尔街日报》、《纽约时报》、《商业周刊》、消费者新闻与商业频道（CNBC）、全国公共广播网（National Public Radio）以及许多其他媒体广泛引用。此外，他还创办了一个类似的、有关中国风险资本产业的季刊，即《中国风险资本家信心指数报告》（彭博股票代号为：CVCCI）。坎尼斯教授在许多核心学术和专业期刊上发表了他的研究成果，这些刊物包括《管理国际周刊》、《高科技管理研究专刊》、《风险资本：创业融资国际专刊》、《小企业和企业家精神》以及《企业家杂志》等。坎尼斯教授还是《管理学——全球化与创业视角》教材的合作作者，该书由麦格劳—希尔教育出版公司用四种语言出版，在全球发行。坎尼斯博士给许多亚洲、非洲、欧洲和拉丁美洲政府部门和大学进行过创业教育咨询和授课，还分别在中国的两所顶级大学，即香港科技大学

（2006年）和北京大学（2005年）做过访问副教授。他还组建了自己的国际贸易公司——太平洋商业开发公司。他曾在美国海军服役九年，任海军航空兵飞行员，曾荣升为统辖太平洋地区军事巡航任务、掌管12名飞行员的指挥官，后被晋聘为美国海军预备役部队指挥官。他在美国海军学院（安纳波利斯）获得学士学位，在旧金山大学获得工商管理硕士（MBA）学位，在印第安纳大学凯利商学院获得工学硕士和博士学位。

已故的哈罗德·孔茨（Harold Koontz）担任过企业和政府的高级管理人员、大学教授、公司董事长和董事、管理顾问，曾多次为世界各地的高层管理人员举办管理学讲座，同时他还是许多专著和论文的作者。从1950年起，孔茨任加利福尼亚大学洛杉矶分校的管理学教授；从1962年开始担任该校的米德·约翰逊管理学讲座教授；1978～1982年间，担任国际管理科学院院长。他独自完成和合著了19本书及90多篇论文，其中包括本书，当时书名为《管理学原理》。他的《董事会和有效管理》一书于1968年获"管理科学院图书奖"。获耶鲁大学博士学位后，孔茨博士曾先后担任纽黑文铁路管理委员会的助理、战时生产委员会运输部主任、美国铁路联合会副会长助理，跨世界航空公司总裁助理和康佛尔公司销售部经理。他还在许多公司担任过管理顾问，包括休斯车床制造公司、休斯飞机制造公司、普里克斯公司、荷兰KLM皇家航空公司、大都会人寿保险公司、西方石油公司和通用电话公司。孔茨教授曾获以下殊荣：当选为美国管理科学院和国际管理科学院院士；并担任一届管理科学院院长；1962年获米德·约翰逊奖；1974年获管理发展协会的泰勒·凯奖。此外，他被收入《美国名人录》、《金融和产业界名人录》和《世界名人录》。他于1984年逝世。

纪念已故的哈罗德·孔茨这位管理教育的先驱者。他按照当今流行教科书中普遍使用的、管理职能框架把管理知识有机地组合起来，使人们"走出了管理理论丛林"。

献给

    我的妻子厄休拉

海因茨·韦里克

献给

    我的家庭

马克·V·坎尼斯

序　言

　　该书主要针对那些从事令人兴奋而富有挑战性、颇有价值的管理工作的读者们。

　　多年来，本书以前的各个版本已经成为全球畅销书，其中，拉美版本已在最近 10 多年中成为说西班牙语国家的畅销书。本书早在其流行之前就以其国际化特色著称，此次第 14 版本不仅保持了这一特色，而且增加了许多与 21 世纪相关的新信息，包括非常重要的创业和创新专题。创业和创新理念将贯穿于整个全书。

　　正如本书书名《管理学——全球化、创新与创业视角》所示，本书全书渗透着国际化的管理观点。同时，我们认识到，正是企业家的创业精神和创新能力导致组织和个人的成功。通过在许多国家的研究、旅行和讲学，我们从学生、管理者以及教授身上获取并倾听了他们面临的挑战，这些阅读本书的人员对此书给予了反馈，目前这本书已经翻译成了 16 国文字。管理的国际化视角之所以吸引人，是因为人们认识到，国别壁垒正在摇摇欲坠，公司和人员之间正在结成新的联盟。如同先前的版本一样，作者在本版中总结了人们的管理经验，力求理论联系实际。结合我们与硅谷创新和创业生态系统中许多领导者共同合作的经验，我们将竭尽全力在本书中将其他管理教科书中没有涉及的创新与创业理念引入管理实践之中。除了讨论美国的管理事务之外，对欧盟和亚洲也给予了关注，而这些地区是其他管理学教材常常忽略的。

谁将从本书中获益

凡是在社会组织中工作的人都会从当代管理知识的学习中获益。这些人包括：有朝一日参加工作的在校大学生；雄心勃勃并努力使自己工作更有成效的管理人员；其他想要增进对自己所工作的组织了解的各类专业人士，以及那些需要学习如何规划新企业并与投资者沟通其竞争优势的创业者们。本书针对的是所有在社会组织中工作的人，并非仅仅是企业管理人员，因而也同样适用于诸如政府机构、保健中心、教育机构以及其他非营利性的事业单位等非企业机构工作的人员。

管理职能对于基层、中层以及高层管理人员来说，基本上都是相同的。尽管各级管理人员在环境、职权范围和面对的问题等方面可能存在着不少差异，但他们在完成任务等方面所承担的基本职能却是相同的，他们都要为以群体形式在一起工作的成员们创造一个环境，使他们能既有效益又有效率地工作。

本书的结构

如本书以往的各版本一样，管理知识是按照计划、组织、人员、领导和控制五种职能划分的。全书通篇采用的系统模式把这五种职能有机地形成一个完整的系统，同时又把企业和外部环境结合在一起。随着国际化进程的发展和互联网的应用，企业外部环境更具挑战性，本书所提出的开放系统观点现在比以往更为重要。

本书第 1 篇包括全球化管理的理论和实践基础，并引出作为本书框架的系统模式。为阐述本书视角，第 1 篇包括了管理、管理与外部环境、社会责任和企业伦理道德三章内容。此外，为突出国际导向性，第 1 篇还包括有关全球化管理、比较管理和质量管理方面的内容。第 2 至 6 篇则重点讨论计划、组织、人员、领导和控制的管理职能，有关每种职能的基本原则和指导方针在本书最后的附录 A 中进行了总结。

本书每篇的结尾部分都强调了管理的创新与创业理念和国际化视角。特别值得一提的是，第 1 至 6 篇的结束语部分都有一个强调国际化和创业理念的聚焦片段，专门讨论一些诸如作为新兴经济力量代表的中国以及硅谷创业家环境等重要问题。为阐述汽车公司间的全球化竞争，每篇的结束语部分各包含一个全球轿车产业案例。同时，为了帮助新创业者，我们附加了一个符合硅谷创业人员风格的企业规划大纲。

本版本的修订工作

本版本保留了多年来广泛受到人们好评的内容，同时又增加了很多新的内容。例如，这一版是以先前数版的深度和广度以及事例和案例的应用这样一些显著优点为基础的。与此同时，还增加了许多现代观点、方法和特点，特别是那些同亚洲管理视角相关的内容。尽管此前的两个版本都强调了创业视角，但是我们还是在本版本中增添了大量的管理创新案例，对创新这一专题进行了详尽的讨论。鉴于管理创新会明显地增强企业的竞争优势，我们在新版本中对此给予了特别和全面的关注。有关创业理念的讨论和应用不仅贯穿于全书，而且也会得到进一步强化。

本版本的修改工作得益于三个方面的重要影响：一方面是来自美国和海外的教师、学者和学生反馈的宝贵信息，他们在各类大学和企业、在不同层次的大学课程和管理业务培训中使用了本书过去的各个版本；另一个重要影响来自大量的研究工作、新概念和先进技术的出现，特别是行为科学、社会科学和自然科学以及信息技术在管理学方面的应用；对新版本的最后一个影响来自创新管理人员、创业家、风险资本家以及他们的委托代理人，他们慷慨地与读者分享了他们的经验。

本书的重点放在以扎实的理论为基础的管理实践上。虽然在此不能阐述所有的修改内容，但对某些方面的修订工作需要特别指出。全书每章都对管理的国际化和创业视角内容进行了更新，包括新的与颇具影响力的企业家、风险资本家、企业高层管理人员以及硅谷律师的访谈内容，以便于对创业管理原则有更深入的了解。全书通篇以案例和专题的方式涉及了大量有关中国和印度管理环境方面的内容。此外，本书增加了一些诸如蓝海战略、平衡计分卡和启发式决策等新的、涉及管理职能应用的理论内容。为了更深入理解管理系统方法的效能，本书补充了有关价值链概念与管理系统方法整合的内容。

第1篇（第1至3章）讨论了全球金融危机和各国独立发展能源策略态势下的管理以及中国和欧盟的案例。第2篇（第4至6章）涉及了印度管理的案例以及大量的有关硅谷地区访谈和评述内容。第3篇（第7至10章）涉及了与组织相关的各种问题，集中探讨了诸如通用电气公司实施的"无边界"组织结构以及通过知识产权管理获取竞争优势的新颖观点。

第4篇（第11至13章）探讨了人员问题，根据《财富》杂志的研究成果，提出了适合员工工作的"最佳公司"以及"最受赞扬公司"，讨论了印度和硅谷地区的人力资源管理。第5篇（第14至17章）涉及了管理的领导职能，重点探讨了塔塔公司和硅谷以及对公司沟通方式的影响。第6篇（第18至20章）涉及管理的控制职能，包括有关运营效率和效益的新观点以及平衡计分卡和价值链活动的新的理论内容。

本版本最后有两个附录，其中附录A中涉及有关计划、组织、人员、领导和控制管理职能的主要原则或方针指南，以便于学生和管理人员随时核查企业中出现的问题是否违反了管理的原则；附录B则内容更为具体，明确了那些事关管理人员和企业成功的关键事项。《管理卓越调查表》可以用于管理和组织发展。提供这两个附录的目的在于有助于使用者更好地理论联系实际。

学习辅助手段

为了便于读者学习，本书各章都采用了以下格式，即每章开头都列出了学习目标，读者通过阅读整章内容后可以完成这些目标。版面空白处的小段落文字为各章的要点，以便于回顾关键的概念。同时，空白处还标明了相关的"互联网网站"，使读者能在网上检索与该章讨论有关的组织或专题。文中插入的"国际化、创新与创业视角"具体阐明了探讨中的概念、原则以及理论。每章末尾都附有"本章小结"以及"主要概念回顾"。为使这些概念能与"现实"世界相结合，每章末尾都附有"练习和具体步骤"。鼓励读者使用"万维网"在网上检索。每章结尾都有一个案例，并附有相关的讨论题。

与许多其他管理学教材不同的是，本书在所有六篇的结尾部分都安排了一段结束语，内容包括一个富有挑战性专题的"全球聚焦"讨论、有关当前创业问题的讨论，以及一个"全球轿车产业案例"。这些结束语部分涵盖的内容以及全书通篇涉及的国际管理问题的讨论，使本书名副其实地成为管理理论与实践的全球化视角。

跟随作者学习

欢迎教学人员和学生运用微博推特（Twitter）工具跟随作者，将其现实看法和研究成果带到课堂，以便于定期跟踪当今世界新近发生的事件。同时，作者针对与当前热点问题相关的管理做法所提出的讨论题，可以用来引发课堂辩论各种管理问题。此外，作者最新的研究成果和观点，将有助于世界各地的教学人员和学生深入了解硅谷和旧金山湾区独特的管理和创业问题以及各种机会。人们可以登录微博推特（Twitter），注册账号后点击"韦里克、坎尼斯、孔茨著《管理学》"留言簿。

致谢

凡是认识哈罗德·孔茨（Harold Koontz）博士（已故）的人至今都很怀念他。在管理科学院的一次纪念会上，罗纳德·格林伍德（Ronald Greenwood）教授说，哈罗德·孔茨是走在时代前面的人。确实如此，在孔茨的鼓励和指导下，按照管理职能对管理知识分类的方法得以推广，并已经成为在世界各地广为使用的一种理论框架。孔茨博士为管理学所做的贡献倾注在其发表的许多论文和专著中，这些专著至今仍在不断地更新，人们会永远怀念他。

在本书过去的各种版本中，孔茨教授和我们得到这么多人的帮助，倘若向他们一一致谢，那么致谢名单就会成为一本百科全书了。因此对许多学者、作家和管理人员，我们以在本书注释中提名的方式，向他们表示我们的谢意。曾经与我们一同在企业、政府、教育部门和其他企事业单位共事的管理人员向我们提供了建议或事例。承蒙各国各类企事业单位的数以千计管理人员的关照，多年来我们获许在高级管理人员培训班和讲座中检验我们的观点。特别应当提及的是，世界各地的高级管理人员慷慨地让我们分享他们的国际经验，使我们获益匪浅。例如，瑞士、科威特、马来西亚、泰国、中国和中国香港地区的高级管理人员培训班上的管理人员使我们有机会了解他们的文化和管理实践，尤其是中国上海的中欧国际工商学院（CEIBS）、北京大学、香港科技大学以及泰国曼谷的朱拉隆功大学（Chulalongkorn University）培训班上的学员和高级管理人员，就他们所在国家的管理实践发表了许多真知灼见，令人钦佩。另外，对那些我们曾有幸担任董事、顾问或教师的许多其他公司的高级管理人员，我们表示特别的感谢，感谢他们提供的机会，使我们能够亲临管理实践。

很多同事、学者、管理人员和学生都为本书提供了宝贵的意见和建议，在这里要特别感谢已故的亚利桑那州立大学的基思·戴维斯（Keith Davis）教授。在加利福尼亚大学洛杉矶分校任教的韦里克的良师之一，乔治·S·

斯坦纳（George S. Steiner）教授在很大程度上激发了他在战略规划方面开发TOWS矩阵（TOWS Matrix）的兴趣。彼得·F·德鲁克（Peter F. Drucker）教授、乔治·S·奥迪奥恩（George S. Odiorne）教授和吉恩·塞纳（Gene Seyna）教授的教诲使他更深刻地理解了目标导向管理系统和管理生产率思想，为此，韦里克曾把《卓越的管理：通过目标管理提高生产率》一书献给他们，以示谢意。在此前的版本中，对那些在许多重要方面做出贡献的人们表示了特别的感谢，尽管在这里没有提及他们的姓名，然而他们对本版本做出的重要贡献是不言而喻的。我们感谢众多的企业高层管理人员、风险资本家、企业家以及律师，他们慷慨提供的真知灼见使本书成为读者不可多得的良师益友。

我们对使用非常畅销的《管理学：全球化、创新与创业视角》西班牙语版本和对此版本做出贡献的人们以及参与该教材先前版本出版的麦格劳-希尔教育（南美洲）出版公司的员工们表示感谢。正是由于他们的无私贡献使得该版本成为西班牙语国家和地区的畅销书。

对此次第十四版本，我们感谢麦格劳-希尔教育（印度）出版公司的所有员工的关注和所做出的贡献。

最后，我们愿把本书献给我们的妻子厄休拉和盖伊，对她们的一贯支持表示衷心感谢！

海因茨·韦里克

马克·V·坎尼斯

插图名单

第1章

图1-1　各级管理人员履行管理职能所需时间　6
图1-2　技能与管理层次　6
图1-3　管理方法　22
图1-4　管理过程或运筹法　24
图1-5　投入—产出模型　25
图1-6　管理的系统方法　27

第2章

图2-1　组织与外部环境　42

第3章

图3-1　国际企业的经营方式　69
图3-2　鲍德里奇国家质量奖标准框架：动态关系　91
图3-3　欧洲质量管理基金会的企业优质模式　93
图C1-1　中国竞争态势TOWS矩阵　103

第4章

图4-1　计划与控制的紧密关系　112
图4-2　制订计划的步骤　118
图4-3　目标体系与组织层次之间的关系　122
图4-4　目标管理的系统方法　127

第5章

图5-1　战略计划过程模型　136

图 5-2	战略制定的 TOWS 矩阵	141
图 5-3	TOWS 矩阵的动态性	143
图 5-4	企业组合矩阵	145

第 6 章

图 6-1	选择备选行动方案的基础	165
图 6-2	组织中的问题和决策的性质	168
图 C2-1	TOWS 矩阵——一个概念模型	181
图 C2-2	印度 TOWS 矩阵	182
图 C2-3	克莱斯勒公司合并前的 TOWS 矩阵	192
图 C2-4	戴姆勒—奔驰公司合并前的 TOWS 矩阵	192
图 C2-5	戴姆勒—克莱斯勒公司合并后的 TOWS 矩阵	194

第 7 章

图 7-1	正式和非正式组织	203
图 7-2	窄幅度和宽幅度组织结构	205
图 7-3	过程管理	213
图 7-4	组织过程	215

第 8 章

图 8-1	按职能划分部门（制造业公司）	223
图 8-2	按地区或地域划分部门（制造业公司）	225
图 8-3	按顾客划分部门（大型银行）	226
图 8-4	按产品划分部门（制造业企业）	227
图 8-5	矩阵组织（工程类企业）	229
图 8-6	典型的战略经营单位组织（大型化学工业公司）	230

第 9 章

| 图 9-1 | 集权和分权倾向 | 244 |

第 10 章

| 图 10-1 | 正式和非正式或资讯组织 | 259 |

第 11 章

图 11-1	人员管理的系统方法	282
图 11-2	管理人才库示意	284
图 11-3	基于企业内部管理人员供求情况的人员行动方案	285

图 11-4　选拔的系统方式　292

第 12 章

图 12-1　考评过程　314
图 12-2　职业生涯战略的制定　324

第 13 章

图 13-1　管理人员培养过程和管理人员培训　335
图 13-2　培训要求分析　336
图 13-3　组织的动态平衡　345
图 13-4　组织发展过程模式　348

第 14 章

图 14-1　马斯洛的需要层次理论　376
图 14-2　马斯洛和赫茨伯格激励理论的比较　378
图 14-3　波特和劳勒的激励模式　380
图 14-4　公平理论　382
图 14-5　确定激励目标　382

第 15 章

图 15-1　三种领导风格下的影响流程　403
图 15-2　管理方格图　405
图 15-3　管理人员—非管理人员行为连续统一体　407
图 15-4　菲德勒的领导模式　411
图 15-5　领导有效性的途径—目标方法　413

第 16 章

图 16-1　随着委员会规模的增大，关系复杂性也在加大　428
图 16-2　哪一条对照线与标准线长度相同？　431

第 17 章

图 17-1　沟通的目的和作用　441
图 17-2　沟通过程模式　442
图 17-3　组织中的信息流向　446

第 18 章

图 18-1　管理控制的反馈回路　483

图 18-2　简单反馈系统和前馈系统的比较　　486
图 18-3　库存前馈控制的投入系统　　487

第 19 章

图 19-1　从甘特图到计划评审法的演变　　503
图 19-2　计划评审法流程　　505
图 19-3　电子商务矩阵　　518

第 20 章

图 20-1　经营管理系统　　531
图 20-2　库存控制模型　　536
图 20-3　一家计算机制造企业的价值链经营活动和管理行动示意　　545
图 C6-1　全球化未来管理矩阵　　554
图 C6-2　分项和筹措资金以获取快速增长和流动示意　　557

表格名单

第1章
表 1-1　管理思想的出现　13

第2章
表 2-1　企业参与社会活动的利弊争论　49
表 2-2　道德和非道德使用权力　58

第3章
表 3-1　国内企业和国际企业管理　68
表 3-2　五种行为维度　78

第4章
表 4-1　可考核与不可考核的目标举例　124
表 4-2　管理人员的目标检验　125

第7章
表 7-1　影响管理幅度的因素　206

第9章
表 9-1　分权的优势和局限性　247

第10章
表 10-1　组织文化和管理做法描述　262
表 C3-1　企业实体比较　271
表 C3-2　知识产权一览表　273

第11章

表 11-1	有关同等就业机会的主要的美国联邦法律	287

第12章

表 12-1	按管理人员考评管理人员的要点问题样本	318

第19章

表 19-1	将平衡计分卡方法用于分解战略目标的范例	507

第20章

表 20-1	经营系统范例	532
表 20-2	大规模生产与精细生产管理的做法	542

视角名单

全球化视角

哪些是2008年全球金融危机态势下管理最好的公司?	7
《亚洲商业周刊》排名榜上的前50家公司	9
彼得·德鲁克的智慧	16
在经济危机时代公司如何提供服务?	42
印度博帕尔工厂	45
苹果+富士康=中国的"i"系列产品工厂	47
Infosys信息系统技术有限公司的社会反应	49
硅谷及世界各地的慈善事业在拓展	50
针对印度富人的哈雷戴维森摩托车公司	52
公司丑闻与公司治理	53
在朝着全球化伦理理念发展?	54
政府服务的伦理道德规范	55
不同国家广告规定差异真相	59
谁将引领成本—效益型轿车的开发	70
与威普罗(Wipro)公司类似的印度公司所面临的跨国公司挑战和机遇	72
泰国的竞争优势:皮卡汽车	76
是否存在欧洲管理模式?	80
日本工人快乐吗?	81
中国企业的全球化	83
中国和印度的比较	85
中国是否失去了竞争优势?	86
通用公司(GM)在印度的扩张	87
比尔·福特的全球政策决定	115
外部强加的程序和规则	116
印度汽车制造公司缓解环境压力选择方案的评估	119
致力于全球知名度、以价值和政策取向的韩国三星公司	135

塔塔（集团）公司的总体战略	146
决策、决策、决策	159
人与机器决策：谁能赢？	161
巨无霸之间的较量：波音公司与空客公司	162
IBM公司的决策人路易斯·郭士纳	168
星巴克的流程再造与精细生产	214
克莱斯勒—菲亚特的组织战略	227
塔塔（集团）公司面临的组织挑战	231
特蕾莎修女式的变革型领导	264
领导力可以在不同行业之间转换吗？	285
印度威普罗公司（Wipro）亚特兰大开发中心	289
沃尔玛公司的人力资源管理	290
中国公司从哪里招聘？	297
印度和其他国家的人力资源管理	303
创建员工满意的环境	304
未来工作	305
用微博推特（Twitter）进行绩效评估如何？	317
你的职业生涯仕途是什么？	326
在新经济中的职业生涯计划	328
印度公司管理人员需求	334
思科公司在印度和其他地方的人才开发	343
沃尔玛公司的全球性学习	350
觉醒的中层管理者	372
金钱的另一面	386
高管人员的绩效薪酬	387
公司治理	424
人们对委员会的评价	427
迫于顺从的压力：你如何应对？	430
跨文化障碍	443
美国总统的感召性沟通	446
直言不讳与含蓄沟通在不同国家的区别	452
通晓多国语言的首席执行官	452
控制国际化公司需要特别注意的事项	479
反馈系统的实例	483
中国在信息技术外包中会取代印度的地位吗？	508
美国联合包裹服务公司（UPS）：从时间管理到信息技术	510
大众汽车公司的高运营成本——大众需要重新调整其战略吗？	534
日本的质量控制小组	540

| 戴姆勒和克莱斯勒公司生产体系的合并：使命可行吗？ | 543 |
| 相互连接的全球供应链管理 | 545 |

创新视角

世界上最著名的创新公司	31
第三次浪潮：知识时代	45
通用汽车公司的绿色行动	46
开发新能源——时代的需要	52
谷歌公司的使命	113
谷歌公司使命的 10 个关键点	114
公开制定目标可能会带来风险，但在日产汽车公司却很奏效	124
脸谱网与移动互联网盈利计划	127
苹果公司的创新战略	137
土星轿车公司到哪里去了？	141
链车（Zipcar）轿车租赁公司	145
日产汽车公司的尼桑叶品牌轿车：首次大规模生产的电动汽车战略	150
波音公司数字化开发 777 机型的决策	167
冒险还是避险：这是特斯拉需要应对的问题	169
就创新管理问题与 SRI 航空情报中心工程主任杰里士·阿查亚的访谈	170
印度创新做法——小额贷款	172
向新兴国家学习创新	172
3M 公司是如何创新的	173
流媒体视频和 DVD 租赁服务公司（NETFLIX）首席执行官里德·哈斯廷斯：从和平工作团到 NETFLIX 首席执行官	210
即时贴	211
英特尔资本	224
就组织结构与战略创新性市场情报相适应问题与特拉贡（Tragon）公司消费者动态部经理克拉拉·陶博士的访谈	233
扎珀斯（Zappos）网络鞋店的授权	241
里兹·卡尔顿大酒店的授权	242
直线或参谋？你的职业目标是什么？	242
潘多拉	260
如何创建以价值为导向的组织文化	263
苹果公司的烦恼：早期	280
林肯电气公司的绩效工资	321
如何领导新生代？	323
中国普华永道会计师事务所的人力资源管理	336
美国和欧洲的创新教育	339

如何进入你所选择的管理学院？	340
对奇异性大学未来的思考	341
使管理教育更有针对性	344
成功的小组作业	349
与英特尔公司项目经理科恩·彭博士的访谈	371
自我激励	373
可汗学院（Khan Academy）能改变教育和激励学生吗？	375
激励型领导的领导风格	385
实施中的工作生活质量计划（QWL）	389
谷歌是如何激励其员工的？	393
美国好市多超市首席执行官吉姆·赛尼格尔——一个以心为本和精明的领导	398
引领创新——与英特尔公司科恩·彭的访谈	404
与奥米德亚尔网络公司（Omidyar Network）人力资源副总裁塞拉·吉爱姆班克先生的访谈	432
与风险资本公司投资的下属企业的沟通：与利兹伍德资本公司（Ridgewood Capital）高级常务董事埃尔顿·舍温的访谈	445
向新闻节目主持人学习	458
工程计划和控制	504
思科公司的"融合"方法	513
苹果公司的iPhone手机是真正意义上的全球产品以及iPhone 5新款手机的上市	514
全球微波接入互通技术（WiMax）是突破性技术	516
通用电气公司从产品向服务的转型	530
信息系统如何有益于经营过程	535
通用电气公司对印度外包业务激增的贡献	538
确保成功的质量管理	540

创业视角

硅谷体验项目	10
增长最快的公司	11
就创业管理社会责任问题与太阳光伏公司首席执行官戴维·爱泼斯坦的访谈	51
谷歌应对中国的网络审查	57
创业者和投资者的道德和信任问题	60
就文化差异和创业管理问题与N次方有限责任公司风险资本合伙人布赖恩特·童的访谈	71
易趣公司（eBay）的成功经验能够持续吗？	74
中国的风险资本	84
为新公司撰写企业计划	120
与N次方有限责任公司总经理布赖恩特·童的访谈	126
与甲骨文公司旗下的Bharosa网络身份管理软件公司合伙人乔恩·B·菲希尔的访谈	138
与葡萄酒集团公司董事长阿特·西尔卡的访谈	139

易趣网（eBay）收购Skype互联网电话公司错了吗？	147
就投资决策流程问题与JAFCO公司风险资本合伙人杰布·米勒的访谈	164
Mosaic网页浏览器的合作者和网景通讯公司合伙人马克·安德森	208
你的未来是什么？	209
新型公司的组建	232
创业管理人员的管理	244
商务社交网络邻客音公司（LinkedIn）应对美国证券和交易管理委员会上市公司S-1申请说明书的组织结构图	258
隐喻可能会揭示创业家和投资者的隐示组织文化	265
人们为什么要离开"梦寐以求"的微软公司	286
你退休或被解聘后做什么？	293
如何给创业型公司配置员工？	298
就风险组合投资公司管理人员评估问题与昂赛特（Onset）风险投资公司的风险资本合伙人寿密特·高斯的访谈	315
创业型管理人员如何在其公司中引发变革？	346
如何管理创业管理人员？	377
史蒂夫·乔布斯的创业领导风格	400
与索斯塔公司首席执行官汤姆·娄尼波斯有关领导力的访谈	412
中国海尔集团和德国大众的领导	414
新型公司的顾问委员会	426
就工作团队管理问题与思科系统公司质量解决方案部高级经理瑞贞诺德·柴特曼的访谈	434
接受负面反馈	444
就制定有效的企业沟通战略问题与IQPR微量子科技股份有限公司合伙人劳里·特拉尼西的访谈	455
就产品质量控制问题与戈登—比埃茨啤酒餐厅集团有限公司合伙人丹·戈登的访谈	484
与索斯塔公司首席执行官汤姆·娄尼波斯有关控制问题的访谈	489
在新建公司中现金为王	501
谷歌给广告业带来了质量检测方法	530

领导力视角

纽约哈德逊河面上的领导	399
意大利电信设备制造公司的领导	408
缺乏自下而上的沟通可能后果不堪设想	447
一个面对公众说话恐惧的人能够成为最大公众公司的领导吗？	449

直观

学习目标
每章开头都列出了学习目标，概述了本章及读者完成阅读后应该达到的目标。

页边注释
正文页边注释涉及本章要点，便于关键概念的回顾。页边还标出了相关的互联网网址，使读者能在网上检索与本章讨论有关的组织或专题。

路径

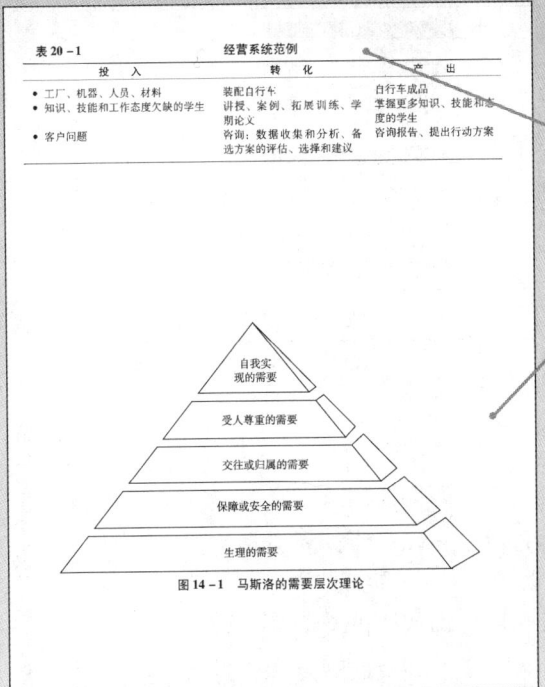

图表
表中列出了详细的与本章讨论概念相关的内容,而图则具体演示了这些概念。

插框
插框内涉及全球化、创新与创业视角,具体阐明了每章中相关的概念、原则和理论。

直观

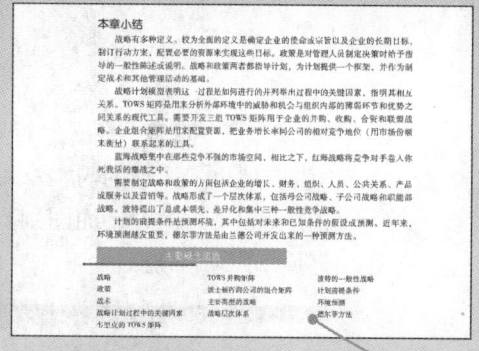
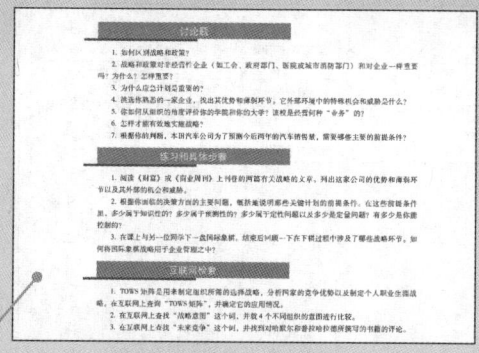

每章结尾特点

本章小结：每章结尾都附有本章小结，以便于读者快速回顾本章要点。

主要概念回顾：每章结尾都有一个主要概念清单，以便于读者概括本章所涉及的不同的话题。

讨论题：这些问题旨在鼓励读者深入思考和讨论本章所涉及的话题。

练习和具体步骤：这些练习旨在鼓励读者将本章所涉及的观点和概念与现实生活相结合。

互联网检索：这里给出的一些网址有助于读者获取更深入和广泛的知识。

注释：每章结尾都有一个详细的阅读清单，以帮助读者不断更新其现有的知识。

全球化案例

星巴克：质量加社会意识使销售遍及世界[52]

1971年，三位学者在西雅图开设了星巴克，10年之后，霍华德·舒尔茨（Howard Schultz）加入了这家公司。在他去意大利的旅途中，他认识到，咖啡馆可以远远超出人们在此单纯喝咖啡的作用。然而，他的想法却得不到公司主人的支持。沮丧之中，霍华德·舒尔茨开始寻找投资者，并最终买下了这家公司。从1987~1992年，星巴克是一家私人拥有的公司。当公司在西北太平洋之外地区经营时首次遇到了挫折，之后喜忧参半，最终获得了成功。

国内发展了，而且扩展到了国际市场。2006年，星巴克网址上表明，它已经在16个国家和地区建有咖啡店，包括中国的北京、上海和香港。公司长远的目标是在不同国家和地区部署25000家分店。为了实现这一目标，星巴克将其咖啡店设计成能使消费者感到温馨、亲切、充满咖啡氛香的消遣环境。同时，自2002年以来，公司与美国T无线移动公司（T-Mobile）联手，在其经营的咖啡店中提供互联网无线上网。除了提供不含咖啡因的饮料外，星巴克还推出了各种特色咖啡和

案例

每章结束部分都附有案例及相关问题，其中，案例演示了章中讨论的概念，相关问题有助于专题的深入讨论。

路径

第1篇结束语

全球化与创业管理的基础

结束语部分首先涉及了**全球化环境**。我们将通过中国这个正在崛起的经济强国来阐述国际环境,用美国加利福尼亚州旧金山附近的硅谷公司来描述创业环境。结束语最后部分探讨了全球化汽车产业案例。

全球聚集　　　　中国——新经济巨人

在过去的25年间,中国已经建立了一支企业家创业队伍。自改革开放以来,中国已经发生了翻天覆地的变化。20世纪90年代期间获得了年均9%～10%的高速增长,却没有带来过度的通货膨胀增长。由于拥有如此高的增长率和约占世界1/5的人口,中国吸引了大量的外国投资。

伴随着这场革命性经济发展的是人们的升值预期。中国市场经济的目标(尽管是社会主义市场经济)是在1992年才对外公布的。

1997年9月12日,在中共第十五次全国人民代表大会报告中,宣布了一些彻底性的变革。计划是要将305000家国有企业中的大多数转换成股份制公司,将其置于国际竞争的环境之中。虽然只是含糊地提及了所有权的议题,但是一些公司宣布了破产。同时,国有企业大约承担了40%的工业产出,但他们却使用了大部分分解资本,限制了产能高、柔性强的私人公司。当然,1000家最大的公司仍在政府的控制之下,然而,它们之中的大部分必须在市场中竞争。

这个计划塑形成在诸如高科技电子业、电子通信业和石化产业中经营的大型公司。

中国已经是家用电器、服装和一些低端产品的主要出口国,为了实现这一雄伟的计划,中国必须减少在世界贸易组织框架下的许多货物的关税,上海和香港应当成为金融中心,并与伦敦、东京和纽约相匹敌。

然而,这项雄伟的计划将带来巨大的失业风险,反过来可能会形成政治上的不安定因素。所以,如果许多公司在转型过程中倒闭了,那么,那些身在其中的员工就必须要给予关爱。要提供各种优惠条件,满足他们的住房、医疗保健和退休金的要求,而这一切原先都是由他们的雇主来解决的。除了给员工提供社会安全保障体系,员工本身也

篇尾

每篇结尾部分都强调了创业和国际化管理视角。篇尾包含的"全球聚集"讨论,涉及富有挑战性专题、当前创业专题和全球化汽车产业案例。

附录A

计划、组织、人员、领导和控制职能的主要原则或指导方针概述

虽然目前尚没有形成一套完整的、经过实践证明的、相互关联的原则进行分类,但是,大量管理经验和观察揭示了一些管理的基本原理或者指导方针,它们不仅为管理人员提供了一套系统的概念,而且还指明了学者们研究的方向。可以肯定的是,这些关键的抽象概念需要结合实际情况一并考虑,这是一种艺术。在本节演示中,这些原则(也许称它们为管理的指导方针更合适)是依据管理职能中的计划、组织、人员、领导和控制机能地结合起来的。每个原则前都有一个由字母和数字组成的编号,每个编号都代表了一种管理职能。

计划职能涉及的主要原则或指导方针

下面是最基本的计划指导原则。

计划的目的和性质

计划的目的和性质可以按下列原则进行归纳。

P1. **对目标的贡献原则**。每个计划及其所有的辅助计划的目的是要有利于企业目标的完成。

P2. **目标原则**。如果目标对管理人员而言是有意义的话,那么,这些目标必须是清晰的、可实现的和可考核的。

P3. **计划优先原则**。从逻辑意义上讲,计划是一切管理职能的前导。

P4. **计划的效率原则**。计划的效率性是指:计划在实现的和完成目标过程中所起的作用,是去制订和实施计划所发生的成本以及一些非预见性结果而需付出的代价。

计划的结构

与计划结构相关的两个主要原则不仅仅将计划紧密联系在一起,更重要的是使辅助计划服务于主要计划,同时确保一个部门的计划与另一个部门的计划相协调。

附录

本书结尾附有两个附录。附录A总结了计划、组织、人员、领导和控制管理职能的原则或指导方针,以便于学生和管理人员检查所涉及的组织问题是否违反了管理原则。附录B列出了一些具体的确保管理人员和组织成功的关键之处。管理卓越调查表可以用于管理和组织发展。这两个附录有助于人们理论联系实际。

目　　录

第1篇　全球化管理的理论和实践基础

第1章　管理学：科学、理论和实践　3
　　管理定义：性质和目的　4
　　管理：科学还是艺术？　12
　　管理思想的演进　12
　　管理创新发展简史　17
　　管理分析方法：管理理论的丛林？　18
　　管理过程的系统方法　24
　　管理人员的职能　28
　　三种管理视角：全球化、创新和创业　30
　　管理的系统模式和本书的组织结构　32
　　本章小结　33
　　主要概念回顾　33
　　讨论题　33
　　练习和具体步骤　34
　　互联网检索　34
　　创新案例　苹果iPad2：打败平板电脑？是的！要靠新款iPad（iPad3）　35
　　注释　37

第2章　管理与社会：外部环境、社会责任和伦理道德　41
　　多元社会结构下的企业运作　43
　　技术和创新环境　43
　　生态环境　45

管理人员的社会责任 47
管理的伦理道德：一种综合方法 53
伦理道德理论 54
信任是变革管理的基础 59
本章小结 60
主要概念回顾 61
讨论题 61
练习和具体步骤 61
互联网检索 61
全球化案例 工作场所精神 62
注释 63

第3章 全球化管理、比较管理与质量管理　　67
国际管理和跨国公司 68
国家联盟和地区化经济 75
国际管理：文化和国家差异 77
波特的国家竞争优势 86
全球创新指数 87
通过质量管理获得全球化竞争优势 89
本章小结 93
主要概念回顾 94
讨论题 94
练习和具体步骤 94
互联网检索 95
全球化案例 星巴克：质量加社会意识使销售遍及世界 95
注释 96

第1篇结束语 全球化与创业管理的基础 100

第2篇 计　划

第4章 计划精要和目标管理　　111
计划类型 112

制订计划的步骤　117
　　目标　121
　　目标管理理念的演进　126
　　本章小结　129
　　主要概念回顾　129
　　讨论题　129
　　练习和具体步骤　130
　　互联网检索　130
　　全球化案例　拟订可考核的目标　130
　　注释　131

第 5 章　战略、政策和计划的前提条件　133
　　战略和政策的性质与目的　134
　　战略计划过程　135
　　Tows 矩阵：现代环境分析工具　140
　　蓝海战略：抓住无竞争市场的机会　143
　　组合矩阵：资源配置工具　145
　　主要战略和政策类型　146
　　公司战略层次　148
　　波特的产业分析和基本竞争战略　148
　　前提条件和预测　149
　　本章小结　151
　　主要概念回顾　151
　　讨论题　152
　　练习和具体步骤　152
　　互联网检索　152
　　创新案例　2500 美元的塔塔 Nano 轿车：是一场革命，还是失败？　152
　　注释　153

第 6 章　决策　157
　　理性化决策的重要性和局限性　158
　　选择方案的拟订和局限性因素　160
　　启发式决策　160
　　选择方案的评估　162
　　选择方案的确定：三种方法　165

程序化和非程序化决策 167
确定性、不确定性和风险条件下的决策 168
创造和创新 171
发明和创新 174
本章小结 175
主要概念回顾 175
讨论题 176
练习和具体步骤 176
互联网检索 176
国际案例 家乐福——走哪条路？ 176
注释 177

第2篇结束语　全球化与创业计划　180

第3篇　组织

第7章　组织的性质、创业精神和流程再造　201
正式和非正式组织 202
组织分工：部门 204
组织层次和管理幅度 204
外部创业和内部创新的组织环境 207
组织的流程再造 212
组织结构和组织过程 214
一些有效组织工作的基本问题 216
本章小结 216
主要概念回顾 217
讨论题 217
练习和具体步骤 217
互联网检索 217
创业案例 将基于硅谷的风险资本公司扩展到班加罗尔 218
注释 219

第8章　组织结构：部门　221
按企业职能划分部门 222

按地区或地域划分部门 224
按顾客群划分部门 225
按产品划分部门 226
矩阵式组织结构 228
战略经营单位 229
全球化环境下的组织结构 231
虚拟组织 231
无边界组织 232
选择部门划分的方式 233
本章小结 234
主要概念回顾 235
讨论题 235
练习和具体步骤 235
互联网检索 235
全球化案例 GM——通用汽车公司，慷慨汽车公司还是政府汽车公司 235
注释 236

第9章 直线职权、参谋职权、授权和分权 239
职权与权力 240
授权 241
直线与参谋概念和职能职权 242
职权分权 243
职权委任 245
委任的艺术 245
职权回收和平衡是分权的关键 247
本章小结 248
主要概念回顾 248
讨论题 248
练习和具体步骤 249
互联网检索 249
全球轿车公司案例 雷克萨斯是如何问世的？
——在美国持续成功，但在全球市场却收效甚微 249
注释 251

第10章 组织有效性和组织文化 253
通过计划避免组织工作中的失误 254

避免组织僵化 255
使参谋人员有效地工作 256
明确责任以避免冲突 257
确保对组织工作的理解 261
培育适当的组织文化 262
本章小结 266
主要概念回顾 266
讨论题 266
练习和具体步骤 266
互联网检索 267
全球汽车公司案例 韩国大宇公司的重组 267
注释 268

第3篇结束语 全球化与创业组织 270

第4篇 人员

第11章 人力资源管理和选拔 279
人员的定义 281
人力资源管理的系统方法：人员职能的概述 281
影响人员管理的情境因素 286
选拔：按岗择人 292
选拔的系统方法：概述 292
岗位要求和工作岗位设计 293
管理人员应具备的技能和个人特点 295
管理人员条件与职位要求的匹配 296
选拔过程、方法和手段 298
新员工的上岗教育和归属过程 303
迈向2020年的人力资源管理 304
本章小结 305
主要概念回顾 306
讨论题 306
练习和具体步骤 306

互联网检索 *307*

全球化案例 Infosys 信息技术有限公司的人才招聘 *307*

注释 *308*

第12章 绩效考评和职业生涯战略 **310**

选择考评标准 *311*

按可考核目标考评管理人员 *312*

按管理人员标准考评管理人员：推荐方案 *317*

小组评价方法 *319*

绩效评估软件的应用 *320*

管理工作的报酬和压力 *320*

制定职业生涯战略 *323*

本章小结 *329*

主要概念回顾 *329*

讨论题 *329*

练习和具体步骤 *330*

互联网检索 *330*

全球化案例 照本宣科的女性首席执行官 *330*

注释 *331*

第13章 通过管理人员和组织的发展来管理变革 **333**

管理人员的培养过程和培训 *334*

管理人员培养方法：在职培训 *337*

管理人员培养方法：内部和外部培训 *339*

培训项目的评价和相关事宜 *343*

变革管理 *344*

组织冲突 *347*

组织发展 *348*

学习型组织 *349*

本章小结 *351*

主要概念回顾 *351*

讨论题 *352*

练习和具体步骤 *352*

互联网检索 *352*

全球化案例 杰克·韦尔奇领导下的通用电气公司的组织变革 *352*

注释 353

第4篇结束语　全球化与创业人员管理　　356

第5篇 领　导

第14章　人的因素和激励　　369
管理工作中人的因素　370
激励　372
早期的行为模式：麦克雷格的 X 理论和 Y 理论　373
马斯洛的人的需要层次理论　375
奥德弗的三因素（ERG）理论　377
赫茨伯格的激励—保健因素理论　378
激励的期望理论　379
公平理论　381
激励的目标确定理论　382
斯金纳的强化理论　383
麦克莱兰的激励需要理论　384
特殊的激励手段　385
工作丰富化　389
激励的系统方法和权变方法　391
本章小结　391
主要概念回顾　392
讨论题　392
练习和具体步骤　393
互联网检索　393
注释　394

第15章　领导　　397
领导的定义　399
领导的构成要素　399
领导素质论　401
个人魅力领导方法　402

领导行为和领导风格 402
领导情境或权变论 408
交易型和转化型领导 414
其他领导理论与方法 415
本章小结 415
主要概念回顾 416
讨论题 416
练习和具体步骤 416
互联网检索 417

创新案例 两个幻想家的传略：比尔·盖茨和史蒂夫·乔布斯 417

注释 419

第16章 委员会、团队和集体决策 422

委员会和小组的性质 423
采用委员会和小组的缘由 425
委员会的缺点和使用不当 427
委员会和小组的成功运用 428
与小组相关的其他概念 429
团队 432
委员会、小组和团队的冲突 434
本章小结 435
主要概念回顾 435
讨论题 435
练习和具体步骤 436
互联网检索 436

全球化案例 兼并还是不兼并：惠普、康柏以及首席执行官
菲奥里娜面对的问题 436

注释 437

第17章 沟通 440

沟通的目的 441
沟通过程 442
组织中的沟通 444
沟通中的障碍和断裂 450
旨在有效的沟通 455

电子媒介沟通 458
本章小结 460
主要概念回顾 461
讨论题 461
练习和具体步骤 461
互联网检索 461
全球化案例 "挑战者"号航天飞机事件可以避免吗？ 462
注释 462

第 5 篇结束语　全球化与创业领导　　　　　　　　　　　　　　　465

第 6 篇
控　制

第 18 章　控制系统和控制过程　　　　　　　　　　　　　　　　477
基本控制过程 478
企业分析学 479
关键控制点、标准和对标 480
作为反馈系统的控制 482
实时信息与控制 483
前馈（或预见性）控制 485
全面绩效的控制 488
利润亏损控制 489
投资回报率控制 490
管理审计和会计师事务所 490
官僚和小团体控制 491
有效控制的必要条件 491
本章小结 493
主要概念回顾 494
讨论题 494
练习和具体步骤 495
互联网检索 495
全球化案例 立足美国本土、面向全球市场的沃尔玛公司 495
注释 498

第 19 章 控制方法和信息技术 — 500

预算作为一种控制方法 501
传统的非预算控制方法 502
时间—事项网络分析 502
平衡计分卡 507
信息技术 508
信息技术带来的机遇和挑战 511
数字经济、电子商务和移动商务 517
本章小结 521
主要概念回顾 522
讨论题 522
练习和具体步骤 522
互联网检索 522

创新案例 亚马逊网上商城（Amazon.com）——美国最大的线上零售商 523
注释 524

第 20 章 生产率、经营管理和全面质量管理 — 527

生产率问题及其衡量 528
生产和经营管理：制造和服务 529
信息时代的质量衡量 530
经营管理系统 531
提高生产率的工具和方法 536
供应链和价值链管理 543
价值链与管理职能的整合 544
本章小结 546
主要概念回顾 546
讨论题 547
练习和具体步骤 547
互联网检索 547

全球轿车公司案例 丰田汽车的全球化生产战略 547
注释 549

第 6 篇结束语 全球化控制与挑战和创业控制 — 551

附录 A 计划、组织、人员、领导和控制职能的主要原则或指导方针概述 — 560
附录 B 管理卓越调查表 — 569

第1篇
全球化管理的理论和实践基础

第1章 管理学：科学、理论和实践
第2章 管理与社会：外部环境、社会责任和伦理道德
第3章 全球化管理、比较管理与质量管理
第1篇结束语 全球化与创业管理的基础

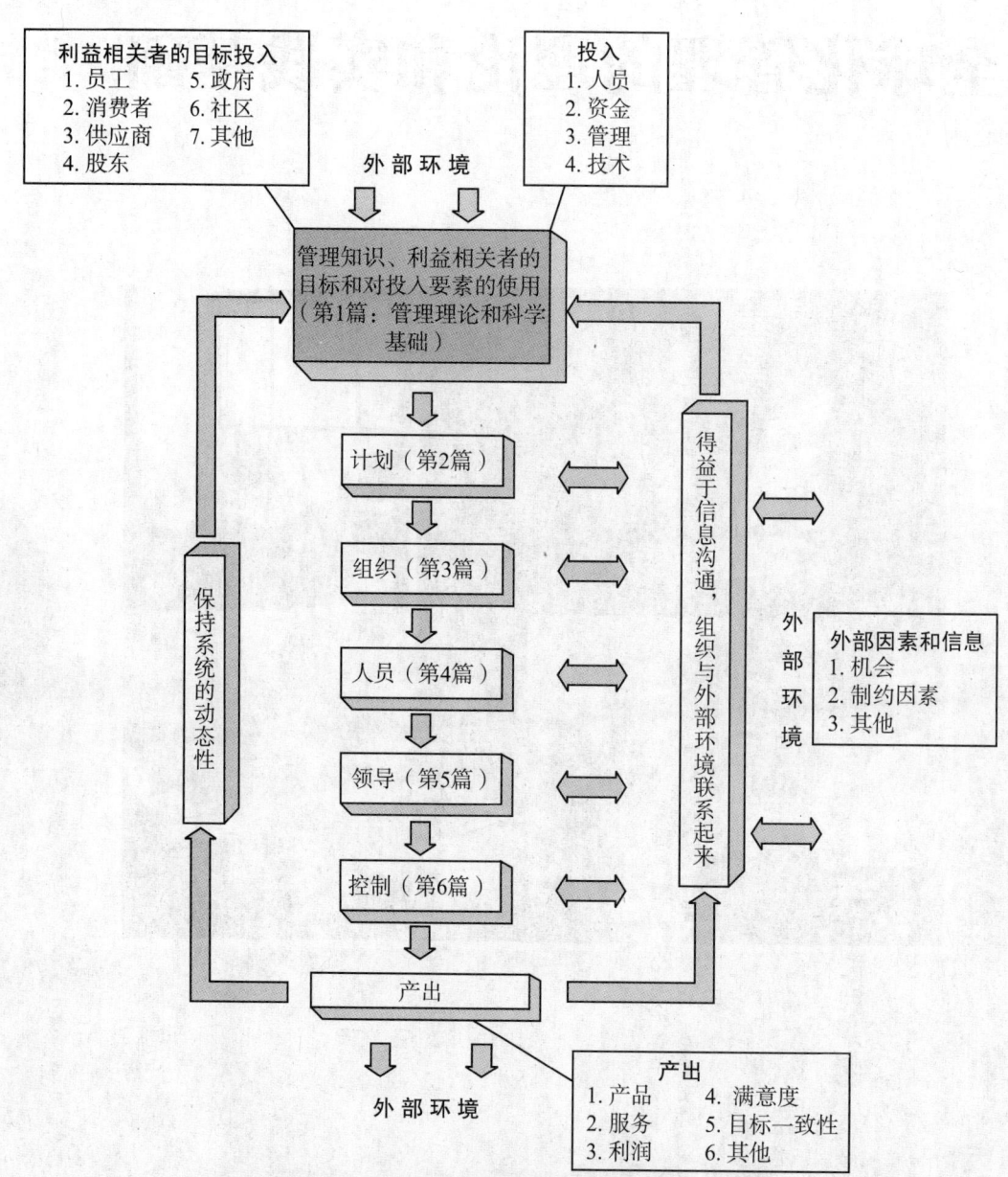

管理的系统方法：全球化管理的理论和实践基础

管理学：科学、理论和实践

[学习目标]

学完本章后，你应该能够：

1. 解释管理学的性质和目的。
2. 理解管理学（如同本书所示）适用于一切组织机构以及各级层管理人员的道理。
3. 认识到所有管理人员的目的是创造盈余。
4. 确定信息技术和全球化发展趋势。
5. 解释生产率、效益和效率三个概念。
6. 描述管理学的演进过程以及近年来对管理思想的贡献。
7. 描述管理学的各种方法、这些方法对管理学的贡献以及它们的局限性。
8. 表明管理理论和科学的管理过程方法或经营方法是如何自成体系，并汲取其他方法完善自己的。
9. 认识到管理需要采用系统方法，并在实践中必须考虑环境和情境因素。
10. 定义管理的五种职能，即计划、组织、人员、领导和控制。
11. 理解本书的形成结构与框架。

管理是人类各种活动中最重要的活动之一。自从人们开始组成群体来实现个人无法完成的目标以来，管理工作就成为协调个体努力必不可少的因素了。由于人类社会越来越依赖集体的努力以及越来越多的、有组织的群体规模的扩大，管理人员的任务也就愈发重要了。本书的目的旨在促使组织内所有人员的最佳化，特别是使管理人员、后续管理人员和其他专业人才达到卓越境界*。

管理定义：性质和目的

> **注解**
> **管理** 设计并保持一种良好环境、使人们在群体状态下高效率地完成既定目标的过程。

管理是设计并保持一种良好环境、使人们在群体状态下高效率地完成既定目标的过程。这一基本定义需要扩展为：

- 管理者要完成计划、组织、人员、领导、控制五个管理职能；
- 管理适用于任何一种组织；
- 管理适用于组织各级层的管理人员；
- 所有管理人员都有一个共同的目标：创造盈余；
- 管理关系到生产率，意指效益和效率。

> **注解**
> www.apple.com
> www.tata.com
> www.virgin.com
> www.ford.com
> www.ge.com
> www.cisco.com
> www.microsoft.com

这里是人们所熟悉的管理者：已故的苹果计算机公司的史蒂文·乔布斯（Steve Jobs）；已退休的塔塔（集团）公司的拉丹·塔塔（Ratan Tata）（现为塞勒斯·帕朗吉·密斯特里，Cyrus Pallonji Mistry）；维珍公司的理查德·布兰森（Richard Branson）；福特汽车公司的小比尔·福特（Bill Ford, Jr.）；和他的接班人艾伦·穆拉利（Alan Mulally）；通用电气公司的杰克·韦尔奇（Jack Welch）以及他的接班人杰夫·伊梅尔特（Jeff Immelt）；思科公司的约翰·钱伯斯（John Chambers）；以及微软公司的比尔·盖茨（Bill Gates）和他的接班人史蒂芬·鲍尔默（Steve Ballmer）。最有权势的管理者之一当属美国总统巴拉克·奥巴马（Barack Obama）。美国加利福尼亚州州长杰里·布朗（Jerry Brown）及其前任阿诺·施瓦辛格（Arnold Schwarzenegger）也是个管理者。无须赘言，企业中层管理人员和基层管理人员也同样会对完成他们所在组织的目标做出重要的贡献。

所有的管理者都在管理组织。我们将**组织**定义为人们一起工作创造盈余的群体。在企业组织中，盈余意指利润。在诸如慈善机构等非营利组织中，盈余可能指需求的满足。例如，大学可以通过知识的归纳和传承以及对所在地区或社会提供服务来创造盈余。

管理的职能

许多学者和管理者都认为，把知识实用而又有条理地架构在一起有利于对管理进行分析。因此，在研究管理问题时，将其细分为计划、组织、人员、领导和控制五种职能

---

* 在某些情况下，非管理者系指那些没有下属的管理人员，所以，非管理者中包括那些在组织中位居高职的专业人才。

第1章 管理学：科学、理论和实践

并依据这些职能将知识组织起来是非常有用的。本书将管理的理念、原则、理论和方法贯穿于这五种职能之中。

> **注解**
> 本书将管理知识架构在计划、组织、人员、领导和控制五种管理职能之下。

这一理论框架已在多年的使用中得以检验。尽管架构管理知识的方法不尽相同，但时至今日，大多数的教科书作者在尝试了其他的知识架构方式后，仍然采用这一框架或与此类似的框架体系。

尽管本书着重强调管理人员的工作就是为了保证绩效而对内部环境进行设计，但绝不能就此忽视这样一个事实，管理人员还必须面对一个企业的外部环境。很显然，管理人员如果不懂得影响其经营活动的，诸如经济、技术、社会、生态、政治和伦理的很多外在因素，并且对这些因素及时做出反馈，便不能很好地完成任务。此外，现在许多组织机构都在跨国经营，因此，本书从全球化视角探讨管理问题。

> **注解**
> 影响企业经营的外部环境因素包括：经济、技术、社会、生态、政治和伦理的因素。

管理是一切组织的根本

管理人员的责任就是要采取措施，使员工个人对集体的目标做出最大的贡献。因此，管理工作适用于各种大小规模的组织，营利与非营利的企事业单位、制造业以及服务性行业。由于本书所提到的几乎所有内容既涉及企业也包括非企业组织，因此**企业**（enterprise）一词系指企业、政府机构、医院、大学以及其他任何组织。管理的有效性是公司总裁、医院院长、政府基层主管、童子军队长、教堂主教、棒球队领队和大学校长共同关心的问题。

> **注解**
> **企业** 指企业、政府机构、医院、大学以及其他任何组织。

不同组织层次的管理职能

本书对经理（managers）、高层经理（executives）、行政人员（administrators）和主管人员（supervisors）没有从根本上进行区分。诚然，一个组织内的各个层次以及各种类型的企业在具体情况下可能相差甚远。同样，管理人员拥有的职权范围上也会有差别，而所要处理的问题更是千差万别。再进一步来说，处在管理岗位上的人所担负的职责也不尽相同，他们可能负责销售部门、工程设计部门或是财务部门。但不管怎么说，作为管理人员，他们都要为群体的卓有成效的努力工作而创造良好的环境。

凡是管理人员都要完成管理职能，然而，花费在每项管理职能上的时间却可能不同。图1-1表明了各级管理人员花在每项管理职能上的大体时间。从图1-1可以看出，高层管理人员用在计划和组织工作上的时间要远远超过低层管理人员，而另一方面，领导工作占据了基层管理人员很多时间。各级管理人员用于完成控制职能的时间略有不同。

> **注解**
> 凡是管理人员都要完成管理职能，然而，花费在每项管理职能上的时间却可能不同。

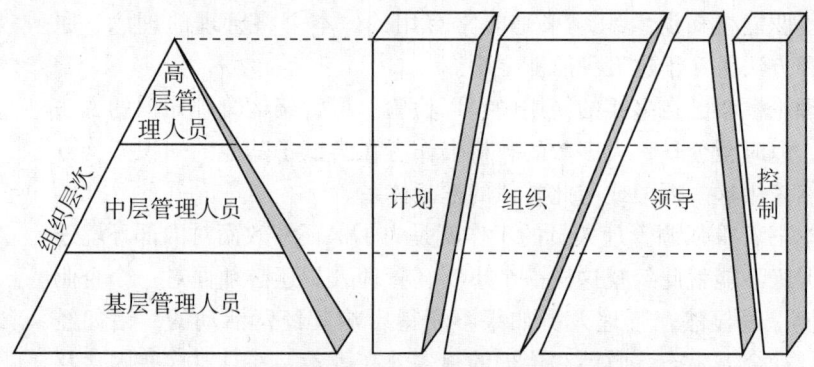

图1-1 各级管理人员履行管理职能所需时间*

管理技能和组织层次

罗伯特·李·卡兹（Robert L. Katz）列举了三种管理人员所需的技能，[1] 或许还可以增添第四种技能，即设计方案的能力。

> **注解**
> 管理人员需要掌握四种技能：专业技术、人际交往、理性想象和设计技能。

这些技能在各个不同管理层次上的相对重要程度也有差别。如图1-2所示，对基层管理人员来说，专业技术技能最为重要，人际交往技能在同下属的频繁交往中也非常有用；理性想象和设计技能通常对低层主管们则显得不那么重要；在中层管理人员中，对专业技术技能的要求有所下降，人际交往技能仍然很重要，而对理性想象技能的要求则大大提高了。对高层管理人员而言，理性想象和设计能力以及人际交往技能都很重要，而对

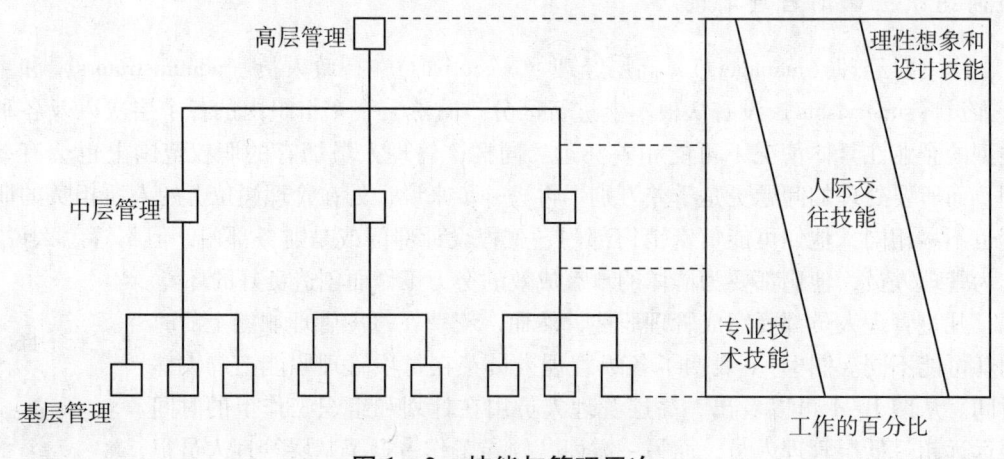

图1-2 技能与管理层次

---

* 部分内容来源于：Thomas A. Mahoney, Thomas H. Jerdee, and Stephen J. Carroll, "The Job（s）of Management," Industrial Relations (February 1965), pp. 97–110，并在此基础上进行了改编。

专业技术技能的要求则微乎其微。可以这样假设，在大公司里，首席执行官（CEO）们可以利用下属们的专业技术技能，但在小公司里，专业技术技能可能依旧十分重要。

管理者和组织的目标

非企业单位的高层管理人员有时会说，企业管理者的目标很简单，就是要创造利润。但利润只是用来衡量销售收入与生产费用之间差额的一个尺度。对许多公司而言，一个重要的目标就是使上市的普通股能够长期升值。哈佛商学院的迈克尔·波特对强调股东价值颇有独到之处，他曾写道："我们不是把盈利能力作为目标，而是用股票价格衡量股东价值取而代之。"[2] 他认为，这样会毁掉许多企业。在真正意义上，不管是企业还是非企业单位，在任何一种类型的组织中，管理人员切合实际而又符合众望的目标就是要创造盈余。因此，管理人员必须创造一种环境，使员工能够以最短的时间、最少的资金和原材料以及最大的个人满意度来实现群体目标，或使员工能够利用现有的资源，尽可能地达到预期的目标。在诸如警察局这样的非企业单位以及企业内部的非营利部门（如会计部），管理人员也要有目标，并应竭尽全力以最少的资源来完成目标，或利用现有的资源最大限度地实现目标。

> **注解**
> 管理人员必须创造一种环境，使员工能够以最短的时间、最少的资金和原材料以及最大的个人满意度来实现群体目标。任何管理者的目标都是要创造盈余。

全球化视角　哪些是2008年全球金融危机态势下管理最好的公司？[3]

2008年是全球经济危机的一年。谁在这一年管理得最好？《商业周刊》公布了12位在这一困难时期业绩突出的高层管理人员。下面举例说明人们可以从他们身上学到些什么。

美国好市多（Costco）超市首席执行官吉姆·塞内加尔（Jim Sinegal） 在成本上升的情况下没有提价，使公司市场份额得以增长。在这一会员制的连锁超市中，87%的会员续期。他的这种常识性的管理方法奏效了。

家得宝首席执行官弗兰克·布莱克（Frank Blake） 简化了公司管理流程，增强了员工士气。他认为，员工应该畅所欲言。他每年都向原通用电气公司首席执行官杰克·韦尔奇进行讨教。

惠普首席执行官马克·赫德（Mark Hurd） 由于严格控制成本、提高效率和注重创新而成功。他把那些所在领域非位居第一或第二的子公司剥离出去，有些类似于通用电气杰克·韦尔奇早年采用的战略。

奥巴马竞选班子的首席战略家大卫·艾克斯罗德（David Axelrod） 帮助奥巴马成了美国总统。他有效地传递了奥巴马关于变革的愿景。他招聘的人员能够解决冲突，高效率地合作。他把自己视为巴拉克·奥巴马的传令兵。在2008年业绩突出的高层管理人员中不乏非美籍人士。

> 东京任天堂首席执行官岩田聪（Satoru Iwata）将其Wii游戏机产品销售翻了一番。尽管处在经济困难时期，消费者仍然慷慨地在这一创新产品上花钱。他计划继续拓展游戏机、音乐、数码相机产品，甚至推出健康管理系列。
>
> 东京本田首席执行官福井威夫（Takeo Fukui）致力于开发节油小型车，不遗余力地进行创新和研究。他的管理方式深受经典的美国书籍、戴尔·卡耐基撰写的《人性的优点》的影响。
>
> 慕尼黑西门子首席执行官彼得·罗旭德（Peter Loscher）在重组公司的同时大力反腐败和国外贿赂指控，可圈可点。他的建议是："聆听，然后制定清晰的决策。"
>
> 皇家荷兰壳牌首席执行官范德伟（Jeroen Van Der Veer）的管理信条是"消除、简化、标准化和自动化"。[4]
>
> 在全球金融和经济危机肆虐的2009年，上述这些管理人员能够通过有效的计划和组织应对严峻的经济挑战，成功地带领他们的公司渡过了这场最严重的经济萧条期。

最佳和最受赞扬的公司的特点

在美国这样的国家中，盈利能力是评估衡量公司卓越程度的一个重要指标。虽然有时也会采用其他标准，但这些标准往往和公司的财务绩效是一致的。在《追求卓越》这本书中，托马斯·彼得斯和小罗伯特·沃特曼推举出了他们认为最佳的43家公司。[5] 这两位作者在挑选这些企业时，考虑到诸如资产和权益的增加、总资本的平均收益这样一些因素以及类似的衡量标准。他们还就公司的创新能力询问了工业专家们的意见。

两位作者确定了这些最佳企业的8个特征，具体来说，这些企业：

1. 以行动为导向；
2. 善于了解客户的需求；
3. 促进管理的自主性和创业精神；
4. 通过密切关注员工的需求来提高生产率；
5. 以基于企业领导人价值观而建立起的公司价值理念为动力；
6. 集中精力于自己最擅长的行业；
7. 采用人员精干而又简单的组织结构；
8. 因地制宜，集权与分权并举。

《追求卓越》这本书出版两年后，《商业周刊》再次对这些被彼得斯和沃特曼认为是最佳的公司进行了考察。[6] 这次调查表明，43家公司中至少有14家未能符合8个衡量特征中的某几项；有9家公司的收益大大减少了。尽管该书的两位作者在若干方面受到了批评，其中包括他们搜集和说明数据的方法（如广泛采用某些领域里的领导人的逸事和语录，而不是采用更加科学的研究方法），但是这些企业的业绩调查表明，成功可能是暂时的，因此企业必须继续奋斗，以适应环境的变化。[7]

全球化视角　《亚洲商业周刊》排名榜上的前50家公司[8]

在标准普尔计算机统计数据库亚洲前50名公司排名榜上，印度占了10家，中国占了5家。西门子（印度）通讯设备公司位居榜首。排名第二的是一家房地产公司，即印度房地产开发公司（Unitech）。印度西普拉（Cipla）制药公司排名第六。中国的阿里巴巴（Alibaba.com）互联网服务公司位居第三。值得一提的是，这家公司业务拓展到印度，部分原因是人民币升值所致。[9] 居前20名的印度公司还有：ABB集团（印度）公司（电子设备）、Tech Mahindra公司（技术服务）、印度斯坦锌公司（金属和矿产）以及DLF房地产公司（房地产）。

前50名公司排名榜上还有来自中国香港、马来西亚、中国台湾、新加坡、韩国和巴基斯坦等国家和地区的公司。但是，印度公司数量最多（10家），中国香港9家，位居第二。

以技术的进步、全球化竞争态势以及创业聚焦来适应21世纪的变革

为了确保在21世纪获得成功，企业必须充分利用新的信息技术优势，尤其是互联网、全球化以及创业精神。

技术[10]

技术，尤其是信息技术对组织和个人的巨大影响是不言而喻的。互联网使得世界各地的人们和组织能够快速、高效地进行沟通和开展商务活动。尽管各个国家情况不同，互联网的持续发展给人们提供新的机会，而这些机会必须通过有效的管理才能成为现实。

随着移动商务、社会化媒体以及外部托管的IT技术基础设施（如"云"）的广泛使用并呈现上升的趋势，新的组织形式不断脱颖而出，迫使人们掌握新的管理技能。环球风险投资公司（Globespan Capital Partners）的风险投资人文奇·加森那用"云莫测"（Clomosol）这个词来强调这些技术在未来商务活动中发挥的决定性作用。这些重要的技术以及其他技术趋势将在本书第19章中进一步阐述。

全球化[11]

第二个大的趋势是全球化。大多数的大型公司都有国际市场业务。作为一个庞大的组织机构，1995年组建的世界贸易组织（WTO）专门协调国际贸易活动。尽管历次世界贸易组织会议都引来大街上的抗议者，全球化仍然在继续。全球化不仅给西方跨国公司带来好处，也给快速成长的发展中国家的人民带来更高的收入。例如，印度和中国公

> **注解**
> 为了确保在21世纪获得成功，企业必须充分利用新的信息技术优势，尤其是互联网、全球化以及创业精神。

司[12]的全球化形成了一大批新型的、颇具竞争力的跨国公司,它们给东道国带来了创新的成果,也将创新实践带回了它们的母国。很显然,管理人员必须具备国际化视角。本书第3章将详细探讨几个全球化话题。此外,国际化话题在本书所有的国际视角栏目中都将加以讨论。

创业

人们对创业的日益关注程度以及它的重要程度已经上升到国家和组织的高度,这一点是毫无疑问的。政府将创业视为增加就业和给人们带来财富的途径,而组织(无论其大小)认识到,创业性创新和扩张进入新的细分市场,对他们在竞争日益激烈的、通过复杂而又应用广泛的沟通技术与全球化紧密联系在一起的市场中能否成功和生存至关重要。

创业是一个创造性的过程,其理念是确定市场机会和尚未满足的需求。创业是在寻求满足这些需求的解决方案,给消费者带来价值。创业者组建的组织在获取经济盈余的同时,其所提供的产品减轻了人们的痛苦(如医药公司)或通过提供复杂的通信手段(如信息技术公司)使人们的生活质量得以提高。

万科特门(Venkatramen,1997)认为:"作为一个学术领域,创业旨在寻求了解发现、创造及利用'未来'产品和服务的机会;这些机会是由谁发现、创造和得以利用的;其结果又是什么。"[13]从硅谷的创业发源地,到遍及世界各地的创业中心,新型企业的出现和创新成为人类进步的驱动力。我们高度重视这些创业趋势以及它们的影响,在本书每章中都安排了各种管理挑战片段,以期关注创业对当今组织产生的重要影响。

创业视角　　　硅谷体验项目[14]

硅谷一直是那些野心勃勃的人们创办高增长企业的初始地。例如,脸谱网公司(facebook)的合伙创始人和首席执行官马克·扎克伯格很早就认识到这一点。他在哈佛大学创办了脸谱网公司,却迁移到硅谷,以便利用这里的支持创业高速增长的生态系统。硅谷生态系统的特点包括将风险资本转换成高增长的企业,用法律专有知识引导这些企业,以技术和人力资本来开发创新型企业。

世界各地的企业家、公司、大学和政府也认识到了硅谷的价值,希望学习其经验,利用这些经验来促进成功的创业和创新。光顾硅谷的世界各地团组都是为此而来的。类似旧金山大学推出的硅谷体验项目(Silicon Valley Immersion),通过邀请当地专家授课、陪同访问高科技公司、举办与当地企业家和投资人网络活动等,接待了来自拉丁美洲、亚洲和欧洲的团组,向他们介绍了独特的硅谷创业生态系统。来自墨西哥、阿根廷、秘鲁、智利以及其他各地的团组造访旧金山大学,居住在硅谷,体验硅谷的生态系统,以增强其自身用硅谷方式创业和创新的能力。

生产率、效益和效率

就目标而言，另一种看法认为管理人员必须提高生产率。第二次世界大战以来，美国在生产率上处于世界领先地位。但在20世纪60年代后期，其生产率增速开始减慢。现在，全世界各地的政府、产业和大学都充分认识到了改善生产率的迫切性。人们常常面向日本来寻找解决生产率问题的答案（本书第3章将讨论这一问题），然而却经常忽略有效地进行各种管理和非管理活动的重要性。

生产率的定义

成功的企业通过生产性经营活动而创造盈余。虽然人们对**生产率**的真正含义还没有取得一致的看法，但我们可以将其定义为：在保证质量的前提下，企业一定时期内投入和产出的比率。用公式表示，即为：

$$生产率 = \frac{产出量}{投入量}（一定时期内，在保证质量的前提下）$$

> **注解**
> **生产率** 在保证质量的前提下，企业一定时期内投入和产出的比率。

该公式表明，企业可以通过以下方式改善生产率：（1）投入量不变而增加产出量；（2）减少投入量，但保持产出量不变；（3）在增加产出量的同时减少投入量以提高生产率。企业的投入包括劳动力、原材料和资金。总要素生产率将各投入要素组合在一起形成综合投入量。以往，提高生产率的方法大多是针对工人的，但是，正如管理学方面学术成果卓著的彼得·德鲁克教授所言："提高生产率的最大契机来自知识工作，特别是管理本身。"[15]

效益和效率的定义

生产率意指与个人和组织绩效相关的效益和效率。**效益**是指完成目标的程度，而**效率**则是指以最少的资源完成目标。一个公司只有高效率地完成目标，才会产生效益。例如，一个组织有可能以低效率完成目标，其结果是高成本和非竞争性产品或服务。同样，一个企业可能会因高效率地完成次级目标而失去整个市场。所以，一个出色的公司一定是高效益和高效率的。因此，管理人员要想知道自己是否有成效，必须首先明确自己的目标和组织的目标。本书第4章将讨论这一问题。

> **注解**
> **效益**是指完成目标的程度。
>
> **注解**
> **效率**则是指以最少的资源完成目标。

创业视角　　增长最快的公司[16]

创业管理可以使销量快速增长。2011年，《财富》杂志按照美国上市公司收入增长、利润增长和前三年投资回报指标进行排序，公布了100家成长最快的公司排名榜。以下是居《财富》杂志排名榜上的前10名公司，如果以快速成长作为衡量成功创业管理的指标的话，那么这些公司当之无愧。

> 1. 伊利诺伊州芝加哥的美国医药福利管理公司（SXC Health Solutions）
> 2. 佛蒙特州沃特伯里的绿山咖啡公司（Green Mountain Coffee Roasters）
> 3. 纽约阿米蒂维尔的哈-泰克制药公司（Hi-Tech Pharmacal）
> 4. 中国北京的百度公司（Baidu）
> 5. 马里兰州奥因斯米尔斯的快验保公司（Medifast）
> 6. 康涅狄格州柴郡的亚力兄制药公司（Cheshire Connecticut）
> 7. 马里兰州银泉的探索通信公司（Discovery Communications）
> 8. 内布拉斯加州奥马哈的绿色平原可再生能源公司（Green Plains Renewable Energy Inc）
> 9. 中国如家酒店连锁（Home Inns & Hotel Management）
> 10. 康涅狄格州绍斯波特的斯图姆鲁格公司（Sturm Ruger and Company）

管理：科学还是艺术？[17]

注解
管理实践是一门艺术，而指导这种实践活动的、系统的知识，则可以被称为一门科学。

就实践而言，如同医学、作曲、工程设计、会计甚至棒球运动等实践活动一样，管理工作是一门艺术。管理工作是专门技巧，依据实际情况而行事。运用系统的管理学知识，管理人员会把管理工作完成得更好。正是这种专门的知识构成了科学。因此，管理实践是一门艺术，而指导这种实践活动的、系统的知识，则可以被称为一门科学。在这一点上，科学和艺术不是相互排斥而是互为补充的。

就像自然科学和生物科学在不断改进一样，管理作为艺术也应当发展。确切地说，管理人员要处理的许多变量是极其复杂的，而指导管理工作的科学理论却相当粗糙，不精确。即使如此，现有的管理知识肯定能够改进管理工作。医生如果不掌握科学，几乎跟巫医一样；而高级管理人员如果不具备管理科学知识，则工作中只能是碰运气，凭直觉，或照老经验行事。

管理工作像其他领域一样，管理人员只有从实践知识的积累中寻求有益的指导，除非他们采取边干边摸索的办法（有人说下属人员的摸索就是管理人员的失误）。

管理思想的演进[18]

学者和管理工作者们对管理的不同贡献形成了不同的管理方法，形成了一种"管理理论丛林"效应。在这一章的后半部分，读者将学到各种不同的管理分析方式以及如何清理这种丛林。表1-1总结了管理界学者和管理工作者们的主要贡献。[19]我们将主要探讨弗雷德里克·泰勒（Frederick Taylor）的科学管理理论、亨利·法约尔（Henri Fayol）

的现代经营管理理论以及埃尔顿·梅奥（Elton Mayo）和 F. J. 罗特利斯伯格（F. J. Roethlisberger）的霍桑研究（Hawthorne studies）。

表 1-1　　管理思想的出现

主要贡献者的姓名和年龄	对管理的主要贡献
科学管理	
弗雷德里克·W·泰勒 车间管理（1903 年） 科学管理原理（1911 年） 对众议院的一个委员会 所做的证词（1912 年）	公认的"科学管理之父"。他的主要观点是采用科学方法通过提高生产效率和增加工人工资来提高生产率。他的原理强调应用科学，形成群体的协调和合作，实现产出的最大化和培养工人的技能。
亨利·L·甘特（1901 年）	强调科学选用工人，以及劳动者和管理者之间"和谐合作"。发明了"甘特图"（见第 19 章）。强调培训的必要性。
弗兰克和莉莲·吉尔布里思（1900 年）	弗兰克是从事时间研究和动作研究的著名先驱者。莉莲·吉尔布里思是一位工业心理学家，集中研究工作中人的因素和对工人个性与需要的理解。
现代经营管理理论	
亨利·法约尔 工业管理和一般管理（1916 年）	被称为是"现代经营管理之父"，将工业活动划分为技术、商业、财务、安全、会计和管理六个方面，承认对管理者教育的必要。系统地讲述了管理的 14 个原则，如职权和职责、命令的统一，等级系列和团队精神。
行为科学	
雨果·芒斯特伯格（1912 年）	将心理学应用于产业和管理。
沃尔特·迪尔·斯科特（1910 年、1911 年）	将心理学应用于广告、市场营销和人员管理。
马克斯·韦伯（1946 年、1947 年翻译）	行政管理理论。
维尔弗雷多·帕累托（1896～1917 年的著作）	被称为是在组织和管理方面的"社会系统方法之父"。
埃尔顿·梅奥和 F. J. 罗特利斯伯格（1933 年）	著名的西方电气公司霍桑工厂研究，即工作小组的社会态度和相互关系对业绩影响的研究。
系统理论	
切斯特·巴纳德 管理者的职能（1938 年）	管理人员的任务是在一个正式组织中维护好一个合作系统。他提出了一种管理的全面的社会系统方法。
现代管理思想	
本书中讨论了许多作者。主要贡献者包括：克里斯·阿吉里斯、罗伯特·R·布莱克、C. 韦斯特·丘奇曼、欧内斯特·戴尔、基斯·戴维斯、玛莉·帕克·福莱特、弗雷德里克·赫茨伯格、G. C. 荷蒙斯、哈罗德·孔茨、兰瑟斯·利克特、道格拉斯·麦克雷格、亚伯拉罕·H·马斯洛、莱曼·W·波特、贺伯特·西蒙、乔治·A·斯坦纳、林德尔·厄威克、诺贝特·维纳和琼·伍德沃德。	

续表

主要贡献者的姓名和年龄	对管理的主要贡献
现代管理思想	
彼得·F·德鲁克（1974年）	撰写了大量的有关一般性管理专题的论著。
爱德华·W·戴明（第二次世界大战后）	在日本引入质量控制。
劳伦斯·彼得（1969年）	观察到人们最终会被提升到他们不能胜任的职位和级别上。
威廉·大内（1981年）	讨论了在美国的环境中应用某些日本的管理方法。
托马斯·彼得斯和罗伯特·沃特曼（1982年）	确定了他们认为最佳公司的特征。
加里·哈默尔和C.K.普拉哈拉德（1990年）	提出"公司核心竞争力"论断，视公司为核心能力的集成，而非经营单位的组合，促使管理人员能更好地识别和利用其竞争优势。
杰恩·巴尼（1991年）	提出"基于资源的公司论断"，有助于管理人员通过识别那些有价值、稀缺、难以复制以及不可替代的资源，来确定自身的持续竞争优势。
克莱顿·克里斯坦森（1997年）	通过创新管理促使公司成长。

资料来源：Some information in this table is based on Claude S. George, Jr., *The History of Management Thought* (Englewood Cliffs, NJ: Prentice Hall, 1972).

弗雷德里克·泰勒和科学管理[20]

> **注解**
> 弗雷德里克·温斯洛·泰勒（1856~1915年）

弗雷德里克·温斯洛·泰勒于1875年终止了大学课程，开始当制模工和机工学徒；1878年在费城进入米德维尔钢铁公司当机工并在夜校学习，获得工程学位后被提升为总工程师。他发明了高速切削工具，一生中的大部分时间作为一个顾问工程师。泰勒被公认为"科学管理之父"。就管理学的早期发展而言，也许没有别人比他有更大的影响力了。他当过学徒、普通工人、工长、总机械师，而后成为一家钢铁公司的总工程师的经历，使泰勒有充分的机会去直接了解工人的种种问题和态度，并能够发现提高管理质量的极大的可能性。

泰勒的成名著作《科学管理原理》出版于1911年。泰勒提出的科学管理方法的基本原则主要包括以下方面：

- 用科学（系统的知识）代替单凭经验的方法；
- 在群体行动中强调协调以代替不一致；
- 实现人们的彼此合作以代替混乱的个人行为；
- 强调工作的产出最大化，而不是限制产出；
- 全力以赴地培养工人，从而达到他们个人和公司利益的最大化。

显然，泰勒的这些基本管理原则和现代管理人员的基本信念非常接近。

亨利·法约尔：现代管理理论之父[21]

或许现代管理理论的真正创始人是法国工业家亨利·法约尔。法约尔充分认识到广泛地运用管理原则和管理思想的必要性，进而将管理划分为14条具体的原则。他认为，管理原则要有灵活性而不能绝对化，其广泛使用性不受环境变化影响。让我们看一下这些原则：

> **注解**
> 亨利·法约尔（1841～1925年）

- 职权和职责。法约尔认为职权和职责是互相关联的，后者是前者所产生的。他认为职权是职务因素（来自管理人员的职位）和个人因素（智力、经验、道德价值观、过去的贡献等）的综合，是"智商、经验、道德品质和过去经历等因素的集成"。
- 命令的统一。员工应该从一个上司那里获得指令。
- 等级系列。法约尔把这看做从最高级到最低级的"上级管理人员系列"。虽然没有必要去故意违反这个系列，当在严格遵循它反而有害时，应该减少层次。
- 团队精神。这是"团结就是力量"的原理，也是命令统一原则的扩展，强调团队工作的必要性和信息沟通的重要性。

法约尔把管理要素视为计划、组织、指挥、协调和控制职能。

埃尔顿·梅奥和F. J. 罗特利斯伯格以及霍桑研究

埃尔顿·梅奥、F. J. 罗特利斯伯格和其他一些人，于1927～1932年间在西方电气公司的霍桑工厂进行了一项著名的试验。[22] 早在1924～1927年间，国家研究委员会与西方电气公司合作做一项研究，以确定照明和其他工作条件对工人和生产率的影响。他们发现，试验小组的照明无论是增强还是减弱，该小组的生产率都有提高。在研究人员为此打算宣布整个试验归于失败之际，哈佛大学的埃尔顿·梅奥却看出了某些不寻常的东西，于是便和罗特利斯伯格以及其他一些人继续进行研究。

> **注解**
> 埃尔顿·梅奥（1880～1949年）
> www.thoemmes.com/encyclopedia/mayo.htm

梅奥及其同事所发现的结果，虽然部分上是以维尔弗雷多·帕累托的早期思想为依据，然而这些发现对于管理思想却有着巨大的影响。改变试验小组照明度，改善休息时间，缩短工作日和变换刺激性的工资制度，似乎都不能解释企业生产率变化的原因。于是梅奥和其他的研究人员得出结论，必定有其他因素在起作用。他们认为，一般来说，生产率的提高是由于一些社会因素，如士气、劳动集体成员之间满意的相互关系（归属感），以及有效的管理，如要求了解人的行为，特别是群体行为，并且通过诸如激励、劝导、领导和沟通等人际关系技能而导致的。上述试验小组所出现的现象，基本上是由于参加试验的员工受"重视"而引起的，被称为"霍桑效应"。

近代管理思想的贡献者

对管理思想的发展做出贡献的人中有政府官员、企业管理人员和行为科学家，他们的重要论著将贯穿于本书加以讨论。我们在这里只提及少数几位贡献者。

彼得·F·德鲁克（Peter F. Drucker）撰写了大量的有关一般性管理专题的论著。基斯·戴维斯帮助人们了解了非正式组织。爱德华·W·戴明（Edwards W. Deming）（已故）[23]和约瑟夫·M·朱兰（Joseph M. Juran）[24]两位美国人就如何提高日本产品的质量做过很多贡献。已故的劳伦斯·彼得（Laurence Peter）提出，人们最终会被提拔到他们的才能不能胜任的职位，从而没有进一步晋升的可能。不幸的是，造成的结果是组织中不称职的人大有人在。威廉·大内（William Ouchi）在他所写的畅销书《Z理论》中，指出了怎样把一些日本管理方法应用于美国的企业。最后，托马斯·彼得斯（Thomas Peters）和罗伯特·沃特曼（Robert Waterman）讨论了最佳公司的特征。这些著作大多在本书的其他部分进行较为详细的讨论。

全球化视角　　　　　彼得·德鲁克的智慧[25]

已故的彼得·德鲁克是当今最有影响力的管理思想家。在他60年的职业生涯中，他撰写了39本书，给许多大公司的高层管理人员提供过咨询。然而，他的兴趣绝不仅仅局限在管理的远见方面，而是延伸到日本艺术和欧洲历史。诚然，他的关注点在于如何使员工提高生产能力。他在其经典的《管理实践》著作中使目标管理理念广为传播，强调了确定清晰而又可考核目标的重要性。目标可以考核意味着，在某一个阶段结束时，人们能够看到自己所确定的目标是否得以完成。

德鲁克给诸如杰克·韦尔奇（Jack Welch）等大型公司首席执行官提供过咨询。通用电气公司前任首席执行官韦尔奇被许多人认为是大型复杂组织最成功的管理者。德鲁克提出的问题可能导致了韦尔奇的格言，即如果通用电气下属的子公司在其所在行业不是处在第一或第二的竞争地位上（或无望成为行业第一或第二的话），该子公司应该被剥离掉。德鲁克的高超之处在于提出重要问题。曾经有一位高层管理者问他，如果首席执行官自行回答德鲁克提出的问题，为什么要支付给他咨询费？然而，德鲁克提出问题的方式常常引导对方确定自己公司的发展方向。英特尔公司前任首席执行官安德鲁·格罗夫（Andrew Grove）对德鲁克有关首席执行官多重作用的讨论印象极为深刻，即面对公众代表公司，首席执行官的作用是战略家，而对内是一个经营管理者。同时，德鲁克建议，提拔管理者不应该基于他（她）的极限，而应该根据他（她）的绩效。

在1943年，德鲁克开始研究通用汽车公司的组织结构，其后形成了他的《公司概念》著作。他的观点是，"人们能够携手工作，扬长避短"。

德鲁克不仅关注提高员工的生产能力，而且认为员工是组织最有价值的资产，因此，决策应该产生于组织结构的基层（即授权）。他的其他一些管理哲学观点包括，组织的核心是人员而不是机器或厂房。他认为，就管理者而言，无论他们在美国、德国、日本，还是在中国，他们所从事的管理工作性质是一样的，但如何进行管理则可能有所不同。

组织学习、培训和发展在组织的各个层面都需要，这是一个循序渐进的过程。盈利不是组织的目的，但不可或缺。市场营销起始于消费者，涉及消费者价值和需求。德鲁克提出这样的问题："消费者生活在哪里？他们要买什么？"听起来简单？是的，但是，这个问题对引发一个有效的战略却不可小视。

在人们尚没有充分认识到"知识劳动者"概念的时候，德鲁克已经对此进行了广为传播，并在认真考虑如何管理这些人员。当然，管理不仅适用于营利性的企业，而且还涉及教会、工会、青年组织以及医院。本书正是强调这一观点。

管理创新发展简史[26]

创新对组织的成功至关重要。然而历史表明，多年来创新理念时而出现，时而消失。以下是一些大事记（日期为大致时间）。

1910 年：亨利·福特在组装生产线上推出 T 型车增加了产量。

1920 年：通用汽车公司的艾尔弗雷德·斯隆采用事业部组织结构，让事业部单独运作，从而建立了现代组织。

1931 年：宝洁公司推出香皂品牌管理，由管理人员个人对品牌的成功与否负全部责任。

1943 年：洛克希德臭鼬工厂采用母公司充分授权、不受阻碍工作项目小组方式在极短的时间里生产出一种新型战斗机。

20 世纪 50 年代：丰田公司在不减员的情况下用创新方式提高了效率，并在 1961 年推出了质量控制理念。

1967 年：壳牌公司运用不同选择方案和预案方法的概念，渡过了 20 世纪 70 年代的石油危机。

1973 年：杜邦公司采用 360°反馈（360-Degree Review）方法，将其他管理者、同僚和下属的意见反馈给相关管理者。

1987 年：摩托罗拉公司推出六西格玛（Six Sigma）流程，提高了效率，降低了残缺率。通用电气公司最先采用了六西格玛方法。

1989 年：国际商用机器公司（IBM）外包了柯达公司的数据处理业务。在整个 20 世纪 90 年代，许多企业运用这种管理方式将业务转移到了其他国家。

1990年：流程再造颠覆了组织流程的理念。尽管这种方法有可能导致企业减员，但是，大力推广该方法的迈克尔·哈默（Michael Hammer）认为，这并不是推出流程再造理念的初衷。

21世纪：企业与其他公司和消费者联手推出新的创新性理念。例如，宝洁公司希望其半数的创新来自外部。

2012年：越来越关注将技术置于组织外部（云），重视移动计算技术，利用社会化媒体更有效地与消费者互动，以此来制定组织战略，并直接影响高层管理人员管理公司的方式。

人们有时也引入创新方式来解决管理方面的问题。这些方式的确可以用来当做提高组织效益的工具，然而，只有将管理系统方式引入其中，这些创新工具方可奏效。

管理分析方法：管理理论的丛林？

虽然在20世纪50年代早期以前，学者和理论家们对管理学的研究少有贡献，管理学的著作大多出自管理工作者之手，但在过去几十年中却已涌现出了大量出自学术界的著作。管理的各种不同分析方法、大量的研究以及各种不同的观点交织在一起，在对什么是管理、什么是管理理论和科学以及如何分析管理的各种事件等方面出现了一些混乱。实际上，早在多年前哈罗德·孔茨（Harold Koontz）就把这种情况称为"管理理论的丛林"。[27] 从那时起，这种丛林里的植物生态结构发生了一些变化，如出现了一些新的方法，一些传统的方法在增添了新词汇后赋予了新的内涵，但管理科学和理论的发展，仍然呈现为丛林的特点。

图1-3中简要阐述了管理分析的各种方法，归纳为14种类型。图中注明了这些管理分析方法的特征、贡献和局限性，我们在这里着重强调管理角色方法和管理过程（或运筹）方法。

特征与贡献	局限性	图例
经验法或案例法		
通过案例研究经验，确定成败因素。	环境完全不同。目的不在于确定一些原因。发展管理理论的价值不大。	失败 — 案例环境 — 成功 — 为什么？

（续）

特征与贡献	局限性	图 例
管理角色法		
最初的研究是对五位总经理的观察,在此基础上确定了管理人员的十个角色,并按人际关系、信息和决策角色分成三类。	最初的样本很小,有些活动不属于管理的范围。许多活动呈现在计划、组织、人员、领导和控制方面。但一些重要的管理活动却未加以考虑(如管理人员的考评)。	
随机制宜的或因情况而异的方法		
管理实务取决于环境(即随机制宜或因情况而异)。随机制宜理论认识到已知的解决方法对企业行为模式的影响。	管理人员早已认识到没有一种可以到处适用的最佳方法。难以确定随机制宜相关因素并指明它们的关系,因为这些关系可能是很复杂的。	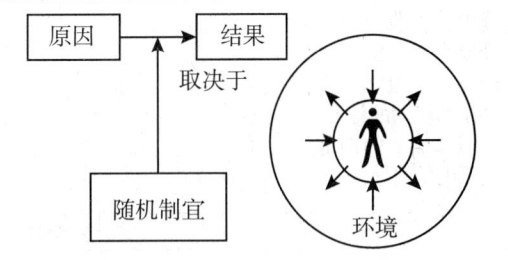
数学的或"管理科学"方法		
管理工作被看成是数学过程、概念、符号和模型。把管理看成是一种纯粹的逻辑过程,用数学符号和数学关系来表示。	过于强调数学模型。管理工作的许多方面并不能模型化。数学是一种有用的工具,但很难成为一个学派或一种管理方法。	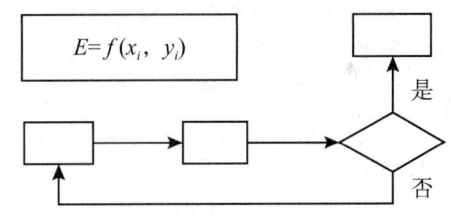$E = f(x_i, y_i)$
决策理论法		
强调决策的制定、做决策的人或群体以及决策过程。一些理论家把决策看做研究所有企业活动的出发点。现在对研究范围已经没有了明确的界定。	管理工作要远远超过决策工作量,同时,着重点既狭隘又过于宽泛。	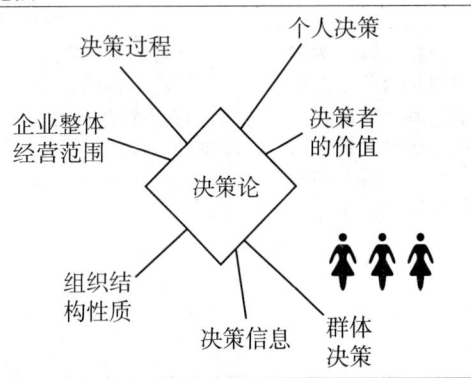

(续)

特征与贡献	局限性	图例
流程再造方法		
突破性思维 过程分析 大幅度重新设计 显著结果	忽视外部环境。有可能忽略消费者的需求，忽略人的需求，与管理过程或运筹学方法不同，忽视整个管理系统。	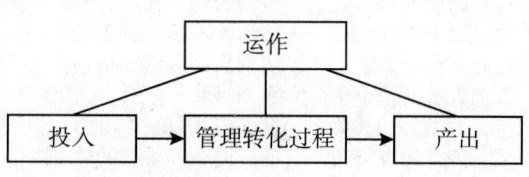
系统方法		
系统概念有广泛适用性。系统有其边界，与外部环境相互影响，即组织是开放系统。认识到研究一个组织和许多子系统内的计划、组织和控制的内部关系的重要性。	很难被认为是新的管理方法。	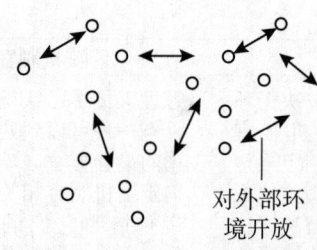
社会技术系统法		
技术系统对于社会系统有巨大影响（个人态度和群体行为）。着重在生产、办公室业务以及在技术系统和人际之间具有紧密关系的其他方面。	只强调蓝领和低层的办公室工作，忽视更多的其他管理知识。	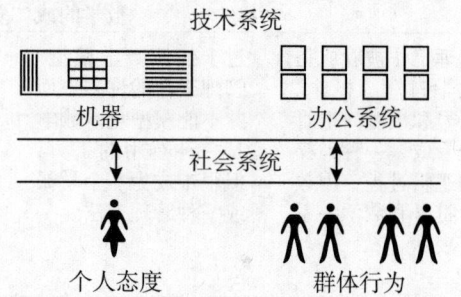
协作社会系统法		
涉及把人际行为和群体行为两个方面引导到一个协作系统。把概念扩大到任何一个具有明确目的的协作集体。	对于管理研究的范围过于广泛。同时，它忽视许多管理概念、原则和方法。	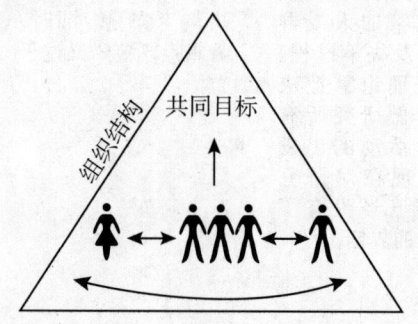

（续）

特征与贡献	局限性	图例

群体行为法

强调在群体中人的行为。以社会学和社会心理学为基础。主要研究群体行为模式。对大型群体的研究常称为"组织行为"。	往往没有完整的管理概念、原则、理论和方法。需要更紧密地结合组织结构设计、人员配备、计划和控制。	一个群体的研究　群体间相互关系的研究

人际行为法

注重人际行为、人际关系、领导和激励的研究。以个人心理学为基础。	忽略计划、组织和控制。心理训练不足以成为一名有效的管理者。	研究的重点

麦肯锡的 7-S 结构体系

这七个S是：(1) 战略；(2) 结构；(3) 系统；(4) 作风；(5) 人员；(6) 共有价值观；(7) 技能。	虽然这家富有经验的咨询公司采用的这种框架类似于1955年以来由孔茨等发现的这一有用的体系（见表2-2），在肯定它的实用性的同时，应指出其所用的专用名词并不准确，而且对问题也没有深入讨论。	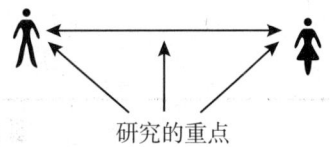 系统　结构　作风　战略　人员　技能　共有价值观

全面质量管理方法

着重在提供可靠、满意的产品和服务（戴明）或产品和服务适合消费者（朱兰）以及满足质量要求（克罗斯比）。基本理念是持续改进、重视细节、团队作品和质量教育。	对什么是全面质量管理没有一致的看法。	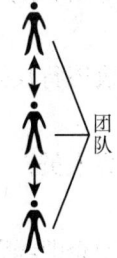 团队　着重： ● 消费者需求 ● 高质量产品和服务 ● 对质量和成本的关注

（续）

特征与贡献	局限性	图 例
管理过程或运筹法		
把其他领域和管理方法的概念、原理、方法和知识会聚在一起，旨在发展实用性的科学和理论。这一方法对管理知识和非管理知识加以区分，并围绕计划、组织、人员、领导和控制五项管理职能制定出分类体系。	并不像某些作者那样把代表性或协调性看成是一种独立的职能。例如，协调是管理人员的本质，也是管理工作的目的。	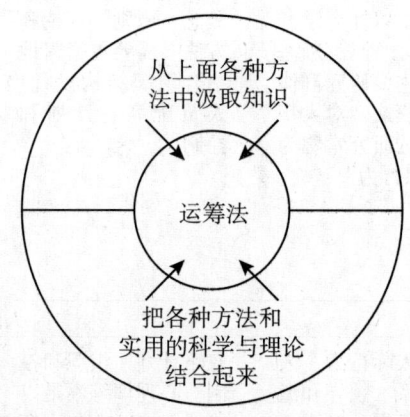

图 1-3　管理方法

管理角色方法

管理角色方法是一种广为探讨的管理理论方法，是由麦吉尔大学（McGill University）的亨利·明茨伯格（Henry Mintzberg）教授[28]推广开来的。他的方法实质上是观察管理人员实际上在做些什么，并从这种观察中归纳出管理人员的活动（或角色）内容。虽然许多研究人员已经对管理人员从首席执行官（CEOs）到基层管理者的实际工作进行过系统研究，但明茨伯格对这种方法的普及功不可没。

明茨伯格在系统地研究了几个不同组织内首席执行官（CEOs）的活动后得出结论，高级管理人员并没有从事传统的计划、组织、领导、协调和控制管理职能，相反，他们进行了一系列的各种其他活动。明茨伯格从他和其他人的、针对管理人员实际工作的同类研究中得出结论，认为管理人员实际承担10种不同的角色：

人际关系角色

1. 挂名角色（作为组织的代表履行仪式和社会责任）
2. 领导角色
3. 联络人角色（特别是同外界人员）

信息传播角色

4. 信息接收者角色（接收关于企业经营的信息）
5. 信息传播者角色（向下属传递信息）
6. 发言人角色（向外部发送本组织的信息）

决策角色
7. 创业者的角色
8. 危机处理者的角色
9. 资源配置者的角色
10. 谈判者的角色（与各类人员和群体打交道）

明茨伯格的角色方法也受到了批评。首先，在他的研究中所用的 5 名首席执行官（CEOs）的样本实在是少得不足以支持其所下的结论。其次，在分析从首席执行官到基层管理者的实际活动中，任何研究人员都必须牢记，管理人员所做的工作并非全是管理性工作。人们可以预料，即使是大公司的总裁也可能会花费一些时间在公共事务和股东关系上，在筹措资金和处理公司代销商的关系以及市场营销等方面。最后，明茨伯格所发现的管理人员的许多活动，实际上就是计划、组织、人员、领导和控制工作。例如，资源配置是什么，不就是计划工作吗？创业者的角色当然是整个计划工作中的一个要素，而人际关系角色则主要属于领导工作。此外，信息传播角色可以分别纳入几个职能工作的范围。

然而，观察管理人员实际上在做些什么是颇有价值的。在分析各种活动时，一位强干的管理者总希望确定这些活动和方法如何分属于管理人员基本职能中的哪些知识领域。但是，明茨伯格所阐明的那些角色是不完整的，如建立组织、管理人员的选择和考评以及决定主要战略等活动无疑是管理人员重要的管理活动，而这些活动并没有包括在他所阐明的角色中。这些活动的缺失不禁使人们怀疑他样本中的那些高级管理人员是否是能干的管理者。人们当然会提出一个严肃的问题，即管理角色方法（至少如这里陈述的）是否具备基于它去创建一种可行的经营管理理论的条件。

管理过程或运筹法

管理理论和科学的过程或运筹法把管理学的有关知识同管理人员所做的管理工作结合在一起。和其他的运筹科学一样，管理过程或运筹法试图将构成管理任务基础的一些概念、原理和方法结合在一起。

> **注解**
> 管理过程或运筹法把管理学的有关知识同管理人员所做的管理工作结合在一起。

这一方法认为，有一种仅仅适用于管理领域内的管理核心知识，诸如直线职权和参谋职权、部门划分、管理的评价以及各种管理控制方法所涉及的概念和理论，只会出现在管理人员参与的情境下。此外，这种方法还汲取和吸收来自其他领域的许多知识，包括系统论、质量和流程再造理念、决策论、激励与领导理论、个人和群体行为、社会系统、协作和沟通以及数学分析和概念。

管理过程或运筹法的性质可以从图 1-4 中看出。如图 1-4 所示，管理过程或运筹学派认为，存在一个为管理工作所独有的科学和理论的核心，并且各个其他学派和方法也对这一学派做出了一些重要贡献。此外，管理过程理论家并不是对这些不同领域的所有重要知识感兴趣，而是针对管理方面最有用和最相关的知识。

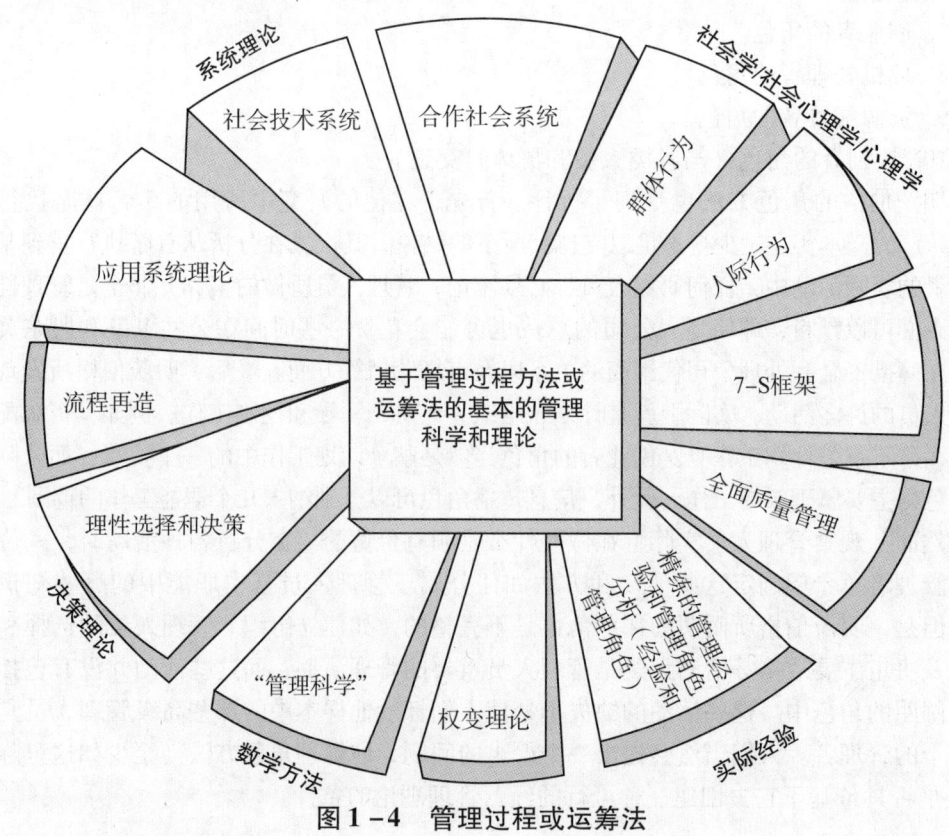

图1-4 管理过程或运筹法

管理过程的系统方法

  任何一个企业都不会存在于真空之中,更确切地说,其生存和发展依赖于外界环境。正如企业附属于一定的产业、经济制度和社会一样,企业是许多大系统中的一部分。因此,正如图1-5所示,企业吸收投入因素,进行加工并将产品输送给外部环境。但是,这一简单的模型需要加以扩展,使其成为一个过程或经营管理模型,表明企业投入的因素如何通过计划、组织、人员、领导和控制的管理职能转变为产出(如图1-6所示)。当《第五项修炼——学习型组织的艺术与实务》的作者彼得·圣吉被问及当今国内和国际企业面临的最重要的问题时,他说:"我认为是管理系统问题。"[29]本书所采用的是管理过程的系统方法,不仅关注企业内部的运作,而且包括企业与外部环境的相互作用。

第1章 管理学：科学、理论和实践

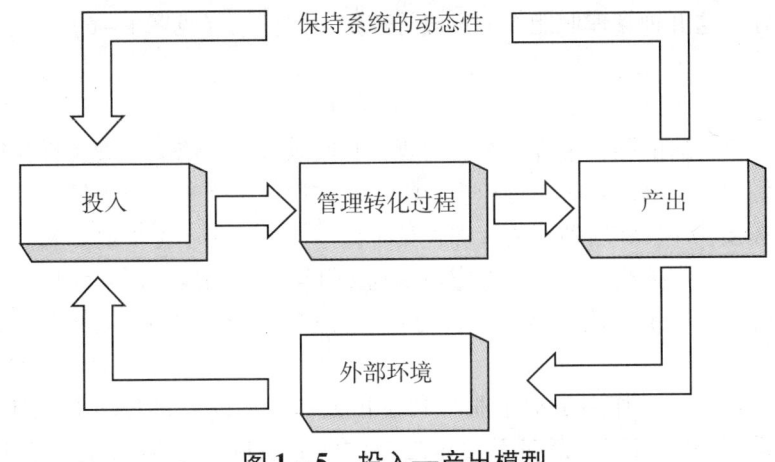

图 1-5 投入—产出模型

投入和各方要求*

如图 1-6 所示，企业来自外部环境的投入包括人员、资金、管理技能、技术知识和技能。此外，不同类型的人对企业提出不同的要求。例如，员工们要求更高的工资、更多的福利和职业保障；消费者要求产品安全可靠、价格合理；供应商们要求企业就购买其产品做出承诺；股东们不仅要求高投资收益，还要求投资的安全性；联邦政府、州政府和地方政府在依赖于企业缴纳赋税的同时，还希望企业遵守其制定的法律。同样，企业所在的社区则要求企业做"好市民"，在力求污染最低化的同时为地方最大限度地提供就业机会。可能对企业提出要求的其他单位包括金融机构和工会，甚至竞争对手也有要求公平竞争的合法权利。很明显，许多要求是不协调的，因此，管理人员的职责就是要兼顾各方要求的合理目标。要做到这一点有时需要管理人员做出妥协、让步，甚至是委曲求全。

> **注解**
> 投入：人员、资金、管理技能、技术知识和技能。

管理的转变过程

管理人员的任务就是要有效地将一定的投入高效率地转化为产出。当然，可以从不同的角度来探讨转化的过程，因此人们可以将重点放在财务、生产、人员和市场营销等不同的企业职能方面。管理学的作者们根据自己的管理方法来研究转化过程。具体地说，行为学派的学者们强调人与人之间的关系；社会制度理论家们则在分析转化过程时，把注意力集中在社会因素的相互作用上；而决策论的倡导者们则把转化的过程看做是决策

> **注解**
> 管理人员的任务就是要有效地将一定的投入高效率地转化为产出。

---

* 各方投入也称为利益相关者。

体系。但是，在讨论管理人员的任务时，最全面和最有用的方法是运用计划、组织、人员、领导和控制这五种管理职能作为集成管理知识的框架（见图1-6）。

沟通系统

沟通贯穿于管理的整个过程，至关重要，其原因有二：第一，沟通将各种管理职能融为一体。例如，制订计划时对目标进行沟通从而设计出适当的组织结构；为充实这些部门而进行选拔、评价和培训相关管理人员时，沟通也是必不可少的。同样地，有效的领导和形成有利于产生激励作用的工作环境也无疑依赖于沟通。此外，只有通过沟通才能确定发生的事件和工作绩效是否符合计划的要求。因此，只有沟通才能使管理成为可能。

沟通系统的第二个作用是把企业与利益相关者所处的外部环境有机地联系起来。例如，人们绝对不能忘记，存在于公司之外的顾客实际上是所有企业赖以生存的条件。正是通过沟通企业才能确定顾客的需求，从而使企业提供的产品和服务有利可图。同样，通过有效的沟通系统使组织能够了解竞争状况、其他潜在的威胁以及制约因素。

外部因素

有效的管理人员应该经常地审视企业的外部环境。诚然，管理人员几乎不可能去改变外部环境，除了适应外部环境外别无选择。本书不少章节（尤其是第2章、第3章和第5章）里将讨论外部环境的影响因素。

产出

> **注解**
> 产出：产品、服务、利润、顾客满意度以及利益相关者对企业提出的各种要求的协调。

管理人员的任务是获取企业所需的投入，在充分考虑外部环境因素的前提下，通过管理的各项职能，将投入转化为产出。尽管产出的形式因企业而异，但通常包括以下各点：产品、服务、利润、顾客满意度以及利益相关者对企业提出的各种要求的协调。大多数的产出无须进一步阐述，这里仅讨论最后两项。

假如一个组织希望留住和吸引其成员做出的贡献，那么它就必须提供多种"满意度"。它不仅要满足成员的基本物质需要（例如员工挣钱支付食宿或职业保障），而且还要满足成员交往、享受平等待遇、受到尊敬，甚至在工作岗位上实现自己长远奋斗目标，即自我实现的需要。

另一个需要提及的产出是目标的协调。如上所述，利益相关者对企业提出的要求不尽相同，且常常相互冲突。管理人员的任务就是要解决这些冲突，协调各方的要求。

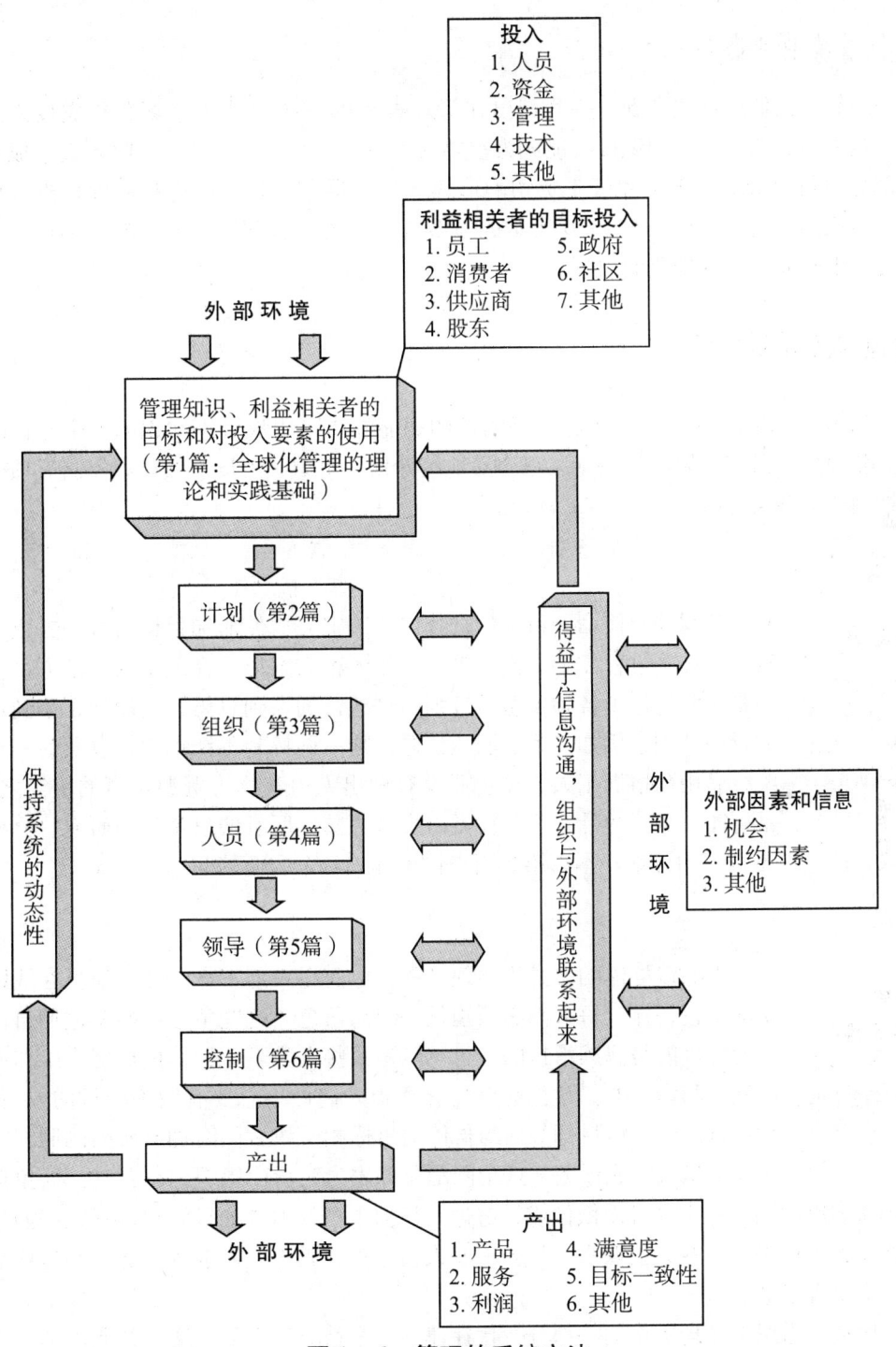

图1-6 管理的系统方法

保持系统的动态性

最后，人们应该注意到，一些产出在管理过程的系统模式中重新转化成投入。例如，员工的满意度、新知识或技能成为重要的人力资源的投入，同样，收入大于成本剩余部分的利润重新以现金和资本货物的形式（如机器、设备、厂房和存货）进行再投资。很快读者就会发现，图1-6所示的模型是本书集成管理知识的框架。不过，还是首先仔细研究一下管理职能。

管理人员的职能

如图1-6的中央部分所示，管理人员的职能提供了集成管理知识的一个有益的框架。新理念、研究成果或方法可以很容易地按计划、组织、人员、领导和控制五项分类归纳到这个框架之中。

计划

> **注解**
> 计划涉及使命和目标的选择以及决定完成使命和目标的行动方案，即需要做出决策。

计划涉及使命和目标的选择以及决定完成使命和目标的行动方案，换言之，计划过程需要做出决策，即在各种方案里选择未来的行动方案。本书第4章讨论了各种类型的计划，这些计划大到总体目标规划，小到琐碎的行动计划，例如，为了制造仪器订购一种特制不锈钢螺栓以及为一条装配线雇用和培训工人。在企业没有做出人力和物力资源承诺的决策之前，不可能有真正的计划，即在做出决策之前，所有的只是计划研究、分析或建议，但绝不是真正的计划。本书第2篇将讨论计划各个方面的问题。

组织

> **注解**
> 组织的目的是建立一个精心策划的、适合企业内部员工配备的角色结构。

人们以群体的方式为实现某些目标而在一起工作，如同演员在戏剧里扮演角色一样，每人都必须担任一定的角色。这些角色可能是他们自己创造的，可能是偶然承担的，也可能是某些人为了让群体成员努力工作而专门确定和设计的。角色这个概念意指人们做事总要有明确的目的或目标，知道自己的工作目标如何与群体的目标相一致，同时拥有必要的职权、手段和信息去完成任务。这个问题可以用为钓鱼而组织的露营这一简单群体活动来加以说明。每个人可以做他或她愿做的任何事情，但是如果组织得好，例如分配一两个人去捡柴，一些人去取水，另外一些人去生火，其他人做饭等，那么，这项活动肯定会更有成效。

因此，**组织**是管理工作的一部分，旨在建立一个精心策划的、适合企业内部员工配备的角色结构。所谓精心策划是指为了完成任务而把必须做的所有工作落实到具体的人头上，而且希望将任务分配给那些最能胜任这些工作的人。

构建组织结构的目的是为了创造一个促使员工完成任务的环境，它本身是一种管理手段，而不是结果。虽然组织结构中一定要规定必须完成的任务，但是，由此而制定的角色却必须根据现有人员的能力和激励程度来确定。

设计一个有效的组织结构不是一件轻而易举的管理工作。为使结构适应各种情况，有许多问题要解决，如不仅要确定必须完成的工作，而且还要物色合格的人选。这些问题以及解决这些问题所涉及的主要理论、原则和方法将在本书第 3 篇进行讨论。

人员

人员工作涉及在组织结构中配备人员和保持人员的稳定。人员工作包括明确工作人员必须具备的条件，储备备用人员，招聘、选拔、安置、晋升和评价员工，制定员工职业生涯和工资报酬，培训人员，或用其他方式提高备用人员和在职人员的素质，使其能够高效益和高效率地完成任务。这些问题将在第 4 篇进行讨论。

> **注解**
> 人员工作涉及在组织结构中配备人员和保持人员的稳定。

领导

领导系指对员工施加影响，使其对组织和群体的目标做出贡献。领导工作主要涉及管理工作中的人际关系方面。管理人员都会同意这样的看法，即他们面对的最重要的问题来自员工，如员工的要求和态度以及他们的个人行为和群体行为；有效的管理人员也应该是有效的领导者。由于领导意味着服从，而人们往往跟随那些能满足大家需求、愿望和想法的领导人，所以领导过程涉及激励、领导作风和方法以及沟通。本书第 5 篇将就这些细节进行讨论。

> **注解**
> 领导系指对员工施加影响，使其对组织和群体的目标做出贡献。

控 制

控制是评定和纠正员工和组织绩效的手段，以确保事情的发展符合计划要求。控制是按照目标和计划来评定绩效，找出偏差，并采取措施加以改正，简言之，控制有助于计划的完成。虽然计划在前，控制在后，但计划本身不会自行实现。计划指导管理人员使用各种资源并完成具体目标，然后检查以确定结果是否与计划吻合。

> **注解**
> 控制是评定和纠正员工和组织绩效的手段，以确保事情的发展符合计划要求。

控制活动一般与衡量工作绩效有关。有些控制手段，如费用的预算、检查记录和误工记录是人们所熟悉的。这些手段是用来衡量和显示计划是否在顺利地实施。如果偏差持续存在，就表明应该加以纠正。但是纠正什么？回答是纠正人们的活动。例如关于减少废品、根据规格采购或管理销售利润这类问题，假如你不知道是谁负责这项工作，就将无事可做。促使事态发展与计划要求一致，是检查出工作结果与行动计划不符的人,并采取必要措施改进其工作。因此,控制工作成果要靠控制人们的工作。第6篇中将讨论这个问题。

协调是管理的核心

有些权威人士认为协调是管理人员的一种单独职能。但是,把协调看做是管理的核心似乎更确切一些,因为通过协调员工个人的努力才能完成群体目标。每一项管理职能都是为了促进协调。

即使在教堂或慈善组织中,个人对共同利益也有不同的解释,他们为共同目标做出的努力,并不一定能自然地和其他人的努力相匹配。因此,协调员工在方法、时机、努力程度或利益方面所存在的差异以及促使个人目标服务于群体目标,就成为管理人员的中心任务了。

管理人员还是领导者:这是个问题

> **注解**
> 领导力是一种影响力,即影响人们的艺术或过程,使人们能够心甘情愿、充满激情地努力完成群体目标。

虽然一些学者将管理人员与领导者加以区分(这种表述常常对管理人员不太有利),但是我们认为,好的管理人员一定是有能力的领导者。我们还认为,好的领导者必须能够引导、监督,甚至偶尔有效地实施计划、组织、人员、领导、控制这些管理职能。弗雷德·卢桑斯在其书中"伟大的领导者:基于证据的方法"一章中,将领导者与管理人员两个术语混合使用。具体来说,他辩称"本章涉及领导方式、行动和技能,同时也是管理方式、行动和技能",[30]认为管理与领导是密不可分的。因此,本书的管理内涵更侧重于管理过程中所涉及的领导力问题。

三种管理视角:全球化、创新和创业

在本书的前几个版本中,我们是从全球化视角探讨管理问题。随着日益增长的全球竞争环境中出现的各种要求,我们在此版本中增添了创新和创业视角。许多管理问题涉及全球化、创新和创业三个维度,因此,本书通篇都是从多维度来探讨管理视角。

全球化视角

此版本延续了从全球化视角探讨管理问题的传统,这一传统要求从影响管理过程的跨越国界和地区边界的角度理解社会、政治、法律以及环境因素。管理人员必须掌握在国际环境中运作所需的知识、态度和技能。他们不仅需要理解发达国家的各种因素,还要理解新兴和发展中国家的各种因素。鉴于中国和印度经济在世界经济中发挥的巨大作用,本书将探讨许多有关这些国家的管理问题。

创新视角

创新在改善政府和企业管理方面发挥着举足轻重的作用,是当今竞争环境中能够取胜的驱动力。的确,创新常常意味着组织的成功和失败。创新不仅对企业(经营)重要,而且对社会也是如此。人们对创新这个词上没有统一的看法,我们将创新定义为对新产品、服务或流程的提升、运用或商业化。

> **注解**
> 创新是对新产品、服务或流程的提升、运用或商业化。

创业视角

如果说创新用来改善产品和流程,那么创业则是首先要创造这些产品、流程和组织。事实上,创新旨在提高产品和服务的质量,而创业更多地呈现为组织变量,企业家们以此来创办组织,创新人员以此帮助开发或改善组织用来销售的产品。创新人员可能在大型组织中找到其栖身之处,而企业家们则更为其自身创建的组织感到欢欣鼓舞。简言之,企业家们创造物品和组织,而创新人员会使物品和组织变得更好、更有效率。我们将创业定义为创办组织的艺术,没有创业就没有组织的存在。抓住解决问题或提供理想服务的机会,使其产生持续和充裕的现金流。

> **注解**
> 创业是创办组织的艺术,没有创业就没有组织的存在。抓住解决问题或提供理想服务的机会,使其产生持续和充裕的现金流。

创新视角　　世界上最著名的创新公司[31]

快速成长公司杂志确认并对50个最具创新能力的公司进行了排序。几乎不出人们所料,位居前四名的是苹果、脸谱网、谷歌和亚马逊。其他处在高排位的包括:推出使用于iPhone和安卓信用卡读卡器的广场公司(Square);推特公司(Twitter);挑战财务、政治和社会机构的占领运动公司(Occupy Movement)。排名第12位的是南新军布什尔大学,它是在一个古老学院基础上转型而来的。特斯拉电动汽车公司(Tesla Motors)位居其后,该公司因推出电动车,尤其是新款S系列家庭轿车而闻名于世。德国技术大亨西门子公司也是创新巨头,以生产电动车零部件和展示油气混合动力飞机而著称。本书的许多读者可能将其文件存储在美国云存储服务公司(Dropbox),尽管面临苹果和谷歌的激烈竞争,该公司的盈利还是相当可观的。

星巴克在2007年至2010年渡过了难关,进而推出了"为美国就业"创新项目,其轻度焙炒咖啡被戏称为"金发女郎"。近来星巴克又在关注健康和福利问题。随着当前卫生保健成本高企不下,印度纳拉亚娜·卢达雅拉亚(Narayana Hrudayalaya)医院在给穷人提供卫生保健方面做出了巨大贡献。戴维·谢蒂(Devi Shetty)医生应特蕾莎修女(Mother Teresa)之邀所做的努力不仅改变了他的一生,而且在印度和非洲推出了一种低成本高质量的特殊保健方式。

下面的思维导图描述了被快速成长公司杂志认定为创新卓著的一些公司。尽管其中大部分是美国公司，但是其他国家的一些公司在创新方面的贡献也是显而易见的。这个导图仅仅是对一些创新公司的概述，其中一些排名榜上的公司将在本书中给予详尽的阐述，本章结尾所附的iPad案例就是佐证。

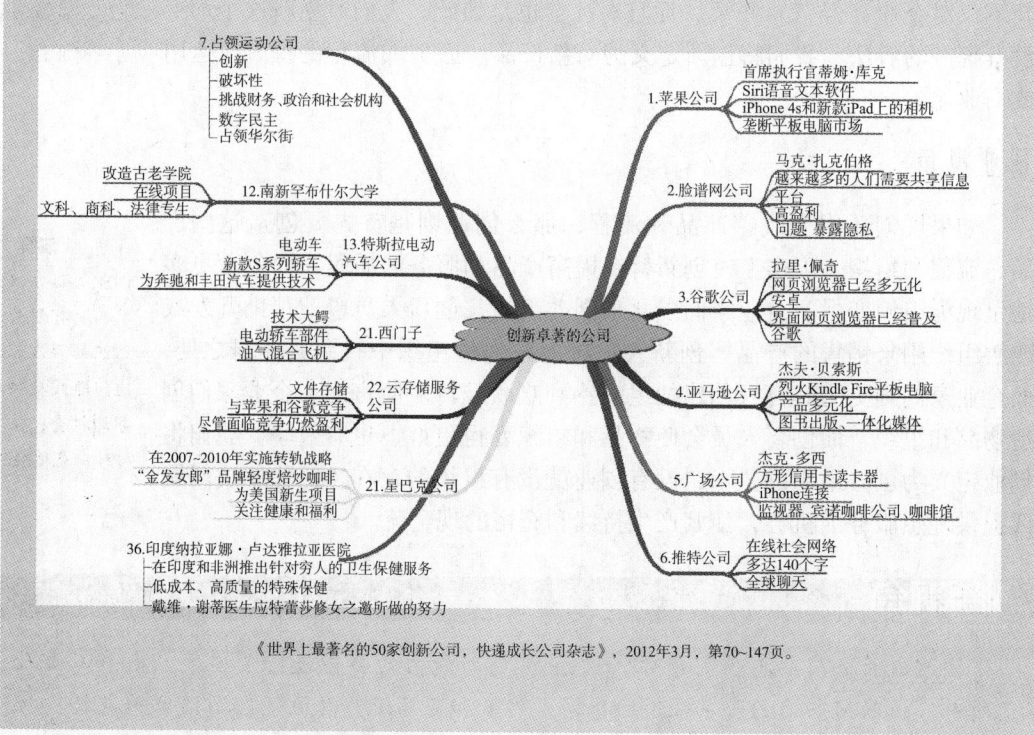

《世界上最著名的50家创新公司，快递成长公司杂志》，2012年3月，第70~147页。

管理的系统模式和本书的组织结构

管理的系统模式也是本书集成管理知识的基础。请注意，图1-6中所示的数字与本书的各篇相吻合。第1篇涉及管理的基础以及组织和外部环境的相互作用，贯穿于所有的管理职能中。这一篇讨论了基本的管理知识，如理论、科学与实践，同时，还涉及管理学的演进和各种管理方法。既然组织是开放的体系，那么它们随时与外部环境（包括国内环境和国际环境）发生相互作用。

图1-6还表明，第2篇（第4~6章）探讨计划的各个方面，第3篇（第7~10章）涉及组织职能，第4篇（第11~13章）讨论人员，第5篇（第14~17章）讨论领导，第6篇（第18~20章）讨论控制。

本书从全球化视角来探讨管理，这是因为，组织的经营活动越来越在全球市场内进行，因此，不仅在第3章，而且全书通篇都在探讨比较管理和国际管理方面的问题。创业问题的讨论贯穿于全书，尤其在第1~6篇结束语部分。

图1-6中的系统模式重复出现在第2~6篇的开始部分，但强调了相应的管理职能部分。这个一体化的模型表明了本书各个专题之间的关系。

本章小结

管理是设计并保持一种环境、以期有效地完成所选定目标的过程。管理人员完成计划、组织、人员、领导和控制五个方面的职能工作。管理在组织的各个层次上都是一项重要的活动，但是所需的管理技能因组织层次的不同而异。所有管理人员的目的都是要创造盈余。企业必须充分发挥21世纪信息技术、全球化和创业优势，同时将重心放在提高生产率上，即在保证质量的前提下，在一定时间内获得投入与产出的优势比率。生产率意指效益（实现目标）和效率（使用最少的资源）两个方面。管理实践活动是一门艺术，而有关管理的系统知识则是一门科学。

许多管理学科的作者和实际管理工作者对管理思想的发展做出了贡献。表1-1归纳了那些主要的贡献者们以及他们的代表作，提出了许多管理理论，其中每一种理论都在一定程度上对管理人员了解管理知识有所帮助。图1-3总结了各种管理方法的特点、贡献以及局限性，其中，管理过程（或运筹）方法汲取了其他管理理论的内容，并将其集成为一个完整的管理系统。

组织是一个开放的体系，在一定的环境内运作并与环境发生相互作用。管理系统方法包括来自于外部环境的投入因素和各方要求、管理的转化过程、沟通系统、外部因素、产出和保持系统的动态性的方法。管理的转化过程包括各项管理职能，这些管理职能为本书提供了集成知识的框架。国际化管理方面的问题贯穿于全书，特别在第3章加以了强调。

主要概念回顾

管理	生产率、效益和效率	管理理论丛林
管理职能	管理：科学还是艺术？	管理角色方法
不同组织层次的管理技能	管理思想的主要贡献者	管理过程或运筹方法
所有管理者的目标	科学管理贡献者	管理过程的系统方法
最佳和最受赞扬的公司的特点	法约尔的现代经营管理理论	五种管理职能
三大主要态势：技术的进步、全球化和创业	梅奥和罗特利斯伯格	创业和创新
	近代管理思想的贡献者	

讨论题

1. 你如何定义管理？你的定义是否不同于本书的定义？请加以解释。

2. 什么是管理职能?
3. 管理技能如何因不同的组织层次而异?
4. 各类企业以及各层次中的管理人员的基本目标在哪些方面是根本相同的?
5. 按照彼得斯和沃特曼的定义,最佳公司的特点是什么?你所知道的公司是否具备这些特征?
6. 技术的进步、全球化和创业会对企业产生哪些影响?
7. 生产率、效益和效率之间有什么不同?
8. 管理是一门科学,还是一门艺术?这种解释是不是也适用于工程学或会计学?
9. 为什么弗雷德里克·泰勒被称之为科学管理之父,亨利·法约尔被称之为现代经营管理理论之父?
10. "管理理论丛林"一词意指什么?
11. 指出管理分析的各种方法,并讨论它们的特点、贡献和局限性。
12. 创业与创新有什么区别?请举例说明。

练习和具体步骤

1. 访问两位当地企业管理人员或创业人员,询问他们是怎样学习管理的,阅读过哪些管理的著作(如教科书或流行读物)。这里列举几本管理书籍:加里·哈梅尔(Gary Hamel)和 C. K. 普拉哈拉德(C. K. Prahalad)合著的《未来竞争》;迈克尔·哈默(Michael Hammer)和詹姆斯·尚皮(James Champy)合著的《公司重建》;查尔斯·汉迪(Charles Handy)著《反论时代》;约翰·P·科特(John P. Kotter)著《新规则:如何在当今世界成功》;彼得·M·圣吉(Peter M. Senge)著《第五项修炼》,以及 W. 钱·金(W. Chan Kim)与勒妮·莫博涅(Renée Mauborgne)合著的《蓝海战略》。探讨一下这些书籍在多大程度上有助于你所访问的管理和创业人员。你也许同时会发现,在通读一本管理畅销书之后,在课堂讨论中提及一下也是很有意义的。

2. 采访两位公共事务管理人员,询问他们的工作与企业管理人员的工作有何不同。由于利润可能不是评估他们的效益和效率的标准,那么,他们如何了解自己所在部门、事务所或组织工作的好坏?他们认为管理是一门艺术还是一门科学?

3. 采访两位企业家,询问他们是如何进行管理的。他们的管理方法与商业企业或公共组织的管理人员有何区别?

4. 举出两个公司创新实例(如产品或服务)。这些创新成功吗?这些创新对公司和消费者意味着什么?

互联网检索

1. 在以下三个互联网站上查询一下有关当前的管理专题:
www.businessweek.com,www.economist.com,www.fortune.com,www.forbes.com,www.industryweek.com,http://public.wsj.com/home.html,www.hbsp.harvard.edu/products/hbr/index.html,http://mitsloan.mit.edu/smr/index.html。如果你对印度感兴趣,不妨查询:http://www.businessworld.in。

2. 在网上阅读《商业周刊》、《财富》和《经济学家》(www.businessweek.com,www.fortune.com,www.economist.com)3本杂志的封面报道文章,并在本书中找出与这些文章相关的段落。

创新案例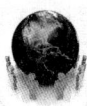

苹果 iPad2：打败平板电脑？是的！要靠新款 iPad（iPad3）[32]

iPad 平板电脑最初是由苹果公司于 1993 年推出的，当时称作牛顿留言板。之后，其他公司生产的、基于 IBM 个人电脑或其他软件平台的平板电脑也相继问世。例如，微软公司于 2000 年推出平板电脑。但是直到苹果公司于 2010 年推出 iPad、2011 年 3 月推出第二代 iPad2 之后，平板电脑才开始普及。一些行业分析师批评 iPad 的功能，称它既不是电脑也不是智能手机，根本没有存在的必要。然而，这些批评在销售成功面前却鸦雀无声了。例如，第一代 iPad 在 80 天内售出了 300 万台。更有甚者，由于 iPad2 上市之初需求旺盛，货源不足，人们在苹果店购买 iPad2 时排起了长队。

最初，iPad 平板电脑是为诸如音乐、电影、游戏、阅览书、期刊、报刊以及其他网页内容等音频和视频媒体特意开发的一个平台，与苹果的移动互联网终端（iPod Touch）和 iPhone 手机共享操作系统，很容易与这些器件连接。

iPad 平板电脑与笔记本电脑不同，它用触摸操作，没有物理意义上的键盘，但是有屏幕键盘。此外，它无须鼠标。各种型号的 iPad 平板电脑都是通过无线网络技术上网，有些甚至通过 3G 无线连接。所有型号的 iPad 平板电脑都可以通过 USB 接口与个人电脑连接，与苹果的数字媒体播放器（iTunes）同步。所以，数字媒体播放器用来作为媒介，不仅连接 iPad，还可以连接移动互联网终端（iPod Touch）和 iPhone 手机。苹果商店（iTunes store）允许人们下载各种各样的网上内容，尤其是音乐和视频。很显然，数字媒体播放器是苹果移动产品成功战略的一个重要组成部分。

最初推出的 iPad 平板电脑以及其他苹果产品获得了极大的成功。截至 2011 年 3 月：
- 下载了数以百万计的电子书籍；
- 2010 年售出了 1500 万台 iPad 平板电脑[33]；
- 2011 年年初，数字媒体播放器拥有 350000 个应用程序，其中 65000 个程序是专门为 iPad 平板电脑设计的，这些应用程序不仅使人们聆听音乐，观看视频，而且广泛应用于学校、医院和企业——这些程序从许多方面在影响着人们的生活；
- 苹果零售店为苹果的成功做出了贡献，它给那些潜在的、急于了解苹果新产品的消费者们提供了一个场所，在那里，消费者们接触到的是知识渊博、服务热情周到的员工；
- 苹果产品是规则改变者，人们日常生活中的各种活动都离不开它们；
- 史蒂夫·乔布斯将 2010 年称作第一代 iPad 平板电脑年，2011 年为第二代 iPad2 平板电脑年；
- 极为不幸的是，史蒂夫·乔布斯于 2011 年谢世。

作为第二代产品，iPad2 平板电脑仍在延续或超越第一代型号的成功。

那么，第二代 iPad2 平板电脑有哪些新特点呢？从本质上讲，它们[34]：
- 超薄，厚度仅为第一代 iPad 平板电脑的 33%（8.8 毫米），重量仅为 1.3 磅；
- 反正面都有相机；
- 由高速的 A5 双核心片驱动；
- 电池待机时间为 10 小时（与第一代 iPad

相同），但是新款既轻又秀气；

• 显示屏由一个秀气、优雅，具有 10 种不同颜色的磁性贴膜保护；

• 如同苹果 iPhone 手机和移动互联网终端（iPod Touch），内置回转陀螺仪；

• iPad2 有两种颜色（黑色和白色），可通过美国电话电报公司（AT&T）和威瑞森电信公司（Verizon）的 3G 上网；

• 在美国，iPad2 价格颇具竞争性，3G 上网 16GB 款式为 499 美元，64GB 款式为 829 美元；

• iPad2 于 2011 年 3 月 11 日首先在美国上市，稍后在 26 个国家和地区销售。

尽管 iPad2 有很多强项，但是许多人认为它还有一些不足之处。例如，它缺少：

• 快速 4G 接入（但 iPad3 可以，被称作新版 iPad）；

• SD 卡插槽；

• USB 接口；

• 闪盘接口；

• 相机欠佳（新版 iPad 有了很大的改进）。

可供 iPad 使用的应用程序种类繁多，今后还会不断推出新的应用程序。数以千计的应用程序可完成各种各样的企业任务。企业员工可以用 iPad 进行信息的形成、共享和分析，或者共享企业演示活动。例如，渥太华医院用 iPad 取代纸质医疗图表。[35] 医生可以将病人的病历存入 iPad，放置在衣服口袋中。

在教育领域，iPad 的应用程序已经广泛用于课程开发之中。[36] 在网络公开课上，学生可以聆听、观看来自诸如伯克利大学、耶鲁大学、斯坦福大学著名教授的讲座或视频，甚至观看英国牛津和剑桥、北京开放大学、东京大学等海外大学教授的授课。所用教材可以从苹果电子书店、亚马逊的"金读"（Kindle）或古腾堡项目下载。一家名曰"草稿笔"（Inkling）公司与本书的出版商麦格劳-希尔出版公司达成协议，将 iPad 用于教材之中。[37] 这些仅仅是许多应用实例中的少数几个。简言之，iPad 可以改变我们的生活方式。

• 2011 年可以称为"平板电脑年"。[38] 尽管 iPad 大获成功，苹果公司仍然面临许多竞争对手，例如：

• 摩托罗拉的 Xoom 平板电脑；

• 三星的 Galaxy Tab 10 平板电脑；

• 加拿大 RIM 公司的黑莓 PlayBook 平板电脑；

• 戴尔的 Streak 7 Wi–Fi 平板电脑；

• LG 公司的 OptimusPad 平板电脑；

• HTC 公司的平板电脑；

• 宏碁的 Iconia Tab A500；

• 惠普的 Touch Pad 平板电脑；

• 亚马逊的"金读"（Kindle）电子书平板电脑。[39]

问题是：苹果的 iPad 2 能够打败平板电脑吗？

新款 iPad——iPad3

是的，iPad 2 被打败了，但不是被竞争对手，而是被称作"新款 iPad"的 iPad3 打败的。[39] 在 2012 年 3 月，第三代 iPad 平板电脑问世。对许多人而言，这款 iPad 应该称作 iPad3。但是，苹果却决定给它起名为新款 iPad。许多人为此感到困惑。

新款 iPad 继承了 iPad2 的特点，但是有很多改进。它的尺寸与 iPad2 几乎没有什么区别（比 iPad2 略厚一些，8.8 厘米×9.4 厘米）。新款 iPad 使用的是速度更快的 A5X 芯片，配有像素更高的视网膜显示器。相机为 500 万像素，视频摄像效果更佳。除了无线上网外，新款 iPad 可以与美国电话电报公司或威瑞森通信公司的 4G 网络捆绑销售。但是，由于系统不同（iPad 2 也是这样），人们在购买时必须要确定电信运营商。新款 iPad 的待机时间与 iPad2 相同，均为 10 个小时。在美国市场上，新款 16GB iPad 最低售价为 499 美元，与 iPad2 最初推出的价格相同，但是，iPad2 现价为 399 美元，跌了 100 美元。

两代 iPad 都有一个共同的竞争对手，即亚马逊的"金读之光"（Kindle Fire）平板电脑。后者价格比前者低（2012 年在美国仅为 200 美元），但是功能稍差一些。"金读之光"平板电脑有一个触摸屏界面，与诸如视频、电视节目、"金读"（Kindle）电子书以及亚马逊音乐等海量图书馆连接。但是，"金读之光"平板电脑局限性在于不能与 3G 网络连接，应用选择余地小。尽管它的显示屏界面有些刺眼闪亮，但是很适合在室外阅读。当然，它的最大优势是价格比 iPad2 和新款 iPad 低得多。

思考题

1. 苹果为什么如此成功？苹果的强势是什么？
2. 苹果 iPad（尤其是 iPad2）有哪些特色使其平板电脑如此成功？
3. iPad 的不足之处是什么？需要增添哪些特色？
4. iPad2 如何与笔记本电脑竞争？iPad2 和典型的笔记本电脑最显著的区别是什么？
5. 你喜欢 iPad 的哪些应用程序？你认为未来可能还会有哪些应用问世？
6. 如果你已经有一个 iPad2，你还会买新款 iPad3 吗？新的改进部分与现在的价格相称吗？为什么值？为什么不值？

注释

1. Robert L. Katz, "Skills of an Effective Administrator," *Harvard Business Review*, January – February 1955, pp. 33 – 42；Katz, "Retrospective Commentary," Harvard Business Review, September – October 1974, pp. 101 – 102.

2. Nicholas Argyres and Anita M. McGahan, "An Interview with Michael Porter," Academy of Management Executive, May 2002, p. 47.

3. "The Best Managers," Business Week, January 19, 2009, pp. 40 – 41.

4. Note that this approach is similar to concepts as discussed in the book Blue Ocean Strategy by W. Chan Kim and Renee Mauborgne which will be discussed later in this book.

5. Thomas J. Peters and Robert H. Waterman, Jr., In Search of Excellence (New York: Harper & Row, 1982).

6. "Who's Excellent Now?" *Business Week*, November 5, 1984, pp. 76 – 88. See also Michael A. Hitt and R. Duane Ireland, "Peters and Waterman Revisited: The Unending Quest for Excellence," *Academy of Management Executive*, May 1987, pp. 91 – 98.

7. EPeters and Waterman, *In Search of Excellence*. For excellent discussions with the authors conducted by William C. Bogner some 20 years after the publication of their book (as well as their other books), see the February 2002 issue of *Academy of Management Executive* for "Introduction: A Bright Signal in a Dark Time," pp. 38 – 39; "Tom Peters on the Real World of Business," pp. 40 – 44; and "Robert H. Waterman, Jr., on Being Smart and Lucky," pp. 45 – 50. There are also two valuable commentaries on *In Search of Excellence* in the same issue of the journal: Les Misik, "The Attributes of Excellence: The Importance of Doing," pp. 51 – 52; John W. Newstrom, "In Search of Excellence: Its Importance and Effects,"

pp. *Academy of Management Executive*, February 2002, 53-56.

8. Bruce Einhorn in Hong Kong, "Hanging Tough in Asia" *Business Week*, September 15, 2008, p. 66.

9. "China's Alibaba Expands to India, Japan," http://www.businessweek.com/globalbiz/content/sep2008/gb2008095_369479.htm? campaign_id = rss_as, accessed December 27, 2012, or http://www.mrketingmagazine.com.my/inex.php/news/130-breaking-news-2008/3086-4th-annual-businessweek-asias-best-50-companies, assessed January 29, 2013.

10. See for example the Technology Quarterly in *The Economist*, December 2, 2006 that discusses, for example, trends in the impact of technology on society, computing, robotics, communications, electronics, news media, innovation, biometrics and security, transportation, and other areas; see also *Business Week* Online at http://www.businessweek.com/ebiz accessed December 27, 2012. http://searchmobile-computing.techtarget.com/sDefinition/0, sid40_gci214590,00.html accessed December 27, 2012 and; Technology & Operations Management, http://www.hbs.edu/units/tom, accessed December 27, 2012.

11. See *The Economist*, September 23, 2000 issue, which covers "The Case for Globalization"; but there are also arguments against globalization "The Case Against Globalization," http://www.washingtonpost.com/wp-dyn/content/article/2008/02/14/AR2008021402674.html, accessed December 27, 2012. See also Alan M. Rugman and Richard M. Hodgetts, *International Business: A Strategic Management Approach* (Harlow: Pearson Education, 2000); John J. Wild, Kenneth L. Wild, and Jerry C. Y. Han, *International Business: The Challenges of Globalization*, 4th Ed. (Upper Saddle River, New Jersey, 2008); Ricky W. Griffin and Michael W. Pustay, *International Business*, 5th Ed. (Upper Saddle River, New Jersey, 2007).

12. Yang, X., and Stoltenberg, C., "Growth of Made-in-China Multinationals: An Institutional and Historical Perspective, in Globalization of Chinese Enterprises, eds." *Alon and McIntyre*, Palgrave, 2008, pp. 61-76; Yang, X., Jiang, Y., Kang, R., and Ke, Y., "A Comparative Analysis of Internationalization of Chinese and Japanese Firms", *Asia Pacific Journal of Management*, 2009, 26 (1): 141-162; Duanmu, J. and Guney, Y., "A panel data analysis of locational determinants of Chinese and India outward foreign direct investment", *Journal of Asia Business Studies*, 2009, 3 (2) 1-15.

13. Venkataraman S. (1997). The distinctive domain of entrepreneurship research. In advances in Entrepreneurship, Firm Emergence and Growth, Katz J (ed). JAI Press: Greenwich, CT: 119-138.

14. Silicon Valley Immersion Program http://www.usfca.edu/uploadedFiles/Destinations/management/Docs/SVI_Brochure_All_Electronic_2012.pdf (accessed November 19, 2012).

15. Peter F. Drucker, *Management: Tasks, Responsibilities, Practices* (New York: Harper & Row, 1973), p. 69. See also Tim R. V. Davis, "Information Technology and White-Collar Productivity," *Academy of Management Executive*, February 1991, pp. 55-67; Peter Drucker, "The Next Society," *The Economist*, November 3, 2001, Insert pp. 3-20; "The Drucker Institute," www.peter-drucker.com, accessed January 5, 2009.

16. *Fortune* Magazine as seen on CNN.com http://money.cnn.com/magazines/fortune/fortunefastestgrowing/2011/full_list/accessed July 22, 2012.

17. W. H. Weiss, "The Science and Art of Managing," in *Annual Editions - Management*, Fred H. Maidment, ed. (New York: McGraw - Hill 2009), pp. 16 - 18.
18. For a critical view of management theory see Philip Delves Broughton, "Bogus Theories, Bad for Business," *The Wall Street Journal*, August 5, 2009 and http://online.wsj.com/article_email/SB10001424052970204313604574329183846704634 - lMyQjAxMDA5MDAwOTEwNDkyWj.html accessed December 27, 2012.
19. Table 1 - 1 shows some of the earlier contributors to management thought, from Henry Gantt to Chester Barnard. For more information on their contributions, see "Lilian Moller Gilbreth," www.sdsc.edu/ScienceWomen/gilbreth.html, accessed December 27, 2012, and www.lib.uwo.ca/business/barnard.html, accessed March 30, 2007, or en.wikipedia,org/wiki/Chester_Barnard, accessed on Jan 2013.
20. For further discussion of Frederick Taylor, see: Modern History Sourcebook: Frederick W. Taylor: The Principles of Scientific Management, 1911, www.fordham.edu/halsall/mod/1911taylor.html, accessed December 27, 2012; www.cohums.ohio - state.edu/history/courses/hist563/fwt5 - 29.htm, accessed January 5, 2009; and "Frederick Winslow Taylor," http://en.wikipedia.org/wiki/Frederick_Winslow_Taylor, accessed December 27, 2012; or www.citeman.com/20884 - evolution - and - history - of - management.html, accessed on 30th Jan 2013.
21. Henri Fayol, *General and Industrial Management* (New York: Pitman, 1949); http://sol.brunel.ac.uk/~jarvis/bola/competence/fayol.html, accessed October 5, 2002. See also Henri Fayol, "Planning", in *Annual Editions - Management*, Fred H. Maidment, ed. (New York: McGraw - Hill 2009), pp. 26 - 29.
22. For a full description of these experiments, see Elton Mayo, *The Human Problems of an Industrial Civilization* (New York: Macmillan, 1933), Chaps. 3 - 5; F. J. Roethlisberger and W. J. Dickson, *Management and the Worker* (Cambridge, MA: Harvard University Press, 1939). See also www.stuymode.com/.../role - og \ f - elton - mayo - in - hawthorne - experiment - page5, html, accessed on 30th Jan 2013.
23. See "The W. Edwards Deming Institute," www.deming.org, accessed December 9, 2009.
24. For Juran's biography, see www.juran.com/drjuran/bio_jmj.html, accessed on 30th Jan 2013.
25. Scott Thurm and Joann S. Lublin, "Peter Drucker's Legacy Includes Simple Advice: It's All About People," *The Wall Street Journal*, November 14, 2005 and James Flanigan and Thomas S. Mulligan, "Drucker Regarded as Father of Modern Management," *Los Angeles Times* in *The Contra Costa Times*, November 12, 2005; Peter Drucker, "Management - Revised Edition" (New York: Harper Collins, 2008).
26. Jena McGregor, "There is no More Normal", *Business Week*, March 23, 2009, pp. 30 - 34.
27. Harold Koontz, "The Management Theory Jungle," *Journal of the Academy of Management*, December 1961, pp. 174 - 88. See also his "Making Sense of Management Theory," *Harvard Business Review*, July - August 1962, p. 24ff.; "The Management Theory Jungle Revisited," *Academy of Management Review*, April 1980, pp. 175 - 87. Much of this material has been drawn from these articles. See *also* "Management Theory Jungle," http://maaw.info/ArticleSummaries/ArtSumKoontz61.htm, accessed December 27, 2012 and "The Management Theory Jungle Revisited," http://www.jstor.org/pss/257427, accessed De-

cember 27, 2012.

28. Especially Mintzberg's "The Manager's Job: Folklore and Fact," *Harvard Business Review*, July – August 1975, pp. 49 – 61, and his *The Nature of Managerial Work* (New York: Harper & Row, 1973).

29. "Peter Senge and the Learning Organization", www.infed.org/thinkers/senge.htm, accessed December 27, 2012.

30. See Fred Luthans, *Organizational Behavior: An Evidence – Based Approach*, 12th Edition (New York: McGraw – Hill, Irwin, 2011, pages 445 and 446.

31. "The World's 50 Most Innovative Companies, Fast Company, March 2012;" also http://www.fastcompany.com/most – innovative – companies/2011/, accessed April 3, 2012. For the listings by Forbes magazine, see http://innovatorsdna.com/forbes – 50 – most – innovative – companies – 2011/, accessed April 3, 2012; for the World's Most Admired Companies see http://money.cnn.com/magazines/fortune/mostadmired/2011/best_worst/best1.ht, accessed April 4, 2012. The World's Most Innovative Companies rated by Business Week, http://www.businessweek.com/magazine/content/06_17/b3981401.htm, accessed April 4, 2012.

32. Apple, www.apple.com accessed December 27, 2012.

33. "Apple's iPad 2: Competition Ahead" http://www.thestreet.com/story/11034058/1/apples – ipad – 2 – competition – ahead.html, accessed December 27, 2012.

34. For iPad 2 features see http://www.huffingtonpost.com/2011/03/02/ipad – 2 – features – photos_n_830258.html#s247995&title = New_Design, http://www.apple.com/ipad/? cid = wwa – us – seg – ipad10, http://events.apple.com.edgesuite.net/1103pijanbdvaaj/event/index.html, accessed March 30, 2012.

35. "1,800 iPads Ordered by Ottawa Hospital," http://www.cbc.ca/news/canada/ottawa/story/2011/04/20/ottawa – ipads – hospital374.html, accessed March 30. 2012 and "See Your Business Like Never Before," http://www.apple.com/ipad/business/ accessed March 30, 2012.

36. Learning with iPad, http://www.apple.com/education/ipad, accessed June 22, 2011.

37. Liz Gannes, "Textbook Makers Fund Inkling for Interactive iPad Editions," http://networkeffect.allthingsd.com/20110323/textbook – makers – fund – inkling – for – interactive – ipad – editions/? mod = ATD_iphone, accessed December 27, 2012.

38. Melissa J. Perenson, "Which Apple is Best for You?" *PC World*, June 2011, pp. 68 – 74 and "Latest iPad Best Competitors for 2011" at http://techietonic.com/latest – ipad – best – competitors – for – 2011 – new – list – and – comparison/ accessed December 27, 2012.

39. Various tablets are available at Amazon, http://www.amazon.com/b? ie = UTF8&node = 1232597011&ref_ = amb_link_37889822_5, accessed December 27, 2012.

40. The New iPad, http://www.apple.com/, accessed March 30, 2012; The New iPad 3: Everything You Should Know, http://www.digitaltrends.com/mobile/the – new – ipad – 3 – everything – you – should – know/, accessed March 30, 2012; "Kindle Fire vs. iPad: How to Decide," http://www.tuaw.com/2011/11/23/kindle – fire – vs – ipad – how – to – decide/, accessed March 30, 2012.

2

管理与社会：外部环境、社会责任和伦理道德

[学习目标]

学完本章后，你应该能够：

1. 描述多元化社会的性质以及所选择的环境。
2. 理解技术和创新环境所产生的影响。
3. 阐明管理人员的社会责任，并对赞成和反对企业参与社会公益性活动的理由进行解释。
4. 理解伦理道德在管理中的性质和重要性以及将伦理道德制度化和提高伦理道德标准的方式。
5. 认识到伦理道德标准因不同社会而异。
6. 理解信任是人际交往的基础。

管理人员在每次做计划时，既要考虑到本组织之外的社会成员的需求和期望，也要考虑到对外部环境中的材料和人力资源、技术和其他方面的需求。他们几乎在各项管理活动中在一定程度上都要这样做。

所有的管理人员，不论他们是在企业、政府机构、教堂、慈善组织或是在大学，都必须在不同程度上考虑到外部环境的各种因素和力量。尽管他们不大可能改变这些影响因素，但除了应对别无选择。他们必须对可能影响企业运作的外部力量加以确定、评估并做出反应。外部环境对组织的影响在图 2-1 中加以了说明，而外部因素对企业的制约性影响相对于国际管理更为关键（这一事实将在第 3 章中详细探讨）。

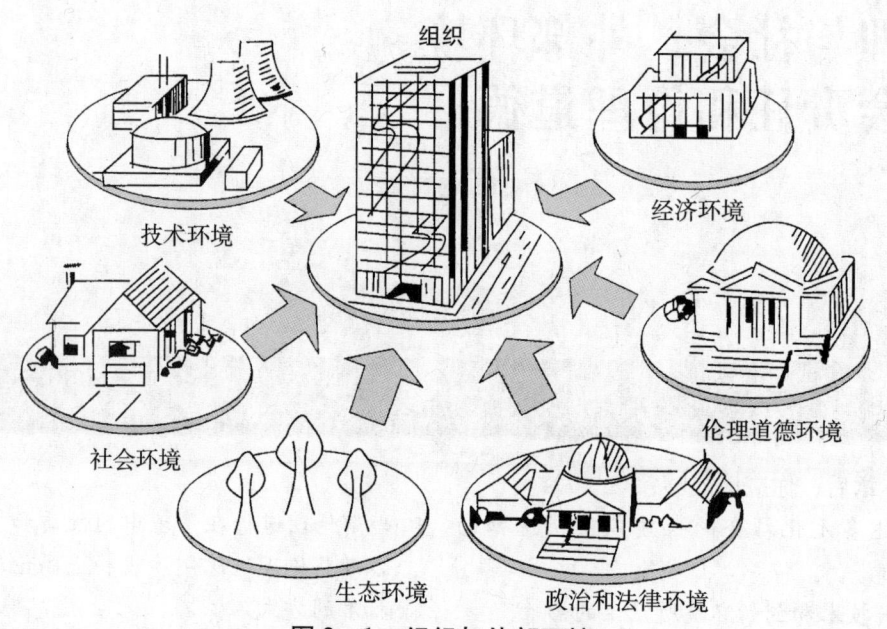

图 2-1　组织与外部环境

本章讨论外部环境（侧重在技术和生态环境）对组织的影响以及企业与其所处的社会之间的关系，首先探讨多元社会的性质，然后引申到企业的社会责任和伦理行为。

全球化视角　在经济危机时代公司如何提供服务？[1]

图 2-1 表明，经济环境影响组织。在金融危机情况下，一些公司试图通过减员和其他措施降低成本。然而，此时也许更需要注重产品质量和优质的顾客服务。说起来容易做起来难？可是这样做的公司有可能赢利。公司在减少日常管理费用的同时，应维持一线的员工，有时还需使用廉价技术。例如，宝马（BMW）经销商在给顾客保养车辆的等候时间里提供无线网络（Wi-Fi）服务。这样一来，由于减少了给顾客提供免费使用车（昂贵的促销服务）而降低了运营成本。

多元社会结构下的企业运作

管理人员是在一个充满着代表不同利益群体的**多元社会**中从事经营活动的。每一个群体都会对其他群体产生影响,但没有任何一个群体能够产生超越性的影响力。许多群体都会对企业产生一定的影响。如同第 1 章中提及的,组织外部有许多利益相关者或要求各方,其目标各异,管理人员的任务就是要协调这些目标。

在多元社会中工作对企业而言有不同的寓意。第一,各种群体,如环境群体,平衡企业的权力;第二,企业利益可以通过参与不同的群体(如商会)得到表达;第三,企业可以与其他相关群体参与一些项目造福于社会,例如,城市的内城重建;第四,在一个多元社会中,各个群体之间既有冲突,也有共同之处。最后,在这种社会中,每一个群体对其他群体的所作所为都会了如指掌。

> **注解**
> **多元社会**是一个充满着代表不同利益群体的社会。

技术和创新环境[2]

外部环境中最常见的因素之一是技术。"**技术**"一词是指人们做事方式方法的知识的总和。技术包括发明创造、技能方法以及从空气动力学到动物学的浩瀚的系统知识宝库,但技术主要影响做事的方式方法,影响人们如何设计、生产、分销和销售产品及服务。创造和创新推动了技术的进步。正是因为创新促使技术进步,管理人员必须密切关注创新,因为这种进步会改变管理人员日常经营所处的竞争环境。

> **注解**
> **技术**是指人们做事方式方法的知识的总和。

创造和创新

创造和创新是有区别的。创造是发展,或者是发现新的事物。而将这种新的发展增强、适用或商业化,以产生可以销售的产品或服务则被视为创新。因此,我们将创新定义为新产品、新服务或新流程的增强、适用或商业化过程。创新不是一蹴而就,要想成功,创新必须持之以恒。苹果公司是创新最为显著的公司之一,起始于计算机,持续推出了音乐播放器(iPod)、智能手机(iPhone)以及平板电脑(iPad)。同样,亚马逊开始经营书籍,之后发明了亚马逊电子书,现在又推出了亚马逊 Fire 电子书平板电脑,给消费者在低成本的 Fire 电子书平板电脑与 iPad 平板电脑之间提供了选择。在过去,美国电视观众主要在哥伦比亚广播公司(CBS)、美国广播公司(ABC)和全国广播公司(NBC)三大商业广播电视公司之间进行选择,而现在,他们可以在许多光纤或卫星提供商之间做出选择。此外,消费者还可以观赏从谷歌

> **注解**
> **创造**是发展或者发现新事物。

> **注解**
> **创新**是新产品、新服务或新流程的增强、适用或商业化过程。

YouTube 视频以及其他电视公司推出的类似视频下载的节目。

产品、服务和流程创新

人们可以从苹果的音乐播放器（iPod）、苹果的数字媒体播放器（iTunes）和以更高效率和效益提供产品或服务三者之间来区分产品创新、服务创新以及流程创新。

持续性创新、突破性创新、破坏性创新以及激进式创新

> **注解**
> **持续创新**是指从技术角度对现有产品、服务或流程的适用、增强或商业化。

持续性创新意指适用现有知识、对现有产品或服务进行的改变或不断改进。在本书其他部分，我们提到日本以持续改善方法（kaizen approach）著称。这是一种通过降低成本或改进质量的不断努力，使产品、服务或流程更好、更有效率和效益。谷歌这样的公司可能是突破性创新者，但是很可能通过非激进方式引进新产品或服务来进行持续性创新。其他一些驰名企业可能不愿意采用激进方式改变现有的组织或权力结构，而倾向于持续创新。克莱顿·克里斯坦森（Clayton Christensen）在其《创新者的两难困境》一书中将这种持续创新称之为"持续技术"。

有一种持续创新是采用六西格玛方法进行的持续改进，旨在减少残缺率、改进质量，以此来提高消费者的满意度。就统计学术语而言，六西格玛意指百万分之 3.4 的失败率。六西格玛方法涉及以下步骤：第一，确定主题（如聆听消费者抱怨）；第二，评估流程；第三，分析数据（如确认问题的因果关系）；第四，改善状况（如统计过程控制或记录一个过程）。[3]

> **注解**
> **破坏性或突破性创新**是通过技术来开发和商业化新类别的产品、服务或流程，以此来服务于新的细分市场。

破坏性或突破性创新是一种新颖和激进方式的创新，可能会以新方法、新材料、新产品或新的服务来开拓新市场。苹果的音乐播放器（iPod）和平板电脑（iPad）就是近年来的范例。20 世纪 90 年代推出的瑞士低成本斯沃琪时尚腕表（Swatch）颠覆了昂贵的"手表如同首饰"市场。福特汽车公司推出的大规模生产的 T-型轿车是另一个早期突破性创新的范例，而数字成像技术颠覆了基于胶片的影像市场。创新有风险。迈克尔·特里希（Michael Treacy）在《哈佛商业评论》中指出，突破性创新风险大，有可能比持续创新效益低。[4] 克莱顿·克里斯坦森争辩说，突破性技术有可能产生前所未有的、新的价值取向。[5]

本章的讨论强调了创新问题，有关创新的更为详尽的讨论会在后续章节中涉及，并将贯穿于全书。

第2章 管理与社会：外部环境、社会责任和伦理道德

创新视角　　　　**第三次浪潮：知识时代**[6]

经济的第一次浪潮基于土地和农业劳动力，第二次浪潮集中在机器和大规模的工业，第三次浪潮是知识时代，包括数据、图像、符号、文化、意识形态、价值和信息。处在新技术的前沿，社会必须重新考虑其组成结构以及如何在自由和限制两个方面取得平衡（例如，如何管理和控制互联网上现有的大量的信息）。信息化系指生物电子环境，人们可以从中接触电话、同轴电缆、光纤电缆或电磁波。这里需要提及的是，人们不得不重新考虑集中与分权、组织层次与授权以及纵向组织结构与横向组织结构。

下一步是什么？人们需要将时髦的知识转换成令人青睐的产品和服务，其结果必然会导致两类公司的出现，即充分发挥员工创造力成功的公司和仅仅给员工安排工作任务的公司。很显然，这个创造性的时代已经展现在人们眼前，管理人员必须要能够激励和发挥其下属员工的创造力。

生态环境

管理人员在他们做决策时必须考虑生态因素。**生态因素**系指人与环境中存在的、其他有生命的东西之间的关系，例如土壤、水和空气。土地、水和空气污染对人至关重要。土地可能被诸如外包装材料等工业废品所污染，水可能被有毒废品和污水所污染，而空气污染则有可能是由多种途径引起的，如酸雨、车辆排出的废气以及制造过程中产生的致癌物。

> **注解**
> 生态因素系指人与环境中存在的、其他有生命的东西之间的关系。

针对固体垃圾、水和空气污染方面的问题已经出台了一些立法。管理人员应该了解这些法律和法规，并将有关生态方面的要求始终体现在决策之中。

全球化视角　　　　**印度博帕尔工厂**[7]

1984年12月，印度联合碳化公司农药厂泄漏出来的致命性毒气导致2000人死亡、3万~4万人致残，这是有史以来最大的一次工业惨案。事故之初的认定是由于安全设备和程序失效所致，但后来的调查表明，这是由于一名情绪不满的员工故意破坏造成的。

1975年，联合碳化公司取得了新德里产业部的批准，建厂生产甲基异氰酸盐。1982年以后，由于印度政府要求印度工业自给自足，工厂由当地印度人员接管，安全检查工作由联合碳化公司控股的下属印度子公司（UCIL）负责。此次事故发生后，联合碳化公司的董事长沃伦·安德森为此惨案承担了道德上的责任。对这次事故的真正原因引发了不同的版本。

美国专家和救济物品被派送到印度,随后为遇难者辩护的美国律师也到了印度。经过几轮争论后,这个案子在印度进行了审判,美国律师不允许为遇难者辩护。1989年,案子结案,联合碳化公司同意赔偿4.7亿美元。

但是,问题仍然存在着,谁到底应该为这个惨案负责?联合碳化公司的高层管理人员?印度子公司(UCIL)的管理人员?具体负责甲基异氰酸盐生产的操作人员?还是签发批准的印度政府?这些问题对于跨国公司和政府来说都是难题。

> 注解
> wwww.gm.com

为了保护环境,欧洲国家推出了 ISO 14001 质量标准,以确保公司在其政策上考虑到这些包括防止污染和遵照相关法律和法规在内的公众关心的热点问题。自从 1996 年实施 ISO 14001 认证标准以来,截至 2000 年,已有大约 1 万家公司进行了认证。尽管美国在推行这一标准上起步较晚,但在福特汽车公司在其全球所有设施中通过 ISO 14001 标准认证后掀起了一个高潮。[8] 之后,通用汽车公司、国际商用机器公司(IBM)和施乐公司等其他公司纷纷效仿。ISO 14001 标准的实施使福特汽车公司在降低水的消耗、清除油漆酸渣、处理一次性包装材料方面获益匪浅。

近年来,生态方面更为关注的是气候变化和全球变暖。全球变暖意指由于人类形成的过度二氧化碳带来的地球大气层和海洋温度的上升。温度的上升可能会导致海平面上升以及突发性天气的增加。[9] 管理人员目前必须考虑其产品和生产过程从长远来说对地球会带来何种影响,并寻求最大限度地减少其公司经营活动带来负面影响的途径和方法。

创新视角　　通用汽车公司的绿色行动[10]

"绿色和节油"是汽车市场成功的关键词。在这场绿色行动中,通用汽车公司(GM)姗姗来迟,而且是太晚了。丰田公司早在 20 世纪 90 年代中期就开始研制混合动力车。

通用汽车公司董事长理查德·小沃格纳(Richard Wagoner Jr)虽然学财务出身,似乎到了 2005 年才感悟到这一点。石油价格失控、人们对全球变暖问题日益关注、节油要求等均迫使通用汽车公司进行变革。其实,早在数年前通用已经在试验 EV1 型电动车,但是后来被取消了,取而代之的是赚钱而耗油量大的运动车(SUV)。

2000 年年中,形势已经非常明朗了:不是绿色就是死亡。通用选择了前者,推出了革命性的雪佛兰品牌电动车(Chevrolet Volt),目标是节油,即在燃油引擎启动前先用电池动力行驶 40 英里,这样一加仑油可以跑 100 英里。这一切将在 2010 年完成。计划可行吗?这是个很大的问题,取决于若干因素。这种车成本很高,每辆车消费者要多支付 1 万美元。这种车风险很大,因为这种新技术尚没有得到验证。锂电池能否大规模生产也是个问题。同时,在有其他选择的情况下,尚不清楚消费者是否愿意花 39000~45000 美元购买这种电动车。大多数的竞争对手都在准备推出节油、低碳车，丰田早已在市场上销售多款混合动力车，其中最引人注目的是普锐斯型号（Prius）轿车。本田将未来押宝在节油、清洁柴油引擎上，而使用丰田混合动力技术的日产成了通用的又一个竞争对手。诚然，日产最终有可能采用与通用类似的技术。在欧洲，宝马公司和梅赛德斯公司也投资于混合动力车。梅赛德斯公司从20世纪30年代中期就生产柴油车，经过长时间努力最终使其成了清洁车。

在这种竞争态势下，陷入财务困境的通用汽车公司敢于大规模投资这一成功前景不确定的风险技术吗？它真的还有其他选择吗？这些是董事长和首席执行官必须考虑的问题。通用汽车公司的战略处在了风口浪尖上。

注解
www.gm.com

管理人员的社会责任

20世纪初叶，企业的使命纯属经济行为，而今天，由于社会中许多集团在一定程度上的相互依存关系，企业更多地参与社会活动。正如第1章管理的系统模式中指出的，组织面临许多利益相关者或要求方。确实有这样一个问题：企业的社会责任究竟是什么？而且，原本只同企业有关的社会责任，现在也越来越多地涉及政府、大学、非营利基金组织、慈善组织甚至教会。这样，尽管讨论的焦点是关于企业，但也涉及所有各类组织的社会责任和社会反应。人们已经认识到社会问题的紧迫性，向管理人员尤其是高层管理人员提出质询：为履行社会责任，他们在做些什么以及他们为什么不能更多地承担一些社会责任呢？

全球化视角　苹果+富士康=中国的"i"系列产品工厂[11]

苹果以其推出的iPhone智能手机和iPad平板电脑而著称，这些产品是由中国富士康（Foxconn）公司采购零部件和进行组装的。最近，苹果因其供应链合作伙伴富士康公司恶劣的工作环境受到指责，尽管富士康公司也为其他知名的公司（如三星、惠普和戴尔）生产零部件。一名美国广播公司（ABC）记者近期造访了被人们称作中国i工厂（iFactory）的富士康公司，苹果的许多产品都是富士康公司生产的。涉及苹果与其供应商之间关系的一些问题也由此产生了。

- 问题之一是，"鉴于他们是两个不同的公司，苹果在多大程度上要为其供应商的恶劣工作环境负责？"
- 报道中涉及的富士康发生的多起自杀事件将苹果推到了风口浪尖上，事实上，富士康发生的自杀率低于中国的平均值。后来，富士康就这个问题搞了一次调查。共同性的抱怨包括低工资、食堂饭菜昂贵、工作强度大以及其他问题。此外，富士康还

> 提供了疏导性服务，参加了协调劳资关系的工会委员会，这样会最终形成工会化的员工队伍。
>
> - 尽管富士康的工资水平高于本地区其他单位的薪酬水平，却远远低于销售苹果产品的西方国家。
> - 具体来说，中国的劳动力成本在新兴亚洲国家处于第三位。
> - 奥巴马总统提出了一个非常重要的问题，即为什么高科技产品不能在失业率很高的美国（2012年中期官方失业率为8.2%，到2012年11月大选期间跌落到7.9%）生产？除了劳动力成本低，各个国家之间存在许多差异，包括不同的经济环境、工作环境、伦理道德、法律、社会习俗以及住房等，其中的缘由也大相径庭。
> - 为了应对不利的公众舆论影响，富士康将员工工资提高了两倍，从每月900元（折合143美元）增长到1 800元，仍然低于西方国家的标准。一些财务收益低于苹果的公司（如惠普和戴尔）认为，增加成本会使西方国家的消费者面对高昂的价格。尽管苹果也许能够消化居高不下的劳动力成本，那些财务收益不稳定的公司计划通过提高产品价格将高成本转嫁给消费者。有的人对这些公司进言："与其埋怨，还不如创新"。

注解
www.foxconn.com
www.apple.com

社会责任和社会反应

注解
企业的社会责任就是要认真地考虑公司的行动措施对社会的影响。

社会责任并不是新概念。虽然早在20世纪初叶就涉及这一理念，但直到1953年，霍华德·R·鲍恩（Howard R. Bowen）的《企业家的社会责任》一书的出版，才大大推动了有关社会责任的讨论。鲍恩提出了企业应考虑其决策的社会含义。[12]正如人们可能预料的那样，对社会责任的定义目前尚没有完全一致的看法。从对439名管理人员的调查来看，68%的应答的管理人员都同意下述定义："**企业的社会责任**就是要认真地考虑公司的行动措施对社会的影响。"[13]

注解
社会反应系指一家企业以对自己与社会彼此有利的方式，把公司经营活动及政策方针同社会环境联系起来的能力。

社会反应是一个较新的概念，但非常类似于社会责任。简言之，**社会反应**指"一家企业以对自己与社会彼此有利的方式，把公司经营活动及政策方针同社会环境联系起来的能力"。[14]以上两个定义都集中于企业，然而这些概念应该扩展到事业单位以及事业单位的内部关系。社会责任与社会反应之间的主要差别在于后者意指行动措施和"企业怎样做出反应"。在本书的论述中，这两个词将交替使用。

第 2 章　管理与社会：外部环境、社会责任和伦理道德

全球化视角　Infosys 信息系统技术有限公司的社会反应

甘露·穆尔蒂（Sudha Murthy）是 Infosys 信息系统技术有限公司董事长和首席执行官纳拉亚纳·穆尔蒂（Narayana Murthy）的夫人，她通过 Infosys 基金会进行了大量的慈善活动，颇有名气。例如，在她的发起下，给卡纳塔克邦（Karnataka）所有的公立学校提供了图书馆设施和计算机。她教计算机课程，同时又是小说撰写人。她因其社会慈善活动而荣获斯里兰卡拉贾—拉克希米奖（Raja–Lakshmi Award）。她也是踏尔柯（Telco）公司（现改名为塔塔电机公司）的首位女工程师。[15]

与此同时，越来越多的印度妇女在企业里承担了重要的管理职位。

鉴于我们将企业家精神定义为创建旨在满足市场需求、获取经济盈余组织的过程，我们视社会企业家精神为满足社会需求所付出的努力，而非一味地注重追求为企业家获取财务利益的目标。

> **注解**
> **社会企业家精神**是创建一个满足社会需求而非注重为企业家获取经济利益组织的过程。

企业参与社会活动的利弊争论

正如表 2–1 所指出的，虽然有不少人对企业参与社会活动持赞成意见，但持反对意见者也大有人在。

表 2–1　企业参与社会活动的利弊争论

赞成企业参与社会活动的理由
1. 公众的需求发生变化，导致期望值的改变。因此建议，既然企业经营得到社会的认可，那么它应该对社会的需求做出反应。
2. 创造更为良好的社会环境对社会与企业双方都有利。社会因良好的邻里关系和就业机会而获益；企业则从一个良好的社区中得益，因为社区既是企业劳动力的来源，又是享用其产品与服务的顾客来源。
3. 企业参与社会活动抑制了政府法规和干预，其结果使企业决策有更多的自主权和灵活性。
4. 企业拥有大量的权力，本应承担相应的责任。
5. 现代社会是一个相互依存的系统，企业的内部活动对外部环境会产生影响。
6. 企业参与社会可能符合股东利益。
7. 问题有可能转化为利润。那些一度被看成为废品的东西（如软饮料、空罐）可以变废为宝。
8. 企业参与社会活动创造出一个好的公众形象，使其能吸引顾客、员工和投资者。
9. 企业应该设法去解决其他机构无法解决的问题，毕竟企业是与创新思路一起成长起来的。
10. 企业拥有各种资源，企业应该让其人员，尤其有才干的经理人员和专家以及资金资源去解决一些社会问题。
11. 通过企业的参与来防止社会问题的发生，这比有了问题再治理更好，对长期失业的人员进行帮助比对付社会骚乱更容易些。

续表

反对企业参与社会活动的理由
1. 企业的首要任务是严格从事经济活动以实现利润的最大化,企业的社会化有可能降低经济效益。
2. 归根结底,社会必须因企业的社会参与付出很高的代价。参与社会活动可能会使企业负担过量的成本,从而使企业无法调配资源用于社会性活动。
3. 企业参与社会活动可能造成国际收支平衡能力下降。按照推论,企业实施社会计划的费用会被加到产品价格中去,这样,在国际市场上从事销售的公司就会处于不利地位,而与它们竞争的其他国家的公司却不必承担这类社会成本。
4. 企业拥有足够的权力,而额外的社会参与会进一步增强其权力与影响。
5. 企业界人士缺乏处理社会问题的技能,他们所接受的培训和经验与经济密切相关,因此,他们的技能不一定适用于处理社会问题。
6. 目前缺乏企业对社会应负的相关责任,除非这些社会责任得到完善,否则,企业不应该参与社会性活动。
7. 缺乏对参与社会性活动的全力支持,因而,持有不同观点的团体之间会造成摩擦。

资料来源:Based on a variety of sources, including William C. Frederick, Keith Davis, and James E. Post, *Business and Society*, 6th ed. (New York:McGraw-Hill, 1988), Chap. 2; Robert D. Hay and Edmund Gr. Gray, "Introduction to Social Responsibility" in Marc D. Street and Vera L. Street, *Taking Sides:Classing Views in Management*, 3rd ed. Marc D. Street and Vera L. Street, Edit. (New York:McGraw–Hill, 2010) p. 4

全球化视角　　硅谷及世界各地的慈善事业在拓展[16]

劳拉·阿里拉加·安德森(Laura Arrillaga - Andreessen)是网景浏览器创始人马克·安德森[17]的夫人,居住在旧金山附近硅谷市中心。她周围满视野的技术天才影响她的专著《2:改变你的付出和我们的世界》。[18]在这本书中,她探讨了付出的重要性:付出你的时间、共享你的经验和技能、付出金钱,或者帮助人们上网。付出的可能是一个美元的赞助,或者自愿为你热心的事付出时间。这意味着:首先确定你付出的目的,然后制定不仅满足当地或国家需求,而且全球事业共享战略。例如,这个战略可能包括帮助2010年巴基斯坦受到涝灾影响的人们、2004年亚洲发生的海啸、2010年海地发生的地震,或者更近期发生在日本的导致海啸和核反应堆损坏的地震。

劳拉引用温斯顿·丘吉尔的话:"索取是为了活着,而活着是为了付出"。

付出是普世的,但是为了效益和效率,付出应该是战略性的,即付出要用到点上。这就要求反思我们是谁?你最想做什么?然后从战略思维的角度考虑如何付出你的时间、金钱或技能。例如,如果你在公司人力资源部工作,你可能拥有面试技能,你可以与一位失业的、正在寻找工作的人分享你的经验,告诉他有效的面试技能、撰写个人简介,或者帮助某人在互联网上检索寻找工作。在国家层面上,人们可以参与那些诸如小微贷款项目,即给那些收益低的企业家提供小额贷款。这些贷款的偿付率是超常规的。简言之,战略性付出是一个值得广为传播的想法。

现在许多企业都参与社会活动，本·杰里冰激凌公司（Ben & Jerry ice-cream company）不失为一个很好的典型，该公司对雨林的保护做出了贡献。公司从雨林部落人员手中收购坚果，使他们能够不依赖伐木生存，以保护森林资源。至于这些公司是否应该继续扩大它们的社会参与活动，取决于人们对企业参与社会活动的利弊争论进行审慎的研究。很显然，社会的期望值在发生变化，其发展趋势似乎越来越倾向于更大的社会参与。

创业视角　就创业管理社会责任问题与太阳光伏公司首席执行官戴维·爱泼斯坦的访谈[19]

戴维·爱泼斯坦是太阳光伏公司（SoL Voltaics）的首席执行官，此前，他曾经是新创企业的顾问和投资人，他精通市场研究、团队建设、战略、创新、工程和融资。此前，戴维在交联资本（Crosslink Capital）公司工作了7年，担任总合伙人、风险合伙人和风险顾问，是清洁技术、半导体、硬件、软件和系统方面的专家。他不仅是成功的风险资本家，还有30年丰富的创建、管理、投资以及帮助高科技公司运营的经验。

鉴于他在高科技风险投资方面的丰富经验，我们请他阐述其对社会责任或社会意识在创业管理中作用的看法。爱泼斯坦认为，社会责任应该因不同公司而异。他说："以本公司为例，社会意识很重要，因为它直接影响公司和它的规划。对许多公司而言，清洁能源是至关重要的一个社会问题。但是，在评估一家企业时，不是看它如何改善环境，而是社会意识如何影响公司和产业。是因为意识问题导致能源需求增长吗？政府的激励措施会引发企业使用清洁能源吗？这些问题需要量化。"

我们问戴维，社会影响是否应成为风险融资决策中考虑的因素。他解释到，"公司并非因为社会反应好而受到资助，它必须产生经济效益。投资者必须盈利才能获得成功。这一切对那些慈善性公司并不适用，因为它们无须回报。然而，风险产业却不同，创业者可能出于社会意识而创办企业，但是没有财务效益是不可能成功的。非核心业务的社会项目应该暂时搁置起来，待到风险公司能够自行运转，有实力而无须外部资金参与时再来承担……每一个投资者以及投资者的投资者都会选择在哪里以及如何花费他们的慈善经费，而投资到创业企业的资金是用于盈利的资产，它并不表明这些公司是如何行善的。"

我们的讨论表明，公司在他们的经营模式中应该考虑到社会诉求，然而，要使这些诉求成为融资标准中的一个因素，他们同时必须给企业以及企业的投资者创造价值。

被动反应还是主动应对

生存在一定环境中并对之做出反应,并不意味着管理人员仅在面对压力时才做出反应。由于不能期待哪家企业会对意料之外的事态发展迅速做出反应,所以企业必须通过预测来预见事态的发展。例如,一家对事态反应敏捷的公司在没有推出新产品之前,不会坐视产品过时和销售额下降。同样,一个政府机构不会在找到实现其目标的其他办法前就坐视法规过时和丧失信誉。任何企业都不应该坐视问题的发展而事先不做好面对问题的准备,预先反应是计划过程中的一个关键环节。

创新视角　　开发新能源——时代的需要[20]

奥巴马总统推出的一系列政策之一旨在开发新能源。这就需要探讨新的能源生产方法。这不仅是美国,也是全球性的一个问题。目前,全球各地都在努力探索。在以色列,人们采用阳光发电的方法,目的在于减少使用昂贵的发电用的硅片,但是其成本仍然是通常火力发电的两倍。不过传统的燃料电池成本是这种阳光发电的五倍。瑞士洛桑联邦理工学院(Federal Polytechnic School)也在试图利用阳光发电,美国的一些公司和大学(如加州伯克利大学)也正在进行这方面的研究。

政府的作用

许多事例说明,只有依靠政府颁布法规才能实施社会变革。然而,许多企业和其他部门的管理人员发现,做一些解决社会紧迫问题的工作对他们是有利的。例如,许多企业从过滤大烟囱的污染物或出售、利用这些回收废料中赚了钱,有些公司因在平民区建造低成本公寓住房而获利。换言之,企业为解决社会问题做出贡献并不一定意味净支出。当然,社会需要立法的强制力来推动和改善社会状况。

全球化视角　　针对印度富人的哈雷戴维森摩托车公司[21]

多年来,印度的高关税抑制了豪华车的进口。随着人们财富的增加和政府限制的减少,许多外国轿车公司(如今哈雷戴维森摩托车公司)正在进入印度市场。哈雷戴维森摩托车公司计划在印度市场推出 12 种车型,然而价格却不低,最低标价为 15000 美元。潜在的购买者可能是那些已经拥有诸如宝马或梅赛德斯豪华车,但是想换一种玩法的人们。与此同时,本田将继续销售其不太昂贵的摩托车。即便如此,印度经济的高增长为更多的奢侈品打开了大门,哈雷戴维森摩托车公司进入印度就是很好的写照。

管理的伦理道德[22]：一种综合方法

所有的人，无论是在企业、政府部门、大学或其他单位中工作都同伦理道德有关。韦氏第九版《新大学字典》把**伦理道德**定义为"一门探讨好与坏的是非问题以及讨论道德责任与义务的学科"。**企业伦理道德**涉及真实与公正原则，有着诸多的表现形式，如社会期望值、公平竞争、广告、公共关系、社会责任、消费者自主权、企业在本国和东道国的公司行为等。

> 注解
> 伦理道德是一门探讨好与坏的是非问题以及道德责任与义务的学科。
>
> 注解
> 企业伦理道德涉及真实与公正原则。

全球化视角　公司丑闻与公司治理[23]

2002年7月，世界通信公司提出了美国历史上最大的破产的请求。（截至2008年雷曼兄弟控股公司申请破产保护之前）正当世界通信公司、全球有线通信公司和其他电信公司的投资者们在发愁时，这些公司的不少高级经理们却发了财。花旗银行集团旗下的所罗门美邦控股公司（Salomon Smith Barney）的杰克·格鲁布曼（Jack Grubman）看似误导了散户，造成了损失和破产，这不仅伤害了投资者，而且还伤害了美国电信产业与韩国、日本等国的公司的全球竞争力，这两国在某些方面的科学技术已经超越了美国公司。

像安然和世界通信公司之类的公司丑闻动摇了投资者们的信心。作为对投资者要求披露所谓的不适当行为的响应，美国起草了新的立法。

从2002年8月起，许多最大的美国公司的首席执行官（CEO）和首席财务官（CFO）都必须宣誓，他们所知的最新的财务报告是真实的。为了重新获得投资者的信心，萨班斯—奥克斯利法（Sarbanes-Oxley law）规定，CEO和CFO都必须保证报告的正确性。这条法规同时规定，禁止对高级管理人员提供补贴个人贷款。

《商业周刊》提出了创建完美公司的几点意见，即完美的企业必须建立在诚实、道德、公平和信任的基础上。[24]对于投资者、供应商、消费者和员工来说，新的公司模式必须更加透明；公司业绩的数据要准确，这样投资者才可以相信这些数据；高级管理人员薪水必须被认为是公平的；更加开放的公司文化要强调责任性，员工必须感觉可以自由地报告那些不道德和不公平的事件。

人们对商业伦理存在着很大的误解：不仅是伦理概念常常被管理理论视为"软"因素和无用之谈，而且一种偏见的观点甚至认为伦理只不过是一些公司的慈善举动。

更为重要的问题是，在理论研究和教学中伦理经常与诸如经济学和金融学等管理学科不沾边。在价值观和宗教事务中，人们经常排斥伦理方面的考虑。所以，除了被视为仅仅关注降低成本、利润极大化和"效率"等简单化的管理理论外，伦理成为一个被冷落的学科，处于无花果叶的地位。

2007年和2009年的金融危机以及大量的公司丑闻是经济体系中伦理道德框架缺位的强有力的写照。市场体系的动荡性和不确定性被大大地低估了。所以，传统意义上的管理教育面临着强烈的批评，因为这种建立在狭义方法基础上的教育，显然不能预防公司丑闻的发生。

全球化视角　在朝着全球化伦理理念发展？[25]

显而易见的是，在金融危机过程中，金融体系机构反映出来的是严重过时的、被发达国家富有民族垄断的一种战后模式。诸如印度和中国这样的国家，与其他新兴国家一起被边缘化了。事实是，美国发生的次贷危机引发了这场大规模的金融瘫痪。这场危机提醒人们，代表了全球化世界的金融体系，应该以一种更适合的方式，具备在全球和当地层面上构建一个稳定的金融和经济环境的能力。

在应对这场危机的过程中，事实证明，与西方国家相比，诸如中国和印度这样的国家在克服困难和渡过难关方面更有弹性。因此，在那些越来越全球化的金融和经济市场中运用公平原则意味着最终承认，在新的金融体系中，诸如印度和中国这样的新兴经济体，应该给予他们应有的地位。

另外一个必须考虑伦理的因素是，发展中国家消费者协会的影响力在持续上升，他们密切监督产品是如何生产的。此外，国家领导人和企业界高层管理人员的伦理道德和不道德行为正在引起人们的密切关注。

伦理道德理论[26]

> **注解**
> **功利主义理论**提出计划和行动应由其结果来评价。
>
> **注解**
> **基于权利的理论**主张所有的人都享有基本权利。
>
> **注解**
> **公正理论**要求决策者以公平、平等和公正为指导原则。

在各类组织中，管理人员在信息、影响力和资源方面进行竞争，在选择目标与实现目标的手段方面都存在冲突的可能，这点是易于理解的，而应采用何种标准指导伦理道德行为的问题则变得尖锐起来。

在规范的伦理学领域中已经形成三种基本的道德理论：第一种是**功利主义理论**，提出计划和行动应由其结果来评价，其基本指导思想是计划和行动应该提供给最多的人最大的好处；第二种是**基于权利的理论**，主张所有的人都享有基本权利，诸如思想自由、言论自由、正当法律途径等。人们可以从美国宪法人权法案中找到这些权利；第三种是**公正理论**，要求决策者以公平、平等和公正为指导原则。

伦理道德的制度化

企业伦理道德问题越来越成为座谈会和研讨会的热点话题。[27]管理人员,尤其是高级管理人员有责任来创造一种组织环境,以伦理道德制度化方式来促成伦理性决策。这就意味着,伦理道德理念与日常经营活动结合起来。西奥多·珀塞尔(Theodore Purcell)和詹姆斯·韦伯(James Weber)提出采取三种方式来做到这一点:(1)制定适当的公司政策或伦理道德规范;(2)正式任命伦理道德委员会;(3)在管理开发计划中列入伦理学内容。[28]伦理道德制度化最常用的方式是制定伦理道德规范,而较少采用伦理道德委员会。涉及伦理道德问题的管理开发计划很少被采用,尽管像美国联合化工公司(Allied Chemical)、国际商用机器公司和通用电气公司等公司都已制订了这类计划。

仅仅公布伦理道德规范是不够的,一些公司要求员工签署伦理道德规范协议,并在绩效评估中加入道德标准。除此之外,某些公司将补贴和奖赏与道德行为挂钩,管理人员应该抓住一切机会鼓励和宣传良好的道德行为。同时,应该鼓励汇报不良行为。最重要的是,管理人员必须身体力行,通过自身的道德行为和规范来影响员工。

> **注解**
> 规范是一份指导行为的政策、原则和规则说明书。

规范是一份指导行为的政策、原则和规则说明书。当然,伦理道德规范不仅应用于企业,而且也应成为所有组织中人以及他们日常生活行为的指导原则。

全球化视角 政府服务的伦理道德规范

美国联邦政府制定了下列准则。[29]政府部门公务员应当:
1. 忠诚于最高道德原则,对国家的忠诚要高于对人、政党和政府部门的忠诚。
2. 拥护美国的宪法、法律和规章制度,拥护各级政府的法律和法规,绝不违反法规。
3. 尽心尽责,努力工作,履行职责。
4. 试图找到并运用更有效和更经济的手段完成工作任务。
5. 不论是否出于酬劳的目的,对任何人绝不给予特殊优惠或特权,不得另眼看待,有失公正;也绝不在理智人可能认为旨在影响履行政府职责的情况下,接受给予他(或她)本人或其家庭成员的恩惠或好处。
6. 不做任何对履行职责有约束力的私人允诺,因为政府雇员不得发表有悖于履行职责的私人言论。
7. 不得以直接或间接方式同政府发生商业关系,这种做法是同自觉履行政府职责不相符的。
8. 绝不利用在履行政府职责过程中获取的任何信息为牟取私利的手段。
9. 无论在哪里发现有腐败行为均须加以揭发。
10. 坚持上述原则,始终意识到公共机关是公众信赖的。

仅仅对伦理道德规范进行表述不足以确保实施，而对伦理道德制度化起关键作用的，是要任命一个由企业内部和外界的理事组成的伦理道德委员会。[30]这个委员会的职能包括：(1) 定期举行会议讨论伦理道德问题；(2) 处理"灰色区域"；(3) 让组织中的全体成员熟知规范；(4) 对可能出现的违反规范的行为进行检查；(5) 实施规范；(6) 奖赏遵守规范者，处罚违反规范者；(7) 不断审议和更新规范；(8) 向公司董事会汇报委员会的活动。

提高伦理道德标准的因素[31]

根据一项研究项目所收到的反馈意见，提高伦理道德标准最主要的两个因素是：(1) 曝光和宣传；(2) 信息灵通的公众日益增长的关注。这些因素的产生是政府法规的强化以及提高企业管理人员职业素质教育的结果。[32]

为了使伦理道德规范生效，必须制定实施规范的条款。不良伦理道德的管理人员应当对他们的行为负责，这就意味着，他们享有的特权与福利必须予以收回，并给以制裁。尽管实施伦理道德规范并非易事，但只要有这个规范，就能够通过清晰的期望值来提高管理人员的伦理道德行为。当然，人们也不应当指望伦理道德规范能解决所有问题。事实上，他们形成了一种虚假的安全感。为了确保有效地实施伦理道德规范，要求高层管理人员坚持持之以恒的伦理道德行为和一贯支持。另外一项能够提高伦理道德标准的因素是在高等院校中进行伦理学和价值观的教育。

在中国经营的国际企业伦理道德指导原则[33]

在外国企业不断增强其在中国市场经营活动的情况下，决策者们正在寻找指导原则。史蒂芬·罗斯琳（Stephan Rothlin）在其名曰《铭记18条国际企业伦理道德指导原则，成为高超竞争对手》中，不仅告诫管理人员如何遵守道德规范，而且还告知如何获得成功。尽管该书主要是针对中国管理人员撰写的（书中文字为中英文对照），然而其概念有着广泛的应用性。书中分四部分探讨指导原则，涉及国际企业伦理道德、员工工作环境、公正以及德行。很显然，这些指导原则关注的问题不仅涉及中国，而且还适用于其他国家。

第一部分：国际企业伦理道德

1. 如果你致力于理解不同文化的价值，那么你会找到共同点。
2. 如果你分析事实，那么你会发现诚实和可靠对你有利。
3. 如果你从不同的角度分析案例，那么你会发展公平计划的好处。

第二部分：员工工作环境

4. 尊重你的同事是你能够做出的最明智的投资。
5. 要提高生产率，首先提供安全和健康的工作环境。

6. 要提倡信任，先让你的所作所为透明。
7. 你的忠诚的异见者会使你的单位走上正确的方向。
8. 只有当你尊重每一个利益相关者时，减员增效才会奏效。

第三部分：公正

9. 推出你的品牌名称时要表现出一个公平竞争者的风度。
10. 通过建立新的社会保障体系来缩短贫富之间的差距。
11. 如果你反对不公平待遇，你会提高生产率和利润率。
12. 如果你保护知识产权，所有的利益相关者都会从中受益。
13. 信息技术的不断变革要求新形式的忠诚。
14. 推行致力于优质和卓越的公共关系战略会提高你的知名度。
15. 只有消除腐败，你的经济成就才能立足。
16. 长期的成功敦促你必须经常关注环境。

第四部分：德行

17. 要成为修行好的游戏人，先辨明是非，培养风度。
18. 关注社会，关注你的企业。

中国经济的快速发展（连续数年超过10%）使企业的经营活动大量增长。企业领导们不仅需要寻求在国内经营、更需要在全球化竞争中所需的指导原则。上述这些指导原则不仅有助于中国管理人员制定决策，也同样适用于其他国家的管理人员。

创业视角 谷歌应对中国的网络审查[34]

2010年早期，谷歌要就如何应对中国对其搜索结果审查问题做出抉择。谷歌表述的使命是"组织全世界的信息，使人人皆可访问和使用"，如此一来，谷歌的使命与中国对其搜索结果的审查规定大相径庭，使其陷入伦理困境。在网上运行它的网页www.google.cn，谷歌必须自己审查搜索结果，否则将面临中国政府的审查。

因为不愿对其搜索结果进行审查，谷歌于2010年3月宣布，将其google.cn网页移置到google.com.hk网页（其服务器在中国香港）。这样一来，谷歌可以规避审查，不违背其公司使命和信条。这种做法在一定程度上会影响其与中国政府的关系和潜在的商业机会。

内部揭发

内部揭发是另外一种鼓励公司伦理道德行为的方法。**内部揭发**意指将公司不良行为向外部机构曝光。布莱克的《法律词典》将内部揭发者定义为"拒绝参与或汇报雇主或同事的非法或错误行动的员工"。更有甚者，

> 注解
> **内部揭发**意指将公司不良行为向外部机构曝光。

有一个专门讨论内部揭发问题（包括法律事务和保护问题）的内部揭发者网站。[35] 这个内部揭发中心是一个非营利组织，旨在帮助强化环境法律法规的实施以及落实企业和政府组织应尽的责任。它的主要目标是保护和保卫那些揭发有害环境和公共卫生行为的举报人。

正如我们将在本书后边详细提及的，"挑战者"号航天飞机火箭助推器承包商、同时也是莫顿·西奥科（Morton Thiokol）公司工程师的罗杰·贝奥斯波利（Roger Boisjoly），早就指出了O-型圈（O-rings）在低温下失效的问题，然而，公司管理层却忽略了他的担心和疑虑，结果导致了"挑战者"号惨案。另一个有关内部揭发者的典型事例是拉德（Ruud）先生，他在任西屋电气翰福特公司（Westinghouse Hanford Company）核电厂操作员期间被公司开除了。他向法庭起诉了这家公司，被联邦法官授予了一项公司提前支付其终身工资的权利。[36] 在美国，法律加大了对政府内部揭发者的保护力度。有迹象表明，2001年9月11日世界贸易中心自杀袭击事件后，越来越多的员工踊跃揭发安全问题。[37]

行使管理职能中的道德和非道德领导行为

领导对其下属产生积极和消极的影响。本书强调道德的领导行为。表2-2是道德和非道德使用权力的比较。

表2-2　　　　　　　　道德和非道德使用权力

道德使用权力	非道德使用权力
将权力用于维护下属的利益	将权力用来满足自己的私欲
尊重下属和同事	不尊重别人
用道德方式追求愿景和目标	不顾道德底线不遗余力追求目标
聆听来自下属的反馈和批评	拒不接受任何人的批评
鼓励下属参与	以武断专行方式领导
全方位沟通（上下和左右沟通）	自上而下沟通
构建弹性和因地制宜的组织结构	构建僵化和官僚性的组织结构
领导风格适应企业文化和国家文化	不顾企业文化和国家文化的专横领导
教育和引导下属成为道德领导	唯恐丢权而不愿教育或引导下属
劝导式控制	惩罚性控制
以身作则式的领导	置道德和习俗于不顾的领导

在行使管理职能（即计划、组织、人员、领导和控制）的过程中，道德领导行为是必须的。

不同社会的不同伦理道德标准[38]

伦理道德标准和法律标准是不一样的,特别是在不同国家和不同社会里更是如此。例如,某些国家允许私营公司对政党、竞选活动和候选人提供捐助(美国不允许),在有些国家里,送钱给政府官员和拥有政治影响的人士,以确保商业性交易得以迅速处理或得到有利解决,并不被认为属于行贿,而是对提供服务的报酬。在一些情况下,为了确保合同的签订而支付的款项被看成是可接受的正常的经营方式。以桂格燕麦公司(Quaker Oats Company)为例,外国官员威胁,如果不能满足其"付款"要求就终止桂格燕麦公司在其当地的经营。再说,假如公司不肯支付这笔款项,工厂经理的安全也成了问题。[39]负有责任的国外企业管理人员所面对的问题是,他们应该遵循哪些伦理道德标准?[40]例如,"关系"意指非正式的关系和互相帮忙,在东南亚,关系会影响到企业的经营活动。在美国不会发生这样的情况,管理人员必须拒绝送红包的做法,但他们在这类做法盛行的国家经商时,就遇到了难题。按照美国国会所通过的法律以及"证券与交易委员会"所采用的规定,美国的公司不仅必须向政府报告任何可称之为付酬的事情,而且还视这类付酬为行贿,是非法的。美国《海外反行贿法》(FCPA)中的反行贿条款是这样表述的:"试图在海外市场经商的美国公司必须熟悉《海外反行贿法》。总体来说,《海外反行贿法》禁止为了获取或维持经营活动目的而对外国官员行贿。"[41]为此,美国一直试图将其经商标准输出到其他国家中去,这样做有可能提高外国的伦理道德标准。

> **注解**
> www.quakeroats.com
> www.secgov

全球化视角 不同国家广告规定差异真相[42]

在中国做广告越来越难。宝洁公司(P&G)声称,其生产的潘婷(Pantene)产品可以使人们的头发强壮10倍。政府部门要求拿出证据,而这一切要出示客观的研究结果是很难的,其结果是,宝洁公司不得不撤销了这条广告。在过去,中国的广告商在宣称其产品性能方面用词相对宽泛,但是,1995年中国通过了一项法律,要求广告中引用的数据须真实、准确。

各国在广告法律法规方面存在着差异。例如在美国,广告由联邦贸易委员会监管。此外,竞争对手之间互相监督,对方一旦存在有问题的广告即刻被曝光。在大多数欧洲国家里,广告行业实行自律以及严格的政府法律法规。

信任是变革管理的基础

管理人员面临大量新的管理理念,即使陈旧的理念也常常被换上了新的辞藻,这一切都是由于全球竞争、消费者期望值以及快速应对环境变化要求引发的管理变革而带来的变化。尽管本书全篇都涉及了新时代变革管理的各种方法，人们常常忽略的一个概念是信任。萨尔瓦多·贝拉尔多（Salvatore Belardo）教授指出，"信任是沟通、合作和乐于变革的核心"。[43] 从传统意义上讲，信任这个概念意指诚实、忠诚、关怀以及人与人之间关系中的守约，但是贝拉尔多教授认为，信任应超越人与人之间的关系，通过创建植根于领导灵魂中的信任文化，扩展到组织。领导人员频繁更迭，但组织依然存在。例如，惠普公司的创始人戴维·帕卡德（David Packard）身后留下了著名的"惠普之道"（HP Way），这种伦理道德理念使整个组织在他去世后能够长盛不衰。

> 注解
> www.hp.com

创业视角　创业者和投资者的道德和信任问题

伦理道德和信任在创业管理中起什么作用？伦理道德和信任是处理好创业者与投资者和其他相关者关系的重要前提，对未来的新企业至关重要。各方之间出现任何诚信问题都会很快终止这种关系，抹杀掉一个创业机会。事实上，当投资者被问及什么是评价新公司投资最重要的标准时，他们往往回答是管理团队。而管理团队的诚信是无可非议的。

本书阐述了许多有关新时代管理变革的管理理念、原理、理论和做法，但是，企业本质上是人的组织，只有建立在信任、伦理道德行为以及尊重人的尊严的基础上，组织才能顺利运行。

本章小结

管理人员在复杂的环境中从事管理工作。他们受环境的影响又在某种程度上影响着环境。管理人员身处一个多元化的社会中，在这个社会里，许多有组织的群体代表着不同的利益。

管理人员在制定决策时，必须考虑到外部环境。技术给人们带来了许多利益，也带来了问题。越来越多的公司在考虑管理行动给社会生态环境带来的影响。许多公司和其他组织都在认真努力地建立起对个人、公司和社会都有利的环境。

企业的社会责任要求组织认真考虑其行为对社会所产生的影响。与此类似，企业的社会反应以对企业和社会都有利的方式，把企业的经营和政策同社会环境联系起来。要确定各个组织和社会间的恰当关系并不是一件容易的事，人们可以就企业是否应参与社会活动而发表支持或反对的观点。但是，人们取得了一个基本的共识，即企业的责任不仅仅在于其利润的最大化。

伦理道德面对的是好与坏的是非问题以及道德上的责任和义务。理论体系包括功利主义理论、基于权利理论和公正理论三种伦理道德理论。一些作者认为，公司应当把伦理道德制度化，制定伦理道德规范。其他的因素也可用来提高伦理道德准则，包括内部揭发。在社会标准不统一的情况下，管理人员必须做出艰难的选择。信任是人际关系和现代管理方法的基石。

主要概念回顾

多元社会结构
技术环境
创造和创新持续、突破、破坏和
激进式创新破坏或突破性创新
生态环境
公司社会责任
社会反应
企业参与社会活动的利弊争论

政府在强制伦理道德行为方面的作用
伦理道德
管理的伦理道德：一种综合方法
伦理的功利主义理论
基于权利的伦理理论
公正伦理理论

伦理道德的制度化
伦理道德规范
提高伦理道德标准的因素
18条国际企业伦理道德指导原则
内部揭发
不同的伦理道德标准
信任是变革的关键因素

讨论题

1. 为什么说企业的外部环境对所有管理人员都非常重要？管理人员能否免受外部环境的影响？
2. 确定可能对下列各方产生重要作用的外部环境因素：公司总裁、销售部经理、生产部经理、财务总监和人事部经理。
3. 企业管理人员的主要社会责任是什么？政府部门管理人员的主要社会责任是什么？在过去数年中，这些责任是否有所变化？是怎样变化的？
4. 假如你是一家大公司的首席执行官，你如何在本单位内将伦理道德制度化？
5. 对你所在的大学、班级和家庭将提出何种伦理道德规范？应当怎样实施这些规范？
6. 给出一个成功的企业家案例和一个成功的社会企业家案例。两者之间最明显的素质区别是什么？

练习和具体步骤

1. 选择并阅读近期出版的《华尔街日报》、《商业周刊》和《财富》杂志上发表的、有关伦理道德问题的一篇文章，将全班分成小组，用本章所涉及的伦理道德理论来分析文章中的问题。
2. 同一名企业经理和当地政府部门的行政官员面谈，询问他们如何看待各自的社会责任？这些责任是否主要是同该组织的外部环境有关系，还是也涉及内部因素？
3. 设想创办一家新公司。这家公司是营利性企业还是社会企业？为什么？

互联网检索

1. 在互联网上检索"企业伦理道德"一词，并挑选两篇文章在班上讨论。
2. 汽车的确会产生污染。在互联网上检索"生态"和"汽车"两个单词，找出哪些汽车制造商在试图降低污染？

3. 在互联网上检索"知识时代"一词，阐述三种可能影响你的前途或给你带来机遇的发展前景。

全球化案例

工作场所精神[44]

从传统意义上讲，在美国，工作单位与精神是不能混在一起的。但是事情正在发生变化。安德烈·德尔贝克（Andre Delbecq）是桑特·克拉拉大学（Santa Clara University）的一位教授，这所大学是一所教会学校。德尔贝克指出："我一生当中最不愿看到两件事：一是苏联帝国的崩溃；二是在管理学院中涉谈上帝。"目前，管理教材和管理研讨会（包括管理科学院的年会）都在研究如何将上帝引入组织环境中的细节。确切地说，那些试图将精神因素引入到工作场所的人仍然被认为是反叛者。然而，拥有75000名员工、《财富》500强榜上有名的服务大全公司（Service Master），几年前就创建了精神组织文化。在管理学术界享有盛名的彼得·德鲁克高度赞扬了这家以拥有害虫防治、草坪护理和女佣服务（Terminix, TruGreen, and Merry Maids）品牌而闻名的公司。

在美国，当人们被问及是否信仰上帝时，95%的人会回答"是"。在工作压力日益增长的企业中，精神环境成了员工发泄内心情感的氛围。20世纪50年代婴儿潮的那一代人已经到了公司生涯的顶峰。这时他们在探索一个问题，人生到底是怎么一回事？他们经历了60年代的青年文化阶段以及80年代极端自私的阶段。现在他们在考虑人生的真正含义和工作中的伦理道德问题。约瑟·泽尔斯特拉（Jose Zeilstra）是普华永道的一位高层管理人员，在全球各地工作，所到之处都在实践她的基督教原则。在中国任职期间，她强烈反对"送贵重礼品"的做法，结果，生意落空了。从长远来看，将个人信仰渗透在工作之中使其个人职业生涯获得了成功。诸如圣·托马斯大学（University of St. Thomas）、丹佛大学以及哈佛大学神学院的学术机构都在跟随和研究这一精神运动。其他美国院校，如安迪奥克大学（Antioch University）、纽黑文大学、斯克兰顿大学（University of Scranton）、桑特·克拉拉大学以及一些海外学术机构，如英国的巴斯大学（University of Bath）和印度的"印度鼓励卓越中心"正在就精神问题进行研究，举办研讨会和开展教学活动。

1999年11月1日版的《商业周刊》封面新闻讨论了塔克钟（Taco Bell）、必胜客（Pizza Hut）、麦当劳（McDonald's）、施乐（Xerox）这些公司是如何重视员工精神需要的。一些公司认为他们提高了生产率、降低了人员流失率、减轻了员工的焦虑。麦肯锡在澳大利亚的一项研究表明，那些推出精神计划的公司明显地降低了人员流失率，提高了生产率。南加利福尼亚大学的伊恩·I·米特洛夫（Ian I. Mitroff）教授甚至口出狂言："精神会成为最终的竞争优势。"但是，人们担心的是，那些邪教和激进思想的群体可能利用工作场所达到他们不可告人的目的。当然，在工作场所实施精神计划的公司员工，他们在揣测这些做法会给他们带来哪些潜在的利益，如更加尊重员工、更人性化地对待他们的同事以及创建一个充满信任的环境，使组织长盛不衰。

第2章 管理与社会：外部环境、社会责任和伦理道德

思考题

1. 精神对你而言意味着什么？
2. 精神会影响道德行为吗？
3. 这个话题对企业适合吗？
4. 将精神引入企业的利与弊是什么？

注释

1. Jena McGregor, "When Service Means Survival," *Business Week*, March 2, 2009, p. 32.
2. J. A. Schumpeter, *Capitalism, Socialism, and Democracy* (New York: Harper & Row, 1942); see also R. Foster and S. Kaplan, *Creative Destruction: Why Companies that Are Built to Last Underperform the Market—and How to Successfully Transform Them* (New York: Currency/Doubleday, 2001). See Also *Inventions and Innovation Annual Report* 2005, http://permanent.access.gpo.gov/fdlp1019/ii_annual_report_2005.pdf, accessed September 13, 2012.
3. Steps of Six Sigma http://www.ehow.com/way_5254907_steps-six-sigma.html accessed March 6, 2012.
4. Michael Treacy, "Innovation As a Last Resort": *Harvard Business Review*, July 1, 2004 and on the web at http://hbr.org/2004/07/innovation-as-a-last-resort/ar/1 accessed March 7, 2012.
5. Clayton Christensen, *The Innovator's Dilemma*. Harvard Business School Press, 1997.
6. "A Magna Carta for the Knowledge Age," *New Perspectives Quarterly* (Center for the Study of Democratic Institutions), 1994; Peter Drucker, "Knowledge Is All," *The Economist*, November 3, 2001, Insert p. 4. See also Jeremy Rifkin, *The Third Industrial Revolution—How Lateral Power is Transforming Energy, the Economy, and the World* (New York: Palgrave Macmillan, 2011); Alvin and Heidi Toffler, *Revolutionary Wealth* (New York: Alfred A. Knopf, 2006).
7. John F. Steiner, "Union Carbide and the Bhopal Plant Gas Leak," in *Industry, Society, and Change* (New York: McGraw-Hill, 1991), pp. 295-319. See also Paul Shrivastava, "Crisis in Bhopal," in Peter J. Frost, Vance F. Mitchell, and Walter R. Nord, *Organizational Reality*, 4th ed. (Reading, MA: Addison-Wesley, 1997), pp. 337-340; James E. Post, William C. Frederick, Anne T. Lawrence, and James Weber, *Business and Society* (New York: McGraw-Hill, 1996), pp. 576-86; Union Carbide, www.bhopal.com, accessed September 29, 2006.
8. Stanley Fielding, "ISO 14001 Brings Change and Delivers Profits," *Quality Digest*, November 2000, pp. 32-35.
9. "Climate Change: A Summary of the Science (Sept 2010)" (PDF). Royal Society, http://royalsociety.org/WorkArea/DownloadAsset.aspx?id=4294972963; "Key Findings. On (website): Global Climate Change Impacts in the United States". U.S. Global Change Research Program website. http://www.globalchange.gov/publications/reports/scientific-assessments/us-impacts/key-findings, accessed July 27, 2012.
10. David Welch, "GM—Live Green or Die," *Business Week*, May 26, 2008, pp. 36-41; Imagine: A

Daily Commute Without Using A Drop of Gas, http://www.chevrolet.com/electriccar, accessed January 3, 2013; Should GM Skip the Volt and Just Make More Efficient Cars? http://gm-volt.com, accessed November 7, 2008 and December 9, 2009; Not as Green as it Seems by Christian Wüst, http://www.spiegel.de/international/spiegel/0,1518,448648,00.html, accessed January 3, 2013.

11. "The World's 50 Most Innovative Companies," *FastCompany*, March 2012, pp. pp. 70-149. The 2011 Most Innovative Companies.htm, accessed February 25, 2012; ABC Television Nightly News program in February 2012 and March 29, 2012; "The Stark Reality of iPod's Chinese Factories," Mail Online July 27, 2012, http://www.dailymail.co.uk/news/article-401234/The-stark-reality-iPods-Chinese-factories.htm, accessed July 27, 2012.

12. Howard R. Bowen, *Social Responsibilities of the Businessman* (New York: Harper & Brothers, 1953).

13. John L. Paluszek, *Business and Society*, 1976-2000 (New York: AMACOM, 1976), cited in George A. Steiner and John B. Miner, *Management Policy and Strategy*, 3rd ed. (New York: Macmillan, 1986), pp. 38-39; Richard E. Wokutch, "Corporate Social Responsibility Japanese Style," *Academy of Management Executive*, May 1990, pp. 56-74.

14. Keith Davis and William C. Frederick, *Business and Society*, 5th ed. (New York: McGraw-Hill, 1984), p. 564. See also William C. Frederick, Keith Davis, and James E. Post, *Business and Society*, 6th ed. (New York: McGraw-Hill, 1988).

15. "Sudha Murthy: Humility Personified," *Business Standard*, http://www.business-standard.com/women/news/sudha-murthy-humility-personified/123253/on, accessed July 27, 2012.

16. Laura Arrillaga-Andreessen Talks About *Giving* 2.0 http://allthingsd.com/20111115/laura-arrillaga-andreessen-talks-about-giving-2-0/? mod=googlenews accessed January 3, 2013; Giving 2.0, http://giving2.com, accessed January 3, 2013; Philanthropy accessed November 22, 2011.

17. "Mark Andreessen," Forbes, http://www.forbes.com/pictures/ekge45eg/marc-andreessen/ accessed July 27, 2012.

18. Laura Arrillaga-Andreessen, *Giving* 2.0 - *Transform Your Giving and Our World*, book is available in a hard cover edition as well as an e-book at Amazon.com Kindle edition, http://allthingsd.com/20111115/laura-arrillaga-andreessen-talks-about-giving-2-0/? mod=googlenews accessed January 3, 2013.

19. Email interview updated on August 13, 2009 from original discussion in January 8, 2007 with Mr. David Epstein, Founder, Epstein Advisors, by Mark Cannice.

20. "Solar Energy in Israel," *The Economist*, July 25, 2009, pp. 77-78.

21. Eric Bellman, "Harley to Ride India Growth," *The Wall Street Journal*, August 28, 2009.

22. The Special Issue on Ethics and Social Responsibility in *The Academy of Management Learning & Education*, September 2006 discusses various view on ethics. This section was prepared with the assistance of Professor Stephan Rothlin and Li Xiaosong and CIBE research team. Used with permission.

23. Steven Rosenbush, Heather Timmons, Roger O. Crockett, Christopher Palmeri, and Charles Haddad, "Scandals in Corporate America," *Business Week*, August 5, 2002, pp. 34-40; "I Swear…Oaths Are Only a Small Step in the Business of Cleaning up American Companies," *The Economist*, August 17,

2002, p. 11; "In Search of Honesty," *The Economist*, August 17, 2002, pp. 49 – 50; John A. Byrne, "After Enron: The Ideal Corporation," *Business Week*, August 26, 2002, pp. 68 – 74; "When Something Is Rotten," *The Economist*, July 27, 2002, pp. 53 – 54; Anthony Bianco, "The Angry Market," *Business Week*, July 29, 2002, pp. 32 – 33; Stephanie N. Mehta, "Is There Any Way Out of the Mess?" *Fortune*, July 22, 2002, pp. 83 – 86; "The Pay of Chief Executives Can Seem Ridiculous. Often, It Is," *The Economist*, July 13, 2002, p. 64; Mark Gimein, "You Bought. They Sold," *Fortune*, September 2, 2002, pp. 64 – 74.

24. John A. Byrne, "After Enron: The Ideal Corporation," *Business Week*, August 26, 2002, pp. 68 – 74.
25. Used with permission by Stephan Rothlin in Beijing.
26. See also Daniel J. Brass, Kenneth D. Butterfield, and Bruce C. Skaggs, "Relationships and Unethical Behavior: A Social Network Perspective," *Academy of Management Review*, January 1998, pp. 14 – 31.
27. Jeffrey M. Kaplan, "Business Ethics Conferences," *Business and Society Review*, Spring 1999, p. 53ff.; Francis J. Daly, "The Ethics Dynamics," ibid., p. 37ff.
28. Much of this discussion is based on James Weber, "Institutionalizing Ethics into the Corporation," *MSU Business Topics*, Spring 1981, pp. 47 – 52; and Theodore V. Purcell and James Weber, *Institutionalizing Corporate Ethics: A Case History* (New York: Presidents Association, Chief Executive Officers' Division of the American Management Association, 1979).
29. *Public Law* 96 – 303, July 3, 1980.
30. Weber, "Institutionalizing Ethics into the Corporation."
31. See also James Weber, "Bribery: Not Only Wrong, But Costly Too? *The Academy of Management Perspectives*, August 2007, pp. 86 – 87.
32. Steven N. Brenner and Earl A. Molander, "Is the Ethics of Business Changing?" *Harvard Business Review*, January – February 1977, p. 63.
33. Stephan Rothlin, 18 *Rules of International Business Ethics*, *Becoming a Top – Notch Player* (Beijing: Renmin University Press, 2003). Used with permission by Renmin University Press and the author. The author used the term "rules," we prefer to call them guidelines to be consistent with the terminology used in this book.
34. "Google stops censoring in China," CNNMoney, March 22, 2010 http://money.cnn.com/2010/03/22/technology/google_china/index.htm
35. National Whistleblower Center, www.whistleblowers.org, accessed November 20, 2012.
36. Michelle L. Allen, "Whistle Blowing," Summer 1999, http://science.kennesaw.edu/csis/msis/stuwork/WhistleBlowing.html. or http://www.npr.org/blogs/thetwo – way/2012/02/06/146490064/remembering – roger – boisjoly, accessed on 29 Jan 2013.
37. "Whistleblowing," The Economist, January 12, 2002, pp. 55 – 56.
38. See also Sandra Waddock, "Building New Institutional Infrastructure of Corporate Responsibility". *The Academy of Management Perspectives*, August 2008, pp. 87 – 108.
39. Clarence D. Walton (ed.), *The Ethics of Corporate Conduct* (Englewood Cliffs, NJ: Prentice Hall, 1977), Chap. 7.

40. Steve Lovett, Lee C. Simmons, and Raja Kali, "Guanxi versus the Market: Ethics and Efficiency," *Journal of International Business Studies*, Summer 1999, p. 231ff.
41. Foreign Corrupt Practices Act Antibribery Provisions (U. S. Department of Justice Fraud Section, Criminal Division), www.lectlaw.com/files/bur21.htm, accessed November 20, 2012.
42. Jonathan Cheng with contributions by Geoffrey A. Fowler, Ivy Zhang, and Sarah Ellison, "China Demands Concrete Proof of Ad Claims," *Wall Street Journal*, July 8, 2005.
43. Salvatore Belardo and Anthony W. Belardo, "Re-engineering Re-engineering: How an Ethical Organization Can Encourage the Generative Use of Reengineering," manuscript.
44. A variety of sources were consulted, including Ian I. Mitroff and Elizabeth A. Denton, "A Study of Spirituality in the Workplace," *MIT Sloan Management Review*, Summer 1999; Michelle Conlin, "Religion in the Workplace," *Business Week*, November 1, 1999, pp. 150-158; Ian I. Mitroff and Elizabeth A. Denton, *A Spiritual Audit of Corporate America* (San Francisco: Jossey-Bass, 1999); "*Fortune* Magazine: Spirituality in the Workplace Surging," www_ezboard_com.htm, accessed December 1, 2001; Andre L. Delbecq, "Spirituality for Business Leadership: Reporting on a Pilot Course for MBAs and CEOs," *Journal of Management Inquiry*, June 2000, pp. 117-128; Andre L. Delbecq, J. Thomas, and Kathleen L. McCarthy, "Seminar in Spirituality and Business Leadership," http://contemplativemind.org/programs/academic/syllabi/delbecq.pdf#search=%22Andre%20L.%20Delbecq%20Spirituality%20%22, accessed December 9, 2009; Peter Vaill, "Introduction to Spirituality for Business Leadership," *Journal of Management Inquiry*, June 2000, pp. 115-116; see the 2006 Academy of Management Annual Meeting http://meeting.aomonline.org/2006/index.php?option=com_content&task=view&id=93&Itemid=98, accessed December 9, 2009; see also Robert A. Sirico, "The Pope on 'Love in Truth'" The Wall Street Journal, July 19, 2009 and "Caritas in Veriate". http://www.vatican.va/holy_father/benedict_xvi/encyclicals/documents/hf_ben-xvi_enc_20090629_caritas-in-veritate_en.html, accessed on 29th Jan 2013.

全球化管理、比较管理与质量管理

[学习目标]

学完本章后，你应该能够：

1. 探讨国际企业和跨国公司（MNC）的性质和宗旨。
2. 理解国家联盟形成的贸易区。
3. 欣赏不同文化和国家之间的差异以及这些差异在管理上的意义。
4. 理解几个选定国家在管理做法上的差异。
5. 描述日本的管理实务以及 Z 理论。
6. 理解影响国家竞争优势的因素（根据迈克尔·波特的理论）。
7. 认识到在质量管理上的主要贡献，阐述鲍德里奇质量奖（Baldrige Quality Award）、ISO 9000 品质管理和品质认证技术标准体系（ISO 9000）以及欧洲质量奖（European Quality Award）。

本书前几章集中探讨了在国内经营企业的外部因素,但国际企业在经营管理中所面对的制约性因素可能更为复杂。在国外从事经营的管理人员需要大量学习这个国家的教育、经济、法律和政治等制度,特别是了解其社会文化环境方面的知识。

本章第1节论述了国际管理以及跨国公司的作用,然后审视了一些国家环境因素对其管理做法的影响,特别是日本在管理上的做法。最后,对国家竞争优势和质量管理进行了详细讨论。

国际管理和跨国公司

> **注解**
> 国际管理问题的研究主要集中在国际企业在东道国中的经营。

国际管理问题的研究主要集中在国际企业在东道国中的经营,主要涉及人员、产品与资本流动的管理问题,旨在研究跨越国界情况下如何更好地管理好企业。

影响国内企业的环境因素对在外国经营的公司来说更为重要。正如表3-1所示,国际企业管理人员面对的许多因素不同于内向型的国内企业,管理人员必须同具有不同教育和文化背景以及价值观念的员工打交道,还必须应对各种法律、政治及经济等因素。因此,不难理解,这些环境因素对管理职能和企业职能的实施方式会产生影响。

表3-1　　　　　　　　　　国内企业和国际企业管理

管理职能	国内企业(工业化国家)	国际企业
计划		
● 审视环境中的机会与威胁	● 国内市场	● 全球市场
组织		
● 组织结构	● 国内经营结构	● 全球化经营结构
● 管理层的看法	● 类似	● 不同
人员		
● 管理人才的来源	● 国内劳动力市场	● 世界范围内的劳动力市场
● 管理人员的定向	● 母国取向	● 全球取向
领导		
● 领导与激励	● 相近文化因素影响	● 受多种不同文化的影响
● 沟通渠道	● 相对较短	● 长距离的网络
控制		
● 汇报系统	● 类似要求	● 许多不同的要求

国际企业的性质和目的

尽管企业从事国际化经营由来已久,但近年来由于大型跨国公司的增长,国际企业才得以崭露头角,获得了高度重视。**国际企业**从事于跨越国界的交易活动,包括商品、服务、技术、管理知识以及资本向其他国家的转移。正如图3-1所示,本国企业同东道国打交道可以采取许多方式,商品和服务的出口是其中之一;另一种是在其他国家生产产品的许可证协议;公司也可通过签署管理合同方式经营外国公司;还有一种方式是同东道国的公司组建合资企业,战略联盟是一种合资的形式(航空公司多采用这种方式),旨在扩大市场的分布或增加产品或服务的市场规模。最后,跨国公司可以建立独资的子公司或分公司,在东道国设置生产设施。因此,国际企业在制定全球化战略时有多种选择。

> **国际企业**从事于跨越国界的交易活动。

母公司与东道国之间的交往往往受多种因素的影响,其中有些因素是一致性的,有些则可能造成冲突。

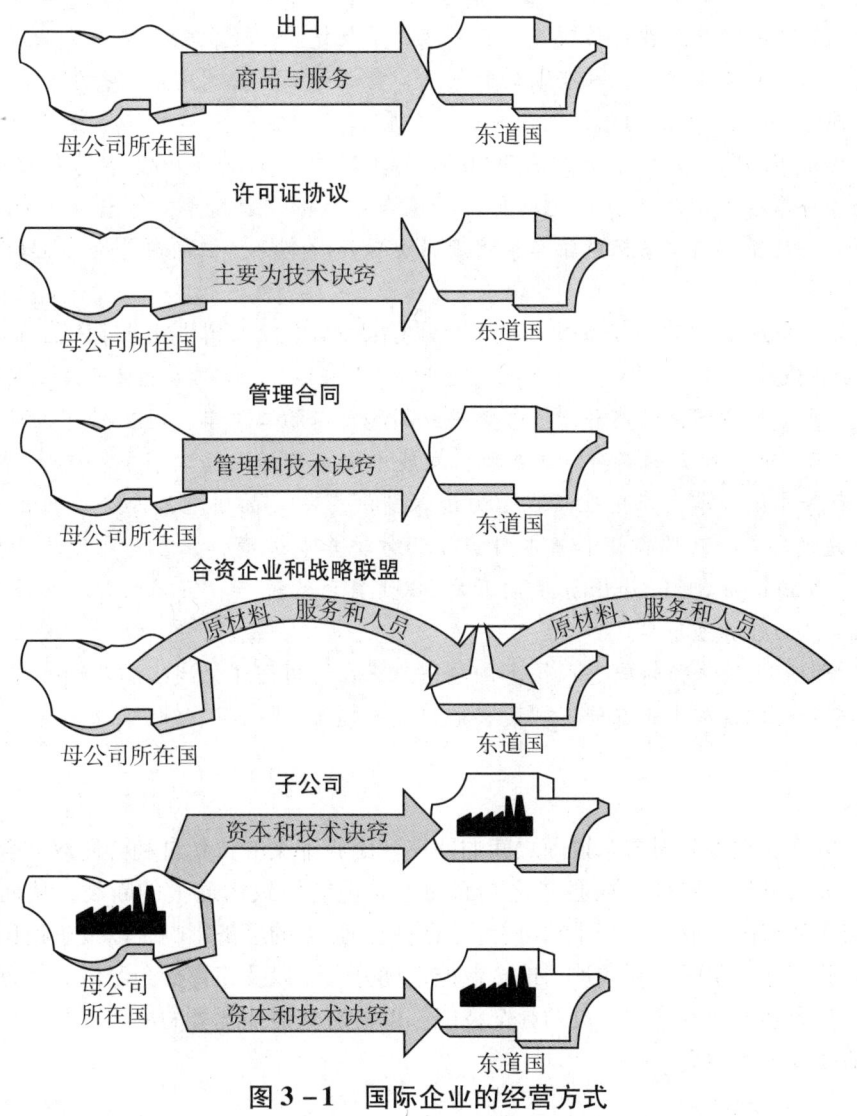

图 3-1 国际企业的经营方式

一致性效应

当母公司向东道国子公司提供并共享技术和管理诀窍,从而支持子公司的人力资源和物质资源开发时,便产生一致性的影响。在这种情况下,组建一个全球性、一体化的组织结构对母、子公司双方都有好处。不论双方如何交往,政策必须讲究平等,使母公司和东道国子公司都能获益,只有这样才能有望保持长期的合作关系。

全球化视角 　　谁将引领成本——效益型轿车的开发[1]

随着发达国家高油价和市场饱和问题日益严重,轿车生产厂家正在大举进军新兴国家市场。这些市场需要廉价轿车,厂家做出了反馈。但是,轿车不仅要廉价,还要有一定的动力和安全性。在相当长的时间里,雷诺和日产公司首席执行官卡洛斯·戈恩(Carlos Ghosn)关注的是大型豪华轿车。雷诺计划在印度与摩托车生产企业巴贾公司(Bajaj Auto)合资生产价值3000美元的轿车。雷诺在印度市场推出的洛根(Logan)轿车很成功,7500美元的售价很适合印度的中产阶级。雷诺将其低价位轿车搬到罗马尼亚生产。洛根牌轿车虽然没有进入西欧市场,但却在哥伦比亚和俄罗斯等7个国家生产。

克莱斯勒公司计划与中国的奇瑞汽车股份有限公司在欧洲销售道奇(Dodge)品牌轿车,而通用汽车公司计划在阿根廷和巴西生产轿车,在印度、韩国和巴西开设工程中心。

过去,发展中国家的消费者一般购买欧洲和日本的二手车,现在则是非洲人在寻求廉价车了。中国生产的新轿车正在取代发展中国家市场上的二手车。诸如长城、奇瑞和吉利等中国轿车生产企业正在全力进入非洲。印度的塔塔汽车公司推出了低于2500美元的轿车。法国雷诺和日本日产等西方轿车制造商,正在与印度马辛德拉汽车集团(Mahindra & Mahindra)共同开发3000美元的轿车。雷诺已经在销售其在罗马尼亚生产的经济型轿车。

新兴国家需要廉价轿车,而轿车制造企业正在运用全球化战略满足这一需求。对廉价轿车的全球性需求正在使不同国家走到了一起。

潜在冲突

许多因素导致母公司与东道国之间的冲突。民族主义的自私自利会使双方合作所取得的好处大打折扣,同样,社会文化方面的差异也能导致沟通上的断裂,从而造成误解。一家大型跨国企业对一个小国可能会造成极其强大的经济影响,以致东道国感到被弱化。有些国际公司因暴利或从当地企业挖走优秀人才以及违背社会习俗的经营而受指控。国际公司必须开发管理人员的社交技能,以便避免诸如此类的冲突,并解决那些不可避免地要发生的冲突。

创业视角 就文化差异和创业管理问题与N次方有限责任公司风险资本合伙人布赖恩特·童的访谈[2]

布赖恩特·童是加利福尼亚州旧金山地区N次方有限责任公司的风险资本合伙人。N次方有限责任公司以投资全球能源产业潜在高收益项目著称,公司成立于1997年,旗下拥有价值4.2亿美元的四只基金。公司投资于组合公司的项目融资资金来源于世界各地的机构。布赖恩特·童于2001年加盟该公司,此前他是PG&E公司下属的太平洋风险资本公司(Pacific Venture Capital, LLC)的总裁和首席执行官。自从加入N次方有限责任公司以来,他所领导的投资团队参与了Accelergy公司、NanoGram公司、Microposite公司以及Arxx公司的融资,并分别在这些公司担任董事。

鉴于N次方有限责任公司基金的国际化性质,我们请布赖恩特·童谈谈他在其经营过程遇到的投资者文化差异问题。童先生表示,预期和沟通方式似乎在更大程度上与个人特点而不是与文化因素相关。他认为,投资者无论其文化背景如何,都期望投资后的财务回报,而这一点超越了所有的文化差异。

跨国公司[3]

跨国公司(MNCs)的总部设在某一国家,而在许多国家从事经营活动。《财富》杂志每年都要评出全球500强。在2011年评出的、按营业额排序全球最大的10家跨国公司中,有3家美国公司、1家英—荷合资公司、1家英国公司、3家中国公司和2家日本公司。它们是:(1)沃尔玛公司;(2)英荷皇家壳牌石油公司;(3)埃克森美孚石油公司;(4)英国石油公司;(5)中国石油化工集团;(6)中国石油天然气集团;(7)国家电网公司;(8)日本丰田公司;(9)日本邮政控股公司;(10)雪佛龙石油公司。[1]

《财富》杂志同时还评出了全球最受赞扬的公司。2012年,美国包揽了全部前10名(其中,苹国公司位居第一)。谷歌位居第二,亚马逊位居第三。

从民族为中心导向到全球为中心导向[4]

在早期阶段,国际企业的经营活动是以**民族为中心**(ethnocentric)的导向来进行的,也就是说,海外子公司的经营方式应根据母公司的导向而定。[5]另一方面,**当地为中心**(polycentric)导向认为,当地公民最了解驻在国的环境,应给予东道国所在地子公司相当大的管理自主权,雇佣当地员工,这是最佳方针。**区域为中心**(regiocentric)导向赞成海外经营人员

> **注解**
> 跨国公司的总部设在某一国家,而在许多国家从事经营活动。

> **注解**
> 民族为中心导向认为海外子公司的经营方式应根据母公司的导向而定。

的招聘应以区域为基础。因此，欧洲人的观点可能是由英国人、法国人、德国人和意大利人以及其他周边国家人员的影响形成的。现代跨国公司采用**全球为中心**（geocentric）导向，视整个组织为一个在许多国家中经营的相互依存的系统。公司总部与下属子公司之间保持合作的关系和双向沟通。此外，由不同国籍的经理人员担任公司重要职务。总之，跨国公司的导向纯属国际性的，超越了那种狭隘的民族主义观点。

> 注解
> 当地为中心导向认为，应给予东道国所在地子公司相当大的管理自主权。

> 注解
> 区域为中心导向认为海外经营人员的招聘应以区域为基础。

> 注解
> 全球为中心导向视整个组织为一个在许多国家中经营的相互依存的系统。

跨国公司的优势

跨国公司有着内向型企业不可比拟的若干优势。显然，跨国公司能够利用许多不同国家中的商业机会，也能在全球范围内筹募资金。此外，跨国公司能够在生产产品最有效率和效益的国家建立生产设施而从中获利。有时，从事全球经营的公司较之国内企业更易于取得自然资源和原材料。最后，大型跨国公司还能够从全球劳动力资源储备中招聘管理人才和其他人员。

对跨国公司的挑战

有必要把跨国经营的有利因素与在国外环境经营中所遇到的挑战与风险加以权衡比较。许多国家中日益高涨的民族主义即是其中的一个问题。多年以前，发展中国家缺乏管理、市场营销和技术等技能，因此，他们欢迎跨国公司。但随着发展中国家的人员逐渐掌握了这些技能，情况也正在发生变化。此外，这些国家不仅充分意识到他们的自然资源的价值，而且在国际商务谈判方面也变得更加成熟。最后一点，跨国公司必须同东道国保持良好关系，但由于东道国政府的层层更迭，公司必须应付并且适应这些变化，所以，事实会证明，这个任务是有难度的。

全球化视角

与威普罗（Wipro）公司类似的印度公司所面临的跨国公司挑战和机遇[6]

对某些公司的挑战可以成为其他公司的机遇。20世纪70年代末，国际商用机器公司（IBM）在印度出售过时的机器，印度政府警告说，或者销售新设备，不然走人。结果，IBM退出了印度市场。IBM的离去给像威普罗公司这样的当地企业提供了机会，那时，威普罗公司是一家规模很小的公司，而截至2006年，公司已经发展成为年销售额达30亿美元、专营信息技术、企业流程运营和研发服务、客户遍及世界各地的大型高科技公司。

在毕业于斯坦福大学的董事长阿孜米·普拉姆基（Azim H. Premji）领导下，威普罗公司充分利用了全球范围内的外包机遇。发达国家纷纷向中国外包制造技术，而印度这个拥有良好教育水准、说英语的员工队伍的国家开始外包服务。威普罗公司和其他印度公司向外国公司提供诸如呼叫中心、工资软件等服务,向保险公司提供互动培训系统以及有价证券管理服务。如今,印度在人们的心目中是一个低成本、高质量的信息技术服务提供商。

诸如威普罗公司这样的高科技公司大量地吸引来那些著名的印度科技学院、印度管理学院以及其他高等教育学院的学生。威普罗公司起步于一家花生油生产企业,现在已经成为一家不断创新、具备高端研发能力的高科技公司。

从多国公司到全球化公司或从跨国公司到全球化公司的过渡

对大公司而言,只在不同的国家经营还不够,像埃克森石油公司和通用汽车公司那样,在一些国家建立生产制造厂也不足以使这些公司具备国际市场上的竞争力。转变的趋势会朝着**全球化公司**或**跨国公司**的方向发展,这种公司将整个世界视为一个大市场。当然,这也意味着这些公司要适应国家市场甚至当地市场的需求。

> 注解
> **全球化公司或跨国公司**将整个世界视为一个大市场。
> www.exxon.com
> www.gm.com

国内市场变得太小了,如果开发一种新药可能会花上数亿美元或十多年的时间。这样的高成本只有在国际市场上出售药物才可以得到补偿。此外,全球化公司要同世界技术的发展保持同步。20世纪80年代末,福特汽车公司决定成为一家全球化公司。在此之前,这家公司曾尝试着生产一种名为"护卫"(Escort)的"世界型轿车",却并不很成功。但现在,通过现代化通讯方法如视频会议的使用使福特公司与其欧洲子公司有了更为紧密的联系。在福特准备成为一家全球化公司之际,这家公司在日本还没有建厂。为填补这一空缺,福特购买了马自达公司25%的股权,之后增加到33.4%。福特控股后,亨利·华莱士(Henry Wallace)被聘为公司总裁,成为日本历史上第一位领导大型日本公司的外籍人士。[7] 此外,福特还同日产汽车公司合作,日产设计一种微型面包车,由福特来生产称为"别墅"(Villager)和"探寻"(Quest)两款面包车,并由日产的经销商销售。

尽管许多公司都要全球化,却至今只有为数不多的公司做到了这一点。全球化公司要面向世界来开发产品,特别是面向北美、亚洲和西欧市场。同时,战略决策必须考虑到整个世界的情况,但具体策略的实施要按照国别和当地市场的情况来进行调整。在人力资源方面,要给外籍人员提供进入高层管理班子的机会。在全球化公司无法进入的国家,可能需要同当地公司建立战略联盟。

> 注解
> www.ford.com
> www.mazda.com

硅谷的创业管理

有人说硅谷只是一个概念而不是一个地方。这也许是对的,但是这个概念起源于人们至今仍然习惯称为硅谷的地方。就地理位置而言,硅谷被认为包括旧金山湾区南部在内的整个地区(从硅谷到帕罗奥图),尽管当今它的地理边界和知识边界早已囊括旧金山湾区的大部分地区。硅谷概念的技术领先性和影响力以及它的软环境给整个地区打上了不可磨灭的标记。

什么是硅谷概念?看一下湾区当地发生的无数的企业和技术大事件就不难发现,硅谷是信心、愿景与科学缠绕在一起的希望、工程和商务推销;是让人们能够看到周围的角落,或者至少让你相信你能做到;是领导力、示范效应和辉煌。

正如许多人蜂拥而至好莱坞和纽约城以实现其成为明星演员的梦想,幻想力丰富的企业家们来到硅谷以实现他们成功创业的梦想。硅谷吸引辉煌和朝气,提供资源和技能,将天才冒险家的梦想变成持续成长的企业。那些知道机会潜伏在角落里的人,无论是离开哈佛到帕罗奥图创办社会网络网页,还是跨越大西洋或太平洋学习工程学、科学或商科,硅谷都在吸引着这些前程似锦和非常勇敢的人,它又增添了一个野心勃勃的人。作为一种概念,硅谷是可以学习的,但是只有身临其境到硅谷才能学好、学到手。

创业视角　易趣公司(eBay)的成功经验能够持续吗?[28]

互联网变化日新月异,易趣公司的成功经验能够持续吗?大约在1994年,皮埃尔·奥米德嘉(Pierre Omidjar)将互联网用于商务,当今,易趣公司不仅在网上经营数以千万美元计的商品,而且占据整个电子商务销售额的1/4(不含杂货和旅游),2010年公司利润收入为18.8亿美元。易趣公司采用了一种独特的经营方式,用户本身承担了诸如商品拍照、推介、出示清单、包装、发货等大部分工作,而易趣公司只是对每笔交易收取佣金。

易趣公司提供的一种很赚钱的服务被称为"网上支付"(PayPal),其网上支付交易量约占美国整个电子商务交易额的3/4。易趣公司在国际上的知名度与日俱增,目前不仅在欧洲,在其他国家尤其是在中国业务量不断扩大。跨边界的网上贸易正呈增长趋势,易趣公司在中国投资了1亿美元用于促销活动。

易趣公司的成功经验能够持续吗?易趣公司在美国市场上的份额正在减少,但是其他互联网公司却在扩大业务。例如,谷歌(Google)公司已经远远超出了搜索引擎的概念,亚马逊也不仅仅在销售书籍,而雅虎也远不止是一个网络门户。事实上,亚马逊和雅虎目前都在提供拍卖业务。过去,易趣公司成功是因为公司聆听消费者并满足他们的需求,而这一点对未来而言还有力度吗?不管怎么说,与大多数的非网络经营公司相比,网上业务的进入壁垒相对低得多。

国家联盟和地区化经济

有时,一个地区的国家之间相互竞争(现在依然如此),而当今是地区之间的国家结成战略联盟,地区与地区之间展开竞争,例如,欧盟、北美自由贸易协定(NAFTA)、东南亚国家联盟(ASEAN)以及南美六国集团(Mercosur)。

欧洲联盟

"欧洲1992"标志着欧洲经济联盟第一步的完成。欧洲共同体(EC)1992年规划导致经济实体的大幅度调整。一些国家把这个新规划视同为"新欧洲",而其他一些国家,尤其是共同体之外的国家则认为这是一个堡垒,对其他国家(包括美国)构成了巨大的挑战。为了有效地抗衡这个"新欧洲",北美和亚洲国家组建了北美自由贸易协定(NAFTA)和东南亚国家联盟(ASEAN)。

欧盟委员会为了打破贸易壁垒和形成内部市场,对300多项法律条款进行了修订。新举措目的是在欧洲共同市场内创造市场机会,加大竞争力度以及引发欧洲共同市场外部公司的竞争。跨国贸易限制的取消和边境控制的减缓对在欧洲参与竞争的美国公司产生了巨大的影响。另外,像德国西门子公司这样的全球化公司在美国市场上成了颇具威慑力的欧洲公司。

> 注解
> www.siemens.com

"欧洲1992"的目标是通过取消贸易壁垒以及产品、人员、服务和资金的自由流动而形成一个单一市场。这些变化超越经济利益,也带来许多社会变革,例如,教育的质量也会受到影响。欧盟部长委员会颁布了一条法令,宣布承认各国高等教育文凭,以便于专业人员在欧盟各国工作。毫无疑问,欧盟共同市场绝不仅仅是一个经济共同体,而是一个具有政治权力的智能集团。

近年来的全球金融危机对欧盟的凝聚力是一个考验,因为希腊、爱尔兰、葡萄牙和西班牙相继陷入财政赤字困境,削弱了作为单一货币欧元的竞争力。一个团结的欧洲是否能应对几个成员国财政赤字方面的挑战,人们在拭目以待。

"欧洲1992"(后来成为"欧盟")最初有12个成员方,它们是:比利时、丹麦、法国、德国、希腊、爱尔兰、意大利、卢森堡、荷兰、葡萄牙、西班牙和英国。1995年又扩大到奥地利、芬兰和瑞典。之后有塞浦路斯、捷克共和国、爱沙尼亚、匈牙利、拉脱维亚、立陶宛、马耳他、波兰、斯洛伐克以及斯洛文尼亚。

> 注解
> www.europa.eu.int

北美自由贸易协定和其他拉美自由贸易区[9]

1994年,包括美国、加拿大和墨西哥在内的北美自由贸易协定(NAFTA)正式生效。其后,三国之间的贸易大幅度增长。协定的目标是取消贸易壁垒,有助于产品和服务跨国界的移动,促进公平贸易,增加投

> 注解
> www.nafta-sec-alena.org

资机会，保护知识产权，解决争端以及提供旨在改善本协定的机会。该协定涉及诸多方面，如市场进入、产品原产地细则、海关程序、能源、农业以及应急措施。

其他拉美和加勒比国家也相继组建了它们自己的贸易区。阿根廷、巴西、玻利维亚、智利、巴拉圭和乌拉圭成为南美六国集团（Mercosur）成员国。[11]欧盟与南美六国集团（Mercosur）成员国之间贸易往来密切，这一关系随着2001年7月召开的贸易协会第五轮（Fifth Round of Association）谈判的召开得到了进一步的加强。此外，加勒比和中、南美洲国家认为，通过美洲自由贸易区（Free Trade Area of the Americas，FTAA）降低了贸易壁垒，而这一贸易区被人们认为是北美自由贸易协定的延伸。[11]

> 注解
> www.mercosur.org
> www.ftaa-alca.org

正如世界贸易组织（World Trade Organization）会议期间总有抗议者出现一样，这些贸易协定的出台并非一帆风顺。批评家认为，这些协定对发达国家更为有利。

东南亚国家联盟（Association of Southeast Asian Nations，ASEAN）[12]

> 注解
> www.aseansec.org

这是一个由文莱（Brunei Darussalam）、柬埔寨、印度尼西亚、老挝、马来西亚、缅甸、菲律宾、新加坡、泰国和越南10个国家组成的贸易联盟，这个联盟不仅在经济上，而且在政治上越来越多地与北美自由贸易协定和欧盟成员国抗衡。

在2003年10月巴厘岛召开的东南亚国家联盟高峰会议上，与会国家领导人与中国、日本、印度和韩国领导人讨论了政治安全、社会文化合作以及经济等问题。东南亚国家联盟经济部长们定期会晤，讨论经济和战略问题。2003年9月在曼谷召开了第35次部长级会议。一个月之后，在马来西亚的卡拉伦坡召开了首届文化和艺术部长级会议，其目的是改善成员国之间的合作，加深人民之间的了解，促进地区一体化。近来，这些国家又就"反恐"问题进行合作。最终，东南亚国家联盟会对北美自由贸易协定和欧盟形成抗衡。

全球化视角　　泰国的竞争优势：皮卡汽车[13]

在美国和泰国准备新的贸易协定之际，美国汽车公司和工会以及泰国银行家在担心面临更大的竞争。泰国银行业保护其本国公司免受外国竞争，因而泰国的皮卡汽车对美国汽车制造商构成了相当大的威胁。泰国已经与日本签署了自由贸易协定（FTA），而美国也绝不情愿落在后面。就东南亚地区而言，中国已经在这个市场站住了脚，其影响力在与日俱增。

如果泰国皮卡汽车25%进口关税被免掉的话，泰国皮卡汽车对美国汽车业将形成相当的竞争压力。2006年初，这一关税问题态势尚不明朗。美国工会对可能失去的就业机会非常关注，尤其是福特公司在2006年1月宣布，在其后6年中在北美市场上要关闭14家生产厂,约34000人将失去工作机会。与此同时,通用汽车公司也面临减员的压力。

但是,福特与通用可以从这一两国之间的贸易协定中受益。这两家公司都在泰国生产皮卡汽车,主要销往东南亚市场,从没在美国本土上销售过。现在,泰国的梦想是成为"东方的底特律",如果泰国和美国之间的自由贸易协定如期签署,那么,皮卡汽车产业将有助于增强泰国的竞争优势。

印度在世界经济中的地位

就国家面积而言,印度是世界第七大国,而按人口排序,则是仅次于中国的第二大国。与中国相比,印度人口超过11亿,劳动力位居全球第二,经济实力排名世界第12位。据估计,到2025年,印度消费市场规模将超过德国。[14]尽管经济在快速增长,印度的贫困率和文盲率却很高。[15]印度于1947年从英联邦独立出来,1950年新宪法出台。印度在世界贸易组织(WTO)、东南亚国家联盟(ASEAN)以及南亚地区联盟(SAARC)中的作用日益增长。印度凭借其拥有的大量的训练有素的劳动力大军,在全球服务经济中发挥了越来越重要的作用,与世界经济的接轨越来越密切。

国际管理:文化和国家差异[16]

了解管理做法上的差异是有益的。格里特·霍福斯泰德(Geert Hofstede)进行的一项详尽的研究给人们提供了一个研究各国不同文化差异的框架。我们的讨论将集中在几个选定的国家,涉及的内容以普遍性为基础,呈例证性特点,而不是包罗万象。我们必须牢记,在任何一个国家,管理人员之间都存在很大的差别。此外,社会也不是静态的,时时在发生变化。例如,德国管理人员传统的武断专行作风正在慢慢地被更加广泛地参与式管理方法所取代。

不同文化行为[17]

荷兰籍研究人员格里特·霍福斯泰德的研究发现,一个国家的文化会对其人民的行为产生影响。在他最初进行的、涉及11万人的研究中,他总结了4个维度,其后又补充了一个。它们是:(1)个人主义与集体主义;(2)大的权力距离与小的权力距离;(3)不确定容忍与规避;(4)男性化与女性化或进攻性目的行为与被动性目的行为;(5)短期导向与长期导向。表3-2归纳了这五种维度下的行为表现。

表 3-2　　　　　　　　　　五种行为维度

个人主义	集体主义
关心自己的事件和比较接近的同事。工作任务比关系更重要。	强调群体作用。希望得到群众的支持。关系比工作导向更重要。
大的权力距离	**小的权力距离**
社会认可权力的不平等分配。尊重职权，强调职位和级别。下属希望被告知做什么。强调集权。	社会不太认可权力。员工倾向于与上司商讨建议，不太强调职权、职位和级别。最大限度地降低不平等性。强调分权。
不确定容忍	**不确定规避**
人们认可不确定性，接受风险，并愿意承担风险。	惧怕含糊不清和不确定性。倾向于结构和正式规章制度。
男性化	**女性化**
颇有进取心和自信心，强调物质利益、成功和金钱。	呈关系型风格。喜欢生活质量。关心别人的幸福，关心他人。强调谦虚。
长期导向	**短期导向**
特点表现为努力工作，执著。呈节约型风格。	不太强调努力工作和持之以恒。呈消遣型风格。

霍福斯泰德的研究结果表明，个人主义在美国、澳大利亚、英国和加拿大盛行，相比之下，集体主义在危地马拉、厄瓜多尔和巴拿马比较突出。在研究涉及的50个国家和地区里，印度排名第21位，与日本接近（22/23位）。另外，中国香港、新加坡、泰国和中国台湾排名在37~44之间，呈现为集体主义的倾向。[18] 在男性化与女性化指数方面，日本、奥地利、意大利和瑞士排名很高，而瑞典、挪威、荷兰和丹麦则排名很低，意味着这些国家倾向于女性化特征。[19]

这些发现说明，管理人员为了在其经营的国家能够成功，有必要了解文化环境以及它们的含义。我们下面将讨论几个国家的管理风格。

法国：政府计划和"领袖"

法国政府制订全国性计划（属于法律—政治的环境因素），有助于协调单个行业和公司的计划（属于管理的计划职能）。政府的目的是要最有效地利用国家的资源和避免非经济领域里的扩张。虽然政府计划（也扩展至地区）由为数不多但颇有能力的人员去实施，但其他政府部门、企业家协会、工会和消费者也提供合作与支援。

有时计划成了有助于特定产业的全球战略，例如，法国政府试图把电子产业整合在一起，以克服法国在信息处理、消费品电子、微电子和自动化方面的弱点。为了实施这一战略，政府计划支持若干国家项目，如语言合成、小型和微型计算机以及大型电脑主机。很明显，政府计划和公司、特别是那些政府所有或资助的公司之间的关系甚为密切。

政府大量参与经济和社会活动带来了大约450万社会服务人员的就业机会。[20]公务员比私人企业的员工有许多优势，如工资高、工时短、休假长、退休金充裕、奖金多、几乎是"铁饭碗"以及其他福利待遇。与欧洲其他国家相比，在1979~1999年，法国政府公务员队伍增长了20%，以至于法国员工中有1/4是拿政府工资的。毫不奇怪，许多法国人愿意成为公务员或"职员"。

让－路易·巴尔索（Jean-Louis Barsoux）和彼得·劳伦斯（Peter Lawrence）不仅注意到法国政府和产业之间的密切关系，还注意到那些著名大学的管理学院对法国管理思想的形成所起的作用，这一管理思想对政府和企业都十分重要。[21]这些学院提供"领袖人物"，即管理界的精英。此外，这些学院广泛的社会关系对管理的成功至关重要。在管理人员身上最为重要的是分析能力、独立见解以及集成事实的熟练能力。在强调书面交流的同时，人们往往忽视口头交流能力。这些管理人员的能力往往表现在知识层面上，而非行动上。要获得政府和企业的高级管理职位，理性分析、解决问题和进行定量分析的能力都是很重要的。事实上，管理人员既为政府部门也为企业工作是很常见的。

法国的管理模式也有不足之处。首先，它可能会使管理人员不太擅长于解决非定量性、非常规性的问题，也不太善于对环境的变化做出快速的反应。其次，这一管理模式不一定能选拔最优秀的管理人员，因为学校的关系网比个人的实际能力更为重要。尽管这种管理模式的特征会限制管理人员从全球化的角度看问题，但是，总的来说，法国的管理人员相当支持欧盟制订的方案，并将此看做重建欧洲的一个契机。

德国：职权与共同决策

在过去，德国文化环境偏爱依赖职权来指挥工人，但现在这种情况已大为减缓，呈现为仁慈专制型领导方式（管理的领导职能）。甚至在今天，虽然管理人员也对下属表示关切，但他们还是期望下属的服从。1951年，德国通过了一条规定**共同决策**的法律，要求某些大公司的监事委员会和执行委员会中有员工的代表。此外，执行委员会要有一名员工选举的理事任委员。这个职位的难度很大，因为员工理事必须代表员工利益，但同时还必须要制定符合企业最佳利益的管理决策。

> **注解**
> **共同决策**要求公司的监事委员会和执行委员会中有员工的代表。

其他西方国家中影响管理的相关因素

在澳大利亚，管理受到这个国家的道德说教以及强调政治与社会价值观，强调成就和承担风险的影响。

意大利的管理人员适合于风险小的经营环境。意大利人富于竞争精神，但同时他们欢迎群体决策。

奥地利（以及德国）的管理人员具有自我实现和领导的特征，注重自主性和竞争力，对承担风险的容忍度相当低。

在英国，应变性、适应性和逻辑性与工作的安全感同为重要。同样，人们崇尚个人主义。

全球化视角　　是否存在欧洲管理模式？[22]

欧洲国家的管理人员尽管管理方式各异，但也有一些共同点。在与欧洲企业高层管理人员的访谈中发现：

- 欧洲管理人员认为，他们比美国同行们更为人性化。
- 谈判在欧洲企业中颇为盛行，如管理层与员工或工会之间，母公司与子公司之间等。德国大型企业中流行的、共同决策的做法可以说是这种大量谈判的见证。欧洲管理人员视美国的管理方式为自上而下的方式。
- 欧洲管理人员已经积累了大量的管理国际多元化的能力，其跨越国界的管理更多的是通过人员，而不是结构与程序实现的。大多数欧洲管理人员能说数国语言的能力对这种"人员导向"起到了推波助澜的作用。
- 就企业获利导向而言，欧洲管理人员基本上是在短期获利导向（欧洲管理人员视美国同行为短期获利导向）与日本管理人员为代表的长期获利导向之间。
- 另外，欧洲管理人员从美国同行那里学到了许多管理方法以及美国人的创业精神。在全球化环境中，随着信息自由畅通和跨国公司在许多国家的经营，管理方式也会呈现趋同性。

韩国管理

日本式的管理受人关注的部分原因是日本公司在过去经济上取得的成功。韩国也展示出经济上突出的增长，但是，1997年发生的亚洲经济危机使其经济出现重大转折。韩国管理模式鲜为人知，简单地把韩国的管理看做是日本式管理模式的延伸是不正确的。尽管这两个国家间的管理有许多文化和结构上的相似之处，例如都有实力强大的联合大企业存在，但两者并不相同。

韩国模式的特点是"**财阀**"（Chaebol），这是政府与产业集团之间形成的紧密合作关系。然而，金勇南在担任韩国总统时曾建议："我们需要妥善地平衡大企业与小企业的关系。我们不能让财阀靠吞并小企业而发展。"[23]他甚至宣称："靠给人们带来痛苦的外部扩张成长起来的财阀已经

> **注解**
> "**财阀**"（Chaebol）是政府与产业集团之间形成的紧密合作关系。

到头了。"[24]

日本的管理人员强调群体的和谐与一致,即日文里的"wa",韩国人语言中的"inhwa"也可译为和谐,但并不那么强调群体价值观。韩国的组织结构层次划分清晰,家庭成员担任关键性的职位。除血缘关系以外,聘用高层管理人员的决定性因素常常是曾经就读的大学或是否来自同一个地区。这种领导方式是自上而下的,或者说是独断的或家长式的。这种管理方式可以通过命令手段使公司迅速对环境的需求变化做出反应。终身聘用制在韩国并不流行,事实上,同日本人员的低流动率相比,韩国的人员流动率比较高,而这主要是因为雇员主动辞职而非被解雇。总而言之,韩国的管理既不同于日本的管理也不同于美国的管理。

> **注解**
> "inhwa"在韩国语中意指和谐。

日本管理和Z理论

作为世界上领先的工业国,日本在管理上采取了完全不同于西方发达国家的做法。这里首先讨论日本的两种常见做法:终身雇佣制与一致性决策制,然后比较日本和美国的管理做法,包括Z理论。在本书第2~6篇结束语中,还对日本在管理上的其他一些做法进行了讨论,并分别将其与美国和中国在管理上的做法进行了比较。

终身雇佣制

日本式管理的重要特征包括终身雇佣制(与人员管理职能有关)、对员工的高度关心以及注重资历。通常,员工终生都在一家企业工作,这又转而给员工提供安全感和归属感。这种做法从文化理念上将"wa"(即和谐)的概念带入企业,使得员工忠诚于公司,并与公司的宗旨密切认同。然而,由于员工都名列在工资单上,即使工作任务不足也要照发工资,无形中增加了经营成本。因此,有些企业开始对终身雇佣制提出了疑问,事实上,这一制度正在发生变化,不过发展非常缓慢。然而,常常被人忽略的是,主要是大企业采用终身雇佣制,事实上,只有大约1/3的日本劳动力实行了职业保障制度。

> **注解**
> "wa"在日语中意指和谐。

全球化视角 — 日本工人快乐吗?[25]

日本工人为了获得终身雇佣,常常要超时工作,且工作环境欠佳。尽管终身雇佣制仍在盛行,一些公司已经不再给其员工提供足够的就业保障。这种不安全做法使日本工人成为一项调查中发现的、7个国家当中最不满意的员工。

由国际调查研究组织(International Survey Research)进行的一项调查发现,日本员工满意度最低,而瑞士员工满意度最高。具体来说,在回答"总体上,你对你的公司作为雇主是否满意?"这句问话时,有以下结果:在瑞士,82%的员工回答"满意";在加拿大,满意度是73%;在墨西哥是72%;在德国是66%;在美国是65%;在英国是64%;而在日本则是44%。

> **注解**
> www.isrsurveys.com

> 不仅如此，只有33%的日本员工认为他们的企业管理有序；60%的员工认为，他们没有得到公平地评估；只有37%的员工认为他们的工资是公平的。
>
> 日本员工的低满意度说明，常常令人羡慕的、严格自律的日本员工队伍似乎在认为，他们对日本经济繁荣的贡献并没有得到应有的重视和回报。

> 注解
> www.world.sony.com

同终身雇佣制密切相关的便是年功序列制，是给予已在本企业工作了很长时间的老年职工的优惠待遇。但有迹象表明，这一制度可能会被一种较为开放的做法所取代，即给年轻人提供晋升的机会。例如，历史较短的索尼公司中，班组长（注意不称他们为工长）往往是十八九岁的年轻女孩，实际上这些班组长同她们所领导的操作工在年龄上所差无几。

长期以来，终身雇佣制在日本很成功，但是，随着2012年索尼公司决定在全球范围内解聘一万名员工（占整个员工队伍的6%），人们的职业安全感正在发生变化。[26]

日本的决策方式

日本管理中的决策方式也与美国大相径庭，其决策的思想基础是变化和新思路主要应来自基层。所以，低层次员工向高层次人员提出建议，上司对建议不是简单地表示接受或拒绝，而是要老练地质疑、提出建议和鼓励下属。如有必要，把建议退给建议者要求补充更多的信息。然而，在重大决策上，高层管理人员保留其权力。

日本式管理则采取一致性的决策方式来处理日常遇到的问题。低层员工首先提出设想并把它送交较高层人员，一直送到最高层主管的办公桌上。如果建议被批准，则把它退交建议者，由其去实施。

Z 理论

> 注解
> Z 理论中挑选出的一些日本式管理做法适用于美国的环境。
>
> 注解
> www.ibm.com
> www.hp.com

Z 理论中挑选出的一些日本式管理做法适用于美国的环境，并由诸如国际商用机器公司、惠普公司以及从事多元化经营的戴顿—赫德森零售公司（Dayton-Hudson）等美国公司所运用。威廉·大内（William Ouchi）教授提出，Z 型组织的特征之一就是强调为群体相互交往所必要的人际关系技能。[27]尽管强调群体决策，然而责任仍归属个人（这点完全不同于日本式做法，其强调的是集体责任）。另外，还强调建立在信任基础上的、非正式的、民主的关系。不过，像国际商用机器公司那样，其等级制度结构仍然是原状，在此基础上，不仅公司的目标，而且公司的职权、规章制度和纪律指导着公司的行为。

中国的崛起：邓小平将中国从计划经济转向了市场经济[28]

邓小平是一个政治家、外交家和理论家。他的功绩在于将中国从计划经济转轨成市场经济，使中国在"文化大革命"后得以发展。他鼓励外国投资，有限度地允许私有投资，使中国成为当今成长最快的经济体之一。邓小平奔向市场经济的思想是：

- "计划和市场都不是社会主义和资本主义之间的本质区别，计划经济不是社会主义的定义，因为资本主义也有计划；市场经济条件下可以搞市场经济。计划和市场都是控制经济活动的手段。"[29]
- 1978年，邓小平访问新加坡，现代化和高科技的新加坡以及这个国家规划经济的发展、建设基础设施和鼓励外资的做法给他留下了深刻的印象。邓小平认为，新加坡模式适合中国的国情，结果形成了"中国特色的社会主义"。将计划方法与新加坡模式相结合，带来了近年来9%的经济增长率。中国开始建设新煤矿、现代化电网、核电站、新公路、高速路以及其他项目。这些在很大程度上归功于邓小平的领导。
- 最近几年，一个显著的变化是中国企业的全球化进程在加快。随着中国经济快速发展，技术更加成熟，越来越多的中国企业（如海尔）在参与全球市场竞争，产业链在向国际市场延伸，不断拓展新的市场。[30]

全球化视角　　中国企业的全球化

就中国企业的全球化问题访谈杨晓华教授。

近年来，随着中国跨国公司在全球市场发挥着举足轻重的作用，我们就发展、进步、影响、国际扩张未来态势等问题进行了专家采访。杨晓华博士的学术造诣主要涉及国际机构环境中的企业竞争战略，尤其是对中国企业海外扩张驱动力以及他们在海外市场经营和绩效决定因素方面的研究颇有建树。

我们请杨博士谈谈中国企业国际化发展状况，她谈到了以下内容[31]（基于她最近发表在"La visione strategica dell'impresa, Giappichelli, Torino"上的论文）。杨博士指出，中国企业在海外投资使其能减低运营成本（Cheung, 2006），这些投资地往往是发展中国家，因为这些国家拥有其所需的自然资源。近年来，由于国家政策和公司目标方面的变化，中国企业增加了对经合组织（OECD）国家的投资。中国公司试图成为全球竞争对手（Sauvant, 2005）。[32]

由于受全球金融危机的影响，西方国家资产缩水使许多中国公司通过并购在国际市场投资。中国的跨国公司开始采用咄咄逼人的战略，获取技术能力和人力资本（Yang, Stoltenberg, 2008）。[33]收购美国和欧盟的公司使中国的跨国公司能够更快、更经济地多元化，而不是完全依赖自己的努力开发技术。同时，他们投资直接购买高端专有技术以及那些诸如分销渠道和知名品牌不动产类的战略性技术（Buckley, 2007）。[34]基于近年来的海外扩张态势，我们预计中国跨国公司在未来世界经济中会发挥更大的作用。

创业视角　　　　　　　　　　中国的风险资本

长期以来，风险资本一直是诸如硅谷那样的技术为先导地区快速发展的驱动力，风险资本投资催生了谷歌和脸谱网这些快速成长的公司。在过去10年中，风险投资产业在中国也发展起来了。

中国风险资本信心程度与他们在美国的同行基本上同步。《中国风险投资信心指数》季刊（彭博社股票代号：CVCCI）源自于对中国大陆和中国香港风险资本连续调查的数据。中国风险资本指数衡量和反映了中国境内专业风险投资人对未来6~18个月中国高增长的风险创业环境的预测。[35]

基于2012年7月对中国大陆和中国香港12位风险投资人的调查结果，2012年第二季度中国风险投资信心指数在5点量度上为2.79（其中，5表示信心高、1表示信心低）。这个指标比前一季度数字下跌了21.63%，为2005年第二季度首次推出中国风险投资信心指数以来的最低点。

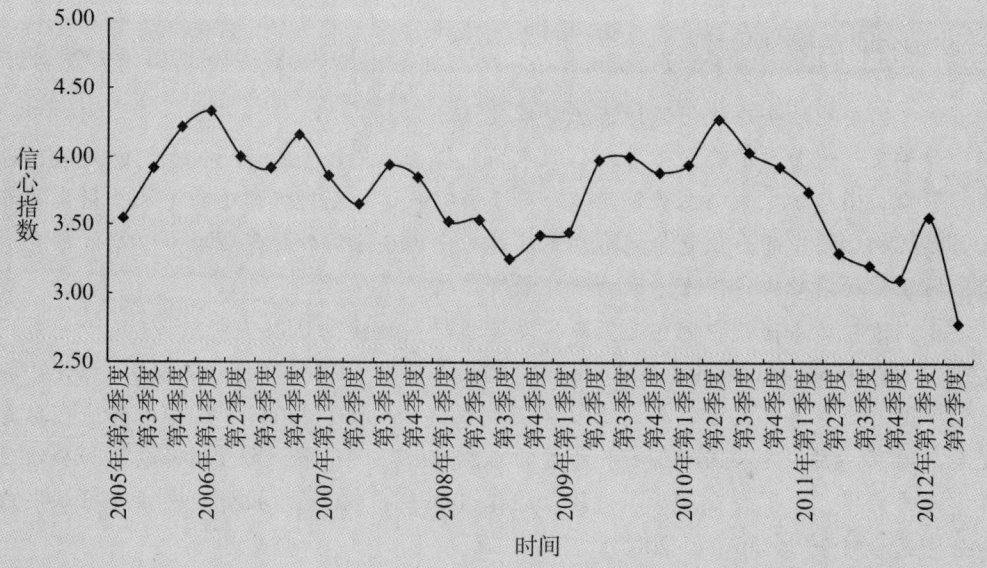

图1　过去29个季度中国风险投资人信心态势走向曲线

全球经济和国内经济不景气开始对中国风险投资活动产生影响。政治风险和价值风险加剧了风险投资人的悲观情绪。中国的风险投资信心会反弹吗？历史表明会的。

印度的崛起

印度自1991年进行改革以来大大减少了官僚机构，经济得到了快速发展。随着进口限制的取消，出口在增长，而这一切是与印度企业界领袖们在高科技领域做的变革密不可分的。值得一提的是纳拉亚纳·穆尔蒂（Narayana Murthy），他被很多人视为是印度的比尔·盖兹（Bill Gates）。他和他的助手们创办了Infosys信息系统技术有限公司。

另一个受人尊敬的企业领袖是拉丹·塔塔（Ratan Tata），他挑起了塔塔钢铁集团现代化的重任。塔塔先生是一名建筑师，在美国获得教育，人们常常把他比作通用电气公司的杰克·韦尔奇。[36]近年来，他因于2008年推出2500美元的塔塔轿车而名声大震。印度政治家们非常关注中国的经济发展。印度比中国相差甚远，在许多领域正向中国看齐。印度许多地方需要改进，其中之一是它的基础设施，这也是一些外国公司不愿在印度投资的原因之一。

中国在发展制造业，而印度的优势在于高科技领域。班加罗尔被称作印度的硅谷，其他一些城市也在建技术中心。在班加罗尔，人们可以看到许多诸如诺基亚、英特尔、飞利浦和通用电气等外国跨国公司的身影。

虽然印度的变化非常快，但是相比中国还有很大的差距。要把不同利益集团的想法形成共识需要相当长的时间。当然，与50年前相比，今日印度的进步是不可想象的。以下的全球化视角栏目对中国和印度一些不同之处进行了比较。

全球化视角　中国和印度的比较[37]

中国	印度
1978年邓小平的现代化；社会主义市场经济	1991年历史性改革
快速转型	快速转型
人口众多	人口众多
发展中产阶级	发展中产阶级
计划和市场导向经济	日益增长的市场导向经济
意识形态对扩张的阻碍	旧殖民主义对扩张的阻碍
注重基础设施建设	基础设施落后
快速变革	共识要求导致的缓慢变革
制造业优势	软件业优势
公民文化程度较高	公民文化程度较低

全球化视角　　　中国是否失去了竞争优势？[38]

多年来，中国经济以每年约9%的国内生产总值在稳步增长，中国的制造企业得益于劳动力低成本、弱势货币和有限的管制。然而，事情正在发生变化，如劳动力和能源成本在上升，一些优惠政策被取消，人民币在升值。结果，广东地区的一些服装、鞋具和玩具工厂不得不关闭。珠三角地区其他企业也在饱受成本上升的煎熬。在全球化竞争环境下，大型跨国公司在重新审视其投资战略，一些公司正在考虑离开中国，到印度和越南市场寻找机会。一家德国运动器械公司看好印度的低成本，准备在那里投资，但是，印度的劳动生产率低却是个问题。

中国的制造环境在发生变化。新的法律法规要求企业给员工提供退休金等福利，除此之外，员工们正在获得集体协商权利。在许多变化给普通老百姓带来实惠的同时，中产阶级家庭却因高房价和其他生活费用的上升而感到生活质量在下降。例如，2007年消费品价格指数为4.8%，而到2008年却高达5.3%。[39]

由于城市和沿海地区成本高涨，一些公司正在向中国内地以及越南和印度移动，寻找新的机会。

波特的国家竞争优势[40]

管理人员除了了解管理方式上的文化差异外，还应该理解其他国家的经济环境。迈克尔·波特是哈佛商学院的教授，他对比较优势经济理论提出了质疑。他认为，四组因素影响一个国家的实力。第一组是要素因素，如一个国家的自然资源、劳动力成本，以及人们的技能和受教育的程度等；第二组是一个国家的需求条件，如市场规模、产品做广告的方式以及消费者的成熟程度；第三组是供应商因素，即当提供各项支持的公司都位于本地时，公司会兴旺起来；第四组包括公司的战略、结构以及竞争对手之间的竞争状况。

这四组因素结合在一起就构成了竞争优势。一方面，当只有两组因素有利时，竞争优势很难保持；另一方面，资源的可供性也未必总是一个必要的条件。例如，日本缺乏自然资源，但日本却很繁荣。事实上，经济发展上的困境可能会刺激经济活动和经济成功，这已经被第二次世界大战后的日本和德国证明了。但是，这两个国家的消费者都需要高质量的高级消费品。同样的，日本和德国的公司同其供应商之间都有着良好的关系，也有良好的教育制度和高水平的劳动大军。尽管日本公司在某种程度上很合作，但其竞争也非常激烈。

第 3 章　全球化管理、比较管理与质量管理

全球化视角　　通用公司（GM）在印度的扩张[41]

汽车产业是印度竞争优势中一个重要的组成部分，许多诸如通用汽车公司的轿车生产企业在印度投资。日前，通用宣布在印度开办第二家轿车生产厂，表明其在新兴市场的扩张战略进入实施阶段。通用认为，印度在未来将成为通用收入的重要来源地。尽管 2008 年印度仅仅为通用的第五大销售市场，通用却在距孟买不远的浦那（Pune）的德莱冈（Talegaon）镇投巨资建立了新厂，目的是生产雪佛兰星火（Spark）牌小型轿车。要确保成功，仅推出新车还远远不够，还必须要有经销商和服务商的支持。于是，通用正在大力建设其营销网络。此外，通用还在班加罗尔建有一个技术中心，那里可以提供工程师和设计师。与在中国市场上的投资相比，通用在印度的扩张还是有限的，但也足以表明，通用视印度为其亚洲扩张的一个机会。

全球创新指数[42]

创新对世界各个国家的经济、社会和知识发展至关重要。人们做了许多尝试，试图通过开发指数来衡量国家创新程度。聚焦在这里的是波士顿咨询公司开发的《全球创新指数》和欧洲工商管理学院（INSEAD）推出的"2011 年全球创新指数"。

> 注解
> http：//www.bcg.com
> http：//www.insead.edu/home/

波士顿咨询公司的全球创新指数

"全球创新指数"（波士顿咨询公司）是一项针对企业创新绩效调查的组成部分，也是政府支持和鼓励创新努力的结果。调查是在 110 个国家和地区以及美国 50 个州进行的，涉及 1000 多个企业高层管理人员，其中深度访谈了 30 名高管人员，对这些国家和地区以及美国 50 个州的"创新友好程度"进行了衡量。[43]

以下是一些受到积极评价的国家和地区：

1. 新加坡
2. 瑞士
3. 韩国
4. 冰岛
5. 芬兰
6. 中国香港
7. 爱尔兰
8. 日本
9. 美国

10. 瑞典

11. 荷兰

12. 丹麦

以下是一些受到消极评价的拉丁美洲国家：

57. 墨西哥

62. 哥斯达黎加

72. 巴西

74. 哥伦比亚

92. 阿根廷

99. 秘鲁

欧洲工商管理学院（INSEAD）推出的2011年全球创新指数以及其他指数

欧洲工商管理学院（INSEAD）推出的"2011年全球创新指数"使用了不同的评价标准，以下是评价分值最高的国家和地区：

1. 瑞士

2. 瑞典

3. 新加坡

4. 中国香港

5. 芬兰

6. 丹麦

7. 美国

8. 加拿大

9. 荷兰

10. 英国

11. 冰岛

12. 德国

在这个指数中，一些拉丁美洲的国家排序为：

哥斯达黎加第45位、巴西第47位、阿根廷第58位、哥伦比亚第71位、墨西哥第81位、秘鲁第83位。

欧洲工商管理学院"2011全球创新指数"使用了不同的评价标准，关注点在创新投入因素，包括机构、人力资本和研发、基础设施、市场成熟度以及企业成熟度。创新产出因素包括科技性产出（涉及知识形成、知识影响和知识扩散）和创造性产出（创造性无形资产和创造性产品与服务）。

有些国家在欧洲工商管理学院"2011全球创新指数"和波士顿咨询公司全球创新指数上的排名比较接近，例如，在后者的排序中，新加坡位居第一，而在前者的排序中，新加坡位居第三。需要指出的是，这种排序结果因采用的标准不同、调查时间不同而异。尽管如此，人们还是可以从中了解到某些创新规律。

除了这两种指数外，还有一些创新方面的指数，如《奥斯陆手册》、《波哥大手册》、《创新能力指数》（有许多教授参与）以及《创新指数》。

通过质量管理获得全球化竞争优势

质量已经成为全球市场竞争中的战略武器。曾经以世界生产率先驱著称的美国公司已经陷入全球各地企业的重重包围之中。原因之一是，许多美国公司骄傲自满，不求进取，看不到全球市场的需求变化，而这一变化越来越要求高质量的产品。美国公司的这种骄傲自满和缺乏远见给竞争对手，尤其是来自日本的竞争对手运用质量这一有利的武器，在美国和欧洲市场上不断加大了它的市场份额。

在管理人员对其生产过程进行革命性变革之前，他们必须首先彻底改变其对质量的看法。对质量的重新认识至关重要，必须抛弃那种只要产品能盈利就应保持现状的陈旧观念。公司的宗旨必须要追求卓越。要获得卓越，管理人员必须把消费者的需求放在首位。他们永远不能忘记，消费者是不可或缺的：正是有了他们，公司才得以生存。

传统的质量管理大师[44]

尽管人们对质量的关注似乎是近年来的一种现象，实际上，早在20世纪50年代就有一些质量大师试图将他们的理论引入美国公司。但是，美国管理人员听不进去。好在这一情况正在发生变化，许多新的质量倡导者加入到早期质量管理先驱们的大军之中。我们将简要地回顾三位质量大师的贡献，他们是：戴明（Deming）、朱兰（Juran）和克罗斯比（Crosby）。他们主张的质量管理方法不尽相同，但每个人都有助于确定其发展方向。

戴明博士和朱兰博士这两位美国教授的个人生涯途径有一些有趣的相近之处。他们20世纪50年代都在纽约大学管理系任教，在第二次世界大战后经济繁荣期间，他们试图敦促美国管理人员关注质量，但无功而返。在美国人对他们的说教不屑一顾之后，他们决定将这些理念转向更易于接受新意的日本人。

他们对日本的进取恰逢其时。20世纪50年代之前，日本由于国内产品以工艺粗糙、质量低劣闻名于世而使其出口遭受巨大损失。例如，日本制造的轿车设计和制造粗糙，性能不可靠，外表没有吸引力。对于这样一种劣质日本轿车，美国消费者不感兴趣也就不足为奇了。

但是，在过去30年中，日本轿车制造商在美国市场上靠销售高质量的轿车逐步地扩大了其市场份额，而这一从劣质向优质轿车的转变在很大程度上受益于戴明和朱兰的贡献。他们帮助日本产业对其产品质量进行了革命性的变革，并由此而成为质量英雄。在一定程度上，正是由于他们的努力，使全世界的消费者将日本产品与高质量产品联系在一起。为了颂扬他的贡献，日本将人们梦寐以求的质量奖以已故的戴明博士命名。今天，在戴明和朱兰向日本管理人员传授如何生产质量产品多年之后，美国管理人员才逐渐地对这两位大师刮目相看。

菲尔·克罗斯比（Phil Crosby）是三位大师中的最后一位。不像戴明和朱兰，克罗斯比没有越洋到日本去传经送宝，他的质量管理方法也不是在大学校园里产生的。他不是一个学者，他是在几家美国公司工作中形成了他的改进质量的创意。务实的工作作风使他在马丁玛利埃塔材料公司（Martin Marietta）和国际电报电话公司（ITT）得以推行他的这些创意，在他成为顾问之前，他曾一直在这两家公司工作。

> 注解
> www.deming.org
> www.juran.com
> www.philipcrosby.com

尽管戴明、朱兰和克罗斯比三位大师都视质量为企业能否生存的关键，然而他们对质量的定义却大不相同。戴明认为，质量意指给消费者提供物美价廉的产品和服务以及不断创新和改进的承诺，日本人称其为"持续改进管理理念"（kaizen）；朱兰认为，质量定义中的关键因素是产品的"适用性"；而克罗斯比则从符合精确标准和要求的工程学角度解释质量，他的座右铭是"一次完成，零缺陷"。尽管戴明被认为最注重统计分析，三位大师都认为统计数据在评估质量中至关重要。

其他质量方法和质量奖[45]

如前所述，戴明奖表彰了获得优质产品的日本公司，与之相近、但强调重点不同的是马尔科姆·鲍德里奇国家质量奖（Malcolm Baldrige National Quality Award），这一奖项是美国国会于1987年设立的。ISO 9000质量标准是另外一种探讨质量的方法，是欧洲人创立的。同样，欧洲质量管理基金会（European Foundation for Quality Management）[35]颁布欧洲质量奖（European Quality Award）。[46]

1996年马尔科姆·鲍德里奇国家质量奖[47]

> 注解
> www.quality.nist.gov

马尔科姆·鲍德里奇国家质量奖是美国公司在优质方面能够获得的最高国家荣誉奖，它有助于企业理解优质和竞争力方面的绩效要求。参与评优的企业分为三类：（1）制造业公司；（2）服务性公司；（3）小企业。申报评估的企业要分享其公司改进过程以及结果方面的信息，以便于其他企业推广、使用。参与评估的公司可以从评审者那里得到的反馈中获益。

奖项参审公司必须在不同方面展示其结果和改进情况。具体来说，评奖标准共分为7大类、24项，根据被评企业的类型、规模、战略以及发展阶段，就其关键成功因素要求方面进行评估。如图3-2所示，以下就7类标准分别进行阐述：[48]

1. 领导类别要求，由高层管理人员确定发展方向，形成并保持高绩效要求的领导风格。这一标准同时要求，领导要创建一个有效的组织和管理系统、承担公共责任和树立公司公民形象。

2. 信息和分析类别检验一个公司的效益和管理信息（包括财务和非财务）的使用情况。它不仅要求分析公司的数据，而且包括竞争分析和对标，将公司与行业内最好的企业进行绩效对比。

3. 战略规划类别涉及经营计划，强调将计划转化为消费者和经营要求。规划必须以满足消费者需求和改进经营效果为前提。

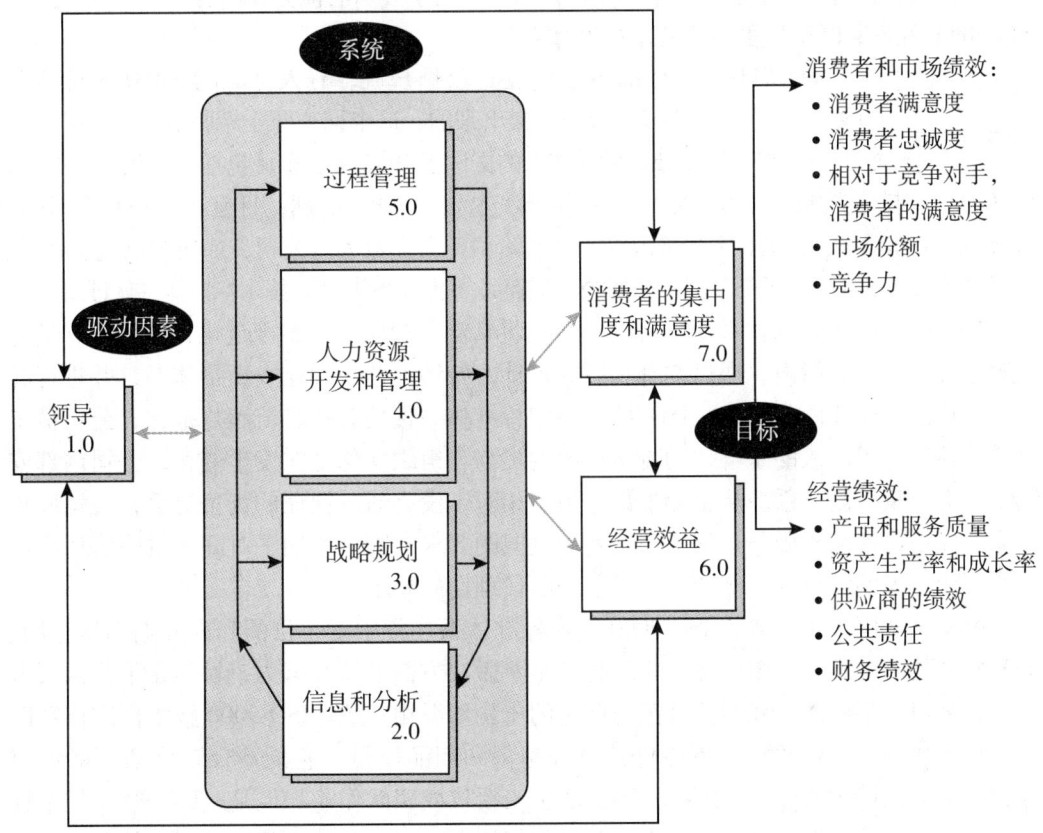

图 3-2 鲍德里奇国家质量奖标准框架：动态关系

资料来源：Malcolm Baldrige National Quality Award 1996 Award Criteria (Gaithersburg, MD: U. S. Department of Commerce, Technology Administration, National Institute of Standards and Technology, undated).

4. 人力资源开发和管理类别包括与人力资源相关的所有关键因素的标准。

5. 过程管理类别集中于所有关键的工作流程，包括设计、导入、生产和产品与服务的交货。同时，这一类别也包括支持性服务和供应商绩效方面的标准。

6. 组织是以效果为导向的。这个类别侧重效果：产品和服务的质量效果、公司经营和财务效果以及人力资源和供应商绩效效果。

7. 最后一个类别是消费者集中度和满意度。具体来说，这个类别标准要求公司必须在消费者和市场信息方面、与消费者的关系方面以及相对于自己的竞争对手而言，消费者的满意度方面做到最优。

这一奖项标准集中于企业的经营效果，以非描述性为特点，意味着企业可以通过不同途径来满足奖项的要求。正如7个类别所示，标准非常详尽，涉及相关的过程和效果，这些效果集中于改进和不断学习方面。这些标准强调系统方法，即组织的所有部分都是相互关联的。同时，这些标准起到诊断工具的作用，指出了公司的优势和薄弱环节。

ISO 9000 品质管理和品质保证技术标准体系[49]

> 注解
> www.iso.ch

ISO 9000 技术标准体系已经是家喻户晓，有人称其为"ISO 炙热症"。"ISO"是1946年在瑞士日内瓦提出来的，这个词来源于希腊语的"isos"，意指平等。ISO 9000 技术标准体系的文件于1987年公布，包括5个相关的标准，从9000一直排序到9004（仍在延伸）。尽管 ISO 体系之风源自欧洲，目前已有100多个国家参与到这个体系中，包括日本、美国以及欧盟诸国。大多数大型公司，如通用电气、杜邦、英国电信以及飞利浦电子等敦促甚至要求供应商必须通过 ISO 9000 技术标准体系认证。

ISO 9000 技术标准体系要求，公司必须将其流程和质量体系规范化，确保所有员工理解并遵照规范化指南，通过内部和外部审计，持续地监督和检查质量体系，并进行必要的变革。就企业内部而言，ISO 9000 技术标准体系促使公司将流程规范化，公司员工对质量控制有更深入的了解，随着生产率的提高，组织文化也在发生变化，公司内部安装了全面质量控制体系。从企业外部来说，相对于没有通过认证的竞争对手，公司取得了竞争优势，产品和服务达到了消费者和欧盟的要求，人们增加了对高质量的信任度以及有可能更大的满意度，例如，满足了采购代理商的要求。

鲍德里奇国家质量奖和 ISO 9000 技术标准体系在集中度、目的和内容上不尽相同。ISO 9000 技术标准体系集中在公司选择的某些做法方面的持续努力，目的在于让购买者相信，公司的某些做法和相关规范与确定的质量体系相一致。ISO 9000 技术标准体系既不评估公司的经营效益，也不评价其改进趋势和产品质量。它既不保证优质产品或服务，也不强调持续的改进措施，更不关心员工授权或团队作业。但是，ISO 9000 技术标准体系的确向消费者提供证书，表明公司如何培训员工，测试产品以及纠正偏差。采购代理商愿意看到这种证据，即通过认证的公司有一套规范化的质量体系，并且遵照这一体系。规范化是 ISO 9000 技术标准体系的核心，因此，ISO 9000 认证不能与鲍德里奇国家质量奖的数据相比较。

欧洲全面质量管理模式

> 注解
> www.efqm.org

欧洲质量奖（European Quality Award）是另一个质量项目，是由欧洲质量管理基金会（European Foundation for Quality Management）[50]专门针对优质公司颁发的。1996年欧洲全面质量管理模式（如图3-3所示）是基于以下条件建立的："消费者满意度、人员（员工）满意度以及对社会的影响是通过领导制定的政策和战略、人员的管理、资源和过程，最终形成企业优质绩效而获得的。"[51]图中标出的百分比用来在奖项中设置权数。

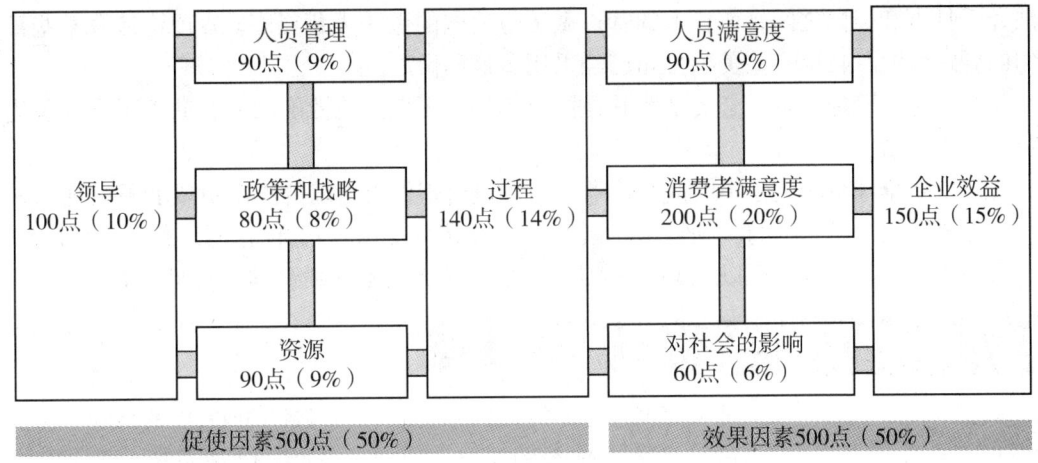

图 3-3 欧洲质量管理基金会的企业优质模式

资料来源：Used with permission. "The EFQM Model for Business Excellence," in Self-Assessment 1997 Guidelines for Companies (Brussels: European Foundation for Quality Management, 1997), p.8.

欧洲全面质量管理模式是在美国鲍德里奇国家质量奖的基础上推出的，虽然有一些新的特色（两种不同模式比较而言），但仍然非常接近。例如，欧洲模式中的"对社会的影响"变量相当于鲍德里奇国家质量奖中的"领导"类别，涉及"公共责任和公司公民"。同样，欧洲模式中的"人员满意度"相当于鲍德里奇国家质量奖中的"人力资源开发和管理"类别。有趣的是，欧洲模式中列出的前5个变量（领导、人员管理、政策和战略、资源和过程）被称做"促使因素"，意指这些标准涉及公司如何获得效益，其他4个标准（人员满意度、消费者满意度、对社会的影响以及企业效益）被称做"效果因素"，涉及公司获得了什么。

结论是，有关全面质量管理的美国鲍德里奇国家质量奖模式和欧洲模式有很多相近之处，但都与 ISO 9000 技术标准体系相去甚远。

本章小结

国际企业的经营活动跨越国界，因而更易受东道国的教育、社会文化—伦理道德、政治—法律以及经济环境的影响。跨国公司在其海外经营过程中开发出了不同的管理导向，包括民族为中心（基于国内母公司的海外经营观）的导向和全球为中心（组织被视为是一个在许多国家经营的相互关联的体系，即真正的国际化）的导向。

国家之间形成地区联盟，如欧洲联盟、北美自由贸易协定、东南亚国家联盟和南美六国集团（Mercosur）。霍福斯泰德研究了一个国家的文化对其人民的行为产生的影响。

管理做法因国家而异。例如，在法国，政府计划在很大程度上影响企业的计划的发展方向。在德国，职权的使用和共同决策的理念形成了独特的管理做法。韩国的管理做法介于日本和美国之间,而日本的管理做法与美国的做法大相径庭。Z 理论涉及某些日本的管理做法,目前有些美国公司已经采用了这些做法。

国际企业管理人员有必要了解其他国家的经济环境。波特确认了有助于国家竞争优势的 4 组因素。

质量是全球市场竞争中的战略武器。对质量管理做出贡献的早期贡献者是戴明、朱兰和克罗斯比。马尔科姆·鲍德里奇国家质量奖认可美国公司在优质绩效方面的努力,而欧洲人对质量的渴求可以从 ISO 9000 技术标准体系与欧洲质量奖上略见一斑。

主要概念回顾

国际企业
出口
许可证贸易
管理合同
合资企业
子公司
跨国公司
民族为中心导向
当地为中心导向

区域为中心导向
全球为中心导向
全球化或跨国化公司
国家联盟和贸易区
霍福斯泰德的 5 种行为维度
法国、德国和韩国管理做法
中国企业的全球化
中国风险资本家的信心
日本管理做法和 Z 理论

波特的国家竞争优势
全球化创新指数
戴明、朱兰和克罗斯比对质量管理的贡献
马尔科姆·鲍德里奇国家质量奖标准
ISO 9000 技术标准体系
欧洲质量奖模式

讨论题

1. 跨国公司有哪些优势?它们必须面对哪些挑战?举例说明。
2. 哪些是霍福斯泰德确认的 5 种文化维度?
3. 法国、德国、韩国和日本在管理做法上有哪些主要的特点?
4. 什么是 Z 理论?
5. 你认为美国采用的哪些管理理念和做法能够移植到英国、法国、德国或你所知道的任何其他国家?
6. 以你所熟悉的国家为例,就教育环境中的因素如何影响企业的管理进行讨论。
7. 讨论一个采用全球为中心导向的公司如何进行管理,并与以民族为中心导向公司的做法进行比较。
8. 你认为日本的管理决策方式在美国能行得通吗?为什么?
9. 就不同的质量管理方法而言,你认为哪一种模式最有用?

练习和具体步骤

选择一家经营优质产品或服务的公司,与其管理人员进行面谈,询问他们是如何获得高质量的。

第3章 全球化管理、比较管理与质量管理

互联网检索

1. 在互联网上检索"格里特·霍福斯泰德（Geert Hofstede）"一词，确认他的论文和著作。就任何三个国家的文化特点进行讨论。
2. 通过互联网检索加入欧盟的东欧国家的经济状况。选择其中一个国家详细进行讨论。

全球化案例

星巴克：质量加社会意识使销售遍及世界[52]

1971年，三位学者在西雅图开设了星巴克，10年之后，霍华德·舒尔茨（Howard Schultz）加入了这家公司。在他去意大利的旅途中，他认识到，咖啡馆可以远远超出人们在此单纯喝咖啡的作用，然而，他的想法却得不到公司主人的支持。沮丧之中，霍华德·舒尔茨开始寻找投资者，并最终买下了这家公司。从1987~1992年，星巴克是一家私人拥有的公司。当公司在西北太平洋之外地区经营时首次遇到了挫折，之后喜忧参半，最终获得了成功。

舒尔茨的梦想是不仅给消费者提供一个友善的环境，而且其员工要做到优质服务，这意味着，善待其员工不仅体现在给那些全日制员工提供医疗保健福利，而且包括那些仅工作20余小时的员工。除此之外，员工可以购买公司的股票，简言之，公司用颇有吸引力的薪酬和福利吸引那些拥有技能的高素质员工。

星巴克的目的是"建设一个人性化的公司"，这就意味着其员工必须认真聆听消费者的意见，满足他们的需求。公司的使命表述中体现了以消费者为导向的哲学理念，强调了员工之间要互相尊重，要欣赏多元化的工作氛围，反映当地社区的特点，提供高标准的咖啡，成为社区的好成员，当然，也要有所回报，获利。

使命表述所产生的战略结果是，公司不仅在国内发展了，而且扩展到了国际市场。2006年，星巴克网址上表明，它已经在16个国家和地区建有咖啡店，包括中国的北京、上海和香港。公司长远的目标是在不同国家和地区部署25000家分店。为了实现这一目标，星巴克将其咖啡店设计成使消费者感到温馨、亲切，充满咖啡氛香的消遣环境。同时，自2002年以来，公司与美国T无线移动公司（T-Mobile）联手，在其经营的咖啡店中提供互联网无线上网。除了提供不含咖啡因的饮料外，星巴克还推出了各种特色咖啡和茶。消费者可以买到橙汁、蛋糕、咖啡杯、电咖啡壶，甚至音乐光盘。除此之外，星巴克还和百事可乐公司与德雷尔冰激凌公司（Dreyer's Grand Ice Cream）联手合作，与卡夫食品公司（Kraft General Foods）签署了许可证协议，在仓库俱乐部、万豪国际酒店（Marriott Host International）、美联航航线（United Airlines），甚至富国银行（Wells Fargo Bank）等提供咖啡。星巴克曾经尝试邮购销售但未获成功，其后终止。星巴克也曾经投资了几个网络公司，但都没有成功。

社会责任意识引导着星巴克的行为，公司不仅参加当地的"回归"社区慈善活动，同时将这一责任意识应用到它的采购业务中。大部分与其签署许可证协议的零售商和旅馆都使用它的公平贸易认证咖啡（Fair Trade Certified Coffee）。[42]

很显然，星巴克公司在诸如宝洁（Proctor & Gamble）、雀巢（Nestle）、卡夫等咖啡竞争对手的巨大压力下成功了，那么，它今后如何应对这些以及其他竞争对手呢？

思考题

1. 为什么星巴克如此成功？
2. 星巴克在多大程度上与咖啡馆有所不同？
3. 星巴克公司是如何吸引那些不喝咖啡的顾客的？
4. 星巴克在未来会面临哪些挑战？

注释

1. David Gauhtier-Villars, "Ghosn Bets Big on Low-Cost Strategy," *The Wall Street Journal*, September 4, 2007; John W. Miller, "Africa's New Car Dealer: China," *The Wall Street Journal*, August 28, 2007.
2. Email interview updated on August 17, 2009 from original discussion in January 11, 2007 with Mr. Bryant Tong, Partner, Nth Power, by Mark Cannice.
3. CNN Money, "Global 500", *Fortune*, www.money.cnn.com/magazines/fortune/global500/2011/full_list/index.html, accessed on July 31, 2012.
4. See also Tatiana Kostova and Srilata Zaheer, "Organizational Legitimacy under Conditions of Complexity: The Case of the Multinational Enterprise," *Academy of Management Review*, January 1999, pp. 64-81.
5. David A. Heenan and Howard V. Perlmutter, *Multinational Organization Development* (Reading, MA: Addison-Wesley, 1979), Chap. 2. See also George Balabanis, Adamantios Diamantopoulos, Rene Dentiste Mueller, and T. C. Melewar, "The Impact of Nationalism, Patriotism and Internationalism on Consumer Ethnocentric Tendencies (in Turkey and the Czech Republic)," *Journal of International Business Studies*, Spring 2001, p. 157.
6. Joel McCormick, "The World According to Azim Premji," *Stanford Magazine*, May-June 2006; "Q&A With Wipro's Azim Premji," *Business Week Online*, November 27, 2006; Internet http://www.wipro.com, accessed November 30, 2006.
7. Karl Schoenberger, "Has Japan Changed?" *Fortune*, August 19, 1996, pp. 72-82.
8. "Anniversary Lessons from eBay," *The Economist*, June 11, 2005, p. 9 and "Meg and the Power of Many," *The Economist*, June 11, pp. 65-67; eBay http://www.ebay.com, accessed November 8, 2008.
9. NAFTA Secretariate, www.nafta-sec-alena.org, accessed November 8, 2008.
10. Mercosur, www.mercosur.org/english/default.htm, accessed November 8, 2008: There is concern that Mercosur, South America's largest trade bloc, is losing its direction and effectiveness, as discussed in "Another Blow to Mercosur," *The Economist*, March 31, 2001, pp. 33-34.
11. ASJE Global Trade Working Group, www.stopftaa.com, accessed March 1, 2002.
12. Association of Southeast Asian Nations, www.aseansec.org; accessed January 3, 2013; People's Daily Online, http://english.peopledaily.com.cn, accessed January 3, 2013.
13. James Hookway, "Big Stakes Hang Up U.S.-Thai Trade Pact," *The Wall Street Journal*, January 30,

2006.
14. Ibid.
15. India, "National Symbols of India", *Know India* (National Informatics Centre, Government of India), http://india.gov.in/knowindia/national_symbols.php, accessed July 31, 2012.
16. For a discussion of the global transfer of management knowledge see the special issue on this topic in *The Academy of Management Executive*, May 2005.
17. Geert Hofstede, *Cultures and Organizations: Software of the Mind* (New York: McGraw-Hill, 1991); *Uncommon Sense about Organizations: Cases, Studies and Field Observations* (Thousand Oaks, CA: Sage, 1994); *Culture's Consequences: Comparing Values, Behaviors, Institutions and Organizations across Nations* (Thousand Oaks, CA: Sage, 2001). See also Tilburg University's Center for Hofstede's Works, http://center.kub.nl/extra/hofstede, accessed October 1, 2006; Hofstede's study has been expanded in the Global Leadership and Organizational Behavior Effectiveness (GLOBAL) 61-nations research project. This project identified nine dimensions of national cultures. They are: 1) Avoidance of uncertainty, 2) power distance, 3) societal collectivism, 4) group collectivism, 5) egalitarianism of gender, 6) assertiveness, 7) orientation toward the future, 8) performance orientation, and 9) humane orientation. See Robert House, Mansour Javidan, Paul Hanges, and Peter Dorfman, "Understanding Cultures and Implicit Leadership Theories Across the Globe: An Introduction to Project GLOBE, *Journal of World Business*, 37 (2002) pp. 3-10, and Mansour Javidan and Robert J. House, "Cultural Acumen for the Global Manager: Lesson from Project GLOBE," *Organizational Dynamics* 29, No. 4 (2001), pp. 289-305.
18. Hofstede, *Cultures and Organizations*, p. 53.
19. Ibid., p. 84.
20. "France: A Civil Self-Service," *The Economist*, May 1, 1999, pp. 49-50.
21. See, for example, Jean-Louis Barsoux and Peter Lawrence, "The Making of a French Manager," *Harvard Business Review*, July-August 1991, pp. 58-67.
22. Roland Calori and Bruno Dufour, "Management European Style," *Academy of Management Executive*, August 1995, pp. 61-71. See also EUROCADRES, www.etuc.org/EUROCADRES/info/2-43.cfm, accessed September 2006.
23. Interview with President Kim Young Sam, "Now It Is Our Turn to Contribute to the World," *Business Week*, July 31, 1995, p. 64. See also "Hollowing out South Korea's Corporations," *The Economist*, September 14, 1996, pp. 63-64.
24. "Nation-Builders," *The Economist*, July 10, 1999, Insert p. 6.
25. Linda Grant, "Unhappy in Japan," *Fortune*, January 13, 1997, p. 142.
26. Steven Musil, "Sony Confirms 10,000 Layoffs as Part of 'One Sony' Initiative," http://news.cnet.com/8301-1023_3-57412857-93/sony-confirms-10000-layoffs-as-part-of-one-sony-initiative/ accessed July 2012.
27. William G. Ouchi, Theory Z (Reading, MA: Addison-Wesley, 1981).
28. Robyn Meredith, *the Elephant and the Dragon* (New York: Norton & Company, 2008), Chapter 1.

29. Cited by John Gittings in *The Changing Face of China*, Oxford University Press, Oxford, 2005.
30. Yang, X., Lim, Y., Sakurai, Y., & Seo, S. 2009. Comparative Analysis of Internationalization of Chinese and Korean Firms, Thunderbird International Business Review, 51 (1): 37–51.
31. Based on a recent contribution to M. Pellicano, M. V. Ciasullo in *La visione strategica dell'impresa*, Giappichelli, Torino.
32. Sauvant, Karl. New Sources of FDI: The BRICs Outward FDI from Brail, Russia, India, and China. *Journal of World Investment & Trade*, Vol. 6 (5): 639–709 (2005).
33. Yang, X., and Stoltenberg, C., 2008. Growth of Made-in-China Multinationals: An Institutional and Historical Perspective, in *Globalization of Chinese Enterprises*, eds. Alon and McIntyre, Palgrave, 61–76.
34. Buckley, P. J., Clegg, L. J., Cross, A. R., Liu, X., Voss, H., Zheng, P. 2007. *The determinants of Chinese outward foreign direct investment*, Journal of International Business Studies, 38 (4): 499–518.
35. *China Venture Capitalist Confidence Report Q2 2012*, Mark Cannice and Ling Ding. (In publishing a recurring confidence index of China-based venture capital investors, we intend to utilize the local knowledge and insight of our respondents to provide an essential perspective and an on-going leading indicator of the dynamic Chinese entrepreneurial business environment.)
36. Robyn Meredith, *The Elephant and the Dragon* (New York: W. W. Norton & Company, 2008); The 'Bird of Gold': The Rise of India's Consumer Market, McKinsey Global Institute (New York: McKinsey, May 2007).
37. Robyn Meredith, op. cit,; see also see also Thomas L. Friedman, *The World is Flat* (New York: Picador and Thomas L. Friedman, 2007).
38. Dexter Roberts, "China's Factory Blues," *Business Week*, April 7, 2008, pp. 78–81.
39. http://www.bbc.co.uk/news/business-13356567, accessed January 3, 2013.
40. Michael E. Porter, *The Competitive Advantage of Nations* (New York: Free Press, 1990), especially Chap. 3; Heinz Weihrich, "Analyzing the Competitive Advantages and Disadvantages of Germany with the TOWS Matrix: An Alternative to Porter's Model," *European Business Review*, vol. 99, no. 1 (1999), pp. 9–22.
41. Erika Kinetz, "GM's Talegaon Unit to Start Production by September," Associated Press, September 3, 2008. http://www.thehindu.com/2008/04/17/stories/2008041756341700.htm, accessed September 3, 2008.
42. INSEAD, The Global Innovation Index 2011, http://www.globalinnovationindex.org/gii/, accessed April 5, 2012.
43. "U.S. Ranks #8 In Global Innovation Index," Industry Week, http://www.industryweek.com/articles/u-s-_ranks_8_in_global_innovation_index_18638.aspx, accessed February 16, 2012. Note that in the table, the U.S. ranks 9th.
44. See Edwards W. Deming, Out of the Crisis, 2nd ed. (Cambridge, MA: MIT Center for Advanced Engineering Study, 1986); J. M. Juran, *Juran on Leadership for Quality: An Executive Handbook* (New

York: Free Press, 1989); Philip B. Crosby, *Quality Is Free: The Art of Making Quality Certain* (New York: McGraw-Hill, 1979) and "Criticism and Support for the Baldrige Award," *Quality Progress*, May 1991, pp. 42–43.

45. See also *Journal of Quality Management*, 1996 to 2003.

46. For European sources on quality approaches, see *Qualit? t: Garanti fuer die Zukunft* (Frankfurt: Deutsche Gesellschaft fuer Qualit? t e. V., undated); *DQS Deutsche Gesellschaft zur Zertifizierung von Qualit? tsmanagementsystemen* (Frankfurt: DQS, 1993); Klaus J. Zink and Rolf Schildknecht, "German Companies React to TQM," *Total Quality Management*, October 1990, pp. 259–62.

47. The 1996 Regional Malcolm Baldrige Award Conference, San Francisco, June 13, 1996; *Malcolm Baldrige National Quality Award 1996 Award Criteria* (Gaithersburg, MD: U.S. Department of Commerce, Technology Administration, National Institute of Standards and Technology, undated); Richard J. Schonberger, "Is the Baldrige Award Still about Quality?" *Quality Digest*, December 2001, p. 30.

48. Malcolm Baldrige National Quality Award 1996 Award Criteria.

49. Les Landes, *Leading the Duck at Mission Control* (St. Peters, MO: Wainwright Industries, 38–219, undated); Ronald Henkoff, "The Hot New Seal of Quality," *Fortune*, June 28, 1993, pp. 116–20; Navin S. Dedhia, "The Basics of ISO 9000," *Quality Digest*, October 1995, pp. 52–54; Caroline G. Hemenway, "10 Things You Should Know about ISO 14000," *Quality Digest*, October 1995; Caroline G. Hemenway and Gregory J. Hale, "Implementing ISO 14000: Taking the First Steps," *Quality Digest*, January 1996, pp. 25–30; Gregory J. Hale and Caroline G. Hemenway, "ISO 14001 Certification: Are You Ready?" *Quality Digest*, July 1996, pp. 35–41; R. Michael Kirchner, "What's beyond ISO 9000?" *Quality Digest*, November 1996, pp. 41–45; William A. Stimson, "Internal Quality: Meeting the Challenge of ISO 9000: 2000," *Quality Digest*, November 2001, pp. 39–43. (Although not related to product and service quality, ISO 14000 standards are very much in the news. These standards pertain to voluntary standards for environmental management. They were created under the direction of the International Organization for Standardization.)

50. *Total Quality Management: The European Model for Self-Appraisal*, 1993 (Eindhoven, Netherlands: European Foundation for Quality Management, 1992); *Self-Assessment 1996 Guidelines for Companies* (Brussels: European Foundation for Quality Management, 1995); "The EFQM Model for Business Excellence," in *Self-Assessment 1997 Guidelines for Companies* (Brussels: European Foundation for Quality Management, 1997), p. 9.

51. *Self-Assessment 1996 Guidelines for Companies*, p. 7.

52. This case is based on a variety of sources including Howard Schultz and Dori Jones Yang, *Pour Your Heart Into It*. New York: Hyperion, 1997, 2005 Starbuck's Annual Report, www.starbucks.com, accessed January 3, 2013.

53. Starbucks has a fight concerning Ethiopian coffee-bean trademarks; see "Starbucks vs. Ethiopia-Storm in a Coffee Cup," The Economist, December 2, 2006, pp. 66–67.

第1篇结束语

全球化与创业管理的基础

结束语部分首先涉及了全球化环境。我们将通过中国这个正在崛起的经济强国来阐述国际环境，用美国加利福尼亚州旧金山附近的硅谷公司来描述创业环境。结束语最后部分探讨了全球化汽车产业案例。

全球聚焦　　　中国——新经济巨人[1]

在过去的25年间，中国已经建立了一支企业家创业队伍。自改革开放以来，中国已经发生了翻天覆地的变化。20世纪90年代期间获得了年均9%～10%的高速增长，却没有带来过度的通货膨胀增长。由于拥有如此高的增长率和约占世界1/5的人口，中国吸引了大量的外国投资。

伴随着这场革命性经济发展的是人们的升值预期。中国市场经济的目标（尽管是社会主义市场经济）是在1992年才对外公布的。

1997年9月12日，在中共第十五次全国人民代表大会报告中，宣布了一些彻底性的变革。计划是要将305000家国有企业中的大多数转换成股份制公司，将其置于国际竞争的环境之中。虽然只是含糊地提及了所有权的议题，但是一些公司宣布了破产。那时，国有企业大约承担了40%的工业产出，但他们却使用了大部分有限资本，限制了产能高、柔性强的私人公司。当然，1000家最大的公司仍在政府的控制之下，然而，它们之中的大部分必须在市场中竞争。

这个计划[2]要形成在诸如高科技电子业、电子通信业和石化产业中经营的大型公司。中国已经是家用电器、服装和一些低端产品的主要出口国，为了实现这一雄伟的计划，中国必须减少在世界贸易组织框架下的许多货物的关税，上海和香港能变成金融中心，并与伦敦、东京和纽约相匹敌。

然而，这项雄伟的计划将带来巨大的失业风险，反过来可能会形成政治上的不安定因素。所以，如果许多公司在转型过程中倒闭了，那么，那些身在其中的员工就必须要给予关照。要提供各种优惠条件，满足他们的住房、医疗保健和退休金的要求，而这一切原先都是由他们的雇主来解决的。除了给员工提供社会安全保障体系外，员工本身也要参加各种培训,以满足市场经济的需要。

中国正面对一些如何继续发展的难题。人们在继续信仰共产主义哲学的同时,也在努力学习西方市场经济思想。中国有许多优势,但也面对许多挑战。优势方面包括改革开放度越来越大、技术进步加快、香港的回归、与西方大学合作带来的教育的进步以及通过合资获取现代技术。许多跨国公司已经进入石油、天然气、医药、电子通信业和其他各种服务业中。

在管理教育方面,北京大学国际工商管理学院以及中欧国际管理学院(CEIBS)提供了一系列的管理项目,包括在职工商管理硕士(MBA)学位。这些学院向高层管理人员传授如何将中国经济融入世界经济所必要的管理理论和实际技能。

但中国同时也面对着巨大的挑战,例如在不断深化改革的同时如何保持社会的稳定。这种情形由于人们纷纷涌向早已拥挤不堪的城市而进一步恶化,这些城市正在受到污染和其他城市桎梏的侵扰。此外,不协调的政府法规可能会抑制外国投资。

在它的边界之外,中国有很多的机会。中国是环太平洋地区的一支重要的力量,它有机会接近西方技术,促使其快速地赶超发达国家。外国公司进入中国市场的急切之心可使中国人在谈判时取得有利的条件。另外,中国也面临相当大的外部威胁。贸易壁垒的减少也许对国家整体上有利,但会伤及单个公司,因为他们不得不与来自国外的优质产品竞争。

总之,中国有很大的实力,不但可以克服它的弱点,而且可以利用它的外部机遇以应付威胁。最大的挑战是要保持其经济的增长(尽管较20世纪90年代的增长率要低),同时又不引发通货膨胀,以及对付在转型期人们预期过高而带来的社会不安定因素。中国台湾问题是21世纪需要解决的问题。中国也需要提供一个没有腐败的政治和法律环境,以吸引外国投资者,并成为全球社会的一支重要力量。[3]

在经过15年的谈判之后,中国已经成为世界贸易组织的一员。2001年11月11日与世界贸易组织签署的入会协议以及一个月后对其世界贸易组织第143个成员方的批准,无疑将为中国带来巨大的机会和挑战(举例来说,中国将为从美国进口农产品而大幅度降低贸易壁垒)。[4]

图C1-1总结了中国的竞争能力,展示了它内在的优势与劣势以及来自其他国家的外部机会与威胁。该图也标明了中国通过整合内部与外部的因素而可能形成的各种战略态势,如极大—极大(尽可能地增加内部优势,并利用外部机会)、极小—极大(尽可能地减小劣势,并最大限度地增加机会)、极大—极小(最大限度地增加优势,并尽可能减少威胁)以及极小—极小(尽可能地减少劣势和威胁)。中国的文化、宗旨和目标是这些选择性战略的驱动因素(如图中第一个方框中所示)。

亚洲的经济状况也与欧洲有密切的联系,而欧盟的驱动力之一是其汽车工业,这些将在下一个案例中加以说明。

国家文化、价值观、宗旨、目标等	内部优势（S）	内部劣势（W）
• 成为国际社会（世界贸易组织）强大的成员国 • 向市场经济迈进 • 改善人民生活水平 • 不同文化的统一 • 加强政治和经济实力	• 政府改革力度 • 改变制度的能力（政府干预） • 与投资者的谈判能力强 • 巨大的国内市场 • 高科技、无线移动和电子产品增长 • 劳动力成本低以及孔孟伦理道德（忠诚、负责任等） • 自然资源丰富（煤、铁矿石、石油等） • 经济高增长，低通货膨胀率 • 过去10年社会经济制度的巨大变化（健康、营养、寿命、教育） • 在服装、日用消费品、布料、玩具、电机、开关等产品上的优势 • 学者海外受教育 • 成为世界贸易组织（WTO）成员	• 失业率：劳动力不安定因素风险 • 高贫困率 • 地区经济发展差距 • 缺乏训练有素的管理人员 • 政治不确定性 • 法律制度不健全：缺乏知识产权/专利保护 • 国有企业亏损 • 尽管自然资源丰富，但能源供应不足 • 银行系统落后 • 大量豪宅和办公楼闲置 • 消费者需求下降 • 地方方言太多，影响沟通 • 存在官僚主义和腐败 • 库存积压，出现过剩倾向
外部机遇（O）	SO：极大—极大	WO：极小—极大
• 向高成本、高定价的市场出口轻工产品，吸引外国投资者 • 在高定价和贫困国家要求低成本产品的技术开发需求 • 亚洲和环太平洋地区：与这些经济体的传统联系；来自中国香港、新加坡以及其他国家和地区的融资 • 美国：急于进入中国市场，允许中国公司以很小的阻力进入美国市场；改善政治关系 • 欧盟：像美国一样急于进入中国；中国香港与欧盟经济上的传统关系形成了与中国的自然连接，尤其是金融产业 • 成为世界贸易组织（WTO）成员国使中国更容易进入美国和日本市场	• 降低贸易壁垒，制定清晰的长期政策以吸引外资 • 继续与美国保持建设性接触 • 通过支持大型和有竞争力的国有企业，向亚洲各国扩张 • 通过推出新的壁垒和改变规则，引入保护主义 • 出口有竞争优势的产品（如电视、玩具、鞋具、服装、发电设备、纺织品、钢铁等）	• 继续建立和促进与西方大学的联系，在公立大学推出工商管理硕士（MBA），改善管理教育 • 提供社会安全保障体系 • 改革法律制度，消除腐败；加强立法，保护知识产权 • 通过大型国有企业的吸纳作用支持亏损国有企业的转型或采取私有化（东德模式） • 鼓励外国直接投资者在不发达的西部地区投资，以促进增长，减少对东部城市的人口移动 • 从其他亚洲国家融资用于经济改革 • 减少官僚机构，制定政策以减少对外国人的限制 • 吸引那些愿意分享技术的外国公司

（续）

外部威胁（T）	ST：极大—极小	WT：极小—极小
• 亚洲金融危机 • 由于其他亚洲国家劳动力成本下降，货币贬值带来的出口和投资方面的竞争 • 由于亚洲危机以及政治和法律的不确定性因素，使外国投资者犹豫不决 • 反倾销调查	• 投资高科技产品 • 降低关税和其他自由贸易壁垒 • 为外国投资者提供稳定的法律体系 • 继续向市场经济迈进，改革国有企业，减少政府补贴 • 考虑在新兴经济国家投资 • 必要时贬值本国货币	• 满足世界贸易组织对成员国的要求 • 加大社会改革力度，减少贫困，改善工人的生活质量

图 C1-1　中国竞争态势 TOWS 矩阵

注：The TOWS Matrix is described in Chapter 5. The authors would like to acknowledge the assistance of Chris Capistran in conducting the research. The information is based on a forthcoming paper "An Analysis of China's Competitive Environment with the TOWS Matrix: An Alternative to Porter's Model" by Heinz Weihrich and Chunguang Ma; Michael E. Porter, *The Competitive Advantage of Nations* (New York: Free Press, 1990), p. 71; Heinz Weihrich, "The TOWS Matrix: A Tool for Situational Analysis," *Long Range Planning*, 1982, pp. 54-66; World Bank, *China Country Brief* (Washington, DC, 1998), p. 1; Dexter Roberts and Mark L. Clifford, "The Engine Is Misfiring," *Business Week*, October 1, 2001, pp. 80-81; "China Opens Up, *The Economist*, November 20, 1999, pp. 17-18; "China's Future" *The Economist*, March 9, 2002, pp. 4-7; "China's Economy: East Asia's Whirlwind Hits the Middle Kingdom," *The Economist*, February 14, 1998, pp. 37-39; Roger Chen, "An Analysis of China's Economic Development Policies and Prospects," *Business Economics*, July 1998, pp. 29-34; "Chinese Companies, Silicon Valley, PRC," *The Economist*, June 27, 1998, pp. 64-65; data released by the International Data Company, January 21, 2003, by the Chinese Ministry of Information Technology, January 21, 2003, and by the Chinese Ministry of Foreign Trade and Economic Cooperation, January 23, 2003; "China in Transition," *Far Eastern Economic Review*, January 29, 1998, p. 26; Greg Mastel, *The Rise of the Chinese Economy* (Armonk, NY: M. E. Sharpe, 1997), p. 44; John Bryan Start, *Understanding China* (New York: Hill and Wang, 1997), p. 61; U. S. Census Bureau, Foreign Trade Division, Data Dissemination Branch, www. census, gov/foreign-trade, accessed May 22, 2002; "Bush's Asian Challenge," *The Economist*, March 17, 2002, pp. 13-14; "China, America and Japan," *The Economist*, March 17, 2001, pp. 21-23; "Crashing to Earth," *The Economist*, April 7, 2002, p. 29; "China Complains to WTO," *Far Eastern Economic Review*, April 4, 2002; Catherine Gelb, "Are You Ready?" *China Business Review*, January-February 2002; www. BIMBA, edu. cn, accessed March 9, 2003; "Cars in China: Leave It to the Locals," *The Economist*, April 13, 2002, pp. 60-61.

创业聚焦　　　　硅谷与创业管理环境

硅谷已被世界公认为是技术创新和风险资本投资的中心。它过去的发展历程以及所造就的文化已经形成了一种所谓理想的创业生态系统（eco-system）环境。而这种创业环境催生了改变世界面貌的公司，例如英特尔、雅虎、苹果、谷歌以及其他企业。

是什么因素促成了这种新的风险创新生态系统在硅谷的发展？而哪些在硅谷开发的创业管理方法适用于其他希望其变得更加敏捷和更具创新性的组织？对于那些愿意去学习并掌握创业管理的人们，上述问题是需要认真加以考虑的。

硅谷的几个关键要素可以帮助我们制定创新和创业管理的世界标准。[5] 这些要素包括区域历史以及文化的发展；关联和辅助服务产业的生态系统；历史上所形成的环太平洋的关键生产、技能和资源网络；专注于科学和企业研究的优秀的大学以及或许是对于新商业活动最具决定性和地域性的、以风险投资形式出现的大量财源。以上几个方面会在下文进行讨论。

硅谷的创业文化是使之成为影响世界的创新温床的关键因素。[6] 创新企业的成功史，像惠普和苹果，帮助培养了一种创建新公司的自信心文化。围绕着这样的成功，一种辅助产业生态系统开始出现，并促进新创业公司的高速成长。在旧金山海湾地区享有盛誉的法律和会计事务所常常会代表那些微小、但大有前景的新创业公司，这在世界主要的商业中心是前所未有的，因为规模大、享有盛誉的服务性企业倾向于代表根基稳固的大型公司集团。这种支持新创业公司（那些可能成为下一个雅虎抑或失败的公司）的、敢于承担风险的文化帮助提供了必要的用以支持技术创新和企业成长的基础结构。这种敢于承担风险的气度也同样扩展到整个硅谷的专业经理人士中去。在硅谷，置身于失败的新创业企业对于一个经理人来说并不意味着对其职业生涯的不利。相反，这种失败的经历可以被视之为经理人进行下一次创业的重要实践学习过程。[7] 进一步来说，将股票期权赠与作为报酬中的一个主要考虑，就是希望能激励经理人去承担那些新创业公司的风险。

环太平洋地区的发展、生产、分销和智能网络对于一个高度集成且高效的创新和生产系统是一个强有力的支撑。许多集成电路设计公司在硅谷建立设计中心，将芯片生产外包到中国台湾或马来西亚，并通过世界范围内既竞争又合作的网络进行分销。这种有效的研发和生产模式允许众多小型设计公司的发展，并把它们不同的设计模型带入一个灵活的生产系统中去。许多这样的创业信息技术公司具备国际水平，并能将它们的产品在承诺的时间内投入市场。

还有一些不容忽视的其他因素，例如，提供用以推进地方高成长企业所必需的技术资源和人力资源的大学网络，包括工程与科学研发方面（例如斯坦福大学和加州大学伯克利分校）和企业创业方面（如旧金山大学）。

风险资本就其规模和可用性而言可能是所有因素中最难以被其他组织复制的，因为它仅限于在风险资本公司所在地。[8] 硅谷和旧金山海湾地区的风险投资（VC）公司的资本就占了全美的1/3。[9] 为什么这如此重要？因为风险资本能够提供新的具有高潜质却高风险的商业融资,而这些是银行和其他传统的融资机构所不能提供的。特别是硅谷的风险资本公司更专注于为高科技企业融资,不论它们处在软件、通信工程、生命科学、能源,还是材料领域当中。在这些高技术产业中,还存在着产品开发的风险。人们常常会质疑投入于研发的时间和资金是否会带来成熟的产品。

产品能否被认可或初步进行营销的额外风险也必须要考虑。风险资本公司有着评估和融资的经验,作为对挑战性努力所做的回报,风险资本公司期望其被投资的企业具有每年40%~50%的利润率。这类来源于成功企业风险投资组合中的高回报是必要的,因为在投资组合中的其他企业有可能会完全失败,其投入的风险资本损失殆尽。例如,一笔对下一个雅虎或谷歌的成功投资将在一定程度上不仅仅是对投资失败企业的补偿,迅速可得的风险融资使这些公司出现在硅谷而不是地球其他地方,这种情况极有可能。[10]创业者们必须理解风险资本的运作过程才能在这种环境中有效地进行管理。

地区效应对于风险资本的影响是不容置疑的。2003年,仅加州就有247.9万人受雇于风险资本公司,这一数字是距加州最近的得克萨斯州风险资本公司就业人数的3倍。在销售额和就业增长方面,风险资本公司明显超过非风险投资性公司。[11]同样,风险资本公司倾向于当地投资,更青睐于融资于自己所投资的公司。这种植根于当地的传统进一步增强了地区创新的竞争优势。[12]

很显然,硅谷地区公司的风险资本唾手可得给该地区的发展带来了契机。管理一家风险资本公司需要特殊的管理能力。风险资本公司不仅因其资金来源感到骄傲和自豪,且对其所接受的战略咨询、产业客户层次以及人员资本素质津津乐道。风险资本公司的合伙人往往不仅曾经是该公司的具体融资负责人,而且担任这家新创业公司的董事成员,对公司的未来发展拥有很大的控制影响力。管理风险资本公司的人员必须通晓风险资本的规则才能有效地管理好这类企业。

风险资本家对其进行融资的公司管理层的重要性心如明镜。在《旧金山大学硅谷风险资本信心指数》2006年第二季度报告中,日内瓦风险资本公司(Geneva Venture Capital)的罗波特·特罗伊(Robert Troy)指出:"高科技产业所期待的成熟阶段已经到来,那些曾几何时屡屡失败的创业者们已经出落成了经验丰富的创业家,掌握了下一代的技术和方法,会给消费者带来更大的附加值以及更加新颖的经营模式。由于积聚了如此庞大的人才库,旧金山海湾地区从来没有像今天这样成为人们心目中高科技的向往地。"[13]在这份报告中,黄金国(El Dorado)公司的查尔斯·比勒(Charles Beeler)说:"我们欣慰地看到,早期管理队伍人员仍在强有力地领导着那些非常有竞争性的投资机会。这些人员恰恰是那些能够将机遇转化为巨大成果,满足市场需求的成功者。"事实上,硅谷风险资本信心指数在先,风险资本支持下的上市公司在后,这可能是由于风险资本的独特信息优势(借助于公共和私募资金的相互融合)所致。[14]所以,创业者和其他感兴趣的各方可以由此得到其所预期的结果。

迄今为止，这种地区性创新和创业优势因素尚没有在任何其他地区复制。人们从硅谷范例中能够学习哪些成功的创业管理方法呢？管理人员如何才能够引导和管理好这些创新和创业型公司呢？硅谷地区之外的管理人员能否利用这种创新生态系统，形成潜在市场或联盟的机会？后面几章内容给管理专业学生在其所在地区充分利用硅谷创业精神提供了思考。风险资本从硅谷快速传播到全球，给管理人员提供了新一轮的创业机会。资本、技术以及创业激情将全球各地的有理想的管理人员联系在一起。每一个组织的管理人员都有责任理解创业过程，培育这些创业机会，促进公司和地区的发展。如何成功地管理好这些创业公司？这是本书所探讨的关键问题之一。

全球轿车产业案例

中国吉利轿车将成为下一个印度塔塔轿车吗？[15]

可以说近年来没有别的廉价轿车像印度塔塔轿车那样引起全球性的轰动。但是，1986年问世的、起初生产电冰箱后在1996年步入摩托车领域的中国制造商吉利公司会对塔塔构成威胁吗？也可能许多人从来没有听说过吉利这家中国最大的民营轿车制造企业。然而，吉利频频光顾世界汽车展（如法兰克福、底特律汽车展）引起了人们的关注。吉利公司董事长和合伙创始人李书福喜欢人们称其为中国的亨利·福特。2006年，李书福将首席执行官的职位让给了岳贵生，仅保留了董事长的职务。吉利公司的使命为"致力于安全、环境友善和效率"。

1998年，吉利开始生产轿车，并于2003年出口。李书福计划将其生产的2/3的轿车出口到其他国家。目前已经在秘鲁、乌拉圭、委内瑞拉、罗马尼亚、巴基斯坦、南非和孟加拉国销售吉利品牌轿车。

李书福的计划包括推出9种新车型，这些车型无论从哪个角度来说都是令人称奇的。但是，人们在怀疑这些轿车能否达到西方的标准。俄罗斯轿车的碰撞试验表明，其通过率很低，然而，俄罗斯轿车却由设在乌克兰和印度尼西亚等国家的轿车装配厂组装后大量销售。目前已经传出吉利公司正在谈判收购著名的瑞典萨博（Saab）和沃尔沃（Volvo）品牌。[16]

吉利的这些举动告诉人们，轿车市场是全球性的，绝非福特、通用、克莱斯勒、梅赛德斯、宝马、大众等轿车品牌垄断所为。如此看来，印度塔塔轿车公司必须将吉利视为其潜在竞争对手。

思考题

1. 塔塔轿车的利弊是什么？请在网上查询或与拥有塔塔轿车的人交谈。
2. 基于你的发现，你如何评价印度塔塔轿车和其他国家轿车的竞争优势？
3. 轿车安全性对印度消费者有何等重要？
4. 你的购车标准是什么？

注释

1. "After Deng," *The Economist*, February 22, 1997, p. 15; "The Long March to Capitalism," *The Economist*, September 13, 1997, pp. 12 – 26; "Greeting the Dragon," *The Economist*, October 25, 1997, pp. 15 – 16; "Shanghai Volkswagen," Harvard Business School Case 9 – 696 – 092, April 23, 1996; *Multinational Companies in China* (Hong Kong: Economist Intelligence Unit, 1997); "Taiwan and China: China Learns to Live with Chen," *The Economist*, December 1, 2001, pp. 39 – 40; "China Learns the World's Rules," in *The World in* 2001 (London: *The Economist*, 2001); Mark L. Clifford, Alysha Webb, and Dexter Roberts, "Can Two Chinas Live Together in the WTO?" *Business Week*, November 19, 2001, p. 56; World Trade Organization, www.wto.org, accessed December 8, 2009; *BBC Business News*, http://news.bbc.co.uk/hi/english/business, accessed January 14, 2002.

2. "China's Communists: Business as Unusual," *The Economist*, October 6, 2001, p. 43.

3. "Corruption in China: Rocking the Boat," *The Economist*, November 24, 2001, p. 40.

4. World Trade Organization, www.wto.org, accessed January 10, 2002.

5. See also Ward Winslow and John McLaughlin, *The Making of Silicon Valley: A 100 Year Renaissance*, Santa Clara Valley Historical Foundation, 1996, for a historical perspective on the development of the region.

6. See also Elton Jr. Sherwin, *The Silicon Valley Way*, 2nd edition, Prima Lifestyles, 2000, for a discussion on the entrepreneurial culture of Silicon Valley.

7. While learning from failure is acceptable, too many failures might bring the judgment of the manager into question.

8. Venture capitalists take an active role in the portfolio companies they finance; therefore, they tend to invest primarily in firms they can easily drive to for board meetings, and other occasions.

9. Pricewaterhouse Coopers/National Venture Capital Association Money Tree Report Investments by Region Q1 – Q2 2006.

10. Other venture capital hubs exist in New England, New York, Texas, North Carolina, and elsewhere – but these hubs are much smaller.

11. Venture Impact 2004 – *Venture Capital Benefits to the US Economy*, 2004, Global Insight, National Venture Capital Association.

12. A 2006 study in global trends in venture capital by Deloitte and Touché does indicate a gradual shift of about half of venture firms that now consider investment internationally. The main interest was in China and India.

13. Cannice, Mark V. (2006). Silicon Valley Venture Capitalists' Confidence Index Report Q2 2006, ProQuest.
14. Cannice, Mark and Cathy Goldberg (2009), Venture Capitalists' Confidence, Asymmetric Information and Liquidity Events, *Journal of Small Business and Entrepreneurship*, 22 (2) 141 – 164.
15. "The Ambition of Geely," *The Economist*, August 1, 2009, p. 56; Geely, http://202.155.223.21/~geelmhk1/en/index.html, accessed January 3, 2013.
16. Chinese Media: Volvo Bought by Geely, http://www.thetruthaboutcars.com/volvo-bought-by-geely, accessed August 2, 2009.

第2篇 计 划

第4章 计划精要和目标管理
第5章 战略、政策和计划的前提条件
第6章 决策
第2篇结束语 全球化与创业计划

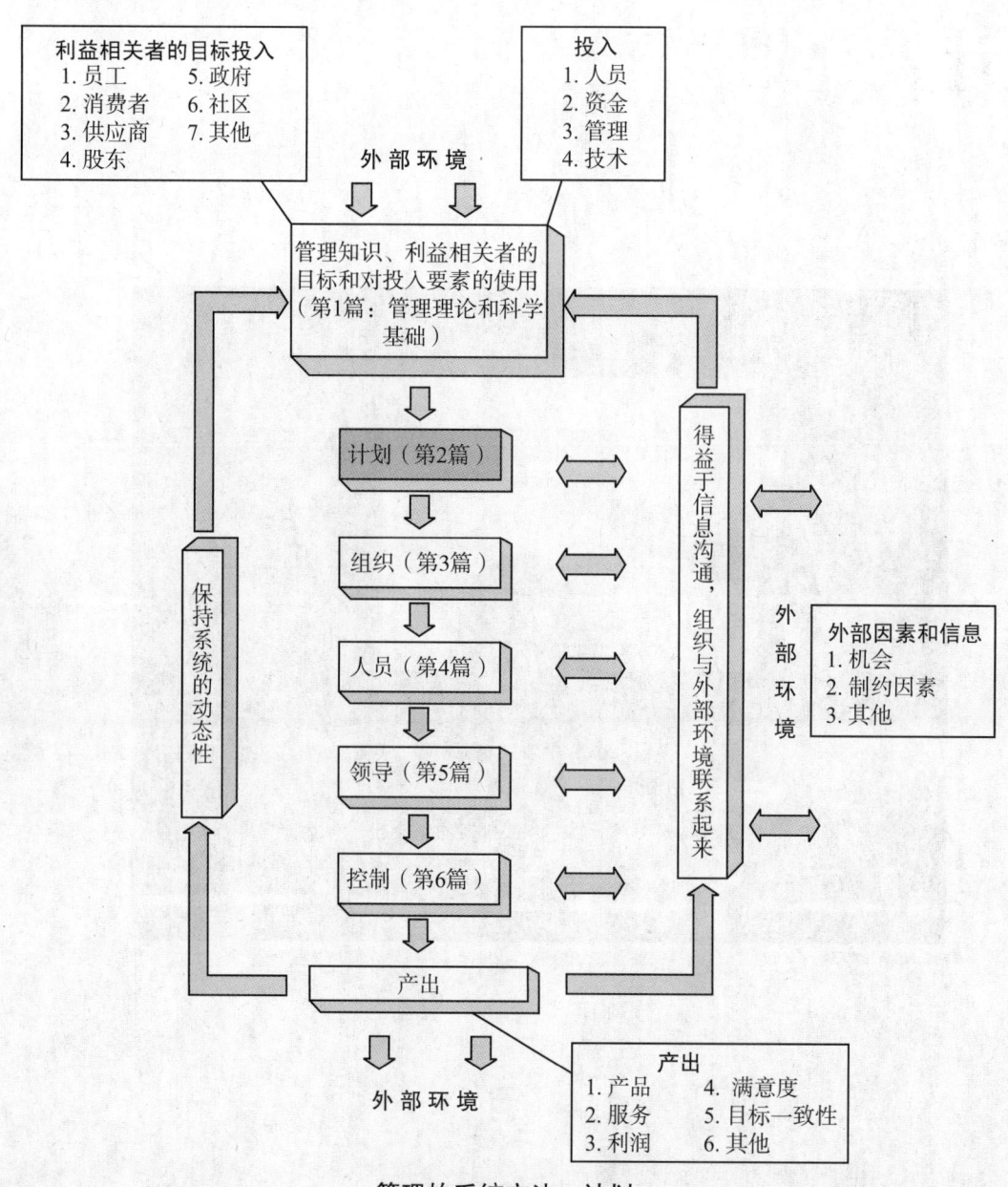

管理的系统方法：计划

4

计划精要和目标管理

[学习目标]

学完本章后,你应该能够:

1. 了解管理计划是什么和管理计划为什么重要。
2. 区别和分析各种类型的计划,并说明各类计划之间的相互关系。
3. 简述和讨论在制订计划时的合理步骤,同时理解,这些步骤在确定目标和选择达到这些目标手段上本质上是一种理性方法。
4. 解释目标的性质。
5. 描述如何根据不同情况制定可考核的目标。
6. 简述目标管理(MBO)中的循环反复的概念。
7. 理解目标管理(MBO)的系统模式。
8. 阐述目标管理(MBO)的益处。
9. 认识目标管理(MBO)的薄弱环节,并提出克服这些薄弱环节的建议。

现在大家已经熟悉了基本的管理理论，并了解了五种主要的管理职能：计划、组织、人员、领导和控制。在本书第2篇，我们将讨论计划工作。

在为群体中一起工作的人们设计环境，使每个人有效地完成任务时，管理人员最主要的任务，就是努力使每个人理解群体的使命和目标以及实现目标的方法。如果要使群体的努力有成效，其成员一定要明白期望他们完成的是什么。这就是计划工作的职能，而这项职能在所有管理职能中是最基本的。**计划**包括确定使命和目标以及完成使命和目标的行动；这需要制定决策，即从各种可供选择的方案中确定行动步骤。因此，计划为实现预先确定的目标提供一种理性方法。计划工作也着重于管理上的创新，这些问题将在第6章中加以论述。计划工作是一座桥梁，拉近了人们现在和将来之间的距离。同时，有必要指出，计划与控制是不可分割的，似同管理上的联体双胎。试图未经计划就进行控制是徒劳的，因为人们无法知道他们是否正在走向他们要去的地方（控制工作的结果），除非他们首先知道他们去哪里（计划工作的范畴）。因此，计划有助于确定控制标准。

> **注解**
> **计划**包括确定使命和目标以及完成使命和目标的行动；这需要制定决策，即从各种可供选择的方案中确定行动步骤。

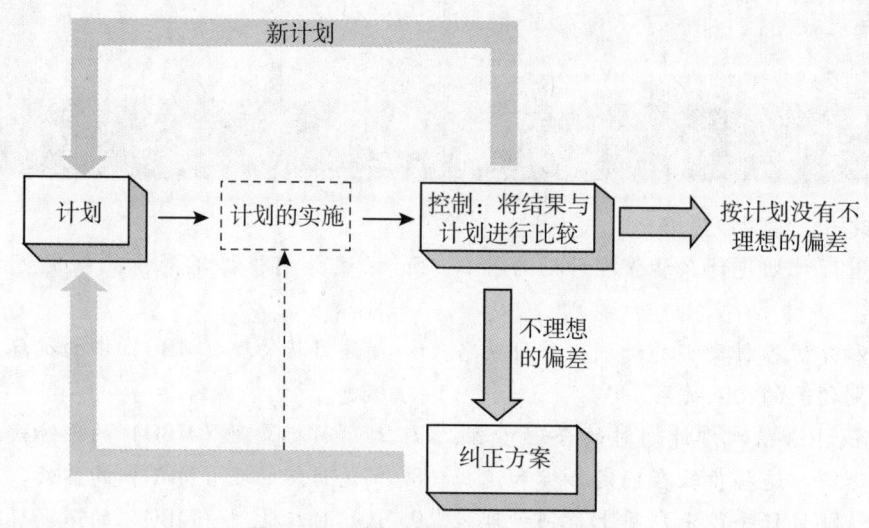

图4-1　计划与控制的紧密关系

计划类型

计划分为：(1) 使命或宗旨；(2) 目标或目的；(3) 战略；(4) 政策；(5) 程序；(6) 规则；(7) 方案；(8) 预算。

使命或宗旨*

使命或宗旨（这两个术语常常互换使用）[1] 表明了企业或事业单位或它们中的任何部分的基本作用或任务。各种有组织的活动，只要有意义的话，就应该有使命或宗旨。在各种社会系统里，企业具有由社会赋予它们的基本职能或任务。例如，一般来说，企业的目的是生产和分销商品和服务。州公路部门的目的是从事州公路系统的设计、建造和经营。法院的目的是解释法律和执行法律。大学的目的是从事教学和研究以及向社区提供服务。

> 注解
> **使命或宗旨**表明了企业或事业单位或它们中的任何部分的基本作用或任务。

创新视角　　谷歌公司的使命

谷歌以世界领先的互联网检索引擎而著称。虽然它的成功是多种因素所致，但是其清晰而又专注的使命无疑为公司指明了方向，使其通过一系列举措在全球市场获得成功。在谷歌网页上，它的使命是这样表述的，"组织全世界的信息，使人人皆可访问和使用"。[2]

这个简单、清晰的使命帮助谷歌向外界表明了它所做的一切，同时，又引导着员工日常工作中的行为，毕竟员工所做的每一项工作都离不开使命的支持。一个清晰而又直截了当的使命能够激励和引导员工，也是组织成功的前提条件。

有些作者区别使命和宗旨，但本书没有这样做。例如，一家企业可能有生产和分销商品和服务的社会宗旨，它可以通过完成某些产品生产的使命去实现这个宗旨。埃克森这样一家石油公司的使命是勘探、采油、提炼和销售石油以及从柴油到化工产品在内的石油产品。杜邦公司的使命为，"通过化学方法生产出更好的产品"，而金伯利—克拉克（Kimberly-Clark）（以它的 Kleenex 商标而著名）确定它的企业使命是生产和销售纸张和纸张产品。20 世纪 60 年代，美国国家宇航局（NASA）的使命是先于苏联人把人送上月球。在有些公司和其他企业里，宗旨或使命常常变得模糊不清，事实确实如此。例如，许多大型混合型企业已把它们的使命看做**合力**，** 其使命是通过各种各样公司的协同而完成的。

> 注解
> www.exxon.com
> www.dupont.com
> www.kimberly-clark.com
> www.nasa.gov

> 注解
> **合力**意指整体大于其部分之和。

---

* 愿景（vision）这个词经常在人们讨论使命时出现。管理类畅销书往往在讨论愿景时会涉及诸如确定目标、团队管理以及未来导向等概念。最近的一项调查表明，企业高层管理人员对愿景的含义没有统一的看法。然而，这项调查确定了涉及愿景陈述结构和内容的 7 个因素，包括制定、实施、创新性现实态度、总体、详细程度、风险承受倾向以及利润导向。

** 这一概念可简单地描述为 2 和 2 相加相当 5，或整体大于部分之和。

目标或目的

> **注解**
> 目标或目的是指活动所针对的最终目标。

目标（objectives）或**目的**（goals）（本书中这两个术语互换使用）是指活动所针对的最终目标。它们不仅代表计划的终点，而且也代表组织、人员、领导和控制职能所要达到的最终目标。目标的性质和目标管理将在本章后面详细讨论。

战 略

> **注解**
> 战略意指确立企业的基本长期目标，制订行动方案和配置必需的资源以实现目标。

多年来，军队使用"战略"这个词，系指根据认为敌人可能或者不可能做的事情而制定出来的总体规划。"战略"这个词现在通常仍含有一种竞争的意味，但是管理人员越来越多地使用它，以反映企业广泛领域的经营活动。本书将**战略**定义为：确立企业的基本长期目标，制订行动方案和配置必需的资源以实现目标。

政 策

> **注解**
> 政策是指导或沟通决策思想的全面的陈述或理解。

政策也是计划，因为政策是指导或沟通决策思想的全面的陈述或理解。并非所有的政策都是"陈述"，因为政策常常只是从管理人员的活动中含蓄地反映出来。例如，一家公司的总裁也许仅仅是为了方便，可能严格地遵循从公司内部提升管理人员的做法，这种做法可能会被下属人员看做政策而认真依照执行。实际上，管理人员遇到的问题之一是，一定要防止下属人员把一项小的、不能作为惯例的管理决策理解为政策。

创新视角　谷歌公司使命的10个关键点

谷歌进一步用"它所知道的10件正确的事"[3]来诠释其核心使命。这些正确事情的表述有助于指导具体的行动，作为宽泛的政策引导公司内部的决策和行为。第一个表述是"用户是第一位的，其余的都是第二位的"。这个直接和简单的陈述引导人们以用户体验为导向，并以此作为目标提高企业的销售和利润。它的第二个表述是"最好把一件事做到极致"。这种哲学观渗透到公司管理的各个方面，从员工培养到细分市场。政策或管理的聚焦表述有利于引导员工的行动，进而转换为组织的绩效和利润。

政策是指确定一个制定决策的范围，确保决策和目标保持一致，并有助于目标的实现。政策有助于事先确定问题的性质，不需要每次重复分析相同情况，同时把其他计划统一起来，使管理人员能够在向下授权的同时，仍然对他们下属所做的工作保持控制。

政策的种类繁多，例如，只招聘经过大学培训的工程师、鼓励员工为改进合作提合理化建议、企业内部晋升、严格遵照企业伦理道德规范、制定竞争性价格、坚持固定定价而不是成本加价等。

全球化视角　　比尔·福特的全球政策决定

长期以来，福特汽车公司以生产低成本、便捷和价格适中轿车而著称（始于T型车）。截至2007~2008年，福特生产的燃油经济型F-150皮卡汽车非常成功。然而，随之而来的石油危机使美国的燃油价上升到了前所未有的水平。比尔·福特不得不断然做出一个重要的政策决定：小型化、节油和全球化思维。

福特是幸运的，原因是公司在欧洲成功生产出的节油轿车，为推行其新轿车政策和减员增效打下了基础。公司在南美洲的同样成功促使比尔·福特相信，未来增长机会在诸如印度和中国等亚洲国家。但是，印度宣布生产2500美元轿车以及其他竞争对手生产低成本轿车的计划，使其深感忧虑。从获利的皮卡汽车转到小型轿车是有风险的，但是，高额的原油和燃油价格仍在继续，相比之下，"无所作为"战略的风险更大。

程序

程序也是计划，是用来处理未来活动所需的一种方法。程序是按时间顺序对必要的活动进行的排列。程序是行动指南，而不是思想指南。因此，程序是详细列出必须完成某类活动的具体方法。例如，西凯斯大学（Case Western University）列出了评估过程的三个步骤：(1) 确定绩效目标；(2) 对目标进行年中回顾；(3) 在期末结束时对绩效进行讨论。[4] 程序常常是跨部门的。例如，在一家制造业公司里，处理订单的程序可能牵涉到销售部门（提供原始订单）、财务部门（认可所收到的资金，准许给客户提供信贷）、会计部门（记载业务往来）；生产部门（下达生产任务，或者批准从库存中发货），以及运输部门（决定运输手段和路线）。[5]

> **注解**
> 程序也是计划，是用来处理未来活动所需的一种方法。

下面举例说明一下程序和政策之间的关系。公司政策规定可以给员工假期，为实施这项政策所建立的程序，将规定安排度假时间表以免造成工作混乱，制定带薪休假的工资额和支付办法，保持记录以保证每位员工享有假期，最后详细说明休假申请的办法。

规则

规则阐明了具体的必须或非必须的行动，没有例外的余地。规则通常是最简单形式的计划。"禁止吸烟"是一条规则，在落实上不容许有

> **注解**
> 规则阐明了具体的必须或非必须的行动，没有例外的余地。

任何偏差。规则的本质是，它反映一种必须或无须采取某种行动的管理决策。规则不同于政策，政策的目的是通过给管理人员留有酌情处理的余地而指导他们的决策，而规则在运用中没有自行处理的余地。

> **全球化视角　　外部强加的程序和规则**
>
> 　　公司往往迫于外界不利的宣传而实施规则和程序。通用动力公司（General Dynamics）是最大的国防承包商之一，受到一些有关其不正当的行为的指责。[6] 为了不被取消参与国防合同投标的资格，这家公司不得不接受国防部强加的一份规则和程序清单。
>
> 　　这些新的要求用来防止把费用从一个合同转到另一个合同。例如，工人必须准备和签写他们自己的工作时间卡，监工一定要检查这份时间卡。如果填错了，工人则必须改正，然后必须由该工人和监工同时签字。原始记录不得擦掉，以备日后查考之用。此外，要求通用动力公司就管理费的使用制定严格的规定。员工不准收受礼物，即使是一支笔或一本日历也不行。
>
> 注解
> www.gd.com
>
> 　　因此，重要的客户可以通过规则和程序给生产商施加压力，这种实例不仅存在于计划工作，而且也存在于控制工作中，由此进一步说明了这两种管理职能之间的密切关系。

规 划

> 注解
> 规划是一个综合性的计划，包括目标、政策、程序、规则、任务分配、要采取的步骤、要使用的资源，以及为完成既定行动步骤所需的其他因素。

　　规划是一个综合性的计划，包括目标、政策、程序、规则、任务分配、要采取的步骤、要使用的资源以及为完成既定行动步骤所需的其他因素。在通常情况下，规划都要有预算支持。规划可能很大，如一家航空公司计划用4亿美元购买一个机群的喷气式飞机，或者为了改善成千上万个主管人员的地位和素质而制定的五年规划。规划也可能很小，如一家农机公司零件制造部门的一位主管，为了提高工人的士气而制订的具体计划。

预 算

> 注解
> 预算是一份用数字表示预期结果的报表。

　　预算是一份用数字表示预期结果的报表，可以称为是一份"数字化的"计划。实际上，财务收支预算常常被称做"盈利计划"。它可以用财务术语来表示，或者用工时、产品单位、机时或任何其他以数字计量的术语来表示。预算可能牵涉到业务活动，如费用预算；也可能反映资本支出，如资本支出预算；或者表示现金流量，如现金预算。白宫管理和预算办公厅（Office of Management and Budget of the White House）制定的综合预算可称其为最为复杂的预算之一,[7] 其结果要由美国总统呈交到美国国会。

由于预算也是控制手段,因此这个问题放到第19章控制方法中进行讨论。总而言之,编制预算很显然是制订计划。预算在很多公司里是最基本的计划手段,它迫使公司提前,不论是提前1周还是5年,编制以数字表述的预期现金流量、费用和收入、资本支出,或工时或机时使用率等。预算对控制来说是必需的,但是,除非能反映计划,否则预算就不能作为有实际意义的控制标准。

制订计划的步骤

图4-2列出的以及下面要阐述的制订计划的实用步骤是普遍适用的。当然,具体制订计划时还要根据每个阶段的可能性行动步骤进行深入研究。

1. 寻找机会

虽然寻找机会要在实际制订计划之前,而且从严格意义上讲不属于计划过程的一个组成部分,但是寻找外界环境中和组织内的机会*是制订计划的真正起点。所有的管理人员都应当首先审视将来可能出现的机会,并清楚且全面地了解这些机会,知道其有利与不利之处,明白希望去解决什么问题和为什么要解决这些问题,以及期望得到什么。制定切合实际的目标取决于这样一种认识。制订计划需要实事求是地对机会的各种情况进行判断。

2. 确定目标

在制订计划过程中,第二个步骤是要确定整个企业的目标,然后确定每个下属工作单位的目标。这些目标又分为长期的目标和短期的目标。目标规定预期结果,并标明要完成工作的具体结果、哪里是需要强调的重点,以及通过战略、政策、程序、规则、预算和规划这个系列网络要完成的最终目标。

企业目标给主要计划指明了方向,而这些反映企业目标的主要计划又规定了各个主要部门的目标,主要部门的目标又依次控制下属各部门的目标,自上而下,以此类推。换言之,目标形成了一个层次体系。如果下级部门的管理人员了解企业的总体目标及其派生目标,那么基层部门的目标将会制定得精确一些。管理人员也应当有机会为自己部门目标的制定和企业目标的制定提出建议。

---

* 机会也可以用"问题"这个词来代替,但是,无序或混乱状态以及解决这些问题以完成某个目标的过程被称为机会可能会更好一些。事实上,那些成功和精明的公司总裁们往往不容许他们的员工称其为问题,而只能称其为机会。

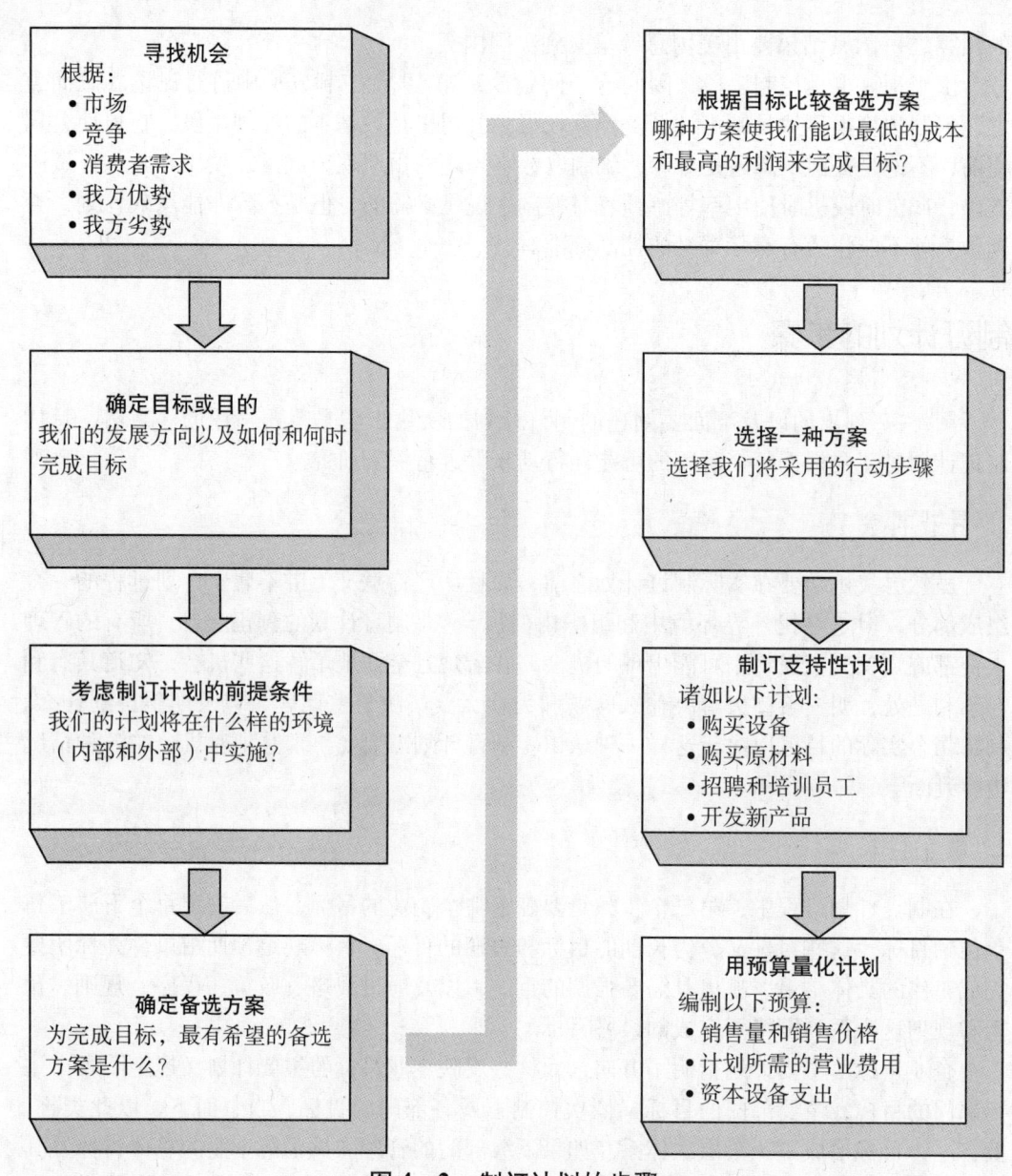

图 4-2 制订计划的步骤

3. 拟定前提条件

制订计划的第三个步骤是,利用诸如预测、适用的基本政策以及公司现有的计划等关键性计划前提,建立、宣传和取得一致的意见。**前提条件**是关于计划实施环境的假设条件。重要的是,要使所有参加制订计划的管理人员都同意这些前提条件。实际上,**计**

划前提条件的原则是，承担制订计划的每个人越是彻底地理解和同意使用一致的计划前提条件，企业计划工作就会越加协调。

预测在确定前提条件方面很重要：将会有什么样的市场？销售量多大？什么价格？什么产品？将有哪些技术开发？成本多少？什么样的工资水平？什么样的税率和政策？什么样的新工厂？什么样的红利政策？政治或社会环境怎样？将如何筹集资金扩大业务？长期趋势如何？

> **注解**
> 前提条件是关于计划实施环境的假设条件。
> 计划前提条件的原则是，承担制订计划的每个人越是彻底地理解和同意使用一致的计划前提条件，企业计划工作就会越加协调。

4. 确定备选方案

编制计划的第四个步骤是，寻求和检查可供选择的，特别是那些暂时尚不明显的行动步骤。制订计划时没有可供选择的、适当的备选方案的情况是不多见的，而常常不引人注意的方案则可能是最佳的。

更加常见的问题不是找可供选择的方案，而是减少备选方案的数量，以便分析最有希望的方案。即使使用数学方法和计算机进行评估，可供选择的备选方案也是有限的。计划工作者通常必须进行初步审核，以便发现最有成功希望的方案。

5. 评估备选方案

在找出了各种可供选择的备选方案和检查了它们的优缺点后，下一步就是根据前提条件和目标，对方案进行评估。第一个方案看起来可能是最有利可图的，但是需要投入大量现金，且回收资金很慢；第二个方案看起来可能获利较少，但是风险较小；第三个方案可能更适合公司的长远目标。

由于大多数情况下都存在着许多备选方案，加之方案评估中又要考虑许多变量和局限性，因此，评估工作通常是很困难。由于存在这些复杂因素，在本书第6篇控制部分将讨论一些新的方法以及这些方法的应用和分析。

全球化视角　　*印度汽车制造公司缓解环境压力选择方案的评估[8]*

印度素以摩托车闻名于世，而印度斯坦汽车有限公司（Hindustan Motors）则因其"大使"品牌车（Ambassador）出名。但是，随着塔塔汽车集团推出2500美元的廉价轿车，印度汽车产业在国际上更引人注目。许多轿车生产商纷纷进入印度市场。例如，通用汽车公司于2008年在印度开办了第二家工厂，直接面对马鲁蒂（Maruti）汽车公司、塔塔公司以及其他竞争对手。但是它的轿车售价却远远高于塔塔公司2500美元的广告价格。欧洲最大的轿车生产商大众汽车公司也加大了对印度市场的投入。出于对高油价的考虑，许多轿车公司在大力开发节油车的同时，更加注重研制生态友好型引擎。丰田公司推出的普锐斯（Prius）混合中型动力车非常成功，本田公司紧步其后尘，甚至豪华轿车制造商宝马也计划推出混合动力车。塔塔公司正在研制锂电池驱动的电动车。

印度的长期目标是开发氢燃料汽车，但是，作为起步阶段，电池驱动的混合动力车只能依赖进口。好在本田印度锡尔轿车（Honda Siel Cars）公司已经推出了非常畅销的混合动力驱动的本田思域车。印度政府政策制定者们在考虑，采用哪些选择方案来最大限度地减少日益增长的汽车给环境带来的负面影响。

6. 选择方案

这是采用计划的时刻，也是真正意义上的决策。有时，备选方案的分析和评估结果是两个或更多的方案是合适的，这时，管理人员可能会决定遵循几个方案，而不是遵循一个最佳方案。

7. 制订衍生计划

决策制定后，计划工作还没有完成，因此需要第七个步骤，即制订衍生计划以支持基本计划的实施。

8. 用预算量化计划

在做出决策和确定计划后，正如在讨论各类计划时已经指出的那样，赋予计划含义的最后一步就是要把计划转变成预算，对计划进行量化。企业的总预算体现收入和支出的总额，包括所获得的利润或者盈余以及资产负债表上大款项的预算，如现金支出与资本支出的预算。企业内的每一个部门或项目有自己的预算，通常是费用预算和资本支出预算，这些预算又汇总到企业总的预算内。

如果编制得好，预算就成为汇总各种计划的一种手段，并且也形成了可以衡量计划过程的重要标准。

创业视角　　为新公司撰写企业计划

创业者在组建新公司时通常是首先撰写企业计划，由此揭开整个计划过程。在企业计划中，创业者试图清晰地界定其公司宗旨（企业到底是干什么的），确定市场机遇或其希望解决的市场中存在的问题，阐述他们与市场机遇相关的产品以及如何设法销售这些产品，并且决定如何对新公司进行融资。这个企业计划过程对于引导创业者至关重要，同时，对于那些潜在投资者更是不可或缺的，因为计划递交后要增强他们对此项目的信心和支持。本书第2篇结束语部分附了一个完整的企业计划纲要，供创业管理人员和学生参考。

短期计划和长期计划的协调

人们在制订短期计划时，往往不顾长期计划。很显然，这是一个严重的错误。把这两种类型的计划联系在一起，它的重要性不论怎么强调也不过分。如果短期计划不能帮助相关的长期计划取得成功，也就没有必要制订它了。那种只顾目前情况，而不考虑对更长远目标影响的决策，就会造成计划工作的很多浪费。

负责任的管理人员应该不断地检查和修改当前的决策，以确保这些决策有利于长期计划，并且定期对下属管理人员通报长期计划的情况，以便使他们将做出的决策和公司的长期目标相一致。这样做要比以后纠正偏差容易得多，特别是由于短期投入往往会导致在这方面更进一步的投入。

目标

本章将目标定义为组织和个人活动所针对的重要的最终目标。许多作者和企业界人士将"目的"和"目标"混为一谈，这两个词在本书中是互换使用的。通过上述讨论，已经很清楚，目标分为长期目标或短期目标、广泛性目标或具体目标。这里需要强调的是可以**考核**的目标，意指在一段期间结束后，人们能够确定是否完成了目标。管理人员的目的是创造增值（在企业里系指利润）。清晰而又可以考核的目标有利于衡量增值以及管理行动的效益和效率。

> **注解**
> 可考核的目标意指在一段期间结束后，人们能够确定是否完成了目标。

目标的性质

目标表示最终结果，而总目标需要由子目标来支持。这样，目标就形成了一个有层次的体系和网络。此外，组织和管理人员有其不同层次的具体目标，而这些目标有时不相协调，从而可能导致组织内部、群体内部，甚至个人之间的矛盾。管理人员可以在短期和长期业绩之间有所选择，而个人利益则应服从组织的目标。

目标的层次体系

如图 4-3 所示，目标形成一个有层次的体系，从广泛的目标到具体的个人目标。这个层次体系的顶层是宗旨或使命。宗旨有两层意思：其一是社会宗旨，如要求这个组织以合理成本提供商品和服务，为人民的福祉做出贡献；其二是企业宗旨，如可能为普通人提供便捷、低成本的运输。所规定的使命可能是汽车的生产、营销和服务。请注意，宗旨与使命之间的区别很细微，因此，许多作者和企业界人士没有区分二者之间的差别。在任何情况下，这些宗旨都要转化成总目标和战略，如设计、生产和销售性能可靠、成本低、节能型的各种汽车。

> **注解**
> 在关键成果领域，绩效对企业的成功至关重要。

这个层次体系的下一层包括更为具体的目标，如处在**关键成果领域**的目标。在这些领域里，绩效对企业的成功至关重要。

尽管人们对什么是企业的关键成果领域（可能因企业而异）并没有取得一致的意见，然而彼得·F·德鲁克就关键成果领域提出了以下建议：市场地位、创新、生产率、物质资源和财务资源、盈利率、管理人员绩效和发展、工人绩效和态度以及社会责任。[9] 近年来，人们就两个具有战略重要性的关键成果领域取得了共识：服务和质量。

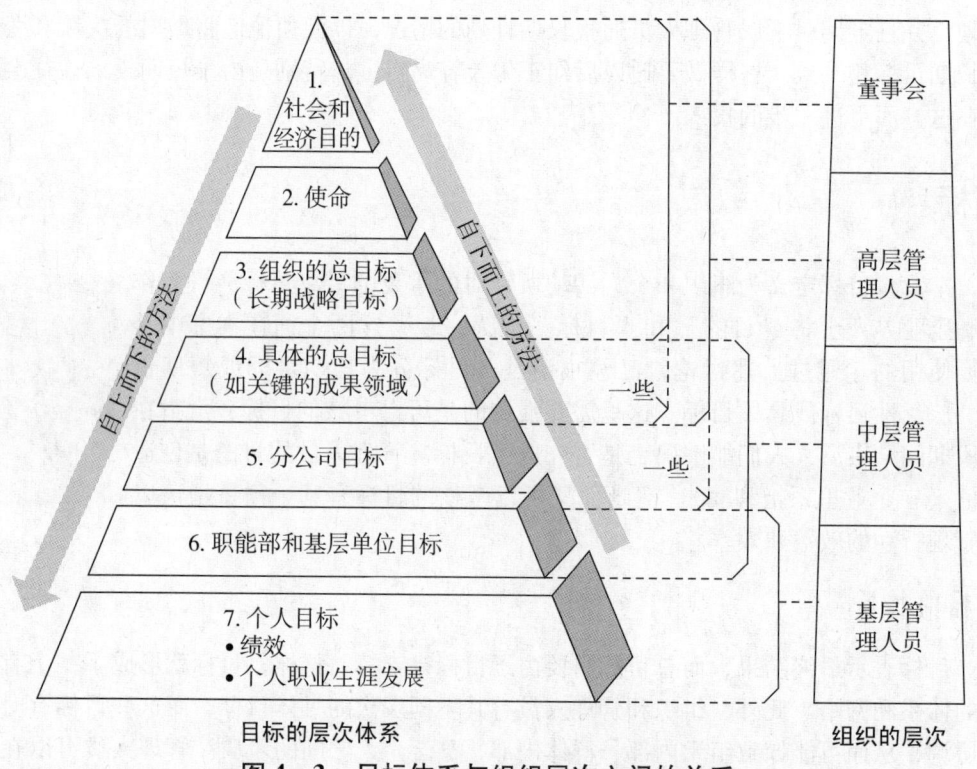

图4-3 目标体系与组织层次之间的关系

资料来源：Adapted from H. Weihrich and J. Mendleson, Management: An MBO Approach (Dubuque, IA: Wm. C. Brown Co., 1978), p. xi. Used with permission.

下面是关键成果领域目标的例子：到2009年年终获得10%的投资收益率（盈利率）；到2009年6月30日，在不提高成本和不降低目前的质量水平（生产率）的前提下，将产品X的产量增加7%。

这些目标还需要进一步转化为分公司、部门以及小组，一直到组织最低层的目标。

建立目标和组织的层次体系[10]

从图4-3中可以看出，组织层次体系中不同层次的管理人员参与不同类型目标的建立。董事会和最高层管理人员更多地参与确定企业的宗旨、使命、总目标以及关键成果领域中更为具体的总目标；中层管理人员，如副总裁或营销经理或生产经理，主要是建立关键成果领域的目标、分公司和部门的目标；基层管理人员主要涉及的是部门和小组的目标以及下属人员目标的制定。虽然目标层次体系的最低层是包括绩效和个人发展目标在内的个人目标，对于较高层次的管理人员，也应设立自己的绩效和个人发展目标。

关于一个组织应该采取自上而下还是如图 4-3 中的箭头所示自下而上的方法来建立目标，目前尚有争议。自上而下的方法是上级管理人员为下属人员确定目标；而自下而上的方法，则是下级人员先确立他们职位上的目标，然后呈报他们的上级。

主张自上而下方法的提议者认为，整个组织需要通过首席执行官（与董事会协调）提出公司目标，指明方向。另外，主张自下而上方法的人则认为，最高管理人员必须要从下一层次获得信息才能建立目标。再者，下层人员对他们自己制定的目标可能更有激励作用，愿意承担责任，为实现目标做出努力。作者的经验表明，自下而上的方法用得不多，但单独使用二者中的任何单一方法效果都不够好。

目标的多样性

一般情况下，目标呈现为多样性。例如，把大学的使命说成是教育和研究是不够的。列出下列总目标可能会更精确些（尽管仍然不能考核）：

- 吸收出类拔萃的学生；
- 在文科和理科各方面以及某些专业领域，提供基本训练；
- 对合格的学生授予研究生学位；
- 聘请有名望的教授；
- 通过研究发现并集成新知识；
- 主要通过收取学费和吸收校友及朋友馈赠的方式，像私立学校那样对大学进行运作。

同样，在目标体系的每一个级层上，目的也是多样化。有些人认为，一个管理人员不可能有效地追求多于 2 个甚至 5 个目标，过多的目标会使管理人员分散精力，顾此失彼，但 2 到 5 个目标的限制显然过于武断。管理人员有可能追求更有意义的目标。阐述各个目标的相对重要性以便使人们更加重视主要目标是明智的。任何情况下，目标的多少要取决于管理人员本身能做多少，能分派给下属人员做多少，从而把他们的任务局限于分派、监督和控制任务上。

如何确定目标[11]

没有明确的目标，管理工作就会杂乱无章。同样，没有一个明确的宗旨，任何个人和群体都不可能有效地、高效率地进行工作。表 4-1 列举出了一些目标，并将这些目标重新理解为可以计量的目标。

表 4-1　　　　　　　　　可考核与不可考核的目标举例

不可考核的目标	可考核的目标
1. 获取合理利润	1. 在本会计年度终了实现 12% 投资收益率
2. 加强沟通	2. 自 2009 年 7 月 1 日开始发行两页新闻月刊，预留不多于 40 个工作小时的准备时间（第一期之后）
3. 提高生产部门的生产率	3. 到 2009 年 12 月 31 日止，在保持现有质量水平和不增加成本的情况下，将产量提高 5%
4. 培养高素质的管理人员	4. 设计并开办一个为期 40 小时的"管理学基础"培训班，于 2009 年 10 月 1 日前完成，配属不超过 200 个工作小时的管理开发人员，要求参与的 100 名管理人员至少 90% 通过考试
5. 安装一个计算机系统	5. 在 2009 年 12 月 31 日前，生产部门安装一个计算机控制系统，要求不超过 500 个工作小时的系统分析，在投入运行的最初 3 个月间，停机时间不超过 10% 或其后不超过 2%

定量目标和定性目标

既然目标可以计量，它就必须是可以考核的，即人们必须回答这样的问题："任务期结束时，我将如何知道目标是否已经完成？"例如，获取合理利润的目标（见表 4-1）并没有表明应该取得多少利润，另外，对于下属人员是合理的利润，可能完全不被上级领导所接受。当然，在意见不同的情况下下属人员是无法争辩的。相反，在本财政年度终了，12% 的投资收益率是可以计量的，它回答了诸如"多少或什么？"和"何时"这样的问题。

有时要用考核的措辞来说明结果会有更多的困难，尤其是涉及辅助性人员和政府机构更是如此。例如，安装一个计算机系统是一项重要任务，但"要安装一个计算机系统"却是一个不可考核的目标。但如果我们说"在 2005 年 12 月 31 日前给生产部门安装一个计算机控制系统（有具体规格要求），耗费不多于 500 个工作小时"，那么完成这样一个目标便可加以量化了。此外，质量也可以根据计算机停机时间而具体化，如"在运行之初的两个月中，90% 的时间计算机系统应该正常运转"。

创新视角　　公开制定目标可能会带来风险，但在日产汽车公司却很奏效[12]

2005 年，成功将日产汽车公司进行战略转轨的卡洛斯·戈恩（Carlos Ghosn）制定了一个野心勃勃的、销售 360 万辆轿车的目标，并将这个可以考核的目标广为宣传。这样做的风险是不言而喻的，任务一旦完不成会有损于戈恩的领导能力。但另一

> 方面，员工非常认可这个清晰的目标，并竭尽全力去完成。结果，这个目标得以实现，并推出了美伦奴（Murano）和风雅（Fuga）两个新车型。正是由于他在日产汽车公司的领导能力，他后来被推荐成了日本日产、法国雷诺和美国通用三家联盟企业的首席执行官。

制定目标指南

制定目标的确是一项困难的任务，它需要上级领导明智地指导和下属人员广泛地参与。表4-2中所列出的一些指导方针对管理人员制定目标时会有所帮助。

表4-2　　　　　　　　　　管理人员的目标检验

如果目标符合标准，在右边的方框中写"+"号，如果不符合，写"-"号。

1. 目标是否包括我所从事工作的主要特点？ ☐
2. 目标的数目是否太多？如果是，我可以合并一些目标吗？ ☐
3. 目标是否可以考核，即期末时我能否知道是否实现了目标？ ☐
4. 这些目标是否表明了： ☐
   (a) 数量（多少）？ ☐
   (b) 质量（如好到什么程度或具体的特征）？ ☐
   (c) 时间（何时）？ ☐
   (d) 成本（按什么成本）？ ☐
5. 这些目标是否既有挑战性同时又是合乎情理的？ ☐
6. 这些目标是否按重点进行了排序（次序、权重等）？ ☐
7. 这套目标体系是否包括： ☐
   (a) 改进工作的目标
   (b) 个人发展目标 ☐
8. 这些目标是否同其他管理人员和组织机构的目标进行了协调？这些目标是否和我上司的目标、部门的目标以及公司的目标相一致？ ☐
9. 是否已将目标与所有需要了解这些信息的人进行了沟通？ ☐
10. 短期目标是否与长期目标相一致？ ☐
11. 目标依据的假设条件是否已清楚地确定？ ☐
12. 目标表达是否清楚？是否用文字形式？ ☐
13. 这些目标是否能随时提供反馈，从而使我采取必要的纠正措施？ ☐
14. 我所掌握的资源与职权能否足以去实现这些目标？ ☐
15. 我是否给予那些想实现目标的人一些机会，让他们提出目标？ ☐
16. 分派给下属人员的责任是否都能得到控制？ ☐

表4-2中的目标数目不宜太多，但是应包括工作的主要特征。正如本章已经强调的，目标应该是可考核的，目标应当包括完成什么和何时完成。如有可能，所期望的质

量和为实现目标的成本也应该表示出来。此外，目标要有一定的挑战性，要有重点，要能够促进个人和职业生涯的成长和发展。表4-2中概括地总结了这些指导性原则以及一些其他标准。凭检验表中所列出的标准来检验目标，对管理人员和有志于从事管理工作的人员来说，是一种很好的练习。

创业视角 与N次方有限责任公司总经理布赖恩特·童的访谈[13]

作为硅谷地区颇具影响力的风险资本公司总经理，布赖恩特·童经常向公司创业者们介绍其如何制定大胆而又可行的融资目标或分项预算。由于公司需要数个月来开发销售产品，这些分项预算并非总是与财务目标相一致。即使如此，可考核的分项预算非常关键，例如，开发产品样品，获取关键产品的知识产权保护，安排优秀人员组成管理团队，针对潜在消费者形成销售网络等。这些目标或分项预算又常常与后续融资密切相关，因此，公司的成功在很大程度上取决于能否满足上述目标。

目标管理理念的演进[14]

> **注解**
> 目标管理是一种全面的管理系统，这个系统将许多关键的活动连接在一起，使组织和个人目标得以高效率地完成。

尽管目标管理（MBO）的应用已经遍及全球各地，然而目标管理的理念并不是很清晰。有些人将其视为评估工具，有些人把它当做激励方法，也有人将它作为计划和控制手段。换言之，目标管理的定义和应用存在着很大的差异性。

我们这里将**目标管理**定义为一种全面的管理系统，这个系统将许多关键的活动连接在一起，使组织和个人目标得以高效率地完成。这种将目标管理视为管理系统的看法并非被业界广泛接受。尽管还是有人将目标管理定义在一个非常狭窄、有限的范围内，我们还是倾向于将其视为一个目标导向、成功导向的管理系统，如图4-4所示。除了作为激励员工、在战略计划中起到绩效评估的作用外，其他管理分系统也可以纳入目标管理过程之中。这些分系统包括人力资源计划和开发（员工以及个人和组织发展）、职业生涯计划（发挥个人的长处，克服短处）、奖励系统（绩效奖励）、预算（计划与控制）以及其他某方面的重要的管理活动。这些各种各样的管理活动需要集成在一个系统之中。简言之，目标管理要做到有效，必须如图4-4所示的那样，是一种管理方式，而不仅仅是管理工作的一种补充。[15]

第4章 计划精要和目标管理

创新视角：脸谱网与移动互联网盈利计划

脸谱网是世界领先的社交网站，2012年5月上市引起了轰动。然而，人们久盼之后发现，它的首次公开发售承诺以及其后绩效都没有兑现。在因其通胀价格和超量发行股票广受责备情况下，脸谱网市价在随后的几个月中下跌了一半。人们在担心脸谱网管理和创新其移动平台的能力。脸谱网创始人和首席执行官扎克伯格因其松散的做事风格和与金融市场和媒体有限的沟通而饱受批评。2012年9月11日，扎克伯格终于与媒体见面，承认在移动战略上的失误，对脸谱网创新其移动平台和盈利（获取显著收益）计划进行了有说服力的解释。[16] 由于许多投资者相信甚至坚信不疑这一计划，第二天，脸谱网股票价格开始反弹。很显然，清晰地沟通一个可行计划和目标能够产生价值，因为这样一来消除了不确定性，提升了组织内外和外部人员的信心。

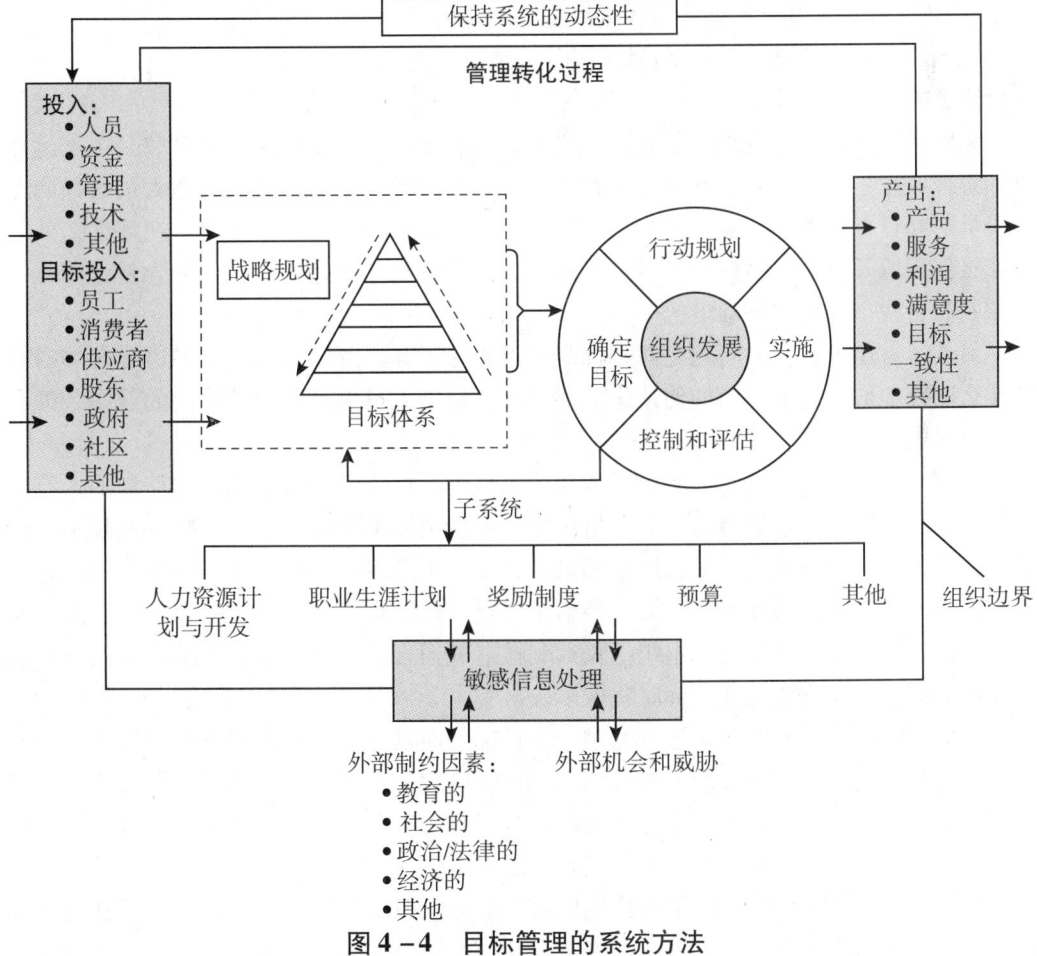

图4-4 目标管理的系统方法

资料来源：Adapted from Heinz Weihrich, Management Excellence: Productivity through MBO (New York: McGraw-Hill, 1985), p.18.

目标管理的利弊

虽然以目标为导向的管理是现在最广泛使用的管理方法之一，有时人们对其效果如何仍存在疑问。人们常常责备目标管理实施上的错误，但是另一种责怪是，把目标管理作为一种机械的方法集中应用在管理过程中的某几个方面，而没有将其集成到一个系统之中。

目标管理的优点

大量的实例（其中大部分来自实验室的研究）表明，清晰的目标具有激励作用。但是，还有其他好的方面，如下所述：

- 通过以结果为导向的计划改进管理；
- 分清组织任务和结构，根据人们承担工作任务的预期结果授权；
- 鼓励员工致力于各自目标和组织目标的完成；
- 建立有效的控制机制，衡量结果，并采取纠正偏差的行动。

目标管理的缺陷和建议

尽管目标管理系统有很多优点，但它也存在若干缺陷。这些缺陷大多数是由于运用目标管理概念不当引起的。其中之一是对目标管理的理念阐明不够。管理人员必须向下属人员解释目标管理是什么，它如何发挥作用，为什么要实行目标管理，在评估绩效时起什么作用以及最重要的是参与目标管理的人能够得到什么好处。这个理念是建立在自我控制和自我指导概念基础上的。

另外经常出现的一个问题是对目标制定者指导不够。管理人员必须知道公司的目标是什么以及他们自己的活动如何适应这些目标。管理人员也需要知道计划的前提条件和了解公司的主要政策。

在留有适当余地的情况下制定可考核的目标是困难的。参与目标管理计划的人有时认为，过于注重经济效果会对个人产生压力，可能引发不良行为。为了减少选择不道德手段去达到结果的可能性，最高层管理人员必须认可合理的目标，明确行为期望，并对良好的道德行为不仅高度重视，而且要给予奖励，对不道德的行为，就要给予惩罚。

此外，强调短期目标会对组织的长远利益造成损害。同时，缺乏灵活性会使管理人员在环境所迫必须改变现有目标时犹豫不决。

其他危险包括，人们可能过分使用定量目标，而且在不宜用数字来表示目标的一些领域也企图利用数字，或者对一些最终成果难以用数字表示的重要目标降级处理。例如，良好的公司形象可能是企业的强项，但却很难用数字来表示。另外一个危险是，管理人员可能忘记了，管理工作并不仅仅是制定目标。

尽管目标管理在某些情况下有这些困难和危险，但实际上，这种系统所强调的目标制定工作，早已成为计划和管理工作中不可缺少的一个重要组成部分。

本章小结

计划涉及选择使命和目标以及完成目标的行动，需要做出决策，即从备选方案中选择未来的行动步骤。尽管计划和控制在本书中分开进行讨论，它们是密切相关的。计划种类繁多，如使命和宗旨、目标和目的、战略、政策、程序、规则、规划和预算。一旦机会被确定，管理人员理性化地通过确定目标、设定目前和未来的假设条件、选择和评估备选行动步骤以及选择方案来制订计划。

目标是行动的终结目的地。如果要在规定时间结束后能确定目标是否已经完成，则目标应是可考核的。目标构成一个从公司使命或宗旨到个人目标的层次体系。管理人员通过分析工作的性质、他们自身可以完成的工作量以及授权程度，可以制定出最为现实的目标体系。但是，在任何情况下，管理人员都应了解每个目标的相对重要性。

目标管理（MBO）已经广泛应用于绩效评估和员工激励，但它在更大程度上是一种管理系统。目标管理有许多优点，它可以提高管理水平，常常迫使管理人员明确组织结构，鼓励员工致力于目标的实现，并有助于有效控制的实施。

目标管理的不足之处在于，管理人员对目标管理的理念阐明不够（目标管理强调自我控制和自我指导），对下属人员指导不够。此外，目标本身也很难确定，因为目标倾向于短期化，还可能会缺乏灵活性，即使实施计划的环境已经发生了变化。人们在寻求目标的可考核性时，可能会过于强调量化目标的制定。

主要概念回顾

计划	规划	可考核性
使命或宗旨	预算	目标管理（MBO）理念的演进
目标或目的	计划步骤	目标管理的系统方法
战略	目标体系	目标管理的优点
政策	关键成果领域	目标管理的缺陷
程序	定量和定性目标	改进目标管理的建议
规则		

讨论题

1. "计划往前看，控制往后看。"你如何评论？
2. 起草一项政策陈述，制定一个简单的、有助于实施这个政策的程序。你肯定你所制定的政策不是一项规则吗？
3. 找一家你认识的组织，确定它的宗旨和使命，即使并非是这家企业正式表述的也没有关系。
4. 就你所知道的企业或其他地方的企业，你认为他们在多大程度上对其目标有清楚的了解？如果他们不清楚，你对他们目标的制定有何建议？

5. 有人对制定长期目标表示异议,因为他们认为不可能知道未来会发生什么。这是一种可取的明智态度吗?为什么?

6. 你是否认为目标管理可以被引入到政府机关里?大学里?宗教团体或妇女会?

7. 你的五个最重要的个人目标是什么?它们是长期的还是短期的?这些目标是否可以考核?

8. 在你的组织里,你的上级期望你在绩效上达到什么水平?是否以书面形式表达了出来?如果你在一张纸上写出你的工作目标,而你的领导也把他对你的期望写出来,二者会一致吗?

9. 在新企业中如何应用目标管理(MBO)?请解释。

10. 哪一个公司在目标管理上做得更好:脸谱网还是谷歌?请解释你的选择。在未来五年中,哪一个公司会更成功?

练习和具体步骤

本章列出了一所大学的总体目标。列出你所在大学的总体目标、学院目标以及各个学系目标,并指出这些目标如何交织在一起形成了一个网络。

互联网检索

1. 用搜索引擎在互联网上检索"目标管理"一词,确定目标管理是如何应用的:作为计划工具?用于管理评估?用来激励员工?与战略计划协同使用?还是用以培训管理人员?

2. 在互联网上查找"预算"这个词,并在班上讨论你的查找结果。

全球化案例

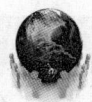

拟订可考核的目标

一位事业部经理最近听了关于目标管理的讲座,当时就激发了他对目标管理的热情。他最后决定,在下一次员工会议上介绍这个概念,并且看看能有什么进展。

他详述了这种方法的理论发展过程,列举了本事业部使用它的好处,要求他的下属人员考虑采用目标管理的建议。

事情并非像人们想象得那么简单。在下一轮会议上,与会者提出了好几个问题。财务经理要求知道:"你是否有公司总裁分派给你的明年分公司的目标?"

事业部经理回答说:"不,我没有。""我一直在等着总裁办公室告诉我,他期望我做什么。但是他们好像对此事无动于衷。"

"那么分公司要做什么呢?"生产经理问道,他希望最好是按兵不动。

"我打算列出我对事业部的期望",这位事业部经理说。"这没有什么可神秘的,我希望销售额达到 3000 万美元,税前利润率达到 8%,投资收益率达到 15%,一项正在进行的项目 6 月 30 日前投产。我以后还会列出一些明确的指标,选拔我们自己未来的管理人员,今年年底前完成我们的 XZ 型产品的开发工作以及员工的流动率稳定在 5%。"

与会人员被他们的上级不仅深思熟虑地提出了这些可考核目标,而且陈述的如此清晰和自信惊得目瞪口呆。同时,他们对他力图实现这些目标的诚意也感到惊讶。

"下个月,我要求你们每个人把这些目标转换成你们自己职能部门的可考核目标。不用说,这些目标对财务、营销、生产、工程和管理部门将是不同的。不管你们如何表述这些目标,我希望增加这些目标有助于事业部目标的实现。"

思考题

1. 在没有得到公司总裁认可目标的情况下,事业部经理能够拟订可考核的目标或目吗?怎样制定?你认为事业部经理希望从公司总部得到哪些重要的信息和帮助?

2. 这位事业部经理设置目标的方法是否最佳?你会怎样做?

注释

1. A recent study found no agreement among executives of the meaning of vision. Seven factors, however, were identified in the structure and content of vision statements. They were "formulation, implementation, innovative realism, general, degree of detail, risk propensity, and profit orientation."

2. https://www.google.com/intl/en/about/ (Accessed September 12, 2012.)

3. https://www.google.com/intl/en/about/company/philosophy/ (accessed September 12, 2012)

4. Case Western University, www.cwru.edu/finadmin/humres/policies/III-2a.html, accessed July 27, 2011.

5. Michael Hammer and James Champy suggest, however, that many of those steps can be combined. See their book Reengineering the Corporation (New York: Harper Business, 1993).

6. Ford S. Worthy, "Mr. Clean Charts a New Course at General Dynamics," Fortune, April 28, 1986, pp. 70–76; General Dynamics, www.gd.com, accessed January 4, 2013.

7. Office of Management and Budget at the White House, www.whitehouse.gov/omb, accessed January 4, 2013.

8. "Second Car Plant from General Motors," http://www.cartradeindia.com/news/second-car-plant-from-general-motors-in-india-110332.html, accessed January 4, 2013; "Volkswagen to Enter Pre-Owned Car Business in India," http://economictimes.indiatimes.com/Volkswagen_to_enter_pre-owned_car_business_in_India/articleshow/3282378.cms, accessed January 4, 2013; "Indian Automobile Industry Gears Up for Eco-friendly vehicles; Hybrid, Electric Cars Attract Attention."

9. Peter F. Drucker, The Practice of Management (New York: Harper & Brothers, 1954), p. 63. For Drucker's contributions to management, see http://drucker.cgu.edu/html/aboutdrucker/index.htm and http://drucker.cgu.edu/html/aboutdrucker/timelineh.htm, which are maintained by the Peter F. Drucker Graduate School of Management (accessed March 30, 2002); Peter F. Drucker, Management (Revised Edition), (New York: Harper Collins Publishers, 2008).

10. Parts of this discussion are based on Heinz Weihrich, Management Excellence: Productivity through MBO (New York: McGraw-Hill, 1985), Chap. 4.

11. Heinz Weihrich, "How to Set Goals that Work for Your Company—and Improve the Bottom Line," www.usfca.edu/fac-staff/weihrichh/docs/goals.pdf, accessed July 27, 1011.
12. Andrew Morse, *The Wall Street Journal*, July 26, 2006.
13. Interview conducted with Bryant Tong of Nth Power on January 9, 2007 by Mark Cannice.
14. See also Heinz Weihrich, "A New Approach to MBO: Updating a Time-honored Technique," www.usfca.edu/fac-staff/weihrichh/docs/newmbo.pdf, accessed November 22, 12.
15. Heinz Weihrich, "A Study of the Integration of Management by Objectives with Key Managerial Activities and the Relationship to Selected Effectiveness Measures," doctoral dissertation, University of California, Los Angeles, 1973; Weihrich, Management Excellence: Productivity through MBO; A. J. Vogl, "Drucker, of Course," Across the Board, November/December, 2000.
16. http://topics.nytimes.com/topics/reference/timestopics/people/z/mark_e_zuckerberg/index.html, accessed September 12, 2012.

5

战略、政策和计划的前提条件

[学习目标]

学完本章后,你应该能够:

1. 解释战略和政策的性质与目的。
2. 说明战略计划工作的程序。
3. 理解 TOWS 矩阵和企业组合矩阵。
4. 阐述主要种类的战略和政策以及战略层次体系。
5. 了解波特的一般性战略。
6. 讨论计划的前提条件和预测。

现在，尽管在复杂程度和规范化的程度上有很大差别，但大多数的企业都在致力于制订战略计划。从概念上来讲，战略计划表面上很简单：分析当前的和预测未来的情况，确定企业的发展方向和提出完成使命的手段。但是，实际上战略计划是一个非常复杂的过程，它需要一种系统方法，去鉴别和分析组织外部的各种因素，并将企业的能力与其相匹配。

计划是在一种不确定的环境下完成的，任何人都无法确定下一周外部和内部的环境将是什么样的，更何况远在几年以后的情况呢。因此，人们对预期的环境只能是假设或预测。有些预测成为其他计划的假设，例如，对国民生产总值的预测将成为销售计划的假设，它依次又成为生产计划的基础。

本章将涉及战略和政策的目的与性质、战略计划过程（确定战略制定的关键因素）、TOWS矩阵（一种把内、外部因素系统地联系起来的工具）、企业组合矩阵（一种资源配置工具）、一些主要的战略和政策、战略层次体系以及一般性战略。由于计划是在不确定的环境下做出的，本章还将讨论有关前提条件和预测。

战略和政策的性质与目的

战略与政策紧密相关，两者都为计划指出方向，都是制订计划的框架，都是执行计划的基础，又都影响着管理工作的各个方面。

> **注解**
> **战略**意指确定企业的使命（或基本宗旨）和企业的长期基本目标，并制订行动方案，配置相应资源以实现这些目标。因此，目标是战略制定过程中的一部分。

战略（源于希腊语"strategos"，意指"通用的"）有各种不同的用法。管理书籍的作者们谈到战略，至少有一点主要不同，有些人既注重最终目的（如使命、宗旨和目的、目标），又注重实现这些目的的手段（如政策和计划）；而另一些人则强调在战略的执行过程中实现目标的手段而不是手段本身。正如第4章中所指出的，**战略**意指确定企业的使命（或基本宗旨）和企业的长期基本目标，并制订行动方案，配置相应资源以实现这些目标。因此，目标是战略制定过程中的一部分。

> **注解**
> **政策**是指导管理人员进行决策的总的陈述或解释。

政策是指导管理人员进行决策的总的陈述或解释，以确保决策局限于一定的范围之内。通常情况下，政策不涉及行动，但是要指导管理人员对他们自己最终制定的决策承担责任。

政策的实质在于自主权，而战略则涉及方向，即为了提高完成既定目标的概率而使用的人力资源和物力资源是否符合企业的发展方向。

第5章 战略、政策和计划的前提条件

全球化视角　致力于全球知名度、以价值和政策取向的韩国三星公司[1]

三星集团是一家大型的韩国混合型企业，主要经营电子产品和金融服务。在过去数年中，许多韩国公司由于进入非相关多元化而陷入困境。在其新的管理方式中，三星试图避免重蹈其他公司的覆辙。于是，在新旧世纪交替之际，三星制定了一项新的政策，旨在成为行业的领先者，以便与诸如日本索尼这样的公司抗衡。

公司是在其价值观和经营理念驱动下发展起来的。公司价值观是这样表述的，"我们致力于通过我们的人员和技术创造出一流的产品和服务，造福于一个更加美好的全球社会。"[2] 三星认识到，在市场竞争中人员和使用最新技术颇为重要，同时，也深知自己在韩国和世界上所应负的社会责任。

公司董事长李相浣为这一新的、视残品为犯罪的管理方法奠定了基础。在日本公司占主导地位激烈竞争的环境中，质量、一流产品以及优质客户服务是成功的关键因素。推出"数字管理"方法，三星试图利用信息时代技术优势带来的机遇。

三星的价值观、经营理念、政策以及成为全球行业领先者的目标吸引了许多韩国大学的学生。这些学生能够成功地帮助三星公司在全球环境中竞争吗？

为了使战略和政策更有效，需要将计划付诸实施，同时，计划要尽可能详细，要把企业经营活动的基本职责都认真考虑在内。战术是行动计划，战略是通过行动计划实施的。所以，战略必须要有行之有效的战术的支持。

战略计划过程

虽然制定战略的具体步骤可能不同，但是至少在概念上能够按照图 5-1 所示的关键因素建立起战略计划的过程。

组织投入

组织的各种投入，包括对组织提出要求的各方投入已经在第 1 章里探讨过了，此处不再进一步阐述。

产业分析

正如本章后面将会深入探讨的，迈克尔·波特建议，企业制定战略时，需要通过分析企业外部环境来评估产业的吸引力，集中点包括产业竞争状况、新的竞争对手进入市场的可能性、产品或服务替代品的可能性、供应商讨价还价的能力以及买方或消费者的回旋余地。

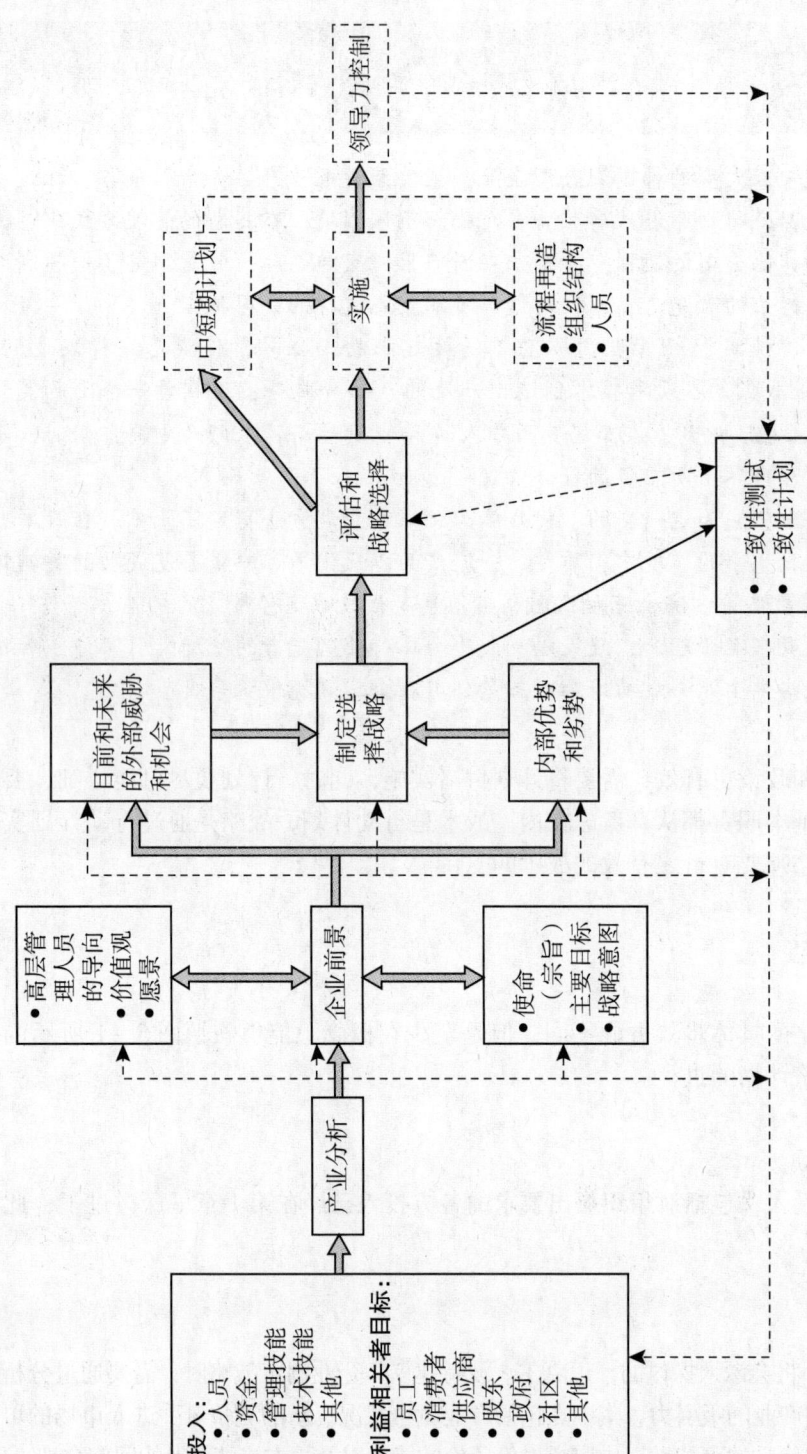

图5-1 战略计划过程模型

资料来源：Adapted and modified from Heinz Weihrich, "The TOWS Matrix: A Tool for Situational Analysis," *Long Range Planning*, Vol.15, no.2 (1982), pp.54–66.

企业状况

企业状况通常是决定公司目前处境和应该向何处发展的起点。因此，上层管理人员决定企业的使命和阐明市场区位导向，如是否在规定的地区经营，还是延伸到整个国内市场，或者在不同国家的市场上经营。此外，管理人员要对企业的竞争地位进行评估。

高层管理人员的导向、价值观和愿景[3]

企业的发展前景是由管理人员，特别是高层管理人员做出的，因此，他们的导向和价值观对制定企业的战略很重要。这些高层管理人员培育组织氛围，并通过他们的愿景确定企业的发展方向。这一愿景回答了"我们要成为一个什么样的企业？"的问题。[4] 因此，一定要对他们的价值观、偏好性以及对待风险的态度进行仔细的研究，因为这些因素对战略的制定有着重要的影响。例如，即使分销酒精的选择看起来很获利，然而，由于公司价值体系谴责酒精饮料，高层管理人员可能会决定反对这样一种战略。

创新视角　苹果公司的创新战略[5]

2012年8月，苹果成为世界历史上最有价值的公司，市值超过6000亿美元。苹果靠什么在市场竞争中获得如此巨大成功？是它的战略制定出色还是战略实施得好？它又是如何获取持续的竞争优势而产生如此高的价值？原因之一（如果不是主要原因的话）是，苹果致力于产品的精心设计和超强的用户界面。苹果的创新能力在很大程度上得益于已故的创始人史蒂夫·乔布斯。他不仅不遗余力地在主营业务板块（如计算机）开发新产品，而且利用这些由此而产生的人性化设计能力进入新的领域，例如音乐播放器（iPod）和数字媒体播放器（iTunes）等音乐设备和交付；智能手机（iPhone）；新型内容消费（iPad）。所有这些里程碑式的新产品的成功，无疑是在充分理解消费者隐性需求基础上，通过创新机制和全力以赴地精心设计的结果，最终导致消费者对这些产品的渴求。

使命（宗旨）、主要目标和战略意图[6]

使命有时也称作宗旨，回答了"我们是什么企业？"的问题。主要目标是企业活动所指向的终点，这些在前面的章节中已经进行了详细的讨论。

战略意图是企业在竞争环境中取胜的一种承诺。加里·哈默尔（Gary Hamel）和C. K. 普拉哈拉德（C. K. Prahalad）教授对成为全球领先者的公司进行了分析，[7] 他们发现，那些公司从上到下有一种志在必得的信念，

> **注解**
> **使命**是一种陈述，回答了"我们是什么企业？"的问题。
>
> **注解**
> **战略意图**是企业在竞争环境中取胜的一种承诺。

> **注解**
> www.caterpillar.com
> www.xerox.com
> www.honda.com
> www.ford.com

不仅体现在高层，而且渗透到整个公司。这种信念被称作战略意图，可以通过以下实例加以说明：小松公司（Komatsu）的战略意图是"包围它的主要竞争对手卡特彼勒"；佳能公司的战略意图是"击败施乐"；本田公司的战略意图是成为汽车制造业的先锋——"第二个福特"。两位作者指出，战略意图需要领导的个人投入和承诺，战略意图的陈述随着时间的推移而稳定，其核心是必胜。

创业视角 与甲骨文公司旗下的 Bharosa 网络身份管理软件公司合伙人乔恩·B·菲希尔的访谈[8]

乔恩·菲希尔（Jon Fisher）是硅谷地区资深创业家，亲手开办了多家高科技企业，其中最近的一家是 Bharosa 网络身份管理软件公司（这是一家专门从事企业安全软件的公司，后于 2007 年被甲骨文公司收购）。菲希尔先生的创业生涯被戏称为"战略创业家主义"，即创办和扶持一家公司，使其尽快具备被行业领先企业收购的条件。在与我们交谈的过程中，他指出，"确定那些你相信通过收购你的企业而获利的公司，当然，你不可能控制对方的举动，但是，理解对方有可能购买以及具体需求，你可以沿着他们的思路，调整你自己公司作为被收购方的策略。当你的公司被这家大企业并购后，别人都认为你是幸运的，却不知这一切都是从最初就计划好的。"菲希尔的"战略创业家主义"是产业分析中战略规划流程的商标方法，即创建一个适合所在产业的企业雏形，分析其战略选择方案，在企业成长的早期做出战略抉择。他的创业成功是与他"审时度势、一切在掌控之中"的战略意图密不可分的。

当前和未来外部环境

要对现在和未来的外部环境所能带来的机遇和威胁做出评价。这种评价侧重在竞争形势以及经济、社会、政治、法律、人口统计和地理区域方面的因素。此外，审视环境时，要注意技术发展、市场的产品和服务以及决定企业竞争形势的其他相关因素。

内部环境[9]

同样的，应该针对企业的内部环境，就其资源及其在研究与开发、生产、经营、采购、营销以及产品和服务等方面的优劣势进行审计和评价。对制定战略具有重要意义的其他内部因素也要进行评价，这些因素包括人力和财务资源、公司的识别度、组织结构和氛围、计划和控制系统以及公司与顾客的关系。

制定备选战略

在分析内部和外部环境的基础上,提出各种可供选择的战略方案。一个组织可能寻求多种不同种类的战略,[10]它可以采用"专门化"或"集中"战略,如同韩国的现代汽车公司生产廉价轿车那样(这与通用汽车公司形成鲜明对照,因为通用汽车公司有一条完整的生产线,其产品范围从低档车到豪华车都有)。在董事长郑梦宪(Chung Mong Koo)的领导下,现代公司推出了颇具竞争价格的"新胜达"(Santa Fe)顶级型越野车,受到市场的青睐。[11]

注解
www.hyundai.com
www.gm.com

作为一种选择方案,企业可以采用"多元化"战略,把业务经营延伸到新的可盈利市场。凯玛特公司(Kmart Corporation)组建了一个特色零售集团,包括华腾图书公司(Walden Book Company)、家居店(Builders Square)、物美价廉店(Designer Depot)和西北低价药店(Pay Less Drug Stores)等。还有一种战略是企业走向国际,把经营业务扩展到其他国家,如同第3章里论述的那样。其他战略种类包括"合资企业"和"战略联盟",这些对某些企业是合适的,[12]尤其是大型项目所需的资金需要由各家企业联手集资才行。这方面通用汽车公司和丰田合资,在加利福尼亚生产小轿车就是很好的例子。[13]

注解
www.kmart.com
www.bordersgroupinc.com(Walden)
www.paylessdrug.com
www.toyota.com
www.nummi.com

在某些情况下,公司可能必须采用一种"清算"战略,终止无利可图的生产线,或者甚至解散这家企业,如储蓄和贷款协会(Savings and Loan Associations)那样,或者宣布破产,例如安然能源公司。但在有些情况下,可能不需要采用清算战略,而实施"收缩"战略可能比较妥当。在这种情况下,公司可以暂时压缩其业务经营。

这里只是列举了几个可能采取的战略,在实际工作中,公司特别是大公司追求的是一种不同战略的组合。

创业视角　**与葡萄酒集团公司董事长阿特·西尔卡的访谈**[14]

葡萄酒集团(the Wine Group)就产量而言是世界上第三大葡萄酒公司,[15]阿特·西尔卡先生是葡萄酒集团的董事长[16]。1981年,西尔卡通过管理层融资收购方式买下了纽约可口可乐公司葡萄酒资产,组建了这家葡萄酒集团。公司推出的"箱装葡萄酒"(Wine in a Box)产品增加了集团的知名度和市场份额,殊不知,这是公司在产业竞争中瓶装葡萄酒价格不敌大型竞争对手时不得已而为之的做法。公司在高品质箱装酒方面的创新使其快速高效率增长,产品不断满足了消费者的需要。在公司发展过程中,西尔卡认真分析了竞争对手的强势以及自己本身的竞争能力,成功地进行了战略选择(例如,20世纪80年代中末期葡萄酒酒柜市场需求)。他的远见卓识和创业管理实践经验,不仅为新兴企业,而且为不同类型的企业所借鉴。

战略评价和选择[17]

在做出选择之前，一定要对各种战略进行认真的评价。选择战略时应该将包括在特殊决策里的风险一起加以考虑。某些有利可图的机会可以不去追求，因为冒险所带来的失败可能会使企业破产。在挑选战略时另外一个关键因素是安排时间。如果在不适合的时候将产品推介到市场，即使是最佳产品也可能失败。还有，对竞争者的反响一定要加以考虑。在苹果计算机公司的"麦今托什"品牌（Macintosh）计算机获得成功后，国际商用机器公司不得不降低其个人电脑的价格，这时其他生产 IBM 兼容机的厂商几乎别无选择，也只好降价。这一情况说明，同一产业里的公司战略是互相联系的。

连续性测试和应急计划

战略计划过程的最后的一个关键问题，就是要检验一致性和准备应急计划。在战略计划过程的所有阶段中，一致性检验都是至关重要的。由于对未来的预测很难做到准确无误，准备应急计划是非常必要的。例如，一项战略可能是基于今后 3 年国民生产总值增长 3% 的预测制定的，同时应该制订一个应急计划，其中包括遇到经济大萧条的可能性。

中期和短期计划、流程再造的实施、人员、领导和控制

虽然不属于战略计划过程的一部分（所以在图 5-1 中用虚线表示战略计划过程），但是，在这个过程的各个阶段都必须考虑中期和短期计划以及计划的实施。战略的实施要求组织的调整，甚至有时要对组织进行流程再造（本书第 3 篇），涉及人员的管理，即按组织结构职位配置人员（第 4 篇）以及通过激励和有效的沟通实施领导（第 5 篇）。要建立控制体系，对绩效按计划进行监测（第 6 篇）。在图 5-1 的模型里，环状线表示反馈的重要性。有关战略实施的细节将在本章后面探讨。

Tows 矩阵：现代环境分析工具

现在，战略设计者们在制定战略时可以借助许多矩阵，这些矩阵反映关键变量的关系。例如，波士顿咨询集团开发了企业组合矩阵，这种矩阵将在以后讨论。多年来，人们一直在使用 TOWS 矩阵来确定企业的优势、薄弱环节、机会和威胁。然而，这种分析是静态的，很少能够在此基础上形成不同的选择战略。所以，人们常常用 TOWS 矩阵分析公司或甚至一个国家所处的竞争环境，这样就形成了四组不同的战略选择。[18]

TOWS矩阵应用的范围很广，所强调的重点不同于企业组合矩阵。但TOWS矩阵并不能代替企业组合矩阵。TOWS矩阵是一种系统分析的概念框架，这种分析有利于把外界的威胁和机会及组织内部的优势和薄弱环节结合起来。

人们常常建议公司了解自己的优势和薄弱环节以及外部环境中的威胁和机会。但是，往往被忽视的是，把这些因素结合起来可能必须要做出清晰的战略选择。为了使这些选择系统化，TOWS矩阵里，用"T"代表威胁，"O"代表机会，"W"代表薄弱环节和"S"代表优势。TOWS矩阵以威胁开始，因为在很多情况下，正是由于看到危机、问题或威胁，公司才制订战略计划。

四种选择战略

图5-2列出了TOWS矩阵四种可供选择的战略*，这些战略基于对外部环境（威胁和机会）和内部环境（薄弱环节和优势）的综合分析。

内部因素 外部因素	内部优势（S） 如管理、运作、财务、市场营销、研究与开发、工程等优势	内部薄弱环节（W） 如同"优势"栏中相对的薄弱因素
外部机会（O） （同样考虑风险）如目前和未来经济状况；政治和社会变革；新产品、服务和技术	SO战略：极大—极大 潜在最成功的战略，充分利用组织内部的优势以及外部的机会	WO战略：极小—极大 如为了利用外部机会，制定发展战略用以克服薄弱环节
外部威胁（T） 如能源短缺、竞争以及与上栏"机会"中相似的因素	ST战略：极大—极小 用内部优势来抵消外部威胁或规避外部威胁	WT战略：极小—极小 如收缩、清算或合资，用以降低薄弱环节和威胁的负面影响

图5-2 战略制定的TOWS矩阵

创新视角　　土星轿车公司到哪里去了？[19]

在被转让之前的19年间，土星轿车公司（Saturn）一直以"异类轿车公司"著称。2009年，通用汽车公司将从其从轿车组合中剥离出局。长期以来，土星轿车公司独立运营，有其自己的生产厂和销售渠道。原先土星轿车单车价格锁定在11000美

---

* 尽管这里强调战略问题，类似的分析也可用在详细的战术或行动步骤上。

> 元以下，然而，这一切在通用公司首席执行官罗杰·史密斯（Roger B. Smith）退休后发生了变化，公司推出了 L 系列宽体车型，却以失败而告终。
>
> 土星公司在 2007 年推出了雷克萨斯风格（Lexus）的奥拉（Aura）系列轿车，售价 29000 美元。但是消费者并不青睐土星品牌，正因如此，以新类型轿车公司问世的土星轿车不得不从通用汽车品牌组合中撤出。无须赘言，改变品牌形象对产品的损害是致命的。

1. WT 战略把薄弱环节和威胁减到最低，可以称作"极小—极小"（代表"最低—最低"）战略，举例来说，这可能意味着需要公司组建合资企业、收缩或者甚至清算。

2. WO 战略力图使薄弱环节降到最低，同时使机会增加到最大。这样，在某些方面存在薄弱环节的企业，或通过企业自身解决这些环节，或者从外界获得那些所需要的能力（如技术或具有所需要的技能的人员），以便使公司能利用外部环境存在的机会。

3. ST 战略是根据组织的优势，去对付环境中的威胁，目的是将组织优势扩大到最大限度，把威胁减小到最低限度。这样，一家公司可能利用技术、财务、管理或营销的优势，来解决竞争对手新产品所带来的威胁。

4. SO 战略是最理想的局面，即扬长避短，抓住外部机会，同时利用公司内部优势。的确，企业的目的是从矩阵的其他方位转移到 SO 战略项下。如果公司存在薄弱环节，就要努力去克服，将其转变为优势。如果它们面临威胁，就要泰然处之，以便能够将精力集中在机会上。

时间维度和 TOWS 矩阵

到目前为止，TOWS 矩阵对相关因素的分析均属于一个具体时间点的概念。但是，企业外部和内部环境是动态的：有些因素随时间变化，而其他的因素则可能没有什么变化。因而，战略设计者必须准备几个不同时间点的 TOWS 矩阵，如图 5-3 所示。这样，人们可以从过去的 TOWS 矩阵分析开始；接着分析当前情况；然后，也许最重要的集中在将来不同时期（T_1、T_2 等）的分析上。

TOWS 并购矩阵在企业并购、合资和战略联盟中的应用

世界各地的公司现在都在使用 TOWS 矩阵，同时，TOWS 矩阵方法也出现在了多本现代战略管理教材之中。[20] 近年来，TOWS 矩阵理念已经用于企业并购、收购、合资以及联盟计划中。[21] 任何时候两个合伙人考虑共同行动时，都应该对各自的优势和薄弱环节以及机会和威胁进行分析。此外，他们还应该考虑备选战略，因为这两个 TOWS 矩阵有助于他们更好地理解实际联合前各自的情况。例如，在优势和薄弱环节方面形成的互补效应会提高两个公司的竞争优势。另外，重复和重叠会造成努力的效果大打折扣。经过这

两个矩阵的分析,应该推出第三个矩阵,即共同合伙矩阵,这在收购和并购对方时尤为重要,因为这两者带来的是长期性的实体。准备这三种矩阵可以在推出战略联盟这种较为松散的合伙关系过程中发现一些潜在的问题。有关 TOWS 并购矩阵的内容,将在第 2 篇结束语部分的戴姆勒—克莱斯勒公司合并案例中另行探讨。

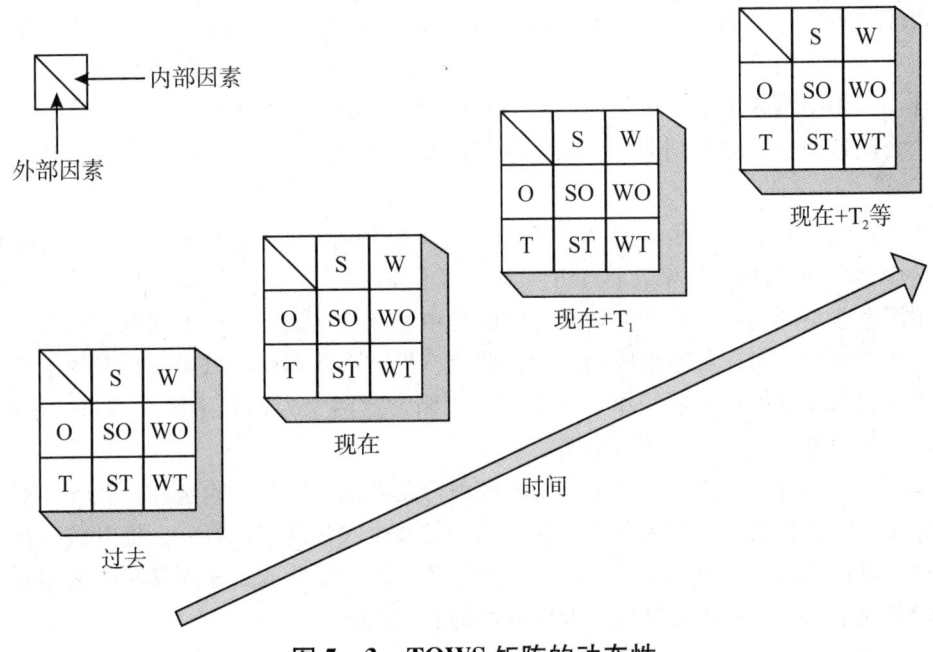

图 5-3 TOWS 矩阵的动态性

蓝海战略:抓住无竞争市场的机会[22]

在前面 TOWS 矩阵的讨论中曾经提到,公司可以通过抓住外部机遇和应对挑战来扬长避短,发挥内部优势和克服薄弱环节。最有潜力的成功战略应该是抓住外部机遇和发挥企业自身优势的结合。

在前不久发行的《蓝海战略:如何形成尚未竞争市场空间而使竞争失去意义》一书中,W. 钱·金(W. Chan Kim)和勒妮·莫博涅(Rene Mauborgne)两位作者特别建议,与其在现有产业(或"红海")中你死我活,倒不如抓住那些尚无对抗的"蓝海"。这里不妨用汽车产业的"血腥"竞争来说明一下红海,例如,汽车制造厂商为了把持低成本结构而残酷挤压竞争对手。相比之下,蓝海战略可以用电子商务 eBay 公司的在线拍卖业务加以佐证,这个市场没有任何竞争对手。下面让我们进一步探讨红海与蓝海战略之间的差异。

在红海的情境下,传统的竞争战略是在现有的市场打击竞争对手,要强于竞争对手。哈佛商学院的迈克尔·波特教授建议，公司必须进行战略选择，即采用给消费者提供其宁愿溢价支付的特色产品的差异化战略，还是像沃尔玛那样坚持低成本结构，这个问题后面将加以讨论。

相比之下，蓝海战略集中于无对抗的市场，在那里提供特色的产品或服务。正如《蓝海战略》一书副标题所言，由于没有竞争对手而使竞争失去了意义。蓝海战略避开现有市场的竞争，试图形成和开发新的产品或服务，引发新的需求。同时，那些成功的公司将更多地采用差异化和低成本战略，如同丰田汽车公司推出的低价位豪华雷克萨斯车那样。丰田给顾客带来了价值，而**价值创新**远远超出了创新本身的意义。这种战略要求整个公司致力于为顾客创造价值的承诺和执著，推出具有独特性而成本和价格相对低的产品。[17]

为了进入蓝海避开竞争，金和莫博涅探讨了一种称为"**战略画布**"（Strategic Canvas）的诊断工具和行动框架。这个工具确定了公司竞争产业中的相关重要因素，而这些因素因产业不同而异。例如，航空业的因素中可能包括票价、机上膳食、服务友善程度等。西南航空公司在美国很成功，它在票价、机上膳食和枢纽机场转机三项上评分很低，但在服务友善度和航班频率上评分很高，因为这两个方面几乎没有竞争，很显然，西南航空公司推行的是一种蓝海战略。

那些拟采用蓝海战略的公司应该考虑四种行动方案。第一，确定和消除那些对顾客无关紧要的因素；第二，如果不能消除，应考虑减少这些因素；第三，提升或增加那些独特性因素；第四，形成顾客需要而竞争对手忽略的、新的或新颖而又独特的因素。这些恰恰是西南航空公司以及其他企业所采用的蓝海战略。

如何将蓝海战略应用到图5-2演示的TOWS矩阵上？传统的红海战略类似于ST战略（优势+威胁），公司可以以其优势应对竞争带来的威胁。红海战略下的过激竞争常常是红海一片。相反，蓝海战略相似于SO战略（优势+机遇），公司利用其自身优势抓住外部机遇。诚然，TOWS矩阵分析充分考虑了机遇，而金和莫博涅则关注了那些被竞争对手忽略的特别机会。

还有一种蓝海战略选择，即WO战略（薄弱环节+机遇），公司认识到自身的薄弱环节并找到了解决的方法，寻求特别的机会来克服其薄弱环节。常常是，弱势公司士气低落，更能受到激励寻求竞争对手顾及不到的机会，这恰恰是在采用蓝海战略。

总而言之，采用蓝海战略的公司可以借助图5-2中演示的SO和SW两个选择矩阵。虽然有时不可避免地会遇到ST战略选择，然而还是建议企业最好在使用前力图策划蓝海战略，以避免由于被迫选择ST战略而带来的血腥竞争局面。

创新视角　　链车（Zipcar）轿车租赁公司[23]

链车（Zipcar）轿车租赁公司是运用蓝海战略的一个典范。该公司设在马萨诸塞州的剑桥市，在美国运用独特的经营理念，利用无线技术，聚焦城市中那些颇具战略性但竞争乏力的市场。公司推出了一个简单的轿车预定系统，消费者可以在网上订车。无线连接记录定车和使用时间。链车轿车租赁公司面临美国市场上"共享轿车"（CarShare）类公司的竞争，如大型的赫氏（Hertz）汽车租赁公司和企业（Enterprise）汽车租赁公司。此外，圣路易斯的"我们轿车"（WeCar）和芝加哥的"我走"（I-GO）轿车租赁公司也在运用轿车共享的理念，其他国家的公司也在模仿。毫无疑问，这是一个竞争的市场。对于链车（Zipcar）轿车租赁公司来说，所谓尚未开发的市场，恐怕是那些没有推出类似服务的城市。它可以运用共享理念，在那些城市与其他提供游艇共享或轿车共享服务的公司合伙经营。

组合矩阵：资源配置工具

企业组合矩阵是由波士顿咨询集团（BCG）开发出来的。[24]图5-4展示了这个矩阵的简化形式，表明企业的增长率和以市场份额为代表的公司相对竞争地位之间的关系。处在"问题"（question marks）象限里的企业，具有市场份额小、增长率高的特征，通常需要企业加大现金投入，以便使它们能够成为"明星"（stars）企业，即处在增长率高、竞争地位强象限内的企业。这些类型的企业有着增长和盈利的机会。"金牛"（cash cows）象限的特点是竞争地位强，但增长率低，意指通常情况下企业的市场地位牢固，能够生产低成本的产品。所以，这种企业的产品能提供其经营业务所需的现金。"瘦狗"（dogs）象限指那些增长率低、市场份额小的企业。这些企业通常已不盈利，应该及时处理掉。

注解
www.bcg.com

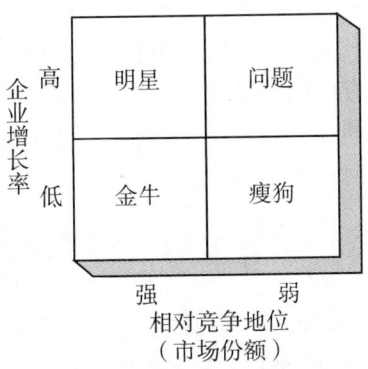

图5-4　企业组合矩阵

资料来源：Adapted from *The Product Portfolio Matrix*, copyright© 1970, the Boston Consulting Group, Inc.

企业组合矩阵是为大型公司开发的,这些公司通常是建立在战略业务单位(SBU)基础上的(将在本书第8章中探讨)。虽然企业组合矩阵在20世纪70年代颇为流行,但批评者大有人在,意见是这种方法过于简单化。此外,就产业吸引力的评估而言,用增长率作为标准一直被认为是欠妥的;同样,用市场份额作为估计企业竞争地位的尺度可能也是不适当的。

主要战略和政策类型

对企业来说(当然,稍做些调整也可用于其他类型的组织),指导全方位经营的主要战略和政策往往用于以下方面:如增长、财务、组织、人员、公共关系、产品或服务以及市场营销。我们在这里将探讨最后两个方面。

产品或服务

企业存在的目的就是为了提供产品或服务。从非常实际的角度看,利润只是衡量公司为顾客服务好坏的一个尺度,当然是重要的尺度。新产品或服务,比其他任何单个因素更能决定企业现在或将来是什么样的。

这方面的一些关键性问题归纳如下:

- 我们是什么企业?
- 谁是我们的顾客?
- 我们的顾客需要些什么?
- 我们的顾客将按什么价格来购买多少产品?
- 我们希望在产品上处于领先地位吗?
- 我们的竞争优势是什么?
- 我们是不是希望开发自己的新产品?
- 我们在为顾客需要服务时有什么优势?
- 我们应该如何应对现有的和潜在的竞争?
- 我们在满足顾客需求方面能够做到什么程度?
- 我们希望能得到多少利润?
- 我们的战略应该采取何种基本形式?

全球化视角 塔塔(集团)公司的总体战略[25]

塔塔(集团)公司是印度最大的企业联合体,有三大业务板块,即塔塔钢铁、塔塔汽车和塔塔咨询服务。集团大量投资于轿车、钢铁、发电、化工以及其他领域。为了形成强有力的聚焦战略,塔塔集团出售了旗下的化妆品、油漆和水泥子公司,进入了零售、生物技术、电信和其他新产业。

　　塔塔（集团）公司面临多方面的挑战。首先，在进入许多不同市场和产业的情况下，如何制定更能体现凝聚力的愿景。的确，制定一个涉及40多个不同产业、拥有100家母公司以及300家下属子公司的集团战略是一个巨大的挑战。第二，如何消化陷入困境的Corus钢铁制造企业。随着能源需求日益增长，塔塔（集团）公司未来将专注低成本的光伏项目。其他面对未来的挑战包括哪些子公司需要分立出去，哪些需要重点扶持。此外，如果经济增长减速会发生什么问题？更有甚者，恐怕最严峻的挑战是，如果塔塔集团精力过人、传奇般的塔塔（集团）公司董事长拉丹·塔塔（Ratan Tata）先生退休会出现什么状况？

市场营销

　　市场营销战略的目的是要指导管理人员，把产品和服务推向顾客，同时鼓励他们来购买。市场营销战略和产品战略紧密相连，它们相互关联和相互支持。事实上，彼得·德鲁克把这两种企业职能看做是创新（如创造新产品或提供新服务）和市场营销。两者缺一不可，否则，任何一家企业几乎都是无法生存的。

　　下面这些关键问题可以作为企业制定市场营销战略的指南：

- 我们的顾客在何处？为什么他们要购买？
- 我们的顾客用什么方式、方法来购买？
- 怎样才是最佳的销售方法？
- 我们能提供竞争者没有提供的产品和服务吗？
- 我们是否想采取合法的步骤去挫败竞争者？
- 我们需要，或者能提供支援性服务吗？
- 我们经营业务的最佳定价战略和政策是什么？
- 我们如何才能更好地服务顾客？

创业视角　易趣网（eBay）收购Skype互联网电话公司错了吗？[26]

　　鉴于Skype互联网电话公司收购案涉及的巨额资金，人们在怀疑，当初非常成功的易趣网（eBay）首席执行官梅格·惠特曼可能犯了一个错误。在2005年，Skype互联网电话是一个崭新的概念。但是，令人大失所望的是，截至2007年和2008年，Skype互联网电话公司未能成功，与易趣网的主要业务的整合出了问题。当然，更重要的是，谷歌公司进入这个市场使人们在网上更容易找到买主。此外，谷歌在网上提供在线支付和电话服务，与易趣网和PayPal支付网构成了竞争。

公司战略层次

在那些大型、多元化的公司里，战略会呈现为一个层次体系，在塔尖上的是"母公司战略"。在这个层面上，多元化公司的高层管理人员制定总体战略，要对进入哪些产业进行竞争做出决策。此时，常常需要选择一个适当的企业组合，以便在这些企业之间形成合力。

层次体系的第二个层面是"子公司战略"，通常是由子公司的总经理来制定，经审议后由首席执行官来决定取舍。子公司战略的目的是在某个产品线领域获得竞争优势。

层次体系的第三个层面是"职能部战略"（或政策），这些战略是为部门或其他组织机构设计的，如财务部、生产部、市场营销部、服务部和人力资源部，其目的是支持子公司和母公司战略。

波特的产业分析和基本竞争战略[27]

迈克尔·波特教授提出，战略的制定需要对产业吸引力和公司在该产业中的地位进行分析。这一分析是制定一般性战略的基础。

产业分析[28]

在产业的分析方面，波特提出了五种作用力：（1）公司间的竞争；（2）新公司进入市场所带来的威胁；（3）使用替代产品或提供替代服务的可能性；（4）供应商的讨价还价能力；（5）买方或客户的议价能力。在产业分析的基础上，公司可以制定一般性战略。这些战略之所以一般，是因为它们可以适合于更广义的各类不同组织。但是，任何一家企业都有可能使用不止一种战略。

总成本领先战略

这种战略的方法目的在于降低成本，而且在很大程度上是基于经验而制定的。因此，重点可能会更加关注诸如研究与开发、经营、销售和服务等方面的费用。这样做的目的是为了在成本结构上低于竞争对手，这种战略往往需要企业占有相对的市场份额和低成本经营，如在市场上大量销售的象牙品牌低成本香皂。

差异化战略

采用差异化战略的公司试图提供产业内独一无二的产品和服务。保时捷（Porsche）

跑车的确有特色，而以快速提供服务和零部件闻名的卡特彼勒公司（Caterpillar）更是如此。在大众消费品市场上，黛尔（Dial）香皂因使用除臭剂而与其他品牌不同。

集中战略

采用集中战略的公司，把目标集中在特殊的顾客群上，集中在某一特定的产品系列，集中在某一特定的地理区域，或者集中在企业专注的其他方面。一家企业可能强调某一细分市场，而不是针对整个市场的产品和服务，实施方式可以通过低成本战略、差异化战略或两者兼而有之。波特用拉昆塔酒店（La Quinta Inns）的例子来阐述集中低成本战略。这家餐馆开在美国的某个地区，深受经常外出的商务人士，如推销员的欢迎。集中差异化战略可以用科雷研究公司（Cray Research Inc.）的例子来说明，这家公司专营功能强大的、先进的超级计算机。这种差异化使科雷研究公司有很大的溢价空间。

总的来说，波特认为，公司需要制定一般性战略，而不应"陷入中间状态"。这样的公司需要决定，在大众或细分市场上是采用低成本战略，还是推出差异化（即特色）的产品或服务。

前提条件和预测

在制订有效和协调的计划过程中，人们往往忽略一个关键的步骤，即前提条件。前提条件是管理人员和计划制订人员共同认可的、对审议中的计划提出的关键性和一致性的假设。**计划前提条件**定义为未来计划实施的预期环境，包括会影响计划实施的将来和已知条件的假设和预测。[29] 例如，现行政策和现有的公司计划，决定了支持性计划的基本性质。

> **注解**
> **计划前提条件**系指为未来计划实施的预期环境。

应该区分两种不同的预测，一种是计划前提条件的预测，另一种是把预测转变为未来预期，通常用财务数据来表示。例如，决定未来经营条件、销售额或者政治环境的预测，提供了制订计划的前提条件。但是，来自一项新的资本投资的成本或收入的预测，是要把计划方案转变成未来的预期。在第一种情况下，预测是计划的先决条件；在第二种情况下，预测是计划的结果。

与此同时，计划本身和其将来结果的预测，往往成为其他计划的前提条件。例如，一家电力公司建设一个核能发电站的决策，为制订输电线路计划和其他取决于在建发电站的计划提供了前提条件。

> **创新视角** 日产汽车公司的尼桑叶品牌轿车：首次大规模生产的电动汽车战略[30]
>
> 注解
> http://www.nissanusa.com/
>
> 当卡洛斯·戈恩应邀给出一个 30 秒的电动汽车推销片段时，他说："这是目前市场上仅有的零排放轿车。其他电动车使用汽油，而这个车不用一滴油。驾驶这个车是一种乐趣，但是我无法形容它。只有一种办法你能感受到，那就是亲手试一下。这种车没有震动，没有气味，没有噪音。这就是未来——其他任何事情都会过时，就像用鸽子传递信息一样。"[31]
>
> 出生在巴西的首席执行官戈恩认为，未来 10 年中电动车会占到 10% 的市场份额，尽管不少研究人员的建议是市场份额要低得多。电动车的主要目标是年轻人和妇女。基于未来高油价、电池技术进步以及亚洲日益增长的尾气排放问题的预测，日产汽车公司自 2006 年以来一直在朝着电动车方向发展。
>
> 但是戈恩也是一个怀疑论者。骨子里渗透着变革基因的卡洛斯·戈恩甚至不得不说服他的 35 万员工，让他们相信备战未来的重要性。尼桑叶品牌轿车是专门为印度、中国、俄罗斯和巴西这些新兴市场准备的，这些国家日益增长的经济意味着碳排放汽车也会同时发展，这样一来电动车有助于解决排放问题。然而，戈恩也准备在日本、北美和欧洲推出尼桑叶品牌轿车。戈恩对未来和电动车需求的预测是否可行，只有等待市场来检验了。

环境预测

如果人们对未来能够做出准确的预测，计划工作将是相对简单的，管理人员只需要考虑人力和物力资源，审视机会和威胁，计算实现目标的最佳方法，并相当有把握地去实施目标。然而事实上，环境预测要复杂得多。

预测价值和范围

预测除了它的用途外还具有价值。首先，管理人员要预测和对预测进行审核，迫使人们往前看，展望未来并为此做准备；其次，预测工作可能暴露出缺乏必要的控制环节；最后，预测，特别是在整个组织都参加的情况下，有助于计划的统一和协调。通过把注意力放在将来，有助于在制订计划时形成统一的宗旨。

进行预测通常要选择的环境范围包括经济、社会、政治和法律以及技术环境。

德尔菲预测方法

注解
www.rand.orm

为了使技术预测更为准确和更有意义，有必要使用德尔菲方法。德尔菲方法是由兰德公司的奥拉夫·赫尔墨（Olaf Helmer）与他的同事们发明的，得到了科学界的高度赞同和认可。德尔菲方法的使用过程如下：

1. 通常在组织内、外部,挑选某一特殊问题领域的专家成立一个小组。
2. 要求专家就各种新发现或新开发领域,他们认为将发生什么情况以及何时发生等问题做出预测(采用无记名方式,以便他们不受其他人的影响)。
3. 把回答内容汇集起来,再把这些综合结果反馈给小组成员。
4. 用反馈回来的手头材料(但仍采用个人无记名),对未来做出进一步估计。
5. 这一过程可以重复数次。
6. 在意见交流开始形成一致的看法时,这个结果成为可以接受的预测。

需要指出的是,反复提出来的意见和反馈的目的,不是迫使这些专家折中看法,而是通过更多信息的投入,使意见更有见识,更能反映全面情况。这样一来,人们希望,经验也证实了这一希望,在获得更多信息的基础上,专家之间会达成一致的意见。

本章小结

战略有多种定义。较为全面的定义是确定企业的使命或宗旨以及企业的长期目标,制订行动方案,配置必要的资源来实现这些目标。政策是对管理人员制定决策时给予指导的一般性陈述或说明。战略和政策两者都指导计划,为计划提供一个框架,并作为制定战术和其他管理活动的基础。

战略计划模型表明这一过程是如何进行的并列举出过程中的关键因素,指明其相互关系。TOWS 矩阵是用来分析外部环境中的威胁和机会与组织内部的薄弱环节和优势之间关系的现代工具。需要开发三组 TOWS 矩阵用于企业的并购、收购、合资和联盟战略。企业组合矩阵是用来配置资源,把业务增长率同公司的相对竞争地位(用市场份额来衡量)联系起来的工具。

蓝海战略集中在那些竞争不强的市场空间,相比之下,红海战略将竞争对手卷入你死我活的鏖战之中。

需要制定战略和政策的方面包括企业的增长、财务、组织、人员、公共关系、产品或服务以及营销等。战略形成了一个层次体系,包括母公司战略、子公司战略和职能部战略。波特提出了总成本领先、差异化和集中三种一般性竞争战略。

计划的前提条件是预测环境,其中包括对未来和已知条件的假设或预测。近年来,环境预测越发重要,德尔菲方法是由兰德公司开发出来的一种预测方法。

主要概念回顾

战略　　　　　　　　　　TOWS 并购矩阵　　　　　　　波特的一般性战略
政策　　　　　　　　　　波士顿咨询公司的组合矩阵　　计划前提条件
战术　　　　　　　　　　主要类型的战略　　　　　　　环境预测
战略计划过程中的关键因素　战略层次体系　　　　　　　　德尔菲方法
韦里克的 TOWS 矩阵

讨论题

1. 如何区别战略和政策？
2. 战略和政策对非经营性企业（如工会、政府部门、医院或城市消防部门）和对企业一样重要吗？为什么？怎样重要？
3. 为什么应急计划是重要的？
4. 挑选你熟悉的一家企业，找出其优势和薄弱环节。它外部环境中的特殊机会和威胁是什么？
5. 你如何从组织的角度评价你的学院和你的大学？该校是经营何种"业务"的？
6. 怎样才能有效地实施战略？
7. 根据你的判断，本田汽车公司为了预测今后两年的汽车销售量，需要哪些主要的前提条件？

练习和具体步骤

1. 阅读《财富》或《商业周刊》上刊登的两篇有关战略的文章。列出这家公司的优势和薄弱环节以及其外部的机会和威胁。
2. 根据你面临的决策方面的主要问题，概括地说明那些关键计划的前提条件。在这些前提条件里，多少属于知识性的？多少属于预测性的？多少属于定性问题以及多少是定量问题？有多少是你能控制的？
3. 在课上与另一位同学下一盘国际象棋。结束后回顾一下在下棋过程中涉及了哪些战略环节？如何将国际象棋战略用于企业管理之中？

互联网检索

1. TOWS矩阵是用来制定组织所需的选择战略，分析国家的竞争优势以及制定个人职业生涯战略。在互联网上查询"TOWS矩阵"，并确定它的应用情况。
2. 在互联网上查找"战略意图"这个词，并就4个不同组织的意图进行比较。
3. 在互联网上查找"未来竞争"这个词，并找到对哈默尔和普拉哈拉德所撰写的书籍的评论。

创新案例

2500美元的塔塔Nano轿车：是一场革命，还是失败？[32]

2500美元的塔塔轿车在2008年新德里汽车展销会上推出时，引起了世界性的轰动。人们预计，每加仑行驶50英里的油耗会改变印度人民旅游的习惯，有着人民轿车之称的塔塔轿车不仅会改变印度的汽车工业，而且会影响其他许多国家。3米多一点的塔塔车看上去很时髦和舒适，有不同的颜色和款式。节油型的小型引擎产生33匹马力（后来又增加了一些）的动力。人民轿车不仅是环境友好型，而且还满足印度安全标准要求。

然而，自从塔塔 Nano 轿车问世以来，成本在日益上升。成本中的大户原材料也在上涨。此外，工厂开工率不足。加尔各答工厂附近的人民抗议政府征用他们的土地却没有给予他们适当的补偿。4 万余名抗议者集聚在距离加尔各答大约 25 英里的辛古尔，抱怨政府当局与企业家为了建厂从农民手中抢走了 1000 亩土地。[33] 在 2008 年，公司决定在比较友好的古吉拉特邦[34]重新建厂，这对塔塔公司来说是一笔很大的成本。

20 世纪 80 年代中期塔塔 Nano 轿车问世之时正值塔塔汽车公司收益下跌之际，公司股票价格受挫，部分原因是公司刚刚从福特公司收购了捷豹和路虎两个品牌。尽管为了保持价格不得不做出一些让步，公司首席执行官拉丹·塔塔仍然热衷于这个低成本轿车项目。

数年之后，人们清楚地看到，塔塔 Nano 轿车没有达到预期的结果。轿车并没有按时推出，有时工厂开工率不足，而价格不得不上调。有关 Nano 轿车失火的报道也在一定程度上诋毁了轿车的形象。人们在反思，如果不对外宣称 Nano 轿车是革命性轿车，而是小批量生产推放到市场，获取消费者的反馈进而做一些适当的改进，岂不是更好吗？当然，一些人不愿意购买一辆被促销为"廉价"的车，他们更想买一辆便宜而又不背负廉价形象的车。

塔塔公司推出大众化廉价轿车的方式实属创新，但这种创新风险很大。未来市场会给出答案，Nano 轿车最终是否能够成功。

思考题

1. Nano 轿车能满足你的需要吗？你考虑购买 Nano 轿车吗？为什么买或为什么不买？
2. 你为什么喜欢车？
3. 你为什么不喜欢车？
4. 在哪些国家人们有兴趣购买 Nano 轿车？
5. 你认为 Nano 轿车未来会成功吗？为什么会或为什么不会？

注释

1. Moon Ihlwan and Gerry Khermouch, "Samsung: No Longer Unsung," Business Week, August 6, 2001. See also www.samsung.com, accessed July 27, 2011.
2. Samsung, www.samsung.com, accessed July 27. 2011.
3. For a discussion of vision, see James C. Collins and Jerry Porras, "Building Your Company's Vision," in Arthur A. Thompson, Jr., and A. J. Strickland III (eds.), Crafting and Executing Strategy, 12th ed. (Burr Ridge, IL: McGraw-Hill, 2001), pp. 442-56.
4. Fred R. David, "Vision versus Mission," in Strategic Management, 8th ed. (Upper Saddle River, NJ: Prentice Hall, 2001), p. 56.
5. CNN Tech News http://www.cnn.com/2012/11/12/tech/innovation/apple-innovative-company/index.html (accessed November 14, 2012).
6. Gary Hamel and C. K. Prahalad, "Strategic Intent", in Arthur A. Thompson, Jr., A. J. Strickland III, and Tracy Robertson Kramer (eds.), Readings in Strategic Management, 5th ed. (Chicago: Irwin, 1995), pp. 56-76; Hamel and Prahalad, Competing for the Future (Boston: Harvard Business School Press, 1994), pp. 141-49; Hamel, Leading the Revolution (Boston: Harvard Business School Press,

2000); Hamel, "Inside the Revolution: Take It Higher", Fortune, February 5, 2001, pp. 169 – 70.

7. The article by Hamel and Prahalad was originally published in the Harvard Business Review (May – June 1989) and was reprinted with certain deletions in Henry Mintzberg and James Brian Quinn, The Strategy Process: Concepts and Cases (Upper Saddle River, NJ: Prentice Hall, 1996), pp. 41 – 45.

8. Email interview conducted with Mr. Jon B. Fisher, Co – founder, Bharosa, by Mark Cannice on August 6 – 7, 2009.

9. Howard Thomas, Timothy Pollock, and Philip Gorman, "Global Strategic Analyses: Frameworks and Approaches", Academy of Management Executive, February 1999, pp. 70 – 82.

10. For a detailed discussion of various types of strategies, see Fred R. David, Strategic Management, 8th ed. (Upper Saddle River, NJ: Prentice Hall, 2001), Chap. 5.

11. Brian Bremner, "Hyundai Gets Hot", Business Week, December 17, 2001, pp. 84 – 86.

12. For a discussion of strategic alliances, see Manuel G. Serapio, Jr., and Wayne F. Cascio, "End – Games in International Alliances", Academy of Management Executive, February 1996, pp. 62 – 73; Gabor Garai, "Leveraging the Rewards of Strategic Alliances", in Arthur A. Thompson, Jr., and A. J. Strickland III (eds.), Crafting and Executing Strategy, 12th ed. (Burr Ridge, IL: McGraw – Hill, 2001), pp. 601 – 6; Andrew C. Inkpen, "Learning and Knowledge Acquisition through International Strategic Alliances", Academy of Management Executive, November, 1998, pp. 69 – 80.

13. New United Motor Manufacturing, Inc., www.nummi.com, accessed January 5, 2013.

14. Interview conducted with Art Ciocca, Chairman of The Wine Group on January 11, 2007 by Mark Cannice.

15. The Wine Group, http://en.wikipedia.org/wiki/The_Wine_Group accessed January 5, 2013.

16. Listen to Art Ciocca in podcast format at: http://www.usfmbapodcast.com/archive.htm#Ciocca, accessed January 5, 2013.

17. See also Gary Hamel, "Strategy as Revolution", Harvard Business Review, July – August 1996, pp. 69 – 82.

18. This discussion and the accompanying figures have been adapted from Heinz Weihrich, "The TOWS Matrix: A Tool for Situational Analysis", Long Range Planning, vol. 15, no. 2 (1982), pp. 54 – 66; Weihrich, "Analyzing the Competitive Advantages and Disadvantages of Germany with the TOWS Matrix: An Alternative to Porter's Model", European Business Review, vol. 99, no. 1 (1999), pp. 9 – 22. See also http://www.usfca.edu/fac – staff/weihrichh/docs/germany.pdf, accessed January 5, 2013.

19. David Welch, "Lessons From Saturn's Fall", Business Week, March 2, 2009, p. 25.

20. Fred R. David, "Vision versus Mission", in Strategic Management, 8th ed. (Upper Saddle River, NJ: Prentice Hall, 2001), Chap. 6; J. David Hunger and Thomas L. Wheelen, Essentials of Strategic Management (Upper Saddle River, NJ: Prentice Hall, 2001), Chap. 5.

21. The TOWS Merger Matrix was presented at the Eastern Academy of Management Conference in San Jose, Costa Rica, June 17 – 21, 2001, and was illustrated by the Daimler – Chrysler merger.

22. W. Chan Kim and Renee Mauborgne, Blue Ocean Strategy – How to Create Uncontested Market Space and Make the Competition Irrelevant, Boston, Harvard Business School Press, 2005; Robert D. Hof and Mi-

chael Arndt,"How to Hit a Moving Target",Business Week Online, August 21, 2006; "Blue Ocean Strategy", http：//knowledge. insead. edu, accessed November 8, 2008.

23. Adam Aston, "Growth Galore, But Profits Are Zip", Business Week, September 8, 2008.
24. Bruce D. Henderson, The Experience Curve Revisited (Boston：Boston Consulting Group, undated); Barry Hedly, "Strategy and the 'Business Portfolio'", Long Range Planning, February 1977, pp. 9 – 15; Bruce D. Henderson, "The Application and Misapplication of the Experience Curve", Journal of Business Strategy, Winter 1984; Boston Consulting Group, www. bcg. com, accessed November 9, 2008.
25. Pete Engardio, "The Last Rajah", Business Week, August 13, 2007; "What's next for Tata Group：An interview with its chairman", http：//www. mckinseyquarterly. com/Strategy/Whats_next_for_Tata_Group_An_interview_with_its_chairman_1688_abstract, accessed January 5, 2013.
26. "Meg Whitman's Career at eBay Suffers An Impairment Write – Down", Business Week, October 6, 2007, p. 80.
27. Michael E. Porter, "How Competitive Forces Shape Strategy", Harvard Business Review, March – April 1979, pp. 137 – 45. See also his Competitive Strategy (New York：Free Press, 1980); Competitive Advantage (New York：Free Press, 1985); The Competitive Advantage of Nations (New York：Free Press, 1990); "The Competitive Advantage of the Inner City", Harvard Business Review, May – June 1995, pp. 55 – 71; "Strategy and the Internet", Harvard Business Review, March 2001, p. 63ff; Michael Porter and Nicolaj Siggelkow, "Contextuality Within Activity Systems and Sustainability of Competitive Advantage", The Academy of Management Perspectives, May 2008, pp. 34 – 56. See also Carolin Decker and Thomas Mellewigt, "Thirty Years After Michael E. Porter：What Do We Know About Business Exit?" The Academy of Management Perspective, May 2007, pp. 41 – 55.
28. Fred Nickols, "Industry Analysis ala Michael Porter：Five Forces Affecting Competitive Strategy", 2000, http：//home. att. net/ ~ nickols/five_forces. htm, accessed November 9, 2008.
29. For insights about the future, see special report by Peter Drucker, "The Next Society：A Survey of the Near Future", The Economist, November 3, 2001, Insert pp. 3 – 20.
30. Nissan Leaf, http：//www. nissanusa. com/leaf – electric – car/index#/leaf – electric – car/index, accessed 3 – 1 – 12; Carlos Ghosn, http：//en. wikipedia. org/wiki/Carlos_Ghosn, accessed March 28, 2012.
31. Nissan – For Creating the Leaf, the first mass – market all – electric car, http：//bx. businessweek. com/apple/view? url = http% 3A% 2F% 2Fwww. fastcompany. com% 2Fmost – innovative – companies% 2F2011% 2F, accessed March 1, 2012.
32. Ian Rowley and Mehul Srivastava, "Tata's Nano Hits a Speed Bump", Business Week, August 11, 2008, p. 30; "Tata Nano Car", http：//www. infibeam. com/static/tata – nano. html, accessed August 8, 2012; see also Tata's website http：//tatanano. inservices. tatamotors. com/tatamotors, accessed August 8, 2012; Ian Rowley and Moon Ihlwan, "In India, Farmers vs. Factories", Business Week, September 8, 2008, p. 30. TATA Motors, http：//cars. tatamotors. com/tatamotors/index. aspx and http：//www. tatamotors. com/products, accessed June 30, 2008; "The MYM2, 500 Tata Nano Unveiled", https：//www. google. com/search? q = The + % 242% 2C500 + Tata + Nano + Unveiled&rlz = 1I7GGLD_en&ie = UTF – 8&oe = UTF –

8&sourceid = ie7, accessed January 5, 2013; Matt Eyring, "Learning from Tata's Nano Mistakes, Harvard Business Review", http://blogs.hbr.org/cs/2011/01/learning_from_tatas_nano_mista.html. Accessed August 13, 2012: "CEO Defends Tata Nano, World's Cheapest Car", USA Today, January 8, 2012, http://content.usatoday.com/communities/driveon/post/2012/01/ceo-backs-troubled-tata-nano-the-worlds-cheapest-car/1, accessed August 13, 2012; http://www.businessweek.com/search? q = tata + nano&resultsPerPage = 20, accessed 31th Jan, 2013.

33. Mehul Srivastava "Protests Against Tata's Nano Get Ugly", Business Week, August 28, 2009, "Protest Against Tata's Nano Get Ugly", http://www.businessweek.com/globalbiz/content/aug2008/gb20080829_140882.htm? chan = globalbiz_asia + index + page_companies accessed November 17, 2011.

34. Tata's Nano Project finds a Home, accessed August 8, 2012.

6

决　策

[学习目标]

学完本章后，你应该能够：

1. 理性地分析决策的过程。
2. 提出各种备选的行动方针，并适当地考虑制约因素。
3. 评估各种备选方案，并从中选择最终方案。
4. 区别程序化决策和非程序化决策。
5. 了解在确定、不确定以及风险条件下的决策的不同之处。
6. 认识到管理中创造和创新的重要性。

> **注解**
> **决策**是指从备选方案中选择行动步骤。

决策是指从备选方案中选择行动步骤,是计划的核心。如果对企业的资源配置、发展方向或者声誉没有做出决策,那么,计划也就不复存在了。在此之前,只不过是对计划进行研究和分析而已。管理人员有时把制定决策看成是他们的中心工作,这是因为他们必须经常地就这样一些问题做出抉择:要做什么、由谁来做,以及何时、何地,有时甚至是如何做。然而,决策仅仅是计划中的一个步骤,即使在不需要多加考虑就很快地做出决策或者决策对行动的影响也只是片刻的情况下,也只是计划的一部分,仅此而已。决策还是人们日常生活中的一部分。孤立地去判断一个行动方案是不妥的,因为每项决策实际上都必须和其他的计划相联系。

理性化决策的重要性和局限性

在第4章讨论计划步骤时,把决策看做是计划的一个主要部分。其实,如果已经对机会和目标有了明确的认识,决策过程就成了计划的核心。因此,在这种情况下,制定决策的过程可以被看做如下四个步骤:(1)提出前提条件;(2)列出各种备选方案;(3)按照所要达到的目标对备选方案进行评估;(4)选定一个方案,也就是说,做出决策。

本章对决策的讨论,虽然强调的是选择行动步骤的逻辑性和方法,但是人们会看到,决策确实是计划工作的一个步骤。

决策的理性化

人们常说,有效的决策一定是理性化的。但是,什么是理性化?在什么情况下一个人能理性地思考或做出决定呢?

以理性方式做事或做决策的人,往往试图完成只有通过行动才能达到的某种目标。他们必须清楚地了解备选的方案,并借此在现有的环境和限制条件下完成目标。他们还必须根据既定目标,掌握分析和评估备选方案的信息和具备相应的能力。最后,他们必须有解决问题的愿望,通过选择备用方案,圆满完成目标。

人们很少做到完全理性化,特别是在管理工作中。[1] 首先,没有一个人能做出影响过去的决策,因此决策一定是针对未来而做出的,而未来几乎肯定会牵涉不确定因素;其次,很难识别所有可能用来实现目标的备选方案,尤其是决策涉及要做而从未做过的事时,更是如此。此外,在多数情况下,即使利用现有的最新分析方法和计算机,也不是所有的备选方案都是可以加以分析的。

10-10-10决策[2]

苏茜·韦尔奇(Suzy Welch)写了一本"10-10-10决策"为题、吸引人们眼球的书。这是什么意思?谁会做结果仅10分钟内有效的决策?10个月?还是10年?答案显然是不同的。10分钟决策对采取行动可能是必要的,但决策人很快可能就会后悔的。基于若干未知因素而做出的为期10年的决策有许多不同之处,然而可能会产生长期的影响。要成为一名医生或教授需要进行预测,需做出许多假设。尽管这样的决策得到的回报是诱人的,但是需要多个诸如筹款、买房,或牺牲度假全身心苦读等10个月的决策。

对于管理人员,这个10-10-10法则可能成为颇有价值的诸如资源配置等战略决策工具。这种决策的结果可能是短期的,中期的(如10个月或1年),也可能是长期的,如开发新产品或新项目的大型投资。

重视决策结果的时间概念有助于制定更好的短期、中期和长期的个人以及管理决策。

理性化的局限性或"界限"

管理人员应该对有限的理性,或"有界的"理性感到知足了,换句话说,即使管理人员试图竭尽全力做到完全理性化,他也会受到信息、时间和不确定因素的限制。由于管理人员在实际工作中不能做到完全理性,所以有时管理人员讨厌风险,主张"谨慎行事",在这种情况下,就会影响他们最佳地解决问题的意愿。赫伯特·西蒙(Herbert Simon)[3]把这种情况称作**使人满意**,也就是说,在一些情况下,挑选令人满意的或足够好的方案。虽然在做出很多管理决策时,人们都是怀着尽可能安全"稳妥"的愿望,但是多数管理人员确实力图凭他们的能力,在合理性限度之内,根据风险的规模和性质制定最佳决策。

现在,我们将详细地探讨决策过程中的步骤。

> **注解**
> **使人满意**意指在一些情况下,挑选令人满意的或足够好的方案。

全球化视角　　决策、决策、决策[4]

险恶天气会带来什么结果?一场暴风雪袭击了美国东海岸,引发了许多决策。让我们从一家航空公司的角度来探讨这个问题。在美国航空公司的指挥中心,人们在跟踪数以百计的国内和国际航班;需要从气象学家那里得到信息;必须要检测能见度;必须要获得诸如员工能否上班等当地信息;各种航班上涉及多少乘客;哪些航班必须要取消或转场,凡此种种,不一而足。可以想象重新安排数以千计乘客的巨大难度。

天气同样会影响设备的使用效果,航空公司必须要考虑航班晚点率,因为联邦航空管理局规定,15分钟或以上视为晚点到达。航空公司还必须与其他航空公司就航班进行协调。

诚然,决策者有计算机的支持,然而,许多决策必须由人来做出。某些乘客会受到影响,例如那些有重要商务任务的乘客以及那些可能数年前就计划度假的乘客。考虑到这些决策的复杂程度,一般航班延迟或取消时,乘客应该多体谅一些。

选择方案的拟订和局限性因素

假定我们知道目标是什么,并就清晰的计划前提条件取得了一致意见,那么,制定决策的第一步就是要拟订备选方案。对任何行动步骤几乎总是有各种方案的,的确,如果看起来只有一种做事方法,那么这个方法可能就是错的。如果我们只能够想出一个行动方案,那么很明显,我们没有认真去思考。

拟订备选方案的能力往往和从备选方案中正确地挑选最终方案一样重要。另外,悟性、研究和常识往往会让人发现有这么多要选择的方案,以至于无法对全部方案充分地加以评估。在这种情况下,管理人员需要帮助,而这种帮助和选择最佳方案时的帮助一样,都可以在限制因素或战略因素的概念中找到。

限制因素是指妨碍所期望的目标实现的因素。如果人们了解了在某一情况下的限制因素,就可以把备选方案的寻找范围缩小到限制因素之外。**限制因素的原则**是,通过了解和解决那些严重妨碍目标实现的因素,人们能够选择出最佳行动步骤的方案。

> **注解**
> 限制因素的原则是,通过了解和解决那些严重妨碍目标实现的因素,人们能够选择出最佳行动步骤的方案。

启发式决策

有时似乎存在太多的备选方案,而管理人员只能依靠自己的决策原则从中做出选择。这些被称作启发式的决策原则,使复杂的判断变得越发简单起来。[5] 正是由于这些决策原则,决策的结果因决策者的个性和偏好不同而大相径庭。特沃斯基和卡尼曼(Tversky, Kahneman, 1974)在对个人启发式决策进行的开创性研究中,将这种决策定义为是一种将复杂决策简单化的机制。达夫特和魏克(Daft, Weick, 1984)认为,认知结构应能防止决策者陷入大量数据分析困境而不能自拔。[6]

一个组织最高管理者的价值观和认知偏见会渗透在组织的战略和效益之中。施瓦斯特瓦和利姆(Shrivastava, Lim, 1984)以及斯特巴特和拉马派赛特(Stubbart, Ramaprasad, 1990)专门研究了如何识别行业高层管理人员的简单化和偏见问题。[7]

在存在着众多未知变量的创业环境中,简化启发式决策原则是非常必要的。例如,风险资本家在决策过程中要基于其自身的价值取向来评价那些创业家,存在着很大的不确定因素。这些"价值取向"左右他们的启发式决策原则,而这些"价值取向"可以从风险资本家们广为使用的隐喻中略见一斑。[8] 管理人员应该清楚他们自己的启发式决策原则,了解这些原则是如何影响决策效果的以及通过周密的决策流程来尽可能弥补决策的不足之处。

调整决策过程可能会降低个人启发式决策的负面影响,以便能做出更有效的选择。例如,一家公司的决策环境是按照决策过程的严谨性和决策团队的异质性来定义的。马奇和西蒙（March, Simon, 1958）以及塞尔特和马奇（Cyert, March, 1963）推出的组织决策模型，将理性决策过程视为管理文献中的基石。詹尼斯和曼恩（Janis, Mann, 1977）就理性决策过程列出了下面这些步骤：[9]

"1. 基于来自各个方面利益相关者的不同价值观，调查涉及广泛的目标；

2. 制订宽泛的行动选择方案；

3. 系统地搜集相关信息，评估选择方案；

4. 客观地评估所有的相关信息；

5. 对于最初认定不予接受的选择方案，重新评估其有利与不利后果；

6. 认真评估倾向性的选择方案的有利与不利后果，以及它们的成本和风险；

7. 对于确定下来的选择方案，制订详尽的实施计划和控制方法，以及针对认定风险制订应急方案。"

詹尼斯和曼恩（1977）阐述的步骤表明了决策过程的严谨性，可以用来帮助人们制定更好的决策。

全球化视角　　人与机器决策：谁能赢？[10]

IBM 沃森计算机软件与智力竞赛节目冠军对决，是人类历史上第一次人与机器的比赛。猜一猜谁会赢？计算机赢了。

成功的智力竞赛节目起始于 1964 年。本质上讲，这种竞赛是在提示下参赛人员通过提问和回答方式进行的比赛。参赛者必须对被提的问题给予回答。例如，在地理知识类环节，对于"北回归线以南只有一个州"的提问，参赛者应该回答"夏威夷是什么？"。

采用智力竞赛格式，IBM 研发部门开发了被称之为"沃森"的软件，目标是不仅要赢得这场智力竞赛，更重要的是推出新一代技术。事实上沃森没有想象力，但是它可以对刁钻问题给出答案。沃森计算机项目的目标是通过自然语言理解和互动。它使用了 750 台强大的计算机联网，内置来自诸如世界图书百科全书（World Book Encyclopedia）和维基百科（Wikipedia）的信息，以及来自古腾堡工程的书籍。如同谷歌等搜索引擎不能回答问题，但是人们可以通过关键词查找所需要的结果。

沃森的技术当然会随着大量应用软件的推出而商业化。例如，IBM 计划与马里兰大学和哥伦比亚大学联手开发内科医生助理项目。此外，IBM 还计划与语音识别软件"龙"的出版商纽昂斯通讯公司合作开发"自然地说话"（Naturally Speaking）项目。

沃森与智力竞赛节目冠军对决中的成功表明，技术在非结构性问题中的应用会对管理决策以及其他决策产生极大的影响。

选择方案的评估

企业一旦找到了适当的备选方案，计划的下一步骤就是要对这些方案进行评估，从而挑选出最有利于目标实现的方案。虽然计划的其他步骤如选择目标、挑选重要的前提条件，甚至筛选备选方案等也必须制定决策，但这都是做出最终决策的步骤。

定量因素和定性因素

> **注解**
> **定量因素**是能够用数字进行衡量的因素。
> **定性因素**或**无形因素**是指那些难以用数字表示的因素。

在比较实现目标的备选计划时，人们可能会特别考虑**定量因素**。定量因素是能够用数字进行衡量的因素，如时间或者各种固定成本和经营成本。没有人会对这种分析的重要性提出问题，但是，如果因此而忽视无形的因素，或者说定性因素，企业的成功就很难保证了。**定性因素**或者说**无形因素**是指那些难以用数字表示的因素，如劳资关系的质量、技术变化带来的风险或者国际政治环境。由于不可预见的战争破坏了精心准备的定量计划，运输业的长期罢工致使良好的营销计划不能实现，或者一次经济衰退妨碍了合理的借款计划，这样的事例实在是太多了。所有这些情况表明，在比较各种方案时，要注意定量和定性这两个因素，这一点是十分重要的。

为了评估和比较计划问题中的无形因素，并进而做出决策，管理人员必须首先要识别这些因素，然后决定能否进行合理的数字量化。如果不能量化，他们应该尽可能地把这样的因素归纳出来，根据它们的重要程度进行排序，把它们对结果可能带来的影响与定量因素对结果可能带来的影响进行比较，然后做出决策。这样的决策可能会使一个单一的、无形因素变得十分重要。

全球化视角　巨无霸之间的较量：波音公司与空客公司[11]

在争夺飞机制造业领导者的竞争中，波音公司与空客公司考虑了大量的定量和定性因素。2000年，作为欧洲航空防卫和航天公司（EAD）下属单位，空客公司被认为是一家超越美国波音公司的飞机制造商，由此可能导致了过于自信。开发空客A380巨无霸的目的就是要超过称霸航空业多年的、拥有450个座位的波音747。然而，这次风水要变了。

A380机型的生产遇到了麻烦，因推迟交货期给公司带来了巨大成本。空客公司低估了这架超大型飞机以及其精密设备的复杂性，通讯和机上娱乐系统的安装成了主要问题，而合格工程师的短缺使其很难推出与波音相抗衡的多型号设备。空客公司管理团队内部意见不统一更使问题雪上加霜。

数家航空公司在重新考虑它们的购买决策，有些已经改向波音公司订货。例如，泰国航空公司已考虑撤销已经订购的 6 架飞机。2006 年 12 月，德国汉莎航空公司宣布，将购买波音公司改进型珍宝 747 飞机，而这种珍宝型飞机一直在航空界享有盛名。新加坡航空公司是购买新飞机的重要客户，从波音公司订购了 20 架波音 787 梦幻飞机。这种飞机因舒适和高效率而广受乘客青睐，比空客 A330 机型更容易操作和维护，造价更低。结果，空客公司不得不推出 A350 机型，然而，787 梦幻飞机预计要比 A350 飞机早 4 年投入运营（前者在 2008 年，后者在 2012 年）。

为了帮助空客公司走出困境，欧盟决定继续提供支持。结果，波音公司向世界贸易组织（WTO）提出申诉，称用于开发空客飞机的补贴属非法。另一方面，波音公司被指控在开发新飞机过程中得到了美国政府的补贴。

在双方的争吵见之于法庭的过程中，空客与波音公司在市场上的竞争从未停止过。早年波音的垄断被 2000 年空客的成功所取代。

到 2010 年末，空客公司与波音公司都没有完成计划。空客公司交付了数架 A380，但是，澳大利亚航空公司（Qantas）所属的 A380 引擎故障不得不使飞机返航新加坡。引擎爆炸事件迫使澳大利亚航空公司停飞所有 A380 飞机，等待调查。其他航空公司，如德国汉莎航空公司和新加坡航空公司，也拥有特伦特 900 引擎 A380 飞机（A380 planes with Trent 900 engines），新加坡航空公司决定替换装配特伦特 900 引擎的 A380 飞机。

波音公司 787 梦幻飞机在试航中也发生了问题。保温毯失火造成主客舱充满了烟雾，其复杂的电子系统似乎是问题的根源。

由于上述问题，两个公司都没有按时完成计划。欧洲航空防卫和航天公司（EAD）警告说，A380 飞机交货期推迟可能是其引擎问题造成的。两个巨无霸的较量在继续。

边际分析方法

在评估各种备选方案时，可以用**边际分析方法**来比较由于增加产量而导致的边际收入和边际成本。在企业的目标是利润最大化的情况下，正如基础经济学所讲述的，当边际收入等于边际成本时，这个目标将是可以实现的。这也就是说，如果增加产量带来的边际收入大于边际成本，那么生产得越多，利润也就越大。当然，在增加产量带来的边际成本比边际收入大的情况下，较少的产量也可以获取较大的利润。

> **注解**
> **边际分析方法**用来比较由于增加产量而导致的边际收入和边际成本。

边际分析法也可以用来比较除了成本和收入以外的各种因素。例如，为了找出机器的最佳产量，可以按产出量变换投入量，直到追加的投入等于额外的产出为止。那么，这个相等点就是机器的最大效率。又如，向管理人员汇报的下属人数可以明显增加到这样的水平,即边际的成本减少、更好的沟通效果和士气以及其他因素正好等于由于推出更有效的控制机制、领导力和类似因素而带来的额外损失数。

成本—效益分析方法

> **注解**
> 成本—效益分析方法
> 寻求成本和效益的最佳比率。

成本—效益分析方法,或成本—利益分析方法是传统的边际分析法的改良或者说是变种。**成本—效益分析方法**寻求成本和效益的最佳比率,即找出实现目标的最小代价的方法,或在既定的费用基础上获得最大的价值。

创业视角:就投资决策流程问题与 JAFCO 公司风险资本合伙人杰布·米勒的访谈[12]

JAFCO 公司风险资本公司专注信息技术和互联网领域早期投资风险调整业务。2009 年,杰布·米勒(Jeb Miller)作为主要合伙人加盟该公司,给公司带来了他积累了 15 年早期技术公司风险资本家、运营高管和投资银行家的丰富经验。杰布的投资集中在软件、互联网和高科技基础设施领域,热衷于与企业家们一起共同创建成功的公司。在加盟 JAFCO 公司之前,杰布是全球最大的私募基金公司之一、美国凯雷私募集团(Carlyle Group)麾下的美国增长基金(US Growth Fund)的业务经理。

我们就投资决策流程问题与米勒先生进行了交谈,尤其是想了解他领导的 JAFCO 公司是如何决定投资哪些新企业的。他指出,"JAFCO 公司考虑的三个主要投资决策因素包括市场机会情况、技术或商业模式的独特性和差异性本质以及团队素质。"米勒先生解释说,足够大的市场容量是投资成功与否的前提,因为要想在有限的市场范围内获得相当大的投资回报是相当困难的。他进一步指出,JAFCO 公司投入大量时间和精力对技术状况进行调研,以期从中挑选可能出现的黑马。他认为这样做是值得的,因为"历史已经证明,新兴市场中产生的领头羊往往能够获得相当大的份额的"。

米勒先生强调了第三个因素(团队素质),因为风险资本家的特质有助于投资后企业成长过程中,管理人员和技术人员发挥各自的专长长期合作。杰布进而提及了 JAFCO 公司考虑的其他三个投资决策因素,它们是"……他们共同投资的公司早期阶段的运营质量、企业规划的资本充裕率以及新技术对产业现有竞争者的战略价值。"很显然,就我们的访谈而言,JAFCO 公司在投资过程中运用了一个非常详尽和理性的决策流程,以确保挑选潜在的黑马和创建一个成功的新企业。

选择方案的确定：三种方法

挑选备选方案时，管理人员可以采取三种基本方法：（1）经验；（2）实验；（3）研究和分析（见图6-1）。

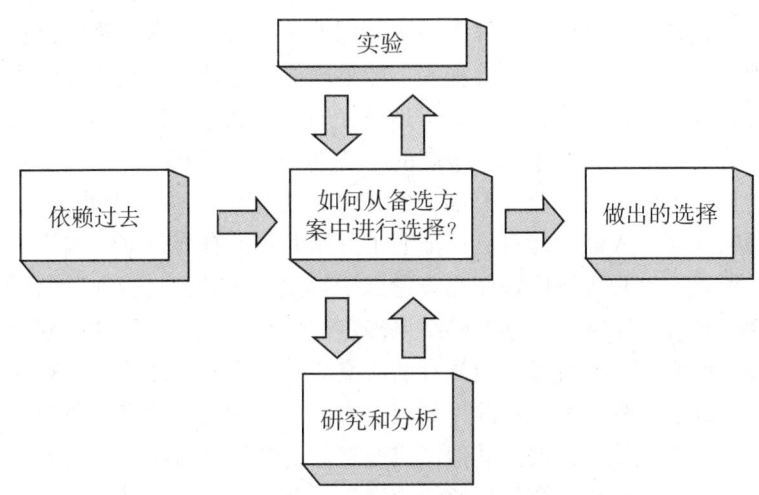

图6-1 选择备选行动方案的基础

经 验

借助过去的经验在制定决策过程中所起的作用，可能要比应该起的作用大得多。经验丰富的管理人员往往相信，但又常常意识不到，已经取得的成功和已犯下的错误对未来起着必然的指导作用。因此，管理人员的经验越多，在组织里的职位越高，这种观点就越明显。

在某种程度上，经验是最好的老师。管理人员晋升到目前职位的这个事实，似乎证明他们过去的决策是正确的。此外，思考问题的过程，通过制定决策和观察规划的成败，在一定程度上有助于做出良好判断（有时近似直觉判断）。遗憾的是，很多人没有从错误中得到教益，而有些管理人员，似乎从来没有做出过现代企业所要求的理性判断。

然而，仅凭过去的经验作为未来行动的指南是危险的。首先，多数人没有认识到错误或失败的根本原因。其次，经验的教训可能完全不适用新的问题。好的决策一定是针对未来事件进行评估的，而经验则属于过去。

另一方面，如果认真地分析经验，而不是盲目地遵循它；如果人们从经验里提炼出成败的根本原因，那么，经验作为决策分析的基础可能是有用的。成功的规划、管理良好的公司、有利可图的产品促销或者任何其他成功的决策，可能对吸取经验教训能提供有用的数据。如果像科学家们那样毫不犹豫地在他人研究成果的基础上去进一步研究，而不是愚笨地一味效仿他人成果，管理人员能够从其他人那里学到很多东西。

实验

在各种备选方案中进行抉择的一个很明显的方法，就是试验其中一个方案，看看会发生什么情况。在科学研究中，经常采用实验的方法。人们常常争辩说，在管理工作中应该更经常地采用这种方法，因为管理人员能够确保某些计划的正确性的唯一办法，就是去试验各种备选方案，看看哪一个方案是最好的，特别是考虑到其无形因素。

实验方法可能是所有方法中成本最高的，特别是在试验某一计划需要巨额资本投入和大量人力的情况下，或在企业没有能力承担几种方案的实验费用的情况下更是如此。此外，在实验完成后，人们可能对已经证明了的东西仍然存有疑问，因为未来不可能是现在的重复。所以，这种方法应该在充分考虑了其他备选方案之后加以应用。

另一方面，有许多决策要根据实验结果确定最佳行动方案后，才能制定出来。但是即使有过去经验的借鉴，或者参照最认真的研究成果，也不可能确保管理人员所做的决策都是正确的。制订一种新型飞机的计划在这方面可以称为是最好的范例。

飞机制造商可以汲取个人的、其他飞机制造商的和新飞机用户的经验，工程师和经济学家对飞机的压力、振动、燃料消耗、速度、空间分布，以及其他一些因素进行广泛研究，但所有这些研究，并没有对一架成功飞机的飞行性能和经济性能的每一个问题都做出回答，因此在选择正确的行动方案过程中，几乎总会包括某些试验。通常，一架首次生产出来的飞机，或首次生产出来的原型飞机要进行试验，然后，在试验的基础上，按照修改后的设计生产飞机。

实验还可用于其他方面。企业在把新产品销售到全国市场之前，可以先在某些市场上进行测试。组织管理方法在全公司推行之前，常常在下属分公司或工厂试行。某一管理工作的候选人可以在这个岗位的工作人员休假期间，放到工作岗位上进行考察。

研究和分析

涉及重要决策时，挑选备选方案的最有效的方法之一，就是研究和分析。这个方法意指，要解决问题，首先应当了解问题。所以，就要探索对既定目标有影响的更关键的变量、制约因素和前提条件等之间的关系，从某种意义上讲，也就是笔加纸（或者更形象一点，计算机加打印结果）的决策方法。

解决计划问题必须把问题分解成各种组成部分，然后研究各种定量和定性因素。这种研究和分析可能比实验要划算得多。做分析时所花费的时间和纸张要比对各种备选方案进行实验少得多。在制造飞机时，如果在原型飞机和零部件制造及试验之前不进行认真研究，那么结果成本会相当大。

研究和分析方法的一个重要步骤，就是要做一个模拟问题的模型。建筑师们用大量的蓝图或三维效果图建立建筑模型，工程师们在风洞里测试机翼和导弹。但是，最有用的模拟可能是用数学方法和数学关系在一种问题情景下进行各种变量的模拟。如果能够把一个问题概念化，那么就已经朝着解决问题的方向迈出了重要的一步。长期以来，自然科学一直依赖数学模型来进行分析和研究，如果把这种方法应用到管理决策中，将是令人鼓舞的。

创新视角 波音公司数字化开发777机型的决策[13]

波音777型飞机可能是世界上最为先进的飞机之一，其最大的创新之处是飞机建造的方式，即百分之百地采用计算机辅助设计（CAD）和计算机辅助制造（CAM）技术形成的三维数字设计。对波音来说，采用数字技术是一项关键性决策。使用这一新技术，工程师们可以通过显示器看到飞机上超过300多万个零部件和132500个特殊设计部件的预装过程。这一新的方法和范例的转型，要求一种全新的与供应商和客户的关系。例如，公司请求8家航空公司对波音777型飞机提出建议。公司内部，计划制订者、工程师以及机械师们进行团队作业，他们随时得到进展过程方面的信息。在此之前，工程师们和机械师们不得不在全景模型上工作，以便确定零部件是否匹配，一旦有问题就得返工，造成浪费。最近以来，波音公司一直在使用先进的、人工智能计算机辅助设计（称做ICAD）系统，使得设计中的大规模调整变得可能。目前和未来，新技术的出现会更进一步支持决策。

> 注解
> www.boeing.com

程序化和非程序化决策

决策可以分为程序化决策和非程序化决策。**程序化决策**，如图6-2所示，用以解决规律性的或日常问题。例如，车床工人都有操作说明和各种规则，使他们知道他们生产的产品是否符合规格，哪些必须废弃，哪些需重新加工。程序化决策的另一个例子是重新订购库存的标准货物。这类决策一般用于日常和重复性的工作，主要依赖先前确定的标准。事实上，这是基于先例而制定的决策。

非程序化决策用于非规律性、新颖的和没有明确定义的、非重复性的情况。例如，苹果计算机公司推出的"麦今托什"（Macintosh）计算机和奥迪公司开发四轮驱动的轿车就是典型的范例。实际上，因为需要主观判断，战略性决策一般都是非程序化的决策。

大多数的决策既不是完全程序化的，也不是完全非程序化的，而是两

> 注解
> **程序化决策** 用以解决规律性的或日常问题。

> 注解
> **非程序化决策** 用于非规律性、新颖的和没有明确定义、非重复性的情况。

者的结合。从图 6-2 可知，非程序化决策多数都是由上层管理人员制定的，因为他们必须解决非规律性的问题，而下级部门的问题往往是常规性的、规律性的问题，不需要管理人员和非管理人员在做决策时留有余地。

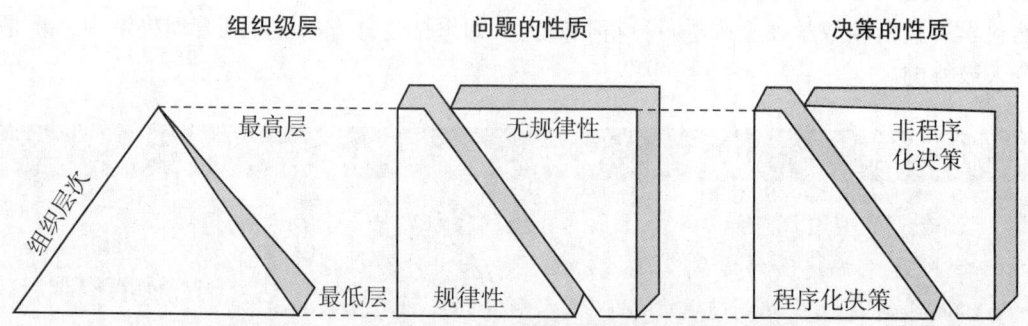

图 6-2 组织中的问题和决策的性质

全球化视角　IBM 公司的决策人路易斯·郭士纳[14]

最初，人们都不太相信，一个有着纳比斯克（RJR Nabisco）公司和美国运通公司（American Express）经理生涯背景的人能够领导一个像 IBM 这样的技术导向型公司，尤其是 1993 年处于危机四伏的 IBM 公司。然而，这就是路易斯·郭士纳。他上任之初做出了两个决策：第一，他不拆散公司；第二，他集中于服务业务。到 2001 年，IBM 公司的全球业务增长最快。尽管郭士纳的时间非常紧张，但是他仍然抽出时间从事一些社会公益性事业，尤其是与学校相关的活动。

郭士纳做出的一项重大战略决策是服务器市场，那时这个市场被阳光微型计算机系统公司（Sun Microsystems）推出的 UNIX 服务器所垄断。IBM 公司采取降价策略，给它的竞争对手们，如阳光公司、惠普公司和康柏公司造成了极大的压力。

作为最高层管理者，郭士纳必须在制定战略决策和战术决策、产品和服务、国内计划、战略制定和实施诸多方面平衡他的时间资源以及在处理公司事务与承担社会责任方面分摊他的精力。

确定性、不确定性和风险条件下的决策

实际上，几乎所有的决策都是在至少有某些不确定因素的环境下制定的，但其程度从相对确定到相对不确定不尽相同。在制定决策中，也涉及某些风险因素。

在确定条件下，人们有理由相信在制定决策时会出现的情况，信息及时且可靠，因果关系也已经确定。

另一方面，如果情况不确定，人们手中的数据库资料贫乏，尚不知数据是否可靠，对情况是否会变化心中无数。此外，人们不能对不同变量的相互作用做出评价。例如，一家决定在一个陌生的国家扩展业务的公司，对这个国家的文化、法律、经济环境或政策情况可能知之甚少。政治形势反复无常，即使是专家也不能预见到政府可能会有什么样的变化。

在存在风险的情况下，可能会有实际的信息，但不一定全面。为了提高决策质量，人们可以采用数学模型来估计结果的客观概率。另一方面，可使用基于判断和经验的主观概率。

创新视角　　冒险还是避险：这是特斯拉需要应对的问题[15]

出于节约能源方面的考虑，人们的注意力在转向电动车。多年来，加利福尼亚州的特斯拉电动汽车公司一直在进行电动轿车的设计、制造和销售。特斯拉推出的电动敞篷跑车（Roadster）是首款使用锂电池的轿车，一次充电可以行驶200英里。据说，这种车比日本丰田生产的普锐斯牌油气混合动力车还省油。

2010年，特斯拉首次公开募股进入股票市场，信心十足地坚信它的新款S系列轿车一定会成功。当时预计最终年销售量会超过2万台。但是，特斯拉面临着许多挑战，如2010年汽车产业的萧条。此外，公司需要额外的资金投入，还需要改进电池技术以延长行驶时间。来自诸如日产[16]和丰田这些公司的竞争是不言而喻的，如丰田推出了插电式油气混合车[17]，同时，通用汽车公司也开发了雪佛兰油气混合伏特（Volt）概念车。更有甚者，特斯拉似乎对其能否成为一个大批量汽车生产商不是很清晰。开发电动车的机会频多，但是风险对特斯拉而言是巨大的。特斯拉希望它的S系列轿车成功，以证明它进入电动车领域这个风险决策是明智的。

注解
www.teslamotors.com/

处理不确定情况的所有明智的决策者，都希望知道在他们选择行动方案时风险的大小和性质。在运用传统的运筹学方法去解决问题时，欠缺之一就是模型所用的很多数据仅仅是估计的，而其他的则是以概率为基础的。通常做法是，由职能专家提出"最佳估计"。

实际上，每个决策都是以若干重要变量的相互作用为基础的，其中有很多存在不确定因素，但概率的程度相当高。因此，开拓一种新产品的可能取决于若干关键的变量：如推出产品的成本、生产成本、资本投资需要量、产品定价、潜在市场的规模，以及产品占整个市场的份额等。

创新视角　就创新管理问题与SRI航空情报中心工程主任杰里士·阿查亚的访谈[18]

杰里士·阿查亚（Girish Acharya）是加利福尼亚州（Palo Alto）SRI国际航空情报中心工程主任。该中心成立于1946年，起名为"标准研究所"（Standard Research Institute），之后成为一家大型的、非营利的独立研究机构，应政府部门、企业和基金会要求，为其提供相关的研究和开发项目。中心拥有2000多名员工，在过去60多年期间一直活跃在创新前沿。它的许多创新产品，如计算机鼠标、个人电脑界面、互联网域名、移动通信以及高清电视等早已成为人们生活中不可或缺的一部分。

阿查亚先生在中心负责数个创新项目。例如，他最近在进行一项野心勃勃的集成研究（CALO/PAL），试图开发出下一代的具有学习和适应性能力的个人认知助理系统。这个项目涉及22个大型的研究所、大学和商业企业。我们请杰里士谈谈该中心成功创新有哪些秘诀，他竟然拿起了由该中心首席执行官科特·卡尔森（Curt Carlson）与威廉·威尔默特（William W. Wilmot）撰写的《创建消费者需求的五项修炼》一书，给我们读了其中一段。在书中，卡尔森和威尔默特断言，创新成功源自解决重要的而不是有兴趣的问题。他们概括了成功创新的五个关键方面，即重要需要、价值创造、创新先驱、创新团队和组织协同。[19]杰里士解释说，"创新始于基础和接近问题。中心每个部门都有研发预算用来提出创新想法，得到相应的指导。随着想法的细化，上级管理人员会给予支持和指点，使其不断深化，保持创新引擎永不熄火。"

我们请杰里士谈谈，他认为哪些因素使SRI中心的员工始终保持创造性和创新性。他说："有许多因素，但是最重要的是三个，即激情、纪律和多学科团队。人们在产生影响和与众不同的方面容易激发热情，激情促使人们在创新的滚动世界中不断寻求下一个关注点。SRI中心遵循一套严谨的基于需要、方法、收益和竞争（NABC）的创新方法。中心定期采用NABC方法来模拟创新想法，以期提出更好的产品创意。近年来，中心通过集成多元文化背景员工的智慧，解决了许多重要的难题，有了重大的突破。"我们了解到，阿查亚先生是在印度坎普尔的印度理工学院（IIT, Kanpur）和多伦多大学获得的工程学硕士学位，后又在美国伯克利大学哈斯商学院（Haas School of Business）获得了工商管理硕士学位。在加盟SRI中心之前，阿查亚先生是惠普公司（HP）的高级顾问，曾经帮助惠普公司设计和实施了连接数以百计的作者和出版商的惠普内容管理平台。我们期望阿查亚先生自己本身的多元教育背景能给创新流程带来附加值。在历练自身的多元技能和经验方面，你在未来有何打算？

创造和创新[20]

对人员进行管理的一个重要因素是创造。创造和创新之间是有区别的。**创造**这个词通常指的是形成新的想法的能力,而**创新**则意指这些想法的应用。对一个组织而言,它可以是一种新产品、一项新的服务或是一种新的做事方法。尽管本节的讨论集中在创造过程中,这其中也包含着组织不仅生成新的想法,还要将这些想法转变为实际中的应用。

> **注解**
> 创造通常指的是形成新的想法的能力。创新意指想法的应用或商业化。

创造过程

创造过程很少是简单的和线性的,通常包括四个相互交叉、相互作用的阶段:(1)无意识的审视;(2)直觉;(3)洞察力;(4)形成逻辑。

> **注解**
> 创造过程包括四个阶段:无意识的审视;直觉;洞察力;形成逻辑或实证。

很难对第一阶段"无意识的审视"进行解释,因为这是人们无意识的行为。这种审视通常要求对问题高度关注,而头脑中可能并没有这种意识。但是在某些时间条件制约下,管理人员常常会过早做出决策,而不是彻底地解决模棱两可又定义不明确的问题。

第二阶段"直觉"将无意识同有意识联系起来。这一阶段可能要求把最初看来矛盾的因素结合到一起。例如,20世纪20年代,通用汽车公司的唐纳森·布朗(Donaldson Brown)和阿尔弗莱德·斯隆(Alfred Sloan)产生了集中控制下的事业部分权结构的想法,这一概念看起来相互矛盾。但在认识到下述内在的原则时就有意义了:(1)把经营的责任赋予每一个事业部的总经理;(2)在某些职能上总部保留控制权。这两位伟大的公司领导人正是靠直觉,才看到这两条原则在管理过程中能够相互作用。

> **注解**
> www.gm.com

直觉需要时间。直觉要求人们找到新的组合并将各种不同的概念和想法综合到一起,因此就必须对问题进行透彻的思考。集思广益等几种方法可以提高直觉思维能力。

作为创造力第三阶段的"洞察力"大多都是努力工作的结果。例如,在开发新产品、提供新服务或实施新过程中,需要有许多新的想法。有趣的是,洞察力往往会在思想并未直接集中在眼下的问题时出现。此外,新的洞察力可能只持续几分钟,而那些能干的管理人员会因为随身带着纸和笔,把有创造性的想法记录下来将获益匪浅。

创造过程的第四个阶段就是"形成逻辑"或"实证"。洞察力需要经过逻辑或实验的测试,通过不断地考虑一种想法或请人提出建议。例如,上述提及的布朗和斯隆的分散说就需要根据组织的现状进行测试。

创新视角　　印度创新做法——小额贷款[21]

创新并非只是拥有充足研发预算的大公司的专利。在印度，通常由12~15名妇女组成的自助小组（SHGs）从大银行那里得到贷款。虽然个人得不到银行贷款，但是小组可以。小组成员讨论哪些项目应该得到资助以及融资重点。这些小组了解当地环境，可以确定所在社区的需求和机会。同时，他们知道如何监督资金的使用。其结果是，贷款偿还率高达99.5%。这种创新性小额贷款可以说是最低层面的决策和创新。

风暴式思维[22]

创造力是可以传授的，创造性想法常常是大量努力的结果。有些方法集中在小组互动，有些则针对个人行动。

提高创造力最为著名的方法之一是由被称为"风暴式思维之父"的阿力克斯·F·奥斯伯恩（Alex F. Osborn）提出的。[23]这种方法的目的是要通过找出新的、不同寻常的解决方法来提高解决问题的能力。进行风暴式思维的过程中，所追求的是想法的多样化，其规则如下：

- 提出的想法不会受到批评；
- 想法越激进越好；
- 强调产生想法的数量；
- 鼓励别人对想法评头论足，加以改进。

风暴式思维强调集体思维，问世以后很快就被人们所接受。然而，当研究表明，独立工作状态下的个人比在群体状态下的个人能产生更好的想法时，对这种方法的热情锐减。后来，进一步的研究表明，在某些情况下，群体方法更为奏效。在信息分散于各类不同人员的情况下，集体决策虽然不佳，却更能为人们所接受；而个人决策尽管较好，但可能会遭到那些实施人们的反对。另外，当决策由所负责实施的群体做出时，新想法就更容易为人们所接受。

创新视角　　向新兴国家学习创新[24]

许多公司从其他国家那里学到了销售低价产品获利的做法。通用电气保健品子公司（General Electric's Healthcare Unit）专门为中国和印度的医生们开发了一种电子心脏扫描仪。传统的做法是先在美国、欧洲和日本开发创新产品，而现在有些创新产品却率先在发展中国家研发。有些美国公司将其创新人员派遣到不发达国家，在海外进行研发。例如，惠普公司在印度设立了研究实验室。创新可以发生在发达国家、发展中国家，甚至不发达国家。

传统小组讨论的局限性

尽管集思广益方法会产生创造性的思维，但是如果认为只有在群体中才会有更多的创造力是不正确的。其实，常见的小组讨论可能妨碍创造力的发挥。例如，小组成员可能会采纳一种想法而排斥其他选择方案。某一方面的专家可能因为害怕被人耻笑而不愿意在小组中表达自己的看法。另外，在小组里有高层管理人员的情况下，低层管理人员可能会受到限制而不能表达自己的观点。要求一致性所带来的压力也不鼓励发表不同的见解。与他人相处的需要可能会胜过探索富有想象力，却不受人欢迎的解决问题的办法。最后，迫于小组成员要做出决定的压力，可能使小组不会竭尽全力去寻找与决策相关的数据。

创新视角　3M公司是如何创新的[25]

许多公司在促进创新上采取不同的战略。强生公司鼓励其下属的独立经营部门进行创新，其组织文化氛围允许失败。洛伯梅德（Rubbermaid）公司30%的销售额来源于生产不超过5年的产品。惠普公司鼓励研究人员将10%的时间用于开发自己喜欢的项目。默克公司为那些从事高风险，但却可能高回报的人员提供时间和资源。道-康宁公司（Dow Corning）和通用电气公司同客户合作开发新产品的项目。明尼苏达矿业和制造公司（3M）是创新方面最为突出的公司之一。

注解
www.jnj.com
www.rubbermaid.com
www.hp.com
www.dowcorning.com
www.ge.com
www.3m.com

人们一提到3M就会联想到创新。3M公司的组织环境鼓励其员工进行创造性思维和产生新想法。尽管1996年公司的财务绩效不太理想，但是仍然实现了既定目标，即3M公司30%以上的销售额来自于生产不足4年的产品。3M的持续创新是以其"15%规则"做依托的，这个规则规定，研究人员将15%的时间用于开发与他们工作不相关的项目。

公司高度放权，其8300名研究人员在许多不同的实验室工作，结果造成过剩。从理论上讲，主实验室和开发中心进行研究，其他部门进行开发，然而，实际情况并非如此。公司经营过程中很少有规章制度，也没有传统意义上的战略，相反，公司遵循以下两个原则：(1) 竭尽全力创新；(2) 全方位满足客户。公司严禁一切有碍于创新的行为，如计划不能过于详细、容许出错等；另一方面，强调共享信息。尽管财务是控制手段，而公司的真正控制却来自同事，他们每天都互相回顾各自的工作。

以下是3M典型的创新过程：员工一旦有了创新产品的想法，即可组成由有关职能部门人员组成的小组，如来自技术、制造、市场营销、销售，有时也包括财务部门的人员。公司也鼓励客户提供他们的想法。小组进行产品的设计、生产和营销，同时，他们也要探讨产品用于其他方面的可能性。产品成功推出后，小组成员集体受到奖赏。

> 公司制定的规则和指南颇为简单：容许失败；奖励那些有好的产品的想法，且能组成有效的、产品促销行动小组的员工；与客户建立密切关系；在公司内部与别人分享技术；妥善安排时间，提供财务支持以维持项目正常运行；使分公司保持小的规模。
>
> 未来的发展会告诉人们，创新是否仍然是3M公司关键的成功因素。

富有创造力的管理人员[26]

人们常常会假设大多数的人都没有创造力或很少有产生新想法的能力。遗憾的是，这种想法对组织可能极为有害，因为在适合的环境下，即便是人与人之间在创造力方面有明显差异，但几乎所有的人都富有创造性。

总的来说，有创造力的人对事情很好奇，会产生许多新的、不同寻常的想法，他们常常不会满足于现状。他们虽然聪明，但在解决问题时，却不仅仅依赖于理性思维，还要掺杂其个人的感情因素。看起来他们对问题的解决很激动，甚至到了执著的地步。富有创造力的个体有自知之明，能独立进行判断。他们反对循规蹈矩，往往视自己与众不同。

毋庸置疑，有创造力的人可以对企业的发展做出更大的贡献。但与此同时，他们也可能会给组织带来难题。但凡管理人员都知道，变化并不总是好的。此外，变化也常常产生意料不到的和不期望的副作用。同样，如果过于追求不同寻常的想法，可能会令别人受挫并妨碍组织的正常运转。最后，有创造力的个体可能会因忽视现行政策、规定和规章而给组织造成破坏作用。在哈佛商学院任教的约翰·考（John Kao）建议，应给有创造力的人留有足够的自由度来实践他们的想法，但是不能因为过度而浪费了时间，或者只顾自己而没有时间与别人合作以完成共同目标。他进而建议，管理人员应该视自己为爵士音乐作曲家，他不能偏离总谱，但在变奏上又有很大的自由度。[27]

因此，尽管不同凡响的创新会给公司带来极大的好处，但许多情况下大多数个体的创造力并没有发挥出来。好在一些针对个体和群体的方法可以用来有效地提高创造力，特别是在计划方面。但创造力并不能取代管理上的判断，在追求不同寻常的想法并把它们转变为创新行为的过程中，管理人员必须确定风险因素并对其进行评估。

发明和创新[28]

> **注解**
> **发明**是发展或有新发现。

发明本身并不能足以使一个企业成功，必须要由创新辅佐。发明意指发展或有新发现，而创新则是新产品、服务或流程的提升、适应或商业化。美国人发明了录像机（VCR），但是日本人却成功地生产和销售了这个产品。[29] 发明是发现，找到了新的东西，而创新则是采用新的想法，并将它用于实践之中。创新是想法的实现。IBM 组成团队不是用来发明计算机,而是将现成的零部件组装在一起,生产出 IBM 个人电脑。至此,是创新最终退出了个人电脑。[30]

> **注解**
> 创新是新产品、服务或流程的提升、适应或商业化。

本章小结

决策是从众多的备选方案中选择行动步骤,决策是计划工作的核心。管理人员必须在有限理性或有界理性基础上做出选择,也就是说,他们必须根据对某些情况所能了解到的一切而做出决定,可能有些是他们并不知晓的。"使人满意"是一个术语,有时用来描述在一定的情况下,挑选出令人满意的行动方案。

因为对一个行动步骤来讲,几乎总会有备选方案,通常还是多种选择,管理人员需要把范围限制在那些仅与限定因素有关的选择,这些因素妨碍既定目标的实现。在此基础上,就可以用定量或定性的因素来评估各种备选方案。用以备选方案评估的其他方法有边际分析方法和成本—效益分析方法。在选择备选方案过程中,经验、实验、研究与分析都能派上用场。

程序化决策不同于非程序化决策,前者适合于规律性或常规性问题,这类决策通常由较低层的管理人员和非管理人员做出。相比之下,非程序化决策用于非规律性和非常规性问题,特别需要由高层管理人员来处理。

几乎所有的决策都是至少在一定程度的不确定环境中做出的,涉及一系列重要变量的相互作用,因此在决策过程中存在一定的风险。面对不确定环境,管理人员应该清楚他们选择行动方案时所遇风险的程度和本质。

创造力,即产生新想法的能力,对于有效的管理是很重要的。创新是这些想法的应用。创造性的过程包括四个相互交叉的阶段:无意识的审视、直觉、洞察力和形成逻辑。提高创造力的一种常用的方法是风暴式思维。有创造力的员工会给企业带来巨大贡献,但是,如果他们不能遵循普遍认可的行为规范,也会带来破坏作用。发明是发展或有新发现,而创新则是新产品、服务或流程的适应或商业化。

主要概念回顾

决策	成本—效益分析	创造
有限或有界理性	三种选择备选方案方法	发明
使人满意	程序化决策	创新
有限因素原则	非程序化决策	创造过程
定量因素	确定性、不确定性和风险条件	风暴式思维
定性因素	下的决策	富有创造力的管理者
边际分析		

讨论题

1. 为什么常常把经验称为不仅是做决策代价昂贵的基础,而且还是做决策危险的基础?管理人员怎样才能做到最有效地利用经验?
2. 在你所知道的决策问题里,怎样去应用限制因素原则?你在选择目前你所在的这个班级时是否应用了这个原则?是怎样应用的?
3. 找出五种决策问题,并推荐程序化决策或非程序化决策。如果实例发生在组织中,是在上层还是在基层?
4. 就"制定决策是管理人员的首要工作"这一说法发表你的看法。
5. 找出一个创造性解决的问题。这一解决方法源于群体的讨论,还是个人努力的结果?重新把这一创造性的过程勾画出来。

练习和具体步骤

你的上司给你提供了一个晋升的职位,但你的家庭对你所去的地方不喜欢。想象各种假设情况,然后谈谈你将怎么做以及做什么。

互联网检索

1. 在互联网上查询"创造"这个词,阐述怎么将创造力用于制定决策之中。
2. 在互联网上查找三个风暴式思维的应用范例。

国际案例

家乐福——走哪条路?[31]

沃尔玛最大的全球竞争对手是法国的大零售商家乐福,它拥有大型超级市场和零售店,销售各种各样的商品。家乐福在全球许多地方投资,包括拉美国家和中国。但是由于其国内市场份额不断遭到竞争对手蚕食而使这一切黯然失色。曾几何时,市场上传出沃尔玛或英国特速购(Tesco)公司收购家乐福的传闻。博纳德先生在担任了12年公司领导后被德国—西班牙裔的约瑟·路易斯·杜兰特取代。尽管其全球化扩张被有些人认为是成功的,然而这一切有可能是一大错误。家乐福退出了日本市场,在墨西哥出售了29家超市,在斯洛文尼亚和捷克共和国与英国特速购公司竞争时失误,在德国遇到欧迪(Aldi)和理德乐(Lidle)两家成功折扣商的激烈竞争。另一方面,家乐福在波兰、意大利和土耳其购买了零售店,在中国、韩国和哥伦比亚开设了新店。目前家乐福在选择市场方面变得越来越谨慎了,公司曾热衷于进入印度市场,但在2006年晚些时候发现沃尔玛也在窥视该市场。

在其发家地法国,家乐福在定价方面犯了一个大错,而这个错误源于1999年收购法国折扣连锁促销(Promodes)公司。家乐福因失去了低成本形象而把法国顾客都搞糊涂了。这个形象能否再改变过来还很难说。杜兰特先生从2005年起担任首席执行官，上任后推出了新的战略，包括在其大卖场（hypermarket）推出15%的新产品，在超级市场（supermarket）推出10%的新产品，增加员工，在某些大卖场延长营业时间，降低商品价格，尝试小型零售店，下放决策权，等等。杜兰特先生的目的是仅在家乐福能够成为本地最大零售商的国家经营。

思考题

1. 杜兰特先生是如何评估世界不同国家环境的？
2. 家乐福应该采用沃尔玛"天天低价"战略吗？这个战略的利弊是什么？
3. 家乐福应该如何有别于沃尔玛？
4. 为了确保企业国际化的成功，哪些国家的文化需要给予特别考虑？

注释

1. See James G. March and Herbert A. Simon, Organizations（New York：Wiley, 1958）.
2. "Suzy Welch's Big Strategic Thought", Business Week, May 4, 2009. pp. 56 – 57.
3. In 1978, Professor Simon received the Nobel Prize for economics. He died in 2001 at the age of 84. See "Herbert Simon", The Economist, February 24, 2001, p. 91. His autobiography can be found at www. nobel. se/economics/laureates/1978/simon – autobio. html, accessed November 10, 2008.
4. Melanie Trottman, "Bad Weather, Tough Choices", The Wall Street Journal. February 14, 2006.
5. A. Tversky and D. Kahneman 1974. "Judgement Under Uncertainty：Heuristics and Biases", Science, 185, 1124 – 1131.
6. Richard Daft and Karl E. Weick 1984, "Toward a Model of Organizations as Interpretations Systems", Academy of Management Review 9（2）：284 – 295.
7. Shrivastava, P. and Lim, G. 1984. Alternative Approaches to Strategic Analysis of Environments. Working Paper：New York University; Stubbart, C. I. and Ramaprasad, A. 1990. Comments on the Empirical Articles and Recommendations for Future Research, In A. S. Huff（ed.）, Mapping Strategic Thought, 251 – 288, John Wiley：New York.
8. Mark Cannice and Art Bell 2010. "Metaphors used by Venture Capitalists：Darwinism, Architecture, and Myth", Venture Capital：An International Journal of Entrepreneurial Finance（forthcoming）.
9. March, J. G., and H. A. Simon 1958. Organizations, John Wiley：New York.
Cyert, R. M., and March, J. G. 1963. A Behavioral Theory of the Firm. Englewood Cliffs, N. J.：Prentice Hall.
Janis, I. L., and L. Mann. 1977. Decision Making：A Psychological Analysis of Conflict, Choice, and Commitment, The Free Press：New York.
10. Various sources have been consulted including Internet sources such as http：//www. ibm. com/ibm100/us/en/icons/watson/ accessed January 6, 2013; http：//www. pubquizusa. com/sample – questions. php? answers, accessed January 6, 2013.
11. J. Lynn Lunsford and Daniel Michaels, "Bet on Huge Plane Trips Up Airbus", The Wall Street Journal,

June 15, 2006; J. Lynn Lunsford and Daniel Michaels, "Boeing May Get Lift From Lufthansa", The Wall Street Journal, December 6, 2006, "EU Vows Continuing Airbus Support", BBC News, December 6, 2006; Daniel Michaels and J. Lynn Lunsford, "Airbus Pitch: New A350 Was Worth Wait", The Wall Street Journal, December 4, 2006; "Airbus – A Long Haul to Recovery", The Economist, December 9, 2006, p. 70; Daniel Michaels, "Airbus A380 Is Set to Gain Clearance", The Wall Street Journal, December 12, 2006; J. Lynn Lunsford, "Boeing Flight Plan for Growth", The Wall Street Journal, January 5, 2007.

12. Email interview conducted with Mr. Jeb Miller, General Partner, JAFCO Ventures, by Mark Cannice on August 11, 2009.

13. "Taking Off: Boeing", Fortune, November 9, 1993, pp. 53 – 54; George Taninecz, "Blue Sky Meets Blue Sky", Industry Week, December 18, 1995, pp. 48 – 52; Boeing, http://www.boeing.com/commercial/777family/index.html, accessed January 6, 2013.

14. "The Top 25 Managers: Louis V. Gerstner Jr., IBM", Business Week, January 14, 2002, pp. 54; Andrew Park, Peter Burrows, and Spencer E. Ante, "How Low Can Big Blue Go", Business Week, October 22, 2001, pp. 56 – 57; Fred Vogelstein, "Sun on the Ropes", Business Week, January 7, 2002, pp. 82 – 87; David Kirkpatrick, "The Future of IBM", Fortune, February 18, 2002, p. 70.

15. Patrick May, "Uphill Drive", Contra Costa Times, July 4, 2010; "Tesla Motors", Wikipedia, accessed July 4, 2010; Tesla's home page http://www.teslamotors.com/ accessed November 16, 2011; Tesla Motors, The New York Times, July 6, 2010.

16. See Nissan LEAF, youtube.com/nissanusa accessed January 6, 2013.

17. "2010 Prius Plug – In Hybrid Makes North American Debut at Los Angeles Auto Show", http://pressroom.toyota.com/pr/tms/toyota/2010 – prius – plug – in – hybrid – makes – 149402.aspx, accessed January 6, 2013.

18. Interview conducted by email with Girish Acharya of SRI International on August 18, 2009 by Mark Cannice.

19. Curtis R. Carlson and William W. Wilmot, Innovation. The Five Disciplines for Creating What Customers Want (New York: Crown Business, Random House, 2006).

20. See also the discussion of intuition in decision making by 5 Erik Dane and Michael G. Pratt, "Exploring Intuition and its Role in Managerial Decision Making", The Academy of Management Review, January 2007, pp. 33 – 32.

21. C. K. Prahalad and M. S. Krishnan, The New Age of Innovation (New York: McGraw – Hill, 2008), p. 5.

22. See also Robert C. Lichtfield, "Brainstorming: A Goal – Based View", The Academy of Management Review, July, 2008, pp. 649 – 668.

23. Alex F. Osborn, Applied Imagination, 3rd rev. ed. (New York: Scribner, 1963).

24. Reena Jana, "Inspiration from Emerging Economies", Business Week, March 23 & 30, 2009, pp. 38 – 41.

25. Thomas A. Stewart, "3M Fights Back", Fortune, February 5, 1996, pp. 94 – 99; "3M and Then There Were Two", The Economist, November 18, 1995, pp. 74 – 75; Michael Arndt, "3M: A Lab for

Growth?" Business Week, January 21, 2002, pp. 50 – 51; 3M Worldwide, www.3m.com, accessed November 8, 2008.

26. See also Joseph V. Anderson, "Weirder than Fiction: The Reality and Myths of Creativity", Academy of Management Executive, November 1992, pp. 40 – 47.
27. "Mr. Creativity", The Economist, August 17, 1996, p. 55.
28. William Buxton, "Innovation vs. Invention", http://www.billbuxton.com/innovationInvention.pdf, accessed January 6, 2013.
29. Merriam – Webster http://www.merriam-webster.com/dictionary accessed January 6, 2013.
30. Ogan Gurel, "Innovation and Invention – Similar Words, Different Concepts", http://www.ipfrontline.com/depts/article.aspx?id=16295&deptid=5, accessed January 6, 2013.
31. "Carrefour at the Crossroads", The Economist, October 22, 2005, p.7, Cecilie Rohwedder, A New Chief Seeks to Make French Retailing Giant Nimbler, Wall Street Journal, November 30, 2006; "Setting Up Shop in India", The Economist, November 2, 2006, pp. 73 – 74. See also "Setting Up Shop in India." http://www.economist.com/business/displaystory.cfm?story_id=8109636, January 6, 2013.

第 2 篇结束语

全球化与创业计划

本篇结束语部分主要涉及创业与全球化计划。首先讨论了印度的竞争优势和劣势，然后从创业的角度探讨了如何撰写创业企业的经营计划，最后，本篇的全球轿车产业案例讨论了德国戴姆勒和美国克莱斯勒公司的合并情况。

全球聚焦　印度竞争优势和劣势的 TOWS 矩阵分析

每个国家都在关心如何有效地参与全球化市场的竞争。竞争力不仅要靠各个公司的效益，还要依赖产业和国家的社会经济体制。自由世界市场环境的快速变化要求国家要全力以赴地发挥其竞争优势，保持或获取未来的繁荣。政治和经济政要们以及企业领导们必须要评估外部环境中的机会以及威胁，以便制定相应的战略，充分利用其国家和产业强势，克服其薄弱环节。所以，讨论应该反映相关国家领导人的观点。

用 TOWS 矩阵获取竞争优势——一个概念模型

TOWS 矩阵最初是由韦里克推出的，主要用于制定公司战略。[1] 后来，TOWS 矩阵作为一个概念框架用于制定个人生涯战略之中。[2] 在本书中，作者用这一概念框架进行产业分析的同时，也分析了诸如印度等国家的竞争优势。

战略的制定，无论是企业、产业、还是国家，都需要详尽地分析各自系统（这里系指国家）的薄弱环节（W）和优势（S）。这些系统存在于更大的外部环境中，后者又对这些系统产生威胁（T）或提供机会（O）。下面用图 C2-1 的 TOWS 矩阵加以说明。

这四种因素将成为四种不同战略的基础。当一个国家抓住外部机会（O），并发挥其优势（S）时，它的环境是最有利的。这种情况在我们的概念模型中被称作"极大—极大"战略（S—O），因为这个国家在抓住机会的同时充分利用了本身的优势。但是，在全球竞争市场中，国家也同样面临威胁。当然，发挥国家优势在一定程度上可以抵消这种威胁。这种情况下的战略被称为极大—极小战略（S—T），因为其目的是在减少威胁的同时最大限度地发挥优势（见图 C2-1）。

每个国家都存在一定的薄弱环节，只有不断克服这些短板才能充分抓住外部机会。

这种极小—极大战略（W—O）常常是试图将国家薄弱环节转换成优势的发展规划。当一个国家面临外部威胁且其薄弱环节又使它在全球市场很难立足和竞争时，表明它处在了 TOWS 矩阵中最不利的环境，其极小—极小（W—T）战略旨在最大限度地克服内部薄弱环节，减少外部威胁。

现在用这个矩阵来分析印度的国家竞争优势以及分析几个挑选出的产业，来演示 TOWS 矩阵的具体应用。

国家文化、价值观、宗旨、目标等	内部优势（S）如文化规范、教育制度、政治制度、自然资源、运输系统、基础设施、技术创新、管理做法	内部薄弱环节（W）如来自"内部优势"栏中的薄弱环节
外部机会（O）如欧盟、北美、南美、东欧、亚太地区	SO：极大—极大 最具潜力的成功战略，充分利用国家优势和全球市场机会	WO：极小—极大 如利用机会克服薄弱环节的发展战略
外部威胁（G）如来自上述"外部机会"栏中地区公司或整个产业	ST：极大—极小 如以优势应对世界威胁	WT：极小—极小 如引进外资并使其颇具吸引力

图 C2-1　TOWS 矩阵——一个概念模型

印度的竞争环境分析

图 C2-1 是一个用来分析竞争优劣势的概念模型，这里将根据印度宏观环境中的机会和威胁以及印度产业的优劣势，讨论印度及其产业可能采用的具体战略。图 C2-2 中的 TOWS 矩阵描述了印度的竞争环境。

印度的内部环境：优势和薄弱环节[3]

就国家面积而言，印度是世界第七大国，而按人口排序，则是仅次于中国的第二大国。与中国相比，印度人口超过 11 亿，劳动力位居全球第二，经济实力排名世界第十二位。据估计，到 2025 年，印度消费市场规模将超过德国。[4]尽管经济在快速增长，印度的贫困率和文盲率很高。[5]

印度于 1947 年从英联邦独立出来，1950 年新宪法出台。印度在世界贸易组织（WTO）、东南亚国家联盟（ASEAN）以及南亚地区联盟（SAARC）中的作用日益增长。为了分析其竞争优劣势，我们借用图 C2-2 中的 TOWS 矩阵。

国家文化、价值观、宗旨、目标等	内部优势（S）	内部薄弱环节（W）
强调多元和同化论，即试图调和不同的信仰、习惯和文化。视全球化为经济增长机遇，运用技术实现现代化，减少贫困，改善生活质量。 推断：在民主环境中成长为主要的全球性强国	• 经济增长约（或超过）9% • 稳固的民主政府不断推行私有化 • 劳动力成本低 • 劳动力年轻化 • 钢铁生产成本低 • 汽车零部件产业、卡车和公交车 • 医药和化工 • 英语应用广泛 • 劳动力受教育程度高 • 医疗性旅游 • 信息、软件支持办公服务 • 高科技办公园区（如班加罗尔、海得拉巴及其他） • 良好的高等教育制度（如印度理工学院） • 外包能力强 • 快速发展的中产阶级（几乎30%） • 纺织业（丝、棉、纱、布） • 各种自然资源和农产品 • 各类产业	• 能源依赖（高油价） • 公路、交通极差 • 机场拥挤不堪 • 顾客中转能力差 • 基础设施差（如桥梁） • 经常断电 • 可怕的交通状况 • 能源依赖 • 污染 • 商业法律体系；解决商业纠纷周期长 • 通货膨胀 • 一般性教育毕业率低 • 研发投入少 • 农村人口文盲多，就业困难 • 政府官僚风气浓、腐败
外部机会（O） • 全球化提供了外包机会（如法律和税务专业） • 在印度的外国公司进行的研发 • 对高科技公司的吸引力 • 对医药公司的吸引力 • 来自美国的投资日益增加 • 给工程、石油、棉制品、珠宝产品提供了出口机会 • 增加了信息产品和服务需求 • 企业流程外包 • 旅游业得以发展（包括医疗性旅游）	**SO：极大—极大** • 提供外包服务 • 继续推行政府促增长、促改革、开放市场竞争的政策 • 吸引新产业 • 促进知识流程外包（如X光拍片分析、风险管理、会计） • 开发诸如生化技术、医药、信息、纺织等支柱产业 • 促进旅游业（如泰国）	**WO：极小—极大** • 制定改善诸如公路、桥梁、机场等基础设施政策（班加罗尔机场已于2008年投入运营） • 制定全球能源政策 • 投资太阳能和水电能源 • 改进法律程序，快速解决纠纷 • 容许外国大学参与投资（合资企业） • 鼓励企业培训（如德国推行的学徒培训制） • 实施有效控制，提高反腐败力度 • 强化普及小学教育
外部威胁（T） • 世界资源短缺 • 高油价 • 美国和欧洲的农产品补贴 • 美国政府斡旋反对外包以保护国内就业 • 来自中国、菲律宾、马来西亚和越南的竞争 • 其他国家的廉价劳动力 • 其他国家对知识资源的诱惑	**ST：极大—极小** • 与美国和欧洲谈判，以减少农产品补贴 • 开发太阳能和风能 • 与西方国家谈判，减少这些国家对其农产品补贴 • 提高生产率，与低成本国家抗衡 • 制定激励措施，留住人力资源	**WT：极小—极小** • 向中国提供软件，并从中国获取制造技术 • 将农村剩余劳动力安置在制造业 • 激励企业雇佣农村剩余劳动力 • 促进太阳能政策

图 C2-2　印度 TOWS 矩阵

印度的内部优势

　　印度的进步被称作经济奇迹。在过去数年中,印度经历了快速发展,前景仍然看好。令人敬畏的麦肯锡环球研究院预计,印度在 2005～2025 年间国内生产总值年均增长 6%～9%。鉴于巨大的消费潜力,麦肯锡就印度消费者市场的崛起和中产阶级的状况进行了一项大型调研。[6]

　　印度拥有全球第二大年轻、受过高等教育的劳动力队伍,其中大部分人能说流利的英语,这在全球市场竞争中是非常有利的。印度有好几所一流的大学(如著名的印度科技学院)。在产业方面,印度公司分布在诸如汽车、运输设备、医药、化工、消费电子、食品加工、石油、水泥、采矿、钢铁、技术服务等不同领域,许多公司从事服务外包业务。被戏称为"宝来坞"(Bollywood)的电影业也是一大优势。当然,最大的优势是印度的软件业。印度的大宗出口商品包括软件、工程制品、纺织品以及珠宝。也许鲜为人知、但影响越来越大的是其医疗旅游业。[7]那些患病但无法承担国内高昂医疗费的美国人,倾向于到印度旅游的同时接受医疗服务。

　　自然资源方面包括煤、铁矿石、钛、铝矾土、钻石、天然气、石油、石灰石以及其他元素。农产品包括大米、小麦、棉花、黄麻、土豆、油籽以及甘蔗。

　　尽管印度最大的优势在于其信息技术领域,但是其他领域中的著名企业也值得一提。印度最大的前十名公司涉足各类产业,包括信实工业有限公司(Reliance Industries)、石油化工总公司、印度国家银行以及塔塔钢铁公司、塔塔咨询服务公司和塔塔汽车公司。[8]让我们在这里探讨一些范例。

　　印度素以汽车零部件产业著称,现在组装轿车数量激增,外国汽车制造商也纷纷进入印度市场。新近推向市场、由塔塔汽车公司生产的售价 2500 美元的塔塔廉价轿车,引起印度和其他国家潜在购车族的青睐。

　　这些实例是印度快速发展的真实写照,而最大的变化则发生在科技界。一些高科技公司坐落在所谓的"电子城"(Cyber City),例如,在印度西部的浦那(Pune),有一个封闭带大门的社区,里面不仅有办公楼,工厂旁边还有职工宿舍楼,从而免去了员工往返于拥挤不堪老城区的麻烦。[9]诸如 Infosys 信息系统技术有限公司和 Wipro 公司等企业,都在班加罗尔建有现代化的厂房和设备,更不用说那些像飞利浦、英特尔、诺基亚及通用电气公司的外国跨国公司了。

　　尽管官僚政府反应迟钝,但是,那些诸如被人们称为印度比尔·盖茨(Bill Gates)的纳拉亚纳·穆尔蒂(Narayana Murthy)的创业家们给印度带来了巨大的变化。同样,拉丹·塔塔接手塔塔钢铁公司后,彻底改变了这个技术极度落后的企业。人们常常把他比作通用电气公司的前任首席执行官杰克·韦尔奇。

印度的内部薄弱环节

　　尽管印度的优势明显,尤其是连续数年经济增长保持约 9% 左右的快速增长,但是其薄弱环节也是不容忽视的。印度大部分的能源需要进口,而这对一个耗油巨大的市场来说是至关重要的。然而，最大的问题当属其糟糕的基础设施。大规模的交通疏通能力几乎不存在，污染更是雪上加霜，其严重的程度用"混乱"一词来形容毫不为过。正因如此，著名的高科技企业 Infosys 信息系统技术有限公司在投资公交车、面包车和出租车，运送员工去机场。[10]同时，全国各地大量兴建新机场。

其他阻碍印度发展的因素包括经常的断电、企业法律体系缺位、官僚风气盛行以及腐败成风。许多外国公司都有其不堪回首的往事。尽管如此，跨国公司仍然大量投资印度。

尽管印度有一些名牌大学，但其普通教育，尤其是低毕业率是它的薄弱环节。农村文盲率高，农民工就业难。

中国的改革得益于其强有力的政府，而印度的变革则更多的与议会、人口和自由新闻有关。众多党派之间达成共识往往延误改革和变革，印度人民对政府的官僚风气和腐败多有微词。

印度的外部（地理位置的）机会和威胁

印度在世界许多地区都有发展的机会，如欧盟、北美、东欧（包括苏联共和国）、环太平洋地区以及亚洲。印度是美国、欧盟、中国等许多国家的贸易伙伴，主要出口产品为软件、工程制品和纺织品。

印度的外部机会

随着全球化的步伐在加快，印度有许多承接外包的机会。多年来，印度公司一直在提供消费者呼叫中心服务。近年来，印度开始承接法律和税务方面的外包业务。一般来说，业务流程外包是很有吸引力的。同时，越来越多的外国公司在印度进行研发活动，他们更青睐投资那些高科技和医药领域，受过高等教育的劳动力队伍对外企颇有吸引力。总之，全球化环境给印度企业带来了更多的出口机会，如工程制品、石油产品、纺织品、宝石和首饰。信息技术绝对是印度的强项，印度企业大量使用信息技术，使其有更多的机会向全球市场输出产品和服务。此外，不断增强的旅游业对印度非常有利。正如泰国经验所示，旅游业也已成了印度经济中一个重要的组成部分，在轿车需求日益增长的情况下，印度汽车制造商在南非、西班牙和意大利的轿车销售呈不断上升趋势。

印度的外部威胁

世界各地给印度带来很多机会，同时也带来了威胁。世界性的资源短缺和高油价对印度的威胁是多方面的。欧洲和美国政府对其农产品的补贴使印度的农民很难参与竞争。美国政府中那些旨在保护美国公民就业的游说，有可能减少对印度外包的机会。在印度依赖劳动力低成本优势的同时，其他国家（如越南）也同样靠这些优势竞争。外国公司关注的问题之一是知识产权的保护问题。除非印度制定更为严格的知识产权保护法律法规，否则外国公司是不会分享他们的技术和技能的。那些高素质的专业技术人员很可能被其他国家更有吸引力的工作机会分流。

印度面临的四种战略选择

审视印度的内部优势和薄弱环节以及来自其他国家的机会和威胁,应该考虑以下四种战略选择。

优势加机会(SO)战略(极大—极大战略)

对印度而言,最有可能成功的战略是抓住其外部机会,发挥它的内部优势。图 C2-2 矩阵中的极大—极大(SO)战略标明了一套可行的选择战略,即最大限度地发挥内部优势,抓住外部机会。例如,应该制定相关政策,鼓励和支持公司抓住服务外包机会。此外,政府应该继续推行其鼓励增长、鼓励改革的政策,进一步开放市场,以期吸引诸如生态技术、制药和信息技术等新产业。纺织业也有可能受益于这些来自其他国家的新技术。诸如 X 光片分析和风险管理会计等知识型外包对印度产业和国家都是有利的。无须赘言,印度旅游业会吸引那些发展中国家日益增长的富人们。

薄弱环节加机会(WO)战略(极小—极大战略)

内部薄弱环节明显的国家应该扬长避短,抓住外部机会,即最大限度地减少其薄弱环节,尽可能地利用外部机会。图 C2-2 矩阵中的极小—极大(WO)战略标明了这些可行的选择战略。就破烂不堪的公路和严峻的交通状况而言,印度政府应该全力以赴地加强基础设施建设,即修路、建桥、修建新机场。2008 年启动的新班加罗尔机场表明了政府在这方面所做的努力。鉴于印度对能源的高度依赖状况,政府应该制定国家的全球能源政策。也就是说,投资于太阳能和燃料能源。

为了吸引外资,应改善法律流程以便纠纷得以快速和公平解决。允许外国大学参与合资无疑是上策。为了培养技能,应鼓励公司进行诸如德国学徒制方式的企业内部培训。[11]例如,西门子(印度)公司可以向其德国的母公司学习,在印度市场试用学徒制。应该指出的是,西门子(印度)公司在印度颇有知名度,位居《商业周刊》亚洲 50 强首位。[12]学徒制也有助于聘用来自农村的那些受教育程度低的人们。一个重要的战略措施是反腐败,这样有助于鼓励外国公司到印度投资。教育对一个国家参与 21 世纪竞争是至关重要的。印度虽然名牌大学不多,但仍然可以从改善其初级义务教育的努力中受益。

优势加威胁(ST)战略(极大—极小战略)

印度有足够的内部优势,通过制定优势加威胁(ST)战略用来抵消外部威胁,即最大限度地发挥国家优势和削减外部威胁。例如,制定开发诸如太阳能和风能等再生能源的战略,以减少对石油的依赖。另外,印度政府应该与美国和欧洲政府谈判,敦促后者减少对农产品的补贴。为了增强国家竞争力,印度需要通过提高劳动生产率来面对来自中国、菲律宾、马来西亚和越南的竞争。当然,这些国家在对印度构成威胁的同时,也给印度带来了贸易的机会。最后,公司和国家应该制定相应的政策,设法留住人才,防止人才外流。例如,中国在制造业方面对印度构成了一定的威胁,印度可以考虑与中国的合作战略,向中国出口软件和进口中国的制成品和技术。

薄弱环节加威胁（WT）战略（极小—极小战略）

试图采用克服印度内部薄弱环节、减少外部威胁的薄弱环节加威胁（WT）战略是一件困难的选择。在这方面，印度可以考虑将其大量的农村剩余劳动力转移到制造业。政府还应该制定优惠政策，招聘人员修建公路、桥梁和机场。当然，政府还需要制定太阳能政策以解决世界性的自然资源短缺问题。

国家文化、价值观、宗旨和目标

政府在相关产业的协助下可以做出的选择是有限的。显而易见，各种不同的选择战略是交织在一起的。事实上，战略组合是必需的，问题是，无论战略怎么组合，它们必须要与图C2-2矩阵中左上角列明的印度文化、价值观和国家宗旨相一致。例如，印度应该知道，其多元和同化主义的特点意味着不同文化、信仰和传统的融合。人们不应该视印度为一个孤岛，相反，它是全球化环境中能够提供增长机会的一个重要组成部分。这就要求印度的领导必须具有前瞻性，利用科技手段实现现代化，提高人民的生活质量，减少贫困。值得关注的是，印度的国家目标是成为民主导向的全球性大国。

印度和其他国家竞争环境的结论

TOWS矩阵方法为某个国家如何获得竞争优势提供了各种备选方案，有助于政策制定者们对内部和外部因素进行系统的分析，并将它们联系起来产生合力效应。尽管我们只是演示了TOWS矩阵对印度的分析，其他国家也可以从中获益，制定其在全球市场上取得和保持竞争优势的战略。[13]

创业聚焦　为创业企业撰写经营计划

正如本书第二篇所讨论的，计划过程是实现有效管理的第一步，它涉及确定组织的愿景和使命以及目标和宗旨。在创业环境下，计划通常起始于撰写经营计划。经营计划不仅是创业者们用来帮助自己创办新公司的计划机制，而且是从诸如风险资本家或银行等专业投资人那里融资的工具。尽管互联网上刊登了不少撰写经营计划的资料[14]，然而以下这些内容覆盖了硅谷地区大部分投资者和创业者所期待的经营计划。[15]

具体来说，经营计划可能长达40页之多，但是大多数高层管理人员和投资者时间有限，因此，大多数专业人员希望看到的是一份简缩到经营概念实质性的文件。创业者们一般首先完成一份详细的包括许多分项预算、经营计划和财务预算等内容的经营计划，但是，在进行演示或劝说潜在投资者和合作伙伴时往往采用简要文件。

以下是一份详细的、基于与硅谷风险资本家和高层管理人员紧密沟通、互动基础上形成的经营计划概要建议。[16]首先列出的是基本概要，然后是详细内容。

经营计划建议格式

经营计划可以采取多种方式,本建议格式涉及了最基本的框架。
1. 公司名称和简历(重要的是清晰无误地界定经营概念)。
2. 涉及的市场机会和问题。
3. 要推出的产品或服务如何解决这些问题或抓住这些机会?
4. 谁是当前和潜在竞争对手?公司的竞争优势是什么?
5. 按人口特点(如性别、收入水平、年龄等)和规模对目标市场进行描述。
6. 针对目标市场的市场营销战略以及 5 年内市场渗透预计估算。
7. 经营模式和战略分项预算。
8. 基于目标市场渗透率的预期收益和利润、市场规模增长率以及 1~5 年的预期成本。
9. 管理团队简况和相关经历。
10. 投资者需要投入的资金额以及目的。
11. 公司目前状况(例如,产品发展阶段、专利、合同、当前销售额、利润水平、权益/负债等)。

显而易见,不同产业或处在不同发展阶段的创业者和投资者对这份建议格式的侧重面不同,但是,与很多投资者和创业者沟通的结果表明,上述要点正是专业投资者们对经营计划建议书所期盼的。以下是上述要点所涉及的详细内容。

1. 公司名称和简历。

清晰无误地界定经营概念是关键。同时,时间是那些繁忙的管理人员和投资者们最宝贵的资源,他们所期盼的是,创业者们既快又完整地阐述经营计划的关键点。那些经验丰富的创业者们仅用几分钟的时间就能表达一个企业的概况(甚至包括那些技术性或科技性含量很高的企业)。这种能力表明,创业者只有充分地了解其企业才能面向非专业听众表达其意向。如果经过创业者 15 分钟的讲解后投资者问道:"你到底想做什么?"毫无疑问,创业者的阐述失败了。

2. 涉及的市场机会和问题。

成功的创业者们是机会导向的。人们常常会听到硅谷地区专业投资者们所说的一句话,"痛苦点在哪里?"换言之,创业者想要解决哪些消费者或企业所遇到的问题。这些问题意义何在?不像所生产的产品没有明确的需求那样,这是一个企业的核心问题。与此相类似的是,对所要阐述的问题清晰地进行解释是成功地提出企业建议或演示的关键。

3. 要推出的产品或服务如何解决这些问题或抓住这些机会?

一旦创业者确定了市场机会或问题之所在,他必须要从产品或服务的角度提出解决问题的方案。他必须要能够清晰地阐述其产品以及如何具体解决潜在消费者所遇到的问题。创业者要能够演示,他的产品是如何消除消费者具体"痛苦点"的(例如,成本、时间和严重程度等)。

4. 谁是当前和潜在竞争对手？公司的竞争优势是什么？

一旦创业者证实，他的产品能够减少消费者的"痛苦"，他应该清晰地表明谁是竞争对手，他的解决方案与这些竞争对手的解决对策有何区别。他的产品是否能更好地减少消费者的"痛苦"？更彻底？更节约成本？同时，他还应该表明，从解决这个问题的角度，其公司的竞争优势是什么。本文通篇都涉及了对获取竞争优势的讨论，然而，简单而言，竞争优势是可以通过形成或拥有某些知识产权而获取的，这些知识产权的特点是或者不易仿造，或者能形成强有力的品牌，或者能建立排他性分销系统或供应网络等。

5. 按人口特点（如性别、收入水平、年龄等）和规模对目标市场进行描述。

创业者应该进行第一手和第二手市场调研以便准确地确定哪些是最有可能的消费者，有多少人，用什么最有效的方法满足他们的需求。第一手调研可以从一个聚焦小组开始，请5~10个潜在消费者对一个原型产品进行评论，或者采用书面调研，或者通过个人访谈方式进行。在通过第一手调研形成最有可能的消费者（包括年龄、性别、收入等）的意见后，进行第二手调研以确定有多少消费者。第二手市场调研[17]利用现有的市场数据来确定有多少符合这些条件的消费者。

6. 针对目标市场的市场营销战略以及5年内市场渗透预计估算。

通过市场调研方法界定市场后，创业者必须制定详尽的市场营销战略。首先，必须要让消费者了解公司的产品以及产品优势。其次，必须要让细分目标市场消费者感受到公司产品的好处，即产品的宣传方式必须充分接近消费者的需求和行为方式。创业者希望要解决的消费者"痛苦点"的产品是什么？通过什么方式才能最有效地向消费者宣传其产品？什么媒体方式最能引起消费者的注意力？创业者如何才能最有效地将信息传递给消费者？一旦消费者认可了公司的产品或服务，如何尽快地向消费者分销这些产品或服务？市场战略要具体，例如，创业者如何得到首批消费者、后续消费者等。创业者应该避免这样的问题："这是个10亿美元的潜在国家市场，如果我们能够占到10%就是1个亿的销售额。"这样的一种书面陈述或讨论会即可终止与一位精明投资者的会谈。因此，市场营销战略应该能够帮助形成逻辑性的争论和对市场渗透率的估计（目标市场购买其产品的比率）。这种通过市场调研获取的渗透率和市场规模可以使创业者得出整个销售额的预期。

7. 经营模式和战略分项预算。

创业者针对所建议的公司必须制定详细的经营模式。具体来说，如何生产产品或提供服务？主要的供应渠道在哪里？目标市场的分销渠道在哪里？如何对这些渠道进行促销？预期的营业额是多少？边际利润是多少？创业者对其公司经营模式的理解和解释表明他对自己公司了解的程度，因此会直接影响其实施计划的结果。创业者应该将公司的计划分解成具体的关键的战略分项预算，[18]并与资金需要量紧密联系。换言之，好的资金运作取决于满足预期的分项预算。因此，创业者必须确保量力而行。[19]

8. 简要财务总结。

尽管详细的经营计划需要详尽而又具体的月度或季度费用和销售展望，对感兴趣的投资者而言，一份简要的建议书更能使其进行快速评估。[20]例如，一份基于市场规模、目标市场渗透率、企业最初 5 年预计费用的预期收益和利润简表通常是最基本的要求。

	第 1 年	第 2 年	第 3 年	第 4 年	第 5 年
市场规模					
营业收入					
费用					
利润					

9. 管理团队简况和相关经历。

在评估一个新的公司以及是否对其投资时，大部分的专业投资者都会认为，新公司的管理团队是最重要或最关键的因素之一。正如人们常说的，"宁愿要一个次级想法的一流团队，也不要一个一流想法的次级团队。"这是因为，有关公司的最初想法往往需要修正，而管理团队必须要有这样的能力。创业者应该表明其先前的产业经验和创办其他公司的经验。对硅谷地区的创业者而言，有过先前创业失败的经历根本不是什么问题，因为这些教训恰恰是最有价值的学习体验。另一方面，发现管理团队中的漏洞表明需要招聘新的人员。无须赘言，管理团队成员的诚实和职业道德是至关重要的素质条件。创业者与投资者之间一旦失去了信任，投资项目也就死定了。因此，创业者必须力戒夸大其词或消极失望，坦率和真诚至关重要。

10. 投资者需要投入的资金额以及目的。

创业者必须要牢记让投资者投资的目的是什么。对拟建公司的初始融资需求是基于经营计划的财务预期提出的。就其经营和投资所需现金而言，创办这个公司需要多少投资股本金？公司成长过程中需要不断融资，这是非常常见的。初始融资一般要满足公司运营 12 个月的需要。[21]

11. 公司目前状况。

经营计划是变化的，随着公司生命周期的变化而不断更新，创业者有可能在公司运营数年后才向投资者展示其计划。因此，很重要的是，创业者不要忘了介绍诸如产品开发、销售、利润等方面公司目前的状况。一个好的公司因为消除了创业前期风险而很容易得到财力支持，因此，创业者无须对探讨其公司的绩效感到不安。

上述经营计划建议提供了硅谷地区创办新公司所需的经营计划的标准框架。一般情况下，创业者需要在进行广泛的市场调研和财务预算的基础上制订详尽的经营计划，提炼成简要的建议书。这里所涉及的指导原则将有助于创业者关注投资者所寻求的核心问题。战略分项预算和计划是一份完美的经营计划的关键之处，创业者应该将此作为切入点，将其创业激情倾注于一个新公司的诞生之中。

全球轿车产业案例

戴姆勒—克莱斯勒公司的合并：世界新秩序？[22]

1998年5月，欧洲最大的产业公司戴姆勒—奔驰与美国第三大汽车生产企业克莱斯勒合并。精心策划的这一合并案似乎是一个"战略性的匹配"，克莱斯勒低价格的轿车、轻型卡车、皮卡车和其非常成功的小型面包车，看上去与戴姆勒的豪华车、商用车和越野车（SUV）形成了互补效应，两者之间几乎不存在产品线的重叠。

这一合并举措带来了其他并购风潮。通用汽车（GM）拥有瑞典萨博汽车公司（Saab AB）50%的股权，在印度拥有欧宝（Opel）子公司，在英国拥有沃克斯豪尔（Vauxhall）子公司；福特兼并了英国的捷豹（Jaguar）和阿斯顿·马丁（Aston Martin）；德国宝马（BMW）并购了英国罗孚（Rover）（但后来又将其剥离了出去，仅留下了微型系列车）；英国罗尔斯·罗伊斯（Rolls Royce）成功地将其股权卖给了德国大众和宝马。另外，沃尔沃与雷诺的合并企图失败了，后来福特并购了沃尔沃。

戴姆勒—克莱斯勒跨文化的合并有其优势，即双方公司的首席执行官均有国际经验，对德国和美国的文化都很熟悉。克莱斯勒的罗伯特·伊顿（Robert Eaton）曾经在通用汽车欧洲业务经营过程中有过重新设计欧宝（Opel）车型的经历。克莱斯勒的另一位董事长鲁茨（Lutz）先生能说流利的德语、英语、法语和意大利语，曾经在宝马、通用和福特工作过。戴姆勒的首席执行官于尔根·施伦普（Jürgen Schrempp）曾经在美国和南非工作过，全球化视野开阔。

背景情况

李·亚科卡（Lee Iacocca）曾经是克莱斯勒一位引人注目的董事长，1978年由于与亨利·福特二世的矛盾离开了福特公司。1979~1980年，他因同美国政府谈判取得了贷款保证金，使克莱斯勒在破产边缘起死回生而闻名于世。在李·亚科卡的领导下，克莱斯勒于1987年兼并了美国汽车公司（American Motors），从此增添了吉普车生产线。1998年与戴姆勒谈判合并事宜的罗伯特·伊顿于1992年接替了李·亚科卡的职务。

在合并之时，戴姆勒销售的车辆比克莱斯勒少，但收入却高得多。1997年，戴姆勒全球范围内的30万员工生产了71.5万辆轿车和41.7万辆卡车和商用车。除此之外，戴姆勒还生产飞机、火车和直升机，其收入的2/3来自德国之外。

既然如此，为什么设在德国斯图加特（Stuttgart）的戴姆勒要和美国底特律的克莱斯勒合并？两个公司在产品线上互补，克莱斯勒将合并视为克服欧洲一些贸易壁垒的机会。但是，汽车工业合并的主要原因是技术（其固定成本非常之高）和生产能力过剩（据估计为

20%），只有那些具有规模经济的公司才能生存下去。韩国现代汽车公司的总裁帕克（Park）先生认为，1998年韩国的汽车生产线开工率只有大约50%，韩国的汽车产业当时还可以多生产1/3的汽车。据预测，21世纪大约只有6~7个大型汽车生产企业能够生存下去。这些使得戴姆勒—克莱斯勒合并成为一种竞争需要，而非形成竞争优势或战略优势。

戴姆勒 + 克莱斯勒 = 新的汽车公司*

在20世纪80年代末期和90年代早期，日本通过高效率的生产方法和高质量的产品，在汽车产业取得了突飞猛进的发展。然而，德国汽车产业由于戴姆勒—克莱斯勒合并（其中，戴姆勒拥有53%股权，克莱斯勒47%）出现的新趋势改变了汽车产业。这个新公司成为全世界第五大汽车制造商，成为能够生产全方位产品的大规模生产商。

相关优势包括：戴姆勒以豪华车和小型车（A级车，亦称智能车[23]）创新著称，而克莱斯勒则由于其微型面包车和吉普车销售获得的高增值，使它的每辆车平均利润率位居底特律地区三大汽车生产商（通用、福特和克莱斯勒）的首位。同时，克莱斯勒以管理能力强和生产效率高闻名于世，其低成本和简单化的特点，如霓虹灯型车（Neon model），也显而易见。

图C2-3表明了克莱斯勒与戴姆勒—奔驰合并前的优势和薄弱环节，同时也列出了公司外部机会和威胁以及备选方案。从本质上讲，克莱斯勒继续延续了它的战略，即在北美自由贸易区国家市场上加强其越野车和微型面包车的竞争地位。同时，公司面临着日益增长的竞争压力和进入非北美自由贸易区市场的需要。再有，存在着被另一个公司"非友善"兼并的危险。采用友好协商方式，与一个享有盛誉、其产品线能够互补、使其能够进入新市场的公司合并颇具现实意义。

内部环境 \\ 外部环境	内部优势（S） • 与北美自由贸易区国家的传统关系和品牌形象 • 在北美自由贸易区的销售和服务网络 • 在美国的平衡组合 • 吉普车形象和获利的微型面包车	内部薄弱环节（W） • 过于集中在本国及北美自由贸易区市场 • 公司在北美自由贸易区之外无知名度 • 公司在北美自由贸易区外部网络很弱 • 总体财务状况不佳
外部机会（O） • 对高增值微型面包车的需求上升 • 运动概念车市场在增长 • 信息技术发达	SO：极大—极大 • 在北美自由贸易区市场加大运动概念车和微型面包车的推出力度 • 寻求与一个高科技公司的合并	WO：极小—极大 • 进入非北美自由贸易区市场 • 在北美自由贸易区之外建立销售和服务网络

（续）

---

* 这里的讨论涉及了本书第5章中阐述的合并TOWS矩阵。

外部威胁（T）	ST：极大—极小	WT：极小—极小
• 美国市场的饱和和萧条 • 来自运动概念车和微型面包车的竞争在加剧（如日产、丰田） • 存在恶意收购的可能性 • 竞争（如通用汽车、福特汽车）	• 采用专门技术，改善运动概念车和微型面包车的竞争地位 • 开发创新轿车 • 探讨友善合并的可能性	• 寻找合作伙伴，进入世界市场

NAFTA：北美自由贸易协定；SUV：运动概念车。

图 C2-3　克莱斯勒公司合并前的 TOWS 矩阵

梅赛德斯—奔驰（Mercedes-Benz）是戴姆勒公司的一部分，以工程卓越和产品优质而著称，公司的品牌形象是它的豪华车。另外，梅赛德斯缺少低价位、销量大的细分市场，如图 C2-4 所示。高开发成本和取得规模经济的需要急需找到一个合作伙伴，使其能够提供一个从高价位到低价位的完整生产线。

内部环境 外部环境	内部优势（S） • 豪华车品牌形象 • 工程专有技术 • 产品质量 • 财务实力强	内部薄弱环节（W） • 仅集中在世界豪华车市场 • 缺少销量高的细分市场 • 高价格 • 亚洲市场表现欠佳
外部机会（O） • 拓宽产品线的需要 • 小型豪华轿车需求增加 • 新销售渠道的需要	SO：极大—极大 • 利用品牌形象进入新领域，拓宽产品线 • 开发智能轿车 • 利用平台概念，降低成本 • 开发微型面包车	WO：极小—极大 • 进入低价位细分市场 • 开发产品，增加销量 • 利用现有的合作伙伴 • 在低价位细分市场寻求新的合作伙伴
外部威胁（T） • 本国市场饱和 • 新兴市场的经济问题 • 豪华轿车市场的竞争（如宝马、凌志、无限、雅阁、美洲豹） • 竞争对于产品线的拓宽（如大众、奥迪）	ST：极大—极小 • 使用技术诀窍与竞争对手抗衡 • 寻求合作伙伴	WT：极小—极小 • 在低价位细分市场创建新品牌

图 C2-4　戴姆勒—奔驰公司合并前的 TOWS 矩阵

合并后的情况分析表明，两个公司的优势和薄弱环节互补，如图 C2-5 所示。它们目前能够在各自的市场上提供全方位的各种型号的产品线,除了切诺基吉普车与在阿拉巴马生产的梅赛德斯 M 级越野车（M-Class SUV）直接竞争外,两个公司的产品几乎不存在重叠。同时,合作伙伴可以在它们各自的专长领域利用其创新能力,它们在各个国家的生产设施可以用来生产和装配低价位和溢价轿车。总之,合并后的戴姆勒—克莱斯勒公司能获得合力效应和节约成本。

尽管合并有着潜在的优势,挑战也是同时存在的。公司几乎没有进入世界低价位车产品市场的经验,同时,存在着合并公司在经营和管理制度方面潜在的冲突。外部威胁依然存在,可能会进一步恶化。欧盟和北美自由贸易区国家的汽车市场已趋于饱和,发达国家和新兴国家的经济恶化降低和延缓了这些国家的增长。另外,竞争（尤其是豪华车细分市场）越来越激烈。

戴姆勒首席执行官于尔根·施伦普面临的挑战是,如何整合这两个公司,取得高效率,这也是合并的重要目的之一。此外,整合这两个公司的组织文化将是一个重大挑战。

战略实施：合并的致命弱点

合并战略是经过慎重计划和制定的,施伦普和伊顿的全球化视野以及产品线是匹配的,如合并后公司的 TOWS 矩阵所示（见图 C2-5）。然而,实施一项制定完好的战略本身就意味着挑战。一些克莱斯勒的设计师和管理人员将这个合并视为戴姆勒的兼并,因而离开了公司,加盟到通用和福特公司。作为提高美国员工士气形象人的伊顿先生,在公司合并之后很快退休了。尽管组织最高层（两个首席执行官都有全球化视野）对国家和企业文化方面都有很好的理解,但是,将不同的文化和管理风格融合到基层却是非常困难的。

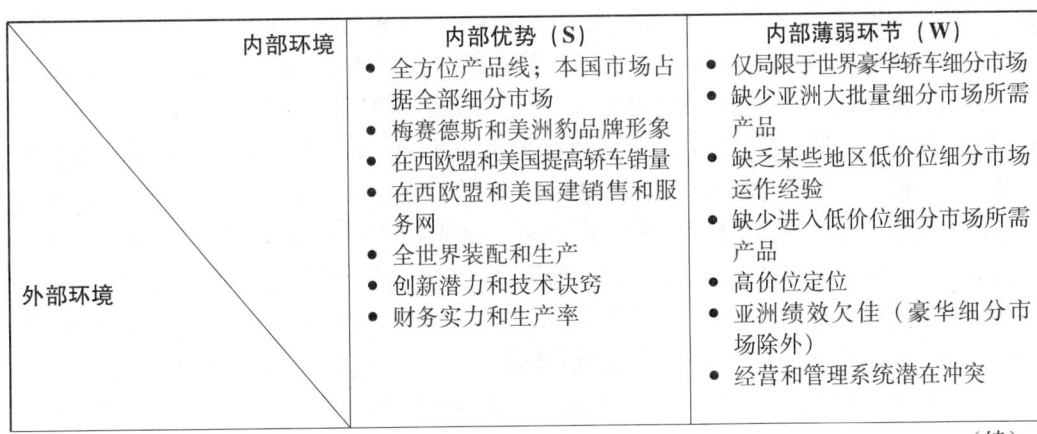

（续）

外部机会（O）	SO：极大—极大	WO：极小—极大
• 在新市场推出现有品牌 • 满足新细分市场的需求 • 开发和推出新车型 • 进入细分市场 • 利用新的销售渠道 • 拓宽服务（移动性、信贷支持） • 利用规模经济效应（在分销系统、生产和管理方面降低成本的潜力） • 开发氢驱动的燃料电池	• 利用品牌和产品 • 利用企业系统进一步提高销售绩效和效率 • 进一步提高整个品牌组合的知名度以及消费者识别度 • 在新进入的细分市场利用技术诀窍 • 利用合力降低开发、生产和管理成本 • 加强燃料电池技术研究，尽快生产出轿车用电池	• 为低价位细分市场购买或创建品牌 • 收购或与其他公司合作进入低价位细分市场，取得规模经济效应，进入新市场（尤其是亚洲） • 开发低价位产品（尤其是为亚洲） • 在本国市场之外营销产品 • 寻求合适的合作伙伴（尤其是在那些服务欠佳的市场）
外部威胁（T）	ST：极大—极小	WT：极小—极小
• 西欧盟和北美自由贸易区的饱和和萧条 • 新兴市场经济恶化，需求减少 • 豪华轿车市场竞争更加激烈 • 新竞争对手拓宽了产品线 • 汽车制造集中度在增强 • 股票市场价值下跌	• 利用创新潜力和技术诀窍，在所有细分市场实现垄断地位 • 审视所有潜在消费者，发现其需求，提供"最佳"解决方案 • 吸引投资者支持和提高股票市值，防止被恶性收购	• 专门与亚洲合作伙伴合作，进一步增长，改善世界各地的经营

NAFTA：北美自由贸易协定；WEU：西欧盟。
根据 K. U. Seidenfuss 提供的数据编制。

图 C2-5　戴姆勒—克莱斯勒公司合并后的 TOWS 矩阵

　　德国高层管理人员可能依赖 50 页纸的报告来讨论和做决策，而美国人却喜欢一对一的沟通。在董事会之下，下属人员通常研究一项问题后交给他们的德国上司，德国上司一般会接受他们的建议。另外，美国管理人员常常是接受报告后放置一边，令德国下属沮丧。同时，克莱斯勒的设计师由于没有参与梅赛德斯（奔驰）车的设计而感到灰心丧气。尽管目前有两个总部（底特律和斯图加特），一位高层管理人员预计，不久的将来只会存在德国一个总部。美国和德国管理人员可以互相学习，德国管理人员需要撰写短的报告，应该更具灵活性，减少官僚风气，加快管理决策过程，而另一方面，美国管理人员则希望学习德方人员纪律严明的作风。正如一名克莱斯勒员工所说："对我们而言，真正的好处是建立一些风纪，我们过去也知道需要这些风纪，但我们总不能与自己过不去。"[24]

　　这个员工所述似乎有道理，因为在 2001 年克莱斯勒需要一个大的变革，外部威胁在增加，内部环境需要彻底的调整。就外部环境而言，对于高获利的克莱斯勒微型面包车和越野车的需求在下降，一部分原因是美国和欧洲的经济趋缓，另一部分原因则是来自丰田、本田和大众的竞争在加剧。就内部而言，过去那种无节制的支出稀释了克莱斯勒的资源以及戴姆勒—克莱斯勒公司的资源。为了解决这些内部问题，梅赛德斯的戴特·哉茨舍（Dieter Zetsche）接管了设在美国奥本山（Auburn Hills）工厂的控制权。他在分析情况时指出，计划的假设前提不正确。可能更重要的是，计划缺少对克莱斯勒内部优势和薄弱环节的评估。[25]随着哉茨舍掌管克莱斯勒的经营、施伦普负责戴姆勒—克莱斯勒公司的总体战略，这个合并后的公司最终能否实现其初衷的诺言？这可是一个悬而未决的问题！

问题答案

戴姆勒—克莱斯勒之间的合并并非新世界秩序模式，这场"婚姻"最终解体为两个公司，戴姆勒被卖给了博龙资本管理有限公司（Cerberus Capital Management）。并购失败的原因很多，例如：

- 这场并购双方实力相差悬殊，克莱斯勒被作为子公司对待。
- 德国方面领导长期缺位，德国管理团队姗姗来迟。
- 克莱斯勒和梅赛德斯之间的工资差距导致了一场纠纷，克莱斯勒员工收入远远超过德国同行。
- 预期的销售、购买、分销渠道、产品设计和研究开发等协同效应未能实现。
- 高层管理团队之下存在着文化冲突，文化敏感培训没有能够解决文化冲突。
- 一些克莱斯勒核心管理人员对未来的职业生涯感到渺茫，进而加盟了通用汽车和福特汽车公司。
- 克莱斯勒股票下跌。
- 德国工程师关注质量，而克莱斯勒工程师则强调价格。

双方公司各自相关优势和劣势的分析表明，他们在许多方面是互补的，在模式组合上并没有重叠，同样，就两个公司面临的机会而言，前景也是不错的。很显然，对于协同的预期过于乐观。这个案例说明了整合战略制定和战略实施的必要性。

思考题

1. 对戴姆勒和克莱斯勒之间的合并进行评估。讨论其战略匹配和不同的产品生产线。
2. 评价伊顿和施伦普的国际视野。
3. 两个公司组织文化整合的困难是什么？
4. 应该做些什么能使战略实施成功？

注释

1. Heinz Weihrich, "The TOWS Matrix: A Tool for Situational Analysis", *Long Range Planning*, vol. 15, no. 2 (1982), pp. 54–66.
2. Heinz Weihrich, "Strategic Career Management—A Missing Link in Management by Objectives", *Human Resource Management* (Summer, Fall, 1982), pp. 58–66.
3. Steve Hammm, "The Trouble with India", op. cit.; "India on Fire", *The Economist*, February 3, 2007, pp. 69–71; Robyn Meredith, *The Elephant and the Dragon* (New York: W. W. Norton & Company, 2008); HDNet World Report, op. cit.; "India" http://en.wikipedia.org/wiki/India, accessed De-

cember 10, 2009.

4. Ibid. See also Thomas L. Friedman, *The World is Flat* (New York: Picador and Thomas L. Friedman, 2007).
5. India, http://en.wikipedia.org/wiki/India, accessed December 10, 2009.
6. Jonathan Ablett, Addarsh Baija and others "The 'Bird of Gold': The Rise of India's Consumer Market", *McKinsey*, May 2007.
7. Ganapati Mudur, "Hospitals in India woo foreign patients" (June 2004), *British Medical Journal* 328: 1338.
8. Paul Maidment, "India's 40 Biggest Companies", *Forbes*, August 2, 2006.
9. HDNet World Report, op. cit.
10. Steve Hamm, op cit. p. 50.
11. For a discussion of the Germany apprenticeship system see Heinz Weihrich, Kai-Uwe Seidenfuss, and Volker Goebel, "Managing Vocational Training as a Joint Venture-Can the German Approach of Cooperative Education Serve as a Model for the United States?" European Business Review, 1996 at www.usfca.edu/fac-staff/weihrichh.
12. Einhorn in Hong Kong, "Hanging Tough in Asia", *Business Week*, September 15, 2008, p. 66.
13. See, for example, Heinz Weihrich, "Decision Making for Gaining a Competitive Advantage for the Nation with the TOWS Matrix—An Alternative to Porter's Model—Illustrated by the People's Republic of China", in *Decision Sciences Institute 5th International Conference Proceedings*, Athens, July, 1999.
14. The United States Small Business Administration (www.SBA.gov) provides advice on writing a business plan as well as links to sample business plans.
15. Knowledge of Silicon Valley standards of business planning comes from years of extensive interaction and collaboration with dozens of Silicon Valley venture capitalists and entrepreneurs.
16. Please see the *Silicon Valley Venture Capitalist Confidence Index* Quarterly Reports to gain a sense of what VCs are expecting in terms of the high-growth entrepreneurial environment in the coming quarters (ProQuest and www.Cannice.net.).
17. An excellent starting point for gathering national and local customer demographic data is www.census.gov, accessed October 2, 2006.
18. Strategic milestones might include estimated dates of the completion of product development, the beginning of sales, the break even point in terms of sales level and time, expansion plans, etc.
19. A Silicon Valley rule of thumb for entrepreneurs regarding milestones and projections is to "under promise and over deliver".
20. See also Philip J. Adelman and Alan M. Marks, *Entrepreneurial Finance*, 4th edition, Pearson Prentice Hall, 2007.
21. See also Richard C. Dorf and Thomas H. Byers, *Technology Ventures: From Idea to Enterprise*, McGraw Hill, 2005.
22. The case is based on a variety of sources, including Heinz Weihrich and Kai-Uwe Seidenfuss, "Reengineering the Global Car Industry: Will the Daimler-Chrysler Merger Create a New World Order?" in *The Automobile Industry in the 21st Century* (Seoul: Seoul National University, June 2, 1998), pp. 45–46; "Daimler-Chrysler: Crunch Time", *The Economist*, September 25, 1999, pp. 73–74; "Merger Brief:

The Daimler Chrysler Emulsion", *The Economist*, July29, 2000, pp. 67 –68; Daimler Chrysler, www. daimlerchrysler. com; www. daimlerchrysler. com/index _ e. htm? /news/top/1999/t90924 _ e. htm; Micheline Maynard, "Amid the Turmoil, A Rare Success at Daimler Chrysler", *Fortune*, January 22, 2001, pp. 112C –P; Alex Taylor III, "Can the Germans Rescue Chrysler?" *Fortune*, April 30, 2001; David Stipp, "The Coming Hydrogen Economy", *Fortune*, November 12, 2001, pp. 90 –100.

23. Micheline Maynard, "Smart Car: Get Smart", *Fortune*, April 30, 2001.
24. "Daimler-Chrysler: Crunch Time", P. 74.
25. Taylor III, "Can the Germans Rescue Chrysler?"

第3篇
组　　织

第7章　组织的性质、创业精神和流程再造
第8章　组织结构：部门
第9章　直线职权、参谋职权、授权和分权
第10章　组织有效性和组织文化
第3篇结束语　全球化与创业组织

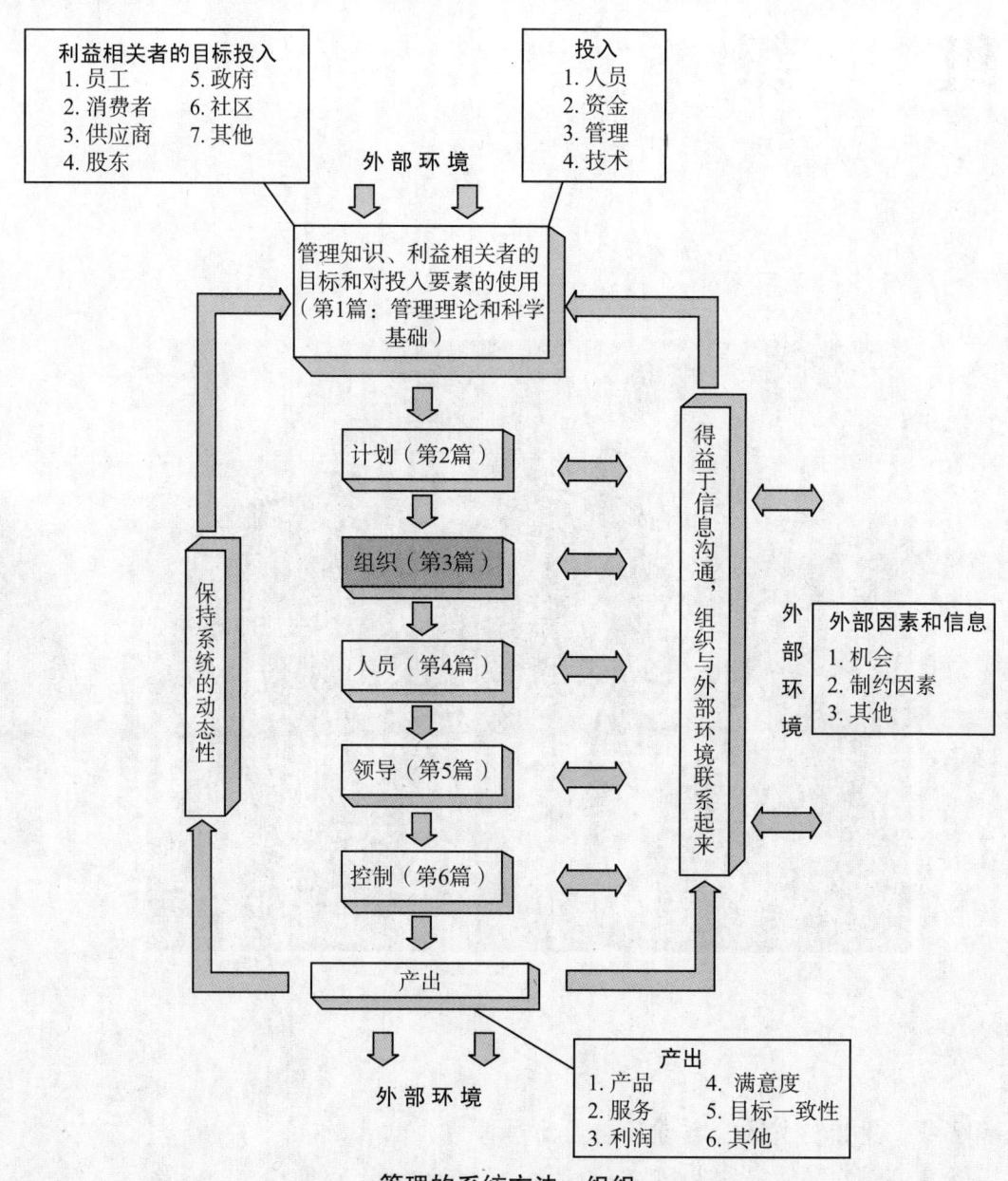

管理的系统方法：组织

7

组织的性质、创业精神和流程再造

[学习目标]

学完本章后,你应该能够:

1. 认识到组织结构的目的就是要建立一套正式的职责体系。
2. 了解"组织工作"和"组织"的含义。
3. 区分正式和非正式组织。
4. 解释组织结构和层次如何受管理幅度的限制。
5. 认识到一位管理人员可以有效管理的确切人数取决于许多可变因素和环境。
6. 描述创业与创新的性质。
7. 理解流程再造的主要环节和局限性。
8. 阐明组织工作的逻辑性及其与其他管理职能之间的关系。
9. 阐述组织工作要将各种情况考虑在内的必要性。

人们常说，有能力的人能使任何组织结构运转。甚至有人断言说，组织中的职责不清对于加强团队意识是件好事，因为人们知道他们必须合作才能完成任何工作。但是，如果那些有能力的人以及那些愿意合作的人清楚自己在集体中应有的作用以及他们之间的相互关系，他们肯定会更有效地一起工作。在足球队或交响乐队中是这样，在企业或政府中也是如此。从本质上来说，设计并保持这种职责体系就是组织工作的管理职能。

要使一个**组织角色**能够存在并有意义，就必须包括：（1）可考核的目标是计划工作的主体部分，如第2篇所述；（2）主要责任或所涉及的有关活动的明确想法；（3）一项能被充分理解的处置权或职权的范围，这样使行使职权的人知道，为完成目标，他（或她）能做什么。此外，为了有效地履行所担任的职责，应当为此而提供所需要的信息和其他必要工具。

正是在这个意义上，我们把"**组织**"视为：
- 明确所需要的活动并加以分类；
- 对那些为实现目标所需要的活动进行分组；
- 每个小组安排有监督职权的管理人员来领导（授权）；
- 为组织结构中的横向协调（按组织的同级或类似级层）和纵向协调（例如，公司的总部、事业部、部门）制定有关的规定。

组织结构的设计应该明确谁去做什么，谁要对什么结果负责，并且消除由于分工不清造成的工作中的障碍，还要提供能反映和支持企业目标的决策和沟通网络。

> **注解**
> 组织意指一个正式的、刻意设计的角色或职位结构。

许多人对"组织"这个词使用时不严谨，有些人说它包括所有参与者的行为，另一些人把它和社会与文化关系的总体系等同起来；更有人把一个企业，如美国钢铁公司，或国防部看做一个组织。但是，对于大多数从事实际工作的管理人员来说，**组织**意指一个正式的、刻意设计的角色或职位结构。虽然有时"组织"这个词泛指一个企业，但在本书中，组织系指规范化的角色结构。

"目的明确的角色结构"是指什么呢？第一，正如组织角色的性质和内容中所包含的，共同工作的人们必须充当某种角色。第二，应对要求人们所担当的角色进行刻意的设计，确保规定的活动有人去完成，且各项活动协调一致，使人们在群体中工作顺利，并有效益和效率。当然大多数管理人员在刻意建立这种结构时，往往认为他们正在进行组织工作。

正式和非正式组织

很多管理学的作者对正式组织和非正式组织进行了区分。如图7-1所示，组织中存在着正式和非正式两种组织形式。下面让我们详细探讨一下这些组织。

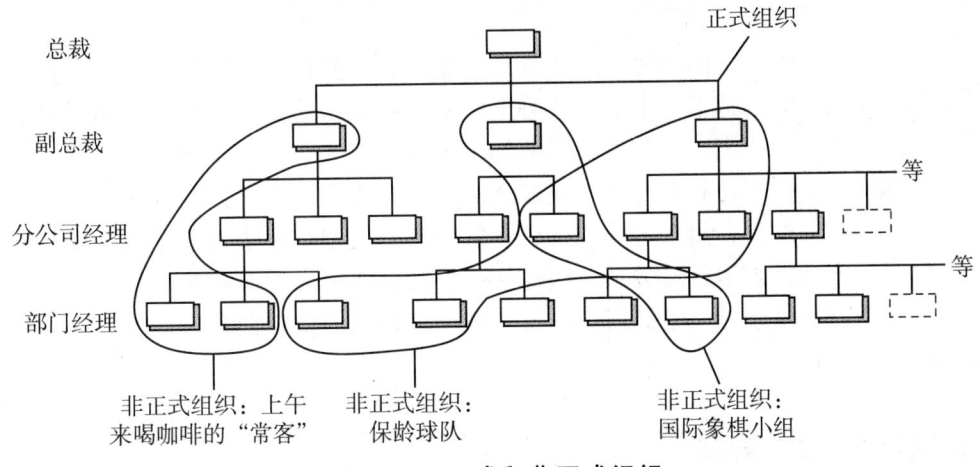

图7-1 正式和非正式组织

正式组织

在本书中，**正式组织**一般是指一个正式组建的企业刻意设计的角色结构。然而，把某一组织称为正式的组织，绝不是说它是固定的、一成不变的或是不适当限定的。如果管理人员想要做好组织工作，组织的结构一定要提供这样一种环境，使个人不论是现在或是将来的工作中都十分有效地为群体目标做出贡献。

> **注解**
> **正式组织**一般是指一个正式组建的企业刻意设计的角色结构。

正式的组织必须具有灵活性，在非正式的组织中，应留有酌情处置的余地，应充分利用有创造天赋的人才，应认可个人的喜好和能力。但是，必须把群体氛围下的个人努力引向群体和组织的目标。

非正式组织

堪称管理学经典著作《总经理的职能》的作者切斯特·巴纳德（Chester Barnard）认为，任何没有自觉的共同宗旨的群体活动，即使是有助于共同的结果，也是非正式组织。[1] 就一个组织上的问题求助于你认识的人，即使他或她可能在另一个部门，也要比求助于你只是在组织结构图上知道的人容易得多。**非正式组织**是一个人们互相联系而形成的人际关系网络。因而，非正式组织（组织结构图上没有显示的关系）可能包括机工车间的班组、同住在六楼的邻居、星期五晚上玩保龄球的伙伴以及上午来喝咖啡的"常客"。[2]

> **注解**
> **非正式组织**是一个人们互相联系而形成的人际关系网络。

组织分工：部门

> **注解**
> 部门一词是指组织中的一个明确区分的范围、事业部或分支机构，对此，管理人员负有从事某些特定活动的职责。

组织工作中的一个环节是建立部门。**部门**一词是指组织中的一个明确区分的范围、事业部或分支机构，对此，管理人员负有从事某些特定活动的职责。通常意义上的部门可以是生产部门、销售部门、西海岸分公司、市场研究部或应收账款部。在有些企业中，部门这个术语使用的并不严格，而在另外一些企业，特别是大型企业中，这个词又用得比较严格，表示等级关系。这样，一位副总裁可以领导一个事业部，一位主任可以领导一个部门，一位经理可以领导一个分公司，而一位主管可以领导一个分部门。

组织层次和管理幅度*

组织工作的目的是使人们更有效率地合作，而管理幅度的局限性是设置组织层次的原因所在。换言之，管理层次的存在是因为一位管理人员能有效地管理的人数是有限的，尽管这种有限性是因环境而异的。图7-2展示了管理幅度和组织层次之间的关系。与宽的管理幅度相关的往往是组织层次少；相反，管理幅度窄导致组织层次多。

组织层次带来的问题

目前存在着这样一种倾向，即把组织和部门本身看成是目的，以部门与部门层次的明确性和完整性来衡量组织结构的效率。把业务活动分成各个部门，建立多层次结构本身也并非理想。

首先，层次多费用就高。层次越多，用于管理方面的精力和资金也就越多，这是因为管理人员和协助管理人员的工作人员增多了，协调各部门活动的需要增加了，再加上为这些人员提供设施的费用，会计人员将其称为管理费、负担或一般行政开支，而非所谓的直接成本。真正的生产是由工厂、工程部门或销售人员来完成的，因此，可以把这些人顺理成章地称为"直接劳动力"。在"一线"上面的各组织层次中主要是管理人员，如果可能的话，最好取消这些成本。

其次，部门层次把沟通复杂化了。一家有很多层次的企业通过组织结构向下传达目标、计划和政策要比一位最高层管理人员直接与员工沟通的企业困难得多。信息垂直向下传达时会发生遗漏和曲解，层次也使从一线的基层到上级人员的信息沟通复杂化。自

---

* 在大量的文献资料中，管理幅度意指"控制幅度"，尽管如此，本书将采用"管理幅度"，因为幅度实属管理，而非仅仅是控制这样一个管理职能。

下而上的沟通与自上而下的沟通同等重要，有句话说得好，层次是信息的"过滤器"。

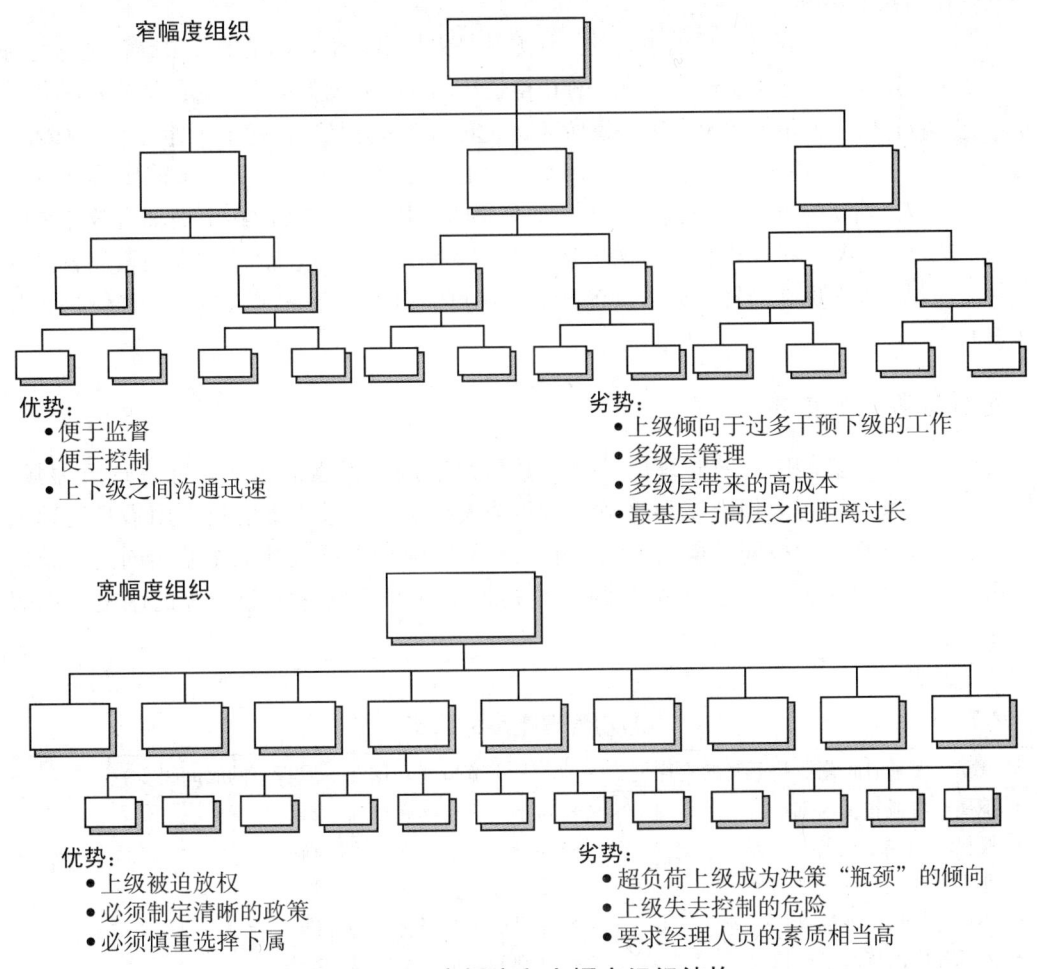

图 7-2 窄幅度和宽幅度组织结构

最后，众多的部门和层次会使计划与控制工作复杂化，在高层可能是明确而又完整的计划，经过逐级布置下去，就有可能失去协调性和明确性。层次和管理人员的增加会使控制更加困难，与此同时，也正是因为计划的复杂性和沟通的困难性，才使控制工作尤为重要。

经营管理的看法：情境方法

"古典学派"关于管理幅度的学说，论述与确定了为实现有效管理幅度所需要的下属人员的人数。经营管理理论家们认为，在一种管理情境下，内在的可变因素太多了，因此，人们不可能确定一位管理者能有效地管辖下属人员的具体人数。因而，**管理幅度**

原则是，一名管理人员能够有效管辖下属的人数有一个限度，但是，确切的人数取决于一些内在因素的影响。

> **注解**
> 管理幅度原则是，一名管理人员能够有效管辖下属的人数有一个限度，但是，确切的人数取决于一些内在因素的影响。

换言之，目前主要的指导方针是去找出各个具体情况下限制管理跨度的原因，而不是假定存在一种广泛适用的人数限度。如果人们能够确定哪些是管理人员处理上下级关系所耗费时间的事，并且弄清楚采用什么手段来减少这些时间压力，人们就不仅能获得有助于在各个不同情况下确定最优管理幅度的方法，而且也有了一个有用的工具，用以找出在不破坏有效监督的情况下扩大管理幅度的方法。毫无疑问，多管理层次的成本因素使各位管理人员在能够有效管理的情况下尽可能多地配备下属人员，这样做是十分理想的。

决定有效幅度的因素

一位管理人员能够有效管理的下属人数取决于内在因素的影响。除去理解力强、善于与人相处、博得人们忠诚和尊敬等这些个人品质外，最重要的决定因素是管理人员减少花在下级身上时间的能力。这种能力当然因管理人员及其工作的不同而异，但是几种因素在实质上影响这种接触的次数和频率，因此也影响着管理的幅度，如表7-1所示。

表7-1　　　　　　　　　　影响管理幅度的因素

窄幅度（大量时间花在与下属的沟通上）	宽幅度（用在下属身上的时间很少）
• 下属没有或很少培训	• 对下属进行彻底培训
• 授权不当或不清晰	• 明确放权，工作职责清晰
• 非重复性工作计划不清晰	• 重复性操作计划详尽、清晰
• 不可考核目标和标准	• 使用可考核目标作为标准
• 外部和内部环境变化快	• 外部和内部环境的缓慢变革
• 沟通方式差或不当，包括指示模糊不清	• 使用适当的方法，如适合的组织结构和书面及口头沟通
• 上下级之间互动不力	• 上下级之间的有效互动
• 无效的会议	• 有效的会议
• 基层和中层专家人数较多	• 加大上层专家的名额（高层管理人员关注外部环境）
• 能力差和未经培训的管理人员	• 有能力的、经过培训的管理人员
• 工作复杂	• 工作简单
• 下属不愿承担责任和适度风险	• 下级愿意承担责任和适度风险
• 下属不成熟	• 下属成熟

平衡性要求

毫无疑问，尽管扁平型组织结构是人们所希望的，但是，管理幅度仍受实际和重要约束条件的限制。虽然管理人员通过授权和参与培训，制订清晰的计划和政策，采用有效的控制与沟通方法，但他们还是可能管辖着超出他们有效管理能力的下属。同样可能的是，企业一旦发展，由于需要管理的人更多，管理幅度的限制迫使企业非增加层次不可。

在一定情况下，更为需要的是平衡所有相关因素。在某些情况下，加宽幅度以减少纵向层次可能是个好办法；在另外的情况下，相反的做法也可能是正确的。人们必须对采用不同方法的所有成本进行权衡比较，不仅是财务成本，还要比较士气、个人发展以及实现企业目标等成本。在军事组织中，或许快速无误地实现目标是最重要的，而另一方面，在百货公司经营中，通过在基层组织强化发挥员工主动性和重视个人发展来实现公司长期利润目标可能是最佳的。

外部创业和内部创新的组织环境[3]

经常有必要做一些特殊的组织安排以培养和利用创业精神，人们通常认为创业精神只适用于小企业的管理，但是另外一些管理学作者扩大了这个概念，使之也适用于大型组织以及完成企业创业任务的管理人员，由他们利用机会发起变革。虽然寻求人们的"创业个性"是很平常的事，但彼得·德鲁克（Peter Drucker）认为，这种努力不一定能成功。[4] 相反，人们应该致力于系统的创新，这是创业家们的一种特定活动。创业精神的实质就是创造、机会导向和创新。组织内部的创业管理人员（即创新家为其公司确定新的市场机会，开发新的或改进的产品以满足这些市场机会）。

创新家和创业家

吉福德·平肖（Gifford Pinchot）对创新家和创业家进行了区分。[5] 具体地说，**创新家**是指那些在组织环境"内部"操作，着重于创新和创造，把梦想或想法变为有利可图的企业经营人。相比之下，**创业家**是那些抓住市场机会创建组织的人。创业家有能力看到外部机会，获取必要的资金、劳动力和其他投入因素，并成功地将其整合到运营之中。他们愿意对成功和失败承担个人责任。其他作者没有对创新家和创业家进行区分，在本书中，"创业家"这个词用来表示在组织内部或外部工作的有事业心的人。

> 注解
> www.intrapreneur.com
> www.entrepreneur.com
> **创新家**是指那些在组织环境"内部"操作，着重于创新和创造，把梦想或想法变为有利可图的企业经营人。
>
> 注解
> **创业家**是指那些抓住市场机会创建组织的人。

创业视角：Mosaic 网页浏览器的合作作者和网景通讯公司合伙人马克·安德森[6]

安德森是一个软件工程师、一个创业家，也是一个投资人。他是 Mosaic 网页浏览器的合作作者，也是许多公司的董事，包括惠普、易趣网和脸谱网。他在伊利诺伊大学阿巴纳香槟分校获得硕士学位，之后就职于设在该校的国家超级计算机中心（National Center for Supercomputing Applications），在那里，他熟悉了万维网的开放标准。

他最出名的可能是他敏锐地洞察到网页浏览器的巨大潜力以及他上了《时代周刊》封面。他被人们视为互联网泡沫时代的楷模。最近，他和他的生意伙伴本·霍洛维茨（Ben Horowitz）创办了一家风险投资公司，对产品和企业，同时也对那些信息公司创业家进行投资。马克·安德森既是一个创业家，也是一个远见卓识的领导。

培育创业精神的环境

既然管理人员的责任就是创造能有效而又高效率地实现群体目标的环境，那么，他们必须为创业家发挥其创新潜力创造机会。创业家们在倡导变革中承担个人风险，希望能得到回报。有时冒适度风险也会失败，人们必须容忍这种失败。最后，创业家需要一些实施自己想法的自主权，这就需要给予其足够的授权。那些拥有自己企业的创业家们承担的个人风险性质不同，这种情况下的失败可能意味着破产。

> 注解
> www.hp.com
> www.apple.com
> www.3m.com

有创新思想的人，其想法常常与"循规蹈矩式的智慧"相悖。通常同事们不大喜欢这些人，他们的贡献常常得不到应有的赏识。所以，一些企业家离开大公司而开创自己的企业不足为奇。当史蒂夫·沃兹尼亚克（Steve Wozniak）在惠普公司不能实现其制造一种小型电子计算机的梦想时，他离开了这家著名的公司，同另一位创业家史蒂夫·乔布斯（Steve Jobs）成立了苹果电脑公司。像3M这样一些循序发展的公司，则有意在公司内部形成一种有利于促进创业精神的组织环境。

环境是可以改善的，下面是一些组织内部创新和创业行为导向：
1. 高层管理人员必须清晰地表明他们对创新和创业行为的态度，并制定相应的激励机制。
2. 必须要接受创业努力失败的现状，甚至要为此喝彩。
3. 制定并公布一整套清晰界定和持续征求新产品和服务想法的流程。
4. 给员工配置时间和资本资源，以便有利于他们参与创造性和创新性活动。
5. 就各个部门创新情况对所在部门高层管理人员进行评价。

6. 公司目标应该包含来自创新方面的新的营业和利润收益预期。

只有当有关公司创新方面清晰的流程和激励机制到位，公司创新和创业人员才会尽其最大努力为公司做出贡献。

成为一名创业家对许多人来说是件时髦的事，越来越成为一种时尚的个人生涯选择之路。为了应对人们这种日益上升的创业精神的兴趣，越来越多的大学在开设创业学课程。事实上，创业学作为一个学习领域，不仅在管理学院内部，而且在越来越多的大学校园内开设。大学校园里开设的创业项目，由于给学生们提供了一个能够参与当地创业社区活动的机会而越来越普及。学生可以在大学所提供的任何一项经营计划竞赛中测试自己的创业潜质，在这类竞赛中，学生将他们拟定的经营计划递交给由成功创业家和投资者们组成的评审组，由他们进行评判。

全球各地的研究生都可以申请参加上述以及更多的其他类似的创业竞赛。每一年这些竞赛都给数以千计的学生提供了国际创业机会。同样，企业界重视与大学的相互交往，因为大学给其提供了朝气蓬勃的年轻人、动态性的想法和新兴技术。成为创业家的非常重要的素质包括自信心、勤奋工作、精通产品、良好的教育背景以及适当的财力资源。

创业视角　　　　你的未来是什么？[7]

哈佛商学院教授约翰·P·科特（John P. Kotter）在其《新规则：如何在当今后公司世界成功》中，对115名1974年毕业的哈佛商学院毕业生的职业生涯进行了调查。调查结果令人吃惊，许多毕业生离开了大公司，加盟到小公司。一些在大公司起步的人也转到了小公司。他们认为，大公司对他们要求变革的创新想法不认同，更不能接受他们激进的变革。简言之，传统的大企业使有新思想的人感到毫无价值。科特认为，那些有着非常规想法的人常常成功，在快速变化的环境中，管理人员必须寻找新的机会，但同时也要规避危险。

小型而又充满创业精神的公司常常提供更多的发展机会，更易于涉足模棱两可的情境，能造就一种施加影响力的环境。尽管被调查的哈佛毕业生乐于选择小型公司，但他们可能以顾问、分销商、供应商、投资商或其他角色的形式与大公司相联系。

那么，管理人员行使管理职能意味着什么？计划要在较少官僚机构状态下做出，对环境的经常性审视和快速应对变革至关重要。小公司的层次结构比大公司少得多，更愿意变革。就人力资源而言，毕业生们更希望利用小公司的机会。相对于大公司来说，那些在小公司工作的哈佛毕业生不仅在收入方面得到了回报，在工作满意度上也收获颇丰。

创新和创业精神[8]

提到创新与创业精神，人们往往立刻会想到苹果电脑公司的史蒂夫·乔布斯和电子数据处理公司（后被通用汽车公司收购）的罗斯·佩罗特（Ross Perot）成功的故事。通过创建新公司致富或快速致富可能是很诱人的想法。创业家们具有创造性的思想，他们利用管理技能和资源来满足市场上的各种需求。一旦成功，这些创业家就会变得很富有。彼得·德鲁克提出，创新不仅是高科技公司的事，对技术含量低的传统公司也同样适用。有价值的创新并非是凭运气，还需要系统而理性化的工作、有序的组织以及良好的管理。

创业精神意味着什么呢？意味着不满足于现状，认识到需要采用不同的方法做事。创新往往来源于以下这些情况：

- 预料不到的事件、失败或成功；
- 想象的与现实之间的不一致；
- 需要改进的过程或任务；
- 市场或产业结构的变化；
- 人口方面的变化；
- 意义上的或人们看待事情观念上的变化；
- 新获得的知识。

> **创新视角**
>
> **流媒体视频和DVD租赁服务公司（NETFLIX）首席执行官里德·哈斯廷斯：从和平工作团到NETFLIX首席执行官[9]**
>
> 里德·哈斯廷斯（Reed Hastings）是流媒体视频和DVD租赁服务公司（NETFLIX）首席执行官，与马克·蓝道夫（Marc Randolph）于1998年合伙创办了最大的一家网上DVD租赁公司。在经过海军陆战队办公室培训后，哈斯廷斯参加了和平工作团项目，在斯威士兰高中教数学，在那里，他掌握了创业技能。在1993年，他在斯坦福大学获得了计算机专业硕士。
>
> 流媒体视频和DVD租赁服务公司通过邮寄方式采用包月费率出租影碟光盘。推出这种服务方式的想法来源于他的一段向电影租赁公司支付超时费的痛苦经历。相比之下，流媒体视频和DVD租赁服务公司对其影碟光盘租赁不设限具体日期，也没有超时费。

第7章　组织的性质、创业精神和流程再造

在2007年，哈斯廷斯洞察到互联网电视的巨大潜在市场，于是流媒体视频和DVD租赁服务公司推出了通过计算机下载流媒体电视和电影节目的专项服务。尤其是26岁以下的年轻人更倾向于通过笔记本电脑而不是电视看节目。然而，2011年7月因定购价格大幅地提升导致许多消费者终止合同，这一事件造成公司股票下跌。哈斯廷斯收回成命，公开向消费者道歉。

竞争对手看到流媒体视频和DVD租赁服务公司的成功，加大了进入"流媒体"市场的力度。例如，当康卡斯特电信公司（Comcast）以更低价格推出流媒体服务时，流媒体视频和DVD租赁服务公司的股价下跌了10％。来自其他竞争对手［如英国DVD租赁公司（Blockbuster）、亚马逊网上商城、威瑞森通信公司、美国葫芦视频网站（Hulu）等］的威胁也在日益上升。为了应对挑战，流媒体视频和DVD租赁服务公司扩大了它的图书馆，增添了新游戏，如纸牌屋（House of Cards）和其他独家游戏。此外，公司试图与美国最大的西班牙语广播公司（Univision Communications）联手，为美国国内用户推出西班牙语游戏。

流媒体视频和DVD租赁服务公司的创新管理实践与竞争对手相比有很大的区别。为了更好地吸引人才，员工薪酬比竞争对手的薪酬高。此外，员工可以从现金支付还是股票期权之中做出选择。那些未能达标的员工会得到丰厚的终止雇佣安排。这样一来，管理人员不会因为解聘那些后进员工而感到内疚。

注解
www.netflix.com/

仅仅基于聪明想法的创新可能风险性很大，有时是不成功的。通用电气公司为"未来工厂"所制订的雄心勃勃的计划是一个高成本的错误。这些计划可能基于对自动化产业过高的预测和不现实的憧憬。建立新工厂的想法表达了公司董事长的愿望，他要在一个以高度结构化著称的组织中促进创新精神。

注解
www.ge.com

最为成功的创新往往是那些很平常的事情。以日本人为例，他们常常在轿车或电子设备中进行一些小小的创新（例如，提供一些客户们喜欢的便利方式）。研究发现，那些成功的大公司都非常认真地聆听客户们的需求。他们成立一些小组，在有限的框架下，带着明确的目标来寻找服务于客户的颇具创造性的选择方案。

创新视角　　　即时贴[10]

即使在实行促进创业精神和创新政策的公司中，对新产品的开发也需要坚忍不拔的努力才能把理想变成现实。

阿特·弗赖伊（Art Fry）正在教堂唱诗班唱诗，第一轮礼拜乐曲结束后，他手中赞美诗集里夹的书签掉到了地上，使他很难在唱第二轮礼拜乐曲时找到相关的页码。

> **注解**
> www.3m.com
>
> 问题是显而易见的：需要一种可以被轻易撕下又不损坏纸张的黏性纸片。但是，研究一种适度的黏性物质并不是件容易的事。阿特·弗赖伊工作的3M公司，以提供黏性强的产品闻名。但是，阿特的目的是需要一种有足够黏度，但又可轻易地撕掉的材料。3M实验室并没有在研究和开发这种产品上提供很多帮助，市场营销部也没有看好他的想法。但是作为发明家和创新家，阿特·弗赖伊坚忍不拔地追求他的目标，结果，即时贴便条问世了，一举成为3M公司利润丰厚的一种产品。

组织的流程再造[11]

早些年前，一种称作"流程再造"的管理理念进入了管理文献中，有时，流程再造被称作"重新再来"，这是因为推出并使其广为流传的迈克尔·哈默（Michael Hammer）和詹姆斯·尚皮（James Champy）建议，人们应该问这样的问题："如果我今天从头开始创建这个公司，基于我目前所了解的以及当今的技术，这个公司应该是什么样的？"[12]

具体来说，哈默和尚皮将流程再造定义为"企业流程根本性的再认识和彻底的重新设计，以便在成本、质量、服务和速度这些当今关键的衡量绩效尺度上取得显著结果"。[13]这里的斜体字部分是本书作者特别注明的关键词。

流程再造的关键因素

让我们探讨一下这些关键词。首先，几乎没有人不同意对公司目前的所作所为进行根本性再认识。两位作者之一是一位系统分析师，他发现，公司系统和程序往往已经过时，效率低下，完全没有存在的必要。系统用户很少询问为什么需要程序以及它们起什么作用。所以，一种新的看法，尤其是"系统外部人"可以发现许多低效率的问题。对管理的再认识可以对目前公司的所作所为提供一种新的视角。

定义中第二个关键词是企业流程的彻底的重新设计。在最初的版本中，两位作者认为，从准确的意义上讲，"彻底的"意指不是改良，而是重新创建。他们还认为，这是流程再造这个方法中最重要的一点。在其后出版的这本书的平装本中，哈默和尚皮承认，彻底的重新设计是流程再造这个方法中最重要的一点的看法是错误的。[14]彻底的重新设计结果常常是大规模的减员增效，对组织带来根本性的影响。

减员增效或"适度增效"（rightsizing）不是流程再造最主要的目的，尽管在许多情况下其结果的确是减少了所需人员。不幸的是，管理人员被动地应用流程再造，将主要精力放在了降低成本，而不是满足消费者的需求和期望值。彻底的重新设计另一个结果是，将

第 7 章　组织的性质、创业精神和流程再造

企业系统主要基于工程模式之上，而没有对人力资源系统给予足够的关注。尽管伴随着减员增效而进行的彻底的重新设计可能给企业带来短期成本的节约，但它同时给留下的员工带来负面影响。团队作业在现代组织中越来越重要，但团队的努力是建立在信任基础上的，而信任是需要相当长的时间才能形成的。推行彻底的重新设计可能会使信任荡然无存。

第三个关键词是显著的结果。人们常常用实例来支持流程再造定义中的这个关键词，即要求明显地改善现状。联合碳化公司连续 3 年在固定成本上减少了 4 亿美元，贝尔电话公司的前身 GTE 推出了一站式服务：消费者原先要分别与不同的部门打交道，现在只需与一个人接洽；或者直接与提供某种服务的部门联系。但是，明显地改善现状的初衷由于一些失败而大打折扣。哈默和尚皮承认，"大约有 50%～70% 的流程再造努力没有达到预期的显著的结果"。[15]

流程再造定义中的第四个关键词是流程。认真地分析和审视企业的流程的确是很重要的，然而，流程分析必须超出经营的范围，必须包括技术系统、人力资源系统以及涉及连接企业与外部环境的整个管理过程的分析和互动。工程师们可能关注企业流程，但是要确保有效，各个子系统需要整合成一个完整的系统，如图 7-3 所示。这个模式表明，将一定的投入转化成为一定产出的过程必须超越企业流程系统（流程再造的核心），要包括技术和人力资源系统以及整个管理系统。

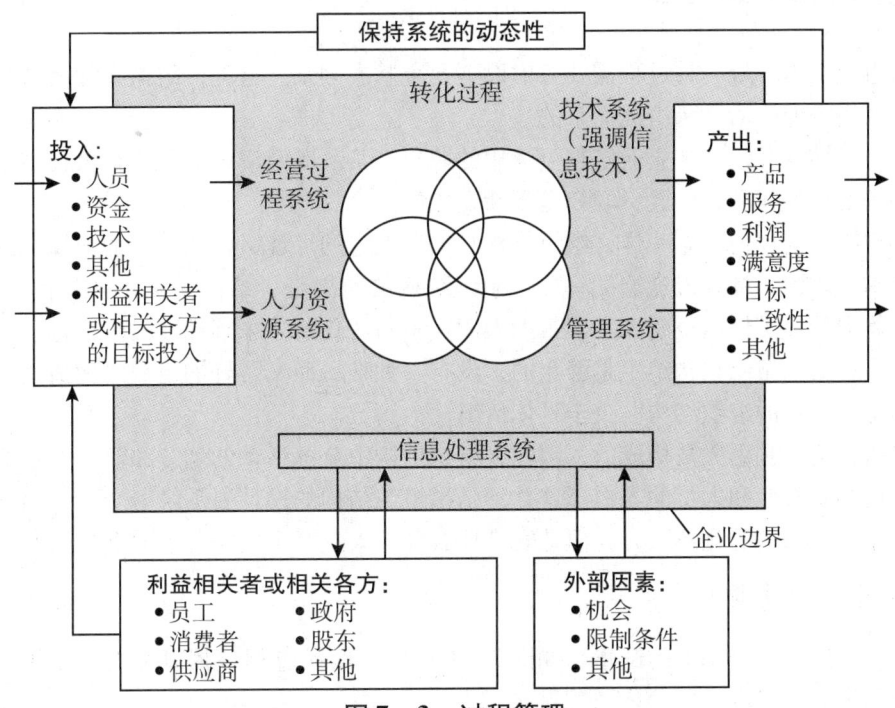

图 7-3　过程管理

尽管有着许多局限性，流程再造是一个非常有用的工具，但不过仅仅是一个工具而已。我们建议，将流程再造通过一种新的、称作过程管理[16]的系统模式与其他系统整合在一起，以便克服流程再造方法集中度过窄的薄弱环节。

全球化视角　　星巴克的流程再造与精细生产[17]

注解
http://www.starbucks.com/

星巴克咖啡屋素以提供消费者舒适的品咖啡环境著称，但是员工成本在公司年收入中占24%，员工们感觉并不轻松。日益增长的竞争压力以及2008～2009年发生的经济萧条，迫使星巴克不得不探讨提高效率的方法。为此，公司在分析其运营情况时借用日本人推出的精细生产理念，并由一个10人组成的精干团队探索降低成本方法，如何改进咖啡制作流程以及其他节约费用的办法。流程再造方法最初用来分析公司复杂的运营问题，同样，由丰田汽车公司推出的精细生产理念，现在也应用到诸如星巴克公司的服务流程之中了。

组织结构和组织过程

把组织工作看成一种过程需要考虑以下几个基本因素。首先，结构必须反映目标和计划，因为企业的活动是由此而来的。

其次，结构必须反映企业管理可运用的职权。某一既定组织的职权是由社会决定的行使酌情处置的权利，因此，职权是不断变化的。

再其次，与任何计划一样，组织结构必须反映它的环境，正如计划的前提也许是经济、技术、政治、社会或道德的一样，组织结构的前提是，结构设计必须有利于工作，能让群体中的成员做出贡献，并能帮助人们在不断变化的未来圆满地实现目标。在这个意义上，有效的组织结构绝不是静止的，没有一种唯一而又最好的组织结构适用于任何一种环境，有效的组织结构取决于具体情况。

最后，组织是由人员构成的，因此，组织结构中业务活动的划分和职权关系都必须考虑人员的局限性和人员的习惯。这并不是说组织结构的设计要围绕着个人，而不是围绕着目标以及相关的业务活动，但是安排什么样的人是一个应该考虑的重要因素。

组织工作的逻辑性

组织工作有一个基本的逻辑，如图7-4所示。组织过程包括以下六个步骤，尽管第一步和第二步实际上属于计划过程：

第7章 组织的性质、创业精神和流程再造

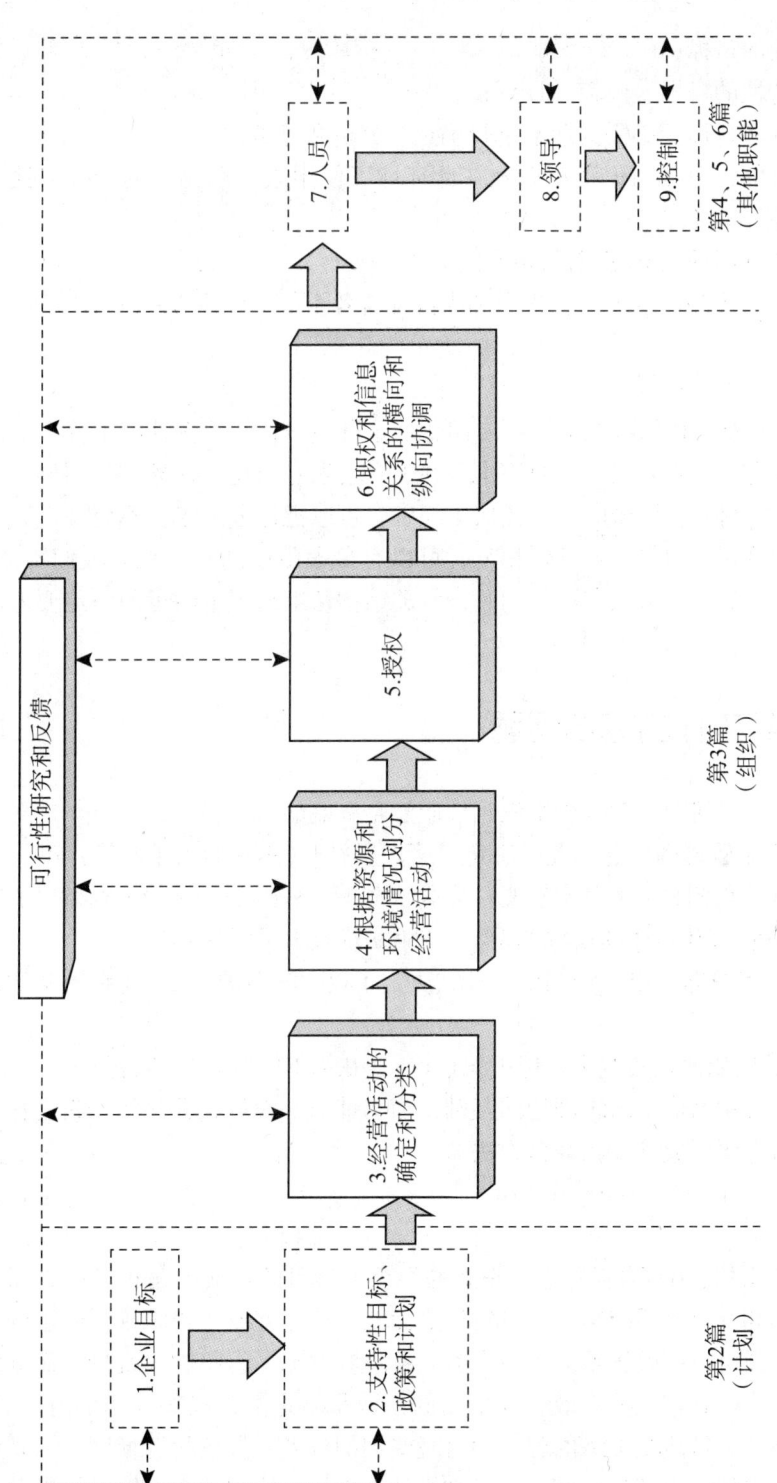

图7-4 组织过程

1. 确定企业的目标；
2. 制定支持性的目标、政策和计划；
3. 对完成上述目标所必需的活动进行确定、分析和分类；
4. 根据现有的人力和物力资源以及在此环境下使用人力和物力的最佳方法，将上述活动划分到各个部门；
5. 授予各个部门的领导完成活动所必需的权力；
6. 通过职权关系和信息流向，横向和纵向地将各个部门联系在一起。

一些错误概念

组织工作并不意味任何极端的职业专门化，这种专门化在很多情况下使人们感到工作枯燥、乏味和受到过度的限制。组织本身并没有要求专门化，任务应该明确，并不是说任务必须是受限制的、机械的。在任何组织中，可以把任务限定在不允许个人有灵活性（或者只有少许灵活性），或正好相反，可以有最大限度的自主权。人们不能忘记，客观上不存在唯一最好的组织方法，同时，有关结构性组织理论的运用一定要考虑具体情况。

一些有效组织工作的基本问题

提出并回答下列问题，对分析组织管理职能是有益的：
- 什么决定了管理幅度并因此又决定了管理层次？（本章做出了回答）
- 什么决定了部门划分的基本框架？基本形式有何优缺点？（在第 8 章做出了回答）
- 组织中存在着什么样的职权关系？（在第 9 章做出了回答）
- 职权应如何分布在组织结构中？什么决定了权力分布的程度？（在第 9 章做出了回答）
- 管理人员应如何在实践中运用组织理论？（在第 10 章做出了回答）

这些问题的答案构成了组织理论的基础，当与计划、人员、领导和控制进行类似的分析放在一起时，便形成管理的经营方法。

本章小结

"组织"一词的使用常常很随意。正式的组织是有目的形成的角色结构，而非正式的组织则是人际和社会关系网络，是自发形成而非正式建立或正式职权所要求的。管理幅度是指管理人员可以有效管辖的下属人数。管理幅度宽，组织层次就少；而管理幅度窄，组织层次就多。管理人员有效管辖下属的人数是不定的，取决于几个内在的因素，其中包括要求下属人员所受训练的程度和自身受训的程度、授权的清晰度、计划的明确性、客观标准的使用、变革的力度、沟通方式的有效性、所需的个人接触量以及组织中

第7章 组织的性质、创业精神和流程再造

的层次等。

企业内部创新和外部创业都注重创新和创造。管理人员的责任就是要构建一个促进创业精神的环境。

流程再造要求企业流程的重新设计，这一方法在一些企业中颇为流行。实施流程再造的企业产生了一些积极的效果，但也有一些负面效应。

组织工作的步骤包括制定目标和支持性的目标、政策和达到目标的计划（严格意义上讲，这是在计划工作中完成的），确定各种活动并将其归类，按活动划分部门，授予权力，并协调权力和信息间的关系。

主要概念回顾

组织角色　　　　　　　部门划分　　　　　　　创新和创业精神
组织工作　　　　　　　管理幅度原则　　　　　流程再造及关键因素
正式组织　　　　　　　决定管理幅度的因素　　组织工作的逻辑步骤
非正式组织　　　　　　企业外部创业和内部创新　有效组织的基本问题

讨论题

1. 因为人们必须在组织中占有职位，而有效的组织又取决于人，于是常有这样的说法：当管理人员聘用了良好素质的人，并让他们按照自己的方式去工作时，就会形成最好的组织，请对此做出评论。

2. 正式组织通常被想象为一种沟通系统。是这样吗？如何成为沟通系统？

3. 绘制一张组织结构图，表明你所熟悉的某个企业或某些活动的正式组织。这张结构图是如何有助于或者妨碍行为环境构建的？

4. 利用问题3中的同样企业或活动，绘制出它的非正式组织图。它是有助于还是妨碍了正式组织？为什么？

5. 如果你做经理，你愿意采用什么标准来确定你的管理幅度？

练习和具体步骤

1. 运用本章阐述的步骤组织一个家庭野餐会。

2. 拜访一位你所在社区的管理人员，请他（或她）回答他（或她）有多少下属？在该组织管理体制的高层、中层、基层所管辖的下属人数是否不一样？在这个组织中真正决定管理幅度的因素是什么？你认为这个企业的管理幅度是否合适？

互联网检索

使用搜索引擎，查询"即时贴"这个词，找出3M公司高获利的黄黏纸条更多的情况。

创业案例

将基于硅谷的风险资本公司扩展到班加罗尔[18]

风险资本是投资于那些增长潜力大、颇具获利前景新公司的一种私募基金。很多提供产品和服务的大公司，在它们尚处在一种概念状态（如苹果公司、谷歌公司、Facebook 社交网站等）时就得到了风险资本的融资。风险资本对全球各地的高增长潜力（常常是高科技公司）的公司投资，在这方面，多年来硅谷一直是风险投资的领头羊。当然，在风险资本产业中，商业的国际化和日益明显的机会与人才的不可分割性也是不容忽视的。一般来说，风险资本家们习惯于投资他们所在的区域（由于长期深度涉及对这些公司的投资），然而，近年来世界各地不断出现的突破性技术或涌现出的高端人才，使他们扩大了其投资范围。

无须赘言，风险投资是一项高端业务，要求风险投资者和创业者经常面对面地接触。所以，国际投资往往要求在那些创业公司多的国家建立当地的分支机构。一些风险投资公司应对挑战，在远离他们传统投资地的国家设立常驻机构。近年来，在欧洲、亚洲和拉丁美洲出现了许多与硅谷公司相关的新风险资本机构。

德丰杰早期风险投资公司（Draper Fisher Jurvetson，简称"DFJ"）是一家颇有名气的硅谷风险资本投资公司，以预见性地投资于当今领先的技术公司（如雅虎、赛贝斯数据处理公司以及已被易趣网收购的 Sykpe 互联网电话公司等）而著称。DFJ 公司充分认识到技术发展和机会的国际性本质，涉足那些热点地区（尤其是中国和印度），相继于 2006 年在中国、2007 年在印度建立了常设机构。默汗吉特·乔利（Mohanjit Jolly）是 DFJ 印度公司的总经理，于 2007 年派遣到班加罗尔。此前，他就职于车库技术风险投资公司（Garage Technology Ventures），该公司是硅谷地区一家专门从事种子阶段和早期阶段的风险资本的公司。我们请默汗吉特谈谈，作为一名美国成功的创业家和风险投资资本家，他为什么还要选择到印度市场发展。乔利先生说："……能够利用诸如 DFJ 公司这个平台是不可多得的机会。印度当前是、今后也必将会长时间继续成长，置身于印度风险资本生态系统发展的孵化阶段是值得的，再说，我还能将一些硅谷基因（DNA）带给印度的起步环境。"

当然，用来自于本国和全球性品牌风险资本帮助印度当地的产业发展本身就是一个挑战。当被问及什么是他面对的最大挑战时，默汗吉特坦言："在印度扶持和运转一个公司比在美国难度大多了。因为不熟悉流程，我必须有待于别人提供有关法律、会计、税务、审计、银行、信息技术等方面的帮助。"他提到，找到一个好的办公室，如合适的空间和地界（接近机场等），都是一件出乎意料的挑战。默汗吉特说，他刚来时就被告知，就公司业务和个人生活而言，在班加罗尔得需要一年多时间才能安顿下来，未曾想告诫成真。不过，印度风险资本公司与硅谷的联系越来越紧密，至少使两地的运营程序更加标准化了。当被问到他对印度的投资组合公司提供的咨询是否有别于美国的公司时，默汗吉特解释道，"对印度公司分类要比美国公司难多了。基础设施缺位，无论是宽带还是物流，使产品或服务很难快速流动……"印度创业者和管理人员必须尽快找出解决方法，应对挑战，在此过程中有可能发现新的商业模式，提高其竞争优势。

乔利先生预计，未来几年中，越来越多的风险资本流入印度当地的基金，印度的风险资本产业会蓬勃发展,一些基于风险资本起步的印度公司也会不断走出去。他建议那些对风险资本生涯感兴趣的学生,要想积累经验不妨先从在中小公司做起。

思考题

1. 你认为在印度的美国风险投资公司还会遇到哪些管理挑战?
2. DFJ 公司采用的是什么类型的组织结构?这是最适合的结构吗?为什么?
3. 至少确认一家风险资本融资的印度公司,阐述其目前的经营状况,并预计它未来成功的可能性。
4. 了解 DFJ 公司印度管理团队的背景情况,http://www.dfj.com。你认为这个团队有哪些经验和能力足以使其能够创造性地引领这个风险资本公司?

注释

1. Chester I. Barnard, The Functions of the Executive (Cambridge, MA: Harvard University Press, 1938, 1964). See also http://www.hup.harvard.edu/catalog/BARFUX.html, accessed September 30, 2006.
2. See also Catherine Truss, "Complexities and Controversies in Linking HRM with Organizational Outcomes", Journal of Management Studies, December 2001.
3. See also John Schwartz, "Finding Some Middle Ground in a World Obsessed with the New and Impatient with the Old", New York Times, October 9, 2000; Thomas Steward, "Finding the Fault Line Where a New Business Can Grow", Fortune, October 30, 2000.
4. Peter F. Drucker, "The Discipline of Innovation", Harvard Business Review, May – June 1985, pp. 67 – 72, rev. November – December 1998, pp. 3 – 8. See also Drucker, "A Prescription for Entrepreneurial Management", Industry Week, April 29, 1985, pp. 33 – 40; Bruce Rosenstein, "All about Drucker: Drucker Wrote the Book on Innovation", Information Outlook, March 2002, p. 34ff; Peter F. Drucker, Management – Revised Edition (New York: Harper Collins, 2008).
5. Gifford Pinchot III, Intrapreneuring (New York: Harper & Row, 1985); www.pinchot.com, accessed January 6, 2013.
6. Mark Andreessen, "Why Software is Eating the World", The Wall Street Journal, August 20; 2011; "10 Blogs Marc Andreessen Read Every Day", http://www.blogs.com/topten/10 – blogs – marc – andreessen – reads – every – day/ accessed January 6, 2013.
7. John P. Kotter, The New Rules: How to Succeed in Today's Post – Corporate World (New York: Free Press, 1995); Keith Hammonds, "Thumbing Their Nose at Corporate America", Business Week, March 20, 1995, p. 14; John P. Kotter, What Leaders Really Do (Boston: Harvard Business School Press, 1999).
8. Gene Bylinsky, "Heroes of U. S. Manufacturing: Through Innovation and Entrepreneurship, They Have Slashed Costs, Speeded Automation, and Developed Products of Exceptional Quality and Reliability", Fortune, March 18, 2002, p. 130; Raphael Amit and Christoph Zott, "Value Creation in E – Business", Strategic Management Journal, June – July 2001, p. 493ff.

9. Netflix, http://www.fastcompany.com/most-innovative-companies/2011/profile/netflix.php, accessed March 3, 2012; "Netflix Trying to Counter Competitors, Stock Streaming to MYM133", http://www.forbes.com/sites/greatspeculations/2012/03/01/netflix-trying-to-counter-competitors-stock-streaming-to-133/ accessed March 3, 2012; Annika Olson and Eddie Yoon, "Netflix Will Rebound Faster than You Think", http://blogs.hbr.org/cs/2012/01/netflix_will_rebound_faster_th.html, accessed March 3, 2012.

10. The Post-it story has been reported in various sources, including the videotape "In Search of Excellence"; Pinchot, Intrapreneuring; see also http://www.intrapreneur.com, accessed August 1, 2011; Lester C. Krogh, "Can the Entrepreneurial Spirit Exist within a Large Company?" executive message from 3M delivered at the Conference Board, Conference on Research and Development, New York, April 25, 1984; Brian Dumaine, "Ability to Innovate", Fortune, January 29, 1990, pp. 43-46; www.3m.com, accessed January 6, 2013.

11. Michael Hammer and James Champy, Reengineering the Corporation (New York: HarperBusiness, 1993). See also Michael C. Gray at www.profitadvisors.com/reengin.shtml, accessed January 6, 2013.

12. Hammer and Champy, p. 31.

13. Ibid., p. 32.

14. Ibid., p. 219.

15. Ibid., p. 217.

16. Heinz Weihrich and Salvatore Belardo, "Beyond Reengineering: Toward a Systems Approach to Management by Processes (MBP)", in Ralph Berndt (ed.), Business Reengineering (Berlin: Springer, 1997), pp. 19-32; Weihrich and Belardo, "Reengineering Revisited: Toward a Systems Approach to Management by Processes", in World Management Forum, Proceedings of the IFSAM Management Conference 1997, Shanghai, organized by the International Federation of Scholarly Association of Management (IFSAM) and the China National Economic Management Association (CNEMA), Special Issue '97, p. 352.

17. Julie Jargon, "Latest Starbucks Buzzword: 'Lean' Japanese Techniques", The Wall Street Journal, August 4, 2009; Susan Berfield, "Howard Schultz Versus Howard Schultz", Business Week, August 17, 2009.

18. Interview conducted by email with Mr. Mohanjit Jolly, on October 19, 2009 by Mark Cannice.

8

组织结构：部门

[学习目标]

学完本章后，你应该能够：

1. 识别传统的部门划分的基本方式，并分析这些方式的优缺点。
2. 分析矩阵组织。
3. 解释战略经营单位。
4. 审视全球化企业的组织结构。
5. 理解虚拟组织和无边界组织。
6. 认识到不存在唯一的部门划分方式。

如果没有部门划分的方法，对直辖的下属人员的限额会限制企业的规模。把企业的各种活动和人员划分到各个部门，至少从理论上讲，可以使组织无限扩大，然而，按部门划分活动的基本方式不尽相同。下面各节将阐述产生于逻辑和实践基础上的这些方式的性质及其相关优势。

首先必须强调指出的是，不存在适用于所有组织或所有情况的唯一最好的部门划分方式。到底采用何种方式取决于具体情况，取决于管理人员认为根据面临的情况如何可以取得最佳结果的看法，同时也基于前一章讨论过的流程再造的理念。

按企业职能划分部门

> **注解**
> **按企业职能划分部门**
> 是按诸如生产、销售和财务等企业职能划分业务活动。

按企业职能（职能部门）划分业务活动体现了企业经营活动的典型特点。由于所有企业都要创造人们有用的和需要的东西，基本的企业职能包括生产（在商品或服务方面创造或增加效用）、销售（寻求同意以某种价格或费用接受商品或服务的顾客、病人、客户、学生或各种成员）和财务（企业资金的筹措、托收、保管和支出）。把这些活动按工程、生产、销售或营销和财务等部门划分是合情合理的。图8-1展示的是一家制造企业典型的职能组织形式。

通常，这些特定的职能名称并不出现在组织机构图中。这是因为，首先，没有被普遍接受的术语，如在制造业中，使用生产、销售和财务等术语；与批发商有关的活动有采购、销售、财务；而铁路上则有运营、客运和财务。

造成名称不一的第二个原因是，基本活动的重要性有所不同：如医院没有销售部门，教会没有生产部门。这并不是说那里不存在这些活动，只不过在这些单位里这类活动没有形成专门化或并不占据重要位置，因此与其他活动合并在了一起。

许多组织结构图上没有销售、生产或财务部门的原因之三是，这些单位有目的地选择了其他的划分部门的方法。企业的负责人可能决定按产品、顾客、地区或营销渠道（商品或服务到达用户的方式）来决定部门的划分。

按职能划分部门是组织活动中最广泛采用的基本方法，几乎所有企业组织结构的某些层次都存在这种形式。企业的销售、生产和财务职能的特点得到人们广泛而充分的理解，所以它们不仅是部门组织的基础，也是大多数情况下最高层组织的基础。

有些产品生命周期比较短的公司以及需要快速创新的公司常常在其公司内部创建风险资本事业部。这些事业部寻找一些小型技术公司进行投资。这些投资可能会给公司带来新的启迪或更能接近新的前沿性技术。同时，这些投资旨在帮助建立一个与那些使用或支持母公司主导产品的其他公司在内的生态系统。

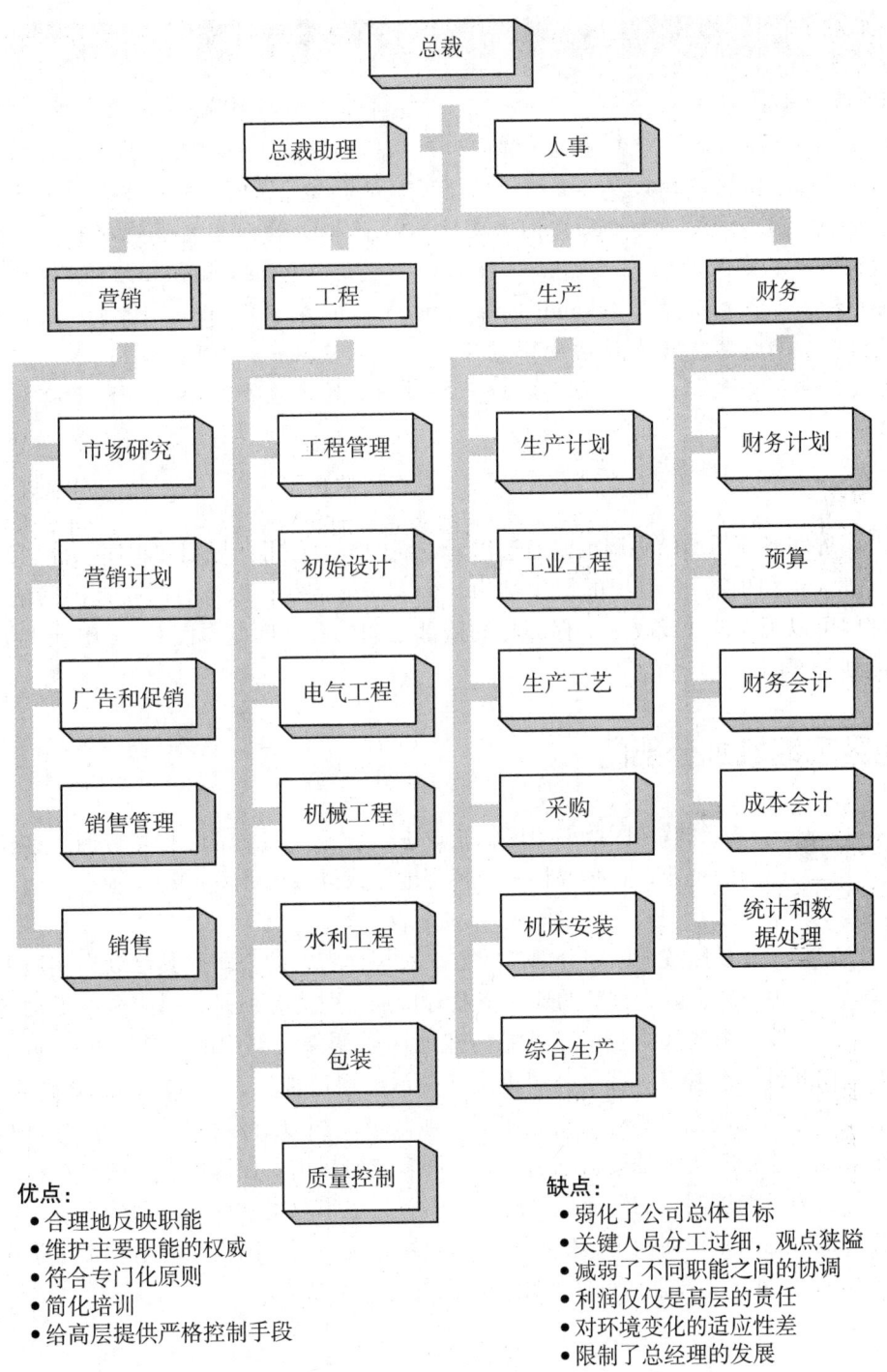

图 8-1 按职能划分部门（制造业公司）

> **创新视角**
>
> **英特尔资本**
>
> 英特尔投资公司于1991年创建,至今已经对世界上1000多家公司进行投资,金额超过100亿美元。许多经它投资的公司现在已经是上市公司。[1]其他经英特尔投资的公司也颇具战略影响力,他们提供连英特尔都有可能使用的技术,或者提供对于生态系统而言至关重要的要素,使英特尔的产品能够拥有更多的用户。一些经英特尔投资显露头脚的公司包括:博通公司(Broadcom Corporation)、加利福尼亚软件和互联网运营商(Inktomi Corporation)、红帽公司(Red Hat),以及加拿大通信设备与健康资讯网站运营商(Research in Motion and WebMD)等。在支持自主创业和公司创新方面,公司风险资本像独立的风险资本公司一样发挥着重要的作用。

部门之间各项活动的协调可以通过以下方面的努力获得:规则和程序、计划的各种要点(如目标和预算)、组织的层次结构、个人间的接触,以及有时是部门间的联络。这些部门可以用来设计或改变工程部与制造部之间的一些问题。图8-1中列出了按企业职能划分部门的优点和缺点。

按地区或地域划分部门

> **注解**
> **按地区或地域划分部门。** 在经营地区范围很广的企业中,按地区划分部门相当普遍。

在经营地区范围很广的企业中,按地区划分部门相当普遍。这样划分部门的企业,有必要将一个特定地区或区域的经营活动集中在一起,委托给一个管理人员,如图8-2所示。

虽然按地区划分部门的方法对规模宏大的公司或其活动在实质上或地理位置上颇为分散的那些企业有特别吸引力,但是,一家全部活动均在本地一个场区的公司,可能仍按地区委派保安部门的工作人员,如在南大门、西大门各设一名警卫。百货公司也按此分派各层巡视员,另外,按此分派清洁工、玻璃清洗工等的做法也很普遍。企业在不同地区进行相似经营活动时常采用这种方法,如汽车装配、连锁零售和批发、炼油厂等。许多政府机构,如税务署、中央银行、法院和邮局等,为了能够同时在全国提供同样的服务,也采取了这种部门划分方法。地区部门划分法最常见的是用在销售和生产方面,金融系统不用,因为它的活动常常集中在总部。图8-2中列出了按地区或区域划分部门的优点和缺点。

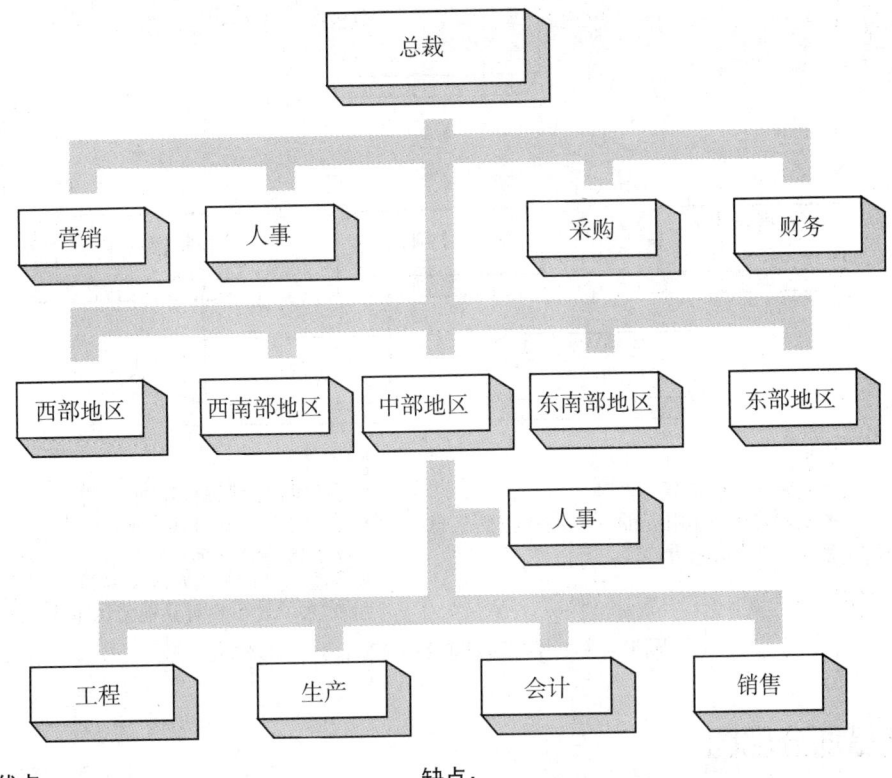

图 8-2 按地区或地域划分部门（制造业公司）

按顾客群划分部门

在各种企业中，为反映顾客重大利益按顾客群划分部门十分普遍。如果每个顾客群由一个部门领导管理，那么，顾客就成了划分业务活动的关键。一家同时向零售商销售商品的批发商，它的工业销售部就是一个很好的实例。企业雇主和管理人员经常据此安排活动，以满足那些划分清晰的顾客群的需要。教育机构则开设各种正规的和附设课程，为不同类别的学生服务。

图 8-3 列出了按顾客划分部门的结构、优点和缺点。

注解
按顾客群划分部门，是一种反映顾客重大利益的划分方法。

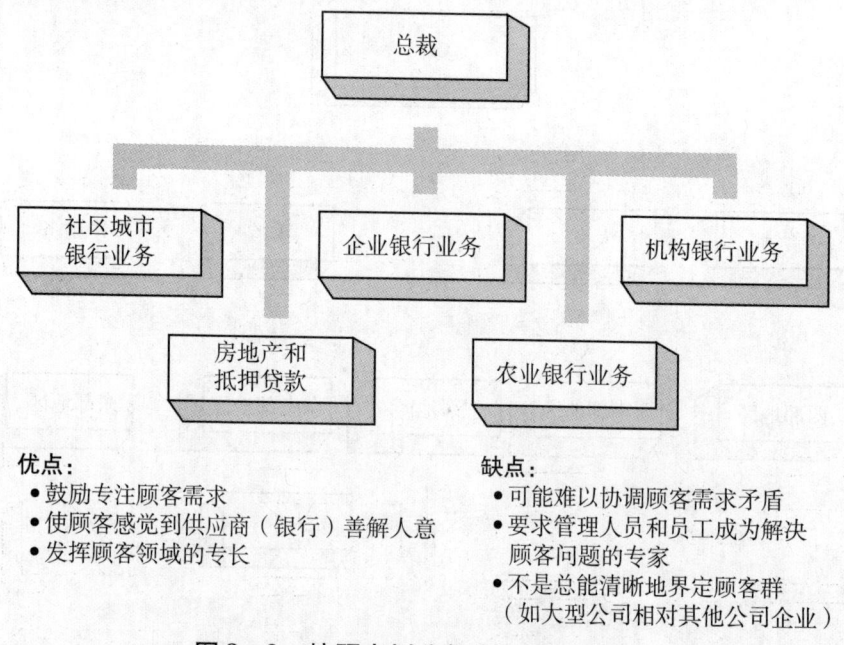

优点：
- 鼓励专注顾客需求
- 使顾客感觉到供应商（银行）善解人意
- 发挥顾客领域的专长

缺点：
- 可能难以协调顾客需求矛盾
- 要求管理人员和员工成为解决顾客问题的专家
- 不是总能清晰地界定顾客群（如大型公司相对其他公司企业）

图 8-3　按顾客划分部门（大型银行）

按产品划分部门

> **注解**
> 按产品划分部门，是企业，尤其是有多条生产线的大型企业，按产品或产品系列来划分企业活动。

在多条生产线的大型企业中，按产品或产品系列划分企业活动日益显示出其重要性，不难看出，这有一个演变的过程。采取这种划分形式的公司或其他企业最典型的是按企业职能组织分工。随着公司的壮大，生产经理、销售服务经理和工程主管会碰到规模的问题。管理工作日益复杂，而管理幅度又限制了他们增添下属管理人员的能力。就此而言，有必要按产品部对企业进行改组。这一结构容许高层管理人员授予部门管理人员在某一种产品或产品系列的制造、销售、服务和工程职能方面广泛的职权，并要求那些经理们每人承担相当一部分利润。图 8-4 展示了一个制造业企业典型的按产品划分部门的例子*以及这些部门的优点和缺点。

在优点方面，避免过于简单是最主要的。产品线经理也许会背上沉重的管理费用包袱，这些费用可能来自公司总部办公费，也可能是来自中央研究部，或是常常来自许多中央服务部。不难理解，产品经理讨厌这些他们无法控制的额外费用。

---

* 按产品划分组织的方法也同样适用于非制造业的公司。

第 8 章 组织结构：部门 227

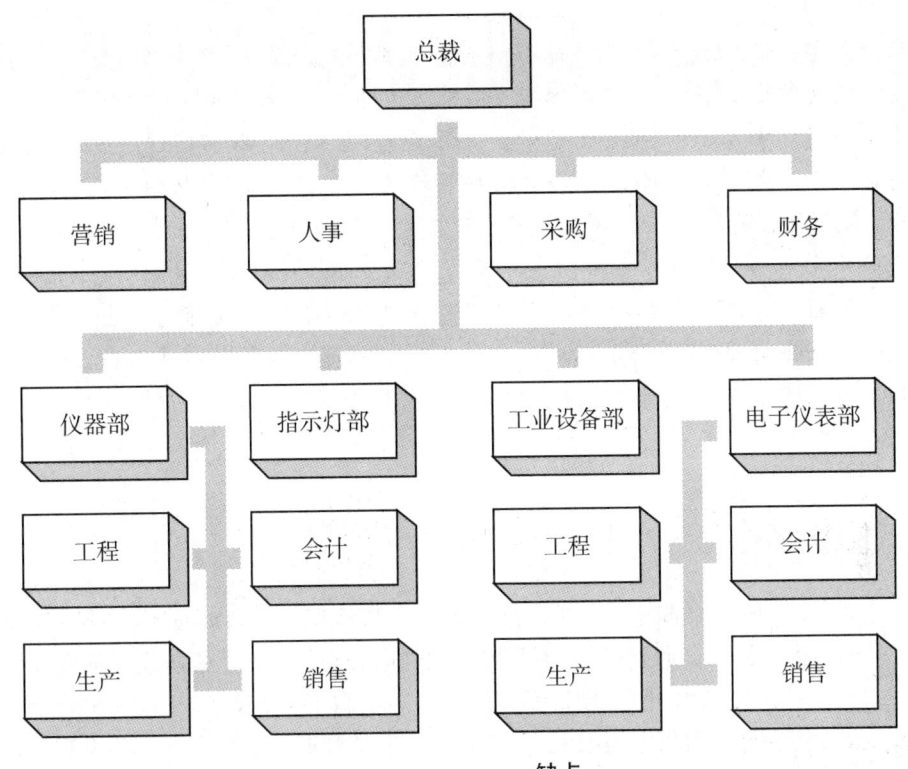

优点：
- 致力于产品系列
- 有助于使用专项资金、设备、技能和知识
- 允许产品和服务的增长及多元化
- 加强职能活动的协调
- 将获取利润的责任放在事业部级层
- 为培训总经理提供了适当的场所

缺点：
- 需要较多的具有总经理能力的人才
- 倾向于难以维持经济的集中服务
- 增加了高层管理控制的难度

图 8-4 按产品划分部门（制造业企业）

全球化视角　　克莱斯勒——菲亚特的组织战略[2]

在短短的 3 年里，克莱斯勒公司换了三次主人。先是戴姆勒——克莱斯勒，然后是 Cerberus 资本管理公司，现在是意大利菲亚特（Italian Fiat）。* 克莱斯勒——菲亚特的现任首席执行官是塞尔吉奥·马尔基翁内（Sergio Marchionne）。他与克莱斯勒员工的沟通是坦率的，告诫他们平庸是不行的。此外，他不能容忍组织等级森严的官僚机构，而是强调放权。他确定目标，期待其管理人员定期汇报目标完成情况。

克莱斯勒被分拆成 3 个公司，即道奇、吉普和克莱斯勒系列，每个公司都有自己

---

* 从技术层面上讲，美国纳税人和美国工会部分持有克莱斯勒公司。

的首席执行官。菲亚特素以生产节油小轿车著称,而这恰恰是克莱斯勒的短板。马尔基翁内要充分利用菲亚特小型轿车技术与克莱斯勒运动车、皮卡车和面包车的优势。菲亚特的小轿车创新包括其开发的柴油引擎,但由于资金短缺而不得不将这一技术转让给了德国博世(Bosch)公司。塞尔吉奥·马尔基翁内的策略是,利用菲亚特和克莱斯勒各自的优势,发挥自己的组织能力,确保在竞争日益激烈的全球轿车竞争中占有一席之地。

克莱斯勒—菲亚特合并之后的3年里发生了巨大变化。菲亚特拥有了克莱斯勒58.5%的股权,并计划于2014年收购其全部股权。[3] 并购后公司获得了出乎意料的成功,提供了一个自2008年金融危机以来促进金融稳定方面新的模式。很显然,马尔基翁内的出色管理以及他领导的团队所发挥的作用功不可没。

矩阵式组织结构

> **注解**
> 矩阵组织的实质是在同一组织机构中把职能部门和项目或产品部门结合起来。

另一种部门划分形式是矩阵或方格组织,或者叫项目或产品管理。然而,纯粹的项目管理并不需要有矩阵或方格的含义。**矩阵组织**的实质是在同一组织机构中把职能部门和项目或产品部门结合起来。图8-5展示的是一个工程部门的矩阵组织,除负责工程职能的职能经理之外,还设有负责最终产品的项目经理。这种组织形式在工程部门和研究开发部门较为普遍,同时也广泛地用于产品营销组织,只不过很少用矩阵方式表示出来而已。

这种组织方式常常用于建筑业(如修建一座桥梁)、航天业(如设计和发射气象卫星)、市场营销(如为一种主导新产品做广告宣传)、电子数据处理系统的安装以及管理咨询公司,那里有许多专家共同为一个项目工作。

使矩阵管理更为有效的指南

遵循以下这些指南,矩阵管理可以更加有效:

- 确定项目或任务的指标;
- 分清经理及其成员的角色、职权和责任;
- 确保影响力基于知识和信息,而不是职务;
- 平衡职能经理和项目经理的权限;
- 为项目选派能担负领导责任的有经验的经理;
- 进行组织和团队的建设;
- 建立适当的成本、时间和质量控制系统,通过这些系统,及时报告与标准有差异的情况;
- 公正地酬劳项目经理和团队成员。

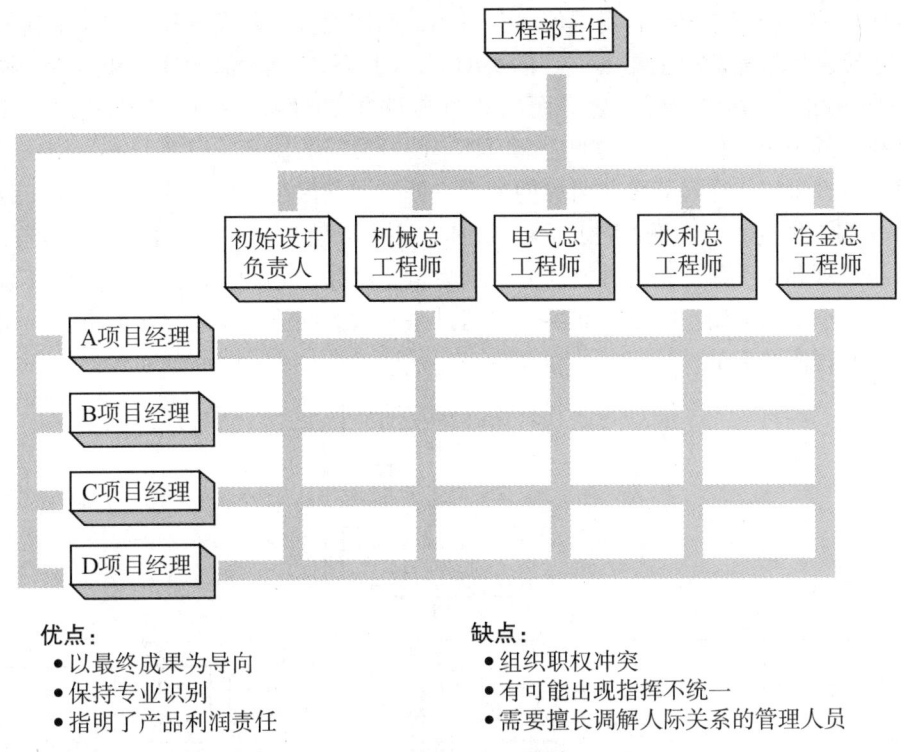

图 8-5　矩阵组织（工程类企业）

战略经营单位

很多公司采用了一种通常称为**战略经营单位**（SBU）的组织方式。这种在大公司里建立的独特的微型企业，能确保像独立的营业单位那样，推销与处理某些产品或产品系列。通用电气公司是较早采用这种组织方式的企业之一，其目的是要确保公司推出的数以百计的主导产品或产品系列，如同每个产品的开发、生产、营销等都由一个单独的部门负责那样，受到同样的重视。有些公司在经营主导产品系列时也采用这种组织方式，例如，西方化学公司（Occidental Chemical Company）的磷酸盐、碱、树脂等产品就用了这种组织方式。

所谓战略经营单位，必须符合具体的标准，例如，战略经营单位必须有自己的使命，以区别于其他的战略经营单位；有明确的竞争对手群体；拟订与其他战略经营单位完全不同的综合计划；在关键领域配置自己的资源；规模适度，既不太大也不太小。很显然，在实际工作中很难找到符合所有这些标准的战略经营单位。

每一个战略经营单位都要指定一位经理（通常是业务经理），对产品从研究实验到工程、市场研究、生产、包装和营销工作的指导和促销负全责，并对利润负有最后的责

> **注解**
> 战略经营单位是在大公司里建立的独特的微型企业，能确保像独立的营业单位那样，推销与处理某些产品或产品系列。
> www.ge.com
> www.oxychem.com

任。这样,战略经营单位有自身的使命和目标,其经理在专职或兼职员工(由其他部门派到重要经营单位兼职的工作人员)的协助下,制定和实施产品的战略和经营计划。图8-6是西方化学公司为磷酸盐生产而成立的典型的战略经营单位。需要指出的是,如同一个独立的公司一样,所有的职能部门都得向这位磷酸盐业务经理汇报。

很显然,采用战略经营单位组织的主要好处是,确保在大公司中某一产品不致被其他产品(如销售量大、利润高的产品)挤掉,还可以使负责指导与促销某一产品或产品系列的经理和员工集中精力并倾注其全部力量。因此,这也是一种保护创业注意力和驱动力的、小公司的组织方法。实际上,这是一种发挥创业精神的很好的方法,这一点恰恰是大公司所缺乏的。

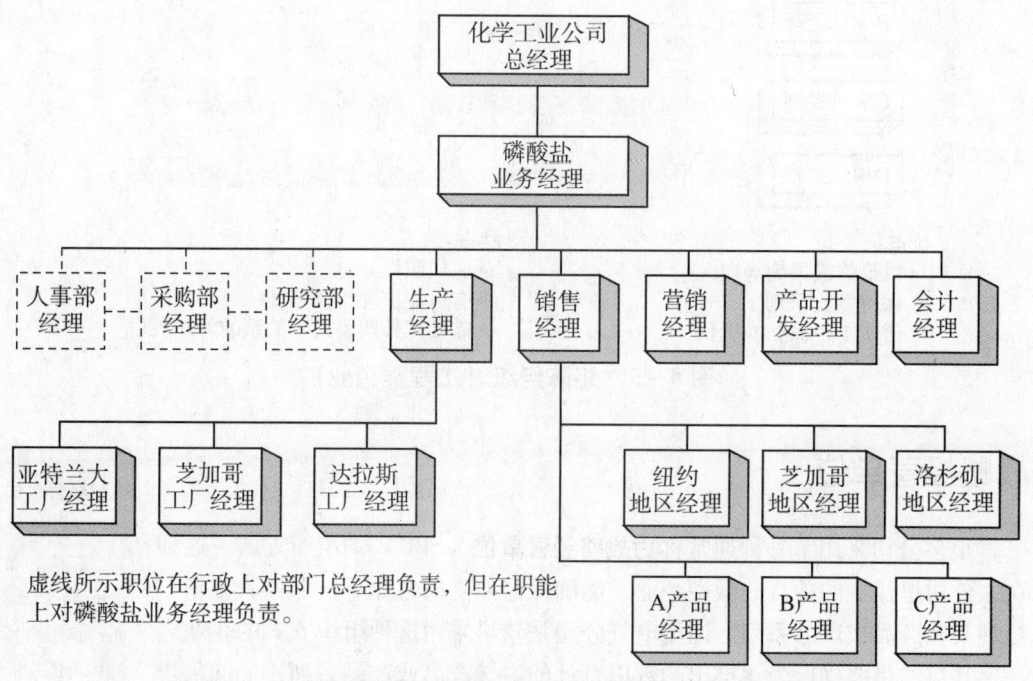

图8-6 典型的战略经营单位组织(大型化学工业公司)

战略经营单位潜在的问题[4]

> **注解**
> **核心能力**是组织的集成学习能力,尤其是协调不同的生产技能,并将其整合在他们称为"技术流程"上的能力。

研究战略管理的两位教授 C. K. 普拉哈拉德(C. K. Prahalad)和加里·哈梅尔(Gary Hamel)认为,公司应该致力于其核心能力,关注战略经营单位的负面效应。**核心能力**是组织的集成学习能力,尤其是协调不同的生产技能,并将其整合在他们称为"技术流程"上的能力。例如,对本田汽车公司而言,引擎是核心产品,是设计和开发技能的立足点,其结果是形成轿车或摩托车这样的终端产品。如果摩托车事业部得到引擎这样的资源进行开发，它不一定会与轿车事业部分享这一技术。对不同的战略经营单位配置资源可能会削弱核心能力（如引擎），而核心能力对整个组织有利。同时，战略经营单位的经理们可能不情愿与其他经营单位共享其专有人才，可能将他们藏匿起来而不是借给另一个战略经营单位。

全球化环境下的组织结构

在全球环境中从事经营活动的公司，其组织结构大相径庭。采用哪一种组织结构取决于该公司国际化导向和投入的程度等多种因素。某一家公司在其国际化经营之初，可能仅仅是在总部设立由出口部经理负责的国际部，但随着公司国际业务的扩大，海外子公司和其后的国际事业部也会随之在各个国家建立起来，这些机构将直接向总部负责国际业务的经理甚至首席执行官（CEO）汇报。如果公司的海外业务进一步扩张的话，就会把几个国家归为像非洲、亚洲、欧洲和南美洲这样的区域。再进一步发展，欧洲地区部（其他地区也同样）还可分为一些国家集团，如欧盟国家、非欧盟国家和东欧国家。

全球化视角　　塔塔（集团）公司面临的组织挑战[5]

塔塔（集团）公司是印度最大的企业联合体，拥有100多个公司，分布在40多个产业。这样的公司如何有效地进行组织管理？从某种意义上说，塔塔公司没有统一的战略。公司只有一个为数不多的、主要由塔塔儿子们组成的团队。至关重要的是设在孟买的高级管理人员委员会，其任务之一是指导管理人员和灌输社会责任的重要理念。在组织结构中，另外一个重要的机构是设在浦那（Pune）的管理中心。成功不仅取决于好的战略，也取决于高效的组织结构和人力资源的规划和培养。

公司除了按地理区域来划分组织结构外，也可以采用其他划分部门的方法。例如，一家石油公司可以按区域划分为阿拉斯加开采部或波斯湾开采部等职能部门。同样，原油提炼和营销等职能部门也可按各个地区再进一步划分。很显然，石油产品的销售并不一定在石油的开采或生产区域进行。

虚拟组织[6]

虚拟组织是一个不太严谨的概念，意指一些各自独立的公司或人群常常通过信息技术联系在一起。这些公司可能是供应商、客户，甚至是竞争对手。虚拟组织的目的是介入另一个公司的核心能力，获得灵活性，降低风险或快速应对市场需求。虚拟组织通过他们相互在市场上销售的货物或

> **注解**
> 虚拟组织是一个不太严谨的概念，意指一些各自独立的公司或人群常常通过信息技术联系在一起。
>
> **注解**
> www.ibm.com
> www.microsoft.com
>
> **注解**
> www.open.ac.uk

提供的服务来协调之间的业务。

虚拟组织有优点，也有缺点。当国际商务机器公司（IBM）1981年开发出个人电脑的时候，所有的零部件都是从其他公司获得的，这使得IBM能在15个月内营销其产品。IBM使用的微处理器是从英特尔公司购得的，软件来自微软公司；其"开放"的结构建立在著名的标准基础上，零部件从众多的客户那里购买。由于使用外部公司，IBM很少在其分权战略上下功夫。然而，后来IBM的开放结构战略每况愈下，其他公司可以直接从英特尔公司那里购买微处理器，从微软公司那里购买软件操作系统。

虚拟组织有可能既没有组织结构图，又没有集中办公场所。现代图书馆并不一定有许多书架，人们有可能从来也不必去光临图书馆，而数据库、计算机、调制解调器以及密码就足可以使人们进入图书馆。英国开放大学可以说是没有固定场所的大学典型，在英国本土上有管理机构，但没有学生，学生和教师均分散在世界各地，他们可能永远也不会碰面。技术的可能性令人欢欣鼓舞，但是，我们如何管理从来不谋面的人们？显而易见，许多没有回答的问题都与虚拟组织有关。

创业视角　　新型公司的组建

新公司初创时往往以虚拟组织形式出现，这是因为，一些具有创业意识的朋友和同事在从事其日常工作的同时，酝酿和创办了这些新公司。在硅谷地区的所有咖啡店里，人们会常常听到那些意气风发的创业者们在一起议论创办下一代互联网公司。这些人是为其他公司工作的，各有其主，却在与知己们梦想和计划他们的新公司。创业者们通过电子邮件、即时短信和免费网络电话（Skype），将他们的新公司组建起来，形成一种松散的组织结构，给他们虚无的管理团队安排职务和职责。从本质上讲，这些新的组织结构基本上属于职能型。例如，某一位合伙人可能是首席技术主管，而另一位可能是首席市场营销主管。随着业务名片、公司徽标以及网址迅速推出，虚拟的公司实际上已经在运行，开始寻找消费者和资金来源。如果公司早期初见成效，会逐渐形成一个较为正式的法律实体和有形的办公空间，而进一步的成功和融资意味着新的管理团队将企业引入了持续成长阶段。然而，一旦公司失败，早期形成的虚拟组织结构将迅速解体，而那些未来的创业者们继续从事他们现有的工作，继续着他们下一个创业的梦想。

无边界组织

注解
www.ge.com

通用电气公司的前任首席执行官杰克·韦尔奇将其公司的愿景表述为"无边界公司"，意思是指"开放和广阔的环境，友善地寻求和分享新的想法,不论这些想法来自何处"。[7] 这种观点的目的是消除各个部门之间以及国内和国际业务之间的隔阂。为了奖励那些适应"整合方式"的员工,对于那些不仅推出新的想法,而且与别人共享这些想法的人发放奖金。

选择部门划分的方式[8]

适合所有组织和所有情况的最佳部门划分方式实际上是不存在的。管理人员必须根据面临的情况来确定什么是最好的方式,这些情况包括要做的工作、工作途径、相关人员和他们的个性、部门内应用的技术、所提供服务的用户以及其他内部和外部的环境因素等情况。然而,在职管理人员如果熟悉各种不同的方式,了解其优缺点和危险性,就应该能设计出一种最适合于他所从事的某一种业务的组织结构。

创新视角 就组织结构与战略创新性市场情报相适应问题与特拉贡(Tragon)公司消费者动态部经理克拉拉·陶博士的访谈[9]

为了成功地实施战略和促进创新,企业的组织结构必须能够调动员工的积极性以及高质量地满足消费者的需求。当然,要满足消费者需求,公司必须详尽地了解当前和潜在的消费者。特拉贡(Tragon)公司是一家市场调研公司,帮助世界各地的企业深入了解消费者,以确定和提高其市场竞争地位。事实上,自1974年赫伯特·斯通(Herbert Stone)博士与邹尔·赛德尔(Joel Sidel)先生创办特拉贡公司以来,它一直在感官评价领域处于领先地位。克拉拉·陶(Clara Tao)博士是该公司消费者动态部经理,她领导了一个由科学家、感官专家以及市场调研项目设计和实施方面的项目经理组成的团队,帮助客户确定其当前和未来市场最为相关的产品。采用这种新的客户洞察力,公司能够更有效地创新其产品和服务。

鉴于市场情报调研在公司高效组织结构中的关键作用,我们请陶博士谈谈她对特拉贡公司如何向其客户提供信息的看法。她解释说:"公司经常认为他们已经深入了解了其产品服务于目标消费群和竞争的状况,但是,感官评价和消费者测试是了解消费者对产品认知的关键。传统的市场调研确定消费者倾向(如青睐哪些产品),而特拉贡公司的方法回答了为什么会产生这种倾向以及准确地确定要推出这个更好的产品需要哪些变革。这种指南往往会使我们的客户做出更理性的决策。"她进一步指出,"许多特拉贡公司的客户根据我们提供的感官评价和消费者测试结果,重新策划或最大限度地优化了他们的产品"。这些重新策划的产品有可能带来新的细分市场,并由此需要向市场提出新的方法。

> 公司是否选择基于消费者、产品、职能或战略经营单位的组织结构，重要的前提是深入了解了当前消费者的状况。复杂的市场调研和感官评价工具（如同特拉贡公司所提供的）有助于公司管理人员制定更好的组织设计决策，并有效地实施核心的市场战略以及产品和流程的创新。

目的：完成目标

部门划分本身不是目的，仅仅是为完成目标而安排活动的一种方法。每种方法都存在优缺点，因此，选择的过程涉及每种方式在组织结构每一层次上的相对优势。在所有的情况下，核心问题都涉及管理人员希望设计的那种组织环境和面临的情况。在部门划分备选方法的前述中已经看到，每种方法都有某些优点，但也需要付出某些代价。

部门划分的混合类型

这里需要着重强调的另一点是关于在某一职能范围内混合部门划分的类型。例如，一家药品批发公司，将有关饮料采购与销售活动归在一个产品部内，但在同一层次，又按地区组织其他产品的销售活动。又如，某塑料制品厂除了把餐具组成一个产品部外，对其他产品都按地区组织生产和销售。换言之，一个职能部门的经理可以在同一个组织层次上采用两种或更多的组织活动业务方式，这种做法可能从理论上讲是合理的。部门划分的目的并不是为了建立一种各层次都平衡，且又以一致性和类似基础为特征的僵化的结构，而是采用最有利于完成企业目标的方式来组织业务活动。如果各种基础确实存在，那么就没有理由不让管理人员利用眼前可供选择的方案。

本章小结

把各种活动和各类人员进行分类使组织的扩大成为可能。部门划分可以按企业职能、区域和地区以及所服务的客户类型，其他划分部门的方法包括按产品分类、矩阵或方格组织、项目组织和战略经营单位。全球化环境中的组织结构可能大不相同，从总部的出口部到区域分支机构之间有许多种差别化的结构。此外，在一个地区，一家公司可能会采用一种或多种按职能部门划分的结构。虚拟组织是一个不太严谨的概念，意指一些各自独立的公司或人群常常通过计算机技术联系在一起。

唯一最佳的组织方式实际上是不存在的，哪种方式最为适合取决于特定环境下的各种因素，如所要完成的工作类型、完成任务的方式、参加的人员、采用的技术，服务的对象及其他内外因素。无论如何，应当选择特定的部门划分方式，以便能够有效而又高效率地完成组织目标和个人目标。目标的实现常常要求各种部门的混合运用。

第 8 章 组织结构：部门

主要概念回顾

按企业职能划分部门
按地区或地域划分部门
按顾客群划分部门
按产品划分部门

矩阵组织（或方格组织，或项目或产品）
战略经营单位

全球化企业的组织结构
虚拟组织
无边界组织

讨论题

1. 有些社会学家说，组织结构是一种社会发明。你对此有何看法？他们是否意指有"正确的"或"错误的"组织方法？你认为应该做什么测试来证明组织机构是否"正确"？

2. 如果你是一家按职能分工的公司总裁，有一位顾问向你建议以地域或产品来组织分工，你在采纳这一建议时，会关心什么问题？

3. 为什么多数大型百货公司和超级市场连锁店是按地区管理商店，然后按产品划分商店内部单位？请根据你自己的经验举出一些实例。

4. 为什么多数小企业都采用按职能划分部门的方式？

5. 为什么联邦政府那么多的部门主要按地区进行组织分工？

6. 你能否说出理由，为什么采用目标管理会扩大矩阵组织结构的应用？

7. 本章是怎样说明视具体情境进行管理的？

练习和具体步骤

1. 把班里的学生按四个或五个人分组（视班级规模大小而定）。给每组指定一种（如果是个小班指定两种）部门划分方式，让小组讨论以下问题：（1）被指定的部门划分的性质；（2）哪些公司采纳这种部门划分方式；（3）这种部门划分方式的优点和缺点。

2. 选择一家公司，并确定其部门划分方式（或多种方式），为公司画一张组织结构图。你认为该公司为何选择这种部门划分方式？你为公司推荐哪种部门划分方式？

互联网检索

1. 在互联网上查询"矩阵组织"这个词，找出方格的实例。同时注意这些公司可能遇到的困难。

2. 在互联网上查询"战略经营单位"这个词。看一下各种不同的公司是如何运用这些经营单位提高其管理水平的。

全球化案例

GM——通用汽车公司，慷慨汽车公司还是政府汽车公司[10]

2009 年 6 月 1 日，曾几何时称霸一方的通用汽车（GM）申请了破产保护，以保护其投资人。

截至2008年，通用是世界上最大的轿车公司。

阿尔弗莱德·斯隆（Alfred Sloan）在一个相当长期里担任通用总裁（1923）和董事长（1937），在他的领导下，通用创建了现代组织理念，推出了众多著名的轿车品牌，如雪佛兰（Chevrolet）、庞蒂亚克（Pontiac）、奥兹莫比尔（Oldsmobile）、别克（Buick）以及凯迪拉克（Cadillac），其价格从最低到最高不等。福特汽车公司聚焦在低价位、大规模生产的轿车（T型款式），而通用汽车公司则是根据广泛消费者的需求，生产"全方位、全价位和全通用"（for every purse and purpose）的轿车。

在20世纪70年代初石油危机期间公司出了问题。当日本和德国汽车公司推出节油轿车时，通用公司未能及时满足消费者这方面的需求。通用不但没有及时应对外部环境变化，反而全力开发获利的皮卡汽车和耗油量大的越野车。

由于通用汽车公司同意强大的、美国联合汽车工会（UAW）提出的诱人的薪酬和福利计划，有的人戏称通用汽车公司为"慷慨汽车公司"。这一高昂的健康和养老金高成本最终导致通用销售的汽车，每辆额外多出1400美元。相比之下，在美国的日本轿车制造商并没有受这一高成本所困扰，其轿车价格非常有竞争性。此外，外国汽车公司素以轿车的高可靠性著称，所以美国的年轻人更青睐丰田、本田、梅赛德斯、宝马轿车。许多这样的轿车是在底特律轿车城以外的地区生产的，价格较低。

通用汽车公司的下滑导致了2009年的破产保护，美国政府现在拥有其60.8%的股权，加拿大政府拥有11.7%，美国联合汽车工会基金拥有17.5%，其他持股人拥有10%。由于美国政府成了大股东，一些人戏称通用汽车公司为"政府汽车公司"。政府用巨额资金将其解救后，人们明显地感觉到了政府的影响力，前任首席执行官瑞克·瓦格纳（Rick Wagoner）被解聘，弗里茨·亨德森（Fritz Henderson）接任。

未来它在全球汽车行业还能发挥什么作用？诚然，由于大部分汽车公司遭受挫折，导致大量的小时工和白领员工的流失，然而，通用汽车公司的章程第11条规定最终保住了不少员工的岗位，尽管公司不得不卖掉了悍马、萨博、土星等品牌。此外，到2012年，通用汽车公司偿还了大部分贷款，而在2011年出现了前所未有的盈利。[11]虽然2012年美国汽车市场形势好转，通用的市场份额上升到17.5%，但仍处在90年中的最低点。尽管如此，由于新的或改善的轿车产品线组合，如雪佛兰的克鲁兹（Cruze）、索尼克（Sonic）和沃尔特电动车（electric Volt）等新款，通用对前景还是持乐观态度。

思考题

1. 通用在申请破产保护后应该做什么？
2. 奥巴马政府的要求是什么？
3. 如果通用生产出更具竞争性的轿车（售价比同类轿车低），你愿意购买吗？为什么愿意和为什么不愿意？

注释

1. http：//www.intelcapital.com/，accessed March 20，2013.
2. David Welch, David Kiley, and Carol Matlack, "Tough Live at Chrysler – The carmaker's new chief is embracing unconventional methods – such as a fostering internal competition——as he races to rev up the company", Business Week, August 24 & 31, 2009, pp. 25 – 28 and Carol Matlack, "The Hidden Edge at Fiat –

the automaker has advance fuel – efficiency techniques that may give Chrysler a strategic boost", Business Week, August 24 & 31, 2009, p. 28.

3. http://www.intel.com/about/companyinfo/capital/info/earnings.htm, accessed September 30, 2012.

4. C. K. Prahalad and Gary Hamel, "The Core Competence of the Corporation", Harvard Business Review, May – June 1990, pp. 79 – 91; Hamel and Prahalad, Competing for the Future (Boston: Harvard Business School Press, 1994). For a review of the preceding book, see Judith K. Broida, "Competing for the Future: Breakthrough Strategies for Seizing Control of Your Industry and Creating the Markets for Tomorrow", Academy of Management Executive, November 1994, pp. 90 – 91. See also C. K. Prahalad and Venkatram Ramaswamy, "Co – opting Customer Competence", Harvard Business Review, January – February 2000, pp. 79 – 87.

5. Pete Engardio, "The Last Rajah", Business Week, August 13, 2007; see also Management Changes http://uk.biz.yahoo.com/28112007/323/india – s – tata – steel – revamps – organisational – structure – names – group – heads.html, accessed September 20, 2008; see also Tata Consultancy Services Unveils New, Agile Organization Structure to Fuel Next... http://www.reuters.com/article/pressRelease/idUS162043 + 12 – Feb – 2008 + PRN20080212, accessed January 8, 2013.

6. Henry W. Chesbrough and David J. Teece, "When Is Virtual Virtuous? Organizing for Innovation", Harvard Business Review, January – February 1996, pp. 65 – 73; Charles Handy, "Trust and the Virtual Organization", Harvard Business Review, May – June 1995, pp. 40 – 50; Larue Tone Hosmer, "Trust: The Connecting Link between Organizational Theory and Philosophical Ethics", Academy of Management Review, April 1995, pp. 379 – 403; Charles Wardell, "The Art of Managing Virtual Teams: Eight Key Lessons", Harvard Management Update, November 1998, pp. 3 – 4. http://www.reuters.com/article/2012/09/27/us – autoshow – paris – fiat – veba – idUSBRE88Q1H420120927, accessed September 30, 2012.

7. "GE's Two – Decade Transformation: Jack Welch's Leadership", Harvard Business School Case 9 – 399 – 150, rev. May 3, 2005.

8. See also Gregory G. Dess, Abdul M. A. Rasheed, Kevin J. McLaughlin, and Richard L. Priem, "The New Corporate Architecture", Academy of Management Executive, August 1995, pp. 7 – 18; Henry Lucas, The T – Form Organization (San Francisco: Jossey – Bass, 1996). See also Lucas's book reviewed in The Executive, May 1996.

9. Interview conducted by email with Dr. Clara Tao of Tragon, on August 28, 2009 by Mark Cannice.

10. "Detroitosaurus Wreck", The Economist, June 6 – 12, 2009, p. 9; "A Giant Falls" The Economist, June 6 – 12, 2009, pp. 60 – 62; see various sources at https://www.google.com/#hl = en&cp = 10&gs_id = 14&xhr = t&q = General + Motors&tok = XkctEveQIzPKbaqV1LfNSw&pf = p&sclient = psy – ab&source = hp&pbx = 1&oq = General + Mo&aq = 0&aqi = g4&aql = &gs_sm = &gs_upl = &bav = on.2, or.r_gc.r_pw., cf. osb&fp = e79311b35f21cafc&biw = 754&bih = 600, accessed August 15, 2012; "President Barack Obama Campaign Video Says Auto Companies 'repaid their loans'", PolitiFact.com March 15, 2012; "About GM: GM Sustainability", http://www.gm.com/company/aboutGM/gm_sustainability.html, accessed August 15, 2012; "As Market Takes Off, GM's Share Hits A 90 – Year Low", http://www.forbes.com/sites/michelinemaynard/2012/04/10/as – market – takes – off – gms – share – hits – a – 90 – year –

low/, accessed August 15, 2012; "GM, Ford Poised to Move Into Higher Gear", http://online.wsj.com/article/SB10001424052702303933404577502881118602586.html, accessed August 15, 2012; "The First Electric Car That Runs On More Than Electricity", http://www.chevrolet.com/volt-electric-car.html, accessed August 15, 2012.

11. Jerry Hirsch, "Resurgent General Motors Posts Record Profit for 2011", http://articles.latimes.com/2012/feb/16/business/la-fi-mo-general-motors-profits-20120215, accessed August 16, 2012.

9

直线职权、参谋职权、授权和分权

[学习目标]

学完本章后,你应该能够:

1. 了解职权和权力的性质以及授权。
2. 区分直线职权、参谋职权和职能职权的不同。
3. 论述集权、分权和委任的性质。
4. 认识到平衡集权和分权的重要性。

前面讨论过部门划分的方式,现在讨论另一个基本问题:在组织机构中存在哪几种职权?这个问题与职权关系的性质有关,即直线职权和参谋职权的问题。本章也将讨论委任程度的问题,其答案涉及分权。如果没有给予管理人员适当的职权(即独立行使决策的权力),各个不同的部门就不能为完成企业目标而顺利地进行协调一致的工作。职权关系无论是纵向还是横向的,这些因素都会使组织正常运行,促进各部门的业务活动,并给企业带来协同效应。

职权与权力

> **注解**
> 权力是个人或群体诱导或影响别人或其他群体的信念或行动的能力。

> **注解**
> 职权是处于某一职位上自主行使做出影响别人的决策的权利。

在着重讨论组织中的职权之前,最好先区分一下职权与权力。**权力**的概念比职权要宽泛得多,它是个人或群体诱导或影响别人或其他群体的信念或行动的能力。[1] 组织中的**职权**是处于某一职位上自主行使做出影响别人的决策的权利(位居职位的人通过职权行使权利)。职权当然也是一种权力,不过是组织环境中的权力。

虽然有许多不同的**权力基础**,但本书涉及的主要是法定权力。[2] 在一般情况下,法定权力主要来自职位,也来自权利、义务和责任的文化制度,在此制度下,人们公认"职位"是"法定的"。在私人所有的企业中,职位的职权主要来自私人财产的社会制度("综合权利")。在政府中,职权基本上来自议会制政府的制度。交通管理人员之所以有权给人们发出违反交通规则的传票,就是因为具有议会制政府的制度,人民选出议员去制定法律,并保证法律的实施。

权力也可能来自个人或群体的专门技能,这是知识化的权威。物理学家、律师、大学教授可能对别人有相当大的影响力,他们由于有专门知识而受到尊敬。另外还可能存在着参照权力,也就是说,由于人们相信某些人以及他们的思想而受其影响。例如,马丁·路德·金(Martin Luther King)的法定权力很小,但是凭着他人格的魅力、他的思想和他的倡导力,他在有力地影响着许多人的行为。同样的,一个电影明星或一个战斗英雄也可能具有相当大的参照权力。

此外,权力还可能来自一些人给予奖赏的能力。采购人员职务权力不大,但可通过其加速或推迟解决一些急需的零部件的能力来施展很大的影响。同样,大学教授有相当大的奖赏权力:他们可以给予或不给很高的分数。强制权力则是另一种权力,它与奖赏权力有关,通常来自法定权力,是惩罚的权力,不论是辞退一名下属或不给其绩效报酬,都是惩罚的办法。

尽管组织职权是行使决策的权力,但它差不多总是来自职位的权力,或者法定的权力。当人们谈及管理环境中的职权时,通常是指职位的权力。与此同时,其他诸如个性和与人相处风格等因素均涉及领导力。

授权

近年来，各种不同的授权方式已经成了时髦的辞藻。**授权**意指组织中各级层的员工、管理人员或团队有权在未经上级容许的情况下自行决策。授权的概念是指与任务最为接近的人们，最有能力做出决策，前提是他们具备必要的能力。实际上，传统意义上的授权概念是基于建议计划、工作丰富化和工人参与管理的基础上的。[3] 除此之外，本章后面涉及的委任概念也与授权有着密切的联系。

> **注解**
> 授权意指组织中各级层的员工、管理人员或团队有权在未经上级容许的情况下自行决策。

创新视角　扎珀斯（Zappos）网络鞋店的授权[4]

扎珀斯（Zappos）网络鞋店是一家在线鞋具和服装零售商，以优质消费者服务而著称。扎珀斯公司获得这一殊荣在一定程度上得益于它的鼓励员工授权的企业文化，即员工可以按照他所认为的任何能够"传递幸福"方式为顾客服务。这就意味着，为了让顾客称心如意，有可能一个电话打一小时，或者快速回收退货物品，即使这种退货可能不符合公司现有的规定。扎珀斯公司的核心价值观鼓励员工授权，例如，核心价值观第三条规定，"创造乐趣和一点点搞怪"；第四条是"持冒险的、创造性的和开放的态度"。这种授权方式有助于企业内部的创新，同时也给扎珀斯公司带来了明显的竞争优势，因为在给客户传递幸福的同时也给公司创造了利润。

委任和授权只是一个程度的问题，[5] 它们都要求员工和团队承担他们所采取的行动和任务的责任，下面从概念上进行演示：

- 权力应该与责任相适应（P = R）；
- 如果权力大于责任（P > R），其结果可能会形成上级的独裁型行为，而这样的上级没有尽到他（或她）的责任；
- 如果责任大于权力（R > P），其结果可能是沮丧，因为这个人没有得到足够的权力来完成他（或她）所承担的任务。

人们对授权感兴趣原因是多方面的，包括全球竞争力、快速应对消费者的需求和期望值，以及受到良好教育的员工队伍对自主权的需求。对下级授权意味着上级必须与下属共同分享他们的职权和权力，这样一来，作为唯一管理方式的独裁型领导作风，很难适应 21 世纪的组织。大多数员工希望身在其中、参与决策，其结果会形成一种归属感和成就感，从而增强员工的自尊心。

有效的管理要求授权必须是真诚的，基于相互的信任，给员工提供相关的信息以完成任务，并委任给那些有能力的员工。[6] 除此之外，那些行使决策职权的员工应该得到奖赏。

> **创新视角　里兹·卡尔顿大酒店的授权[4]**
>
> 顾客很重要，员工也一样重要。在里兹·卡尔顿大酒店，不仅顾客，而且员工也同样受到尊重，正如公司的口号所言，"女士们和先生们为女士们和先生们服务。"公司总裁赫斯特·舒尔茨授权服务顾客的前台员工 2000 美元以内的支配权，以确保顾客满意度。给销售经理的授权甚至高达 5000 美元。公司鼓励员工提建议，改进服务质量，其目的是从员工那里获得的建议，双倍于从顾客那里获得的抱怨。例如，中国香港里兹·卡尔顿酒店近期推出了一个名曰"酒霸"（Vinosseur）的葡萄酒俱乐部。在这个俱乐部里，一位负责食品和饮料的经理在现场与顾客分享他的品酒体验。这种新颖的创新服务方式发挥了里兹·卡尔顿酒店员工的专长和激情，为现有的和未来的顾客提供了一个消遣和享受的场地。[8] 善待员工和顾客使里兹·卡尔顿大酒店获得了著名的马尔科姆·鲍德里奇国家质量奖。
>
> 注解
> www.ritzcarllon.com

直线与参谋概念和职能职权

> 注解
> **等级原则**：直线职权越明确，则决策的职责越明确，组织的沟通越有效。

负有直线职权的上级对下级行使一种直线职权。职权如同一种不间断的刻度或一系列的梯级，存在于所有的组织中。因此，组织中存在着**等级原则**：从企业最高管理职权到每一个下级职位的直线职权越明确，则决策的职责越明确，组织的沟通越有效。在许多大企业里，这种梯级既长又复杂，但是即使在最小的企业里，作为一种组织形式，也要采用等级原则。

> 注解
> **直线职权**是上级对下级行使直接监督的关系。

很显然，从等级原则可以看出，**直线职权**是上级对下级行使直接监督的关系，即一种直线或梯级的职权关系。

> 注解
> **参谋关系**属于顾问性质。

参谋关系属于顾问性质。纯粹参谋身份的人员的职能是进行调查、研究，并向直线职权的管理人员提出建议。

> **创新视角　直线或参谋？你的职业目标是什么？**
>
> 许多取得工商管理硕士学位（MBA）毕业生的目标是要做参谋职位的工作，运用他们的分析能力给直线管理人员提出建议。据报告，1985 年哈佛大学的 MBA 毕业生中超过 1/3 的人选择了这一职业。[9] 在此之前，这个比例就更高了。
>
> 在 20 世纪 80 年代，部分由于经济增长缓慢和竞争压力的原因，许多大公司在减少参谋人员，形势发生了变化。例如，战略不再是由总部的战略计划人员，而经常是

由直线管理人员制定，而且由他们亲自实施。因此，那些过去做计划、提建议和分析业务形势的人被调到直线岗位上，他们必须确定重点，进行决策，并激发员工为实现企业的目标做出贡献。

一些参谋人员成功地转到直线工作岗位上，但另一些人却失败了。这些"后来者"所面临的问题之一，是来自那些"老直线"管理人员的愤愤不平，因为他们所渴望得到的职位被原先的参谋人员得到了。很明显，直线职权工作不同于参谋工作。真正有权来执行决策可能会令人兴奋，但并非每个人都能实现这种角色转换。因而，有抱负的管理人员在选择其职业道路之前，应谨慎地分析自身的优势、劣势和动机。

在 2012 年的职场竞争中，一个称之为"工商管理硕士在线的创新性公司"（MBA & Co. com），为企业提供了一个安排管理学院毕业生短期咨询项目的场地，这些项目涉及市场调研、企业规划发展等方面，时间从几个小时到数月不等。[10]这些短期安排也许并非是管理学院学生所期盼的，但是却给他们提供了一个不用长期承诺的直线和参谋岗位体验机会。

职能职权是授予个人或部门的权力，以控制规定的工作进程、做法、方针或其他与别的部门人员承担活动有关的事项。为了更好地理解职能职权，人们可以将其视为上级直线领导职权中极小的一部分。如果统一指挥的原则无一例外地得到遵照执行，上述这些业务的职权应该只能由直线领导行使。不过，有好多原因可以解释为什么有时不能由他们行使某些职权，其中包括缺乏专业知识，缺乏监督特定过程的能力以及曲解政策的危险等。在这些情况下，应剥夺管理人员某些职权，而由他们的共同上级委任给一位参谋专家或另一部门的管理人员。例如，公司财务总监一般在全公司范围内行使其推行会计制度的职能职权，但是，这种专业性的职权却是来自首席执行官的直接授权。

> **注解**
> **职能职权**是授予个人或部门的权力，以控制规定的工作进程、做法、方针或其他与别的部门人员承担活动有关的事项。

职权分权

前面一节重点阐述了几种诸如直线、参谋和职能职权的关系。以下部分着重论述组织中的职权分散问题。

分权化的性质

组织的职权不过是授予人们运用其判断力做出决策和发布指示的处置权，**分权**是在组织结构中把决策的职权进行分散的倾向。分散职权是授权的一个基本方面，直到所授予的职权被部分分离。在整个组织中，

> **注解**
> **分权**是在组织结构中把决策的职权进行分散的倾向。

职权应在多大程度上集中或分散？有可能出现一个人独揽大权的绝对集权，这意味着无下属管理人员，因此也就是无结构的组织。在所有的组织中都有一定程度的权力分散，但另一方面也不可能存在绝对的分权，因为如果管理人员把他们的职权全部下放，他们作为管理人员的身份就不复存在，他们的职位也就此取消，这样组织也就不复存在。集权和分权是两种倾向，如图9-1所示。

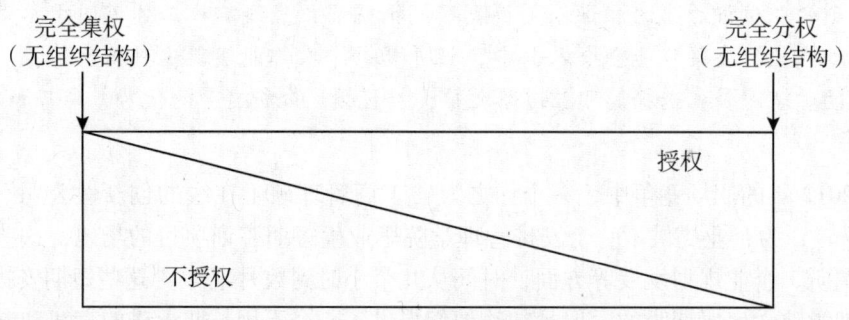

图9-1 集权和分权倾向

创业视角　　创业管理人员的管理

在公司环境中，那些为组织做出卓越贡献的创业管理人员需要有一定的自主权，而放权型组织结构是给予创业管理人员这种自主权以达到其最佳绩效的途径之一。为了创新，人们需要承担风险和允许失败。公司领导必须确定创新目标，根据创业管理人员的能力设计确保创新成功的组织结构，形成相互信任和尊重的氛围，制定相应的行为规范，在自主权、时间和资源配置方面给创业管理人员提供获得成功的条件。在组织环境中，抑制创新的最简单方式是对所有管理人员一视同仁，对所有的部门采用僵化的组织结构。越来越多的组织，尤其是那些产品生命周期短、创新至关重要的高科技产业中的企业，在采用更益于创新的组织结构。

不同类型的集权

集权这个词有以下几种含义：
- 绩效的集中属于地域上的集中，例如，一个公司在一个地方营业；
- 部门的集中是指将专业化经营活动集中在一个部门，例如，整个工厂设备的保养工作由一个部门完成；
- 管理的集中是限制决策权下放的倾向。大部分的职权掌握在组织等级制的最高层次或接近最高层次的管理人员手中。

将分权化视为哲学理念和政策

分权的含义不只是授权,它反映了组织和管理的理念。它需要谨慎选择,把哪些决策权授予组织结构的下层,哪些决策权由接近高层掌握,需要制定哪些具体方针以指导决策,如何选择和培训人员以及如何进行适当的控制。分权方针影响着管理的各个方面,可将其视为管理系统的一个基本要素。事实上,不实施分权,管理人员就不能使用他们的酌情处置权来处理他们面临的不断变化的情况。

职权委任

上级将决策的自主权授予下属,这种情况被称为委任。很明显,上级无法委任他们所没有的职权,无论他们是董事会成员、总裁、副总裁或部门的主管。

委任的过程包括:(1)确定职位上的人员预期要获得的结果;(2)给职位上人员分配任务;(3)委任以确保任务的完成;(4)要求担任职位的人员承担任务完成的责任。实际上,以上过程是不可能分割的,因为期望一个没有职权的人去实现目标是不现实的,就像委任却不清楚最终结果一样。此外,由于上级的职责是不能委任的,因此,必须要求下属履行其应尽的职责。

委任的艺术

大多数在实际委任中出现的失误,并不是因为管理人员不了解委任的性质和原则所致,而是由于他们没能或不愿意应用这些原则。委任在一定意义上是基本的管理艺术,然而研究几乎无一例外地发现,委任不当或不慎是造成管理失误的根源之一,其原因在很大程度上与个人对委任所持的态度有关。

个人对委任的态度

虽然绘制组织结构图和提出管理目标和职责有助于委任,而对委任原则的了解更为委任打下了坚实的基础,但实际委任过程中,某些个人的态度也是不容忽视的。

感受性

一个能进行委任的管理人员的内在品质,是愿意给予他人发表意见的机会。决策总是涉及一些酌情处置权,下属做出的决定不可能与上级所要做的完全相同。懂得如何委任的管理人员必须具备起码的一种不闭门造车的素质,他必须不仅能欢迎别人的想法,而且要帮助别人提出想法,并赞扬他们的独创性。

愿意放手让权[11]

能有效地进行委任的管理人员,必须愿意放手给下属做决策的权利。一些登上更高层领导岗位的管理人员（从一个小轿车修配厂起步到已建立了一个大型企业的开拓者）的一大缺点是，总想继续行使他们已卸任职位的决策权。那些坚持要对每项采购事项或对每一员工或秘书的任用等事无巨细的公司总裁和副总裁们，没有意识到这样做使他们没有时间去关注更加重要的决策。

在企业组织规模大而复杂迫使人们不得不委任的情况下，管理人员应懂得"比较管理优势法则"，这有点像适用于国家的比较经济优势法则。为经济学家所熟知、逻辑严谨的比较经济优势法则指出，如果一个国家出口其生产效益最高的产品，进口其生产效益最低的产品（尽管它可以比其他任何国家更廉价地生产这种进口产品），那么，这个国家的财富就会增加。同样，如果管理人员专心于最有利于实现公司目标的工作，而将其他工作分派给下级（即使他们自己能比下级完成得更好），那么，他们对公司的贡献就会更大。

允许下属犯错误的意愿

虽然任何一个尽职的管理人员不会悠闲地旁观他的下级去犯危害公司或危害该下级职位的错误，但是如果不断地检查他们的工作以确保不出任何差错，则将会使真正的委任成为不可能的事情。人人都会犯错误，所以必须允许下级犯错误，而且还必须把这种成本看成是对个人发展的投资。

在不终止委任或不妨碍对下级培养的情况下，可以基本上避免出现严重的或重复性失误。耐心劝告、问清主要问题、认真阐明目标和政策，是管理人员为确保有效委任可以使用的方法。上述方法与采取威逼的批评或对下属的缺点唠叨不休毫不相干。

信任下属的意愿

上级除了信任他们的下级别无选择，因为授权意味着双方必须采取互相信任的态度。这种信任有时很难做到，上级可能认为下级经验不足，不善于与员工打交道，判断力不够强，或对各种影响情境的事实视而不见等原因而推迟委任。有时这些考虑是对的，这时上级应该对下属进行培训，或者另选愿意承担责任的其他人员。然而往往有很多这样的上级，他们不信任其下属，不想放手；或是因下属的成功而感到威胁不能明智地委任，或是不知道采用哪些控制手段来确保有效地行使其职权。

建立和使用宽泛控制的意愿

由于上级不能委任绩效责任，因而，除非他们愿意找到获得反馈的办法，即确保职权的使用能支持企业或部门目标和计划的完成，否则他们就不应该委任。很显然，只有用目标、政策和计划作为评价下属工作的基本标准，否则控制手段就不能建立和实施。在很大程度上，不愿委任和不信任下级的情况多半是由于上级计划不周以及可以理解的、失控的担心。

克服委任乏力现象

下面是有关实施有效委任的实用性指导原则：

- 根据预期结果，确定任务和委任职权。换言之，为了能完成目标而授予充分的职权。

- 根据要完成的工作选人。虽然有能力的组织者将主要从所要完成的任务来考虑委任职权，但归根结底，人员配备作为整个委任系统的一部分是不能被忽视的。
- 保持沟通的畅通。由于上级不会委任全部的职权或者放弃职责，因而不存在管理的独立性，分权不应该导致隔绝。上下级之间的信息应畅通，以便使下级获得用以决策和适当阐明所授职权的信息。此外，委任应视情况而定。
- 建立适当的控制手段。因为任何管理人员不可能放弃其职责，所以委任时必须要有办法确保职权得到恰当使用。但是，如果控制手段要有助于委任，那么必须是宽泛的，并且在设计方案时要留出偏离计划的余地，以免干预下级的日常行动。
- 对有效的委任和成功的行使职权的人员给予奖励。管理人员应当始终关注如何奖励有效委任和行使职权的办法。虽然这种奖励多数是以货币体现的，但是授予更多的自由权和名誉（在原职位还是提升到更高的职位）往往会产生更大的激励作用。

职权回收[12]和平衡是分权的关键

有时可以把一个企业说成是再集权，也就是说，将曾经分散的职权再集中起来。一般情况下，**再集权**并非是把分权全部重新颠倒过来，因为管理人员不会把授出去的职权全部撤回。这个过程是对凡在组织中可能发生的某类活动或某种职能实行职权的集中。为了避免出问题，分权计划必须要考虑到表9-1中所列的好处和局限性。

> **注解**
> **再集权**是将曾经分散的职权集中起来；一般情况下并非是把分权全部重新颠倒过来，因为授出去的职权是不能全部撤回的。

表9-1　　　　　　　　　　　分权的优势和局限性

优　势
1. 减轻高层管理人员某些决策的负担，迫使其放权
2. 鼓励制定决策，并承担职权和责任
3. 给管理人员更多的决策自主权和独立性
4. 促进建立和运用广泛控制手段以增强激励作用
5. 使不同经营单位的绩效比较成为可能
6. 便于建立利润中心
7. 促进产品多样化
8. 有利于总经理的培养
9. 有助于适应快速变化的环境
局　限　性
1. 很难统一政策
2. 增加了分权经营单位协调的复杂性
3. 可能导致高层管理人员失去某些方面的控制

续表

局 限 性
4. 可能受到控制技术不足的限制
5. 可能受到不适当的计划和控制系统的约束
6. 可能受到缺少合格管理人员的限制
7. 涉及大量的管理人员培训费
8. 可能受到外部力量的限制（全国性工会、政府控制、税收政策）
9. 某些业务可能达不到规模经济效应

本章小结

权力有多种不同的基础。权力可以是法定的、专门性的、参照性的、奖赏性的或强制性的。授权使人们能够在未经上级容许的情况下自行决策。直线职权是指上级直接行使监督下级人员的权利，另外，参谋关系则包括提供建议和咨询。职能职权是对某些过程、做法、政策和其他部门中的其他事情进行控制的权利，是直线管理人员职权中很小的一部分，应当审慎使用。

本章中另一重要概念是分权，是把决策权分散的倾向。另外，权力集中是职权的集中，可以是区域性职权的集中、部门职权集中或是限制决策权委任的倾向。职权委任的过程包括确定要获得的结果、任务的分配、完成任务职权的委任以及确定对结果负责的人员。

职权委任的失误往往受个人态度的影响。克服委任不当的措施包括：明确任务和目标，保持沟通畅通，建立适当的控制手段，以及通过适当的奖赏实施有效的激励。先前分散的权力也可以再度集中起来，取得平衡是正确分权的关键。

主要概念回顾

权力	直线职权	委任过程
职权	参谋职权	对委任的态度
权力基础	职能职权	再集权
授权	分权	分权的好处和局限性
等级原则	三种类型的集权	

讨论题

1. 你所在的组织或学校行使的是哪种权力？

2. 举出任何一种企业（商业企业、教会、政府等）中的一些职位作为例子，并按直线职权与参谋职权加以分类。

3. 你在组织中见到过多少职能职权的情况？试分析其中的几种，你是否同意这些情况本来是可以避免的？如果能够，你能消除这些情况吗？如果不可能避免这些情况，或你不准备消除这些情况，那么你打算怎样克服由此可能产生的大部分困难？

4. 如果要求你对已接受担任工厂经理助理这一参谋职位的年轻毕业生提些建议，你打算提些什么建议？

5. 为什么不适当的职权委任往往是造成管理失败的最重要的原因？

6. 在许多国家，那里的公司是从内部发展起来的，而且常常是家族所有的，几乎没有分权。你认为应怎样去解释这种倾向？会产生什么效果？

7. 如果你是经理，你会分权吗？就你的答案陈述几条理由。你怎样确保不过度分权？

8. 组织中的职权是否应当尽量下放？为什么这样或为什么不这样？

练习和具体步骤

1. 分别与一家本地公司的一个直线经理和一个参谋人员交谈。询问他们工作哪些方面是满意的？哪些方面是不满意的？回顾交谈的内容，自问一下自己的职业前途计划的主要目的是成为直线经理还是参谋人员。

2. 与两个直线经理交谈对职权委任的看法，他们是否认为其上级的职权委任是充分的？同时请他们谈谈向其下属委任职权的体会。

3. 确认一家你想就职的公司，分析一下这个公司职位和职权组织结构图。

互联网检索

1. 在互联网上查询"员工授权"这个词，阅读其他人对授权理论的看法。同时找出"不愿授权"和"不授权"的含义。

2. 在互联网上查询"等级原则"这个词。找出这一原则的详细情况。

全球轿车公司案例

雷克萨斯是如何问世的？
——在美国持续成功，但在全球市场却收效甚微[13]

全球化竞争最为激烈的一个例子就是轿车产业。当日本轿车在美国取得市场份额后，美国的轿车制造厂商们要求日本人自行调节向美国出口轿车的配额。这就鼓励日本公司不仅要在美国建厂，而且还要生产更大、更豪华的轿车以同高端价位的美国轿车和像梅赛德斯和宝马这样昂贵的欧洲轿车竞争。

日本丰田公司的雷克萨斯（Lexus）轿车就是在这种背景下产生的。这种轿车是针对那些想买一辆梅赛德斯或宝马车，但却买不起这些车的人。而初始标价35000美元的雷克萨斯轿车比同类型的欧洲轿车则便宜得多。

在1983年，丰田公司开始着手开发与梅赛德斯或宝马相媲美的世界上最好的轿车，目标是生产出一种无噪声、舒适而又安全的轿车，其时速应达到每小时150英里，并且还无须支付对每加仑汽油里程数低于22.5英里的轿车所征的燃油税。这似乎是一个充满矛盾目标的想法，即速度快的轿车似乎很难同时兼顾节油。要达到这些自相矛盾的目标，对轿车的每一个子系统都要进行认真的检查，尽可能进行修改，并同整体的设计结合在一起。第一辆32阀、8缸发动机的样车没有达到节油的要求。工程师们运用了被称之为"从根源上逆向寻缘"的解决问题的方法，也就是说，在达到设计目标之前，要对每一个部件进行改善。不仅发动机，还有传动装置以及其他部件都要进行严格的检测，以达到美国的燃油标准。

日本人达到质量标准的方法不同于德国的轿车制造商所采取的方法。后者采用相对来说劳动力密集型的生产过程，而丰田公司先进的制造技术则通过自动化来实现产品质量，这样只需相当于德国轿车制造业很少的一部分人即可。可以说，如果这一战略成功的话，就可能会成为获得豪华轿车市场份额的秘密武器。

在雷克萨斯轿车的开发中始终没有忘记消费者，对轿车的各个方面根据消费者需求进行认真的研究。例如，对车身和尾翼进行了精心设计和拉力测试，把竞争对手的轿车作为测评的基准进行了彻底研究。雷克萨斯与梅赛德斯和宝马轿车的相似之处是显而易见的。顺便提一下，雷克萨斯这一名字也是经过精心挑选的。用计算机对可用的名称（含无任何意义的一些名称）进行选择。人们认为，雷克萨斯一词有豪华之意。

为了雷克萨斯轿车的销售，丰田公司成立了独立的经销网络，这是以前日产公司为销售讴歌（ACURA）轿车而采取的做法。此外，公司还下大力气设计展厅和培训维修人员。在雷克萨斯推出以后，记者们飞到德国，在那里他们有机会把雷克萨斯同捷豹、宝马和梅赛德斯在高速公路上不限速地进行比较。在历经6年的艰苦打造后，耗资5亿美元的轿车终于问世了。

欧洲的轿车制造商们必然会对日本豪华轿车的入侵感到担心。梅赛德斯和宝马不仅要在美国市场上竞争，而且还要随着欧盟进一步朝着全球化的轿车市场迈进的同时，面对日本轿车制造商对欧洲大陆的入侵。

自从20世纪80年代雷克萨斯问世后，它已经在美国市场上成为令人敬畏的竞争对手。雷克萨斯轿车以质量、可靠性和平稳性而著称。最初，ES250型号是基于价格较低的丰田凯美瑞开发的，对此，竞争对手在其广告中显露无遗。这很显然是个错误，为了弥补这一不利的形象，丰田汽车公司首席执行官丰田章男建立了一个独立的雷克萨斯事业部，专门设计、开发和推销雷克萨斯品牌。[14]

20年后，雷克萨斯品牌在美国市场上获得了成功，但是在全球市场上却非如此。

在欧洲，宝马、奔驰和奥迪（德国大众生产）仍在垄断着豪华车细分市场。雷克萨斯RX入门级Crossover在美国市场知名度很高，大约占据雷克萨斯销量的45%。[15]此外，还推出了不少油气混合动力系列车，如CT混合动力车，在美国市场上售价29120美元；RX混合动力车售价45910美元；LS混合动力车112750美元。[16]随着混合动力车越来越畅销，雷克萨斯混合动力车会提高竞争优势吗？毕竟丰田汽车公司在混合动力车方面处于领先地位，尤其是它的普瑞斯品牌。

思考题

1. 你认为在你的国家雷克萨斯能与奥迪、宝马、奔驰媲美吗？为什么能或为什么不能？
2. 准备一份在你的国家雷克萨斯轿车潜在购买者的简况。
3. 在美国、欧洲和你的国家，奔驰、宝马或奥迪应该如何应对雷克萨斯？
4. 为什么雷克萨斯品牌在美国非常成功，但是在欧洲却大相径庭？（建议：向雷克萨斯代理商或雷克萨斯车主咨询）。
5. 在你的国家流行混合动力车吗？为什么混合动力车畅销或为什么不畅销？

注释

1. The concept of power has been widely discussed in the literature. See, for example, Loren Gary, "Power: How Its Meaning in Corporate Life Is Changing", Harvard Management Update, October 1, 1996, pp. 3-5; Thomas A. Teal, "The Human Side of Management", Harvard Business Review, November-December 1996, pp. 4-10; John P. Kotter, "What Effective General Managers Really Do", Harvard Business Review, March-April 1999, pp. 3-12.
2. John R. P. French, Jr., and Bertram Raven, "The Bases of Social Power", in Walter E. Natemeyer (ed.), Classics of Organizational Behavior (Oak Park, IL: Moore Publishing, 1978), pp. 198-210.
3. Tony Eccles, "The Deceptive Allure of Empowerment", in Arthur A. Thompson, Jr., A. J. Strickland Ⅲ, and Tracy Robertson Kramer (eds.), Readings in Strategic Management, 5th ed. (Chicago: Irwin, 1995), pp. 496-509. See also Kathleen Kane, "A Framework for Understanding Dysempowerment in Organizations", Human Resource Management, November 1999.
4. www.Zappos.com, accessed January 8, 2013.
5. Robert C. Ford and Myron D. Fottler, "Empowerment: A Matter of Degree", Academy of Management Executive, August 1995, pp. 21-29; Chris Argyris, "Empowerment: The Emperor's New Clothes", Harvard Business Review, May-June 1998, p. 76ff.
6. James W. Dean, Jr., and James R. Evans, Total Quality: Management, Organization, and Strategy (Minneapolis/St. Paul, MN: West Publishing, 1994), chap. 8; Alan Randolph, "Real Empowerment? Manage the Boundaries", Harvard Management Update, vol. 5, no. 7 (2000), p. 10; Michael Schrage, "More Power to Whom?" Fortune, July 23, 2001, p. 270; Vera Titunik, "Plenty of Power, Not a Man in Sight", Fortune, April 1, 2002, p. 40.
7. Dean and Evans, Total Quality, Chap. 8.

8. http://corporate.ritzcarlton.com/en/Press/Properties/HongKong/Releases/Vinosseur_Wine_Club_Concept.htm（access October 5, 2012）.
9. Jeff Bailey, "Where the Action Is: Executives in Staff Jobs Seek Line Positions", Wall Street Journal, August 12, 1986. See also S. Caudron, "Delegate for Results", Industry Week, February 6, 1995, pp. 27 – 28.
10. http://blogs.wsj.com/atwork/2012/06/15/short-on-staff-rent-an-m-b-a/ January 8, 2013.
11. Robert Waterman, the former senior director at McKinsey and co-author of the bestseller In Search of Excellence, pointed out in an interview that managers hate to give up power. See William C. Bogner, "Robert H. Waterman, Jr., on Being Smart and Lucky", Academy of Management Executive, February 2002, pp. 45 – 50.
12. For a discussion of recentralizing the information systems organization, see Ernest M. von Simson, "The 'Centrally Decentralized' IS Organization", Harvard Business Review, July – August 1990, pp. 158 – 62.
13. Miscellaneous sources were used, including Alex Taylor Ⅲ, "Here Come Japan's New Luxury Cars", Fortune, August 14, 1989, pp. 62 – 66; Wendy Zellner, "Two Days in Boot Camp: Learning to Love Lexus", Business Week, September 4, 1989, p. 87; Mark Landler and Wendy Zellner, "No Joyride for Japan", Business Week, January 15, 1990, pp. 20 – 21; "Mercedes – Benz Unit in U.S. to Unveil Car Priced under MYM30, 000", Wall Street Journal, August 31, 1990; Technical Notes, Motor Age, November 2001, p. 45; "Lexus ES 300 Engineering Demands: Quiet Handling", Automotive News, August 6, 2001, p. 16; "Lexus 2001 Technology Preview", Motor Age, January 2001, p. 38; "Two Boulevard Cruisers that Flip Their Lids", Business Week, October 8, 2001, p. 118; "Near – Luxury Is a Problem for Cadillac", Automotive Industries, May 2001, p. 20; Lexus, www.lexus.com, accessed January 8, 2013, and "Lexus Safety".
14. "The Big Picture: Saving Lexus – Toyota's Luxury Brand Needs an Overhaul", http://www.motortrend.com/features/editorial/1111_the_big_picture_saving_lexus/, accessed August 16, 2012.
15. Ibid.
16. Lexus http://www.lexus.com/hybrids/, accessed August 16, 20, 12.

10

组织有效性和组织文化

[学习目标]

学完本章后,你应该能够:
1. 通过计划来避免在组织工作中的失误。
2. 指出如何凭借灵活性和使人员更有效工作来改善组织工作。
3. 通过理顺组织结构和加深对组织工作的理解来避免冲突。
4. 促进及开发适宜的组织文化。

组织工作涉及制定一个能确保有效绩效的职务角色结构，需要一个决策与沟通网络，以协调为实现群体和企业目标而做出的努力。为了使一个组织正常工作，必须使人们了解组织结构，将原则付诸实施。正如本书前面强调的那样，组织工作，如同其他管理工作一样，不存在唯一最佳的方案，是否有效只能视具体情况而定。

> **注解**
> 组织工作不存在唯一最佳的方案，是否有效只能视具体情况而定。

通过计划避免组织工作中的失误

如同其他的管理职能一样，明确目标并有条不紊地进行计划对高效率的组织是十分必要的。正如林德尔·厄威克（Lyndall Urwick）在其经典著作《管理要素》（The Elements of Administration）中指出的："组织中设计缺位是非理性的、粗放的、浪费的，也是低效率的。"[1]

> **注解**
> 明确目标并有条不紊地进行计划对高效率的组织是十分必要的。

理想性计划

寻找一个理想的、能反映企业在特定环境下目标的组织，是制订计划的原动力，这就需要规划组织的主要管理级层，考虑企业管理人员的组织理念（如是否应尽可能集权或公司是否应将其业务划分为半独立性的产品部或地区事业部），以及勾画出相应的职权关系。像一切计划一样，最终确定的组织形式并非一成不变，通常要对理想计划进行不断的修正。尽管如此，理想的组织计划相当于一个标准，管理人员一经将其与目前的组织结构相比较，就能够知道在可能的情况下如何进行改革。

组织工作者需始终小心谨慎，不可被组织过程中的一些流行做法所迷惑，因为适用于某一公司的方法在别的公司不一定能行得通。组织原则具有普遍应用性，但是在运用这些原则时，应考虑到每个公司的经营状况及具体需求，组织结构应根据实际情况而定。

突出人员因素的改进

如果现有人员不适应理想的组织结构，而且不能够或不应该把他们放置在一边时，那么唯一的选择只能是修改组织结构以适应个人的能力、态度或局限性。尽管这种改变看起来有点像围绕着人来进行组织工作，这里的区别就在于，首先是围绕着应实现的目标和应进行的活动而进行组织，然后才按人员的因素进行修改。因此，无论何时出现人事变动，计划都将会减少对原则妥协的必要。

组织计划的优点

> **注解**
> 规划组织结构有助于确定未来人员需求以及培训计划要求。

规划组织结构有助于确定未来人员需求以及培训计划要求。只有在了解了需要什么样的管理人员和需要何种经验的情况下，企业才能理性化地招聘人员，并对其进行培训。

除此之外，组织计划还可以发现组织中的薄弱环节。与理想的和实际的组织结构进行比较，最能暴露诸如重复劳动、职权界限不清、沟通渠道过长、官僚风气严重以及做法过时等问题。

避免组织僵化

组织计划的一个基本好处是避免组织僵化。许多企业，特别是那些经营多年的企业，已变得太僵化了，以致无法通过有效的组织结构的首要检验标准：适应环境变化和新情况的能力。这种对变革的阻力可以使组织的效率严重丧失。

历史悠久的公司呈现出很多僵化的表现形式：组织模式早已过时；某一地区或区域性组织，由于通讯的改善而应该被取消或扩大；或者对于那些规模已经扩大而需要分权的企业来说，组织结构早已过度集权了。

通过重组避免组织僵化

尽管重组的意图是为了适应企业环境的变化，但是还有其他迫使企业重组的原因。与企业环境有关的原因包括：由于并购或主要财务资产的出售导致经营上的变化；生产线及营销方式的变化；商业周期的影响；竞争的影响；新的生产技术；工会政策；政府的管制及财政政策，以及当前对组织工作的认识程度。新的方法和原则可能是适用的，例如，允许管理人员去管理公司的一些半独立的分权单位，借此对他们进行培养。一些新的方法也已经采用，如通过大幅度分权以达到适当的财务控制。

除此之外，新任的首席执行官、副总裁以及各部门的负责人都可能有自己对组织的明确想法。组织的变革可能正是由于新的管理人员，基于他们过去的经历所形成的想法而产生的改革愿望，或是基于他们的管理方式及他们的个性特点而需要一个经过改革的组织结构。

另外，重组可能是由于现存结构中已被证实的缺陷而引起的，有些缺陷是由于组织的弱点造成的：如管理幅度过宽，委员会数量过多，缺少统一的政策，决策缓慢，未能完成目标，不能按计划完成工作，成本过高，或财务失控等。其他的缺陷可能是由于管理人员管理不当而造成的。对那些缺乏专有知识或技能而又因某些原因不能被替换的管理人员，可以通过组织结构的调整，将其一定的决策权转移到另一个职位上去。

重组也可以解决管理人员之间的个性冲突问题。职能和直线职权冲突发展到很严重地步时，只有通过重组才能解决。

组织调整和变革的必要性

除了迫切需要重组的原因外，为了避免组织结构过于僵化，有必要进行适度和持续的调整。当组织中的每个人都明白,他们的职位随时都可能发生变化时,"帝国大厦"(即建立一个大型组织以使得管理人员显得更加重要)效应就失去吸引力了。正如一位公司总裁告诉其下属的那样:"不必费心建立什么帝国了,因为我可以向你们保证,3年之后你们不会还在你现在的职位上。"一些管理人员认识到,组织结构必须是动态的,因而对结构进行调整以使下属人员习惯于变革。

使参谋人员有效地工作

直线与参谋问题不仅是组织面临的最大难题之一,而且是大量低效率产生的根源。解决这一问题需要一定的管理技能、认真坚持原则和耐心教育员工。

理解职权关系

管理人员要想解决直线与参谋职权之间的问题,必须了解职权关系的性质。只要管理人员视直线和参谋部门为人的群体或活动组合,就会产生混乱。直线和参谋是一种职权关系,许多工作都包含这两方面的因素。直线职权涉及决策的制定与实施,而参谋职权则意味着协助和提出建议的权利。简言之,直线职权可以"吩咐做事",而参谋职权必须"兜售它的建议"。

使直线人员倾听参谋人员意见

注解
www.gm.com

应该鼓励或要求直线部门的管理人员与参谋部门人员协商。在直线部门必须听取参谋部门意见的地方,采用强制性接受参谋部门建议的做法,会使企业搞得更好。例如,在通用汽车公司,产品事业部的管理人员在向高层主管或财务委员会提出一项大的方案或方针前,要同总部的参谋部门进行协商。也许没有人要求他们这么做,但是他们会觉得这种会使他们的建议更顺利地通过;如果他们能与有关的参谋部门形成联合阵线,那么采纳他们建议的可能性无疑会更大了。

使参谋人员时刻了解情况

人们通常批评参谋部门的专家们在真空中工作,根本不理解直线管理人员工作的复杂性,在提出建议时忽视一些重要事实。这些批评在一定程度上并无过错,因为不能期望参谋专家们对管理人员工作的所有细节都了如指掌。参谋专家们应该记取,他们的建议应涉及自己权限之内的事情。而当建议仅仅涉及问题的一个方面时,业务管理人员不应该过多依赖这样的建议。

许多批评的引起是因为未能使参谋部门的人员随时了解他们管辖范围内发生的问题。在这种情况下,即使最能干的助手也无法提出合适的建议。如果直线管理人员未能将影响他们工作的决定通知参谋部门,或者他们没有为参谋部门取得有关具体问题的必要信息创造条件（如通过告示和合作要求的形式），参谋部门就无法开展工作。参谋部门的人员能使他们的上级从收集和分析信息中解脱出来，本身就表明了自己存在的合理性。

要求全体参谋人员共同努力工作

许多参谋部门的工作人员忽视了一个这样的事实，即为了提供最大的帮助，他们的建议必须是完整的，以便使直线部门的管理人员能做出简单的肯定或否定的回答。参谋部门人员应该成为问题的解决者而不是制造者，当以下问题出现时，他们就为管理人员制造了问题：如他们的建议不明确或模棱两可；他们的结论是错误的；他们没有考虑到全部事实，或没有与受其所提出的解决方案严重影响的人员进行商讨；他们未向上级指出所提行动方案中的潜在危险以及好处。

完整的参谋工作的含义是指，在对问题做了全面考虑，取得了将要受重大影响的人们的理解，对如何避免所涉及的困难提出了建议，并且通常准备好书面材料（如书信、指示、岗位职责、具体事项）以便使管理人员不必再进一步研究，再召开冗长的会议，或做不必要的工作就可以采纳或否决这个建议。如果建议被采纳，准备充分的参谋工作就为管理人员提供了将其付诸实施的方法。在参谋位置上具备这些能力的人会发现受到人们的高度评价和赏识。

使参谋人员的工作成为组织工作的一种方式

对参谋职权的理解为组织工作的方式奠定了基础，无论哪里涉及参谋人员，他们的责任就是要形成并保持一种良好的人际关系的氛围。实质上，参谋职权的任务就是使负有责任的直线管理人员看起来是"好样的"，并帮助他们使工作做得更好。作为一名参谋人员，他不应对其提出的主意期待有所回报。这不仅因为，此种做法会导致本来就不喜欢参谋助手喧宾夺主的直线部门同事的疏远，而且因为直线部门的主管人员若接受了参谋人员的建议，就承担了实施这一建议的责任。

公司也聘用诸如顾问等专业机构人员给直线管理人员提供建议。直线部门与外部参谋机构的关系与前面讨论的关系相似，但是，外部帮助常常受时间限制，很难让其承担责任，尤其是在他们并不涉及实施他们所提的建议的情况下。

明确责任以避免冲突

组织中产生矛盾的一个重要原因是人们不了解自己及同事的职责。一种组织结构无论把它设想得怎样完善，人们必须了解它以使其运转。适当地使用组织结构图、清晰地界定岗位责任、明确职权关系和信息关系，并根据具体职位制定具体目标，将大大有助于对组织结构的理解。

组织结构图

> **注解**
> 组织结构图显示各个部门是如何按照基本的职权范围连接在一起的。

任何一种组织结构,即使是很不完善的组织结构都可以用图来表示,因为它显示各个部门是如何按照基本的职权范围连接在一起的。因此,有时会令人惊讶地发现,高层管理人员以没有组织结构图而感到自豪,或即使有结构图,他们认为这些图也应该是保密的。

创业视角 商务社交网络邻客音公司(LinkedIn)应对美国证券和交易管理委员会上市公司 S-1 申请说明书的组织结构图[2]

商务社交网络邻客音公司(LinkedIn)是当今世界上最大的互联网上的专业网络,是一个公共公司。在它成为公共公司(就像其他想在美国证券和交易管理委员会上市的公司一样)的过程中,必须向美国证券和交易管理委员会递交上市公司 S-1 申请说明书。该说明书是一个法律文件,涉及详细的公司财务、组织、产品和法律事项。上交的 S-1 申请说明书提供了一个简要的商务社交网络邻客音公司组织结构图,包括首席执行官杰弗里·韦纳(Jeffrey Weiner)和四个高级副总裁(首席财务官、全球销售高级副总裁、运营和规划高级副总裁、产品和用户体验高级副总裁)。该公司高层管理职位集中在全球销售、运营和产品方面,表明了公司的业务重点和发展方向。致力于创业的学生们可以从那些递交 S-1 申请说明书以及其他所要求的法律文件准备上市的公司中得到启示,增强自身对那些新的高增长公司的洞察力。自从上市以来,作为一家公共公司,与其他社会媒体公司相比,商务社交网络邻客音公司的绩效一直名列前茅。

组织结构图的优点

某位著名的制造商曾经说过,虽然就他的工厂而言,他能看出组织结构图是有些用处的,但他从来就拒绝绘制一张工厂负责人级层以上的组织结构图。他的观点是,图表往往很明显地使人感觉到高人一等或低人一等,图表往往会破坏集体合作气氛,使那些在图表中占有一个方框的人们有太强烈的"拥有"感。另一位高层管理人员也曾说过,如果不用图表来表示组织结构,则可以更方便地改变组织结构,并且没有这张图同样会给没有在图上标明位置的中层管理人员一种竞争压力,鼓励他们争取更高的位置。

这些不愿意绘制组织结构图的理由显然是站不住脚的。上下级关系并非是因为图表而存在,而是因基本的领导关系而存在。至于由于一张图而产生的过度舒服感和那些已"功成名就"的人不思进取,这些问题恰恰是高层管理者必须要解决的问题,如根据企业环境的需求进行改组,形成适应变革的传统,使下级管理人员不断符合适当且明确的工作绩效标准。那些认为集体精神可以在不明确的上下级关系的情况下产生的管理人员，是在自欺欺人，他们是在为要弄权术、搞阴谋、进行阻挠、推卸责任、缺乏合作精神、工作重复、政策含混不清、决策犹豫不定和其他的组织低效率的种种表现提供生长的温床。

由于组织结构图把决策权的范围在图上表示了出来，有时仅在绘制组织结构图时就能发现结构中的不一致性和复杂性，这样就可以引导给予改正。组织结构图还可以向管理人员和新成员表明，他们应该如何融入整个组织结构之中。

组织结构图的局限性

组织结构图有一些重大的局限性。首先，组织结构图只显示正式的职权关系，省略了许多有意义的非正式的及信息沟通的关系，图10-1显示了某个典型企业中许多远非全部的非正式关系。它还显示出了主要的直线关系即正式关系，但它无法表示组织结构中任何一个职位到底有多大职权。虽然可以用不同粗细的线段来绘制组织结构图，以表示大小不同程度的正式职权，但职权却不是能用这种方式来衡量的。如果再画出许多表示非正式关系的线段和表示沟通的线段，则这些线条将使结构图十分复杂，根本让人们无法理解。

> **注解**
> 组织结构图只显示正式的职权关系，省略了许多有意义的非正式的及信息沟通的关系。

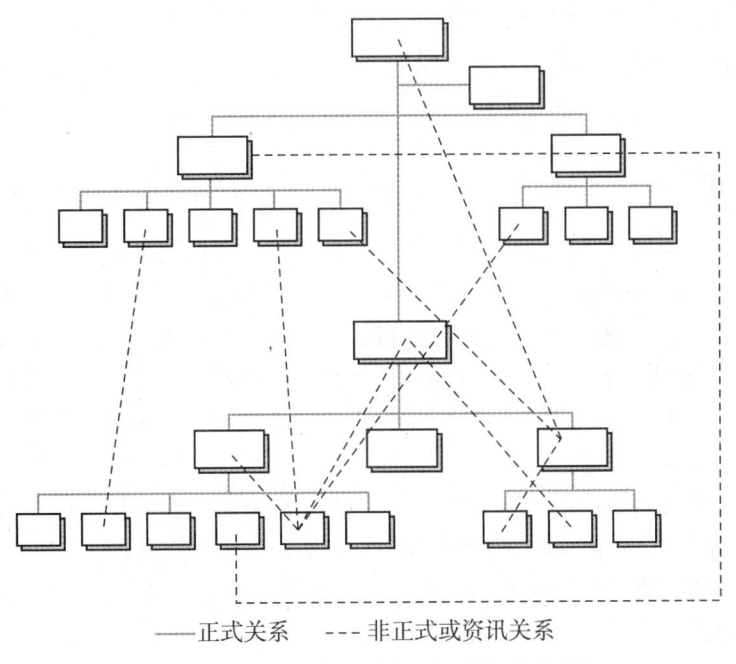

——正式关系　---非正式或资讯关系

图10-1　正式和非正式或资讯组织

许多结构图表示的应该是这样的或惯常是这样的组织结构，并非实际的结构。管理人员对重新设计组织图犹犹豫豫或不予重视，忘记了组织结构是动态的，不应让其陈旧过时。

有关组织结构图的另一个难处是，个人可能将职权关系与地位混淆起来。向公司总裁汇报的职能部门的高级职员会出现在组织结构图的最上端，而某一地区的直线职位上的高级职员会出现在比他低一至两个层次的位置。尽管主观上想把制图工作做好，努力使图中各个层次反映企业实际层次的重要程度，但并非总能做到这一点。这个问题可以采用明确标明职权关系，并用工资和奖金级别差异这一表示地位的最佳指标来得到处理。例如，没有人听说通用汽车公司雪佛兰子公司的总经理，会因他的职位在图中位置比公司秘书低而感到低人一等。

> **注解**
> www.chevrolet.com

创新视角　　　　潘多拉

潘多拉是一家互联网广播公司，它的使命是"只播你喜欢的音乐"[3]这个使命表述有助于创建某些组织文化，如聚焦于开发广泛的音乐知识，然后有针对性地对听众播放音乐。潘多拉的听众可以依据听众对每首歌的反馈，自创多个有特色的音乐台。潘多拉塑造的文化得到了公司治理的支持。例如，公司创始人蒂姆·韦斯特格伦（Tim Westergren）担任公司首席战略官，这样就能够持续地给公司高层管理人员和员工提供指导和激励。此外，公司行动规范和其他文件都在公司网页上，人们可以随时随地进行监督。[4] 一个公司的文化和组织结构会对绩效产生巨大影响，所以随着公司的成长，这些要素必须给予认真关注和扶持。

岗位职责说明

对每一管理职位都应加以明确界定。好的职位说明使人人都知道任职人员应该做什么事。现代的职位说明并不是人们应进行的全部活动的详细记录，当然也不限定如何进行这些活动。确切地说，它应该说明职位的基本职能，管理人员对主要的最终结果应付责任的范围，以及所涉及的汇报关系。职责说明应明确职位的职权，还应阐明有关最终结果范围的一套可考核的目标。

> **注解**
> 好的**职位说明**使人人都知道任职人员应该做什么事。

职位说明有许多优点。由于每一种工作都经过了分析，义务和责任很清楚，重复或被忽视的职责也一清二楚。迫使人们应该考虑做什么和由谁去做是值得的。对职位进行说明的好处还体现在培训新的管理人员方面，制定对待聘人员要求的条件方面，以及规定工资级别方面。最后，作为组织控制的一种方法，职位说明书为判断是否需要某一职位提供了依据，如果该职位是必要的，那么它在结构中具体的组织层次和确切的位置应在哪里。

确保对组织工作的理解

为了确保组织结构正常工作，企业中的全体成员必须了解他们的组织结构，这就需要对员工进行教育。此外，由于非正式的组织是正式组织的补充，故企业成员必须了解非正式及正式组织的一般运行机制。

讲解组织工作的性质

许多设想周密的组织计划之所以失败，是由于该组织的成员不理解这些计划。一本撰写很好的组织手册，包括组织理念陈述、方案、结构图及职位简要说明，大大有助于成员们理解其组织。如果用文字图表来表述组织结构，会使人们有更多的机会来了解它。然而，即使再完美的文字和精致的图表也不一定能对每个读者传递相同的意思。所以，讲求实际的管理人员不能只停留在文字说明上，他们必须向在各自岗位上的人员讲解有关组织结构的意义，他们在此结构中的职位以及所涉及的关系。管理人员可通过个别交谈，通过职能人员或特别会议，或通过观察组织结构是如何运行的做法来做到这一切。

承认非正式组织和非正式渠道的重要性

使正式组织更有效地工作的另一种方式是承认并充分利用非正式组织。本书第7章已经讨论了非正式组织的性质及其与正式组织的区别，许多非正式组织产生于运行中的正式组织，包括通常在组织结构图中未经显示的内部相互关系，例如，不成文的组织行为规范、"了解内情"的方法，在企业中那些拥有来自非职位权力的人以及聊天等。众所周知的最典型的非正式组织的实例是"传播小道消息"，几乎每一部门和每一组织中都客观上存在这种现象。

传播小道消息

非正式组织往往是在这种情形下出现的，即正式组织（也许是公司的一个部门）中的成员相互十分了解，足以用某种方式在企业内部沟通信息（有时只不过是闲聊）。在典型的企业中（成员们每天利用大量时间从小道消息中获取实质性的有关工作稳定和地位信息以及社交上的满足），强烈地渴望了解有关组织及其成员情况的欲望使相互了解和信任的人们用极快的速度在他们之中传播着这些信息。

当然，小道消息是由于有些信息对整个群体不公开才有市场的，不论是因为这种信息是机密的，或是因为不宜由正式的渠道传播的，或是因为像闲谈这样一类消息，小道消息绝不会加以公开传扬。即使管理人员有意地通过公司公告或新闻简报迅速地向其雇员传递消息，也绝不会完整迅速地披露人们感兴趣的所有消息，以使小道消息毫无存在的价值。

既然所有非正式组织实质上满足了人们相互联系的需要，因此，小道消息是不可避免的，也是有价值的。事实上，头脑灵活的高层领导人可能会明智地给小道消息渠道提供正确的消息，因为这对迅速传递消息是十分有效的。因此，管理人员亲自或通过其信任的职能下属或秘书探听小道消息往往不足为怪。

非正式组织的好处

非正式组织给正式组织带来了一种黏合力，也给正式组织成员带来一定的归属感、地位感、自尊感和满足感。许多管理人员对这一事实都很了解，并有意识地使用非正式组织作为交流的渠道以及塑造员工精神面貌的工具。

培育适当的组织文化[5]

组织的有效性也受组织文化的影响，而组织文化影响着计划、组织、人员、领导和控制各项管理职能的实施方式。表10-1对组织文化进行了描述。如果可以选择的话，大多数人可能更愿意在B环境下工作，因为在这种环境下，人们可以参与决策的过程；对一个人的评价是根据其工作绩效而不是根据交情；人们有全方位的沟通渠道；人们在很大程度上有自我控制的机会。管理畅销书的作者托马斯·彼得斯（Thomas Peters）和罗伯特·沃特曼（Robert Waterman）在寻找最佳公司的过程中发现，这些公司组织的特征是凝聚力文化占支配地位。[6]

表10-1　　　　　　　　　　组织文化和管理做法描述

环境 A	环境 B
计　　划	
以个人独断方式确定目标 集中决策	参与式确定目标 分散决策
组　　织	
职权集中 有限职权	职权分散 广度职权
人　　员	
基于友情选择人员 按严格划分的专业进行培训	基于绩效标准选择人员 按众多职能部门进行培训
领　　导	
管理人员采取命令式领导方式 沟通方式主要为自上而下	管理人员采取参与式领导方式 沟通方式为自上而下、自下而上、横向和斜向
控　　制	
上级行使严格管理 集中在财务标准	个人行使自我管理 集中在多项标准上

但是，对企业文化重要性的认可并不是一件新鲜事（虽然有些管理学大师试图要人们相信这一点）。2000年前，即公元前431年，古希腊的伯里克利（Pericles）曾雄辩地敦促正在与斯巴达人作战的雅典人要坚持民主的本色、信息交流不拘形式、个人尊严的重要性和根据绩效晋升这类的价值观。伯里克利认识到，这些内在价值也许就是成败之关键。可能人们会注意到，这些价值观与当今美国公司信奉的价值观大同小异。

创新视角　如何创建以价值为导向的组织文化[7]

在1986年至1998年期间，哈逊姆·塔布基（Hatim Tyabji）是威立丰公司（VeriFone, Inc.）的创业董事长和首席执行官，他创建的萨拉德公司（Saraide）在电信产业深受赞赏。在2000年多伦多召开的"管理科学院"（Academy of Management）年会上，塔布基先生与代表们分享了他创建基于道德价值观组织的经验。曾经有一次，他发现一个绩效显著的经理违法乱纪。公开这一信息无疑会给公司的股价带来非常大的负面影响，于是，他在下一个季度发布信息前，在认真了解事实真相后，直接面对这个负责国外业务的经理，当场开除了他。下属人员看到这个决定后竭尽全力努力工作，完成了季度的绩效预期。塔布基先生的这一决定给公司员工传递了什么信息？这是一个极具文化色彩的公司，在这个公司里，无论人们的绩效多么显著，也不能建立在非道德行为的基础上。

组织文化的定义

文化与组织联系在一起的时候，系指成员所共有的总的行为方式、共同的信仰及价值观。[8] 可从人们在一个组织范围内的所说、所做、所想中推断出它的文化。组织文化涉及在一段时间内对知识、信仰、行为方式的了解和传播，也就是说组织文化是相当稳定、变化缓慢的。组织文化往往为公司确定了氛围基调和人们的行为准则。从许多公司的口号中，人们可以大致了解某一公司的主张。这里举几个例子。通用电气公司的口号是："进步是我们最重要的产品"；美国电话电报公司为它们的"服务于全球"而感到骄傲；杜邦公司"通过化学的办法为改善生活而生产更好的产品"；美国达美航空公司（Delta Airlines）用这样一句口号来描述它的内部氛围，"达美家庭情感"。荷兰皇家航空公司（KLM Royal Dutch Airlines）要想成为"可信赖的航空公司"。公司总裁简·德苏特（Jan F. A. de Soet）认为，荷兰皇家航空公司不是一个浮华的航空公司，相反，其组织文化反映了荷兰人不喜欢任何形式虚饰的特点。

> **注解**
> **组织文化**是组织成员所共有的总的行为方式、共同的信仰及价值观。
>
> **注解**
> www.ge.com
> www.att.com
> www.dupont.com
> www.delta.com
> www.klm.com

> **注解**
> www.ibm.com
> www.sears.com
> www.caterpillar.com

同样，国际商用机器公司要以其服务、西尔斯百货公司（Sears）以其质量和价格、卡特彼勒公司（Caterpillar）以其24小时的零件服务而著称。的确，往往从口号中表现出来的这些公司的倾向性有助于企业的成功经营。

> **注解**
> www.abb.com

ABB公司（Asea Brown & Boveri）是一家大型的电子电气公司，由瑞典和瑞士的两个公司组成，其指导性文化表述为"全球化思维、当地化经营"。[9] 该公司高度分权，其20万员工分散在世界各地，公司的组织文化与世界各地子公司所在国的文化紧密联系在一起。另外，管理人员在采购方面采用的是全球化做法。例如，根据现行金融市场状况，在最适合的国家市场上采购商品和获得服务。

企业领导对组织文化的影响

> **注解**
> 价值是一种相当持久的信念，它告诉人们什么是对的，什么是错的，并指导着公司员工在完成公司目标过程中的行动与行为。

管理人员，特别是高层管理人员是企业氛围的创立者，他们的价值观影响着企业发展的方向。虽然价值观这个词的用法不同，但人们把**价值**当做是一种相当持久的信念，它告诉人们什么是对的，什么是错的，并指导着公司员工在完成公司目标过程中的行动与行为。可以把价值观看做是渗透于日常决策并在此过程中形成的世界观。

全球化视角 — 特蕾莎修女式的变革型领导[10]

大多数人在想象一位强有力的变革型领导时，恐怕往往会想到政治类或公司类领导，很少会联想到一位出生在阿尔巴尼亚、为印度穷人服务的天主教修女。特蕾莎是诺贝尔和平奖得主，被联合国誉为最有影响力的妇女。她在加尔各答建了一个慈善修道院，于1980年获得印度最高荣誉——印度国宝勋章。该大奖是印度第一任总统拉金德拉·普拉萨德（Rajendra Prasad）于1954年设立，专门用来奖励那些在科技、文学、艺术和公共服务方面突出贡献的人物。[11] 特蕾莎于1952年在加尔各答开设了第一家临终人员之家，之后先后在印度、委内瑞拉、罗马、奥地利以及其他欧洲、非洲、亚洲和美国等国家创建了麻风病院、收容所、孤儿院以及基金会。特蕾莎没有在商学院学习组织技能，她甚至都没有读过一本管理书籍，但是她的愿景和她的率先垂范造就了这样一个组织，直到她1997年离世，这个组织遍及世界123个国家，完成了610项使命。她甚至为加利福尼亚州杰里·布朗（Edmund Gerald Brown, Jr.）州长（2011年）树立了一个集领导力和同情心于一体的典范，后者曾与特蕾莎在印度临终人员之家共过事。

第 10 章　组织有效性和组织文化

在许多成功的公司中，以价值为导向的公司领导人起了模范带头作用。他们制定了绩效标准，激励员工，使自己的公司别具一格，并且成为对外界的一种象征。正是宝丽来的创始人埃德温·兰德（Edwin Land），为研究和创新创建了有利的组织环境。也正是旧金山附近硅谷地区坦德姆公司（Tandem）的吉姆·特雷比格（Jim Treybig），强调人人都一样，应受到同等的待遇。宝洁公司的威廉·库珀·普罗克特（William Cooper Procter）用"做正确的事"的口号来指导他的公司。美国电话电报公司的西奥多·韦尔（Theodore Vail）则强调服务，满足顾客的需要。杜邦公司的首席执行官伍拉德（Woolard）发起了"联系一位客户"的计划，通过这一计划鼓励员工每月去拜访一位客户，了解他们的需要和所关心的问题。由公司领导人所创造的组织文化可以导致以完全不同的方式完成管理职能。

> **注解**
> www.polaroid.com
> www.pg.com

虽然首席执行官必须指明方向，但有人反对说，变革须取自于公司的基层。在宾夕法尼亚州的杜邦公司土旺达工厂（Towanda plant），员工以自我指导小组的方式组织起来。员工有很大的自由度来安排他们自己的日程表，解决自己遇到的问题，甚至参与挑选同事的工作。这种文化表明，管理人员处在了帮助者的角色，而不是上司。

改变组织文化可能需要很长的时间，甚至是5～10年的时间。要改变组织文化，必须要改变价值观、象征、神话和行为，可能首先要了解旧的组织文化，找出组织中的某种细分文化，奖励那些推动这一新文化的实践者，奖励并非一定是经济上的。在日本的夏普（Sharp）工厂，对最佳员工的奖励就是要他们成为"金色奖章小组"里的一员，这一小组直接向总裁汇报。无论如何，首席执行官们必须把他们想要推动的组织文化形象化。

> **注解**
> www.sharp-world.com

形成共同目标的明确远景有助于人们的投入和奉献。此外，当人们参与决策过程，并且进行自我指导和自我控制的时候，他们会致力于自己计划的完成。但是，初步形成的价值观需要通过奖赏、激励、仪式、故事、象征性活动等加以巩固。

创业视角　**隐喻可能会揭示创业家和投资者的隐示组织文化**

大量的研究成果使人们更容易理解企业文化。近期的有关创业家和投资者们所用隐喻可能会揭示他们启发性观点或世界观点的研究富有教育性。例如，学者们发现，创业者们经常使用的隐喻可以归纳为"孵育"企业和"培育"企业[12]，而新的研究发现，风险投资者们最常用的隐喻包括意指只有最强的企业生存的"达尔文生存者"（Darwinian）和意指离开现有竞争领域的"从建筑物退出者"（Architecture）。[13]

这些隐喻有可能揭示了创业家和投资者们的文化底蕴，指出了他们相互关系方面潜在的冲突。了解这些必然的倾向有助于避免未来的文化冲突。

本章小结

组织涉及开发一种能有效地实现绩效的角色结构。通过首先制订完成目标的理想的组织计划，并随后对人员或其他环境因素进行修改，组织中的许多失误都是可以避免的。组织计划要确定职能人员的需求，并帮助克服人员使用上的不足。组织计划还能暴露工作的重复，职权和沟通方式不清晰，以及做事方法陈旧过时等问题。有效的组织应保持其灵活性，并根据环境的变化做出调整。

为使参谋人员有效地工作，明晰职权关系，使直线人员倾听参谋人员的意见，并保持参谋人员信息畅通是至关重要的。此外，组织有效性也要求参谋人员准备详细的建议，而充分发挥参谋人员的作用成为组织生活中的一种方式。

可以通过使用组织结构图和职位说明书来减少组织中的冲突。宣讲组织的性质，了解非正式组织和小道消息等也可以改善组织的有效性。此外，企业要创建和培育适宜的组织文化。

主要概念回顾

通过计划避免组织工作中的失误	组织结构图	非正式组织
避免组织僵化	职位说明	小道消息
有效的职能工作	理解组织工作	组织文化和价值观
通过澄清避免冲突		

讨论题

1. 许多心理学家指出了工作扩大化的好处，即任务的指派没有限定到使个人感觉失去了做有意义工作的程度。假使管理人员希望限制任务的专业性，并"扩大"工作，那么，他们能在这样做的同时仍能应用基本的组织原则吗？

2. 以你熟悉的某个企业为例，你能够发现其组织结构中常见的缺陷吗？

3. 人们有时说，典型的组织结构图是不民主的，因为它突出了人与职位的上等和下等的关系。请给予评论。

4. 你在规划一个组织结构时需要了解什么？你将规划到何种程度？你将如何着手做这样的规划？

5. 以你了解的某一组织为例，讨论该组织的文化。它的文化是有助于还是阻碍该组织实现其目标？以何种方式？

练习和具体步骤

访问一家你所在地区被认为是有效管理模式的公司。尽可能得到有关这家公司的信息，以便使你深入了解其经营情况。是什么原因导致这家公司如此优秀？你愿意到这家公司工作吗？为什么愿意或不愿意？

互联网检索

1. 在互联网上查询"组织计划"这个词,并在网上确定组织计划资源。
2. 在互联网上查询彼得斯和沃特曼合著的《追求卓越》这本书的书评。

全球汽车公司案例

韩国大宇公司的重组[14]

1967年,勤劳而又不留情面的董事长金宇中组建了大宇公司。在纺织品的出口取得最初的成功之后,公司把业务扩展到贸易、汽车、机械、电子消费品、建筑、远洋运输、计算机、电话和金融服务业,一举成为韩国第四大企业集团。至此,大宇公司成为西尔斯(Sears)、克里斯蒂娜·迪奥(Christian Dior)、卡文·克莱恩(Calvin Klein)和伦敦雾(London Fog)的供应商。此外,大宇公司还与通用汽车组建了一家合资公司,生产勒芒牌(Le Mans)轿车。但是,劳动纠纷和其他问题影响了轿车的交货。

金董事长努力工作的理念和价值观深深植根于大宇员工心中,这是大宇公司成功的重要因素。但是,在20世纪80年代末期和90年代早期,大宇公司面临着几个难题。首先,金董事长担心,随着韩国人越来越富有,员工努力工作的精神可能会减弱。此外,年轻一些的员工当中,存在着越来越不满的情绪,动机也不那么强了。

金董事长采取管理上放手的政策之后,大宇集团内的一些公司失控了。例如,在无利可图的远洋运输事业部,他注意到许多不必要的开支,撤销公司开的理发店每年就为公司节省了800万美元。总体来说,大宇公司的员工队伍既年轻又受过良好的教育,与许多其他韩国公司中的类似职位形成鲜明对照的是,大宇公司最高的职位中大多是那些没有家族关系的人。

尽管大宇公司是一家拥有91000多名员工的大型公司,但是,大宇公司在任何一个产业中都没有占主导地位。为诸如卡特彼勒、通用电气和波音公司等大型外国公司承担供应商的战略,可能使公司失去了成为经营自己品牌的大型营销商的机会。在20世纪90年代,金董事长开始在欧洲寻找机会,例如,他在法国成立了一家合资的经销公司。

大规模的重组举措已经产生了一些积极作用。金董事长出售了一些钢铁、金融和房地产部门,放任式的管理方式已被控制式的管理方式所取代,导致再集权。管理人员或"退休"或离职,数以千计的职位被撤销了。

1991年大宇公司情况出现好转。虽然公司1988年和1989年亏损,但在1990年由于出售了一些大型不动产而获利。与通用汽车公司组建的合资企业也在健康发展之中。大宇公司对新款家庭型阿拉诺斯(Espero)轿车的未来也很乐观。但是,大宇公司必须解决其居高不下的劳动力成本和来自日本的竞争问题。

对于大宇公司来说,20世纪90年代早期看起来很好的形势到了90年代末期急转直下,尤其在2000~2002年期间。2000年,福特公司拟出资70亿美元收购大宇汽车,然而交易在年末失败了。同时,大宇公司于2000年11月宣布破产,金董事长神秘失踪。他历来好大喜功,这次又给公司留下了大量的债务,数十亿美元的债务无着落。随着福特公司的出局,通用汽车介入，与这个曾经是韩国第二大汽车制造商的大宇公司进行了认真的谈判。2002年4月30日，通用汽车同意收购这家破产公司，更名为通用—大宇公司。通用汽车得到了什么？收购是通用汽车全球战略中重要的组成部分。

在2011年，大宇品牌终止，被通用的雪佛兰品牌替代。韩国成了通用汽车公司重要的小型车平台工程中心，这些平台包括德国的欧宝、英国的沃克斯豪尔（Vauxhall）、澳大利亚的霍顿（Holden）、美国的雪佛兰，以及中国生产的通用品牌车。

思考题

1. 采用放手管理和分权管理方式的优点和缺点是什么？
2. 面对日本的竞争，大宇公司如何保持其竞争力？
3. 在本案例中，哪些因素是可以控制的？哪些因素是不可控制的？对这些因素，金董事长应该如何应对？
4. 你如何看待大宇公司对欧洲的扩张举措？对公司的好处和风险是什么？
5. 你认为为什么通用汽车公司收购了大宇公司而福特公司却出局了？
6. 通用—大宇公司今后会遇到哪些问题？

注释

1. Lyndall Urwick, The Elements of Administration (New York: Harper & Row, 1944), p. 38.
2. Linkedin.com, accessed January 9, 2013.
3. http://www.pandora.com/about, accessed October 7, 2012.
4. http://investor.pandora.com/phoenix.zhtml?c=227956&p=irol-govHighlights, accesses October 7, 2012.
5. See also William C. Bogner, "Robert H. Waterman, Jr., on Being Smart and Lucky", Academy of Management Executive, February 2002, pp. 45–50; Taylor Cox, Jr., "The Multicultural Organization", Academy of Management Executive, May 1991, pp. 34–47.
6. Thomas J. Peters and Robert H. Waterman, Jr., In Search of Excellence (New York: Harper & Row, 1982). For more on this and the authors' other books, see note in Chapter 1.
7. David A. Whetten and Andre L. Delbecq, "Saraide's Chairman Hatim Tyabji on Creating and Sustaining a Value-based Organizational Culture", Academy of Management Executive, November 2000, pp. 32–40.
8. Edgar Schein, Organizational Culture and Leadership, 2nd ed. (San Francisco: Jossey-Bass, 1992). Organizational Culture & Leadership http://www.tnellen.com/ted/tc/schein.html, accessed January 9, 2013.
9. Charlene Marmer Solomon, "Translating Corporate Culture Globally", in Arthur A. Thompson, Jr., A. J. Strickland III, and Tracy Robertson Kramer (eds.), Readings in Strategic Management, 5th ed. (Chicago: Irwin, 1995), pp. 623–34.
10. "Blessed Mother Teresa", http://www.britannica.com/EBchecked/topic/587877/Blessed-Mother-Teresa, accessed July 31, 2012; See also YouTube "India-Calcutta: the Legacy of Mother Teresa", YouTube http://www.youtube.com/watch?v=8Q_sepFXPCU accessed March 31, 2012.

11. Govt Changes Criteria for Bharat Ratna; Now Open for All, http://www.thehindu.com/news/national/article2720348.ece, accessed July 31, 2012.
12. Drakopoulou Dodd, S., 2002, Metaphors and meaning: A grounded cultural model of U. S. entrepreneurship, Journal of Business Venturing 17: 519 – 535.
13. Cannice, Mark and Art Belll 2010, "Metaphors used by venture capitalists: Darwinism, Architecture, and Myth". Venture Capital: An International Journal of Entrepreneurial Finance.
14. The case is based on a variety of sources, including Eryn Brown and Melanie Warner, "Daewoo's Daring Drive into Europe", Fortune, May 13, 1996, pp. 145 – 52; "After Japan", The Economist, October 5, 1996, pp. 17 – 18; Laxmi Nakarmi, "Ford to Daewoo: Forget It!" AsianWeek.com, September 29, 2000; Peter Cordingley and Laxmi Nakarmi, "In Search of Daewoo's Kim", Asian Week.com, February 16, 2001; Moon Ihlwan, "Daewoo: Stuck in Neutral", Business Week, February 18, 2002, p. 54; "One Step Forward, One Step Back", Business Week, May 4, 2002, p. 61; Daewoo Motor, www.daewoomotor.com, accessed August 18, 2012; GM Daewoo, http://www.autozine.org/Manufacturer/Korea/Daewoo.html, accessed August 18, 2012.

第3篇结束语

全球化与创业组织

这一篇的结束语部分涉及全球化与创业组织。首先，国际聚焦部分关注了因优质服务管理做法而闻名的公司；其次，创业焦点部分探讨了组织的法律形式和新企业的知识产权；最后，本篇的全球轿车产业案例讨论了全球轿车产业和2008年金融危机。

全球聚焦——谁是消费者服务标兵[1]

在金融危机情况下，一些公司试图通过减员和其他措施降低成本。然而，此时也许更需要注重产品质量和优质顾客服务。说起来容易做起来难？可是这样做的公司有可能赢利。公司在减少日常管理费用的同时，应维持一线员工的稳定，有时还需使用廉价技术。例如，宝马经销商在给顾客保养车辆的等候时间里提供无线网络服务。这样一来，由于减少了给顾客提供免费使用车（昂贵的促销服务）而降低了运营成本。

《商业周刊》调查确定并对25家服务标兵进行了排序。以下是一些范例以及它们在不同行业的排名。

1. 亚马逊在线网站（Amazon.com），在线、邮购零售
3. 捷豹（Jaguar），汽车
4. 雷克萨斯（Lexus），汽车
5. 丽兹卡尔顿酒店集团公司（Ritz-Carlton），酒店
8. 惠普（Hewlett-Packard），消费电子
10. Ace五金（ACE Hardware），五金和电子零售商店
13. 诺世全百货（Nordstrom），百货商店
17. 美国运通（American Express），信用卡
18. 交易乔（Trader Joe's），超市连锁
20. 苹果（Apple），消费电子
22. 宝马（BMW），汽车
25. 万豪（JW Marriott），酒店

尽管上述这些公司并非总是非常赢利的公司，但它们的服务声誉会给其带来长期的利润。

创业聚焦　　组织的法律形式和新企业的知识产权

创业条件下的组织往往意指新建公司的创办人在创业初期所采取的法律步骤。这一组织步骤很关键，因为在政府有关部门没有承认其合法地位前，公司实际是不存在的。这就意味着，创业者和公司管理人员必须要经过相关法律程序建立企业。新公司可以采取多种法律形式，一般情况下为以下三种形式中的一种：个体所有者、合伙制或公司制。[2]

个体所有者是法律认可的公司形式，但是，公司与企业所有者之间没有区别。例如，约翰·史密斯以个体所有者名义组建了"ABC"公司，但是，法律上认为，"ABC"公司是约翰·史密斯的延伸，所以他要对其所有的经营结果（费用和负债）负法律责任。在美国，由于简单和成本低，个体所有者是常见的一种企业形式。然而，这种企业形式无法提供大量融资的机制，同时也无法限制创业者/创始人的经营负债。

合伙制是另一种常见的企业形式，其实体由两个或更多的创业者所拥有，共同分担公司的利润和负债。以合伙制名义组建企业好处显而易见，合伙人分担成本，同时给企业带来独特的能力和资源。但是，所有的合伙人要平均承担企业的负债，因此，合伙制协议必须要清晰地注明所有合伙人的责任。

公司制对那些需要大量融资的企业来说再好不过了。由于公司是脱离于拥有者的、单独的法律实体，其股票可以现金方式资助公司的投资和经营。同时，由于公司是单独的法律实体，拥有者不对公司的债务承担超出其拥有股权权益的责任。[3]

表C3-1中列出了各种类型公司组织形式所涉及的具体控制、管理和负债等事项，是由旧金山地区顶级公司法律事务所、汉森—布里盖特—马库斯—拉厚斯—鲁迪LLP公司（Hason Bridgett Marcus Vlahos and Rudy, LLP）提供的。这些内容为硅谷以及其他地区的创业者们创办新企业提供了有益的指南。

表 C3-1　　　　　　　　　企业实体比较[4]

	控制	管理	负债	利润
一般合伙制	雇主 合伙人	雇主 合伙人或指定人	雇主/保险 合伙人/保险	雇主 合伙人权益
有限合伙制	一般/有限	一般合伙人或指定人，而非有限合伙人	一般合伙人和有限合伙人/保险	基于协议的一般和有限合伙人
C公司	董事会和股东	董事会和高管人员	公司制，但董事会和高管人员享有受托责任	基于红利或工资收入的股东

续表

	控制	管理	负债	利润
S公司	董事会和股东	董事会和高管人员	公司制,但董事会和高管人员享有受托责任	基于红利或工资收入的股东。如果利润不按比例分配,剩余部分可视为二级股票
专业化公司	非注册雇主比例限制	董事会和高管人员	公司制,但董事会和高管人员享有受托责任	非注册分配人比例限制
非盈利	理事会/投票权成员	董事会和高管人员	对允许负债/保险施加更大限制(参见《公司法法典》第5047.5款第5239条)	非分配
有限责任公司	管理人员或成员	管理人员或成员或高管人员	有限责任公司,但管理人员或经营人员享有受托责任/保险	成员——基于经营协议或贡献
有限责任合伙制	合伙人: 1. 律师 2. 会计师 3. 建筑师	合伙人或指定人	有限责任合伙制;每个合伙人对其他合伙人或合伙制的诉求仅有有限的个人权利	基于合伙制协议或贡献的合伙人

择何种法律实体是一个很重要的管理问题,因为它既有利于、同时也限制了组织形式的选择。公司管理人员有关公司创业之初的组织决策在很大程度上决定了新公司的未来发展路径。正如表C3-1所示,组织的控制和管理是由公司法律形式所决定的。企业是采用平等合伙的方式组建还是采用股东拥有、董事会成员领导的方式组建为好?利润如何分享?谁对公司的费用和负债负责?这些问题在很大程度上是由法律实体的方式决定的。因此,管理人员必须清楚地了解其公司的需要以及有助于组建公司的最好的法律实体形式。

知识产权

组建公司时,管理人员必须要能够开发和利用公司的知识财产。可以通过开发知识产权方式将公司员工所形成的想法和知识转换成公司的财产。知识产权可以是公司至关重要的资源,常常作为公司的核心能力,在此基础上形成许多有竞争性的产品和服务。知识产权以多种形式出现,通常包括版权、商标、专利和商业秘密。

表C3-2对不同类型的知识产权进行了简要的归纳,是在格林伯格特劳里格律师事务所(Greenberg Traurig, LLP)的塞西尔·安妮·奥里根(Cecil Anne O'Reagan)专利律师(法律硕士和国际法律硕士)提供的演示材料基础上,经容许整理而来的。格林伯格特劳里格律师事务所是国际上享有盛名的律师事务所,在硅谷和世界各地都有分支机构。

表 C3-2　知识产权一览表

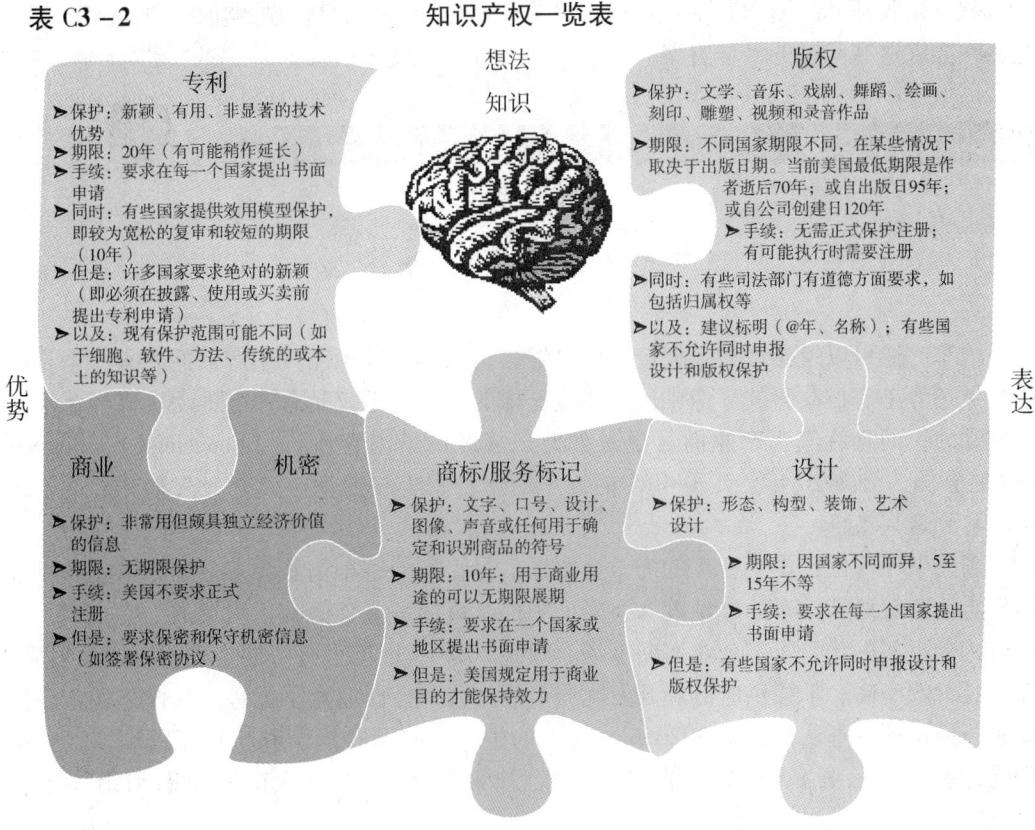

©2005~2009 Cecily Anne O'Regan. Reprinted with permission

公司知识产权的有效运用可以给公司股东带来明显的收益。[5] 在那些高科技公司中，人们对有效利用专利组合和战略地使用专利申报给予了极大的关注。实际上，公司通过对其业务经营相关的技术或流程申请专利，对其核心产品相关的领域实施了有效的监督。这种专利组织战略在两方面给公司带来增值：一是增加了与公司专利组合（如可能在公司现有某一项技术基础上形成的未来产品）相关的未来产品开发价值；二是广泛持有专利组合会增强公司潜在的发放许可证机会，因为其他希望开发本公司持有专利技术产品的公司，从法律角度来说不得不向拥有技术、有权生产和销售这类产品的公司支付专利费。

人们在关注专利的同时，也要充分运用商业秘密、版权和商标等可以给公司带来价值的无形资产。组织结构在一定程度上有助于知识产权的管理。例如，谁有权享有公司的哪些专利组合？如何在公司下属机构中充分运用专利？运用知识产权能否提高公司的创新能力？哪种组织结构最适合公司的某一类知识产权组合？多大程度上的集权或分权最适合公司的知识产权控制？公司有必要建立一个独立的部门来负责其知识产权事务以及授权公司其他部门使用其知识产权。在为公司设计适合的组织战略时,创业型管理人员必须寻求这些问题的最佳答案。

全球轿车产业案例

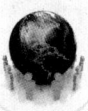

全球轿车产业的未来[6]

汽车产业可以说是许多产业全球化的缩影,虽然很难预测汽车产业的未来,但是有些发展态势是有目共睹的。像中国和印度这样的国家,不仅是总体上推动世界经济增长的驱动力,而且就汽车产业而言更是如此。《经济学人智库》(Economist Intelligence Unit)预测,到2020年,几乎40%的汽车销售会发生在亚洲。此外,汽车零部件生产会转移到新兴市场。

新兴市场对低价位小型车的需求会剧增,尽管高档轿车仍然会占据细分市场,发达市场上消费者对高档车的忠诚度会下降,中档车市场可能会面临巨大挑战。在2005年,只有为数不多的几家汽车企业垄断市场,而到2020年市场上有可能出现许多竞争对手。那些经营效率高、掌控供应链和开发优质产品的公司会获取竞争优势。具体来说,该智库进行的这项调查认为,到2020年,最大的生产力将源自运营和生产流程环节(60%的受访者这样认为)、产品开发(40%)、知识管理(32%)、市场营销和销售环节(32%)。

消费者和代理商之间的关系有可能发生变化,取而代之的是汽车制造商与轿车购买者之间建立的直接关系。德国大众公司前任董事长卡尔·哈恩(Carl Hahn)博士认为,"汽车零售会发生一场类似沃尔玛业态一样的革命",[7]而戴姆勒日本公司副总裁卡伊·赛登富斯(Kai-Uwe Seidenfuss)博士也认为,"我们有可能看到的是轿车购买者像'追逐苹果产品'人们那样,更倾向于简单化。"[8]

汽车产业的未来无疑会充满各种各样的挑战,包括消费者忠诚度下降、制造商针对大规模生产低成本车需求而不得不提高生产率,以及维持少量高档车细分市场等。

思考题

1. 你同意哈恩博士关于轿车零售会效仿沃尔玛业态的看法吗?为什么同意或为什么不同意?
2. 你同意赛登富斯博士的看法吗?为什么同意或为什么不同意?
3. 描述一下你所在国家的汽车产业结构。

注释

1. Jena McGregor, "When Service Means Survival", Business Week, March 2, 2009, p. 32. Although these

are mostly American companies, many operate in a global environment.
2. Please see California Corporation Law by Harold Marsh, R. Roy Finkle, and Larry W. Sonsini, Aspen Law and Business Publishers, 4th Ring Edition, January 2000, for an exhaustive discussion on all aspects of California Corporate Law.
3. Please see Entrepreneurship: Starting and Operating a Small Business, by Steve Mariotti, Pearson Prentice Hall, 2007, for a brief discussion on the advantages and disadvantages of each type of legal entity.
4. Extracted from Corporate Entity Table created by Jonathan Storper, Law Partner with Hanson Bridgett Marcus Vlahos & Rudy, LLP.
5. Please also see Technology Ventures: From Idea to Enterprise, by Richard C. Dorf and Thomas H. Byers, McGraw Hill, 2007, 2nd Edition, for a discussion of intellectual property in high tech growth ventures.
6. "Foresight 2020 Economic, Industry, and Corporate Trends", The Economist Intelligence Unit 2006, (April 23, 2006); "Chinese Cars – One to Watch", The Economist, February 24, 2007; p. 79; "Briefing Germany's Car Industry – The Big Car Problem", The Economist, February 24, 2007, pp. 81 – 83.
7. Foresight 2020, op. cit, p. 27.
8. Foresight 2020, op. cit., p. 26.

第 4 篇
人　员

第 11 章　　人力资源管理和选拔
第 12 章　　绩效考评和职业生涯战略
第 13 章　　通过管理人员和组织的发展来管理变革
第 4 篇结束语　　全球化与创业人员管理

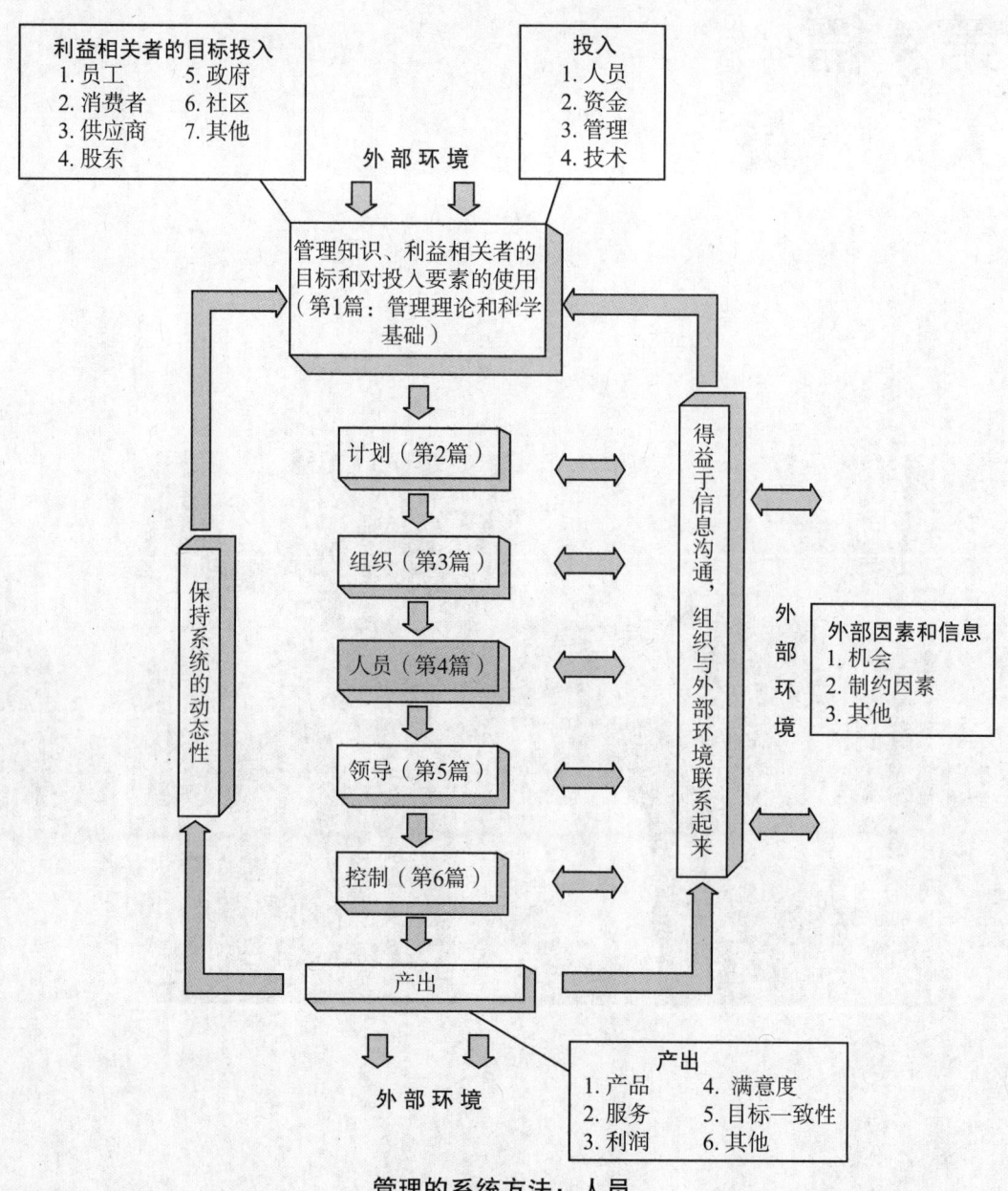

管理的系统方法：人员

11

人力资源管理和选拔

[学习目标]

学完本章后,你应该能够:
1. 明确人员管理职能。
2. 认识人力资源管理的系统方法。
3. 解释管理人才储备以及影响人员管理的外部和内部环境因素。
4. 解释公开竞争的政策以及使人员管理更有效的方法。
5. 总结管理人员选拔的系统方法的重要环节。
6. 分析职位要求、工作设计的重要特点以及管理人员所需的个性特点。
7. 阐述使管理者条件与职位要求相匹配的过程。
8. 讨论新员工的定向教育和适应工作的过程。

没有任何高级管理人员对人是公司有效运转中不可或缺的因素这一事实有任何异议。管理人员常说，人是他们最重要的资产。然而"人力资产"实际上从未作为一个明确的细目列入资产负债表，尽管公司为招聘、选拔和培训人员要花费巨资。正因如此，已故的伦西斯·利克特（Rensis Likert）和他的同事们建议，设立有价值的人力资产的账户。他们把这一过程称为"人力资源会计"。这种做法也不是没有问题，在管理专家之间，存在着主张设人力资源会计的人们同那些要建立制度来衡量人力资产的财务人员之间的争议。[1]在这里，重要的是认识到人员管理是管理人员的一个关键职能，并且将在很大程度上决定一个企业的成败。

本章从对人员的管理职能定义入手，对管理人员在这一职能中的角色进行了阐述，对人力资源管理的系统方法进行了回顾，并以如何挑选各类合适的人员而结束本章的讨论。

创新视角　　　苹果公司的烦恼：早期[2]

苹果公司是世界上最具创新的公司之一，但是事情也并非总是如此。1976年，史蒂夫·乔布斯和史蒂夫·沃兹尼亚克在车库里发明了个人计算机，21岁的乔布斯不得不卖掉他的大众牌轿车来资助他的想法，第一台计算机是在朋友资助下完成组装的。在此期间，IBM垄断了大型计算机市场。但是恰恰是史蒂夫·乔布斯这个创业家，而不是IBM发明了个人计算机。IBM于1981年认识到个人计算机的潜力，于是才进入这个市场。乔布斯推出了时尚而又设计新颖的麦金托什机与其抗衡。乔布斯从大学退学，但是他所学的书法课程却使他了解了有衬线和有衬线字体，将创新的字体和字体间距用在了麦金托什机上。

注解
www.apple.com

随着公司成长，乔布斯聘用了在百事可乐成功推出"百事挑战"和其他百事可乐广告的约翰·斯卡利（John Sculley）。很快，两人对苹果的发展愿景产生了分歧。斯卡利的战略旨在通过一般化的计算机直接与IBM竞争，而乔布斯却为苹果制定了差异化战略。*结果是，苹果的创始人乔布斯被斯卡利开除了。但是，斯卡利推行的战略失误，造成利润大跌。1993年，斯卡利首席执行官的位置被迈克尔·斯平德勒（Michael Spindler）取代。斯平德勒继续采用降低成本而不是采用创新的差异化战略，结果亏损在继续。1996年，吉尔伯特·阿梅里奥（Gilbert Amelio）替代了斯平德勒。苹果公司的财务困境仍在延续，董事会重新聘请史蒂夫·乔布斯担任临时首席执行官。

乔布斯的重返为苹果公司带来了结构的调整和战略方向的改变，他下令终止了几

※　参见第5章有关皮特的差异化战略。

个产品，将生产制造业务外包给了中国台湾的企业，通过互联网将产品直接销售给消费者，开放源代码系统，产品改用英特尔芯片，创办了苹果零售店。尽管这是个风险性战略，却使公司出现了盈利。的确，1997年的广告词"不同的思维"反映了公司的变化。不可否认，经过重组的公司在史蒂夫·乔布斯的领导下改变了前进方向，推出了一系列的创新产品，如本书其他部分讨论过的音乐播放器（iPod）、智能手机（iPhone）和平板电脑（iPad）。高层管理人员的选择可以说是最重要的人力资源选择，然而，这种选择会在公司各个层面都会产生正面或负面的重大影响，成为创新或停滞的源泉。

人员的定义

人员管理职能是指组织结构中职位的填补和不断充实。通过确定劳动力的需求，储备招聘到的人员，招聘和选拔人员，安置、晋升、考评，对职业生涯做出计划、制订报酬方案以及培训或培养在岗和待岗员工，使员工有效地完成工作。很显然，人员管理必须与组织管理紧密相连，即有目的地确立角色和职位结构。

> **注解**
> 人员管理职能是指组织结构中职位的填补和不断充实。

很多管理理论的作者把人员作为组织管理的一个方面加以论述，但本书基于下述理由将人员作为一种独立的管理职能。第一，组织职位的人员管理包括管理人员一般认识不到的知识和方法，管理人员常常认为，组织工作仅仅就是设立一个角色结构，而很少注意到怎样去充实这些职位；第二，人员管理作为一种独立的职能将使人们在选拔、考评、职业生涯计划以及培养管理人员方面更注意人的因素；第三，在人员管理领域已经有了一个重要的知识和经验的沉淀；第四，管理人员常常忽视人员管理是他们的、而不是人事部门的职责这一事实。当然人事部门应提供有价值的帮助，但为他们所在组织补充空缺并安排合格的人员，应是管理人员的分内工作。

人力资源管理的系统方法：人员职能的概述[3]

图11-1显示了人员管理职能与整个管理系统的关系。具体来说，企业计划成为组织计划的基础，以确保企业目标的实现。目前的和计划中的组织结构决定了所需管理人员的人数和类型。根据管理人才储备情况，可对管理人员的需求与现有的人才进行比较。在这一分析的基础上，将外部和内部的人力资源用于招聘、选拔、安置、晋升和调

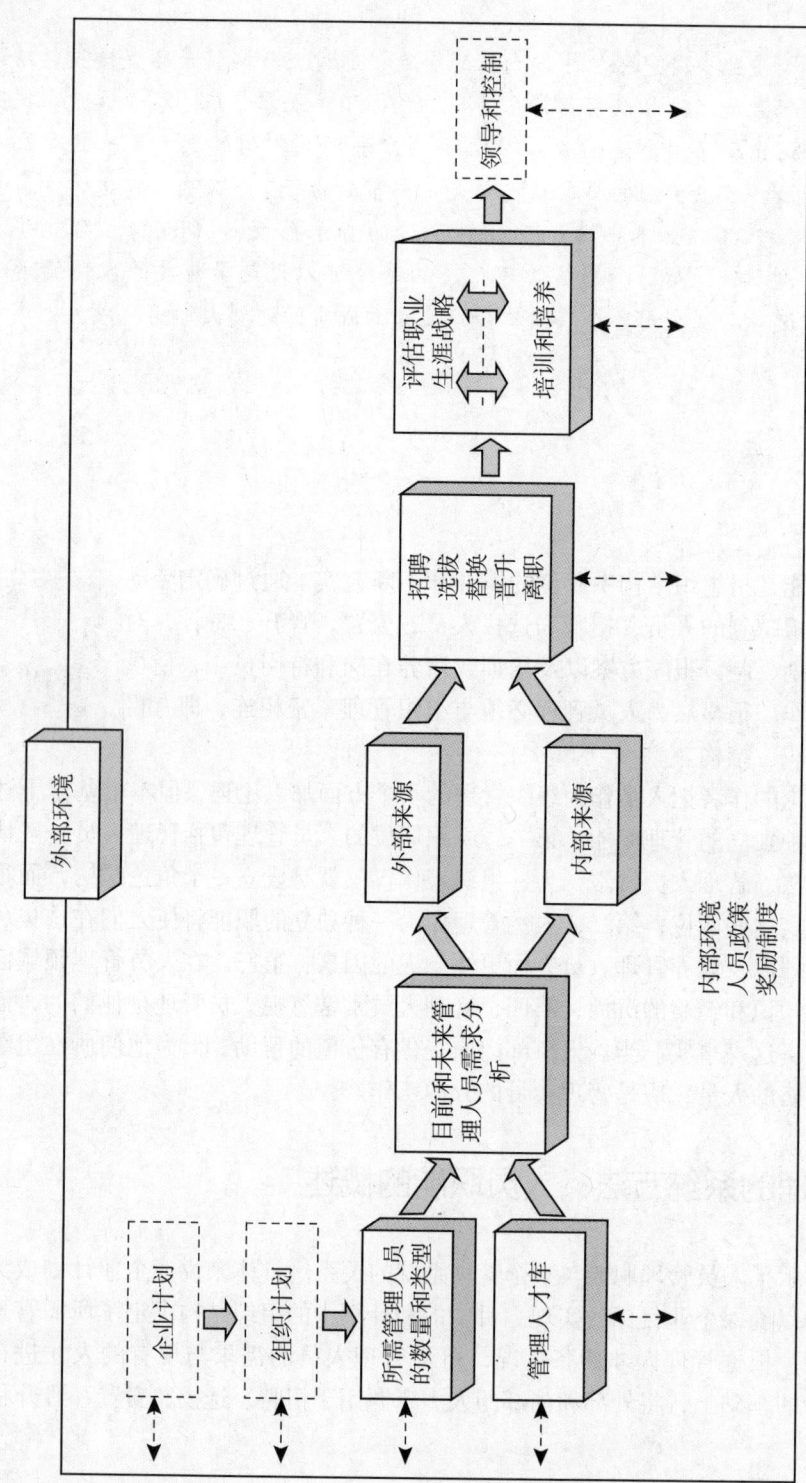

图11-1　人员管理的系统方法

本图概括了人员管理职能,第4篇没有涉及,但会影响人员管理的变量用虚线表示。第2篇讨论了战略规划,第3篇涉及了组织计划,第5篇和第6篇阐述了领导和控制职能。

离人员的过程中。人员管理的其他主要方面包括考评、职业生涯战略以及管理人员的培训和提高。

正如图11-1所示,人员管理影响到领导和控制环节。例如,经过良好培训的管理人员会创造这样一种环境,人们在那里分属不同班组一起工作,完成企业的目标,同时也实现个人的目标。换言之,适当的人员安排将有利于领导工作。同样,选拔合格的管理人员会影响到控制工作,例如,可防止许多不理想的偏差发展成大的问题。

人员管理需要采用一种开放系统方法。诚然,人员管理在企业内部进行,但又与外部环境有密切联系。因此,必须考虑诸如人事政策、组织氛围和报酬制度等企业的内部因素。很显然,如果没有适当的报酬,就不可能吸引并留住优秀的管理人员。外部的环境也不能忽视,高科技的工作要求经过很好培训、受过良好教育和技术精通的管理人员。如果管理人员达不到这些要求,企业的发展速度将受到很大影响。

影响所需管理人员人数和类型的因素

一个企业需要多少管理人员不仅取决于企业的规模,也取决于组织结构的复杂程度、扩大规模的计划以及管理人才流动的频繁程度。管理人员人数与职工人数并不存在一定的比例关系,有可能通过扩大或缩小授权范围改变公司的结构,从而在某种情况下增加或减少管理人员人数,而不论经营规模的大小。

尽管这里强调了有必要决定所需的管理人员人数,然而人数仅是整个问题的一个方面,具体地说,必须明确各个职位的任职条件,以便选出最合格的管理人员。对职位条件的详细分析将在本章后面加以论述。

现有管理人员资源的确定:管理人才库

任何企业也包括大部分非企业性单位,通常为从事经营活动要在手头储备一些原材料和制成品的库存。然而企业却很少储备可用的人力资源,尤其是管理人员,尽管所需要的有能力的管理人员对企业的成败至关重要。一个公司可根据管理人才库图(也称管理人员更换图),随时了解管理储备人才的潜力,这种图仅仅是一个单位的组织机构图,表明管理人员的职位以及每一个在职人员得到提升的可能性。

图11-2是一个典型的管理人才库示意图。控制总监可一目了然地知道他(或她)在人员职能方面所处的情况。接替他工作的人可能是一般会计经理,而一般会计经理又有一个准备提升接替他的人选,这个人选的下属将在一年内得到提升,其下面还有一个不具有潜力的人和两个新员工。

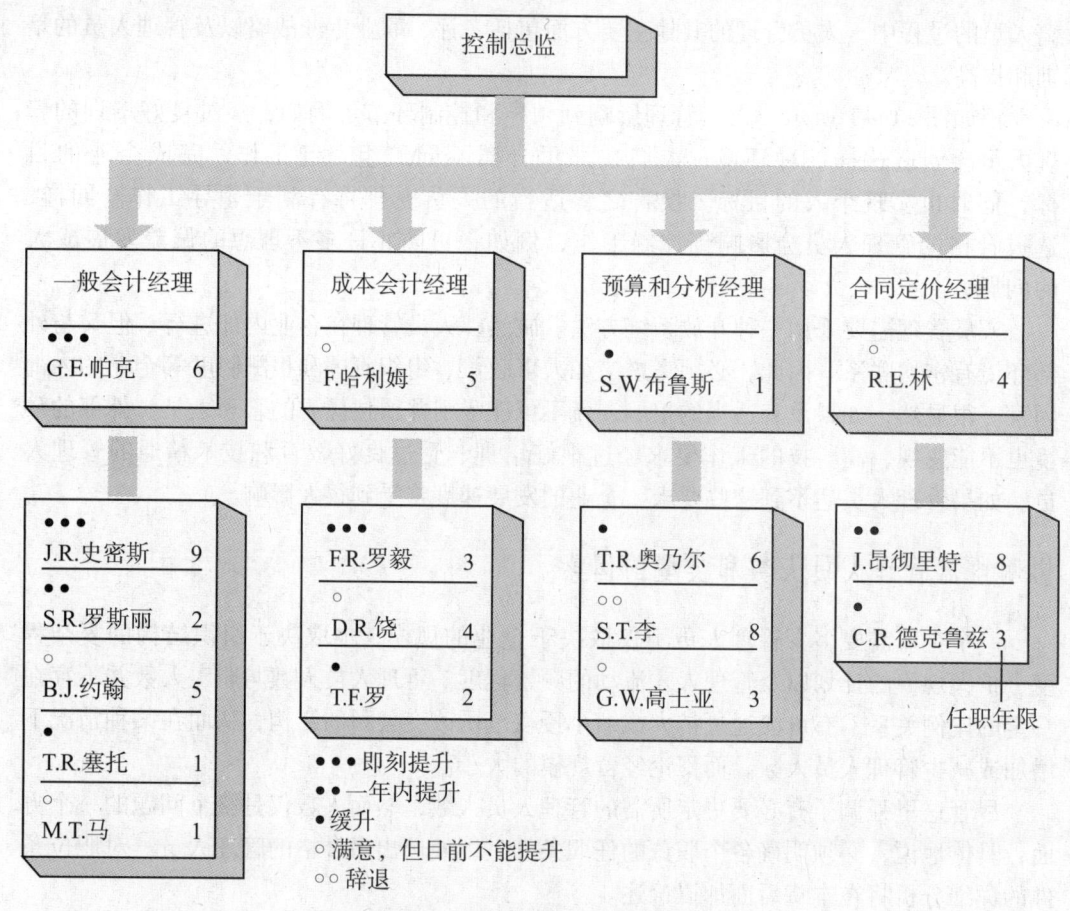

图 11-2 管理人才库示意

管理者需求分析：企业外部和内部信息来源

如图 11-1 所示，对管理人员的需求是由企业和组织的计划决定的，更具体地说，要对所需管理人员的人数以及对管理人才库的储备情况进行分析后决定的。除此之外，这里也有内部和外部的其他一些因素影响着管理人员的供求情况。外部因素包括经济的、技术的、社会的、政治的以及法律等因素（已在第 2 章和第 3 章中阐述过）。例如，经济增长的结果会加大对产品的需要，这样就要求增加劳动力，从而也加大了对管理人员的需求。与此同时，竞争对手也会进行扩张，从同一个劳动大军库中增聘人员，这样便减少了管理人员的供给。企业还必须考虑到劳动力市场、人口统计以及涉及劳动力知识技能和对公司的态度这些构成社区结构因素的发展趋势。可从几个渠道获得有关劳动力市场长期趋势的信息，例如，美国政府出版的《劳工评论月刊》和《总裁人才资源报告》年度期刊就有这种长期预测。一些行业协会和工会也会对劳动力需求进行预测。

根据人员需求和可供性形成了四种供求情况，每种情况所强调的人员行动方案都有所不同，这些在图 11-3 的矩阵中加以说明。

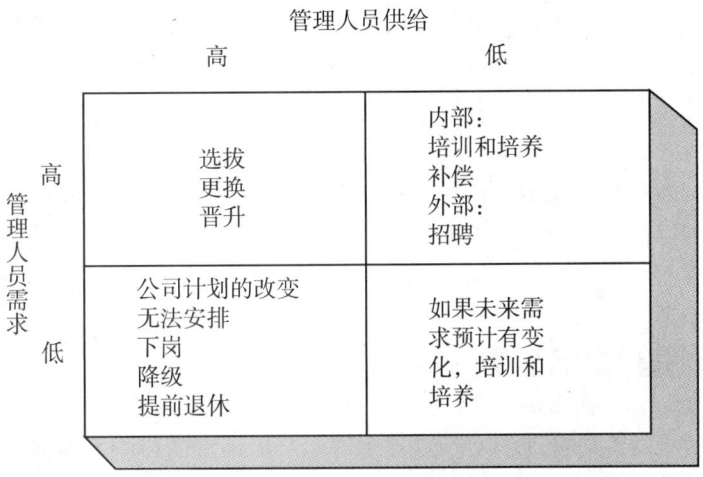

图 11-3　基于企业内部管理人员供求情况的人员行动方案

劳动力的供求情况不应仅仅从国家或甚至地区的角度来考察。在全球范围内人们发现，需求与供应不平衡的情况在加剧。过去，劳动力是生产的一个非常固定的因素，但一些发展中国家和地区，例如中国台湾、韩国、波兰以及匈牙利，随着其经济的迅速发展和对合格劳动力和管理人员的需求不断增加导致了劳动力的短缺。另外，全球劳动力的受教育程度，也在随着诸如中国和巴西这样的发展中国家大学毕业生比例的提高在发生着变化。

全球化视角　　领导力可以在不同行业之间转换吗？[4]

艾伦·穆拉利（Alan Mulally）在成为福特汽车公司首席执行官之前在波音公司工作了近40年，一些人对选择穆拉利担任首席执行官心存疑虑，怀疑他是否能成功地从威廉·福特手中接过董事长兼首席执行官的指挥棒。飞机制造业的经验能够用来掌管一个大规模生产的汽车公司吗？答案是肯定的。成功经验之一是，穆拉利在新的工作岗位上不是武断专行，相反，他倾向于集思广益寻求一致意见，在此基础上形成了福特公司的愿景。为应对金融危机的影响，他身先士卒、率先垂范，将自己2009~2010年的工资下调了30%，与员工一起做出牺牲。穆拉利的领导方式强调开放沟通和透明度，在乐观和自信地做出决策的同时，又表现得很谦虚和低调。穆拉利向人们表明，一个好的领导是可以在不同行业之间转换领导力的。

人员系统方法涉及的其他重要方面

人员管理模式表明，管理人员必须要招聘、挑选、安置和晋升。

管理人员的需求确定之后，可能就要招进一些人选（见图11-1），即吸引合格人选填补组织角色空缺。在此基础上选出管理人员或潜在的管理人员，即从人选中选出最合适管理人员的过程，其目的是把人员安置在那些让他们能够发挥长处、也许能通过积累经验克服其不足之处或培训有待提高技能的职位上。最后，将管理人员安排在企业内部的一个新的职位上通常意味着晋升，一般是使他们负担更多的责任。因为招聘、挑选、安置和晋升是一个复杂的过程，本章将对此给予详尽讨论。同样，考评、职业生涯战略、培训和发展将在后面几章中加以论述。图11-1中有关领导和控制的附录表明，有效的人员管理会影响这两个职能方面。

影响人员管理的情境因素

图11-1所示的人员管理的实际进程受许多环境因素的影响。具体来说，外部因素包括教育水平、社会普遍流行的态度（如对工作的态度）、许多直接影响人员管理的法律、法规以及企业外部管理人员的供求情况。

也有许多内部因素影响人员的管理，包括组织目标、任务、技术、组织结构、企业所聘人员的类型、企业内部对管理人员的供求情况、报酬制度和各式各样的政策等。有些组织机构很健全，有些则不然。善于同人打交道对诸如销售经理这样的职位可能至关重要，但同样的能力对一个在实验室进行相对独立工作的科学家来说则无关紧要。所以，有效的人员管理需要注意许多外部的和内部的情境因素，这里将重点探讨与人员管理有特别关系的一些因素。

创业视角　人们为什么要离开"梦寐以求"的微软公司[5]

微软公司历来以吸引聪明绝顶、野心勃勃的员工而著称。微软许多终身员工早已是数百万美元的获得者，那么，为什么还有人要离开公司呢？据估计，大约每周有50多个员工离职。在离职的员工中，有些是在公司组建早期就加入了公司，随着公司的发展他们已经非常富有了。当然，离职人员数量仅为产业平均水平的50%。

由于微软公司的快速发展，其人员已经上升到3万以上，即使规划再好，小公司氛围逐渐被更多的组织结构所取代，失去了一些创造和创新的自主权。在保持开放的企业文化方面，微软公司可能比任何其他公司都做得好得多。但是，仍有些创新型员工感受到大公司规模的压抑。

> 公司外部环境的变化也诱导了许多员工离职，例如，互联网、新建的.com公司、无线服务公司等正在提供新的挑战。尽管离开微软、进而加入新兴公司在职业生涯上意味着许多风险，有些人仍然有着很强的"改变世界"的执著，如加入一家规模很小、刚刚起步很不起眼的公司，充分利用新技术，迅速改变面貌。对于微软来说，智力资本的流失是致命的，这种威胁也许甚至比阳光（Sun）和甲骨文（Oracle）这些竞争对手要严重得多，甚至政府都在威胁要解体它。对许多人来说，离开一个"梦寐以求的工作"是一个很难做出的决定。
>
> 注解
> www.microsoft.com

外部环境

外部环境的一些因素不同程度地影响着人员管理。这些影响可以归纳为教育、社会文化、法律政治、经济制约因素或机会等方面。例如，在很多产业中使用的高技术需要有广博和坚实的教育背景。同样，美国社会文化环境中的管理人员一般不会盲目地接受命令，而是要在决策过程中成为积极的参与者。此外，不论现在和将来，管理人员都必须比过去任何时候更要有公众意识，对公众的合法要求做出反应，并遵循伦理道德高标准。

经济环境包括竞争情境，决定着企业外部管理人员的供求情况。法律和政治方面的限制要求企业遵循各级政府颁布的法律和规定。表11-1概述了影响人员管理职能的、有关同等就业问题的主要的联邦法案，下面将着重讨论同等就业机会以及妇女在管理工作中的作用。另外，还将讨论国际企业中的人员管理问题。

表11-1　　　　　　有关同等就业机会的主要的美国联邦法律

法　　律	主要内容
同等报酬法（1963年）	不分男女，同工同酬
民权法第七篇（1964年）（1972年修订）	不同种族、肤色、宗教、性别和原有国籍人员的同等就业机会
不同年龄就业法（1967年）（1978年将65岁修订为70岁）	40～70岁的同等就业机会
职业保障法（1973年）	残疾人获得同等就业机会，并参加反优先雇佣行动计划
怀孕区别对待法（1978年）	在怀孕期间同等就业机会
移民改革和控制法（1986年）	雇佣、招聘或介绍非法移民就业属违法行为
残疾美国人法（1990年）	对残疾人优先给予服务和就业机会
年老职工福利保护法（1990年）	保护40岁以上职工的福利待遇；给予职工足够的时间考虑提前退休的选择

续表

法　　律	主要内容
民权法（1991年）	容许妇女、残疾人和少数民族人士进入陪审团以及在某些情况下的惩罚性补偿费诉讼
家庭和医疗假法（1993年）	容许符合条件的人员因家庭和身体原因长期不带薪休假，而无须考虑失业风险

资料来源：Sources：Keith Davis and John W. Newstrom，*Human Behavior at Work*：*Organizational Behavior*，8th ed.（New York：McGraw-Hill，1990）；Lloyd L. Byars and Leslie W. Rue，*Human Resource Management*，5th ed.（Chicago：Irwin，1997）；Family and Medical Leave Act of 1993，www. dol. gov/esa/regs/statutes/whd/fmla. htm，accessed June 5，2002，http：//en. wikipedia. org/wiki/Sarbanes-Oxley_Act，accessed February 2，2007.

同等就业机会

美国目前已通过了几个有关同等就业机会的法案，这些法案禁止由于种族、肤色、宗教信仰、原有国籍、性别或年龄（在规定的年龄段）而在就业方面予以歧视。这些法案影响着人员管理，招聘和挑选晋升人员必须符合这些法律规定。这就意味着，在这方面进行决策的管理人员必须熟知这些法律，并学会将这些法律运用到人员管理职能中去。

妇女参与管理

近30年来，妇女在组织高层管理职位任职方面取得了很大的进步。取得这一进展的原因是公平就业法律的践行和社会对劳动妇女态度的改变所致。美国有线电视新闻网（CNN）每年都推出女性首席执行官排名榜，雅虎的卡罗尔·巴茨（Carol Bartz）和施乐的厄休拉·伯恩斯（Ursula Burns）等人出现在2011年的排行榜上。[6]

工作环境的多样化[7]

当今组织中的员工队伍呈现为差异化特点，不仅在美国，在其他国家也是这样。除了在少数民族和性别上的差异外，美国员工和管理人员的平均年龄在上升，当然，在教育和经济背景方面的差异也在不断加大。

员工队伍的差异化会影响到人员管理的各个方面，如招聘、选拔、培训和开发、工作时间的灵活性、反优先雇佣行动计划、预防性骚扰规定以及培育适当的组织文化。

在多样化的工作环境中工作有许多好处，但对管理人员来说也构成了挑战。好处可能包括给管理和非管理问题带来了不同的看法，尝试容忍不同的观点，展现行为方式的灵活性以及接受与不同人相处的现状。

管理上的挑战涉及沟通问题、难以达成一致观点、从单一文化到多元文化的变化，以及克服那种自以为是的以自我为中心的理念。许多公司尤其是大型公司推出了多样化管理项目，[8] 例如，麦当劳、福特汽车公司、州际保险公司（Allstate Insurance）、国际商用机器公司（IBM）、多尔食品公司（Dole Food）以及施乐公司，这里仅列举几个加以说明。当然，这些冲突依然存在，需要诸如第 10 章已经讨论的那样有效地加以管理，本书第 13 章将专门探讨冲突管理问题。

国际环境中的人员管理[9]

人们必须看到较为远一点的外部环境，看到主要因为先进的通信技术和跨国公司的存在而带来的世界性的变化。大型国际公司很普遍的做法是由很多不同国籍的人组成高层管理队伍。持全球中心论态度的人们，把组织视为一个世界性的实体，进行全球性决策，也包括人员决策。

在国际运作中，公司有三种管理人员任职的来源：（1）来自母公司的管理人员；（2）来自东道国的管理人员；（3）来自第三国的管理人员。在国际企业发展的早期阶段，管理人员大多出自母公司，其主要原因是管理人员在总部的工作经验和他们对产品、人员、企业目标和政策等的熟悉程度。这样做既有利于计划又有利于控制。但另一方面，母公司人员不熟悉外国的语言和环境，而且，派管理人员及其家庭成员出国工作成本很高。对于家庭成员来说，适应国外的新环境也是很困难的。东道国也会对母公司施加压力，使其雇用当地管理人员。

来自东道国的管理人员熟悉当地的语言和环境，雇用他们成本一般很低，不需要重新安置他们以及他们的家庭。但问题是他们不熟悉公司的产品和经营方式，因此控制过程会有一定困难。

另一种选择是雇用第三国人员，这些人员多是国际化的职业管理人员。当然，东道国期望在实权的位置上使用本国人。在那些过去发生过政治冲突的国家选择管理人员时要慎重。在国外经营过程中，还有许多其他因素应被考虑在内。

全球化视角　　*印度威普罗公司（Wipro）亚特兰大开发中心*[10]

印度威普罗公司（Wipro）选择亚特兰大建立其软件开发中心。它的计划是小规模起步，利用当地人员熟悉当地经营需求优势，不断扩大业务。亚特兰大周边有 12 所大学，给中心输送了当地人才。当然，该公司的全球扩张举措并非仅此一家，它已经在美国开设了 12 个中心。

内部环境

在这里进行讨论的内部因素涉及人员管理的职位（把企业内外部人员安排到管理岗位上去）以及明确人员管理的职责。

从内部晋升

最初，从内部晋升意味着员工进入基层一线主管的职位，然后按组织结构往上晋升。因此，可以说企业接收了一批将涌现出未来管理人员的非管理类员工。如铁路行业的人们常说的："总裁退休或去世后，我们就雇用一个新办事员。"

毫无疑问，在一般条件下考虑这个问题，员工都会十分赞成从内部晋升的政策。不招聘企业外部人员减少了职位的竞争，使企业内部的员工垄断了管理职位的空缺。然而，当员工面临着要从他们自己这些人中选出一个可以提升的人的具体情况时，他们开始怀疑这种政策是否明智。这种感觉存在于组织的各个层次，主要是因为嫉妒心理或因为互争晋升的机会。如果从销售、生产、财务或工程经理中选拔一个总经理，这种困难尤为明显。高级管理人员常倾向于选择简便的办法，为避免不必要的麻烦而宁愿招聘企业外部人员。

从企业内部晋升管理人员不仅在提高员工士气、增强员工对企业长远忠诚度以及提高企业的声誉方面有积极作用，而且还可使企业发现员工中蕴藏着的潜在的优秀管理人员。然而，虽然这些积极的不可估量的价值很重要，高级管理人员不应该对因过分强调人员来源或完全依赖这个来源而可能出现的危险性视而不见。

推行只从企业内部晋升人员的政策的另一种危险是，可能导致只挑选仅仅会模仿他们的上司行事的人。这倒不一定是个缺点，特别是如果学到的是最好的工作方法、日常工作和观点那就好了，但这很可能是实现不了的愿望。事实上，企业常常需要外界的人员带来新的思想和做法。由此可见，不推行只从内部晋升人员的政策是有充分理由的。

在大公司中从内部晋升

> 注解
> www.sears.com
> www.dupont.com
> www.gm.com

另一方面，对一些规模非常大的公司，如西尔斯、杜邦或通用汽车，从内部提升的政策也许很合适。大型企业或非企业单位常有很多称职的人员，所以从内部晋升实际上与公开竞争政策的情况非常相近。然而，即使这些大公司也有必要到社会上去，如通用汽车公司就聘了一位大学教授作为其环境控制人员的副总裁。

全球化视角 沃尔玛公司的人力资源管理[11]

沃尔玛公司是美国最大的私人雇主，拥有100多万员工。公司创始人山姆·沃顿（Sam Walton）对其员工有着特殊的感情，称员工为"合伙人"。虽然他于1992年去世了，但是他对员工的关爱、关心、聆听他们的建议以及他的开放政策却牢记在人们的心中，他的神话故事仍在继续。人们尊称他为山姆先生，他推出了一项政策，即对星期日工作的员工支付一倍半的工资，体现了对员工的关心。沃尔玛公司给员工支付的工资较低，但员工们普遍感到愉快，这也是为什么公司快速发展的原因之一。对员工的重视还体现在公司《合伙人手册》中，"我们坚信每个员工的尊严，这是沃尔玛能够成功的不可辩驳的基石"。

山姆的接班人竭尽全力设法维持其组织氛围，但是事情正在发生变化，包括取消了星期日因顾客需求延长工作时间而多付50%工资的规定以及24小时店中不适当的工作时间段等。从员工身穿的蓝色工作服上的口号中可以看出公司导向性的变革,即"我们的员工创造了差距"的口号被目前的"我如何帮助你?"所取代。这一变化可以解释为公司的侧重点从以合伙人(员工)为主过渡到了以顾客为中心。工会组织正在利用沃尔玛公司一些员工的情绪,在一些地区招聘会员。

尽管沃尔玛已经非常成功,然而其增速已经减缓。它面对的挑战是在规模如此大的情况下如何保持其人性化组织。

公开竞争政策

管理人员必须要确定,内部晋升政策的好处是否大于其不利之处。人们有充分理由推行**公开竞争原则**,让最合适的人员公开竞争空缺职位,不论这些人员来自企业内部或外部。归根结底,这样做使公司能够有机会得到最好的候选人员的服务。实行这一原则可克服从企业内部晋升所带来的缺点,使企业采用最好的办法招聘管理人员,并激励那些骄傲自满的"职位继承人"不断进取。很显然,这些优势是内部晋升带来的鼓舞士气的优点所无法比拟的。

> **注解**
> 公开竞争原则是让最合适的人员公开竞争空缺职位,不论这些人员来自企业内部或外部。

公开竞争政策与从企业内部晋升的做法相比,是一种确保提升管理能力的较好而更可靠的办法。然而,它确实使实施这一政策的管理人员身负某种特殊的职责。如果说实行公开竞争政策能确保企业员工的士气,那么,企业必须用公正和客观地评估和选拔人员的办法。企业必须尽一切可能帮助员工,使他们有条件得到晋升。

这些必要条件具备之后,每个负责对空缺或新职位提出任命的管理者都应具备有一本整个企业内合格人选的花名册。如果人们知道他们的条件得到考虑,又如果他们被公正地评估并得到培养的机会,那么,即使空缺被企业外部人员填补,他们也不大可能觉得不公正。在其他条件都一样的情况下,企业内部员工应与企业外部人员展开竞争。假如某人有能力胜任某一职位,那么他(或她)就会因为了解该企业的情况,熟悉人员的情况、历史性的问题、政策和目标而具有很大的优势。对优秀的人选来讲,公开竞争政策是一种挑战,而不是被提升的障碍。

人员管理的职责

尽管各级管理人员每人都应分担人员管理的职责,但最终责任应由首席执行官和高层管理人员政策制定小组承担。他们负责制定政策,给下属分派实施这一政策的任务以及确保政策得到正确贯彻。政策方面需要考虑的是:制订人员培养方案、从内部晋升还是从外部招聘管理人员、人选的途径、选拔程序、考评方法、管理人员和组织发展的性质以及后续的晋升和退休政策。

直线管理人员在招聘、选拔、安置、提升、考评和培训人员时无疑会得到各职能部门,特别是人事部门的服务,然而,归根结底,物色最合适的人员填补空缺职位是管理人员的职责。

> **注解**
> 选拔是一个从企业内外部选择最适合现有和将来职位的人员的过程。

选拔：按岗择人

正如飞机、坦克、军舰和士兵组成一支有效的军事力量一样，工厂、设备、原材料以及工人则组成一个企业，另一个不可缺少的要素是有效的管理人员。管理人员的素质是决定一个组织持续成功的最重要因素之一。因此，必须注意到，选拔管理人员是全部管理过程中最为关键的步骤之一。**选拔**是一个从企业内外部选择最适合现有和将来职位的人员的过程。

选拔的系统方法：概述

合格管理人员是企业成功的关键，所以，在管理人员的遴选和目前及未来管理人员需求评价中采用系统方法至关重要。图 11-4 对遴选的系统方法进行了回顾。管理人员必备条件的计划是基于企业的目标、预测、计划和战略而制定的，体现在同智力、知识、才能、态度和经验等个人特点相适应的职位所要求的条件和工作设计中。为满足企业的要求，管理人员需要招聘、选拔、安置和晋升职工，当然必须适当考虑内部环境（例如公司政策、管理人员的供求情况以及公司的氛围）以及外部环境（如法律、法规、可聘用到的管理人员）。人员被选定并安置职位以后，必须对他们进行新工作的定向教育，包括了解公司、熟悉其业务及社会方面的因素。

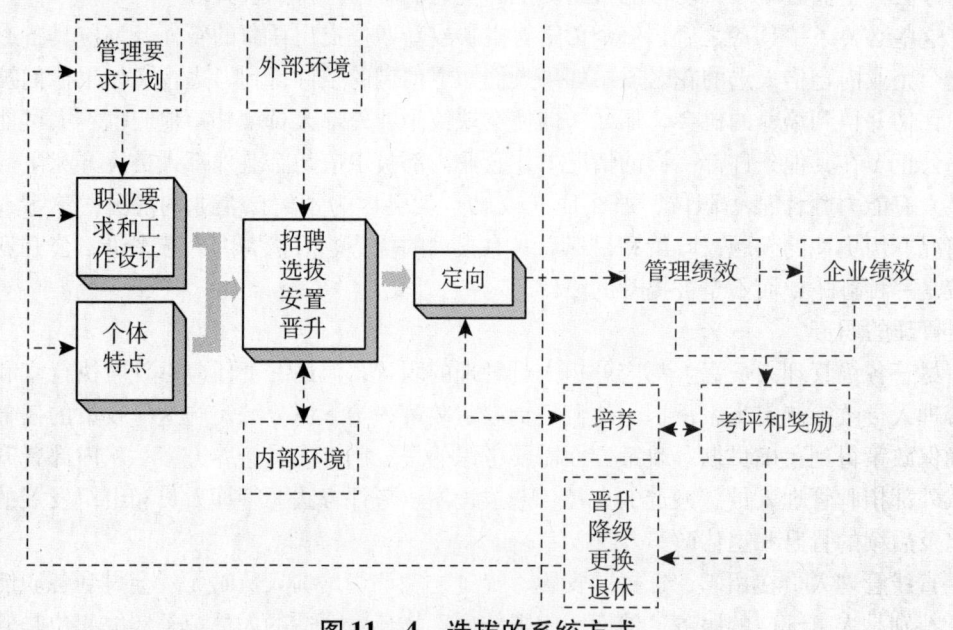

图 11-4 选拔的系统方式

虚线标明的是人员管理，其他活动将在其他章节加以讨论。

随着新上任的管理人员担负起管理的和非管理的职能（如市场营销），其管理表现将最终决定企业的绩效。然后对管理人员的工作绩效进行评估，完成绩效目标的管理人员将得到报酬（见第 12 章）。在此基础上，探讨管理人员的成长和企业的发展（见第 13 章）。最后，评估成为晋升、降职、重新安排工作以及退休决定的依据。

这就是简单的选拔模式。下面将对模式中的每一个主要因素进行深入讨论。

> **创业视角　你退休或被解聘后做什么？**[12]
>
> 正如一些大学与校友建立密切的关系一样，诸如陶氏化学公司（Dow Chemical）的一些企业鼓励离职人员与公司保持联系，其目的在于通过微博推特（Twitter）、LinkedIn 和 Facebook 社交网站等网络工具形成一个社会网。这种做法对公司和员工都有利。好处之一是知识共享，其结果有可能是获得重新就业的机会。当然，这种做法也有一定的负面效应。例如，被开除或解聘的员工有可能利用这个社会网报复公司。如同大部分技术一样，社会网络既可以带来潜在益处，也可能引发不良后果。

岗位要求和工作岗位设计

有效地选拔一个管理人员，需要对待补充的职位的性质和目的有一个清晰的了解。必须对职位所要求的条件进行客观的分析，并尽可能地按组织和个人的需要设计工作岗位。另外，必须对职位进行评价和比较，以便使任职者可以得到公平的对待。其他需要考虑的因素是管理人员应具备的技能和个人特点，而这些因组织内不同的管理级层而有所不同。

工作岗位要求的确定

为确定工作岗位要求，人们必须回答以下这些问题：在这项工作中必须做些什么？怎么去做？需要什么背景知识、态度和技能？因为职位不是静止不变的，人们还必须考虑其他一些问题：如是否可以用其他方法来完成这项工作？假如可以，有什么新的要求？要回答这些以及其他类似的问题，人们必须通过观察、访谈、发放调查表，甚至采用系统分析方法，对工作岗位进行分析。基于对工作岗位的分析而写出的工作岗位说明，常常列举重要的职责、职权与责任的关系以及与其他职位的关系。许多企业还把目标和预期的成果包括在工作岗位的说明中。

当然，在设计管理工作岗位过程中没有简单易行的规则，但是，人们遵循一些指导原则是可以避免一些错误发生的。

适当的工作范围

把工作范围限定得太窄，就不会有挑战性，不会有发展的机会，也不会有成就感。结果，有能力的管理人员将会感到厌倦和不满。另外，工作范围也不能定得太宽，太宽了就不能有效地进行控制，其结果会带来压力、挫折和失去控制。

工作岗位设计所必需的管理才能

一般来说，工作岗位设计应该从需要完成的任务开始。设计的范围通常较广，足以满足人们的需要和愿望。但一些管理学者建议，最好设计出能适合某个人领导风格的工作岗位。这一点可能特别适用于为突出人物设计工作岗位，以便于发挥他们的潜力。问题在于如果这样做，每一位新的管理人员上任，都必须重新修订职责内容。由此可见，工作岗位的说明必须对某职位的人员绩效条件提出一个清晰的概念，与此同时，也必须留有一定的灵活性，以便能使雇主利用管理人员的个性特点和能力。

任何一个职位说明都是根据特定的工作岗位和组织而定的。例如，在一个官僚式和相当稳定的组织环境中，对管理职位可以相当具体地加以说明。相反，对一个处于不稳定而多变的环境中的动态组织，职位的说明就必须更加一般化，而且很可能需要经常加以修订。因此，工作岗位说明和工作岗位设计需要采用情境方法。

工作岗位设计

人们在工作上要花大量的时间，因此，设计出的工作岗位能使人们对工作感到愉快，这一点是很重要的。这就需要有一个从工作内容、职能和关系方面很合适的工作结构。

个人和团队工作岗位的设计

工作岗位设计重点可放在个人的职位或工作团队上。第一，将任务划分为自然工作小组可以使个人工作加以丰富化，这就意味着将一类有关联的任务集中起来，分配给一个人去完成。第二，相关的方法是将好几种任务合并成一个工作岗位。例如，在安装水泵的任务中，不是在装配线上同时安排好几个人进行组装，而是建立一个工作站，由几个人将所有的配件组装起来完成全部任务，甚至还进行水泵的测试工作。第三，丰富工作的方法是与消费者或客户建立直接的联系。系统分析员可以向分工负责变革的管理人员直接提交研究结果和建议，而不是汇报给自己的上级，由其再提交给高层管理人员。第四，在任何有条件的地方，应将迅速和具体的反馈集成在组织系统中。例如，一家零售商店的售货员可知道每天的销售额和每月的总销售额。第五，个人的工作还可以通过纵向工作安排达到丰富化，即增加个人在计划、实际工作和工作控制方面的责任。

可以用同样的道理来改进团队工作岗位的设计。设计的工作岗位应使团队独立完成一项完整的任务。还有，应使团队享有充分的自主权，有决定工作应如何完成得更好的权力。在团队中，个人能经常得到培训从而使他们能在团队内不同岗位上轮换。最后，报酬可以根据整个团队的工作绩效，这样就会促进团队各成员之间的合作，而不是竞争。

影响工作岗位设计的因素

在设计工作岗位时，应该考虑企业的要求，但是，为了使利益最大化，其他一些因素也必须加以考虑。这些包括员工个人之间的差异、涉及的技术、与工作岗位重建所需的成本、组织结构以及内部环境因素等。

人们有着不同的需求。那些没有人尽其才而希望在事业上得到发展的人，通常总是希望他们的工作更加丰富化，且承担更大的责任。有些人喜欢自己干工作，而另一些有社交需要的人常在团队环境中干得很出色。对工作性质及与工作有关的技术必须同时加以考虑。诚然，瑞典的沃尔沃工厂有可能以团队形式装配汽车，而在美国通用汽车公司的大批量生产中，这一工作设计可能不会产生高效率。此外，还应考虑到推出一项新工作岗位设计的成本。一个工厂究竟是新设计，还是一个老厂必须重新设计以适应新设计的工作岗位理念要求，这是有很大区别的。

> 注解
> www.volvo.com
> www.gm.com

组织结构也必须加以考虑。个人工作岗位必须适合整个结构。例如，独立自主的工作团队可在一个分权组织中工作得很好，但在集权结构中就可能不合适。同样，组织环境会影响工作岗位的设计。一个团队在鼓励参与、工作丰富化和自主工作的氛围中能工作得很出色，但可能很难适应专制的、自上而下的管理领导方式。

管理人员应具备的技能和个人特点

成功的管理人员需要具备各种技能：技术的、人员的、认知的和设计的能力。正如第 1 章所讨论的，这些才能的相对重要性根据组织的层次而有所不同。另外，管理人员还需要有分析问题和解决问题的能力以及某些特定的个人特点。

分析问题和解决问题的能力

人们经常提及的管理人员需要具备的技能之一是分析问题和解决问题的能力。但普瑞克斯公司（Purex）的前任总裁艾伦·斯通曼（Alan Stoneman）曾经说过，"我们这里没有问题，有的都是机遇，所有的问题应该就是机遇。"换言之，管理人员必须能够看出问题，分析复杂的情况，并通过解决所遇到的问题，利用出现的机遇。他们必须审视周围环境，并通过合理的程序，确定那些影响机遇的因素。所以，通过分析能力来发现现有的或潜在的消费者需求，随后用产品或服务来满足他们的需求。已经有足够的实例证明，这一寻找机遇的办法意味着公司的成功。例如，宝丽来公司（Polaroid）的埃德温·H·兰德（Edwin H. Land）满足了人们对即时可取照片的需求。但是，仅仅认识问题和分析问题是不够的，管理人员还需要有解决问题的决心，他们还必须认识主张变革和反对变革的那些人的情绪、需求和动机。

> 注解
> www.purex.com

管理人员应具备的个人特点

有能力的管理人员除了应具有各种不同的技能外，具备某些个人特点也很重要，其中包括有管理的愿望；富有感情的人际沟通能力；正直和诚实；以及管理人员的成熟，这是非常重要的特点。

有管理的愿望

成功的管理人员有从事管理工作、影响他人以及通过与下级的共同努力取得成就的强烈愿望。诚然，很多人想要的是管理人员职位的特权，包括较高的地位和优厚的薪金，但他们缺乏创造人们能够为共同目标而一起工作的环境而取得成就的基本动力。实现管理的愿望要求付出努力、时间和精力，经常需要长时间的工作。

沟通能力和移情作用

管理人员的另一重要特点是通过书面报告、信函、谈话和讨论方式与人沟通的能力。沟通要求清晰无误，但更重要的是移情心，就是要有理解别人感情的能力，并能处理沟通中出现的感情问题。要做到**群体内有效的沟通**，也就是与同一组织内部单位的人进行沟通，沟通能力很重要。然而，随着人们在组织内逐步晋升，**群体之间的沟通**变得越来越重要。这种沟通不仅是同组织内的其他部门，而且还需同企业外部的群体沟通，如顾客、供应商、政府部门、社区以及企业的股东。

> 注解
> 群体内的沟通是指与同一组织内部单位的人进行沟通。

> 注解
> 群体之间的沟通是指与组织内的其他部门以及企业外部的群体沟通。

> 注解
> www.ford.com

正直和诚实

管理人员必须要道德高尚，值得信赖。管理人员的正直包括在财务方面和与他人相处中要诚实，坚持实事求是原则，坚信品质的力量以及举止行为符合道德标准。

大公司的高级管理人员经常引用这些品质。例如，福特汽车公司前任董事长亨利·福特二世（Henry Ford Ⅱ）认为诚实、直爽、坦率等品质颇具吸引力。

管理人员过去的业绩

选拔管理人员的另一个非常重要的个人特点是以往作为管理人员的绩效。这可能是对管理人员今后工作表现的最可靠的预测基础。当然，当从普通员工中挑选基层主管时，不可能对他们的管理经验做出评价，因为他们根本就没有这种经验。但在挑选中层和高层管理人员时，考虑过去的工作成就很重要。

管理人员条件与职位要求的匹配

在确定了组织内的一些职位后，就可通过招聘、选拔、安置和晋升得到所需要的管理人员（见图11-4）。管理人员基本上有两个来源：（1）可从企业内部晋升或调配；（2）也可以从企业外部聘任。计算机信息系统可用来为内部晋升确定合格人选，还可与综合人才资源计划一起使用。具体来说,计算机信息系统可用来预测员工需求情况、新的职位空缺、人员缩减、培养需求和职业生涯计划等。

还有一些外部的人才来源,企业可采用不同的渠道发现合格的管理人员。许多就业部门(政府的和私人的)和职业招聘人(有时被称作猎头公司)能够物色到职位所需的合适候选人。其他的管理人员的来源还有职业机构、教育机构、企业内部人员推荐的人选,以及对企业感兴趣的人的自荐申请。

管理人员的招聘

招聘涉及吸引和招收人选填补组织机构中的职位。在开始招聘之前,必须明确无误地说明与任务直接相关职位所需要的条件,以利于从企业外招聘合适的人选。在社会上享有好形象的企业比较容易招到合格的人选,如享有盛誉的日本索尼公司;而小型企业可能必须要做出很大的努力才能向求职者说明企业提供什么样的服务以及怎样的机会,虽然他们经常提供极好的成长和发展的机会。

> **注解**
> 招聘涉及吸引和招收人选填补组织机构中的职位。

全球化视角　　中国公司从哪里招聘?[13]

中国公司越来越呈现为全球化经营,许多公司在招聘西方管理人员。中国最大的计算机公司联想集团聘请比尔·阿梅里奥(Bill Amelio)作为首席执行官。比尔·阿梅里奥此前是戴尔计算机公司亚太区的总裁。同样,菲尔·墨脱夫(Phil Murtaugh)从美国通用汽车公司到上海汽车工业集团公司担任首席执行官。该公司是中国最大的汽车生产公司,其产品出口到国际市场。如同预料之中的,有些当地中国公司对这种做法持保留态度,但越来越多的高层职位为外国高层管理人员所青睐。当然,这些转换角色的外籍管理人员由于不熟悉中国文化而有一定的风险。一些中国公司在招聘那些具有国外经验的中国高层管理人员,他们有着熟悉本国环境的优势。随着越来越多的中国公司参与全球化经营,日益增长的对中、高层管理人员的需求给外籍人员也提供了颇有吸引力的机会。

选拔、安置和晋升

选拔管理人员是从人选中选出一个最符合职位要求的人。选拔可能是为补充一个特定的空缺职位,也可能是满足今后管理人员的需要,因此,有两种填补组织职位的方法。用选拔方法时,招聘申请人来填补具体要求的职位;而用安置方法时,则对个人的优缺点加以评估,为其找到合适的职位或甚至专门为其设计一个新的职位。

> **注解**
> 有两种填补组织职位的方法:选拔方法和安置方法。

晋升是在本单位范围内,从原来的职位调到需要担负更大责任和更多技能的职位上去。通常涉及地位和薪酬的提升。选拔所涉及的各个方面,一般也可应用于晋升。晋升可能是对工作绩效突出的奖赏,也可能是企业为了更好地使用个人的技能和能力的结果。晋升可能是对过去工作绩效的回报,但这只能以是否有潜在核心能力为条件。否则,人们将会被提升到他们不能胜任的位置。

彼得原理

选拔过程中可能有差错,或许差错还相当普遍。根据《彼得原理》(The Peter Principle)的作者劳伦斯·J·彼得(Laurence J. Peter)和雷蒙德·霍尔(Roymond Hall)的看法,管理人员往往被提升到他们不能胜任的管理层次。[14]特别是往往有这样的情况,管理人员在职位上取得了成就,从而使他们提升到较高的职位,但这一职位所需要的技能却常常是他所不具备的。这样的提升会使该管理人员无法胜任工作。尽管人们必须重视管理人员个人成长的可能性,但彼得原理告诫人们,不要轻视选拔和晋升过程。

选拔过程、方法和手段

> **注解**
> **有效性**是指有关材料预示该人选作为管理人员获得成功的程度。
>
> **注解**
> **可靠性**是指衡量的准确性和一致性。

本节综述了选拔的过程,并阐述了面试、测试和人才测评中心等选拔手段和办法。要做出好的选拔,求职者的情况应该是有效而可靠的。当人们问及材料是否有效时,实际上是指材料是否能够衡量它所要衡量的问题。在选拔过程中,**有效性**是指有关材料预示该人选作为管理人员获得成功的程度。材料还应该包含高度的**可靠性**,可靠性是指衡量的准确性和一致性。举个例子,如果在相同情况下,重复进行可靠性的测评,其测评结果基本一样。例如,一项可靠的测试如果在相同条件下反复进行多次,其结果应该是相同的。

创业视角　　如何给创业型公司配置员工?[15]

创业型管理人员如何给其公司配置员工?他们是否要为自己高增长的企业招聘特殊类型的员工?这些问题提交给了全球资本合伙公司(Globespan Capital Partners)的董事总经理、合伙人万基·格纳森(Venky Ganesan)。该公司是坐落在旧金山海湾地区的一家风险资本公司,专门帮助那些向全球化发展的投资组合公司。万基·格纳森此前曾担任杰夫柯(JAFCO Ventures)公司的副总裁,与他人共同组建了后被IBM公司收购了的特里购科技公司(Trigo Technologies)。当被问及创业型管理人员需要招聘哪些潜在人员时，他回答道："他们需要招聘那些高素质、颇具灵活性而非循规蹈矩的专家人才。新公司组建之初需要的是学习适应性和灵活性，需要的是坦诚、渴望得到市场反馈的人员，而不是那种对市场持有先入为主看法的所谓'专家'。创业型管理人员要招聘那些精力旺盛的聪明员工，他们做事不遗余力，视解决问题为机遇而不是障碍。"当被问及是什么因素吸引人们在高强度的环境下长时间工作且前途莫测时，格纳森说，"人们被给他们施展才能并得以成长的高节奏、高强度文化所吸引。这种新创公司高度的学习和共同做事的氛围抵消了长时间工作且前途莫测的弊端。同时，大多数的新公司没有官僚风气，几乎没有中层管理人员，所以人们可以高效率地工作，而不至于陷入文山会海之中。"

很显然，加入和成为新公司员工所带来的风险和报酬值得人们在这样一个令人振奋和高节奏的环境工作。创业型管理人员认识到高增长企业的特殊需要很重要，只有这样才能更好地选拔那些高期望值、高素质的人才充实这样一种独特的环境。

过程公平性和透明度

就业或晋升的选拔不仅会影响被招聘者或被晋升者，也会影响组织中的其他人。为了确保新招聘和新晋升的人员享有必要的和有效的合理性，对于组织员工和管理人员，招聘和晋升流程必须公平和透明。如果在全国范围内选择某个职位人员是正常招聘，那么，任何偏离这个做法的行为都必须给予详尽的说明，不然会造成管理上极大的不信任风险。这种不信任也会给新招聘来的或刚提升上来的人员带来工作上的难度。

选拔的过程

选拔过程中的具体步骤有所不同。例如，对基层主管人选进行的面试与对高层经理人员进行较严格的面试相比，可能相对简单些。不管怎么说，下面的综合要点展示了典型的选拔过程。

首先，选拔的标准通常基于当前的、有时是将来的工作要求，包括教育程度、知识、技能和经验等内容；选出的人选要填写申请表（如人选来自本单位，这一步可免掉）；进行筛选性面试以确定更有发展前途的人选；对候选人是否符合职位所要求的条件进行测评可能会获得新情况；由管理人员、直接上级或组织内的其他人员进行正式面试；对候选人所提供的材料予以核对和核实；有些单位需要进行体格检查；最后，根据上述几个步骤所得到的结果，做出同意聘用或通知人选没有被聘用的决定。下面将较为详尽地研究选拔过程中的一些问题。

面试

实际上，公司聘用的或晋升的每一位管理人员都要接受一个或更多人的面试。尽管企业广泛应用面试方法，但人们并不认为它是选拔管理人员的有效而又可靠的办法。不同面试人对已得到的材料的重视程度和理解程度大相径庭，他们常常提一些不恰当的问题，还可能被接受面试的人的外表所影响，其实外表与工作绩效无关。面试人员还常常在他们尚未掌握公正判断所需材料以前，早就对面试做出了结论。

有几种方法可以改进面试的过程，并克服这些缺点。首先，对面试人员进行培训，以便使他们知道要了解什么。例如，对企业内部人员进行面试时，应该分析和讨论他们过去的经历，应该研究他们取得的成果以及主要管理活动的方法。有关绩效考评的第12章将较详细地阐述这一点。如果从企业外部选拔管理人员，面试人员会发现很难得到上述材料，他们往往只能核对所列举的参考材料。

其次，面试人员应该有准备地提出适当的问题。面试分为正规的、半正规的和非正规的三种方式。在非正规的面试中，面试人员也许会说："请告诉我你最近一次的工作情况。"在半正规的面试时，面试人员会按照面试指南提问，但也可能提问其他问题。在正规面试中，面试人员会提出一系列事先准备好的问题。

再其次，改进选拔工作的办法是请几个不同的面试人员进行多次面试。这样，几个人可以一起对他们的评价和感性认识进行比较。然而，并不是让所有的面试人员都对候选人投上一票，而是用这个方法为负责最后做出决定的管理人员提供新的情况。

最后，面试只是选拔过程的一个方面，可以作为补充的材料包括申请表、测评结果以及列举的推荐人的材料。证明信和推荐信对核实竞聘人所提供的材料可能十分必要。为了使推荐信有效，推荐人必须非常了解应聘者，而且要对应聘者做出真实的、全面的评价。许多人不大愿意提供可能会影响竞聘人的材料，结果常常过分强调了竞聘人的优点，而对缺点却视而不见或一带而过。在美国，1974年通过的《保护个人隐私法》和相关立法以及司法裁决使取得客观的推荐材料更为困难。根据这一保护法，竞聘人享有检查推荐信的合法权益，除非他自愿放弃这一权益。这就是教师有时不大愿意为他们的学生写客观的和确切的工作推荐信的原因之一。

测评

测评的主要目的是为了取得有助于预测竞聘人是否有可能成为成功的管理人员的材料。测评的一些好处还包括为工作职位找到最合适的人员，使竞聘人对工作高度满意，并减少人员的流失率。下面是一些常用的测评方法：

• 智力测验是为了衡量智力，测验记忆力、思维敏捷程度以及在充满复杂问题的情况下理顺各种关系的能力；

• 水平和悟性测验旨在发现受测人员的兴趣、现有的技能以及掌握新技能的潜在能力；

　　• 业务考核是为了发现最适合竞聘人的职业或领域，使竞聘人的兴趣与从事该项业务的人员的兴趣相匹配；

　　• 个性测试旨在发现竞聘人的个人特点以及他们可能与其他人的交往方法，从而衡量其担任领导职务的潜力。

　　然而，测评存在许多局限性。第一，有能力的产业心理学家们认为，把测评作为衡量竞聘人特点的唯一方法是不准确的，必须参照了解其全部经历。第二，采取测评方法的人必须懂得测评目的是什么，有什么局限性。主要的局限性之一是不能确定测评的内容是否真正实用，即使心理学家也在怀疑目前的测评方法是否能有效地衡量管理者的能力和潜力。第三，在广泛使用任何一种测评方法之前，如有可能，应该在企业的现有人员中试行，看测评究竟对已具备众所周知的管理能力的员工是否有效。第四，应该由某方面的专家来主持和解释测评的问题，这一点也很重要。最后，测评不得有不公正的歧视，应遵照法律和政府的相关规定。

评价中心

　　评价中心不是一个场所，而是一种选拔和晋升管理人员的方法，可以与培训结合起来进行。评价中心最早用于选拔和晋升基层主管人员，但现在也用于中层管理人员。这种方法对选拔高层管理人员似乎不合适。设置评价中心的方法不是一种新的尝试，早在第二次世界大战时期德国和英国的军界以及美国战略服务办公室（American Office of Strategic Services）就使用过。但将这一方法应用于美国公司中，一般都认为是美国电话电报公司首先在20世纪50年代使用的。

> **注解**
> 评价中心不是一个场所，而是一种选拔和晋升管理人员的方法。
> www.att.com

　　为了衡量一个潜在的管理人员在一个典型的管理环境中如何工作，评价中心常用的办法是让候选人参加一系列的练习活动。在这段时间里，心理学家和富有经验的管理人员进行观察和评价。一个典型的人才评价中心会要求候选人做以下活动：接受各种心理测评；以小组形式参与管理游戏活动；参加"封闭式"练习，要求他们处理在管理工作中可能遇到的各种问题；参加无人领导的小组讨论；就某一特定的题目或主题作简短的口头表述，通常是向一位虚拟的上级推荐一套好的行动方案；参加其他不同的练习活动，如准备一份书面报告。

　　在这些练习活动期间，这些候选人要接受评审人员的观察，评审人员还要不时对他们进行面试。在评价中心测评期满时，评审人员要对每一候选人的表现做出总评价，并与其他评审人员的评价进行比较，共同就候选人的管理工作潜力做出结论，对候选人写出总结报告。这些报告送给负责任命的管理人员作为参考，也常以此作为管理培养的指南。在很多情况下，要把评定结果反馈给候选人；也有另外一些情况，只有在候选人提出要求时才给予反馈。即使评审人员可能把他们对候选人在各项练习活动中的表现情况告诉本人,但对是否有被晋升可能的结论性评定是保密的。

关于评价中心方法有效性的问题,尽管不是结论性的,但还是令人鼓舞的。另一方面,在谁被测评,由谁测评,在什么条件下这些测评方法可以使用,以及由谁来接受测试结果这些问题上仍存有异议。

评价中心确实存在一些问题。第一,要花很多时间,特别是许多有效的测评活动要持续5天之久。第二,培训评审人员是个问题,尤其是有些公司有相当的理由认为最佳评审人员应该是有经验的业务管理人员,而不是经过培训的心理学家。第三,虽然要求进行许多包括有关管理人员工作的不同练习活动,仍有人质疑这些练习活动是否就是最佳的评审标准。更大的问题是要决定每项练习活动的评定方法。多数评价中心非常重视在各种不同环境下的个人和人际举止行为,但他们可能会忽视选拔管理人员,特别是那些初次进入管理行列人的最重要的因素,即动因,也就是说,这些人是否真想成为管理人员。要使激励起作用,候选人必须知道管理是怎么回事,包含什么内容,以及成为一个成功的管理人员需要具备什么条件。很显然,动因是一个难以评定的特性。然而,面试人员在向候选人讲清楚管理工作的内容和要求,并请他们认真考虑后,实际上在确定候选人是否真正愿意成为一位管理人员问题上已经提供了一个有力的依据。

选拔过程的局限性

选拔方法和测评方法的多样性说明,选拔管理人员没有一个十全十美的方法。经验表明,即使认真选定的选拔标准也不能绝对地预测候选人的工作绩效。再者,人们能做什么(即工作能力)和愿意做什么(与动因有关)之间是有区别的。后者取决于个人能力和环境因素。例如,一个人的要求在不同时期可能不同,同样,组织环境也会改变。一个企业由于新的高层领导推出了不同的管理理念,可能从原来鼓励进取的氛围转变为抑制进取的氛围。所以,选拔的方法和手段(即使有能力做)并非是预见人们想做什么的可靠途径。

测评本身,特别是心理测评是有局限的,具体来说,探索某些信息可能被认为是侵犯个人隐私的行为。此外,有人指控有些测评不公正地歧视妇女或少数民族,这些复杂问题不容易得到解决,但是在挑选管理人员时,却又不能忽视这些问题。

选拔和聘用管理人员的另一个值得关心的问题,是涉及的时间和成本、包括广告、代理费、测评、面试、核对文件、体检、更换、定向教育、新管理人员熟悉工作所需的启动时间等。考虑招聘所涉及的高额成本,那么,人员流失对一个企业来说显然是昂贵的。

全球化视角 印度和其他国家的人力资源管理[16]

全球化使外包业务越来越普及，而印度往往成为外包首选地。外包的好处是减少服务成本，有可能在此期间提升外包公司的竞争优势。然而，外包也有风险，这是因为虽然人们广泛使用英语，但是世界各地文化上的差异会带来沟通上的困难。其他需要考虑的方面包括世界不同时区的差异，例如，因时差问题在给美国的戴尔消费者提供技术支持时会遇到麻烦。但是事情也有另一面，如互联网沟通的成本很低。印度垄断不了信息技术和外包业务，在亚洲，菲律宾的劳动大军也在提供信息技术服务，中国也正在步入这一领域。

这些发展变化对管理的人员和领导职能会产生重大影响。人力资源管理人员在选拔岗位适合人员时有了更大和更广泛的余地，而传统的选择方法在其他国家不一定能适用。此外，培训和绩效评估可能必须要适应当地环境，许多国家在补贴、激励机制、当地需求和要求以及预期等方面存在差异。公司需要适应当地情况，不仅在印度，在其他国家也是如此。

新员工的上岗教育和归属过程

为工作岗位挑选最佳人选只不过是组成一个有效管理队伍的第一步。公司即使在招聘和选拔过程中做出巨大努力，也常常会忽视了新管理人员聘用后的要求。然而在他们上岗之后最初几天和几周可能是使新上任人员真正成为组织一员的关键时期。

定向教育包括向新员工介绍企业、企业的职能、任务和人员等情况。大型企业一般有正规的定向教育项目，介绍公司的情况，包括历史、产品和服务、一般的方针政策和做法、组织（分支机构、部门和地区分布）、福利待遇（保险、退休、假期）、保密和机密的规定（特别是国防合同），以及安全和其他的规定。这些情况在公司简介中虽然有详尽的说明，但是定向教育会议可使新员工有提问的机会。虽然一般由人事部门的人实施这些正规的项目，但是对新管理人员进行定向教育的主要责任在于其上级。

定向教育还有一个更为重要的方面：如何使新管理人员归属化。**组织归属化**有不同的界定方法。全球化看法有三个方面：获得工作所需的技能和能力、采用适当的角色行为以及适应工作群体的规范和价值观念。新管理人员除了要符合工作的具体要求外，还常常会遇到新的价值观念、新的人际关系和新的行为方式。他们不知道可以请教哪些人，不知道组织如何进行工作，而且担心做不好新的工作。这一切不确定的因素使新员工，特别是管理实习人员感到极大的不安。因为在一个企业里的初次经历对其后

> 注解
> **定向教育**包括向新员工介绍企业、企业的职能、任务和人员等情况。

> 注解
> **组织归属化**是指获得工作所需的技能和能力、采用适当的角色行为以及适应工作群体的规范和价值观念。

的管理行为会产生深远的影响，所以受训人员第一次接触到的应该是企业内可以作为他们今后行为楷模的最佳的上级领导。

> **全球化视角**　　　　　**创建员工满意的环境**[17]
>
> 在21世纪，公司之间在工作市场上争夺人才的竞争日趋激烈。流失一个能干的员工可能会给公司带来5万~10万美元的损失。然而，公司如何才能留住其知识人才呢？
>
> 注解
> www.southwest.com
> www.ge.com
> www.cisco.com
>
> 诸如西南航空公司的赫布·凯莱赫（Herb Kelleher）和通用电气的杰克·韦尔奇（Jack Welch）等公司领导，竭尽全力构建颇有挑战性工作和有利于员工个人和业务成长机会的环境，以此来激励员工。公司推出各种战略来留住员工，像西南航空公司和通用电气公司这些久负盛名的公司，可以使员工看到一个不断成长公司的竞争优势和机遇。那些处于市场领导竞争地位的公司，在留住员工方面也有其优势，因为他们可以指出，离开公司只能是走下坡路。其他公司在其组织内部形成了一种社区和家庭的气氛，员工也喜欢在公司不同的部门获得不同经验的灵活性，广泛授权给员工决策自主权和责任感。思科系统公司不断让员工感到他们始终是受欢迎的，通用电气公司通过培训和辅导在人员方面不惜血本投资，而西南航空公司则通过招聘与组织文化相适应的员工，在选拔过程中不遗余力地寻找合适的人员。
>
> 当公司在招聘和留住员工方面面临严重挑战的情况下，那些致力于职业管理生涯或成为职能人员的人们发现，他们的机遇越来越多。

注解
组织归属涉及掌握工作技能和能力、采用适当的角色行为以及与群体规范和价值观接轨的程度。

在上岗教育方面，更为重要的可能是新管理人员的归属问题。组织归属有几种不同的界定方法。全球性观点包括三个方面：掌握工作技能和能力、采用适当的角色行为以及与群体规范和价值观接轨的程度。所以，除了满足具体工作要求外，新晋聘的管理人员通常会面临新的价值观、新的人际关系和新的行为方式。他们不知道向谁寻求指导，不知道组织是如何运转的，存在着新工作失败的恐惧。所有这些不确定性会造成新上任的管理人员，尤其是管理培训生极大的焦虑。鉴于在企业中的初始体验对未来的管理行为有着至关重要的影响，与管理培训生最初接触的人应该是企业里面最好的主管人员，是那些能对未来行为起到示范效应的人。

迈向2020年的人力资源管理[18]

未来很难预测，然而管理人员不得不现在就要做出决策以应对未来。经济情报组织

(Economist Intelligence Unit)对来自世界各地的1650名高层管理人员进行了一项调查,内容是如何看待迈向2020年的变革。调查表明,最有可能提高生产率的方面是知识的管理、给消费者提供服务和支持、改进运营和生产流程、开拓经营和战略、加强营销和销售环节的管理、人力资源管理和培训,以及其他方面。这些高层管理人员的观点对人力资源管理有着重要的影响。

知识劳动者的贡献对于获得竞争优势可能最为关键。此外,组织内部之间的协调以及内部与外部的协调也非常重要。这些必然要求人们建立更好的人际关系,以便能够在不同的文化环境中共事和沟通。在应对未来方面,招聘、选拔、培训和开发这些人员管理职能将会发挥更大的作用。同样,本书第5篇中所涉及的有效领导、激励和沟通职能在全球竞争环境中也是非常重要的。

全球化视角 未来工作[19]

全球化和技术正在改变着人们的工作方式。尽管预测未来是困难的,但是一些未来趋势已经展现在公司环境中。例如,新上任的首席执行官可能是个全球网络通。虽然组织结构还是需要的,但是必须减少甚至取消纵向多级层的文化氛围。这就意味着,办公室的界限要打破,办公室和办公桌越来越不重要,甚至要被取消。员工队伍越来越呈现为多元文化型(现已出现);福利计划旨在使员工更健康,而员工则在福利待遇方面有更大的选择余地(如同"自助餐"方法);项目涉及的面更广,员工技能多样化,并根据工作进度而调整。从某种意义上讲,未来就在眼前。

本章小结

员工管理的含义是填充组织结构中的职位,涉及确定劳动力要求、储备后备人员、招聘和选拔、安置、晋升、评估、职业生涯计划、补贴和人员培训。

在人员管理的系统方法中,企业和组织的计划成为人员工作的重要投入因素。承担重要任务所需管理人员的数量和素质取决于许多不同因素。人员管理中的一个主要步骤是通过建立管理人才库来确保人员的可获性,可以用人才库图表来表示。

人员管理并不是在真空中进行的,人们应该考虑到许多企业内部和外部的环境因素。人员管理必须遵守同等就业机会法律,这样在实施过程中不至于发生歧视现象,例如歧视少数民族或妇女。同时,人们必须评价从企业内部晋升或从企业外部选拔人才的优劣情况。

在选拔的系统模型中,综合管理要求计划是确定职位条件的基础。在设计工作时,企业必须做到,工作有一个适度的范围,富有挑战性,并反映所需要的技能。工作结构在其内容、功能和关系方面必须是适合的。工作设计体现在个人和工作团队两个方面。

技术的、人际的、概念的和设计技能的重要性随着组织层次而发生变化。职位条件应与个人的不同技能和特点相匹配，这一点在招聘、选拔、安置和晋升中甚为重要。

选拔过程中的错误会导致彼得原理的再现，该原理认为，管理人员倾向于被提升到他们不能胜任的层次上。虽然选拔时应征求多人的建议，但最终决定应由该职位的直接上级来做出。

选拔过程包括面试、各种测评和评价中心的使用。为避免不满情绪和员工流失，企业必须确保将新员工归属和融入组织中去。

主要概念回顾

人员	公开竞争政策	彼得原理
人力资源管理的系统方法	选拔的系统方法	有效性和可靠性
管理人才库	职位和工作条件	选拔过程
影响人员管理的情境因素	工作岗位设计	面试
同等就业机会	招聘	各种测评
妇女参与管理	选拔	评价中心
工作环境的多样化	安置	定向教育和归属化
国际环境中的人员管理	晋升	未来的人力资源管理
内部晋升		

讨论题

1. 为什么人员职能的发挥很少有逻辑性？简述人员管理的一套方法。人员管理与其他管理职能和活动的关系如何？

2. 列举并评价影响人员管理的外部因素。当前哪些因素最重要？请予以说明。

3. 实施内部晋升政策有何危险和困难？公开竞争政策意味着什么？你赞成这种政策吗？为什么？

4. 选拔管理人员的系统方法是什么？为什么称之为系统方法？与其他方法的区别是什么？

5. 在设计个人工作岗位和团队工作岗位方面，有哪些重要的因素？对你来说，哪些因素更为重要？为什么？

6. 彼得原理在管理界得到广泛应用，你怎么看待这种情况？你认为它对你是否适用？它的意思是否说所有的首席执行官们都不称职？请解释。

7. 什么是评价中心？它如何进行工作？你是否愿意参与其中？为什么？

练习和具体步骤

1. 以你感兴趣的一个组织为例，评估这个单位人员招聘和选拔工作的有效性。这些以及其他人员活动是如何系统地得到实施的？咨询一下这个公司，确定如何安排面试。

2. 去图书馆研究一些成功的首席执行官的经历。你可以从阅读《财富》杂志开始，或者阅读一位首席执行官的传记。这个首席执行官是如何获得成功的？

互联网检索

1. 使用一个广为流行的搜索引擎，查询"劳动力.com"这个词。人力资源管理人员当前最为关心的热门话题是什么？
2. 同等就业机会意指什么？在互联网上选择一个话题，并在课上讨论这个话题。

全球化案例

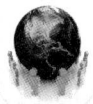

Infosys 信息技术有限公司的人才招聘[20]

坐落在浦那（Pune）、由纳拉亚纳·穆尔蒂（N. R. Narayana Murthy）以及合伙人组建、成立于1981年的Infosys信息技术有限公司是印度最大的信息技术公司之一。两年之后，公司搬迁到班加罗尔。1987年，Infosys信息技术有限公司开始了国际扩张，在美国波士顿建立了第一个分支机构。截至2008年，公司员工多达9万人（其中大部分是专业人员），在世界各地30多个国家设立了分支机构。这个全球性的组织是如何招聘精英员工的？

根植于软件业，Infosys信息技术有限公司给众多的各行各业的企业提供服务，如银行业、传媒业、娱乐业、制造业、能源和公用事业、零售业、消费者产品和服务业以及许多其他产业。

在1996年，公司成立了由甘露·穆尔蒂夫人领衔的基金会，涉足保健、艺术、文化、社会活动和教育等诸多领域。基金会推出了一些颇有创意的项目，其中包括学术协约（Academic Entente），即举办学术会议、合作研究、全球实习计划以及参观和考察公司的开发中心。如果说这个学术协约项目建立了与学术机构的沟通桥梁的话，那么，全球实习计划则是给本科、硕士和博士研究生提供了就业的机会。这个计划下的学科覆盖绝不仅限于商科专业，也包括文科专业，目的旨在使更多的年轻人喜欢信息技术和计算机科学。

设在距离班加罗尔90英里迈索尔（Mysore）市、投资1.2亿美元的全球教育中心（Globe Education Center）是最大的企业培训中心之一。据讲，进入这个培训中心比进入哈佛都难，只有1%的申请人被录取。这个中心的环境犹如一所大学的校园，建有一个大型的室内运动馆、一个游泳池、一个保龄球馆，甚至还有一家美发馆。但是，培训园区管理非常严格，严禁酗酒。对此，那些新受训人员（被称为"freshers"）毫无怨言，毕竟参与这个项目犹如圆梦成真，实属不易。这个中心不仅侧重技术技能培训，也包括沟通和团队建设等课程。学员来自世界各地，目标是每期培训约1万名员工。

思考题

1. 人员是企业成功的关键。就Infosys信息技术有限公司发现和招聘人才方面所做出的努力进行评价。

2. 你是否有兴趣到 Infosys 信息技术有限公司这个跨不同经营领域的单位工作，还是愿意为你的亲属创办企业，或是自己创业？

3. 列出类似于 Infosys 信息技术有限公司这样的企业或成为一名创业家两者各自的利与弊。

注释

1. See also human asset accounting for the economy at www. knowledgeu. com/human_capital. html，accessed June 5，2002.

2. Shane R. Mittan，"Apple：A Case Study Analysis"，http：//homepages. wmich. edu/ ~ gershon/courses/ 4480/APPLE%20 - %20A%20Case%20Study%20Analysis%202010 - 01 - 28. pdf，accessed July 23，2012；David B. Yoffie and Michael Slind，Apple Inc. 2008，Harvard Business School 2008.

3. For a discussion of human resource management in German and U. S. firms，see Helmut Wagner and Marion Linke，"Internationales Management der Humanressourcen in deutschen und amerikanischen Unternehmen"，in Ralph Berndt（ed.），Global Management（Berlin：Springer，1996），pp. 457 - 75. See also the Society for Human Resource Management，www. shrm. org，accessed August 18，2011.

4. K. M. Kelly，"A Leaders when Detroit Needs One,：Automotive Design and Production"，May 2009；"Alan Mulally" interview on Charlie Rose program http：//www. charlierose. com/view/interview/11814，accessed August 1，2012. See also YouTube at http：//www. youtube. com/watch？v = xSADVo - PIno，accessed January 25；2011.

5. Joseph Nocera，"I Remember Microsoft"，Fortune，July 10，2000，pp. 114 - 36.

6. Fortune 500 Women CEOs，http：//money. cnn. com/magazines/fortune/fortune500/2011/womenceos/，Accessed January 12，2013.

7. Parshotam Dass and Barbara Parker，"Strategies for Managing Human Resource Diversity：From Resistance to Learning"，The Academy of Management Executive，May 1999，pp. 68 - 80. See also http：//money. cnn. com/magazines/fortune/bestcompanies/minorities，accessed August 31，2006；Richard W. July and Carol D. A'Amico，Workforce 2020（Indianapolis：Hudson Institute，August 1999）；see also Kathryn A. Canas and Harris Sondak，Opportunities and Challenges of Workplace Diversity（Upper Saddle River，New Jersey，2008）；Scott E. Page，"Making the Difference：Applying a Logic of Diversity"，The Academy of Management Perspectives，November 2007，pp. 6 - 29；Myrtle P. Bell and Daphne P. Berry，"Viewing Diversity Through Different Lenses"，The Academy of Management Perspectives，November 2007，pp. 21 - 25.

8. www. mcdonalds. com/corp/values/diversity. html，accessed August 31，2006；www. rmhc. org/usa/good/ people. html，accessed August 31，2006；media. ford. com/newsroom/feature_display. cfm？release = 17674，accessed November 13，2008.

9. Arvind V. Phatak，International Dimensions of Management，4th ed.（Cincinnati，OH：South - Western，1995），Chap. 6；Phatak，International Management（Cincinnati，OH：South - Western，1997），Chap. 13.

10. "Wipro Chooses Atlanta for Development Center"，The Wall Street Journal，August 29，2007.

11. Mark Gimein, "Sam Walton Made Us a Promise", Fortune, March 18, 2002, pp. 120-30; Wal-Mart, www.walmart.com, accessed January 12, 2013.
12. Stephen Baker, "You're Fired – But Stay in Touch", Business Week, May 4, 2009, pp. 54-55.
13. "Management in China – Go East, My Son", The Economist, August 12, 2006, p. 53.
14. Laurence J. Peter and Raymond Hall, The Peter Principle (New York: Bantam, 1969). See also Laurence J. Peter, The Peter Pyramid: Or Will We Ever Get the Point? (New York: Morrow, 1986) and its review by Peter Shaw, "A Management Guru Peters Out", Wall Street Journal, January 24, 1986. For the application of the Peter Principle to software development, see Craig Kirkwood, "Adobe and the Peter Principle", www.planetpublish.com, April 17, 2002, accessed June 5, 2002.
15. Interview conducted with Venky Ganesan, Managing Director with Globespan Capital Partners, on January 2, 2007 by Mark Cannice.
16. Singha Chiamsiri, Sri Devi Bulusu & Mithlesh Agarwal, "Information Technology Offshore Outsourcing in India: A Human Resource Management Perspective", accessed http://rphrm.curtin.edu.au/2005/issue2/india.html accessed: August 18, 2011; Pawan S. Budhwar "HRM in Context", http://ccm.sagepub.com/cgi/content/abstract/1/3/333, accessed January 12, 2013.
17. Nicholas Stein, "Winning the War to Keep Top Talent", Fortune, May 29, 2000, pp. 132-38.
18. "Foresight 2020, Economic, Industry, and Corporate Trends", Economist Intelligence Unit 2006 (London: The Economist, 2006); see also 2020 Management Insight: Management Development, http://www.2020.eu.com/content/view/15/30, accessed August 18, 2011; Stephan Manning, Silvia Massine, and Arie Y. Lewin, "A Dynamic Perspective on Next Generation Offshoring: The Global Sourcing of Science and Engineering Talent", The Academy of Management Perspective, August 2008, pp. 35-54.
19. Various Authors "The Future of Work", Business Week, August 20 & 27, 2007, pp. 41-95.
20. Infosys Tops India's Most-Admired Companies The Wall Street Journal Asian Edition November 2, 2010, http://online.wsj.com/article/SB10001424052702304173704575577683613256368.html, accessed August 1, 2012.

12

绩效考评和职业生涯战略

[学习目标]

学完本章后，你应该能够：

1. 认识有效考评管理人员的重要性。
2. 确定考评管理人员时应衡量的素质。
3. 提出一种基于可考核目标的绩效评估与管理人员绩效考评制度。
4. 介绍集体考评的做法。
5. 认识到奖励和管理压力。
6. 确定重要的职业生涯计划内容。
7. 撰写你本人的职业简历。

人们往往将管理人员考评视为人员管理工作的一个致命环节，而对管理本身来说，管理人员考评可能是一个主要的关键问题，它是决定哪些人能得到晋升的基础。考评对管理人员的培养工作也很重要，因为如果不知道管理人员的优缺点，就很难确定在培养方面所做出的努力方向是否正确。考评是或者说应该是管理系统的一个组成部分，了解一个管理人员在计划、组织、人员安排、领导和控制方面的表现好坏，确实是确保担任管理职务的人员真正有效地进行管理的唯一途径。如果企业、政府机构、慈善组织甚至大学要想确实有效地实现各自的目标，就必须寻求准确衡量管理绩效的方法，而且加以贯彻执行。

还有其他原因可以说明为什么有效考评管理人员是重要的。在美国，最重要的原因之一是由于 1964 年（1972 年修订）制定的《民权法》第 7 部分（Title VII of the Civil Rights Act）的有关条款，以及同等就业机会委员会（Equal Employment Opportunity Commission）和联邦合同执行局（the Office of Federal Contract Compliance）制定的有关法规。这些机构严厉批评许多考评项目，指出它们往往带有歧视性，尤其是在种族、年龄和性别方面。法院则支持这些联邦机构，坚持认为，考评项目必须接受可靠和有效的这些先决条件。很显然，这些机构制订了严格的标准。

> 注解
> www.eeocl.gov

有效的绩效考评还必须认识到员工在改进工作方面的合理要求。本章将进一步解释，职业生涯管理是将组织需求与个人需要相统一的一种方式，它可作为绩效考评的一部分。

选择考评标准

考评既应衡量在完成目标和计划时的绩效，还要衡量作为管理者的工作表现。没有人会要求尽管所做的事一点不出错，但在盈利、营销、审计或者其他可能的职责范围不能取得良好成绩的那种人来担任管理工作，同样，我们也不会对一个身居管理职位，却又不能有效行使管理职能的人表示满意。有些出色的管理人员不是靠有效的管理，而是靠运气成功的。

完成目标绩效

在评价工作绩效时，根据预先确定的可考核的目标来进行考评的方法具有特殊价值。一旦有了为实现某特定目标而制定的一致、完整和易于理解的计划，管理绩效的最佳衡量标准可能包括理智地制定目标的能力、规划实现这些目标的能力，以及成功地完成这些方案的能力。那些偏离这一方法进行工作的人往往声称这些标准是不适宜的，而运气或其他管理人员本身无法控制的因素则应在考评时加以考虑。但是在更多的情况下，一些纯粹由于运气而得以成功的管理人员得到了晋升，而另一些由于自身无法控制的因素未取得成功的人却因失败而遭到指责，因此，根据可考核目标进行考评的方法本身是欠缺的。

管理者绩效

> **注解**
> 通过预定目标衡量绩效的方法，应当以管理者标准考评管理人员的方法加以补充。

通过预定目标衡量绩效的方法，应当以管理者标准考评管理人员的方法加以补充。任何层次的管理人员都承担着非管理性质的责任，这些是不容忽视的。然而，聘用管理人员的主要目的是要他们作为管理人员那样去工作，所以在衡量管理人员时也应以此作为标准，即考评管理人员应以他们如何理解和从事计划、组织、人员、领导和控制等管理职能为依据。尽管管理的基本原则是这方面的标准，这里还是先探讨一下按绩效目标进行考评的方法。

按可考核目标考评管理人员

> **注解**
> 一个有意义的、可实施的目标体系是有效管理的基础。

一种广泛使用的管理人员考评方法，是根据规定和完成的可考核目标来评定管理人员的工作绩效。正如第4章所提及的，一个有意义的、可实施的目标体系是有效管理的基础。除非人们知道他们努力的最终目标是什么，否则就不可能期望他们会卓有成效地完成任务，这是一个简单的逻辑，而这一逻辑对任何组织健全的企业而言都是适用的。

考评过程

一旦采用了可考核目标管理方法，考评工作就相当简单了。由上级决定管理人员如何有效地制定目标以及他们根据目标完成任务的好坏程度。在按工作结果进行的考评失败或情况令人失望的情况下，其主要原因是人们将目标管理仅仅视为一种考评工具，而如果只把这一方法用作此目的是行不通的。目标管理必须是一种管理方法，一种计划方法，同时也是组织、人员、领导和控制的关键。如果按这样做，那么考评就可归结为管理者是否确定了适当而可行的目标，以及在一定时间范围内他们根据目标工作得怎样。参照第4章图4-4中的目标管理系统方法，从图上可以看出，考评仅仅是整个过程中的最后一步。

但是还有些其他问题值得考虑，如目标是否恰当？是否需要经过努力（既高而又合理）才能实现目标？这些问题只能由被考评人的上级根据其个人判断和经验来回答。当然，随着时间的推移和经验的积累，做出的判断会越来越精确，但是，如果上级能将类似职位的其他管理者的目标进行比较，其结果则有可能会更客观。

在评估目标完成情况时，评定人必须首先考虑目标是否可行，是否有超越个人控制能力的因素不利于或阻碍了目标的完成，以及造成这些后果的原因是什么。审查者也应该注意是否有人在情况已经发生变化、需要修改目标时仍按过时的目标进行工作。

对考评工作的不同看法

人们对绩效考评问题的看法不尽相同，下面集中探讨三种看法。

客观评价与主观评价

有些人至今仍然认为对下属进行主观评价就足可以了，争论的一方认为，说到底对管理人员很难进行考评。另一方则认为，不论被考评人是否完成了预定的目标，考评必须完全客观，只有数字才是公正的。

考评应该针对结果，但人们必须谨慎，以避免"数字游戏"，因为人们可以人为地调整数字以达到个人目的，这样就失去了考评的意义。同时，追求几个有限的可考核标准可能会忽略其他方面，尤其是非正式确定的目标，因为人们不可能对所有的任务都确定目标。因此，重要的是，不仅要看绩效数字结果，而且要分析偏离标准产生的好坏原因，尽管这里可能涉及一些主观判断。

> **注解**
> 考评应该针对结果，但人们必须谨慎，以避免"数字游戏"。

判断与个人考评

一种看法认为，管理人员的权力植根于他们的职位之中，因而，他们应该成为评价其下属唯一的考评人。但是，许多管理人员不愿自己处在考评人的位置上，尤其是当他们被要求评价其下属个性特点时。同样，员工也因基于与他们所从事的工作相关问题进行考评而感到不舒服。另外一种观点认为，员工应该自己考评自己，因为有些下属比他们的上级对自己都苛刻。然而，有些下属可能会不适当地高评自己，尤其是如果考评结果会影响他们的工资时。

目标管理理念强调自我控制和自我指导，但是，这一点是基于预先确定可考核目标基础上的（主要是由下属与上级共同确定的），也正因如此，工作绩效才得以衡量。的确，如果目标管理到位了，那么，考评相对来说容易多了。在考评会议上出现以下情况不足为奇：下属知道自己要完成什么，而上级也知道他们能够从下属那里期待什么贡献。除了详尽的考评之外，定期和不间断地对绩效进行监控能够发现偏离标准的差异情况。总体来说，下属有机会实施自我控制，但是，在目标有争议的情况下，上级仍拥有否决权，这是绩效考评的基础。

> **注解**
> 目标管理理念强调自我控制和自我指导。

以往绩效评价与未来发展

一些管理人员视考评主要是评价过去的绩效，但更多的人将重心放在考评涉及的发展方面，其改进性导向体现的是一种向前看的意识。[1]

随着人们越来越强调自我考评和负责任的自我指导，考评中判断性因素大大降低了。固然，人们应该记取过去的失误，但更应该惩前毖后，将教训化解在未来发展计划之中。很显然，考评是一个强调自己强势、准备行动方案、克服自己薄弱环节的极好机会，对此，本章将在后面的职业生涯计划部分进行讨论。

> **注解**
> 人们应该记取过去的失误，但更应该惩前毖后，将教训化解在未来发展计划之中。

三种检查方法

图 12-1 所示的是简化了的绩效考评模式，代表了 3 种考评方法：(1) 综合检查；(2) 进程或定期检查；(3) 连续监控。

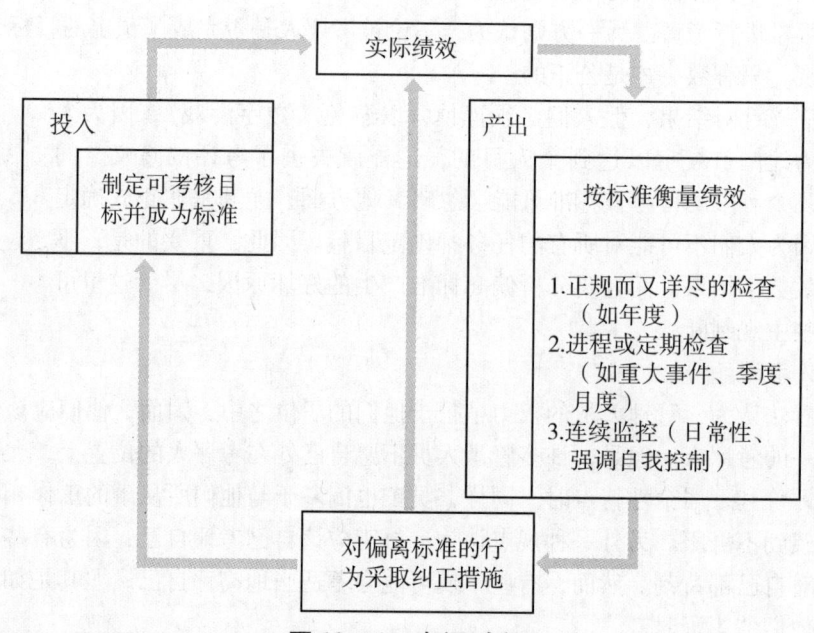

图 12-1 考评过程

资料来源：Redrawn from Heinz Weihrich, Management Excellence：Productivity through MBO (New York：McGraw-Hill, 1985), p. 125.

> **注解**
> 正式的综合检查应该每年至少进行一次，附以经常性的检查。这种考评应该以经常性进程或定期检查以及连续监控加以补充。

人们普遍认为，每年应至少进行一次正式的综合考评，但有人建议这种检查应更频繁些。有些企业每年用很短的一段时间进行各种检查，而另一些企业则全年安排考评，并常常是放在员工年会上进行。有些情况可以突破按年进行绩效考评这一硬性安排，另外，有充分理由认为应在完成一项主要项目后进行绩效检查。很显然，在正式的综合检查的时间安排上，是不存在普遍适用原则的，这是因为这一切取决于任务的性质、以往公司的做法和其他的情境因素。对于某一组织或某一新上任的人来说，一年进行一次、两次甚至三次考评都可能是适宜的。

重要的是，正式的综合检查应该辅之以经常性的进程或定期检查。这些检查可以是简短的和相对非正式的，但它们有助于确定那些妨碍有效地进行工作的问题和障碍，它也有助于沟通上下级之间的联系。此外，可根据情况变化重新安排工作重点以及重新商讨目标。如果继续执行那些在变化莫测的环境中达成的过时的、甚至不适宜的目标，显然是不妥的。

最后是工作绩效的连续监督问题。在这个系统内，一旦工作偏离计划，人们即刻而不必等到下一次定期检查时才纠正这些偏差，上下级共同讨论问题以便及时采取补救措施，防止小的偏差酿成严重问题。

按可考核目标考评的优点

根据目标完成情况进行考评的与目标管理的优点大同小异。两者都是同一程序的一部分，都是有效管理的基础，也都是提高管理水平的手段。

在考评中，这种基于可考核目标的绩效考评方法有其特殊而重要的优点，其中最大的优点是可操作性强。考评没有脱离管理人员所做的工作，而是检查他们作为管理人员实际做了些什么。

然而，总是存在这样一些问题，即这个人的工作到底好坏如何；目标是否达到了，如果没有，原因何在；对完成工作目标应当做何评价等。所有这些问题都需要有以下信息，如这个人完成了什么；衡量的标准是被考核人同意并适当的目标。这种信息为考评提供了有力的客观性，减少了纯粹判断的成分。再者，考评可以在上级与下属一起共同商讨的气氛中进行，不致使上级感到仅仅是坐在那里对下属评头论足。

创业视角 就风险组合投资公司管理人员评估问题与昂赛特（Onset）风险投资公司的风险资本合伙人寿密特·高斯的访谈[2]

寿密特·高斯是加利福尼亚州门洛帕克市（Menlo Park）昂赛特风险投资公司（Onset Ventures）的风险资本合伙人。自1984年组建以来，该公司的管理团队和8个成功基金持有的资金超过10亿美元，在早期信息、通信和医疗技术公司投资方面成绩斐然。它素以密切与其投资的公司合作、帮助创业者开发经营模式、开拓新的市场以及招聘理想的管理团队而著称。

高斯先生在一些硅谷高科技企业工作了19年后于2001年就职于昂赛特风险投资公司。在他的职业生涯中，他成功地参与了数家上市公司的首次公开募股（IPO），包括太阳微系统（Sun Mircosystems）和宏道集团（Broadvision）。在加盟昂赛特风险投资公司之前，他是坦布尔韦德通讯公司（Tumbleweed Communications）的高级运营副总裁，管辖市场营销、专业服务、应用工程和公司开发部。他帮助该公司成功地于1999年上市。此前，他在宏道集团工作期间，是该公司全球专业服务部的副总裁，于1996年帮助其成功进行了首次公开募股。在昂赛特风险投资公司，寿密特侧重于软件、网络和基础设施类公司的投资，在投资组合方面给予这些新起步的公司指导和提供管理资源，以确保其成功。

鉴于寿密特在指导风险投资公司方面丰富的成功经验，我们请他谈谈他对评估管理人员方面的看法。高斯先生告诉我们,"作为创新型公司的投资者,我对那些刚刚起步的公司的首席执行官们采用两条评估标准,即融资能力和人才招聘能力。前者意指确定战略愿景的能力、通过把控消费者使这个愿景成为现实的能力以及推出强有力的经营模式的能力。如果你具备这三种能力,你会始终能够筹措到的高收益率的资金。所以,能激发新投资者兴趣的能力和筹措到资金是至关重要的,使你能够客观地评价一家公司的绩效,当然,也是评价首席执行官的绩效。"他进一步指出,"创新型公司没有合适的人才是无法发展的,这一点不仅适用于新兴市场,甚至更适合竞争激烈的市场。所以,我用来评价创新型公司首席执行官成功与否的另一个标准是反映他们成功招聘人才方面报告质量和经验。"

高斯先生强调,"招聘关键人才的能力也是体现首席执行官有效管理和执行力的能力。这一重要的标准使你能够以公司员工管理者和领导者的身份评价首席执行官。拥有高素质人才的公司能够战胜各种各样的困难,不断成长。没有人因为招进的人员素质太高而被解聘,但却有因人才招聘不当而被迫辞职的先例。"从我们与寿密特·高斯的交谈中可以看出,管理团队评价对管理绩效至关重要,就风险投资企业高层管理人员而言,融资和招聘的能力是不可或缺的。

高斯先生还详细地阐述了职能部门管理人员的评价标准。他说,"对于首席执行官领导下的职能部高层管理人员,我主要按他们对公司的贡献大小评估。例如,根据建立增量销售模式的能力评估销售副总裁;根据调动销售团队积极性的能力评估营销副总裁,他们必须使销售工作简单易行;根据满足消费者需求、在工期非常紧张的情况下按时交货的能力评估工程部副总裁,而工期紧张这一点对于创新型公司来说很普遍。"很显然,评价标准因所涉及的管理人员的职别和职权不同而异。就你所在企业的有效管理而言,有什么好的评价方法吗?

按可考核目标考评的缺点

如同第4章所述,在实施目标管理的做法中还存在着一些缺点,这些缺点对考评也同样适用。缺点之一是,人们完全可能由于不是自己的努力或过错,而导致目标的完成或完不成。运气常常在工作绩效中起着一定的作用。例如,即使营销计划的制订及其实施实际上可能很差,但是有可能由于某一产品出乎意料地深受人们欢迎,而使营销经理显得格外风光。或者由于一项重大的国防合同意外地被取消,而使部门经理的工作显得特别黯然失色。人们也可能过分强调产出的数量而忽视产品或服务的质量。[3]

大多数考评人会说,他们在考评目标完成情况时,总是把不可控或不可预见的因素考虑进去,而且在极大程度上他们确实是在这样做。但是这样做极其困难。例如,在一份出色的销售记录中,谁能够确定多少是由于运气、而多少是由于能力所致。杰出的工作人员只要他们工作,总是能得到高的评价,工作平平的人则总是难逃暗淡无光的命运。

由于考评方法强调了可操作目标的完成,而根据这些目标来考评就有可能忽视个人培养的需要。在实际工作中,完成目标的取向往往会倾向于短期效应,即使在考评方法中包括了较长期的目标,也不大可能长到足以把管理人员的长期发展考虑在内。管理人员可能受此影响,过度关心成果而只用较少的时间来计划、实施他们和下属的培养方案以及后续工作。

此外,目标管理使管理的需要更加明确、清晰,因而也就更有利于确定培养方案,为了确保个人培养计划的实施,应该确定具体的目标。

从考评和经营管理工作的观点来说,目标管理的最大缺陷之处在于只考评经营绩效。这不仅仅存在上面早已提及的运气问题,而且还有其他需要考评的因素,特别是个人的管理能力。因此,良好的考评方法必须是既要评定一个人作为管理人员的工作绩效,又要评定他在制定和完成目标方面的绩效。

全球化视角　用微博推特(Twitter)进行绩效评估如何?[4]

微博推特(Twitter)是一种局限于140个英文字的社会网络沟通工具。在推特和Facebook社会网络时代,人们需要即时反馈。然而,传统的绩效评估往往一年进行一次或最多两次。埃森哲管理咨询公司(Accenture)开发了一种类似于Facebook社会网络沟通工具的"绩效增加"(Performance Multiplier)工具。员工将过去两个或三个星期的目标、项目进展情况等,甚至照片传送到这个栏目中。另一个称作"波动"(Ripple)的工具,允许员工传送不超过140个字、希望得到匿名反馈的问题。这样一来,人们可以在公司内部网上讨论问题,如对一项演示的评价,或者如何召开更有效的会议等。传送任务进展情况能使其他员工增强对公司的了解。如此一来,上级能够了解下属工作进度,也可以知道哪些人没有张贴他们的目标。这个方法与目标管理方法类似,要求清晰地界定目标,不仅让上级,而且要让同僚了解自己目标的完成情况。目前,这种140个字的推特方法可能还不能广泛使用,但是,相对于漫长的年度绩效考评方法,它确实是一个很好的选择方案。

按管理人员标准考评管理人员:推荐方案

> **注解**
> 以管理人员的要求来考评管理人员的最合适的标准就是管理的基本原则。

以管理人员的要求来考评管理人员的最合适的标准就是管理的基本原则。仅仅通过考评管理人员完成基本职能的情况来广泛地考评管理者是不够的,还应该进一步深入。

最佳的考评办法是用管理的基本方法和原则作为考评的标准。这些最基本的方法和原则已经在不同的管理条件和环境中得到检验,有充分的理由作为有效考评的标准。尽管这些标准可能并不成熟,甚至在实际运用中可能有必要借助个人看法,但它们给评定人在衡量下属是否很好理解和执行管理职能时提供了基准。它们肯定要比以工作及衣着习惯、协作精神、智力、判断力或忠诚度等广泛标准为基础的考评更具体、更恰当,至少把注意力集中到一个管理人员作为管理者应该做什么。再者,在将它们用于对计划及目标完成情况的考评时,它们可以帮助消除许多管理考评方法中存在的缺点。

简言之,这里推荐的考评方案涉及本书所倡导的对管理人员的职能进行分类,然后对每一项职能提出一系列的相关问题。这些问题旨在反映每一领域的最为重要的管理基本原则。尽管包括 73 个主要问题在内的一览表、所用表格、排序方法以及使用这一评定方案的说明等由于内容太多,不能在本书内一一阐述,但表 12 - 1 中还是归纳了计划和组织方面的"要点问题"样本。

表 12 - 1　　　　　　按管理人员考评管理人员的要点问题样本

计　划
• 管理人员制定的部门可考核的长短期目标是否与上级的和公司的可考核目标相一致?
• 在选择备选方案时,管理人员是否对那些影响解决问题的关键因素有所了解,并给予重点关注?
• 管理人员是否定期核实计划,以确保计划与目前的期望值相一致?
组　织
• 管理人员是否按预期的结果给下属授权?
• 管理人员是否不在那些已经给下属授权的领域制定决策?
• 管理人员是否定期教导下属或确保下属理解直线和职能关系的实质?

资料来源:Source:Harold Koontz and Heinz Weihrich,*Measuring Managers:A Double-barreled Approach*(New York:AMACOM,1981).

语义不同一直是管理学上的一个问题,因此,使用一本规范的管理书籍(例如本书),并按页码查阅相关问题是明智的。这一方法定会促进管理的发展。

评定管理人员绩效优劣时,采用的评分等级在代表"不合格"的零分到代表"杰出"的 5 分之间。为了使数值等级更明确,对每一数值都给予界定,例如"杰出"意指考评人认为在任何环境或条件下被考评人不可能做得更好的工作绩效。

为进一步减少考评的主观片面性和提高对工作绩效的评定能力,考评工作要求:(1)对年度总评定中某些评分须附以具体事例加以说明;(2)由直接上级的上级审核考评分;(3)要让考评人事先知道,其本身的评定部分取决于他在考评其下属时是否做出公正的评分。很显然,上述提到的大量、具体的要点问题大大提高了考评的客观性。

推荐方案的优点

跨国公司使用这一考评方案的经验显示了某些优点。由于这一考评方法把重点放在管理的核心问题上，使人们了解了真正的管理工作是应该怎样进行的。此外，由于这一考评方法使用标准的参考文字阐明概念和术语，消除了通常遇到的语义和沟通上的许多困难，使可变预算、可核实目标、人员、职能职权、授权等术语都有了前后一致的含义，同样，使人们对许多管理方法有了统一的理解。

除此之外，实践证明这一方法是管理发展的一个工具，在很多情况下，它促使管理人员注意到他们可能长期忽视的或不理解的一些基本原则。此外，这一方法在指明哪些方面存在缺点，应该朝哪些方面发展等都是有好处的。最后，如同所希望的，这一考评方案是衡量管理者是否有效制定和实施目标的一个补充和检查的手段。如果一个管理人员在完成目标方面业绩非常突出，但是作为一个管理者尚不及一般水平，则这一管理者的上级领导就要寻找原因。在正常情况下，人们指望一个真正有效的管理人员在完成目标过程中也应是卓有成效的。

推荐方案的缺点

然而，这一方法也有一些缺点或不足。它只适用于一定职位的管理的诸方面，而不适用于可能同样重要的诸如营销或工程能力等技术素质。但是，这些素质可以根据所选择和完成的目标来衡量。显然，73个要点问题本身就相当复杂，要根据所有这些问题逐一排序需要大量时间，当然，花费这些时间是值得的。

或许用管理人员的标准考评管理者的主要缺点是主观片面性问题。在按每一要点问题打分时，总不可避免地带有某种主观性。但是，这一考评方案仍具有高度的客观性，而且比用内容广泛的管理职能来评定管理人员的方法要客观得多，至少要点问题针对性很强，并与管理的基本要素相关。

小组评价方法[5]

最近，有人采用了另一种绩效考评方法，该方法所采用的评定标准部分与以上提及的相类似，包括计划、决策、组织、协调、人员、激励和控制。但是，还可包括一些如销售技能等其他因素。

这种考评过程涉及被考评人，包括以下步骤：

- 选择与工作有关的标准；
- 开发可以观察到的行为范例；
- 选择4到8个考评人（同行、同事、其他主管、自然还有直接上级）；
- 准备适合这项工作的考评表；
- 考评人完成考评表；
- 综合各种考评结果；
- 分析考评结果，并准备考评报告。

这种方法不仅用于考评，还用于选拔人才、员工培养，甚至用于处理酗酒问题。

该考评方法创始人归纳的优点还包括，这个方法在进行考评时从很多方面获取素材，而不仅仅从上级那里，因此有相当高的准确性。这种方法可用来识别考评人的倾向性（如给出的评价总是很高或很低，或者是针对某些特定的人群，如妇女或少数民族）。显然，被考评人认为这种方法很公平，因为他们参与选择评估标准和考评人。这种方法允许人们相互比较。尽管这种方法已为各种企业所采用，但看来仍需要有进一步的评估。

绩效评估软件的应用[6]

上下级之间往往都不喜欢年度绩效评估，原因是太耗时间。康奈尔大学的一项研究发现，在一些大型公司，管理人员对其每一位下属员工的考评要花费6个小时。[7]近年来，不少公司开发了相关软件，采用较一致的考评尺度使上级人员便于操作。基于网络的考评有可能取代纸质考评方式或成为纸质考评的一种补充。当然，计算机程序不能替代上下级之间的互动，但软件也显示出一些颇有价值的特点。

在将考评结果递交给人力资源部之前，管理人员所填写的电子评估表可以用来征求其他管理人员以及下属员工本身的意见。这些数据可以用来确定培训需求、管理开发以及确定那些在整个组织内部具备晋升条件的人。

对那些未能及时上交下属员工考评结果的管理人员，软件系统可以自动提醒他们，使其按时完成规定的考评任务。虽然这一切对人们厌倦的年度考评来说并非灵丹妙药，然而确实节约时间，使考评这项重要的工作相对容易多了。

管理工作的报酬和压力

管理人员各不相同，他们有不同的需求、欲望和动机。有关激励要点问题将在本书第14章讨论，这里主要涉及一般报酬和财务报酬以及管理压力问题。

管理工作的报酬：一般做法

管理备选人员在年龄、经济地位及成熟程度上相差很大，他们的需求也有很大的差异，但他们通常会有机会、收入和权力。大部分的管理备选人员希望得到一个不断进取的就业机会，能在深度和广度上不断提高自己的管理经验。与此紧密相连的是在有意义的工作中遇到挑战。大多数人，尤其是管理人员希望享有权力，为企业甚至为社会的目标做出重大的贡献。

此外，管理人员希望他们的贡献得到报酬，也确实应该得到，尽管人们对这种财务报酬的力度颇有微词。

绩效工资

恐怕没有比绩效考评与工资之间的关系更为引起争论的问题了。在通用电气，员工们得到的是绩效工资，即在他们完成挑战性目标后公司支付奖金，而不是根据员工的职务或服务期限付酬。这种薪酬方法要求目标必须清晰，员工清楚他们应该做什么和得到什么。同时，必须对员工讲清楚包括福利在内的总的补贴水平。例如，某大学的教职员工收入款项不仅包括年薪，而且包括学校提供的健康保险计划、教工支持计划、寿险、牙齿保险、长期残疾保险、员工补贴、旅行事故保险、社会安全税和大学退休金等。

> 注解
> www.ge.com

报酬应该及时提供，也就是说，工作完成后应该即刻兑现。例如，通用电气医疗系统集团有一个"迅捷感谢计划"，让员工们自己推举出杰出绩效的同事，给其发放一个价值25美元的证明，可以在指定的商店或餐馆使用。这一计划的正面心理影响可能要比金钱奖励重要得多。

> 注解
> www.gemedicalsystems.com

工资的增加几乎是不可逆转的，而奖金的发放可以取决于突出的工作绩效。通用电气的史蒂文·科尔（Steven Kerr）推荐了一种基于绩效的可变补贴方法，但他同时也指出，这种方法在其他国家不一定适用。在日本，以现金方式发放奖金可视为是行贿，因为奖金所涵盖的工作是员工承担任务的一部分。此外，有些员工可能更希望额外休假而不是现金支付。所以，在使用可变补贴时应该考虑文化上的差异。

创新视角

林肯电气公司的绩效工资[8]

多年来林肯电气公司的激励计划一直成为其他公司的榜样，然而，即使它很成功的绩效工资制度目前也在发生变化。

这个家族控制的公司生产电焊设备和零部件，以其独特的补贴制度而著称。公司3400名员工全部按工作日支付工资，节假日或病假不给工资。员工被视为自我管理的企业家，一年两次就他们的产出、质量、合作性、可靠性和想法进行评估。员工每小时的平均工资略高于克利夫兰地区制造业平均工资水平，但是，1995年，公司员工的奖金平均为年工资的56%。幅度很大？是的，但低于前几年的水平。由于以奖金形式付酬，员工之间的收入差异很大，大约在32000美元至10万美元之间。

绩效的压力显而易见，但是，那些至少在公司工作180天以上的员工流失率低于4%。1992～1993年期间，林肯电气公司由于不明智的海外收购导致亏损，公司借款给员工支付奖金。

> 注解
> www.lincolnelectric.com

1996年公司上市，情况发生了一些变化，外部人员控制了公司40%的股份。尽管这一独特的奖金制度得以保留，但奖金的力度可能会降低。随着全球化竞争的加剧，公司计划更新其设备，向海外扩张，并招聘更多的外部人员。

医生是否要按其绩效付酬？这个问题对于加州奥克兰儿童医院的80位内科医生，

精神病学、神经病学、普通儿科学以及青少年科和急诊病科的专家们来说是一个非常大的问题。[9] 医院推出的一项计划是对医生提供奖金，而不是按他们的工作时间付酬。尽管绩效标准不是很清晰，可能包括巡视病人的次数和其他因素，但是大多数内科医生反对这个计划。他们认为，这个激励计划会导致医生减少花在病人身上的时间，医生会给那些自费病人更多的关注，而怠慢那些享受公费医疗的病人。虽然绩效工资在公司里很普遍，但是这个概念在诸如公费医疗等其他部门却很难行得通。

管理压力[10]

> **注解**
> 压力是个人差异或心理过程形成的适应性反应，即任何外部（环境的）行为、情况或事件对一个人施加过度的心理和体力要求的结果。

压力是一种很复杂的现象，因此，至今没有一个被普遍接受的定义不足为奇。一个被广泛使用的定义将压力视为个人差异或心理过程形成的适应性反应，即任何外部（环境的）行为、情况或事件对一个人施加过度的心理和体力要求的结果。

最先提出压力概念的人可能是汉斯·瑟利厄（Hans Selye），他将压力描述为"受生活的磨炼程度"。[11]有很多来自体力方面的压力，如过度的劳动、无规律的工作时间、睡眠不足、噪声太大、光线太强和光线不足。来自心理方面的压力可能是由于某一特殊的情况，如枯燥的工作、无社交能力、缺乏自主权、权力不足却要承担责任、不现实的目标、角色不明确或角色冲突，或双职工夫妇等。但对某些人的压力可能对另外一些人则要小得多，人们对情况的反应不尽相同。

压力对个人和组织都会产生各种各样的影响。[12]有一些心理上的影响可能与各种疾病有关，因而也就有像精神崩溃或厌烦之类的心理反应。各种不同的行为，如吸毒、酗酒、无节制的饮食、出事故或想摆脱压力环境（旷工、频繁的调换工种）可能是对压力做出的反应。很显然，人员流动以及管理人员和非管理人员做出的不当决策不仅使员工个人蒙受损失，对组织也有影响。

个人和组织都试图用各种方法来解决压力问题。个人可通过合理安排时间、有益健康的营养、锻炼、职业生涯计划、调动工作、促进心理健康、消遣、沉思以及祈祷来减轻压力。组织则可提供咨询或娱乐设施，或者改进工作设计，使人与工作更协调。

员工需求和工作岗位要求的匹配

管理提供报酬但也涉及压力。一个向往管理职位的人，在进入管理职业之前就应衡量管理工作的优缺点。如果个人需求与工作要求相适应，对个人和企业两者都会有利。职业生涯管理将有助于实现这两者之间的协调。

> **创新视角**　**如何领导新生代？**[13]
>
> 婴儿潮一代人常常领导新生代人。这样的人员管理和领导意味着什么？"婴儿潮一代人"一词系指那些第二次世界大战后，大约在20世纪中期（1945年到1964年之间）出生的人，而"新生代"这个词是20世纪50年代初由罗伯特·卡帕（Robert Capa）提出的，一般系指60年代至70年代末或80年代初这个时间段出生的人。当然，这只是个大概的时间段。新生代人是在计算机和手机以及其他技术应用环境下成长起来的，这是一个非常不确定的环境，公司减员增效和工作变动屡屡发生。经常情况下婴儿潮一代人领导着新生代人，而管理新生代人意味着员工管理和领导。这也就是被一些专家称之为的领导新生代人。
>
> - 给新生代人具有挑战性的工作，以便他们发挥其创业才能。
> - 让他们以团队方式工作。
> - 让他们参与计划过程。
> - 下达指示要讲清道理。
> - 对他们的绩效适当给予反馈。
> - 对他们的职业生涯路径给予指导。
>
> 当然，这些建议也应该用于老员工的领导工作中，但是对于新生代人而言尤为重要。

制定职业生涯战略[14]

工作绩效考评应该确定一个人的优缺点，由此成为职业生涯计划的起点。人们应该制定个人发展战略，扬长避短，抓住职业生涯良机。尽管职业生涯发展途径不尽相同，[15]但它是制定个人战略的一种过程，从理论上讲与组织战略有相似之处，图12-2对此进行了归纳，下面将详细阐述。

1. 准备个人简历

认识自己是最困难的事情之一，但这是制定职业生涯战略十分重要的第一步。管理人员应自问：我是一个内向的人还是外向的人？我对时间、成功、工作、物质利益、变革持何态度？对以上及类似的问题的回答以及对价值观的重新认识将有助于确定职业生涯发展的方向。

2. 制定长期的个人与职业目标

如果没有包括目的地在内的飞行计划，飞机是不会起飞的。然而，管理人员对自己

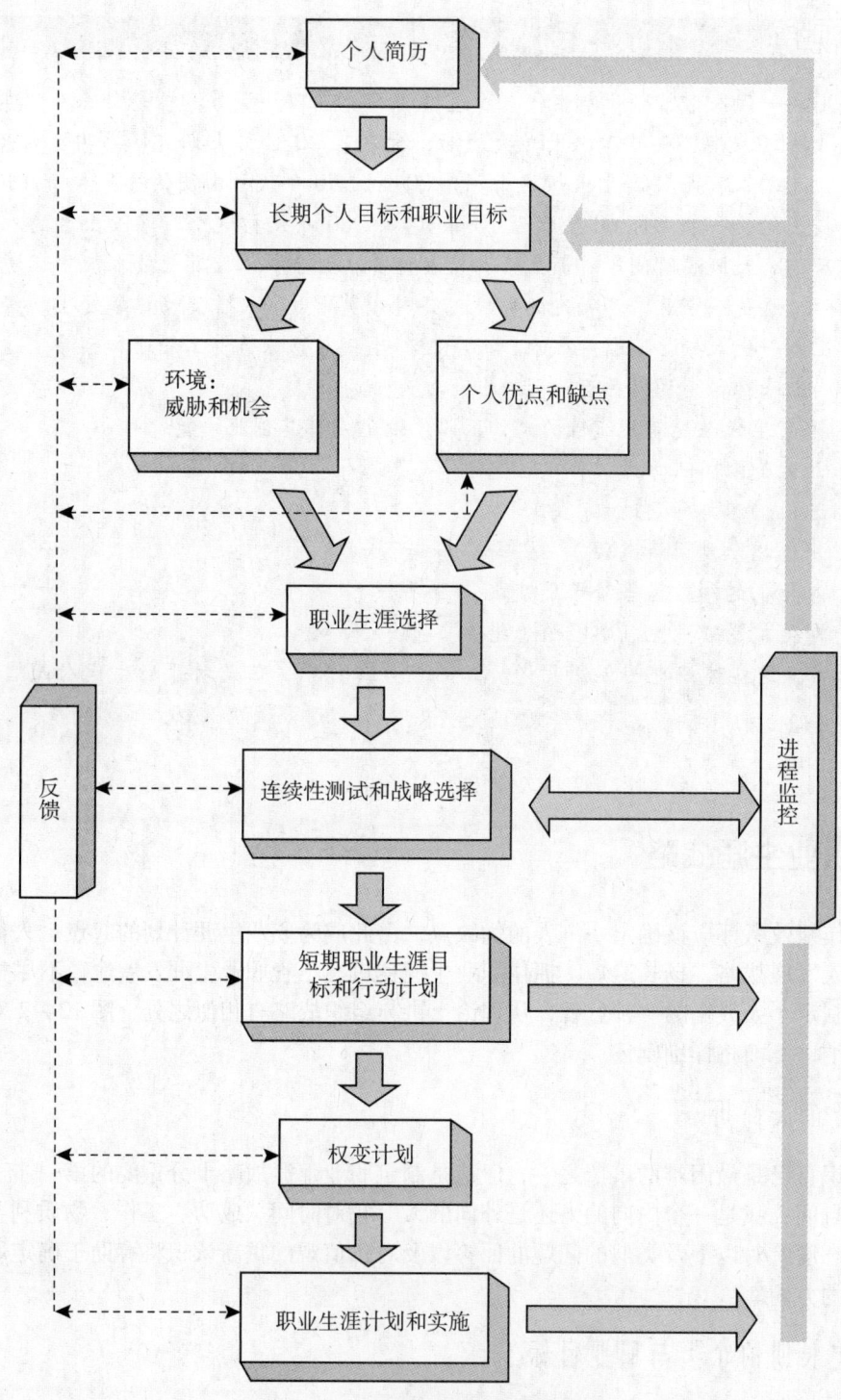

图 12-2 职业生涯战略的制定

的生活方向又明白到什么程度呢？人们常常不愿意制订职业生涯计划，因为这涉及做出决策。选定一个目标，就意味着放弃追求其他目标的机会，一个人如果为成为一名律师而学习，他便不可能同时当一名医生。管理人员不愿意制定目标，还因为环境的不确定性使他们对做出承诺感到不安，而且他们害怕完不成目标，因为这样会对其自我追求造成打击。

但是，人们通过了解阻碍制定目标的因素，便可逐步地增加承诺。首先，当制定绩效目标成为考评工作的一部分时，就比较容易确定职业生涯目标了。而且，人们不必一下子制定所有的职业生涯目标，相反，目标的制定是一个留有余地的连续过程，职业目标可根据变化的环境进行修改。减轻制定目标阻力的另一因素是长期目标与目前行动要求的结合。例如，确立了做医生的目标，就比较容易去学那些为获取医学学位所必须学习的令人厌倦的课程。

人们应该制订多远的计划呢？这一问题可以在承诺原则中找到答案。承诺原则认为，计划应包含为完成今天所决定的承诺而必需的时间。所以，职业生涯计划的时间框架将随情况变化而不同。例如，一个人要想成为教授，就有必要计划在大学学习7～9年；另一方面，如果职业生涯目标是成为出租车司机，那么所需的时间就短得多。无论如何，长期目标必须分解为短期目标。在此之前，人们有必要先认真评估一下外界环境的威胁和机遇。

3. 环境分析：威胁和机遇

在对组织内外的环境进行分析时，需要考虑多种因素，其中包括经济、社会、政治、技术、人口统计等因素，也包括劳动力市场、竞争及其他与具体情况有关的因素。例如，进入一个正在扩展的公司通常比进入一个已发展成熟、不易增长的公司工作有更多的发展机会。同样，在一位流动性大的经理手下工作意味着上级职位空缺的可能性较大；或者在一位有能力且颇有晋升潜力的经理手下工作，有可能"借他（或她）的光"，沿着组织的职位阶梯稳步提升。总之，成功的职业生涯计划需要系统地审视环境中的机遇与威胁。

人们不仅要注意目前的环境，还得关注将来的环境，这需要进行预测。由于有许多因素需要进行分析，在计划职业生涯时就必须加以选择并将重点放在那些对个人成功极为关键的因素上。

4. 分析个人优点和缺点[16]

为了成功地规划职业生涯，环境的机遇与威胁必须与个人优点和缺点相协调。可以将个人能力按技术、人际关系、理性思维或设计进行分类。从第1章的图1-2中可以看到，这些技能的相对重要性因组织结构级层的职位不同而异。对基层主管人员来说，专业技能是非常重要的；而对高层管理人员而言，理性思维和设计技能则极为关键；人际交往技能则对任何一级的人都很重要。

全球化视角　　你的职业生涯仕途是什么？[17]

有效的人力资源管理应该涉及规划你的职业生涯仕途。你的职业生涯战略应该以目标为导向，但要留有灵活的余地，以抓住外部机遇。许多学生有可能以沃尔玛的首席执行官李斯阁（Lee Scott）早年的职业生涯之路为榜样。在堪萨斯匹兹堡州立大学读书时，他晚上在当地一家工厂做钢制模具。获得工商管理学位后，他在名曰黄色运输系统公司（Yellow Freight System）做调度。

他首次接触沃尔玛是在1977年，当时他在催收一笔7000美元的货款，但是沃尔玛拒付。在争辩过程中，李斯阁给沃尔玛的格拉斯（Glass）先生留下了好的印象，于是，格拉斯给了他一个运输总监助理职位，负责沃尔玛的卡车车队。14年之后，即1993年，李斯阁晋升为公司物流事业部执行副总裁，而这个部门日后给沃尔玛赢得了竞争优势。1995年，他成为商品事业部的执行副总裁，1998年成为连锁商店事业部执行副总裁，1999年成为公司副董事长，2000年成为首席运营执行官。2002年，在李斯阁的领导下，沃尔玛成了世界上按收入排序的最大的公众公司。

李斯阁并没有获得哈佛或斯坦福或任何长青藤学院的工商管理硕士（MBA）学位，但是，他却给沃尔玛带来了其早年在黄色运输系统公司积累的特殊知识。你有什么强势？你又能给你未来的雇主提供什么使你日后飞黄腾达的技能？

5. 制订战略生涯选择方案

在制定职业生涯战略时，人们通常有多种选择。最成功的战略应该是建立在自己的优势并利用外部机遇的基础上的。例如，如果一个人精通计算机知识，而正好有许多家公司招聘计算机程序编制员，那么他便有很多获得满意职业生涯的机遇；另一方面，虽然存在对计算机程序编制员的需求，而这个人也对程序编制感兴趣，但缺乏必要的技能，那么对他而言，正确的途径应该是制定发展战略，克服缺点，掌握计算机技能，以抓住外部机遇。

认识环境中的威胁并制定战略去应对威胁可能也很重要。有些人可能具备很出色的管理和技术技能，但却在一个每况愈下的公司或产业中工作，那么，对这些人来说，最适当的战略也许是到某一个正在扩张或发展的企业或产业去寻求工作。

6. 连续性测试和战略选择

为制定个人战略，人们必须认识到基于优势和机会的合理的选择并非总是尽如人意的。尽管有些人在就业市场上具有某种所需的技能，但该领域的职业有可能与个人的价值观或兴趣并不相适应。例如，某人也许更喜欢与人打交道而不喜欢设计电脑程序，某些人或许会喜欢专业化，而另一些人则喜欢扩大他们的知识和技能。

战略选择需要做出一定的妥协。某些选择涉及很高的风险，某些则风险较低；一些选择要求即刻行动，另一些则可暂缓。某些职业过去虽然曾是很诱人的，但将来可能前途莫测。理性和系统的分析仅仅是职业生涯计划过程中的第一步，因为选择同时涉及个人的喜好、理想以及价值观。

7. 制订短期职业生涯目标和行动计划

到目前为止，我们一直在讨论职业生涯方向问题。但是，个人战略必须辅之以短期目标和行动方案，而它们可以作为绩效考评过程的一部分。因此，如果目标是想取得某个管理职位，而这个职位是以工商管理硕士学位为前提的话，那么，短期目标也许就是完成一系列相关课程。这里举例说明短期可考核的目标：5月30日前完成《管理学基础》课程，成绩为"A"。这个目标是可衡量的，因为它说明了将要完成什么，在什么时间前必须完成以及绩效质量（分数）。

目标常常必须辅之以行动方案。继续讨论刚才的例子，完成管理学课程需要准备一套进程表，如按课程表上课、做家庭作业和获得配偶的支持，因为上课将会牺牲与家人在一起的时间。很显然，长期的战略性职业生涯计划需要辅之以短期目标和行动计划。

8. 制订权变计划

职业生涯计划是在不确定的环境中制订的，因而对未来不能以很高的精确性进行预测。所以，应该准备一个基于另外一种假设的应急性计划。一个人也许喜欢在一个规模小，但增长快的风险公司工作，但是基于该公司可能不一定成功的假设，另外制定一个应急性职业生涯备选方案也许是明智的。

在当今经济环境下，管理人员有可能被建议考虑制定个人创业战略，也就是说，那些甚至在大公司工作了大半辈子的管理人员也可能要考虑创业选择。这些选择有可能是创建自己的公司，有可能是加盟一家风险投资公司，也有可能是在其工作的公司里找到一条新的生涯通道。制定个人创业战略可以使自己的独特才能得以充分的发挥，在一些不确定环境条件下给自己的职业生涯安全留有余地。

9. 实施职业生涯计划

职业生涯计划可以在考评绩效时起步，因为这时应该讨论个人的成长和发展。职业生涯目标和个人志愿在选拔、晋升时以及在设计培训和培养计划时加以考虑。

10. 监控实施过程

监控是评估职业生涯目标进展情况，以对目标或计划进行必要修正。评估职业生涯计划的最适宜时间是在考评绩效的时候。这不仅是在工作范围内对照目标检查工作绩效，也是按职业生涯计划检查重要阶段的落实情况。此外，还应在其他时间监控进展情况，例如在一个重要的任务或项目结束的时候。

11. 撰写你本人的个人简历

人们在职业生涯发展过程中往往应邀参加各种各样的活动和会议，会议发言人常常需要撰写一份简洁的个人简历。准备和完成你的职业简历，并定期几个月更新一次，这也是检验一下你所取得的成绩以及所付出时间成本的好机会。这个简历是帮助你在职场中提高自己知名度的一种很好的方法。简历应该包括你目前的工作、近期的成绩、教育程度以及个人兴趣（如狂热的水手或马拉松长跑等）。

全球化视角　　在新经济中的职业生涯计划

那种人们制订职业生涯计划、在一个公司一直干到底的传统模式需要修改了。当今，人们经常调换工作，甚至在自己家里上班，机会越来越多，这一点在硅谷地区的加州高科技公司尤为明显，那里企业环境变化非常快。虽然在这样的环境下机会多了，但工作不稳定的风险同样增大了。32岁年龄的员工已经在9个不同的公司工作过，这样的实例屡见不鲜。加州员工在一个公司工作的平均年限为3年。由于互联网提供了许多就业窗口以及工资水平信息，寻找工作者更加了解就业行情。据估计，硅谷地区每年的员工流失率大约在20%。

但是，硅谷并非在整体上代表美国的就业情况。一般来说，美国人比大部分欧洲国家（如法国、德国和瑞典）的员工工作时间要长；另一方面，日本员工的工作时间与美国员工比较相近。日本终身雇佣制的做法已经开始变化，取而代之的是工作的不稳定。此外，在日本，企业临时工数量也在上升。

也许现在比任何时候都更需要制定职业生涯战略，心目中有一个清晰的目标，但是保持一定的灵活性，并通过不同的选择途径实现这个目标。许多人在其职业生涯过程中，从大的制造公司换位到小的服务公司。除此之外，非常重要的是开发新经济所需要的新技能，加入专业性组织，投资于教育和再教育，因为工作环境中的快速变化要求新的技能。

双职工战略[18]

一个有效的职业生涯战略要求对员工配偶的职业生涯同样给予关照。男女双方都参加工作的双职工有时必须做出一些很痛苦的选择。例如，如果两人在事业上都很成功，此时晋升机会要求一方调动工作，他们将面临特别痛苦的选择。有些公司用下列方法来满足双职工的特殊要求：对异地工作调动采取灵活的方式；考虑双方在职业生涯计划方面的要求；帮助配偶在公司内或公司外寻找工作；以及提供产假和白天照顾孩子的服务。由于员工中有大批已婚妇女，越来越多的公司认识到双职工夫妇的困难处境，因而在公司政策、职业生涯计划、人员选拔、安置和晋升方面引入了更多的灵活性。

本章小结

考评是有效管理的关键环节，考评应该衡量目标和计划实施过程中的绩效以及考评管理人员的绩效。一种有效的方法是按可考核的目标考评管理人员。这种方法操作性强，与管理人员的工作密切相关，而且相对来说比较客观。即使如此，一个管理人员仍然可以由于运气或他的（她的）能力范围之外的其他因素而表现突出或很糟。因此，目标管理方法应该辅之以按管理人员标准考评管理者的方法，即评估他们是如何完成其关键的管理活动的。

共有三种检查方法：（1）正式的综合考评；（2）进程或定期检查；（3）连续监控。在一个建议性的考评计划中，主要管理活动通过检查问卷形式展现，并按计划、组织、人员、领导、控制分类归纳。

由于管理人员之间差别很大，他们要求不同的回报，如机会和收入。管理人员的工作也有压力，这不仅影响个人同样也影响组织，因此，形成了各种不同的解决压力的方法。

职业生涯计划可以与绩效考评有效地联系起来。尽管制定职业生涯战略的具体步骤可能不尽相同，但是其过程与制定组织战略有很大的相近性。由于双职工夫妇的情况很普遍，一个有效的职业生涯战略必须将夫妻双方的就业考虑进去。

主要概念回顾

三种检查方法　　　　　　团队评估方法　　　　　　制定职业生涯战略的10个步骤
按可考核目标考评　　　　管理报酬　　　　　　　　双职工职业生涯战略
按管理人员标准考评管理者　　管理压力

讨论题

1. 你认为应定期考评管理人员吗？假如是的话，应怎样做？
2. 许多公司根据进取心、协作、领导力以及态度等个性因素评估管理者。你认为这一做法有意义吗？
3. 本书提出了根据管理人员的管理能力评估管理者的观点。是否对他们还应提出其他要求？
4. 你认为根据预期和实现的结果进行考评的方法如何？你愿意在此基础上被考评吗？如果不愿意，为什么？
5. 你在大学的表现应该根据什么来考评？
6. 在一个学生告诉你，他为准备期中考试每天至少学习4个小时，可结果只得了"C"时，你会对他说些什么？
7. 叙述你的工作或大学经历中最值得留恋和最有压力的方面。

8. 你的职业生涯目标是什么？你制订了实现目标的计划了吗？如果没有，为什么？

练习和具体步骤

1. 访问两位管理人员。询问他们在绩效考评中使用什么标准，这种标准可考核吗？他们是否认为绩效评估公正地衡量了他们的工作绩效？

2. 为你自己制订一个职业生涯计划，并写出一份个人简历，阐明你的长期个人和职业目标。你的优点和缺点是什么？按照本章中介绍的模式，为你自己制订一个综合性和战略性的职业生涯计划。

3. 撰写一份100～200字左右的你本人的职业简历。从你的教授或同学那里寻求反馈。

4. 在你所在地找一本有关职业活动的台历。参加两到三次活动，记住，每次活动至少面谈两个人。记录你每次所见到的和学到的（从www.Techvenue.com网页上获取未来活动清单）。

互联网检索

1. 在《财富》杂志网页上"职业生涯"一栏中阅读三个话题。这些信息来源在多大程度上帮助你制定职业生涯战略？

2. 在互联网上查找"绩效考评"。在评估绩效方面使用了什么标准？作为一名学生、下属或管理人员，你愿意以什么标准评估你自己？

全球化案例

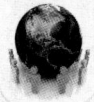

照本宣科的女性首席执行官[19]

市场对具备国际背景的管理人员的需求很大。马丽萨·贝丽萨里奥（Marisa Bellisario）是欧洲最受欢迎的主管之一，她是领导一家意大利大型产业企业的第一位女性，这家企业是一个由国家控制的意大利最大的电信设备制造商。贝丽萨里奥的经历是国际性的，她自都灵大学（Turin University）获得经济学与工商企业管理学位后便在奥利维蒂公司（Olivetti）电子部工作。奥利维蒂公司把其数据处理子公司出售给通用电气公司后，她便到美国迈阿密的通用电气公司，从事全球计算机营销战略工作。离开通用公司之后，她便到奥利维蒂公司主管公司规划。作为电信设备公司的首席执行官，她改变了公司状况，赢得了微薄的利润（这家企业在过去曾经遭受巨额亏损）。她的管理方法是以"直接来自教科书"为特征的。像GTE公司、国际商用机器公司（IBM）、美国电话电报公司（AT&T）和其他欧洲及日本企业都对她感兴趣，有意聘用她。

思考题

1. 马丽萨·贝丽萨里奥为什么会成为非常受人欢迎的首席执行官？她的职业生涯之路是怎么走过来的？

2. 作为一家大型意大利公司的负责人,马丽萨·贝丽萨里奥可能会遇到哪些具体问题?

3. 马丽萨·贝丽萨里奥按照教科书进行管理取得了成功,而为什么有些管理人员仍然认为管理是不能传授的?

注释

1. Susan Scherreik, "Your Performance Review: Make It Perform", *Business Week*, December 12, 2001, pp. 139 – 140.
2. Email interview conducted on August 16, 2009 with Mr. Shomit Ghose, Partner, Onset Ventures, by Mark Cannice.
3. Jai Ghorpade and Milton M. Chen, "Creating Quality-driven Performance Appraisal Systems", *Academy of Management Executive*, February 1995, pp. 32 – 39.
4. Jena McGregor, "Job Review in 140 Keystrokes", *Business Week*, March 23 & 30, 2009, p. 58.
5. Mark R. Edwards, Walter C. Borman, and J. Ruth Sproull, "Solving the Double Bind in Performance Appraisal: A Saga of Wolves, Sloths, and Eagles", *Business Horizons*, May-June 1985, pp. 59 – 68; Edwards and Sproull, "Team Talent Assessment: Optimizing Assessee Visibility and Assessment Accuracy", *Human Resource Planning*, Autumn 1985, pp. 157 – 171; Edwards, 360*Degree Feedback: A New Model for Employee Development and Performance Improvement* (New York: AMACOM, 1996); Ginka Toegel and Jay A. Conger, "360 – Degree Assessment: Time for Reinvention", *Academy of Management-Learning & Education*, September 2003, pp. 297 – 311, the authors argue for the development of two separate tools: one for performance feedback and the other for management development.
6. Michael Totty, "The Dreaded Performance Review", *The Wall Street Journal*, November 27, 2006; http://www.halogensoftware.com, accessed November 13, 2008.
7. http://digitalcommons.ilr.cornell.edu/cahrswp/414, accessed November 13, 2008.
8. Zachary Schiller, "A Model Incentive Plan Gets Caught in a Vise", *Business Week*, January 22, 1996, pp. 89 – 90; Carolyn Wiley, "Incentive Plan Pushes Production", in Arthur A. Thompson, Jr., A. J. Strickland Ⅲ, and Tracy Robertson Kramer (eds.), *Readings in Strategic Management*, 5th ed. (Chicago: Irwin, 1995), pp. 590 – 599; "Incentive Performance: A Cornerstone of Our Culture", www.lincoln-electric.com/corporate/career, accessed November 13, 2008.
9. Rebecca Vesely, "Doctors Protest Move from Hospital Payroll", *Contra Costa Times*, December 9, 2006.
10. Harry Levinson, "Burn Out", *Harvard Business Review*, July-August 1996, pp. 152 – 163; Stuart D. Diddle, "Workplace Stress Management Interventions: What Works Best", *The Academy of Management Perspectives*, August 2008, pp. 110 – 112.
11. Hans Selye, *The Stress of Life*, rev. ed. (New York: McGraw-Hill, 1976), p. viii.
12. See, for example, "Undue Diligence", *The Economist*, August 24, 1996, pp. 47 – 49.
13. Doug Owram, Born at the Right Time (Toronto: Univeristy of Toronto Press, 1997); Fred Luthans, *Organizational Behavior: An Evidence – Based Approach*, 12th Ed. (New York: McGraw – Hill, Irwin), 2011, p. 447.
14. For a variety of perspectives on careers by various authors, see the special issue on "Careers in the 21st

Century" of the Academy of Management Executive, November 1996.
15. Stanley B. Malos and Michael A. Campion, "An Options – based Model of Career Mobility in Professional Service Firms", Academy of Management Review, July 1995, pp. 611 – 44.
16. Richard Nelson Bolles, What Color Is Your Parachute2011 (Berkeley, CA: Ten Speed Press, 2011). See also www.jobhuntersbible.com, accessed January 13, 2013.
17. Ann Zimmerman, "Wal – Mart Boss's Unlikely Role: Corporate Defender – in – Chief", The Wall Street Journal, July 26, 2005. See also Wal – Mart CEO Vows "Unfiltered Truth", http://www.usatoday.com/money/industries/retail/2005 – 01 – 12 – walmart – usat_x.htm, accessed January 13, 2013.
18. See also the Dual Career Network at Ohio University, http://www.ohio.edu/hr/employment/dual_career.cfm, accessed January 13, 2013.
19. "ITALTEL's New Chief Gets What She Wants", Business Week, April 30, 1984, p. 51; Robert Ball, "Italy's Most Talked – about Executive", Fortune, April 2, 1984, pp. 99 – 102; Marisa Bellisario, "The Turnaround at ITALTEL", Long Range Planning, vol. 18, no. 6 (1985), pp. 21 – 24.

13

通过管理人员和组织的发展来管理变革

[学习目标]

学完本章后,你应该能够:

1. 区别管理人员的培养、管理培训和组织发展。
2. 讨论管理人员培养的过程及培训。
3. 说明培养管理人员的各种方法。
4. 确定变革和冲突的根源,并说明如何应对。
5. 阐述组织发展的特征及其过程。
6. 理解学习型组织。

本章探讨的主题是变革。首先将集中讨论个人的变化，尤其是管理人员的培养和培训，当然，人们不是孤立地进行经营活动的，因此，本章后半部分将重点讨论群体和组织的发展。

出色的高层管理人员总是未雨绸缪，着眼于未来。他们所采用的一个重要方法是对管理人员进行培养和培训，使他们能够应对新的需求、新的问题和新的挑战。的确，高层管理人员有责任对其下属提供培养和培训的机会，以使下属充分发挥其潜能。

管理人员的培养这一术语是指长期性的、面向未来的计划以及个人在学习管理的过程中取得的进步；而另一方面，**管理培训**则是指为了促进学习过程而实施的计划，通常是短期性的活动，旨在使管理人员更好地做好工作。在本书中，**组织发展**是一个系统、完整、有计划的方法，用以提高群体、整个组织或组织内部主要部门的有效性。组织发展运用各种方法来识别和解决问题。

因此，组织发展主要是针对整个组织（或其中一个主要部门）的发展而言，而管理人员的培养则主要是针对个人的。这两个方面是相辅相成的，应将它们结合起来，以提高企业管理人员的素质和企业的有效性。

> 注解
> 管理人员的培养是指长期性的、面向未来的、旨在改进人们管理能力的计划。
>
> 注解
> 管理培训是短期性的计划，有利于学习过程，有助于管理人员更好地做好工作。
>
> 注解
> 组织发展是一个系统、完整、有计划的方法，用以提高群体、整个组织或组织内部主要部门的有效性。

管理人员的培养过程和培训

在决定具体的培训和培养计划前，必须考虑三种要求：一是组织本身的要求，包括企业的目标、管理人员的可供性和人员的流失率；二是与企业经营和工作有关的要求，这些可以根据岗位说明书和工作绩效标准加以确定；三是有关个人培训要求的信息，这些可以从工作绩效考评、与在职人员面谈、测验、调查和个人职业生涯计划中获得。下面深入探讨一下管理人员培养过程中的几个步骤，首先是个人目前的工作，然后是职业生涯阶梯中的下一个工作，最后是组织未来的长期发展要求。这些管理人员培养步骤见图13-1。

全球化视角 印度公司管理人员需求[1]

随着印度经济的快速发展，公司更需要领导。外籍管理人员的薪酬加大了印度企业产品和服务的成本，此外，他们常常缺乏与来自不同文化背景员工打交道的经验。另一方面，印度当地人又缺乏管理和领导技能。为了保持继续增长的态势，印度公司需要加大力度培养管理人才。由于人才是最重要的资产，对先前在图11-1中阐述过的人员系统方法的关键因素，一定给予特别的关注。此外，图13-1中的管理人员培养流程和培训模式表明，这些不仅对当前、对于下一任工作和未来工作都是需要的。对个人和组织培训所需要的系统分析成为企业培训计划的基础，是一个关键成功因素。

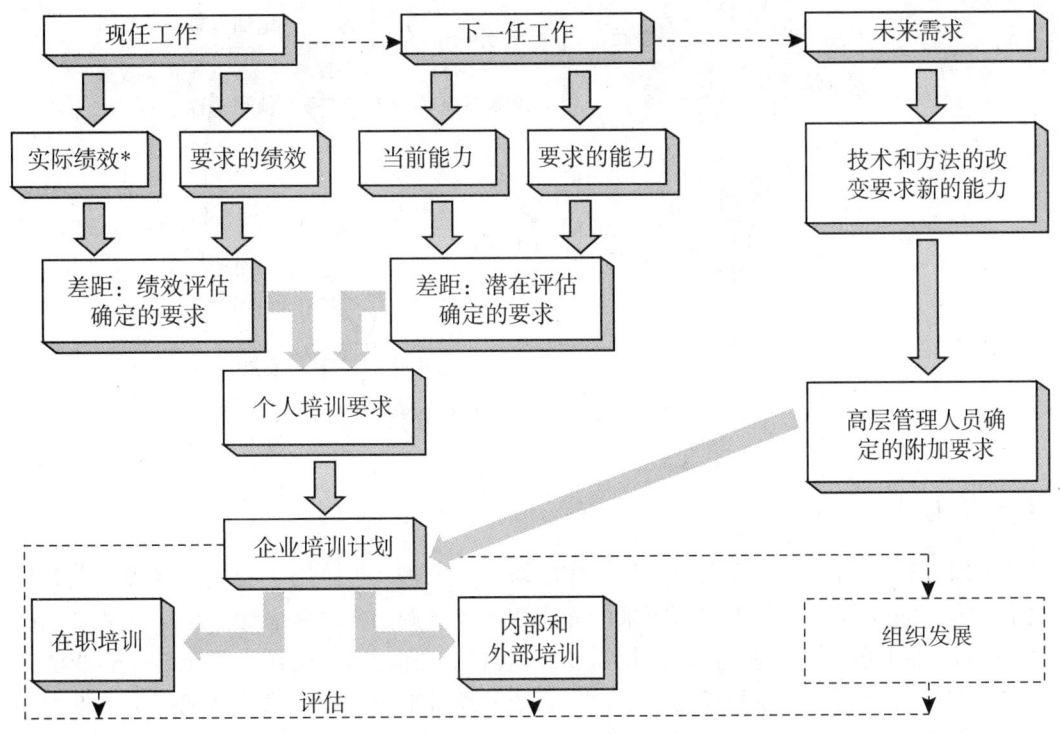

图 13-1 管理人员培养过程和管理人员培训

* 这里包括按可考核目标衡量的绩效和实施关键性管理活动的绩效。

资料来源：Adapted from John W. Humble, Improving Business Results [Maidenhead, England: McGraw-Hill Book Company (UK), Ltd., 1968]。

现任工作

管理人员的培养和培训必须基于对要求的分析，这一分析可以通过比较实际的工作绩效和表现与要求的工作绩效和表现而得到，如图 13-2 所示。地区销售经理确定预计销售额为 1000 件，认为这是一个合理的数字，但实际销售量仅为 800 件，比计划目标少了 200 件。对这一差异进行分析有可能表明，销售经理缺乏做出正确预测的知识和技能，另外，下级管理人员之间的冲突妨碍了有效的团队工作。在此分析的基础上，就可以确定克服这些缺点的培训要求和培训方法。结果，该地区销售经理报名参加了有关预测和解决冲突的课程。此外，还开展了组织发展方面的工作，以加强组织内部部门之间的协作。

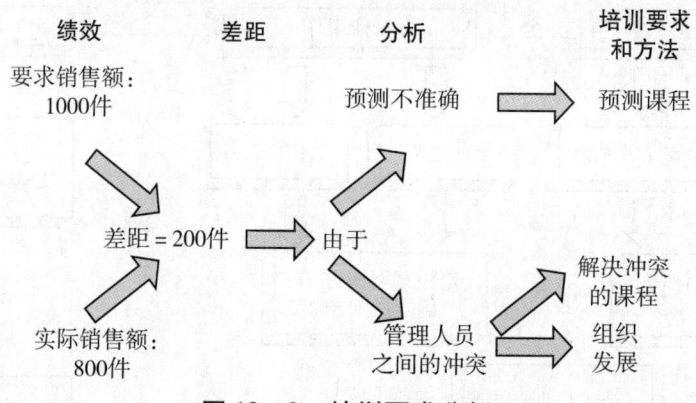

图 13-2 培训要求分析

下一任工作

如图 13-1 所示,在确定下一任工作的培训要求时,也采用了类似的过程,尤其是要把目前的能力与下一任工作所要求的能力相比较。例如,可考虑让一个一直从事生产工作的人去担任项目经理。这一职位需要经过诸如工程、市场营销,甚至财务等职能方面的培训。在做出一项新的任命之前进行系统的准备工作,比起简单地把一个人不加培训就安插到一个新的工作环境里很显然是一种更为专业化的做法。

未来需求

与时俱进的组织在培训管理人员的方法上做得更加深入一步:为更远的将来做好准备。这需要预测由于生产技术和工作方法的更新而对工作能力将提出什么新的要求。例如,能源短缺可能再次发生,这就不仅需要对管理人员进行节能技术方面的培训,而且要通过培训,使他们能够制订与能源有关的长期计划并具有创造性地解决能源问题的能力。在 21 世纪里,电子商务培训至关重要,尤其在欧洲,培训项目中已经在讲授移动商务(移动和无线商务经营活动)内容。这些由于外部环境带来的变化,必须结合到企业当前和今后的培训计划中去。这些计划不仅要根据培训的要求,还要根据现有的不同的管理人员培养方式而制订。

创新视角   中国普华永道会计师事务所的人力资源管理[2]

普华永道会计师事务所(PWC)是中国最大的提供审计和企业咨询服务、管理咨询服务以及税务和法律服务的公司,现有员工 3000 多人。公司具有丰富的当地业务经验,为国际和当地客户提供企业解决方案。

人力资源管理对公司的成功至关重要,公司竭尽全力从学校招聘员工。从众多的候选人中挑选人员是一个系统工程，包括与大学人力资源部门工作人员密切接触，以便通过他们来确定未来的人员。此外，查询网页上登录的个人简历，从中挑选合格的人员，当然，这些人员必须精通英语。

挑选过程包括最初的面试、专题训练、复试和录取。被招聘后，新员工必须参加集中培训，包括授课、视听材料、模拟以及自习计划。通过考评过程来评估绩效和进步程度。公司采用行为界定评分等级以及其他方法，集中于上下级都同意的、具体的、可考核的目标。

> 注解
> www.pwcglobal.com

普华永道会计师事务所采用的人力资源管理方法，表明了全球性公司是如何运用现代管理工具来传授管理做法的。

管理人员培养方法：在职培训

工作岗位上有许多发展的机会，受训人员在学习的同时又为企业的发展做出贡献。然而，由于这种方式需要有能力的高层管理人员来讲授和辅导，所以在职培训是有局限性的。

有计划地推进

有计划地推进是一种能给管理人员提供清晰了解自己发展途径的方法，管理人员知道他们目前所处的位置，也明白他们将来可能达到的目标。例如，一个基层管理人员可以看到从主管到工厂负责人，一直到成为生产经理的一个粗略发展蓝图，进而了解到晋升的条件和得到晋升的方法。不幸的是，人们可能会过分强调为下一任工作而做出努力，忽视应在现在的工作中有良好的绩效。受训人员可能会把有计划地推进看成是达到高层的坦途，但实际上有计划地推进是一种按部就班的方法，需要把每一级的工作都努力做好。

> 注解
> **有计划地推进**是一种能给管理人员提供清晰了解自己发展途径的方法。

岗位轮换

岗位轮换的目的是拓宽管理人员或继任管理人员的知识。受训人员通过在不同岗位上的轮换了解各种不同的企业职能，主要有以下方式：（1）非监督性工作；（2）观摩工作（观察管理人员的工作而非亲自进行管理）；（3）在各种管理培训岗位工作；（4）担任中级助理工作；（5）甚至不固定地轮换到诸如生产、销售和财务等不同部门的不同管理岗位。

> **岗位轮换**的目的是拓宽管理人员或继任管理人员在不同的企业职能方面的知识。

从理论上讲，轮换工作有好处，但实行起来也有困难。在有些工作轮换计划中，参与者实际上并没有管理职权，他们只是观察或帮助在职管理人员，他们不像真正管理那样要担负责任。即使轮换到管理岗位，轮换计划的参与者的任职时间也不足以证明他们今后作为管理人员的有效性。再者，在轮换计划完成时，可能没有合适的职位安排给他们。尽管有这些缺陷，如果管理人员和受训人员都能理解存在的困难，轮换工作就有其积极的一面，并且对受训人员应该是有好处的。

设立"助理"职位

> **注解**
> 设立"助理"职位可以拓宽受训人员的视野，它使受训人员与有经验的管理人员一起工作。

设立"助理"职位往往可以拓宽受训人员的视野，它使受训人员与有经验的管理人员一起工作，而有经验的管理人员可以对受训人员的培养要求给予特别的关注。管理人员除其他工作外，还可以专门安排任务来测试受训人员的判断力。与轮换工作相同，如果上级同时又是合格的教师，能给受训人员以适当的指导和培养，直到受训人员能够独立承担管理人员的全部责任，则这一方法也是非常有效的。

临时性晋升

> **注解**
> 临时性晋升"代理"经理是指以此来行使缺位管理人员的职责。

在正式经理外出度假、生病、较长时间出差甚至出现职位空缺时，他人常常被指派作"代理"经理。所以，临时性晋升既是一种培养管理人员的方法，同时也给企业带来了便利。

当代理经理做出决定并承担完全责任时，他所取得的经验是很宝贵的。另一方面，如果代理经理只是挂个名，既不做任何决策，也不真正进行管理，那么就起不到培养的效果。

委员会和基层管理委员会

> **注解**
> 委员会和基层管理委员会亦称多层管理，使受训人员有机会与有经验的管理人员交往。

委员会和基层管理委员会亦称多层管理，有时用来作为培养管理人员的方法，使受训人员有机会与有经验的管理人员交往。此外，受训者一般来自企业的中层，也有些来自企业的基层，他们开始熟悉整个组织的各种问题，这样，他们就了解了不同部门之间的关系以及这些部门相互作用下所产生的问题。受训人员可能有机会向委员会或基层委员会提出报告和建议，以证明他们的分析和想象能力。这个方法的负面作用是，高级管理人员可能会用家长方式来对待受训人员，可能不给他们真正参与管理的机会，其做法会使他们感到沮丧，产生消极情绪。这样一来，这种方法对他们的成长是不利的。

辅导

在职培训是一个循序渐进的过程，一个好的实例是体育培训中运动员的培训。**辅导**是每一个直线经理的职责，要使辅导有成效，必须在上级和受训者之间建立起一种相互信赖和信任的气氛。上级必须有耐心，有智慧，必须能够授权，而且对于下属出色的工作给予认可和赞赏。有效的辅导能巩固下属的优点并发挥其潜在的能力，能帮助他们克服缺点。辅导需要时间，但是，如果把辅导做好，就可以节约时间、财力和防止下属犯高代价的错误。因此，长远来看，辅导会给上级、下属及企业三者都带来好处。

> **注解**
> 辅导必须在相互信赖和信任的气氛中进行，目的在于巩固下属的优点，克服其缺点。

管理人员培养方法：内部和外部培训[3]

如图 13-1 所示，除了在职培训，还有很多方法可以培养管理人员。这些培养计划可在企业内实施，也可由企业外的教育机构和管理协会实施。

会议项目

会议项目既可用于企业内部培训也可用于企业外部的培训。在这一方法中，管理人员或继任管理人员可以接触到各类专家的看法。在企业内部，可向他们讲解企业的历史、目标、政策，与顾客、消费者及其他群体的关系等，而企业外的会议内容极为多样，包括从具体管理方法到涉及企业与社会的关系这样广泛的问题。

> **注解**
> 会议项目使管理人员或继任管理人员可以接触到各类专家的看法。

如果这些方案可以满足培训的要求，并且经过深思熟虑的计划，那就会很有价值。认真地挑选培训话题和专家，能够增加这种方法的效果。此外，开展讨论能使会议更加成功，因为通过双向交流，参加者可以要求澄清与他们特别有关的具体话题。

创新视角　　美国和欧洲的创新教育[4]

创新教育的重要性得到了广泛的认同。"管理研究院"于 1987 年建立了"技术和创新管理（TIM）部"，旨在促进管理创新与技术变革之间的跨学科对话。该部有 2000 多人，研究专题涉及与创新相关的战略、管理和运营等方面，使用的案例包括《"小鹰"号飞行》（哈佛商学院案例）、《Tivo 硬盘数字录像机》（哈佛商学院案例）、《汽车索引软件（iMotors）》（欧洲管理学院案例）、《英特尔公司》（哈佛商学院案例）、《医疗健康服务网站（WebMD）》（哈佛商学院案例）以及其他用于创新教育方面的案例。

在欧洲，"欧洲管理研究院"是一家新的探索应用创新管理的学术机构。这所"提高学院"（IMPROVE Academy）的使命是从事研究和分享研究结果用以提高欧洲经济竞争力，宗旨是与学术界联手，将创新管理与本科、硕士或高层管理人员培训项目课程体系挂钩，好处是将学术研究与研究结果的实际应用紧密结合在一起。

大学管理项目

> **注解**
> 大学管理项目使管理人员接触到管理的理论、原则和新的发展。

现在许多大学除了提供工商管理专业本科和研究生学位外,还举办一些培训管理人员的课程、讲习班、研讨会和正规培训项目。提供的方式有夜读班、短期研讨班、住宿课程、全日制研究生课程,甚至按不同公司的要求而特别设计的项目。有些高级管理人员发展中心甚至还提供职业生涯发展支持项目,以满足基层主管人员、中层管理人员及高层管理人员的特殊培训和发展要求。

这些大学项目使管理人员接触到管理的理论、原则和新的发展。此外,参加这些项目的管理人员管理职位相近,面临类似的挑战,通常在项目中交流其宝贵的管理经验。

创新视角 *如何进入你所选择的管理学院?*[5]

即使是经验丰富的管理人员也可能决定重返校园。当申请人被告知未能录取或处于待录状态时,其沮丧的心情可想而知。但是,这样的通知不应该干扰其寻找申请不成功的原因。这里阐述一下入学录取官员可能的一些想法:在你就业记录上是否有差距?申请人能提供什么特殊的技能或知识?申请人的优点是否表述得当?申请人得到学位后要做什么?申请人是否表明,他(她)是否与众不同(如能说不同的语言,有国际经验)?申请人的职业生涯路径是否表明快速晋升?

通常情况下,仅仅撰写一封申请通函是不够的。申请人应该了解要申请学校的情况,如有可能,应访问校园,面见教师和学生。一个高级学位或系列的特殊课程体系可能是人们成功生涯的必由之路。

内部"大学"

通用电气的首席执行官拉尔夫·科迪纳(Ralph Cordiner),在20世纪50年代中期至末期阶段在纽约克罗顿维尔(Crotonville)建立了最早的企业内训机构。几年前退休的通用电气首席执行官杰克·韦尔奇喜欢在克劳顿维里的培训中心,讲授他的通用电气下属经营单位在市场中第一和第二的战略基调。[6]克罗顿维尔成了通用电气的学习中心。

另一个知名的企业内训中心是芝加哥附近的麦当劳大学。这个大学有自己的图书馆和现代的电子设备教室,管理人员在那里学习如何经营麦当劳餐厅。世界各地战略性地分布着不少这样的大学,许多公司创建了自己的大学。

其他推行管理人员自行培训和培养的公司包括:英特尔、联邦快递(FedEx)、第

第 13 章　通过管理人员和组织的发展来管理变革

一资本财务公司（Capital One）以及其他公司。德国公司以其全方位的培训期制度（apprenticeship system）著称，现已扩展到管理教育培训项目。例如，撒普公司（SAP软件公司）和巴斯夫公司（BASF，大型化学跨国公司），联手在德国路德维希港（Ludwigshafen）的应用科学大学推出了培训项目，作为其各自内训机构的补充。

还有一个企业内部培养的范例是美国国际商用机器公司（IBM）的"音乐爱好者桃团类型培训"（Peace Corps – Type Training）[7]。IBM素以员工课堂培训著名，但是真实世界与课堂大相径庭。所以，IBM人力资源部制订了一个类似于美国"音乐爱好者桃团"项目的计划，目的是让管理人员深入了解真实世界。按照这个创新计划，IBM员工在诸如印度、巴西、马来西亚、南非以及其他国家进行一个月的培训，了解当地的文化，成为"地球人"。这就意味着他们居住在不同于本国的生活环境中，那里没有能收看CNN新闻的豪华宾馆，有的只是提供当地饮食的招待所。参加培训的员工与当地的政府部门、大学、企业人员以团队方式工作，帮助他们提高技术水平，改善饮用水质量。尽管一个月不可能使参与培训人员成为全球性专家，但足以让他们知道，地球越来越呈现扁平状，来自不同文化背景的人们联手工作才能完成共同的目标。

创新视角　　对奇异性大学未来的思考[8]

奇异性大学坐落在加利福尼亚州的美国宇航局艾姆斯研究园（NASA Ames Research Center），它不是传统意义上的大学，而是吸引那些身处快速变革环境中与诸如机器人等类似技术打交道的高层管理人员。参与人员以小组方式探讨新的理念和想法，如来自60个国家的申请人正聚集在那里探索未来应用人工智能来取代某些大脑功能的可能性。

阅读、电视、电化教学及在线教学[9]

还有一种培养管理人员的方法是有计划地阅读有关的最新管理文献资料，这基本上是一种自我发展的方法。管理人员可以得到培训部门的帮助，后者经常编制有价值的书籍目录表。与其他管理人员和上级讨论相关的文章和著作也可以提高学习的效果。

管理和其他一些话题已经越来越成为电视教育节目的主题。某些培训项目可以获得大学学分。此外，还有不同主题的录像带，可在大学或公司的教室里使用。

在线教育投资在日益增长，提供在线教育的机构可以划分为三类：（1）学院；（2）大学；（3）企业和商业培训组织。[10]大学在研究生项目和扩展课程方面正在采用新的技术。例如，在加州大学洛杉矶分校，3000个本科课程中的大部分都附有网页，包括讲义和补充材料，甚至测验也可以在网上进行。凤凰城大学（University of Phoenix

将函授学习与晚间课程结合在一起，诸如芝加哥大学、哥伦比亚大学、斯坦福大学、伦敦经济学院等下属的管理学院，以及卡耐基梅隆大学与卡帝恩大学（Cardean University）合作提供的完整的在线课程。黑板公司（Blackboard）和瓦布斯帝公司（WebCT）等企业已经开发出了网络平台，在网上提供课程材料。尽管在线教育很有益处，批评家对新技术的应用带来的利润和有效性提出了质疑。

注解
www. education. co
www. ucla. edu
www. phoenix. edu
www. uchicago. edu
www. columbia. edu
www. stanford. edu
www. lse. ac. uk
www. cmu. edu
www. cardean. edu
www. blackboard. com
www. webct. com

企业模拟和拓展训练

企业模拟游戏和拓展训练已经推出了一段时间，但电脑的出现使这些培训和培养方法更为流行。然而，计算机只是工具之一，许多培训根本不需要任何硬件。

大量的各种各样的企业模拟方法可以通过"企业模拟和拓展学习协会"（the Association for Business Simulation and Experiential Learning, AB-SEL）会议上讨论的话题得到最好的解释。例如，这些方法从涉及观念和价值的行为培训，到诸如营销学、会计、决策支持系统及商业政策和战略管理的课程，无所不有。

注解
www. towson. edu/ ~absel

电子化培训[11]

随着企业的经营活动越来越广泛，诸如麦当劳、节俭汽车租赁公司（Thrifty Car Rental）和环行城（Circuit City）电子产品公司等企业推出了基于网页的培训课程，可能比传统意义上的课堂培训要更具成本优势。例如，在2001年，麦当劳首次启动了网上培训项目，在6个国家，用4种语言对3000名员工进行培训。公司采用各种可能的培训方法，有的是提供近似于实战的内容，有的是形成虚拟的教室，教师和学生能够互动。与实况讲授相同步的电子化培训看起来比需要自律的自我安排进度的学习方法更为有效。实况讲授可以通过投影胶片、幻灯片和讲义相结合的方式，以适应学生不同时间段的需要。方法之一是将近似于实战的项目与实况电子化培训混合使用。

注解
www. mcdonalds. com
www. thrifty. com
www. circuitcity. com

那些知识密集型公司已经成功地应用了电子化学习方式，如国际商用机器公司（IBM）推出的基本蓝色调（Basic Blue）电子化学习方法。近年来，电子化培训用于传授技能，美国国内税务署（The U. S. Internal Revenue Service）使用基于网页的培训，海王星东方海运公司（Neptune Orient Lines）是一家大型集装箱运输公司，也在使用网上培训。这家集装箱公司必须要对其分布在欧洲、亚洲、南美洲和世界其他地区的全球员工队伍进行培训，通过电子化适时学习这一节约成本的选择，公司不必像以往那样向世界各地派出培训人员。

注解
www. ibm. com
www. irs. gov
www. nol. com. sg

电子化学习方式刚刚处于起步阶段，需要有更多的研究使其更为有效，以适当地平衡自我安排的学习和教师引导的培训之间的关系。

特别培训项目

管理人员的培养必须采用开放系统的方法，以对外界环境的需要和需求做出反应。人们越来越认识到，有必要为少数民族人员和残疾人专门制定培训项目。许多公司已经做出努力来培训这些人，以使他们在为企业目标做出贡献时把全部潜力发挥出来。

公司也可针对所选科目提供专门的培训项目。有关伦理道德的话题经过讨论后可以为员工提供行为规范方面的指南。有关公司文化的专题可通过正式或非正式的方式来讨论，日本公司尤其以竭尽全力在员工中灌输公司理念以促进公司文化建设而著称。

全球化视角　思科公司在印度和其他地方的人才开发[12]

多年来思科公司一直在关注新兴国家市场。例如，思科公司在印度采用了一项高强度的招聘和培养员工的方法。设在班加罗尔的子公司使得思科能够招聘当地人才。此外，思科启动了它的"全球人才加速培养计划"（Global Talent Acceleration Program），在沙特阿拉伯、约旦和南非招聘那些曾经在两个大洲工作过、并能说两种语言的员工。被招聘的人员进行为期半年的销售和财务培训，并安排有经验的管理人员进行个别辅导。这个计划鼓励员工每人贡献100美元，支援印度农村那些小型初创企业，其初衷是，也许第二个比尔·盖茨就出自这里。

培训项目的评价和相关事宜

确定培训项目的有效性是困难的，这需要有衡量的标准以及系统地确定培训要求和目标。

一般来说，培训目标包括：（1）增长知识；（2）培养有助于良好管理的态度；（3）获得技能；（4）提高管理绩效；（5）完成企业目标。

要使培训有成效，极为重要的一点是，在课堂中所使用的评价标准应尽可能地与工作环境的评价标准相一致。管理人员培养应考虑环境因素，把培训目标、手段和方法与环境的价值观、规范和特点充分协调一致起来。

> **注解**
> 确定培训项目的有效性是困难的，这需要有衡量的标准以及系统地确定培训要求和目标。

> **创新视角** 　　**使管理教育更有针对性**
>
> 　　为了使企业课程更具实用性，许多管理学院邀请产业界嘉宾演讲人到校授课，以分享他们的经验，这样就形成了管理学院和企业之间的密切联系。企业高层管理人员深入了解了各个学院的学科质量，而学生也受益匪浅，在其寻找就业机会中加深了对公司的印象。此外，企业高层管理人员常常任职于学院的学术咨询委员会，使学院进一步了解了企业界的需求。当然，这并不意味着以市场为导向的管理学院应该适应某种管理时尚，相反，管理教育应该宽泛到足以囊括计划、组织、人员、领导、控制这些全部管理活动的教学范畴。

变革管理[13]

> **注解**
> 变革的驱动力可能来自企业的外部，也可能来自企业内部，或者员工个人本身。

　　变革的驱动力可能来自企业的外部，也可能来自企业内部，或者员工个人本身。

影响管理者和组织发展的变革

　　有几种趋势（有些已成为现实）对人力资源的开发会产生影响。这里举几个例子：

- 电子计算机，特别是微机的使用越来越多，要求从老师到学生都成为会使用计算机的人；
- 教育已经渗透到成年人的生活中，终身教育已经成为一种必然，教育机构和企业必须认识成人教育的特殊需要；
- 知识工人的比重将会增加，熟练工人的需求将会减少，这会要求更多的知识、想象性和设计性技能方面的培训；
- 从制造业向服务业的转型要求进行再培训，为新的职位做准备；
- 选择受教育的机会将会增加。例如，许多企业已经在实施自己的培训项目；
- 至少在有些国家（如加拿大），私营部门和公众部门将在更大的程度上进行合作，并将更加互相依赖；
- 国际化的进程将会继续，不同国家的管理人员必须学会相互沟通和相互适应。公司要以全球化的视野来进行培训。

　　人们推出各种不同的方法以应对上述驱动力，其中之一是仅仅对危机做出反应。不幸的是，这往往不是最有效的反应。另一种方法是有意识地策划变革，这就可能需要重新确定目标和政策，对组织重新安排或者改变领导作风和企业文化。

引起变革的方法

当组织一方面受到变革力量的推动,另一方面又受到企图保持现状、抵制变革力量的抗衡时,可能会处于一种均衡状态。库尔特·卢因(Kurt Lewin)在他的"**场动力理论**"(Field force theory)中解释了这一现象,如图 13-3 所示。[14]这种理论认为,均衡状态是由推动力量和抵制力量共同作用下形成的。为了引发转变,人们一般倾向于增强推动力量,这确实可以引起一些变化,然而,由于抵制力量也加强了,因而常常也会增大阻力。另一种通常更为有效的方法是,削减或消除抵制力量而后达到新的均衡水平。在一些组织机构中,当受政策影响大的人们参与这一变革之中时,政策性变革受到抵制的程度就会相应地减弱。

> **注解**
> **场动力理论**中的均衡状态是由推动力量和抵制力量共同作用下形成的。

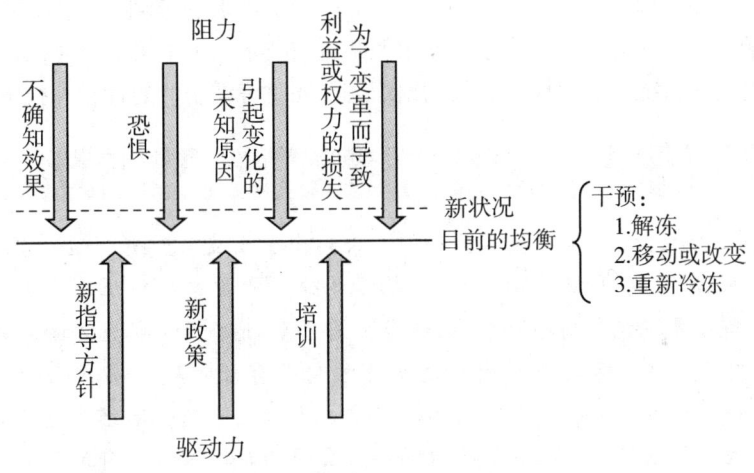

图 13-3 组织的动态平衡

变革的过程涉及三个阶段:(1)解冻;(2)移动或改变;(3)重新冷冻。[15]第一阶段解冻是形成变革的动力。当人们觉得目前情况不合适时,他们就会产生变革的需要。然而,在某些情况下,故意造成人们不满而导致的变革,其合法性可能引发伦理道德问题。

第二阶段是变革本身。当吸收新的信息、新的思想出现或形成不同看法时,变革就有可能出现。第三阶段是重新冷冻阶段,即稳固变革的阶段。有效的转变必须与个人的自身意识和价值观相一致,如果变革与组织内其他人的态度和行为不一致,个人很可能恢复原来的行为方式。因此,强化新的行为方式非常重要。

在《麦肯锡期刊》近期的一篇文章中,作者基于麦肯锡咨询人员正在实施的三个公司变革项目,探讨了领导如何影响变革的教训。推行有效变革的经验包括:将培训与企业宗旨相结合;与那些在其各自部门颇有影响力的管理人员一起工作;对于那些领导变革的管理人员给予赞助;创建变革领导关系和沟通网络以防止有效的变革成为孤岛。[16]

变革的阻力

人们抵制变革有很多原因,这里列举一些实例:
- 未知因素引起心理恐惧和抵制感。组织重组会使人很难清楚对他(她)的工作带来什么影响,而人们都希望有安全感,并对变革有某种程度的控制;
- 不明白变革的原因也会导致抵制。事实上,那些受到变革影响的人往往不清楚究竟这种变革有何必要;
- 变革还会造成利益减少和权力丧失的后果。

有许多减少阻力的方法。组织成员参与制订变革计划可以使他们减少心中的疑虑,对所提的变革建议加强沟通也有助于认清变革的原因和所带来的影响。有些方法着重针对变革中人的问题,另一些方法则侧重于改变组织结构或技术。本书第1章讨论过的、图1–3中涉及的社会技术系统方法建议,有效的组织需要同时考虑企业的社会和技术因素。

创业视角　　创业型管理人员如何在其公司中引发变革?[17]

面临转轨形势,创业型管理人员如何在公司中引发变革?乔·曼德托(Joe Mandato)是加州波拉奥托(Palo Alto)地区德诺瓦公司的董事总经理,有时他也临时充当德诺瓦组合公司[18]的首席执行官,该组合公司需要确定新的发展方面或实施转轨战略。一般情况下,这意味着公司因缺乏明确方向或有效的战略实施而使公司出现负债。而在这种情况下,由一个全职首席执行官出面解决问题既不经济也没有必要。

曼德托阐述了他对这个颇具挑战性的新兴公司的转轨过程。确定了公司问题之所在,并承担转轨领导责任后,他所做的第一步是评估公司现有的管理团队。谁对公司所发生的一切承担责任?谁不承担责任?要果断、尽快减少管理人员和工作人员,即迅速解聘所有不作为或对公司未来无关紧要的人员。至关重要的是减员要一步到位,以便使留下的人员无后顾之忧,使他们能够增强信心,集中精力重振公司。然后,确定所需要的关键人员,并尽快填补。固定员工的招聘过程可以缓慢进行,而急需岗位可以通过与外部第三方签署合同解决(即使是公司的高管人员)。临时工作人员可使公司保持一定的灵活性,并能减少成本。在这个过程中,应重新明确公司的目标,并与精简后的人员以及新聘人员沟通,以便能够使他们认同。

曼德托认为,对剩余管理人员和工作人员的绩效考评应通过正式程序,即根据季度目标的实际完成情况来确定。当然,目标细节需要与公司员工共同制定,并使他们牢记,新创企业员工的任务要比那些稳定性组织的职责范围宽泛得多。

组织冲突

冲突是组织生活的一部分，可能发生于个人自身、人与人之间、个人和群体之间、群体和群体之间。尽管一般总把冲突视为对工作有害，但它也可能是有益的，因为它可以使人们从不同的角度对一个问题进行分析。正如一家大公司的某位高层主管所认为的，如果对一个问题没有不同意见，那么这个问题就可能得不到充分的分析，这样，对这个问题的最后决定常常要拖到对各方面的情况都审慎地做了评估后才能做出。

> **注解**
> 冲突是组织生活的一部分，可能发生于个人自身、人与人之间、个人和群体之间、群体和群体之间。

冲突来源

引起冲突的潜在原因很多。当今组织的特点是关系复杂，各种任务的相互依赖性很高，这就会很容易引起摩擦。再者，有关各方的目标常常互不相容，尤其是在大家都设法分享有限资源时更是如此。人们的价值观不尽相同，对问题持有不同的看法。生产经理可能采取这样的立场，即理顺生产线，集中生产少数产品可以提高企业的生产率；而销售经理可能希望建立一个宽泛的生产线来满足不同顾客的需求。至于工程师，其想法可能是希望设计出最好的产品，而不管成本高低或市场对该产品有无需求。

还有其他引起冲突的原因。直线职位和参谋职位人员之间可能会有冲突，上级独断专行的领导作风可能会引起冲突，不同的教育背景也是引起冲突的潜在原因。也许人们谈及最多的原因是缺乏沟通。许多这类问题已经在本书的各章中有所阐述。

冲突管理

处理冲突有不同的方式，有的将重点放在人际关系上，有的侧重在改变组织结构。避免引起冲突的局面是处理人际关系的一种做法。另一种做法是调和冲突，强调一致意见和相同的目标而淡化分歧。第三种做法是施加压力，把自己的观点强加于他人，这当然会引起公开的和隐蔽的抵制。传统上处理冲突的办法是妥协，部分地同意他人的观点或要求。

> **注解**
> 处理冲突有不同的方式，有的将重点放在人际关系上，有的侧重在改变组织结构。

也可以尝试改变人们的行为，这是一件非常困难的任务。有时也可以把某个人重新分配到另一个部门。在许多情况下，冲突是由组织中上级领导来解决的，其有充分的权力来对争端做出裁决。然而，如果解决方案被认为有失公正，那么，吃亏的一方可能在日后向对方算总账，这样冲突就会持续下去。针对组织冲突的解决问题方法是公开地面对不同意见，而且要尽可能地客观地分析问题的根源。

另一种处理冲突的方法是做出结构性的改变，也就是说，要修改并统一持不同观点群体的目标，另外，也可能不得不改变组织结构，明确职权和责任关系。还可能需要采用新的协调方法，也可重新安排任务和工作位置。例如，在一个车间里，机器的合理安排可以避免冲突各方互相交往。人们往往不仅要决定做出必要的改变,而且要选用合适的方法,正因为如此,下面将重点探讨组织的发展。

组织发展

如前所述,**组织发展**(一般简称"OD")是一种系统的、完整的、有计划的提高企业效益的方法。这一方法的目的是为了解决影响各级部门工作效率的各种问题。这些问题可能包括缺乏合作、过度分权及沟通不畅等。

组织发展涉及的方法包括实验室培训法(人们在群体环境中沟通)、管理方格图培训法和调查反馈。有些组织发展工作者也使用团队建设、过程磋商、工作丰富化、组织行为修正、工作设计、压力管理、职业生涯和生活计划,以及目标管理等做法,作为他们整体方案中的一部分。

组织发展过程

组织发展是一种根据具体情况而定或权变的方法,旨在提高企业效益。尽管使用不同方法,但其过程通常包括如图13-4所示的几个步骤。下面用一个实例来加以说明。

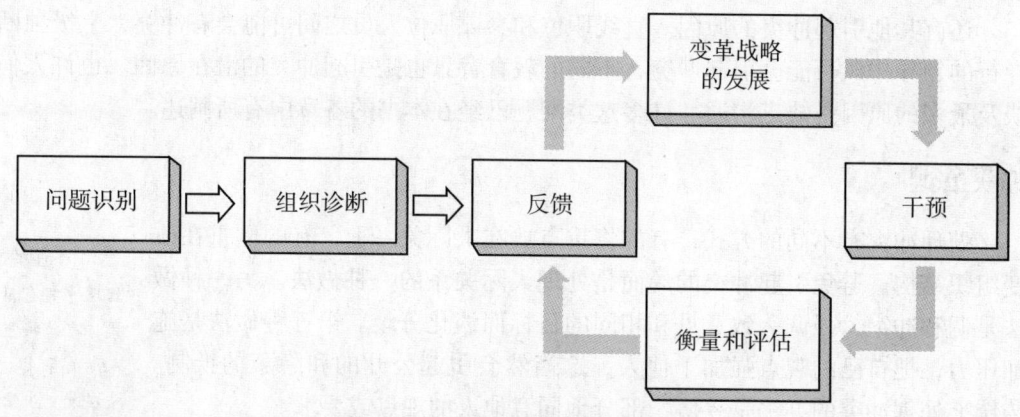

图13-4 组织发展过程模式

资料来源:Adapted from H. M. F. Rush, Organizational Development:A Reconnaissance(New York:National Industrial Conference Board, Inc., 1973), p. 6. Used by permission.

假如一个企业存在这样一些问题:组织内部部门之间存在冲突、士气低落、顾客投诉、成本增加(模式中的问题识别阶段)。首席执行官找组织发展顾问讨论这一情况,两个人一致认为需要进行"组织诊断",然后,顾问通过问卷调查、面谈和观察,收集了几个部门的情况,并对这些资料进行分析,以供反馈使用。

首席执行官与其他经理们商量决定开会研究这些问题。会上,顾问先作介绍性说明，然后将他发现的问题，分别以"部门之间的关系"、"企业目标"和"顾客关系"（反馈）为题分别进行了说明。与会者将问题按重要性加以排序。在顾问的指导下，与会者讨论了这些困难，确定了深层次原因，并探讨可能解决的方法。

顾问在这里起教练员的作用以促进这一过程。这个过程将简短的讲授与决策、团队建设和解决问题方面的演练结合在一起，有时要进行分组来处理具体问题。这一过程始终强调的是坦率和客观，会议结束时对变革战略达成一致意见。

具体的干预措施可能包括组织结构的改变、制定更有成效的处理顾客投诉的工作程序以及建立一个小组来专门实施成本降低项目。除此之外，小组同意3个月后再次开会，对组织发展所做出的努力进行衡量和评估。

尽管三个步骤是组织发展的一个周期，但工作并没有终止。相反，组织发展成为一个有计划的、系统的、重在变革的连续过程，其目的在于使企业更有成效。

创新视角　　成功的小组作业[19]

人们往往认为首席运营官（COO）职位是迈向首席执行官（CEO）的台阶。但是，这一切由于总体战略实施小组的推出而正在发生变化，即由这个小组而不是首席运营官来从事战略实施任务。这样就有可能取消组织阶层中的一个级层。

这个小组的主要特点是大家致力于一个共同的目标，即小组成员不仅相互之间承担责任，而且共同对公司目标承担责任。当然，这就需要学习小组技能。并非所有的小组成功了，事实上，失败者大有人在。

是什么能使小组成功？小组成员需要接受技能培训，如包括聆听在内的沟通技能。他们必须学习如何确定小组目标，如何专注某项工作，以及制定不仅对其小组，而且对整个组织目标都有利的决策。此外，奖励机制必须基于小组绩效，而不是个人完成任务的结果。小组还要获取重要的信息（有些高层管理人员不愿与别人分享这些信息），由此，公开化的文化氛围至关重要。也许最重要的是，小组培训不是个人行为或一时的项目，而是一个连续的过程。

学习型组织

学习型组织是指那些通过不断更新其组织结构和做法来适应外部环境变化的组织。彼得·圣吉因其《第五项修炼》[20]著作而使学习型组织的概念广为流传，他提出了有助于组织学习的5种方法：（1）系统思维；（2）个人掌握；（3）思维模式；（4）共同愿景；（5）团队学习。学习型组织通常与以下概念相关，如共同的企业愿景、自我检查流行的假设和做法、大胆考虑新的组织结构、组建学习型团队、与企业外部机构建立联

> **注解**
> **学习型组织**是指那些通过不断更新其组织结构和做法来适应外部环境变化的组织。

系，以形成新的想法和视野。

> 注解
> www.llbean.com

大卫·嘉文（David Garvin）提出了以下定义："学习型组织是一个有能力形成、获取和转让知识以及改进其行为以反映这些新知识和远见卓识的组织。"[21]这意味着，学习型组织系统地解决问题，尝试并不断地渴求新的知识。同时，这类组织必须对失误留有余地，因为尝试可能不一定成功，目的是吸取过去的教训。学习不应该局限于个人自己的经验，人们可以从组织内外的别人那里学到很多东西。向其他组织学习往往是通过对标方式达到的，要求不仅从相同的产业，而且从其他产业那里寻找最好的做法。学习到的东西应该交流、分享，例如，通过汇报、工厂参观、教育和培训项目等方式。应该鼓励个人或团队分享他们的专有知识，使其在组织内广为传播。仅仅获得知识是不够的，知识必须加以应用。除非行为已经发生改变，否则建立学习型组织的努力是徒劳的。因此，有必要通过问卷、调查、面谈和行为观察等方式来衡量进步和改善的程度。例如，百货公司通过购买者来了解其销售人员的服务质量。在彼恩（L. L. Bean）百货公司的评估人员，通过电话来评估其营业员的服务。一个综合性的学习审查计划可能会包括各种衡量方法。

全球化视角　　沃尔玛公司的全球性学习

沃尔玛公司在美国的市场已经饱和，它必须要向国际市场拓展。截至2006年，沃尔玛的国际销售额已经占其总销售额的20%。但是，它目前进入的15个国家市场问题也不少，即使在那些相对成功的国家也是如此。

- 在德国，沃尔玛的问题来源于其员工、消费者和当地低价位竞争对手奥笛（Aldi Einkauf GmbH）公司。员工反对公司关于不容许员工与其上级主管建立浪漫关系的政策，消费者视收银员友好的微笑为调情，也许最重要的是，奥笛公司已经在德国树立了产品有限、但价格低廉的公司形象。同时，一些消费者并不认为沃尔玛是低价格的领导者。沃尔玛因在德国不盈利最终撤离了德国市场。

- 在英国，沃尔玛的子公司阿斯达（Asda）情况好多了，享有低价格声誉。此外，针对英国当地分区制法律规定，阿斯达推出了许多小商店。

- 沃尔玛自2002年在日本投资建立了西友集团（Seiyu Ltd），专营杂货和服装。很显然，其当地竞争对手永旺公司（Aeon Co.）深受其经营模式影响，专门派出人员到中国和韩国取经。另外，其他日本竞争对手同样降低了产品价格，开设了平层超级中心。

- 但是，平层超级中心模式在巴西举步维艰，原因是当地消费者更倾向于本地市场，在足球的土地上推行高尔夫俱乐部不合时宜。但是，沃尔玛的巴西管理人员帮助公司调整了经营方式，例如，在他们的商店里提供更多的食品。

- 在中国，针对许多消费者交通工具欠缺的情况，沃尔玛推出了免费交通车服务业务，并对诸如电冰箱等大件物品送货上门。2005年，沃尔玛在中国市场份额仅为2%，但预计，如果能达到3%，年销售额将超200亿美元。目前，沃尔玛面临着来自法国家乐福公司的激烈竞争。

- 墨西哥是沃尔玛的重要市场。他们知道当地消费者对冰鞋无所谓。另外，许多墨西哥人是通过在美国市场上的亲身体验了解沃尔玛的。
- 沃尔玛在规划未来。尽管印度不容许外国零售商进入其市场，沃尔玛一直在谨慎地研究这个市场，一旦这些限制取消即刻进入印度市场。

在国际销售已达到20%市场份额的情况下，全球市场对沃尔玛至关重要。尽管因缺乏对国外文化环境的了解而出现不少失误，但是沃尔玛已经充分认识到了国际消费者对其成长的重要性。

注解
www.aldi.com
www.asda.co.uk
www.seiyu.co.jp/english/index.shtml
www.aeon.info/en/
www.carrefour.com/english/

本章小结

管理人员的培养系指管理人员在学习如何有效管理方面取得的进步，通常情况下，这又与发展项目相关。另一方面，组织发展是一个系统的、完整的、有计划的方法，目的在于使整个组织或组织中的部门更为有效。

好的结果往往是通过系统的管理人员培养和培训方法取得的。在职培训包括有计划的推进、工作轮换、设置助理职位、临时晋升、使用委员会和基层委员会以及辅导。管理人员的培养可能包括各种各样的企业内部和外部培训项目。

冲突的原因是多种多样的，处理冲突的方法包括回避、调和、强加、妥协、改变行为、重新安排职位、通过高层解决冲突以及解决问题。另外一种方法是进行组织变革：修订目标、推出新的协调方法，以及重新确定职权和职责的关系、重新安排任务和工作岗位。

典型的组织发展过程包括问题的识别、组织的诊断、组织信息的反馈、变革战略的发展、干预以及变革努力的衡量和评估。学习型组织通过不间断的学习快速适应环境中的变化。

主要概念回顾

管理人员的培养	内部和外部培训及培养	组织冲突的根源
管理培训	企业模拟和拓展训练	处理组织冲突的方法
组织发展	电子化培训	组织发展过程
管理人员培养过程	场动力理论	学习型组织
在职培训		

讨论题

1. 企业有义务对具有潜在管理能力的所有员工进行培训和培养,这是一个一直有争议的问题。你同意这个观点吗?为什么?
2. 在管理人员的培养和培训中有些什么典型的失败实例?你能解释这些失败的原因吗?你对克服这些缺点有何建议?
3. 评价各种在职培训方法的优点和局限性。
4. 在你目前的工作中或你希望将来从事的工作中,哪一种辅导和管理发展方法对你最有帮助?
5. 组织发展的主要特征是什么?组织发展与管理人员培养有何区别?你认为组织发展在你所处的组织中能起作用吗?解释能或不能的原因。

练习和具体步骤

1. 选一个你了解的单位组织,分析一下它的管理发展工作。
2. 在你熟悉的组织中,你经历过什么样的冲突?冲突的原因是什么?为解决这些冲突做了哪些工作(如果有的话)?

互联网检索

1. 在互联网上查找"开放大学"。开放大学的优劣势是什么?将开放大学与传统大学进行比较。
2. 在互联网上查找"组织发展"。在课上讨论你的发现。

全球化案例

杰克·韦尔奇领导下的通用电气公司的组织变革[22]

2001年,通用电气公司首席执行官杰克·韦尔奇退休了,他可以回顾自己非常成功的职业生涯了。他在1981年45岁时成为首席执行官,那时,通用电气的组织结构非常复杂,有相当程度的官僚规章制度。

他首先采取的变革是推出了战略制定过程指南,要求每一个下属经营单位在其所在领域成为行业第一或者第二。否则,管理人员可以做出抉择,出售其中某部分业务或关闭这个经营单位。为了精简组织,韦尔奇撤销了部门级层,撤掉了数以千计的薪酬工和小时工职位。由于这些严厉的举措,韦尔奇获得了"中子弹杰克"(Neutron Jack)的绰号。公司重组加大了许多管理人员的管理幅度(亦称控制幅度),以至于管辖10个甚至15个下属。

重组之后带来的是组织文化和通用电气管理人员管理风格的变化。其中有一个项目叫做"群策群力"(Work-Out)。许多管理人员集中在一起,在连续3天的会议上公开分享他们的观点。会议开始时,上级陈述其所在部门面临的挑战,然后,他必须离开,要求小组其他成员找出解决问题的建议。有关协助人员帮助大家进行讨论。当天结束时,小组向这位上级展示其解决问题的建议。这时,这位上级面临3个选择:接受建议;不接受建议;或收集更多的信息。这一过程给上级在做决策时增加了巨大的压力。

另一个旨在提高效益和效率的项目是"最好的做法"(Best Practices),其目的是向其他公司学习如何获得客户满意度、如何处理好与供应商的关系,以及以何种方式开发新产品。这一做法有助于通用电气员工关注其旨在改进公司绩效的运作过程。

杰克·韦尔奇亲自参与位于克罗顿维尔(Crotonville)通用电气培训中心的管理人员培养计划。他认为,领导不仅仅是那些获得结果的人们,而且是那些与别人共享公司价值观的人们。那些共享公司价值观但没有获得结果的领导给予下一个机会提高其绩效,而那些获得结果但未能分享价值观的领导给予辅导,目的在于改变他们的价值导向。那些既完不成任务又不能分享公司价值观的领导是无可救药的。

通用电气在其不现实的努力中曾强调"理想目标",而很少关注如何完成这些目标。这一方法有些类似于其他公司推出的目标管理项目中的确定颇有创新性的目标,这些理想化的目标不能取代传统的确定目标的方法,而仅仅是一种补充。

为了改进质量,通用电气引入了摩托罗拉先前推出的六西格玛(Six Sigma)方法,这个方法的质量水平要求,每百万个运作不能超过3.4个瑕疵。公司要求管理人员必须参与这个计划,其奖金直接与质量水平的完成结果挂钩。由于强化绩效与奖励挂钩,同时推出了考评体系,将员工分为5种类型,从最高的10%到最低的10%。最高的25%得到公司提供的股票期权,以示奖励。

一些管理人员赞成组织变革的举措,因为他们感觉到了更大的自由度,因良好的绩效而得到奖励;而另一些员工则认为这个系统有纰漏。

思考题

1. 你认为公司重组带来的大量的职位被撤销的做法道德吗?
2. 如果你是领导,在公司"群策群力"(Work-Out)会议上被请出会场,任由你的下属讨论问题和提出建议,而且对这些建议你必须回答"是"、"不是"或"需要进一步研究",你对此有何感想?
3. 为什么其他公司同意对其最好的做法进行研究?
4. 对管理人员的绩效评估不仅要看他们任务完成的结果如何,而且要看他们分享组织价值观的程度,你对此有何看法?
5. 你对确定不现实的目标有何感想?
6. 管理人员应该在其组织部门中排序吗?如果某一部门中的大部分管理人员都比另一个部门的强,但这个部门却被确定为最低的10%类别,你对此有什么建议?
7. 从总体上讲,你如何评价通用电气推出的组织变革方法?这个方法有什么优点,又可能会出现什么问题?

注释

1. "Leadership: India Inc's Biggest Challenge" at http://www.rediff.com/money/2008/jun/05lead.htm, accessed November 22, 2012.

2. See PWC in China, www.pwcglobal.com/cn, accessed August 18, 2011; Information was also obtained from persons familiar with the operation.

3. For a discussion of European and North American management education, see Daniel J. McCarthy, Sheila M. Puffer, and Heinz Weihrich, "Contributions to Management Practice by European and North American Management Education Programs", in Ralph Berndt (ed.), Global Management (Berlin: Springer, 1996), pp. 3 – 18; Paul W. Beamish et al., International Management (Burr Ridge, IL: Irwin/McGraw – Hill, 2000), pp. 191 – 92.

4. IMPROVE Academy, https://www.improve-innovation.eu/academy/about-the-academy/ accessed March 5, 2012; IMP3rove – "Pushing the Frontier: New Ideas to Promote Service Innovation Through Structural Funds" http://www.europe-innova.eu/c/document_library/get_file?folderId = 366487&name = DLFE – 11061.pdf, accessed March 5, 2012; TIM Cases, http://aomtim.org/index.php? option = com_content&task = view&id = 27&Itemid = 48, accessed March 5, 2012.

5. Ann Harrington, "Or Not to B", Fortune, March 4, 2002, pp. 223 – 24.

6. Jack Welch with John A. Byrne, Jack – Straight from the Gut (New York: Warner Brooks, 2001), Chapter 12.

7. Steve Hamm, "The Globe is IBM's Classroom", Business Week, March 23 & 30, 2009, p. 56.

8. Ellen Gibson, "The School of Future Knocks", Business Week, March 23 & 30, 2009, pp. 44 – 45.

9. One can also listen to podcast on Business Today. Go to: http://businesstoday.digitaltoday.in/podcast, accessed August 18, 2011.

10. "Online Education: Lessons of a Virtual Timetable", The Economist, February 17, 2001, pp. 69 – 71.

11. Lisa Vaas, "The E – Training of America", PC Magazine, December 26, 2001, Internet Business Insert pp. 1 – 4; Elisabeth Goodridge, "Slowing Economy Sparks Boom in E – Learning: Online Training Lets Companies Provide More Employee Instruction for Less Money", Information Week, November 12, 2001, p. 100; "Harvard Adds Online Courses", Information Week, October 15, 2001, p. 67; William C. Symonds, "Giving It the Old Online Try", Business Week, December 3, 2001, pp. 76 – 80.

12. Peter Burrows, "Cisco: Tuning a Workforce to Local Markets", Business Week, March 23 & 30, 2009, p. 55.

13. See, for example, Timothy J. Galpin, The Human Side of Change: A Practical Guide to Organization Redesign (San Francisco: Jossey – Bass, 1996). For reviews of various career trends, see the special issue of the Academy of Management Executive, November 1996, pp. 8 – 103.

14. Kurt Lewin, Field Theory in Social Science: Selected Theoretical Papers (New York: Harper, 1951).

15. Edgar H. Schein, Organizational Psychology, 3rd ed. (Englewood Cliffs, NJ: Prentice Hall, 1980), chap. 13; D. D. Warrick, Managing Organization Change and Development (Chicago: Science Research Associates, 1984).

16. Developing better change leaders (2012). Aaron De Smet, Johanne Lavoie, and Elizabeth Hioe, McKinsey Quarterly 2012 (2) 98 – 104.

17. Phone interview conducted with Dr. Joe Mandato of De Novo Ventures on January 3, 2007 by Mark Cannice.

18. A portfolio company of a venture capitalist firm is one that is financed in whole or in part by the venture firm. In financing a portfolio company, the venture firm carries significant formal (through board seats) and informal (advising role) influence on the company.
19. Diane Brady, "An Executive Whose Time Has Gone", Business Week, August 28, 2000; "Why Some Teams Succeed (and So Many Don't)", Harvard Management Update, January 2000. See also Jack D. Orsburn and Linda Moran, The New Self-directed Work Teams: Mastering the Challenge, 2nd ed. (New York: McGraw-Hill, 2000).
20. Peter M. Senge, The Fifth Discipline (New York: Doubleday, 1990); Peter M. Senge, Art Kleiner, Charlotte Roberts, Richard B. Ross, and Bryan J. Smith, The Fifth Discipline Fieldbook (New York: Doubleday, 1994).
21. David A. Garvin, "Building a Learning Organization", Harvard Business Review, July-August 1993; http://doi.contentdirections.com/mr/hbsp.jsp?doi=10.1225/93402, accessed November 22, 2012.
22. Several sources were consulted, including the following: John A. Byrne, "Jack: A Close-up Look at How America's #1 Manager Runs GE", Business Week, June 8, 1998, p.92ff.; Julie Schlosser, "Jack? Jack Who? Six CEOs Who Have Outperformed GE's Welch", Fortune, September 17, 2001; several Harvard Business School cases that discuss GE and Jack Welch; Jack Welch with John A. Byrne, Jack: Straight from the Gut (New York: Warner Books, 2001); GE at www.ge.com, accessed August 18, 2011; Motorola at www.motorola.com, accessed August 18, 2011 and "What Is Six Sigma?" at www.ge.com/sixsigma, accessed November 22, 2012

第4篇结束语

全球化与创业人员管理

这一篇的结束语部分涉及全球化与创业人员管理。首先本篇的国际聚焦部分探讨了德国/欧洲人员培训和培养模式；然后，讨论了高强度新企业如何吸引人才问题；最后，本篇的全球轿车产业案例主要涉及了轿车制造公司的首席执行官们。

全球聚焦　面对全球化市场的企业培训和发展：德国/欧洲模式

德国渐渐地接受了管理可以学得到并可以传授的理念。由于大学提供的管理教育远远不够，公司已经推出了自己的项目或与学院之间达成合作性的安排。这种合作性安排之一便是培训期制度。

内部培训和外部培训的结合：培训期制度

一个学徒要通过在公司中工作得到实践经验，需要通过职业学校学习理论并运用到工作之中。[1] 芝加哥大学的加里·贝克尔（Gary Becker）教授认为，德国职业学校训练的方法对于减少美国高中辍学率有借鉴之处。[2] 他建议，年轻人应该选择一些就业培训项目，而不应该继续读高中。一些学生由于对于学术性科目缺乏兴趣，他们干脆就辍学了。

尽管不属于管理培训项目，公司内部培训期项目在培养未来管理人员方面起到了关键性的作用。这种项目附以后续教育，为培养德国的基层主管人员打下了基础。

那些选择3年培训期的年轻人，每周工作3～4天，花一天或两天的时间到职业学校去学习。政府设置了400多个职业的标准。例如，要求汽车机械师学徒工在公司工作期间学习一些基本技能，比如怎样使用锉刀、车床和钻床。这些活动可以由一名培训师（每人指导10～15个年轻人）、一名管理人员或主任来进行指导。一般来说，学徒工的工作很难为公司的短期利润做出贡献。典型的例子是，这些学徒工所从事的项目都是经过精心评估的，在精度、表面准备工作、适合准确的角度等方面都有具体要求。对高级汽车机械师的培训，需要在更复杂的汽车零部件上工作，如自动传导装置或发动机。

除了将培训人员送到职业学校学习课程外，许多大企业还提供室内培训。这样一来，学徒工不仅要了解企业的产品或服务，而且可能还要学外语，这对于被送到外国的技术员或管理人员是很重要的。在学徒工的培训中社交活动也不容忽视。例如，学徒工有机会参加公司资助的徒步旅游、竞争性体育活动如足球或田径赛项目，以及其他娱乐性活动。在某种意义上，学徒培训实际上是一种强调工作技能的基础教育的延续。这个事实在学员们结束培训后参加由公共职业学校推出的考试而得到充分的反映。而且，受训的人员必须满足公司的要求。有趣的是，戴姆勒—奔驰公司（Daimler-Benz）的首席执行官于尔根·施伦普（Jurgen Schrempp）就是从汽车机械师学徒工开始了他的职业生涯。[3]

尽管学徒工的工资较低，然而这种培训对公司来说成本很高，尤其是那些学徒工可能在培训结束之时就离开了公司。惠普（Hewlett-Packard）（德国）公司每年以每个人5000美元的代价聘用大约80个学徒工。大多数学徒工在公司工作很长时间，这样公司的长期投资还是值得的。如果没有学徒培训项目，德国的企业绝不可能在全球各地销售他们高质量的产品和服务，获得如此成功。

德国汉莎（Lufthansa）航空公司有一条广告，展示的是公司的学徒工检查飞机的发动机。这条信息揭示，为培训技师而付出的投资带来的是高质量的产品和服务。据统计，约50万家德国企业培训了180万名年轻人或相当于6%的劳动力，大约70%的德国高中生选择就读职业学校。[4]

学徒工培训制度的好处之一是，给技术工人和受过培训的技术人员讲授工作中的理论基础造就了专业人员队伍，他们会继续努力，提高生产率。

职业学院

尽管学徒工培训强调技术知识和技能，但它一般不讲授管理技能。直到认识到讲授管理技能和理论与实践相结合的需要时，一个新的项目，即职业学院（Berufsakademie）才应运而生。鉴于它的成功，下面详细阐述这一新生事物。

在1974年，德国巴登—符滕堡州（Baden-Wuerttemberg）与戴姆勒—奔驰（Daimler-Benz）公司和博世（Bosch）公司联合开办了职业学院（亦称斯图加特教育模式，以斯图加特市命名）。这个管理培训模式关注于技术、社会科学及企业而不是纯学科，被认为是大学研究的一种重要替代模式。这种学院具有以下特点：[5]

- 理论与职业学习紧密结合起来。教学过程由两大模块组成，一部分是理论，另一部分是实践；
- 在被学院录取之前，学生必须与一个企业或社会机构有职业合同；
- 学校和企业在决定教学目标上有同等权力；
- 项目第一阶段是2年，这时学员必须通过州认可的职业资格考试；
- 整个教学过程期限为3年或6个学期。学生必须参加第二个考试，而且只有通过考试才能取得与工科大学学士等同的学位。

职业学院问世 10 年后，调查表明，职业学院的毕业生的就业机会比那些没经过这种培训机会的人们多得多。要求进入职业学院的申请人远远超出学院的接收能力，大约 20 个年轻人竞争一个学习机会。这种职业学院的模式起源于斯图加特市（Stuttgart）和曼海姆市（Mannheim），现在已经扩展到 8 个城市，大约有 3000 个企业参与，提供 22 门课程。[6]

人们可以得出结论，斯图加特（Stuttgart）教育模式将理论与实践经验有机地结合起来，并且填补了传统大学和学徒培训项目所不能提供的重要的企业教育空白。这种相对新型的合作模式涉及大学、产业、政府的同时参与，已经取得了令人振奋的效果，它也许可以激励其他国家的公司为培养管理人员和提高生产力而寻求培训替换方式。

新型的欧洲管理人员

以上集中讨论了基层和中层管理人员的培训和培养，现在集中讨论高层管理人员的培训。人们批评许多欧洲公司的管理人员明显缺乏全球化管理所需要的知识和技能。具体来说，当今对全球化管理人员的要求包括全球化思维的能力、对其他国家管理人员理念的了解、海外管理的经验以及至少精通两门外语的能力。

1992 年欧洲共同体方案（现为欧盟）强调了培养全球化视野管理人员的需要。光辉国际咨询集团（Korn/Ferry）对 11 个欧洲企业的调查发现，许多管理人员不能适合欧洲未来发展的需要，尽管参与调查人员意识到了海外管理经验的需要。不仅欧洲的管理人员需要海外工作的经验，而且跨国公司也应该意识到，他们需要招聘和培训非欧洲本土管理人员用于海外运作。下面的例子表明的是公司运作的特例而不是应遵循的制度。德国银行为在法兰克福总部工作一年以上的外籍人员制订了一项培养计划。博世（Bosch）公司是一家生产多种产品（从冰箱到汽车零部件）的制造商，公司邀请外籍人员，尤其是西班牙人到德国进行培训，同时也要求德国受训人员到国外培训 6 个月。尽管这些出国机会对年轻人来说很诱人，但在年龄稍大一些的管理人员之间存在着疑虑，即离开总部可能会妨碍他们的职业晋升。

根据光辉国际咨询集团的调查，以下特点对于理想的欧洲管理人员来说非常重要：[7]

- 具有大学或学院学历；
- 具有海外工作经验；
- 懂得经济学理论；
- 是一名多面手；
- 精通英语和法语，作为第二外语。

调查研究发现，德国人、法国人和意大利人缺乏在外国工作的经验，德国和意大利人缺乏一般的管理经验，而英国人和德国人不能熟练地运用法语。在团队导向和全球化思维方面，德国人和意大利人排名很低。德国人在沟通与激励能力方面排名也很低。当问到"是否愿意比普通人多贡献"时，英国人与法国人的反应很冷淡；而在决策方面，意大利管理人员得分最低。尽管这些只是一般情况，但表明许多欧洲管理人员对于欧盟带来的激烈竞争环境并没有做好充分的准备。

欧洲的管理学院

尽管德国的大学培养的适应全球化环境的管理人员远远不够，此时欧洲其他地区已有许多培养工商管理硕士的学院，包括以下的几所：[8]

- 荷兰的鹿特丹管理学院（RSM）
- 瑞士洛桑的国际管理发展学院（IMD）
- 瑞士苏黎世的工商管理研究生院（GSBA）
- 法国朱伊－朱萨斯的高级管理事务学院（ISA）
- 英国的曼彻斯特管理学院
- 意大利米兰的 SDA Bocconi 学院
- 法国枫丹白露的欧洲工商管理学院（INSEAD）
- 荷兰布莱克林（Breukelen）的工商管理学院
- 西班牙巴塞罗那的皇家高级管理学院（ESADE）
- 英国伦敦商学院

21 世纪的显著标志是激烈的全球化竞争，只有那些最有效率的组织才能生存。这种竞争环境有必要重新审视一下人力资源培训和培养问题。管理人员应该评估一下诸如德国推出的产业和教育机构合作进行培训的可行性。新欧洲管理人员模式可能会引发越来越多的、更为有效的培训未来高层管理人员的方法。

创业聚焦　　为高强度企业吸引人才

创业管理人员如何为他们的公司配置人员？他们是否要为高增长型企业招聘专门的工作人员？在现金成为新公司预算中最主要关注点的情况下，他们如何控制好人员成本？在多大程度上创业管理人员采用外包方法使其人员决策的有效性达到最大化？最后，是什么因素吸引员工在高强度和未来不确定的环境中长时间工作？

我们知道，公司的成败常常取决于公司管理人员执行公司战略的能力。人们创建企业，更需要有能力的人员才能确保企业成功。但是，这一切是否在创业情景下有所不同呢？

硅谷地区高增长的创业型公司以他们对其员工的苛刻要求而著称，这种苛求是建立在创新型公司少数管理人员完成高强度任务基础上的。创业型管理人员不仅必须生产和销售高质量的产品，而且必须筹措可观的资金满足公司经营和投资需求，建立产业关系网，培育颇具吸引力的公司品牌，就有关公司治理结构和知识产权保护法律问题进行谈判，当然还包括招聘人员。在高增长公司的初创阶段，这些任务的全部或大部分落在公司早期领导者身上。就新兴高增长公司的苛求和每个人员完成艰巨任务的性质而言，公司早期人员招聘是企业成败的关键。[9]

由于高增长公司繁重的工作量和身兼数职工作的特点，这些企业的早期员工需要承受巨大的心理和工作任务模糊的压力。这些压力不仅来源于各自岗位的工作量，也来源于公司未来的不确定性。[10]此外，员工得到的报酬除了工资外常常体现在股票期权上，而这一点比大企业员工所得含金量要小得多。这种收入结构（低工资加股票期权）与新公司现金流紧张、必须严格控制现金的特点是一致的。除此之外，与纯粹靠现金补偿的企业相比，股票期权倾向于更合乎新员工的口味。诚然，由于收入结构与公司的成功紧密挂钩，新员工必须做到真正与公司荣辱与共。因此，在招聘新兴公司管理人员的时候，需要向竞聘者讲清这些风险和报酬。工作机会应该给予那些风险承受能力和在压力下完成任务能力方面与公司要求相一致的人员。

创业管理人员在有效招聘人员同时节约现金方面还有一些其他途径，包括业务外包和海外经营。本书第20章将专门探讨外包，简言之，外包是指公司价值链上的某些生产经营活动交由那些效益和效率更好的外部厂家来承担，而海外生产是指公司的某些经营活动由本国转向其他国家。[11]这些经营活动可以由公司下属的国际子公司来完成或者由外国承包商来承担。印度因其大量的受过良好教育、低工资、说英语员工而成为美国公司寻求降低开发成本、完成经营模式的首选市场。事实上，根据圣·克拉拉大学（Santa Clara）的一项研究，一半以上的硅谷公司在国际上外包其业务，而一半以上的外包业务发生在印度。[12]例如，硅谷技术动力源思科系统公司（Cisco Systems）前不久宣布，它将在印度的班加罗尔（Bangalore）投资12亿美元建立一个拥有3000名员工的新研究开发园。[13]中国也日益成为外国公司海外生产的目的地。例如，惠普公司截至2006年末在中国的员工人数已经接近5000人。[14]

海外生产并非仅局限于大型跨国公司。那些期待风险资本家投资的新兴高增长公司必须要考虑其潜在的外包和海外生产战略。给新公司融资的决策是基于投资这家新公司能给它带来差异化优势做出的，精明的风险公司最感兴趣的是投资那些在增长市场上直接产生竞争优势的业务，并期待管理团队尽可能与那些非核心经营活动展开竞争。事实上，新兴公司越来越多地运用海外招聘这一低成本战略。[15]然而，这个过程需要与理顺公司生产与分销业务流程的长远战略相吻合，而不是来自出于降低成本的一时冲动，因为管理海外员工队伍需要时间，且增加了诸如技术流失、质量失控以及其他风险。

总而言之，如何吸引新兴公司员工以及如何管理好这些员工这个问题与创业者们本身情况非常类似。新兴高增长公司的员工为了获得潜在的高回报而甘愿承担更多的包括财务和抱负上的风险。公司的创业领导者是发现合适员工的第一责任人，对这些有激情、非常适合企业环境的人员，要通过灌输公司超越纯粹获利的愿景调动他们的积极性，使他们做到极致。盖伊·凯沃萨克（Guy Kawasaki）在他最近出版的《创业艺术》（The Art of the Start）一书中讨论了公司存在意义的重要性。[16]他所指的是，公司对社会超越收入和费用意义上的影响,即在提高人们赖以生存的世界环境方面,公司起什么作用?凯沃萨克强调,创业管理人员每天招聘员工时需要确保他们招聘的人员转天还会上班。正是这种持续的激励能量和远大抱负愿景的灌输吸引和留住那些新兴公司的员工,而这对高效的创业管理至关重要。

全球轿车产业案例

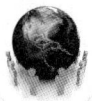

丰田、大众和通用汽车公司首席执行官的职业生涯途径

组织战略在很大程度上是由首席执行官决定的。因此,了解高层管理人员的职业生涯途径是很重要的。下面重点介绍几个主要汽车制造商——丰田、大众和通用汽车公司首席执行官。

丰田汽车公司总裁兼首席执行官丰田章男(Akio Toyoda)[17]

丰田先生是丰田创始人的孙子,出生于1956年。他在日本庆应大学获得法律本科学历,在美国巴布森学院(Babson College)完成了工商管理硕士学位。他在1984年进入丰田公司,于2005年担任执行副总裁,在2009年美国市场丰田轿车因质量瑕疵被大规模召回事件之际担任了总裁。上任不久,他就轿车召回事件向美国国会公开道歉。53岁的年龄按照日本人的标准他实属年轻有为的总裁。他是在丰田面临最严重的年度亏损危难之际受命于总裁职位。

他在美国生活了7年,说一口流利的英文,当被问及美国和日本之间的差距时,他表示他喜欢美国的自由,而日本的生活有些受限,毕竟是一个小国,人们居住紧凑,需要相互之间关照。

他更喜欢在工厂车间工作而不是坐在办公室,对赛车颇感兴趣。他认为汽车行业的挑战是如何高效率和高效益地使用有限的能源资源。正因如此,丰田重点开发节油的混合动力车,正如非常畅销的普利斯款轿车(Prius)所示。

在他担任总裁的早期,丰田章男不得不面临许多诸如公司糟糕的财务状况、轿车召回、2011年地震灾难造成的损失等挑战。

大众汽车公司董事长兼首席执行官马丁·温特科恩(Martin Winterkor)[18]

温特科恩出生于1947年,在2007年担任大众公司董事长。在1966年至1973年,他在斯图加特大学(Stuttgart)学习金属物理专业,于1973年在著名的德国科学院金属物理研究所获博士学位。之后他加盟罗伯特—博世公司(Robert Bosch GmbH),在电冰箱压缩机部门工作。1993年他担任了大众质量保障部主任,在各种各样的技术部门工作。2002 年，他成为奥迪集团总裁，奥迪麾下品牌包括西亚特（SEAT）和兰博基尼（Lamborghini）等。

大众集团包括乘用车和大型车两大业务板块，其国际集团下辖大众美国、大众巴西、大众中国、大众印度和大众爱尔兰子公司。大众集团还在保时捷股份公司（Porsche AG）、全球第三大重型卡车制造商曼集团（MAN SE）、铃木公司（Suzuki）以及意大利汽车设计室（Italdesign Giugiaro）等公司持有多数股权。

马丁·温特科恩的目标是到 2018 年将大众建成全球最大的汽车公司，他的战略是要在销售额方面超越当前的行业领导者丰田。为此，他采取的具体措施是扩大其在中国的公司与在美国田纳西州查塔努加公司的产能，后者生产的是中等尺寸的帕萨特轿车。一些更为具体的目标包括成为一家有吸引力的雇主、获取最大的顾客满意度以及 8% 以上的税前销售利润率。同时，温特科恩计划改进诸如奥迪、西亚特（SEAT）和斯柯达（Skoda）。

福特汽车公司总裁兼首席执行官艾伦·穆拉利（Alan Mulally）[19]

穆拉利先生出生于 1945 年，视自己为一名工程师和商人。在他堪萨斯大学获得了航天工程专业本科和硕士学位，又在麻省理工学院获得了工商管理硕士学位。在加盟福特公司之前，他在波音公司担任执行副总裁和波音商务机集团总裁。穆拉利于 1969 年开始在波音公司工作，担任工程师，为波音与欧洲空客竞争做出了贡献。

在 2006 年，穆拉利成为福特公司的首席执行官和总裁，他的名字进入了《商业周刊》2005 年最佳领导名单，《汽车周刊》将其称为"最佳首席执行官"。在 2000 年末金融危机期间，福特公司是美国唯一一家躲过政府主导破产的汽车制造商。

通用汽车公司的董事会主席兼首席执行官丹尼尔·F·埃克森（Daniel Akerson）[20]

埃克森先生出生于 1948 年。1970 年，他在美国海军学院获得工科本科学历，其后在伦敦经济学院获得工科硕士学位。自 2010 年起他一直担任通用公司首席执行官，并于 2011 年成为董事会主席。他以美国政府的名义参加董事会。

在加盟通用汽车公司之前，他是私募基金凯雷投资集团（Carlyle Group）的总经理（2003~2010 年）。此外，他还在其他几家公司有任职经验，包括 XO 通信公司（XO Communication）（1999~2003 年）、耐克斯泰尔通信公司（Nextel Communication）（1996~1999 年）、通用仪器公司（General Instrument）（1993~1995 年）、MCI 通信公司（MCI Communication）（1983~1993 年）。

在凯雷投资集团任职期间，他积累了许多亚洲和欧洲公司股权融资收购经验以及在日本和美国服务的经验。例如，他制定并实施了 MCI 通信公司的全球化战略，在耐克斯泰尔通信公司，他帮助公司成为了国家数字无线运营商。很显然，他有很强的通信产业背景。

在担任通用汽车公司首席执行官之前,他曾是通用汽车公司和美国运通公司的董事会成员。通用投资人看好埃克森在金融领域的工作背景,但是他缺乏汽车行业实际工作经验。在汽车领域,埃克森是个后起之秀,但是,他的目标是使通用汽车公司强于诸如宝马等竞争对手。

思考题

1. 你认为上述哪一位首席执行官最具有在汽车产业成功的经验?为什么?
2. 你认为管理技能能够在产业之间转换吗?如果你认为"不",那么丹尼尔·埃克森在通用汽车公司有几分胜算?
3. 你的职业生涯途径是什么?是在技术、金融、市场营销、运营领域,还是走另外一条路径?
4. 你愿意在主管部门还是在参谋部门工作?为什么?是主管或是参谋部门哪些方面对你有吸引力?

注释

1. Peter F. Drucker, "What We Can Learn from the Germans," Wall Street Journal, March 6, 1986.
2. Gary S. Becker, "Tuning in to the Needs of High School Dropouts," Business Week, July 3, 1989.
3. Juergen Schrempp, www.manager-magazin.de/koepfe/mdj/0, 2828, 167372, 00.html, accessed November 22, 2012.
4. Nancy J. Perry, "The New, Improved Vocational School," Fortune, June 19, 1989, pp. 127-38. German schools have also been criticized: see "Vocational Schools under Scrutiny," BBC News, January 28, 2002.
5. Informationen zu den Berufsakademien des Landes Baden-Wuerttemberg (undated); Michael Leitl, "Berufsakademien: Doppelt Genaeht," Manager Magazin, September 6, 2001, www.manager-magazin.de/koepfe/uniguide, accessed October 1, 2006.
6. "Interesenten Stehen Schlange," IWD (Institut der Deutschen Wirtschaft), 1986. See also the home page of the Berufsakademie in Stuttgart, www.ba-stuttgart.de, accessed October, 2006.
7. Brigitta Lentz, "Der polyglotte Supermann," Manager Magazin, May, 1989, pp. 257-70.
8. MBA-Schulen auf dem Pruefstand: Die Top Ten 1988 (Frankfurt: Cox Communication, 1988); Albert Staehli, "Helvetische Spitzenausbildung fuer Europas Topmanagers," in The Best of Switzerland (Zurich: Jean Frey AG, 1989); Andrew Fisher, "Putting Europe's Business Schools under the Microscope," Financial Times, September 22, 1989; William H. Cox and Ingrid Cox, Der MBA in Europa (Frankfurt: Allgemeine Zeitung, 1987); brochures by the institutions; "The MBA Tour: Graduate Programs in Management," www.thembatour.com/fairs/sme.htm, accessed June 10, 2002.
9. A rule of thumb regarding hiring in the Silicon Valley states that 'A' players (highly talented managers) tend to hire other 'A' players. Highly talented managers tend to hire other highly talented managers because they are confident in their own abilities and seek other strong managers to help the firm succeed. However,

'B' players (modestly talented managers) tend to hire 'C' players (barely competent managers) because the B managers are less confident in their own abilities and, therefore, hire those who are less capable than they are so that their own jobs are more secure. Once this scenario is played out, we can see that the early hiring decisions to recruit 'A' players are so crucial in order to ensure a well staffed enterprise and the success of the venture.

10. Start-up firms, by their nature, are in a race to achieve profitability before their financing runs out. When considering joining a start-up venture, potential employees should verify the level of financing the firm currently has and how quickly the firm is 'burning' that financing (how long can the firm survive given its negative monthly cash flow and level of financing). Knowing this information can relieve some of the risk and stress in joining a start-up company.

11. Offshoring – Definition of Offshoring http://operationstech.about.com/od/glossary/g/Offshoring.htm, accessed August 2, 2012.

12. Dawn Kawamoto, "More than Half of the Silicon Valley Firms are Outsourcing," http://services.silicon.com/itoutsourcing/0, 3800004871, 39152881, 00.htm, accessed August 18, 2011.

13. Keith Naughton, Newsweek, March 6, 2006 issue. http://www.msnbc.msn.com/id/11571580/site/newsweek/, accessed January 28, 2007.

14. "Outsourcing in China," http://www.computerworld.com/action/article.do?command=viewArticleBasic&articleId=268501&pageNumber=2, accessed November 22, 2012.

15. "Siliconvalley.com," http://www.siliconvalley.com/mld/siliconvalley/business/special_packages/venture_capital_survey/8679984.htm, accessed January 16, 2013.

16. Guy Kawasaki, "The Art of the Start", Portfolio, 2004.

17. Alex Taylor III, "Toyota's New Man At The Wheel," http://money.cnn.com/2009/06/23/autos/akio_toyoda_toyota_new_president.fortune/index, accessed July 31, 2012; "Toyota's New Man At the Wheel," http://money.cnn.com/2009/06/23/autos/akio_toyoda_toyota_new_president.fortune/index.htm? postversion=2009062605 accessed March 31, 2012; "Akio Toyoda" http://people.forbes.com/profile/akio-toyoda/80520, accessed July 9, 2011; "Toyota Global Vision, Mission Statement Announced on March 9, 2011" see video at http://www.toyota-global.com/company/message_from_president/, accessed January 16, 2013.

18. "Volkswagen Extends C.E.O. Martin Winterkorn's Contract" http://wheels.blogs.nytimes.com/2011/01/04/volkswagen-extends-c-e-o-martin-winterkorns-contract/ accessed January 16, 2013; "The Next Step is the Electric Car," http://www.spiegel.de/international/business/0, 1518, 719730, 00.html, accessed July 9, 2011; "Martin Winterkorn," http://topics.wsj.com/person/W/martin-winterkorn/414 accessed November 22, 2012.

19. "Ford Motor Co," http://investing.businessweek.com/businessweek/research/stocks/people/person.asp?personId=370889&ticker=F:US, accessed July 5, 2011; "Magazine Names Ford's Alan Mulally Top CEO: according to Autoweek," https://www.google.com/#hl=en&cp=66&gs_id=4&xhr=t&q=Magazine+Names+Ford%E2%80%99s+Alan+Mulally+Top+CEO%3A+according+to+Autoweek%2C&tok=ZevSHam5tSVefndki6LF3Q&pf=p&sclient=psy-ab&site=&source=hp&pbx=1&oq

= Magazine + Names + Ford% E2% 80% 99s + Alan + Mulally + Top + CEO: + according + to + Autoweek, &aq = f&aqi = &aql = &gs _ sm = &gs _ upl = &bav = on. 2, or. r _ gc. r _ pw., cf. osb&fp = 7ddfadd03e25da7c&biw = 754&bih = 609, accessed July 5, 2011; "What Other Automakers Can Learn from Alan Mulally" http://www.fastcompany.com/1573670/what-other-automakers-can-learn-from-alan-mulally, accessed July 9, 2011; "Alan Mulally, CEO Ford Motor Company," http://fpolom.wordpress.com/2011/02/27/alan-mulally-ceo-ford-motor-company, accessed January 16, 2013.

20. "Who is Dan Akerson? Seven Facts You Should Know about General Motors' Incoming CEO," accessed July 4, 2011; http://people.forbes.com/profile/daniel-f-akerson/4686, accessed January 16, 2013; "About GM" http://www.gm.com/company/aboutGM/GM_Corporate_Officers/daniel_f_akerson.html, accessed January 16, 2013; "Why Attacking Your Company Can Make it Stronger" http://management.fortune.cnn.com/2011/07/06/why-attacking-your-company-can-make-it-stronger/, accessed January 16, 2013; "Daniel Akerson, GM CEO: We Want to Beat BMW Go Into 'Attack Mode'" http://www.huffingtonpost.com/2010/09/08/gm-ceo-wants-to-beat-bmw_n_709541.html, accessed January 16, 2013; http://www.nndb.com/people/365/000124990/, accessed January 16, 2013; "New GM Chief Daniel Akerson Not Usual 'Car Guy'" http://www.usatoday.com/money/autos/2010-08-13-gmearns13_ST2_N.htm, accessed January 16, 2013.

第 5 篇
领　　导

第 14 章　人的因素和激励
第 15 章　领导
第 16 章　委员会、团队和集体决策
第 17 章　沟通
第 5 篇结束语　全球化与创业领导

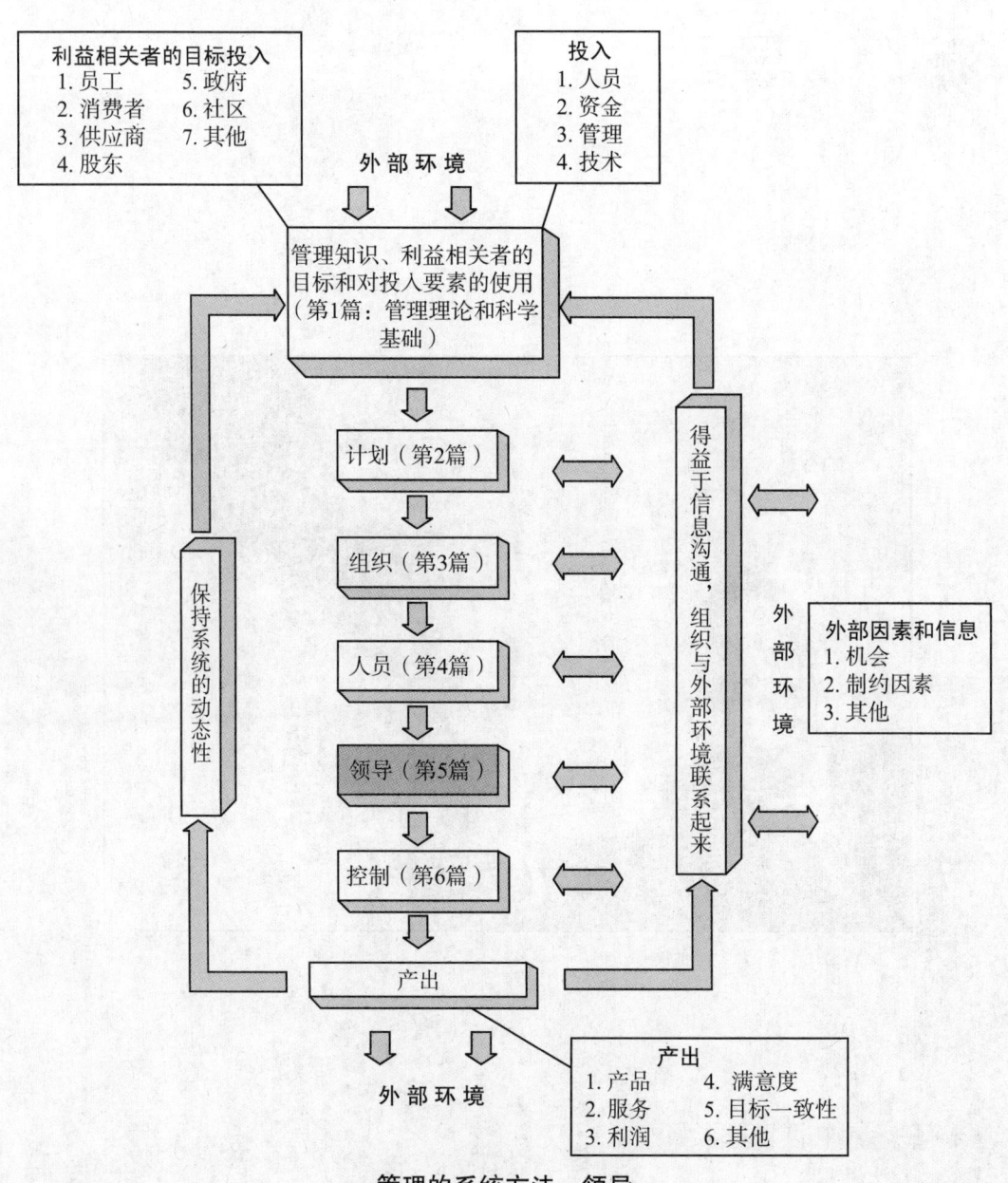

管理的系统方法：领导

14

人的因素和激励

[学习目标]

学完本章后，你应该能够：

1. 阐明领导工作性质和领导。
2. 描述影响管理工作的基本的人的因素。
3. 解释激励。
4. 阐明各种激励理论及其优缺点。
5. 分析激励方法，强调金钱的作用、参与、工作生活质量和工作丰富化。
6. 演示激励的系统和情境方法。

管理和领导常常被看做一回事。虽然情况的确如此，即最成功的管理人员肯定是一位成功的领导者，同时领导工作也是管理人员最基本的职能，但管理要比领导工作广泛得多。正如前面各章所指出的，管理包括谨慎地制订计划，建立组织机构以帮助人们实现计划，并且给组织机构配备最有能力的人员。正如第6篇中所涉及的，通过控制来衡量并纠正人们的活动也是管理的重要职能。可是，如果管理人员不知道怎样去领导别人，不了解在经营活动中如何去调动人的因素以达到预期的结果，则所有这些管理职能都将收效甚微。

> **注解**
> 领导工作的管理职能
> 定义为影响人们为组织和群体目标做贡献的过程。

领导工作的管理职能定义为影响人们为组织和群体目标做贡献的过程。正如讨论这个职能时所表明的，行为科学在这方面对管理做出了重要的贡献。在分析有关领导方面的知识时，本书第5篇将重点集中在人的因素、激励、领导和信息沟通等4个方面。

> **注解**
> 管理需要创造并维持一种环境，使人们以群体的方式一起工作，共同完成各种目标。

本章将讨论各种人的因素。管理需要创造并维持一种环境，使人们以群体的方式一起工作，共同完成各种目标。本章强调了了解和利用人的因素和激励因素的重要性，但这并不意味着管理人员需要成为业余心理学家，管理人员的工作不是去支配人，而是要确认什么因素能激励人。

管理工作中人的因素

很显然，在各种不同的组织里，企业的目标可能有所不同，同样，企业中的每一个人，也都有对他们来说是特别重要的需要和目标。管理人员就是要通过领导职能，帮助人们看到在他们为企业目标做出贡献的同时，也能满足他们自己的需要并施展他们的潜在能力。因此，管理人员就需要了解员工所起的作用、个体行为和人的个性。

角色的多样性

在管理的计划中，员工远远不只是一种生产因素。他们是许多组织的社会系统的成员；他们又是产品和服务的消费者，因而对需求起关键作用；他们也是家庭、学校、教会、贸易协会和政党的成员。因此，他们对需求起着举足轻重的影响。在这些不同的角色上，他们制定治理管理人员的法律，建立指导行为的伦理道德规范，以及形成人类社会中的主要特征，即人的尊严这一传统。简而言之，管理人员及其领导下的员工都属于一个广泛社会系统中的、互动中的成员。

没有一般化的人

人们不仅担负的角色不同，而且连他们自己本身也是各不相同的。因此，同样的、一般化的人是没有的。然而，在组织有序的企业中却常常假定同样的人是存在的。公司制定规章、程序、工作进度、安全标准和职务说明书,所有这些都隐含地假定人在本质上是一样的。当然,从系统的工作角度看,这种假定在很大程度上是必要的。但是,同样重要的是应该承认个人的特殊性,即他们有不同的需要、不同的志向、不同的态度、不同的责任感、愿望、不同的知识和技能以及不同的潜力。

管理人员只有了解员工的复杂性和个性特点,才不至于误用关于激励、领导与沟通的一般性原则。虽然原则和概念一般都是正确的,但应该针对具体的情况来加以运用。在企业中,不可能完全满足个人的各种需要,但是管理人员在安排每个人的工作时还是有相当大的自主权的。虽然职位设置通常根据企业和组织计划拟定,但这并不排除管理人员按具体情况给员工安排适当工作的可能性。

创新视角　与英特尔公司项目经理科恩·彭博士的访谈

科恩·彭博士在英特尔公司工作已有20年之久,在工程和制造领域有26年与员工和项目管理打交道的经验,在工程技能和制造管理方面颇有建树,以通过创新方式解决企业和工程问题而著称。他在工程设计、软件开发、技术论文发表、问题解决方案、项目管理和实施、团队以及领导工作等方面获得了50多个奖项。

鉴于彭博士在世界技术领先公司有着丰富的创新经验,我们问他英特尔公司是如何鼓励员工的。他回答道,"英特尔相信,创建适当的企业文化会对创新产生极大的影响。在英特尔价值观里,你会发现许多类似'快速创新与创造思维'、'拥抱变革与挑战现状'以及'鼓励和奖励明智的风险'等警句。英特尔的价值观挂满了会议室,并印制在一张带有日历的卡片上,员工人手一份,与个人的工牌一起佩戴。"彭博士继续说,"除了流程和产品创新之外,在英特尔,战略创新(如新的市场)和持续改进同样置于创新框架之中。这就意味着,创新在从高层管理人员到工程师等每个员工的工作范围内。为了鼓励创新,英特尔提供了诸如'员工创新101'、'管理人员创新101'等课程。在被称为'创新中心'的内部网站上经常推荐创新方法,将创新贯穿在每天的工作环境中;同时,在网上提供系统的创新工具和资源,帮助团队和个人在其日常工作中增强创新。员工可以在线递交想法,对一些有益的想法给予奖励。在'全国创新日',公司会推出一系列的针对构建和促进英特尔技术创新和创新领导的活动。"

个人尊严的重要性

管理涉及企业目标的实现。获得成果当然是重要的,但是实现目标的方法或手段绝不能侵犯人的尊严。**个人尊严的概念**是指,人必须受到尊重,而不论他们在组织中的职位高低。总裁、副总裁、经理、一线主管和工人,都在为企业的目标做贡献。他们每个人都有自己的独特性,都是具

> 注解
> **个人尊严的概念**是指,人必须受到尊重,而不论他们在组织中的职位高低。

有不同能力和愿望的人,但是他们都是人,因而都应该受到人的待遇。[1]

将人视为一个整体来考虑

如果我们不把人作为一个整体来考虑,而只是考虑单独的不同的特征,如知识、态度、技能或个性素质,我们便无法讨论人的本质了。人都有这些特征,只是程度不同而已。况且这些特征彼此间相互作用,并在特定情况下,起主导作用的特征也是瞬息变化和难以预料的。人都是受外界因素影响的个体,人们工作的时候不可能摆脱这些外界力量的影响。管理人员必须承认这个事实,随时准备处理这些问题。

全球化视角 —— 觉醒的中层管理者[2]

近年来组织减员增效(downsizing)和企业并购浪潮给许多组织中的中层管理人员带来了极大的负面影响。在致力于提高效率的过程中,许多中层管理职位被撤销了。许多美国企业大规模地削减人员产生了意想不到的结果。例如,人们原来认为,剩下来的管理人员会因为有了更多有意义的工作机会,其工作生活质量应该更加丰富。事实上,管理人员感到,他们在超负荷工作,他们所做的工作并没有得到应有的回报。

组织重组给人们带来了极大的工作不安全感和士气低下。为了保住自己的工作,管理人员不愿与别人分享信息。此外,他们在会议上总是闪烁其辞,不愿直接表达自己的看法,以免与上级的观点发生冲突。中层管理人员感到,从上级那里得不到足够的信息,而后者则往往不提供企业的愿景和领导力。

不管情况如何,许多基层管理人员的痛苦和疏远影响了士气和生产率。如果公司要有竞争力,那么员工就必须要致力于公司的目标。要想获得员工对企业的投入,公司则必须善待员工,要尊重他们的人格,要保持适度的工作稳定性,使他们能够有机会得到个人的成长和发展。

激励

> **注解**
>
> 激励是一个通用名词,广泛用于驱动力、愿望、需要、祝愿以及类似作用力的整个这一类别。

人的动机是建立在需要基础上的,无论是有意识地还是无意识地感觉到这种需要。有些是基本的需要,如水、空气、食物、睡眠和住所等生理需要;另外一些需要则是从属性的,如自尊心、地位、归属感、感情、礼尚往来、成就和自信等。很显然,这些需要的强度各不相同,而且因时因人而异。

激励是一个通用名词,广泛用于驱动力、愿望、需要、祝愿以及类似作用力的整个这一类别。说到管理人员激励他们的下属,也就是说他们希望所做的事情会满足这些驱动力和愿望,并引导下属人员按所希望的方式去行动。

创新视角 — 自我激励

管理人员有责任提供一个有利于绩效的环境,但员工自己有责任进行自我激励。方法之一是通过职业生涯管理(已在第 12 章讨论过)。乔治·奥迪奥恩(George Odiorne)是一位管理学教授,一名学者,也是一名资深顾问。他提出了自我激励的具体建议,以下是其中一些建议:

- 为自己确定目标,并不遗余力地实现这一目标。克莱斯勒公司前任总裁李·亚科卡(Lee Iacocca)确立的目标是在 35 岁时成为福特公司副总裁,在长达 15 年的时间里,这一目标在激励着他,指导着他的行为;
- 制订短期目标和具体行动方案,对自己的长期目标进行补充。人们常说,只有做起来才能是开始;
- 每年学习一项有挑战意义的新工作,学习成为一名管理者并不意味着终止一个人的本科或工商管理硕士学位。学历是学习的真正开始,而不是终结。学习和应用微型计算机技术可以被认为是一个挑战性的任务;
- 使你的工作有所不同。确定改进你的工作的目标,发挥一下你的想象力,你有可能大大地提高你的生产率;
- 形成专家领域。培育自己的强势,或将自己的薄弱环节转换成强势。你可能想成为你所在领域最好的会计师或工程师;
- 给自己提供反馈,并奖励自己。制定可考核的目标作为标准,并以此衡量自己的绩效。为什么不吃一顿特别的晚餐来庆贺自己的成就呢?

> 注解
> www.chrysler.com
> www.ford.com

早期的行为模式:麦克雷格的 X 理论和 Y 理论

关于人性论的另一种观点可以用麦克雷格所提出的两组假设来表达,这就是人所共知的"X 理论"和"Y 理论"。[3] 麦克雷格认为,管理必须从管理人员如何看待他们自己与别人的关系这个根本问题开始。这个观点需要对人性这个概念做某些考虑。"X 理论"和"Y 理论"是两组关于人性的假设。麦克雷格选用这两个术语的理由是想用中性词,而没有任何"好"与"坏"的含义。

> 麦克雷格的"X 理论"和"Y 理论"是两组关于人性的假设。

X 理论的假设

依照麦克雷格的观点,关于人的本性的传统的假设包括在如下的 X 理论之内:

- 一般来说,人本质上是好逸恶劳的,而且只要他们能够做到,就设法避免工作;
- 由于人的这种厌恶工作的特性,所以对绝大多数的人必须用强迫、控制、指挥并用惩罚相威胁等手法，使他们做出适当的努力去实现组织的目标；
- 一般的人情愿受人指挥，希望避免担负责任，相对地缺乏进取心，把安全看得比什么都重要。

Y 理论的假设

以下是麦克雷格在 Y 理论中的假设：
- 工作中的消耗体力和脑力如同游戏和休息一样自然；
- 外力的控制和处罚的威胁都不是促使人们为组织目标做出努力的唯一手段，人们在实现所承诺的目标过程中，将会实施自我指导和自我控制；
- 这种承诺的程度是与他们的成绩相联系的报酬大小成比例的；
- 在适当的条件下，一般的人不仅学会接受任务，而且也学会主动寻求任务；
- 在解决各种组织问题时，大多数人具有相对高的想象力、机智和创造的能力；
- 在现代工业生活的条件下，一般的人只是部分地发挥出他们的智能潜力。

很显然，这两组假设是截然不同的，X 理论是悲观、静态和僵化的。控制主要来自外部，是上级强加给下级的。相反，Y 理论是乐观、动态和灵活的，强调自我指导，并把个人需要与组织要求结合在一起。毫无疑问，每一组假设都会影响管理人员行使他们的管理职能和活动的方式。

对两种理论的澄清

麦克雷格显然担心 X 理论和 Y 理论可能被人误解。下面各点将澄清某些误解，从而使这两种假设保持其客观性。第一，X 理论和 Y 理论假设仅仅是假设而已，它们并非是管理战略方面的方案或建议。说得更确切一点，这些假设必须经受实践的检验。此外，这些假设只是直觉演绎出来的，并不是根据研究得出的结论。第二，X 理论和 Y 理论并不意味着"硬性"或"软性"的管理方法。"硬性"方法可能引起反抗和敌对；"软性"方法则可能导致管理上的放任自流，因而不符合 Y 理论原则。成功的管理人员不仅承认人的局限性、人的尊严和能力，并且要根据情况来调整他们的行为。第三，X 理论和 Y 理论并不是把 X 和 Y 看成是一个连续体上的两个极端，它们不是程度的问题，而是对人的截然不同的看法。第四，对 Y 理论的讨论并非是要说明一致性的管理，更不是强调反对使用职权。相反，根据 Y 理论，职权被看成为管理人员行使领导的许多方法之一。第五，不同任务和情况要求采取各种不同的管理方法。有时，职权和结构对某些任务来说是有效的，正如约翰·J·莫尔斯（John J. Morse）和杰伊·W·洛尔施（Jay W. Lorsch）的研究所表示的那样。[4] 他们认为，不同的方法在不同的情况下是有效的。因此，效益好的企业是那些工作要求适应其员工和具体情况的企业。下面将阐述各种激励理论。

创新视角　可汗学院（Khan Academy）能改变教育和激励学生吗？[5]

许多学生在低层面教育过程中退学，教育工作者和非教育工作者都在想方设法地寻找新的方式鼓励学生上学和在校学习。可汗学院（Khan Academy）就是这种激励方式的一个范例，其是"世界上第一家无须付费、任何人都可以学到任何东西的世界级虚拟学校"。学院在世界上最大的视频网站 YouTube 上提供教学辅助材料和练习题，教学方法足以测试学生的进步情况，以便教师能够帮助那些对某些问题有困难的学生。另一方面，那些学得快的学生可以学习更高级的课程。学院免费提供3000多种课程，包括银行学和金融、化学、计算机科学、经济学、财政学、卫生保健、历史、数学、物理、风险投资和风险市场以及许多其他课程。世界各地的任何人在任何地方都可以学习这些课程。同时，亚洲、拉丁美洲和非洲的学生可以在线上课堂学习。微软的比尔·盖茨被可汗学院的做法深深打动，他给学院慷慨募捐了一大笔钱，谷歌紧随其后。盖茨先生认为，数学往往是一个人职业生涯中的障碍，而可汗学院在视频网站 YouTube 上的视频帮助人们克服了这一大障碍。

实际上，可汗学院是在萨尔曼·可汗（Salman Khan）应邀开始给其13岁的外甥补数学课之后又给其他学生补课过程中应运而生的。汗的教育背景很诱人，他持有麻省理工学院双本科学历，一个是数学，另一个是电机和计算机科学。此外，他又在麻省理工学院获取了相同学科硕士学位，之后在哈佛商学院取得了工商管理硕士学位。在给其外甥补课期间，他在"对冲资本管理"公司（Connective Capital Management）担任对冲基金分析师。后来，他辞去了分析师工作，创办了可汗学院。

> 注解
> http://www.khanacademy.org/

可汗网络视频教学方式得到了教育工作者、非教育工作者以及学生的赞扬，每个月有多达2百万人观看视频。但是，也有一些人不以为然，他们认为视频只是重复性练习，并不能促进学生与教师之间的互动。可汗驳斥了这种意见，他认为正好相反，学生可在家中观看视频，然后在课上参与更多的创意性活动。目前为止，由于这种教学方法考虑到个人能力差异，许多学生从 YouTube 视频学习实践中获益匪浅，使他们增强了应对诸如数学和其他难度大的课程的信心，毕竟没有普通人。

马斯洛的人的需要层次理论

最广泛地被引用的激励理论之一，是由心理学家亚伯拉罕·马斯洛提出的人的需要层次理论。[6] 马斯洛把人的需要看做是有等级层次的，从最低级的需要逐级向最高级的需要发展。他认为，当某一级的需要获得满足以后，这种需要便不再起激励作用。

> 马斯洛的需要层次理论认为，当某一级的需要获得满足以后，这种需要便不再起激励作用。

需要的层次

图14-1所示的、由马斯洛提出的人的基本需要,按其重要性依次排列如下:

1. 生理的需要。这些是维持人类自身生命的基本需要,如食物、水、衣着、住所和睡眠。马斯洛认为,在这些需要尚没有足以维持生命之前,其他的需要都不能起到激励人的作用。

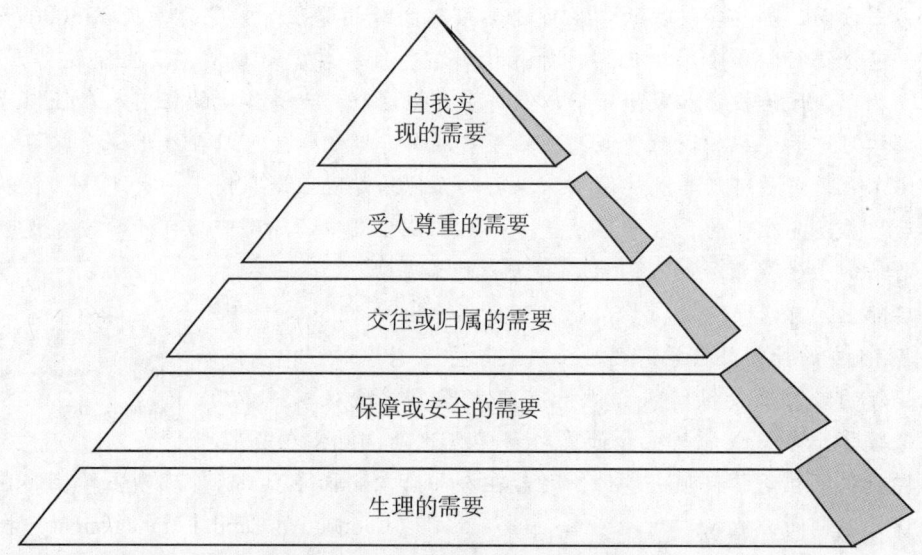

图14-1 马斯洛的需要层次理论

2. 保障或安全的需要。这些需要是避免人身危险和免受失去职业、财产、食物和住所等威胁。

3. 交往或归属的需要。由于人是社会人,他们就需要有所归属,并为他人所认可。

4. 受人尊重的需要。根据马斯洛的观点,人们一旦满足了他们的归属需要,他们会倾向于自我尊重和受到别人的尊重。这种需要将会产生诸如权力、威望、地位和自信等方面的满足。

5. 自我实现的需要。马斯洛将这一需要视为他的层次理论中最高层次的需要。它是一种把个人能力充分发挥出来的愿望,即最大限度地发挥一个人的潜在能力,并有所成就。

> **创业视角　如何管理创业管理人员？**
>
> 在新创建的公司和大型企业中都有创业管理人员，如何才能更好地激励和管理好这些创业管理人员？创业管理人员倾向于重自主和捕捉外部机遇。应该鼓励企业领导们放手让这些人员为公司创新和抓住机会，而不是牢牢地管住他们。企业领导们会发现，这些创业管理人员很看重自主权，并为他们所支持的组织做出贡献。然而，通常情况下公司中层管理人员所采用的严格控制手段会抑制这些创业人员的创造性和积极性。企业领导们应该保护这些创业管理人员，因为他们的愿景有可能决定了企业的未来。

对需要层次提出的质询

许多人对马斯洛的需要等级层次概念进行了研究。爱德华·劳勒（Edward Lawler）和劳艾德·J·萨特尔（Lloyd J. Suttle）花了6个月至1年的时间，收集了两个不同组织中的187名主管人员的有关数据。[7] 他们找不出任何证据来支持马斯洛的关于人的需要是有层次的理论。但他们的确发现，人的需要有两个层次，即生物学上的需要和其他的需要，而且只有当生物学上的需要得到适当满足的时候，其他的需要才会显露出来。此外，他们发现，在较高层次的需要里，其需要的迫切程度是因人而异的；某些人的社会需要占支配地位，而另一些人的自我实现需要最为强烈。

另外，一些管理人员对马斯洛的需要层次理论进行了长达5年的研究，其中有道格拉斯·T·霍尔（Douglas T. Hall）和哈利勒·努盖姆（Khalil Nougaim）。他们也没有发现足够的证据说明需要是有层次的，[8] 他们所发现的是，随着管理人员在组织中逐级晋升，他们的生理需要和安全需要在重要程度上出现逐渐减少的倾向，而他们的归属需要、尊重需要和自我实现需要则有增强的趋势。然而，他们坚持认为，需要层次逐渐上升是由于管理人员职位晋升的结果，并不是因为低层次的需要已经得到了满足。

奥德弗的三因素（ERG）理论

克莱顿·奥德弗（Clayton Alderfer）的三因素（ERG）理论与马斯洛的需要层次理论比较相近，不同之处是只有三个层次：存在的需要（类似于马斯洛的基本需要）、关系的需要（与他人满意地相处）和成长的需要（指自我发展、创造性、成长和能力）。[9] 所以，三因素（ERG）理论系指存在、关系和成长三个类别。奥德弗认为，人们在同一个时间里可能受到不同层次需要的激励，例如，人们工作是为了生计（存在需要得到了满

> **注解**
>
> 奥德弗的三因素（ERG）理论是指，人们受到来自存在、关系和成长三个类别需要的激励。

足),而同时由于与同事之间良好的关系得到激励。此外,根据奥德弗的理论,当人们在某一层次上受挫时,他们可能会转向较低层次的需要。

赫茨伯格的激励—保健因素理论

> **注解**
> **赫茨伯格双因素理论**
> 中的不满意因素亦称维持、保健或工作氛围因素,是起不到激励作用的;而满意因素与工作内容相关,是激励因素。

马斯洛的需要层次理论后来被弗雷德里克·赫茨伯格和他的同事们做了许多修正。[10]他们研究的宗旨是找出激励的**双因素理论**。赫茨伯格发现,有一组需要涉及公司政策与管理、监督、工作条件、人际关系、薪酬、地位、工作稳定性和个人生活等,这些是不满意因素,起不到激励作用。换言之,如果工作环境中大量存在这种高质量的因素,不至于引起员工的不满。但这类因素的存在并不能使人们产生满意感,因而不能起到激励作用;当缺少这类因素时,就会引起人们的不满。所以,赫茨伯格把这类因素称为"维持因素"、"保健因素"或"工作氛围因素"。

在第二组需要中,赫茨伯格列出了某些满意因素(因而是激励因素),都和工作内容有关。这类因素包括成就、赏识、挑战性工作、晋升和工作中的发展等。这些因素可以产生满意感或者尚未达到满意(但不会产生不满)。如图14-2所示,赫茨伯格提出的激励因素和保健因素与马斯洛提出的理论有些类似。

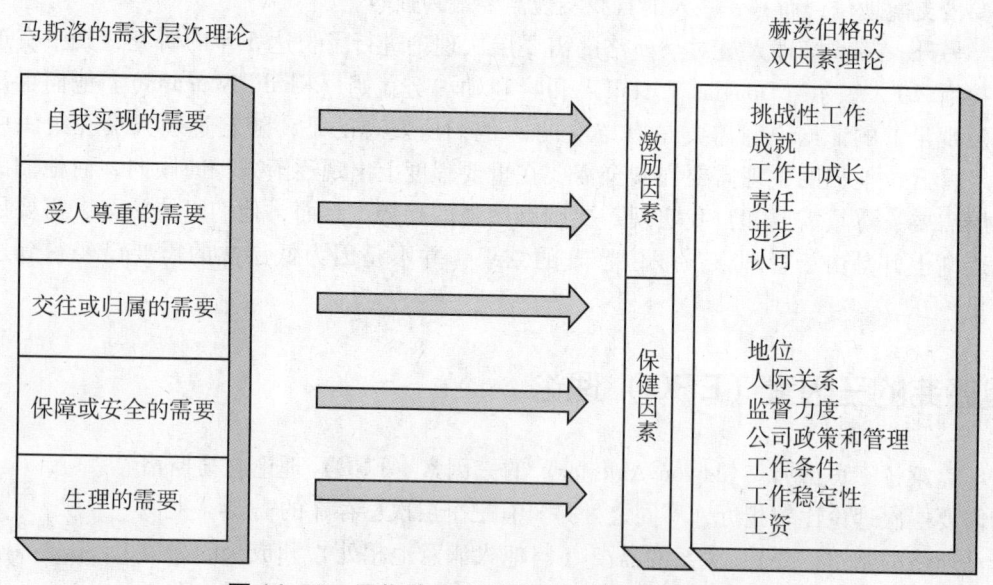

图14-2 马斯洛和赫茨伯格激励理论的比较

在组织中,第一组因素(保健因素)的存在不能激励员工,但非有不可,否则员工会产生不满；第二组因素或工作内容相关因素才是真正的激励因素，因为这类因素有产生满意感的潜在能力。很显然，如果这种激励理论起作用的话，管理人员就必须竭尽全力去改善工作的内容。

赫茨伯格的研究同样受到挑战。有些人对赫茨伯格采用的调研方法提出了质疑，认为这种研究方法容易使结论出现偏差。例如，人们都有归功于己、委过于人的倾向，这种众所周知的倾向使赫茨伯格的发现错位。另外一些人没有采用赫茨伯格的方法，他们的研究结果不支持双因素理论。

激励的期望理论

另一种被许多人认为是专门阐明怎样激励员工的方法称为期望理论。提出和阐明这种理论的奠基人之一是心理学家维克托·弗罗姆（Victor H. Vroom），他认为，人们若能相信目标的价值，并认定所做的一切有助于实现这一目标时，他们就会受到激励而努力工作，完成目标。[11]从某种意义上讲，这是马丁·路德（Martin Luther）在几个世纪以前就观察到的社会现象的一种现代表述方法，他说，"在这个世界上所做的每一件事都是怀着希望而做的"。

> **注解**
> 弗罗姆的期望理论是指，人们若能相信目标的价值，并认定所做的一切有助于实现这一目标时，他们就会受到激励而努力工作，完成目标。

更详细地说，弗罗姆的理论认为，人们从事任何工作的激励作用将取决于经其努力后取得的结果的价值（不管是正的或负的），乘以经其努力后将在实质上有助于实现目标的信心。用他自己的术语来说，弗罗姆的理论可以表述为：

$$激励力度 = 效价 \times 期望值$$

公式中的激励力度是指一个人受到激励的强度，效价是指这个人对某种结果的期待程度，而期望值则是指某一具体的活动导致预期结果的概率。当一个人对实现某个目标认为无所谓时，效价为零；而当他宁愿不去实现这个目标时，效价是负的。这两种结果当然都不会产生激励作用。同样，如果期望值为零或负数时，就不会激励一个人去实现目标。促使人们去做某件事的激励力度将取决于效价和期望值。此外，完成某项活动的动机，也有可能是由实现另外某件事的愿望所决定的。例如，一个人愿意努力工作，生产产品，其目的可能是为了获取工资形式的效价。或者一位管理人员愿意为实现公司的营销或生产目标而努力工作，其目的可能是为了晋升或工资方面的效价。

弗罗姆的理论和实践

弗罗姆理论的巨大吸引力在于他认识到人的各种需要和激励的重要性，因此而避免了马斯洛和赫茨伯格研究方法中的一些简单化的缺陷。这个理论似乎更加现实，更符合目标协调的原则，即个人的目标不同于组织的目标，但它们是可以协调的。此外，弗罗姆的理论与目标管理体系是完全一致的。

弗罗姆理论的优点也正是他的缺点。他的因人、因时、因地而异的价值观的假设，显得更加符合实际生活。弗罗姆和下面的观点是一致的，即管理人员的任务是必须考虑到各种不同的情况的不同之处，为员工设计一个有利于实现目标的环境。另一方面，弗罗姆的理论在实际中应用是很困难的。尽管如此，弗罗姆理论在逻辑上的准确性表明，激励远比马斯洛和赫茨伯格方法所引申的含义要复杂得多。

波特和劳勒的激励模式

莱曼·W·波特（Lyman W. Porter）和爱德华·E·劳勒（Edward E. Lawler）在很大程度上基于期望理论，推出了一种更加完善的激励模式。在他们的研究中，这一模式主要用于管理人员。[12]图14-3总结了这一模式。

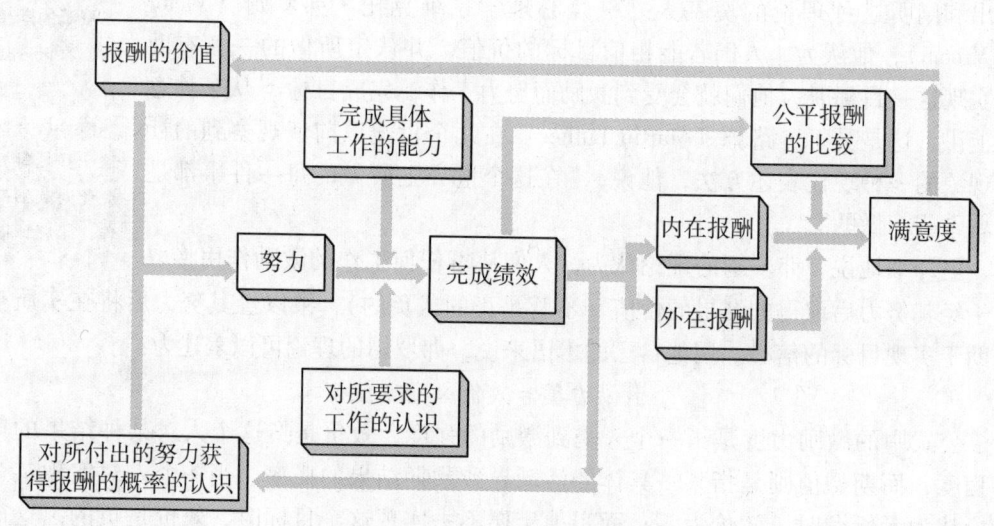

图14-3　波特和劳勒的激励模式

资料来源：Adapted from L. W. Porter and E. E. Lawler, Managerial Attitudes and Performance (Homewood, IL: Richard D. Irwin, Inc., 1968), p. 165.

正如这个模式所示，努力的程度（激励的程度和付出的能力）取决于报酬的价值，加上人们认为需要付出的努力和获得报酬的概率。对所需付出的努力和实际取得报酬概率的认识程度，则又反过来受到实际工作绩效的影响。很显然，如果人们知道他们能做或者曾经做过这样的工作，则他们便可更好地判断所需的努力并更清楚地知道报酬的概率。

一项工作中的实际绩效（任务的实施或目标的实现）主要取决于所付出的努力，但它也在很大程度上受个人完成这项工作的能力（知识和技能）和他对所做工作的理解（对目标、所需进行的活动和有关任务的其他内容的理解程度）的影响。而工作绩效又可以带来内在报酬（如成就感或自我实现感）和外在报酬（如工作条件和地位）。这些报酬是否能给人们带来满意取决于人们对报酬公平性的看法。但是，绩效也会影响颇具敏感性的公平报酬。由此可以理解，人们对其所付出的努力得到的报酬是否公平的看法必然会影响他们的满意程度。同样，报酬的实际价值也会受到满意程度的影响。

实践的含义

波特和劳勒的激励模式虽然比其他一些激励理论更为复杂，但可以肯定，它更适当地描述了激励的系统。对从事实际工作的管理人员来说，这个模式意味着激励不是简单的因果关系问题。它还意味着，管理人员应谨慎地评估报酬结构，并通过周密的规划、目标管理以及由优化的组织结构清楚界定的职务和责任，可将努力—绩效—报酬—满意的体系融入整个管理工作系统中。

公平理论

激励中的一个重要因素是人们对报酬结构是否感到公平。公平理论可以用来说明这个问题，即人们主观地将其投入因素（包括努力、经验、教育等诸多因素）所得到的报酬同别人得到的报酬相比较来评价报酬是否公平。斯达斯·J·亚当斯（Stacy J. Adams）因推出公平（或不公平）理论而知名，[13] 其公平理论的主要方面可以用以下公式来表示：

$$\frac{个人所得的报酬}{个人的投入} = \frac{别人所得的报酬}{别人的投入}$$

一个人用来同他比较的其他人的报酬和投入之比应该是平衡的。

如果人们觉得他们所获的报酬不适当，他们可能产生不满，进而降低产出的数量或质量，或者甚至离开这个组织。如果人们觉得报酬是公平的，他们可能继续保持同样的产出水平。如果人们认为得到的报酬比想象中的公平报酬要多，他们可能工作得更加努力。有些人也可能由此对报酬感到无所谓，这三种情况在图14-4中进行了表述。

问题之一是，人们可能对自己的贡献以及别人取得的报酬估计过高。员工对某些不公平可能会忍受一段时间。[14] 但是，这种不公平感积累时间长了，可能会对一桩明显的小事引起强烈的反应。例如，一个工人因迟到了几分钟受到了批评很生气，决定辞去这个工作，其真正的原因并不是因为他受了批评，而是由于他长期以来认为给他所作贡献的报酬，同别人相比是不公平的。同样，一个人对他每周500美元的工资很满足，直到后来发现有人跟他承担相类似的工作而得到比他多10美元的工资，他就会产生不公平感。

> **注解**
> **公平理论**认为，人们主观地将其付出所得到的相应报酬同别人得到的报酬相比较来评价其报酬是否公平。激励是受这个过程影响的。

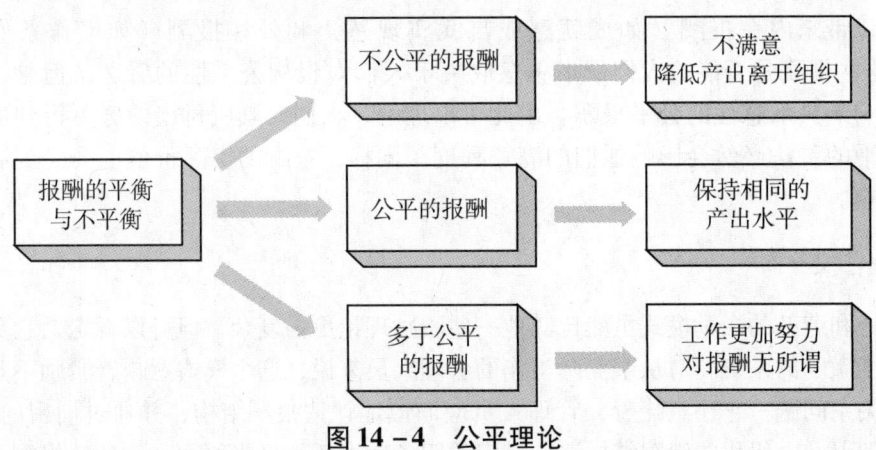

图14-4 公平理论

激励的目标确定理论[15]

本书第4章阐述了目标管理系统方法,其中图4-4中引用的模式表明了目标管理(MBO)的综合性看法。研究表明,为了确保有效性,许多关键的管理活动必须要集成在综合的系统中。同样,这个系统中一个重要的部分是所要求采取的步骤,如确定目标、计划行动方案、实施以及控制和考评,如图14-5所示。需要回顾的是,在管理文献中,"目标"和"目的"两个词经常是相互混用的。

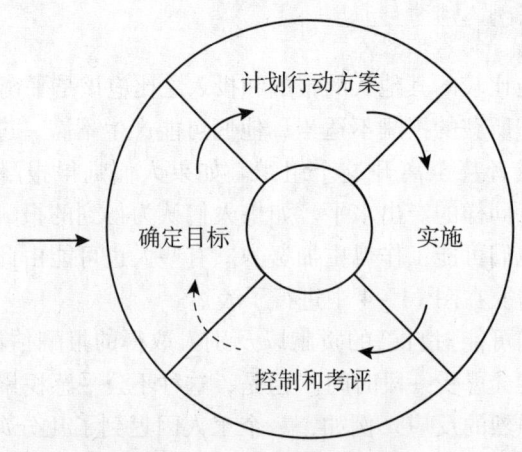

图14-5 确定激励目标

需要指出的是,目标要有意义就必须是清晰的、可以达到的和可考核的。的确,清晰的目标一旦被接受是会产生激励作用的,人们想知道期待他们做些什么。然而,这里必须要满足几个条件,包括目标必须是可考核的,意指在结束期末,人们必须能够衡量其目标是否完成以及在多大程度上完成了。诸如"在校期间尽可能地获得最好的分数"的目标是不能考核的,但是"毕业时平均分数达 3.8"这样的目标是可考核的。目标必须要有挑战性,但同时又必须是合理的。根本完不成的、完全不现实的目标不仅起不到激励的作用,反而会使人丧失信心,这是目标管理方法的一个重要的前提条件。

> **注解**
> 目标要有意义就必须是清晰的、可以达到的和可考核的

要致力于完成目标,关键是要认真地确定目标。一般情况下,应该鼓励员工确定各自的目标,当然,上级应该审核和批准这些目标。在这方面,有可能出现员工定的目标高于其上级给他们目标的倾向。

关于为了提高激励效果而确定有效目标的其他条件,请参见第 4 章表 4-2。

斯金纳的强化理论

哈佛大学的心理学家斯金纳(B. F. Skinner)提出了一个有趣的,但颇有争议的激励方法,称作**正强化**或**行为改造理论**。[16] 他认为,人们可以通过为他们适当设计的工作环境以及对他们的绩效加以表彰而受到激励;而通过对绩效差的加以惩罚可以产生负面效果。

> **注解**
> **正强化**或**行为改造理论**认为,人们可以通过为他们适当设计的工作环境以及对他们的绩效加以表彰而受到激励;而通过对绩效差的加以惩罚可以产生负面效果。

斯金纳及其追随者所做的工作远不止对绩效好的加以表彰而已。他们分析工作情况以确定员工按他们的方式做事的原因,然后,他们着手引入变革以消除那些影响绩效的问题和障碍之处。在员工的参与和支持下制定具体的目标,对工作成果迅速而又定期地进行反馈,对绩效的提高采用认可和表彰作为回报。甚至当绩效达不到目标时,也要设法帮助他们,并对他们所做的好事加以赞扬。他们还发现,让员工充分了解公司的问题,特别是那些涉及他们自身的问题,是十分有益的,而且颇具激励作用。

这种方法听起来似乎过于简单,以至于许多行为科学家和管理人员对其有效性感到疑惑。然而,一些著名的公司已经发现这种方法是有益的。例如,埃默里航空运输公司(Emery Air Freight Corporation)看到,他们仅仅从诱导工人尽力做到在装运前将集装箱用小包裹填满的做法,就使公司节省了大量的运费。

> **注解**
> www.emeryworld.com

也许斯金纳方法的优点同做好管理工作的要求非常类似,如强调消除绩效障碍,认真的计划和组织,通过反馈进行控制以及扩大沟通范围等。

麦克莱兰的激励需要理论

> **注解**
> 麦克莱兰的激励需要理论将基本的激励需要分为权力的需要、归属的需要和成就的需要。

大卫·麦克莱兰（David C. McClelland）阐明了三类基本的激励需要，对理解激励做出了贡献。[17]他把这些激励需要分为权力的需要、归属的需要和成就的需要。人们对检验这三类需要的方法进行了大量的研究，特别在成就的需要方面，麦克莱兰和他的同事们已经做了实质性研究。

所有这三种驱动力，即权力的需要、归属的需要和成就的需要都与管理紧密相关，因为人们只有充分认识这三类需要后，才能使一个严密组织的企业运转好。

权力的需要

麦克莱兰和其他一些研究人员发现，权力需要强的人特别关注影响力和控制力的发挥。这种人一般都追求领导的职位；他们往往是健谈者，尽管常常好争辩；他们性格坚强，敢于发表意见，头脑冷静，咄咄逼人；他们喜欢教训别人和在公众面前讲话。

归属的需要

归属需要强的人通常从受到别人爱抚中得到乐趣，倾向于避免被群体排斥而带来的痛苦。作为个人，他们关心并维护融洽的社会关系，欣赏亲密友好和理解的乐趣；能随时抚慰和帮助处境困难的人，并且乐意同别人友好交往。

成就的需要[18]

成就需要强的人，既有强烈的获得成功的愿望，也有同样强烈的失败的恐惧。他们希望受到挑战，常为自己制定一些有适度困难（但不是无法达到）的目标。他们对风险采取现时主义态度；他们不大可能成为投机者，但更喜欢分析和评价问题，能为完成任务承担个人责任，喜欢对他们的工作情况得到具体而又迅速的反馈。他们倾向于闲不住，喜欢长时间地工作，即使遭到失败也不会过分沮丧，并且喜欢独断专行。

如何将麦克莱兰的方法用于管理者

在麦克莱兰和其他人的研究中，那些创办并推动企业发展的企业家们显现出很强的成就需要和相当大的权力需要，但归属需要则很低。管理人员一般表现出高的成就需要和权力需要以及低的归属需要，但其高低程度都没有企业家那样显著。

麦克莱兰发现，成就需要这种激励方式，在小型公司员工身上尤为明显，那里的总裁普遍有强烈的成就需要。十分有趣的是，他发现大公司的首席执行官们只有一般的成就需要，而对权力和归属需要的追求往往较高。大公司的中上层管理人员，在成就需要上却要高于他们的总裁。也许正如麦克莱兰所指出的，这种情况是可以理解的，首席执行官们已经到达了"顶峰"，而那些下面的人还在竭尽全力向上攀登。

经常有人提出这样的问题，是不是所有的管理人员都应当有高的成就需要呢？成就需要高的人要比那些不高的人倾向于进步得更快些。但因为大量的管理工作，除了要有成就的驱动力外，还需要有许多其他特征，所以每个公司也许应该既有较强成就需要的管理人员，也有归属需要高的管理人员。而这后一种需要对于与他人一起工作和协调群体成员的工作方面尤为重要。

创新视角　　激励型领导的领导风格[19]

近期的沟通研究归纳了7种感召型和激励型领导风格，如下所述：
- 表现出一贯的热情；
- 有清晰的愿景和引人注目的行动方案；
- 清楚地阐述所选择行动的好处；
- 讲述那些值得回顾的逸事；
- 鼓励下属参与；
- 用乐观的态度激励员工；
- 鼓励人们发挥其潜力。

虽然这些风格对领导而言甚为重要，但是必须保持一定的灵活性以确保其行为方式适用于不同下属群体和不同情境。

特殊的激励手段

在探讨了各种激励理论之后，人们不仅要问激励对管理人员有什么意义，管理人员能够采用的激励手段是哪些？尽管激励非常复杂，且因人而异，因而不存在唯一的最佳答案，然而人们还是可以确定一些主要的激励手段。

金钱[20]

金钱作为一种激励因素是永远也不能忽视的。无论采取工资的形式、计件工资（按一定的质量水平生产的件数所获得的报酬）或任何其他激励性报酬、奖金、股票期权、公司支付的保险金，或对所做出的绩效给予的其他形式的东西，金钱总是重要的。正如一些作者指出的那样，金钱往往有比金钱本身更多的价值，它也可能意味着地位或权力，或其他东西。

> **注解**
> 金钱往往有比金钱本身更多的价值，它也可能意味着地位或权力，或其他东西。

经济学家和大多数管理人员倾向于把金钱放在高于其他激励因素的地位，而行为科学家则倾向于把金钱放在次要地位。也许这两种看法都不是正确的。但是，如果要使金钱能够成为和应该成为一种激励因素，则管理人员必须记住以下几个要点。

第一，就金钱本身价值而言，金钱对那些抚养一个家庭的人来说要比那些已经功成名就的、在金钱的需要方面已不再迫切的人重要得多。金钱是获得最低生活标准的主要手段，虽然这种最低标准会随着人们日益富裕而提高。例如，一个过去曾满足于一所小房子和一辆廉价汽车的人，可能现在却要有一所又大又舒适的房子和一辆豪华的轿车才能使他得到同样的满意。即使在这些方面也不能一概而论。对于有些人来说，金钱是极其重要的，而对另外一些人来说，金钱可能从来就无所谓。

全球化视角　　金钱的另一面

金钱和权力的诱惑可能会导致不适当的和非法的行为。伊凡·博斯基（Ivan F. Boesky）曾经因内幕消息取得巨大的个人收益而受到控告，并被罚款一亿美元。这是20世纪20年代以来华尔街一桩最大的丑闻，曾极大地挫伤了公众的信心，人们担心股票买卖可能受到了操纵。[21]

最近一件投资丑闻是伯纳德·麦道夫（Bernard Madoff）和其他一些人通过他的财富管理基金所为。麦道夫承认，他的投资基金"基本上是一个巨大的庞氏骗局"。[22]

投资人的损失很难确定，但是据估计，如果所有的基金都能收回的话，投资人的净损失将达100亿美元。

第二，在大多数企业和其他单位中，金钱实际上是用来维持一个组织拥有适当人员的手段，而并非作为主要的激励措施，这种情况也是十分正常的。企业往往使他们的薪酬水平在其行业内有竞争性，以便吸引和留住其员工。

第三，由于许多公司里各类管理人员的薪酬大同小异的做法，金钱作为一种激励因素呈现出弱化的趋势，换言之，组织常常竭尽全力确保人们在相应的级别上得到相同的或大体相同的报酬。这是可以理解的，因为人们通常参照同他们地位相当的人的收入来评价他们的报酬。

第四，如果要使金钱成为一种有效的激励因素，在各种职位上的人们，即使级别相当，但给予他们的工资和奖金也必须能反映出他们个人的绩效。即使公司坚持采用可比性薪酬的做法，一个管理有序的公司在其奖金发放上也不会采取"一刀切"的做法。实际上很明显，除非管理人员的奖金根据个人绩效发放，否则，企业即使支付了奖金也不会产生激励作用。为了确保金钱作为人们完成任务的一种回报手段和给人们因完成任务而带来喜悦的一种有效的方法，要尽可能地将报酬与绩效挂钩。

只有当预期得到的支付与目前个人收入相比差距较大时，金钱才能起到激励作用，这一点几乎是无须质疑的。问题是，很多企业增加了薪酬，甚至支付了奖金，但其力度没有大到足以激励这些收益人的程度。它们可能免于使人们产生不满情绪和不致另外去找工作，但除非达到一定力度，否则是不会成为有力的激励因素。

作为一种传统，日本的薪金和晋升是建立在资历基础上的。然而，目前有一些日本公司已经推出了绩效工资，其原因在于，一些年轻的日本专业人才离开那些稳定的工作，转而到互联网公司工作。为了留住员工，一些公司采用基于绩效的工资做法。

全球化视角　　高管人员的绩效薪酬[23]

在2008～2009年全球金融危机期间，许多绩效很差公司的高层管理人员拿到了高额的薪酬回报，引起了社会的强烈反响。春季是报酬委员会决定公司高管人员薪酬的日子。

麦当劳公司执行副总裁、高管薪酬委员会主席理查德·富罗什（Richard R. Floersch）认为，高管薪酬应该是公司战略的一个不可分割的部分。尽管薪酬是用来作为招聘和留住高管人员的工具，其他因素也应该考虑。例如，薪酬沟通了公司的价值观和文化以及它与员工的关系。工资应该随着公司绩效提高上调，效益不好时下调。

在确定高管人员工资时，应提出以下问题：

是否考虑了绩效和可持续性？短期结果可能会给长期绩效带来负面效应。许多人认为，高管人员应该持有公司相当数量的长期股票，这样可以避免高管人员制定以牺牲公司长期可持续性而追求短期绩效（增加工资）的决定。许多《财富》100强公司有"收回政策"（clawback-or recoup-policy）规定，即当公司未能实现预期目标时启动这一规定。这样一来，绩效工资政策也会因高管人员的决策因素而对公司长远发展产生影响。

其他奖励措施

大多数的激励理论都含蓄地涉及内在报酬和外在报酬。内在报酬可能包括成就感或自我实现，而外在报酬则包括利益、赏识、地位标志以及金钱。有些补偿计划可能产生的激励作用不大，如小时工资、周工资甚至年薪；而另一方面，激励计划可能基于计件工资、销售提成、绩效工资、奖金、利润或增益分享（如生产率增长）以及股票期权等。本书第12章曾阐述了林肯电气公司的绩效工资计划，即有些公司提供与员工需求和偏好相适应的"自取"（cafeteria）补偿计划。

> **注解**
> **内在报酬**可能包括成就感和自我实现。
> **外在报酬**包括利益、赏识、地位标志和金钱。

薪金的支付可能基于个人绩效、小组绩效和组织绩效。当薪金完全按个人绩效发放

> 注解
> 薪金的支付可能基于个人绩效、小组绩效和组织绩效。

时,人们会相互之间竞争,从而使小组工作和合作起来有一定的困难。另一方面,如果完全按小组绩效发放工资,有些员工可能不会尽全力工作。将组织绩效作为发放奖金的标准,是考虑到员工对卓越的绩效做出了贡献,理所当然地应该得到回报。认识到个人、小组和组织报酬体系的各自优缺点,一些公司在使用综合性的薪金计划。

参与

一种得到激励理论和研究大力支持的、越来越多的人了解和使用的方法是员工参与的做法。人们在其身临其境的工作中得到别人的咨询,即"身在其中"而感受不到激励作用的例子恐怕是凤毛麟角的。除此之外,处在运作中心的大多数员工不仅了解问题之所在,而且也知道解决问题的方法。所以,员工适当的参与不仅会产生激励效果,而且会给企业的成功带来颇有价值的知识。

参与同时也是认可的一种手段,因为它迎合了员工归属和赞许的需要。更重要的是,参与给人们一种成就感。当然,鼓励员工参与不应该意味着削弱管理人员的地位。尽管鼓励下属参与讨论问题,认真聆听下属的建议,但是最终还是管理人员自己必须做出决策。

工作生活质量

> 注解
> www.qwl.com

一种最有趣的激励方法是工作生活质量(QWL)计划,它是一种工作设计的系统方法,而且在工作丰富化的广泛领域里颇有发展前景,其根基与社会技术系统的管理方法一脉相承(见第1章)。工作生活质量不仅是一种很广泛的工作丰富化的方法,而且也是一种探究与活动的跨学科领域,与产业和组织心理学和社会学、产业工程学、组织理论与发展、激励与领导理论以及工业关系等学科密切相关。虽然工作生活质量方法仅仅在20世纪70年代才崭露头角,但现在已有数以百计的案例研究和实际方案以及一些工作生活质量项目中心,主要集中在美国、英国和斯堪的纳维亚的一些国家。

工作生活质量计划已经得到了许多方面的大力支持。管理人员认为它是解决生产率停滞不前的一种很有希望的方法,特别在美国和欧洲更是如此。员工和工会代表们也认为它是改善工作条件和提高生产率的一种手段,并且是合理提高工资水平的一种方法。工作生活质量方法对政府机关也颇有吸引力,认为它是提高生产率和降低通货膨胀的一种手段,而且也是获得产业民主和将劳资纠纷减少到最低程度的一种方法。

> **创新视角**   实施中的工作生活质量计划（QWL）
>
> 在工作生活质量计划的实施过程中，人们通常着手采取一些步骤，常见的是建立一个劳工—管理指导委员会，通常由一名工作生活质量专家或职能人员担任领导，负责制定一些措施，通过工作丰富化和工作内容的再设计，以提高员工的尊严，增强工作的吸引力和提高生产率。其中，员工及其工会的参与（如果运作单位组建工会的话）至关重要，这不仅是体现产业民主的举措，而且也因为人们在工作中最了解什么将使他们的工作丰富化，并使他们有可能得到更多的实际利益。这种典型的工作生活质量计划方法更易于解决许多工作丰富化方案中所遇到的问题，例如，根本不征求员工什么能使他们的工作更有实际意义之类的问题。
>
> 由于委员会的深思熟虑，可能会提出一些有关工作设计和整个工作环境的变革建议。委员会的这些建议还可能扩展到这样一些问题，如企业的重组、改善沟通的手段、有些以前从未出现过的问题和他们的解决办法、通过诸如装配线的重新设计等技术改进措施来改变工作安排、更好的质量控制以及其他一些健全组织结构和提高生产率等事宜。

正是由于这些重要的效果，工作生活质量计划发展如此之快，尤其在一些大公司更是如此也就不足为奇了。这也解释了为什么采用工作生活质量计划的先驱们是那些管理有方的，诸如通用汽车公司、宝洁公司、美国铝业集团（ALCOA）和美国电话电报公司（AT&T）的公司。

> **注解**
> www.gm.com
> www.pg.com
> www.alcoa.com
> www.att.co

工作丰富化

激励的研究和分析十分强调使工作具有挑战性和富有意义的重要性，这既适用于管理人员的工作，也适用于非管理人员的工作。工作丰富化和赫茨伯格的激励理论有密切关系，在这个理论中，诸如挑战性、成就、赏识和责任等都被视为是真正的激励因素。尽管他的理论遭到一些质疑，但它在开发丰富工作内容方面推出的各种方法，在全世界范围内引起了广泛的兴趣，尤其是对非管理人员更是如此。

工作丰富化应该与工作扩大化区别开来（但有些作者并未做出这种区别）。**工作扩大化**是企图通过消除因重复操作带来的单调乏味感来使工作内容有更多的变化，它意味着工作范围的扩大，只是增加了一些与此类似的任务而并没有增加责任。例如，一条生产线上的工人不仅在车上装配缓冲器，而且也安装前灯盖。一些批评家认为，这是简单地在一项单调乏味的工作上增加另一项单调乏味的工作，并没有增加工人的责任。相比之

> **注解**
> 工作扩大化是通过增加一些类似的任务扩大了工作范围，但并没有增加责任。
>
> **注解**
> 工作丰富化是在工作中建立一种更高的挑战性和成就感。

下，**工作丰富化**则是企图在工作中建立一种更高的挑战性和成就感。一项工作可以通过多样化使它丰富起来，但也可以用下面的办法增强其丰富性：（1）在决定如工作方法、工作顺序和工作速度，或接受还是拒收材料等方面，给工人以更多的自由；（2）鼓励下属人员参与管理和鼓励工人之间相互交往；（3）让工人们对其所承担的任务富有个人责任感；（4）采取措施以确保让工人们看到其任务是如何对企业的产成品和效益方面做出贡献的；（5）最好在基层管理人员得到反馈之前，把工人们的工作绩效情况反馈给他们；（6）让工人参与分析和改变工作环境的工作，如办公室或厂房的布局、温度、照明和清洁卫生等。

工作丰富化的局限性

> 注解
> www.gm.com
> www.saab.com
> www.volvo.com

即使是工作丰富化最坚决的支持者也会承认，它在应用上有局限性，其中之一是技术问题。在专用机器和装配线技术的情况下，要使所有工作都很有意义是不大可能的。另一个局限性是成本，通用汽车公司曾试用过6人和3人小组的方式来装配家庭旅游汽车，但发现这种方法困难太大、太慢，而且成本也太高。另一方面，两个瑞典的汽车制造公司，即萨博（Saab）和沃尔沃（Volvo）也使用过这种小组方法。他们发现成本只是略高一点，但认为，工人缺勤率和流失率的降低足以抵销成本的增加。

另一个问题是，工人是否真正需要工作丰富化，尤其是那种要改变他们工作基本内容的丰富化。对工人的态度，甚至对装配线工人的态度进行的各种调查表明，多数工人对自己的工作并无不满，而且很少要求"更有兴趣"的工作。这些工人似乎最需要的是工作的稳定和工资收入。况且，工人关心的是，改变任务的性质来提高生产率可能意味着他们要失去一些工作机会。

工作丰富化的局限性主要表现在对技能要求比较低的工作上，对技能要求高的工人、专业人员和管理人员的工作，本身已经含有不同程度的挑战性和成就感。也许这些工作还有比目前更加丰富的余地，但这一切可以通过管理方法使其更加丰富化，如目标管理、在授权过程中运用更多的政策指导、采用职称和提供办公条件等形式推出更多的显示地位的标志，以及将奖金和其他报酬更紧密地与绩效挂钩等。

使工作丰富化卓有成效

有几种不同的方法可以用来使工作丰富化起到更高水平的激励作用。第一，组织必须更好地了解人们需要什么。正如一些激励理论研究者所指出的那样，需求因人而异和因情况而异。研究表明，技能低的工人倾向于诸如工作稳定、工资报酬、利益、限制较少的规章制度以及富有同情心和善解人意的上级领导等需求。随着人们在企业中逐级晋升，其他一些激励因素便变得日益重要了。但是，针对高层的专业人员和管理人员工作丰富化的研究目前几乎凤毛麟角。

第二，如果提高生产率是工作丰富化的主要目标，那么，这样的计划必须表明工人们将如何得到好处。例如，一个拥有大量无人监督双人驾驶运货车的公司推出一项计划，员工可以从提高生产率而节省下来的费用中提取 25%，同时清楚地告诉大家，公司也将从他们的努力中受益。结果是产量大幅度增加，人们对这项工作的兴趣也与日俱增。

第三，人们愿意参与，愿意受到咨询，并希望给予机会提出建议。他们希望同别人一样平等相待。在一个航天导弹工厂里，由于公司在每个员工工作的地方设置他们的姓名牌，将每一个项目小组工作区域（从零部件生产、装配到质量检查）里的机器和设备喷涂上不同的颜色，这样一些简单的措施却极大地提高了该厂员工的士气和生产率，同时大大地降低了缺勤率和人员流失率。

第四，员工希望能感受到他们的管理人员是真正关心他们的福利的，希望知道他们正在做什么和为什么要做，希望能得到关于他们工作绩效的反馈，获得对他们工作的赏识和赞赏。

激励的系统方法和权变方法

前面对理论、研究和应用的分析表明，必须以一种系统的和权变的观点来看待激励。鉴于人们个性区别和情况差异使激励工作异常复杂的现状，任何单一激励因素或一组激励因素应用时若不把这些变量考虑进去就会有失败的风险。人的行为不是一件简单的事情，而必须把它看成是一个由许多变量和某些重要的激励因素相互作用的系统。

必须以一种系统的和权变的观点来看待激励。

本章小结

领导是影响人们并使其能够为组织和群体的目标做出贡献的过程。人们承担不同的角色，而且不存在一般人。当为实现公司目标而努力时，管理人员必须考虑员工的整体人格。

激励不是一个简单的概念，相反，它涉及各种驱动因素、欲望、需要、愿望以及其他影响力。管理人员通过提供一个促使员工为公司做出贡献的环境达到激励目的。

对于人的本质问题存在着不同的观点和假设。麦克雷格将他的一套对于人的看法称做 X 理论和 Y 理论，马斯洛的理论将人的需要从最低层次（生理需要）到最高层次（自我实现需要）进行排序，奥德弗的三因素理论（ERG）包括 3 个类别（马斯洛的理论包括 5 个类别），认为人们在同一时间里可能会受到一个以上因素的激励。赫茨伯格的双因素理论包括两组不同的激励因素，其中一组是保健因素，与工作内容有关（环境、条件），这些因素的缺位会导致人们不满；另一组是满意因素或称激励因素，与工作内容有关。

弗罗姆的激励期望理论认为，人们可以为实现目标而努力，如果他们认为这个目标值得付出努力，而且他们能够看到他们所做的工作有助于目标的实现。波特和劳勒模式有许多变量。从本质上讲，绩效是能力、对所要完成任务的看法以及努力程度的函数。努力程度受报酬的价值和努力—报酬可能性的影响。绩效完成情况反过来又与酬金和满意程度有关。

　　公平理论是指人们基于别人报酬而对自己所得报酬与付出公平性比较的主观判断。强化理论由斯金纳提出，他认为，对好的行为给予赞扬会激励人们奋进；人们应该参与制定自己的目标，应该定期得到认可和赞扬的反馈信息。那些可获得的、可考核的以及被人们理解和接受的目标可以产生激励作用。麦克莱兰的理论是建立在权力、归属和成就需要的基础上的。

　　特殊的激励手段包括使用金钱和其他报酬方面的考虑、鼓励参与以及提高工作生活质量。工作丰富化旨在使工作颇具挑战性和更有意义。尽管人们在工作丰富化上取得了一些成就，然而某些局限性也不容忽视。

　　激励的复杂性要求人们采用充分考虑环境因素的权变方法。

主要概念回顾

领导　　　　　　　　　　赫茨伯格的激励—保健因素　　正强化或行为改造
管理工作中人的因素　　　理论　　　　　　　　　　　　麦克莱兰的激励需要理论
个人尊严　　　　　　　　弗罗姆的期望理论　　　　　　金钱和其他报酬考虑
激励　　　　　　　　　　波特和劳勒的激励模式　　　　工作生活质量
麦克雷格的 X 理论和 Y 理论　公平理论　　　　　　　　工作丰富化
马斯洛的人的需要层次理论　激励的目标确定理论　　　　激励的系统和权变方法
奥德弗的三因素（ERG）理论

讨论题

　　1. 什么是激励？有效的管理工作如何利用激励做出贡献？

　　2. 什么是 X 理论和 Y 理论假设？陈述你是否同意这些假设的理由。对 X 理论和 Y 理论的误解有哪些？

　　3. 为什么马斯洛的需要理论受到批评？这一理论在多大程度上是有效的？

　　4. 比较和对照马斯洛和赫茨伯格的激励理论。赫茨伯格理论受到批评的原因是什么？为什么你怀疑赫茨伯格的方法受到在岗管理人员的欢迎？

　　5. 解释弗罗姆的激励期望理论。它与波特和劳勒的方法有什么不同？你认为哪一个更正确？哪一个在实践中更有用？

　　6. 解释麦克莱兰的激励理论。它如何适用于系统的方法？

　　7. "你不可能激励管理人员，他们是自我调控的。如果你真正希望绩效，那么你就放手让他们各行其是。"请对此加以评论。

　　8. 金钱在多大程度上以及如何成为一种有效的激励因素？

　　9. 你在学校学习过程中，是什么激励你努力成为优秀生？这些激励驱动力是不是在本章中所讨论的一些理论模式中有所体现？

练习和具体步骤

1. 教师可在班里作一项调查,并要求学生对下面两个问题做出回答:(1)你能否详细叙述你工作异常顺利时的感觉?(2)你能否详细叙述你工作异常差时的感觉?要求学生们在一张纸上写出答案,然后鼓励每个同学与班里其他同学分享好的和差的工作经验。教师可以按照赫茨伯格的双因素理论将这些反馈分类,指出这种研究设计的薄弱环节。

2. 收集你所了解的一个组织的信息,并确定人们为企业目标的实现做出贡献的理由。

互联网检索

1. 在互联网上查找"激励"这个词。你可能会得到许多提示,选择其中一个在课上讨论。

2. 使用一个人们常用的搜索引擎,键入本章中涉及的任何一个作者的名字和姓氏,你是否得到了本章中没有涉及的信息?如果是这样,这些信息是什么?

创新视角 谷歌是如何激励其员工的?[24]

谷歌常常因其独特的组织文化和激励员工方式被人们热议。在《福布斯》杂志2011年"最值得工作的公司"排名榜上,谷歌位居第四。《财富》甚至在其2012年排名榜上将谷歌排在第一位。

谷歌用什么方式激励它的员工?人们经常提到谷歌的公司文化和弹性津贴。后者包括提供免费的美食、桑拿和游泳池、健身房或按摩以及免费通勤车服务等。这些弹性津贴用来吸引优秀人才并留住这些人才。不仅如此,这些方式还有助于员工长时间工作,并从每天烦琐的杂事中得到一些缓解。谷歌员工喜欢它的组织文化、公司愿景、价值观和开放的沟通方式,所有这些旨在发现和招聘那些聪明又有事业心、能分享公司共同愿景和宗旨的员工。员工队伍说不同的语言,反映了全球化的用户环境。文化使员工感到舒适,激励人们无拘束地分享想法和建议,而定期的周会、咖啡馆里的聚会或视频游戏活动以及参与其他娱乐活动无疑又增强了员工之间的沟通。设在加利福尼亚州山景市(Mountain View)的总部给谷歌人(谷歌员工的称谓)提供了许多机会,如弹钢琴、享用游泳池等。谷歌公司内部到处都有白板,供员工自发地集思广益举行头脑风暴会议,办公室的设计也有利于团队讨论。谷歌是一家全球性公司,有3万多名员工,在世界40多个国家和地区设有70多家办事处。

谷歌的使命是这样表述的,"组织全世界的信息,使人人皆可访问和使用"。[25]此外,谷歌还列出了一个10件正确的事的清单[26]。下面是一些实例:

- "用户是第一位的,其余的都是第二位的";
- "快比慢好";
- "不做坏事也能赚钱"。

> 尽管人们喜欢谷歌提供的弹性津贴和各种机会，但是还是有人离开公司，更有甚者，一些辞职人员还参加了谷歌离职人员俱乐部。究其原因，有的人认为公司太大，再也不是创业起步时的公司了；有的人感到他们的建议和想法无足轻重；还有的离开谷歌创办了自己的公司或者干脆加盟了竞争对手，如手机定位数据公司（Foursquare）和脸谱网公司（Facebook）。
>
> 毫无疑问，谷歌是一家令人向往的公司，它提供了许多颇具吸引力和独特的弹性津贴和机会。与此同时，它面临的挑战是公司能否在成长的过程中保留组织文化以此来激励谷歌人。

思考题

1. 谷歌清单上列出一些被认为是正确的事。10件正确事的清单上还有哪些？上互联网查询一下。
2. 你愿意在谷歌超时工作吗？你可以从兼顾生活的角度谈谈你的观点。
3. 在互联网上找到了10件被认为是正确的事了吗？讨论一下这10件事。这些对你的公司或你所认识的公司适用吗？
4. 谷歌如何才能保留它的组织文化？

注释

1. This is also one of the important messages in the Second Draft—Pastoral Letter on Catholic Social Teaching and the U.S. Economy, October 7, 1985, and Economic Justice for All: Catholic Social Teaching and the U.S. Economy (Washington, DC: National Conference of Catholic Bishops, 1996).
2. See also http：//www.management-issues.com/2006/8/24/research/organisations-get-thumbs-down-from-disillusioned-managers.asp, accessed February 3, 2007 and http：//www.blackwell-synergy.com/doi/pdf/10.1111/j.1365-2934.2005.00612.x? cookieSet=1, accessed January 8, 2013.
3. Douglas McGregor, The Human Side of Enterprise (New York：McGraw-Hill, 1960).
4. John J. Morse and Jay W. Lorsch, "Beyond Theory Y," Harvard Business Review, May-June 1970, pp. 61-68. For other publications by Lorsch at Harvard Business School, see http：//dor.hbs.edu, accessed August 19, 2011.
5. How Khan Academy Is Changing the Rules of Education？http：//www.wired.com/magazine/2011/07/ff_khan/all/1, accessed March 13, 2012；Khan Academy http：//www.alexa.com/siteinfo/khanacademy.org#；accessed July 28, 2012；Temple, James (2009-12-14). "Salman Khan, math master of the Internet". sfgate.com. http：//www.sfgate.com/cgi-bin/article.cgi? f=/c/a/2009/12/13/BUKV1B11Q1.DTL&tsp=1, accessed January 8, 2013.
6. Abraham Maslow, Motivation and Personality (New York：Harper & Row, 1954). For Maslow's publications, see www.maslow.com, accessed January 28, 2013.
7. Edward Lawler III and J. Lloyd Suttle, "A Causal Correlation Test of the Need-Hierarchy Concept," Organizational Behavior and Human Performance, April 1972, pp. 265-87.

8. Douglas T. Hall and Khalil Nougaim, "An Examination of Maslow's Hierarchy in an Organization Setting," Organizational Behavior and Human Performance, February 1968, pp. 12-35. For an additional evaluation of the needs hierarchy theory, see John B. Miner, Theories of Organizational Behavior (Hinsdale, IL: Dryden Press, 1980), chap. 2.

9. C. P. Alderfer, Existence, Relatedness, and Growth: Human Needs in Organizational Settings (New York: Free Press, 1972).

10. Frederick Herzberg, Bernard Mausner, Robert A. Peterson, and D. Capwell, Job Attitudes: Review of Research and Opinion (Pittsburgh: Psychological Services of Pittsburgh, 1957); Frederick Herzberg, Bernard Mausner, and Barbara B. Snyderman, The Motivation to Work (New York: Wiley, 1959).

11. Victor H. Vroom, Work and Motivation (New York: Wiley, 1964). See also David A. Nadler and Edward E. Lawler III, "Motivation: A Diagnostic Approach," in J. Richard Hackman, Edward E. Lawler III, and Lyman W. Porter (eds.), Perspectives on Behavior in Organizations, 2nd ed. (New York: McGraw-Hill, 1983), pp. 67-87.

12. Lyman W. Porter and Edward E. Lawler III, Managerial Attitudes and Performance (Homewood, IL: Irwin, 1968); Cynthia M. Pavett, "Evaluation of the Impact of Feedback on Performance and Motivation," Human Relations, July 1983, pp. 641-54.

13. J. Stacy Adams, "Toward an Understanding of Inequity," Journal of Abnormal and Social Psychology, vol. 67 (1963), pp. 422-36; Adams, "Inequity in Social Exchange," in L. Berkowitz (ed.), Advances in Experimental Social Psychology (New York: Academic Press, 1965), pp. 267-99.

14. Richard A. Cosier and Dan R. Dalton, "Equity Theory and Time: A Reformulation," Academy of Management Review, April 1983, pp. 311-19. See also Richard C. Huseman, John D. Hatfield, and Edward W. Miles, "A New Perspective on Equity Theory: The Equity Sensitivity Construct," Academy of Management Review, April 1987, pp. 222-34.

15. Considerable research has been done on the motivational aspects of goal setting. See Edwin A. Locke and Judith F. Bryan, "Performance Goals as Determinants of Level of Performance and Boredom," Journal of Applied Psychology, April 1967, pp. 120-30; Edwin A. Locke, "The Relationship of Intentions to Level of Performance," Journal of Applied Psychology, February 1966, pp. 60-66; Locke, "The Ubiquity of the Technique of Goal Setting in Theories of and Approaches to Employee Motivation," Academy of Management Review, July 1978, pp. 594-601; Heinz Weihrich, "A Study of the Integration of Management by Objectives with Key Managerial Activities and the Relationship to Selected Effectiveness Measures," doctoral dissertation, University of California, Los Angeles, 1973. For computerized goal setting at Cypress Semiconductor, see T. J. Rogers, "No Excuses Management," Harvard Business Review, July-August 1990, pp. 84-98. See also Heinz Weihrich, Management Excellence: Productivity through MBO (New York: McGraw-Hill, 1985), chap. 5.

16. Fred Luthans and Robert Kreitner, Organizational Behavior Modification and Beyond: An Operant and Social Learning Approach (Glenview, IL: Scott, Foresman and Company, 1984).

17. David C. McClelland, The Achievement Motive (New York: Appleton-Century-Crofts, 1953); Studies in Motivation (New York: Appleton-Century-Crofts, 1955); and The Achieving Society (Prince-

ton, NJ: Van Nostrand, 1961). See also his "Achievement Motivation Can Be Developed," Harvard Business Review, January-February 1965, pp. 6-24, 178; and (with David G. Winter) Motivating Economic Achievement (New York: Free Press, 1969).

18. David C. McClelland, "That Urge to Achieve," in Max D. Richards (ed.), Readings in Management, 7th ed. (Cincinnati, OH: South-Western, 1986), pp. 367-75.

19. Fred Luthans, Organizational Behavior: An Evidence-Based Approach, 12th Edition (New York: McGraw-Hill, Irwin, 2011, pp. 443-444.

20. For a variety of human resource issues and studies, including benefits, see http://was.hewitt.com/hewitt, accessed June 12, 2002.

21. William B. Glaberson, Jeffrey M. Laderman, Christopher Power, and Vicky Cahan, "Who'll Be the Next to Fall?" Business Week, December 1, 1986, pp. 28-30; Chris Welles and Gary Weiss, "A Man Who Made a Career of Tempting Fate," ibid., pp. 34-35.

22. David Margolick, "The Madoff Chronicles, Part III: Did the Sons Know". Vanity Fair, July 2009.

23. Richard R. Floersch, "The Right Way to Determine Executive Play," The Wall Street Journal, March 5, 2009.

24. "Headhunter Dishes on Why People Leave Google, http://news.cnet.com/8301-10784_3-9934527-7.html, accessed October 10, 2012, "What It's Like Leaving Google to Go Work at Facebook," http://www.businessinsider.com/what-its-like-leaving-google-to-go-work-at-facebook-2012-3?op=1, accessed January 28, 2013; "The Best Companies to Work For," http://www.forbes.com/sites/jacquelynsmith/2011/12/15/the-best-companies-to-work-for/2/, accessed January 28, 2013.

25. "Google's Mission is to Organize the World's Information and Make it Universally Accessible and Useful," http://www.google.com/about/company/, accessed October 9, 2012.

26. Ten Things We Know to Be True, http://www.google.com/about/company/philosophy/, accessed October 9, 2012.

15

领　　导

[学习目标]

学完本章后，你应该能够：

1. 对领导做出定义，并区分其构成要素。
2. 论述领导的素质论方法和个人魅力领导方法以及这两种方法的局限性。
3. 论述基于职权的各种领导风格。
4. 确定管理方格图的两组维度以及由此引出的截然不同的管理风格。
5. 认识到领导可以视之为一个连续统一体。
6. 解释领导的权变方法。
7. 论述领导有效性的途径——目标方法。
8. 区分交易型和转化型领导。

虽然有些人把"管理艺术"与"领导艺术"视为同义词，但这两者还是应该加以区别的。事实上，可能有完全无组织群体这样的领导，但此处所述及的，只是系统组织结构职位上的管理人员。把领导同管理区别开来对分析问题颇有好处，把领导问题单独挑出来研究，就不会陷入大量的涉及管理的较为一般性的问题之中。

领导是管理的一个重要方面，正如在本章中将要指出的，有效地进行领导的能力是一名有效管理者的必要条件之一。此外，从事其他一些重要的管理职能（整个管理工作），对于确保管理者成为成功领导者有着重大的影响。管理人员必须行使他们职位所赋予的全部职能，以便把人力资源与物质资源结合起来以实现目标。要做到这一点，关键是要有清晰的角色和一定程度的自主权或职权来支持管理人员的行动。

领导的实质是追随关系，换言之，正是人们愿意追随某人，从而使他成为一名领导者。此外，人们往往追随那些他们认为可提供其实现愿望、要求和需要手段的人。

> **注解**
> 领导和激励是密切相关的。

领导和激励是密切相关的。人们了解了激励的作用就能更好地理解人们需要什么以及人们的行为动因。领导者不仅可以对下属的激励因素做出反应，而且还能运用他们所开发的组织氛围来激发或抑制这些激励因素。这两项因素无论对领导工作还是对管理工作都是重要的。

创新视角　美国好市多超市首席执行官吉姆·赛尼格尔
——一个以心为本和精明的领导[1]

首席执行官吉姆·赛尼格尔（Jim Sinegal）领导的好市多（Costco）超市仓储俱乐部，是美国最成功的连锁零售商之一。许多首席执行官都要求配置体面的办公室和其他待遇，而赛尼格尔不是这样（他喜欢别人称呼他为"吉姆"），在他简陋的办公室里只有两张折叠桌。他的衣柜是从其自己的仓库里挑的，而不是时髦的设计师专门设计的。任何时候光顾他的商店，他总要戴上自己的胸卡。在接受《华尔街日报》采访时，他表示2007年在美国新开了30家商店。同时，他也在考虑在中国和印度开展业务的机会，但是目前印度的法律规定禁止外资零售这种商业模式。好市多已经进入了墨西哥和日本市场。

沃尔玛素以低价格著称，为了与沃尔玛抗衡，好市多给员工提供的工资高于沃尔玛，也高于它的大部分竞争对手。赛尼格尔在访谈中说："如果你招聘高素质员工，给他们好的薪酬和提供良好的工作机会和发展空间，你的企业会从中收益。我们自己本身就是最好的验证，我们是低价商品提供商，但我们支付的工资最高。"看来以心为本的领导是明智的。

领导的定义[2]

管理学作者们对领导有不同的含义。[3]美国前任总统哈里·杜鲁门（Harry Truman）曾经说过，领导就是让人们做他们不愿意做的事情，并使他们愿意做的能力。本书则把**领导**定义为影响力，即影响人们心甘情愿和满怀热情地为实现群体的目标而努力的艺术或过程。[4]理想的情况是，应当鼓励人们不仅要提高工作的自愿程度，而且情愿满腔热忱和满怀信心地工作。热忱是在工作中表现出来的旺盛的热情、诚挚和投入；信心则反映了经验和技术技能。领导者的作用在于通过最大限度地运用其能力，帮助群体尽其所能地实现目标。领导者不是站在群体的后面推动和激励，而是要置身于群体之前，促动群体的进步，鼓舞群体为实现组织目标而努力。一名乐队的指挥即是一个恰当的例子，他的任务就是要通过乐师们共同一致地努力演奏，奏出和谐之音和正确的节拍。一个管弦乐队的好坏取决于其指挥的领导素质。

> **注解**
> 领导是影响人们心甘情愿和满怀热情地为实现群体的目标而努力的艺术或过程。

领导力视角　　纽约哈德逊河面上的领导[5]

"哈德逊河面上的奇迹"表明，一个服务口碑欠佳的公司也可以"咸鱼翻身"。美国航空公司（US Airways）1549航班飞机迫降在纽约哈德逊河面上后，航班机组人员用超乎寻常的服务善待机上的149名乘客，为美航赢得了荣誉。在飞行员的超常精湛操控下，飞机成功迫降在纽约哈德逊河面上，乘务员快速引导乘客脱离危险，创造了无乘客死亡的奇迹。派出的快速反应"救援队"给乘客分发毛衣、购买个人物品用的应急现金、药品、卫生用品，以及预付费电话卡。乘客可以在留住纽约宾馆、换乘新航班、改换火车票，以及租车几个方案中做出选择。由于一些乘客有可能丢失了汽车驾驶证，美国航空公司与赫兹汽车租赁公司（Hertz）联系，在飞机评估期间，由赫兹公司对这些乘客提供服务。每个乘客都收到了美国航空公司发给的三封函件、机票退票款以及一张5000美元的预付支票。负责事故退赔的人员对那些丢失了大额物品的乘客进行了专访。

领导的构成要素[6]

领导者眺望未来，他们激发组织成员的热情，并规划组织的发展路径。克莱斯勒公司的前任首席执行官李·亚科卡（Lee Iacocca）和通用电气公司前任首席执行官杰克·韦尔奇（Jack Welch）以及微软公司的比尔·盖茨都为他们的公司提出了愿景。作为领导者，他们应持有这样的价值观：他们是否关注质量、诚

> **注解**
> www.chrysler.com
> www.ge.com
> www.microsoft.com

实和已计算出的可承担的风险,以及他们是否关心他们的雇员和顾客。

> **注解**
> 领导的组成要素:权力;对人的最基本的理解;激发追随者竭尽全力的能力;领导风格和营造有利的组织氛围。

任何一个由全力以赴工作的人们所组成的群体,都有某个擅长领导艺术的人作为群体的首领。这种技能似乎至少包括以下四个主要方面:(1)有效地、负责任地运用权力的能力;(2)了解人们在不同的时间和不同的情况下有不同的激励驱动力的能力;(3)激发人们奋进的能力;(4)营造有利于应对和发挥激励作用氛围的能力。

构成领导的第一要素是权力,对权力的性质以及权力与职权的区别已经在第9章论述过了。领导的第二个要素是对人要有最基本的理解。正如在所有实际工作中那样,懂得激励理论、各种激励驱动力和激励制度的性质是一回事,针对不同的人和情境运用这类知识的能力却是另外一回事。一名管理者或任何领导者如果起码懂得激励理论的现状和理解激励的要素,那么,他就能更多地理解人的需要的性质和程度,也就能界定和设计满足这类需要的方法并加以管理,以期达到理想的反馈结果。

领导的第三个要素是一种少见的能力,即激发追随者竭尽全力从事某项工作的能力。虽说激励因素的运用似乎主要是围绕着下属及其需要,然而激发力却来自群体的领导者。他们可能有魅力和感召力,使追随者产生忠诚度、奉献精神和强烈的实现领导意图的意愿。这不是满足人们需要的事,相反,倒是一件人们对中意的领导者给予无私支持的事。激发人们斗志,领导的榜样是在绝望和令人恐怖的情境中表现出来的,如处在战争前夕而毫无准备的国家、精神状态异常的囚犯集中营,或是被打败了的领袖仍然被忠诚的追随者紧随其后等。有些人也许会说,这种对领导者的忠诚并非完全是无私的,这样做是为了那些追随者的利益,因为他们面临灾难而要追随所信赖的人,但是几乎没有人会否认在上述两种情况下个人感召力的价值。

创业视角 史蒂夫·乔布斯的创业领导风格[7]

史蒂夫·乔布斯在与病魔抗衡了数年后,于2011年8月24日辞去了苹果首席执行官的职务,但继续担任苹果的董事长。作为苹果和皮克斯动画工作室(Pixar)的创始人,史蒂夫·乔布斯被人们广泛地赞誉为当代的创造天才和最伟大的首席执行官之一。乔布斯对卓越的细节和设计的执着,把一个他早先被董事会扫地出门、濒临破产的苹果,建成了全世界最有价值的公司之一。他的激情、高标准以及为取悦消费者不遗余力地偏执能力促使他领导苹果推出了一系列无与伦比的产品(如音乐播放器、智能手机和平板电脑)。植根于史蒂夫·乔布斯的这种引导型创业领导力是未来领导们的试金石,它就像代表创造力和勇敢的标杆,世代相传。

领导的第四个要素同领导者的风格和领导者所营造的组织氛围有关。如前一章所表明的，激励的力度在很大程度上取决于期望概率的大小、预期报酬的多少、认定需要努力的程度、有待完成的任务，环境中的其他因素以及组织氛围。人们意识到这些因素的存在，于是对领导行为进行了大量的研究，提出了各种相关的理论。那些长期以来就把领导作为人际关系心理学研究内容的人，他们的观点与本书作者的观点是趋同的，即管理人员的首要任务是设计并维持绩效增长的工作环境。

约翰·盖巴罗（John Gabarro）和约翰·科特（John Kotter）增加了另外一个要素：有效的管理人员必须与其上级保持健康的关系。[8] 这就意味着，这种关系是基于相互依赖基础上的。因此，管理人员必须了解上级的目标以及压力，并对此给予关注。

依靠那些能够帮助他人实现对诸如金钱、地位、权力和成就自豪感之类需要的人，使得企业中的几乎每个角色都能让员工得到满足，并使得企业更有效益。**领导的基本原则**是：由于人们往往追随那些他们认为有助于实现个人目标的人，所以，管理人员越是了解那些激励其下属的因素以及这些激励因素如何发挥作用，并把这种理解更多地体现在其管理行动之中，那么，他们就能成为更为出色的领导者。

由于领导对所有各类群体行动都有重要作用，因此，关于领导问题的理论和研究数量相当可观。对这种庞大的研究内容难以用某种方式概括起来以适用于日常的管理。不过，下面将探讨几种主要的领导理论和研究成果，并概述几种基本的领导风格。

> 注解
> **领导的基本原则**是：由于人们往往追随那些他们认为有助于实现个人目标的人，所以，管理人员越是了解那些激励其下属的因素，并把这种理解更多地体现在其管理行动之中，那么，他们就能成为更为出色的领导者。

领导素质论[9]

在 1949 年之前，对领导的研究主要是试图分析领导人所具备的素质。"伟人"论认为领袖是天生的而不是造就的，这种信念可追溯到古代希腊人和罗马人，以此为出发点，研究人员试图辨析不同的领袖人物在体质、智力和个性方面的素质。"伟人"论随着心理行为学派的兴起而极大地丧失了它的可接受性。

不少学者已经做过各种素质问题的研究。拉尔夫·M·斯托格迪尔（Ralph M. Stogdill）发现，各类研究人员明确了与领导能力有关的 5 种体质特征（如精力、外表和身高），4 种智力与能力特征，16 种个性特征（如适应性、进取心、热情和自信心），6 种与任务有关的特征（如成就动力、持久性和进取心）以及 9 种社会特征（如合作性、人际关系能力和管理能力）。[10]

有关领导素质重要性的讨论仍在继续，近年来，人们又确定了以下一些关键的领导素质：动力（包括成就、激励、精力、志向、进取心和韧性）、领导激励（领导激情，但不是争权）、诚实和正直、自信心（包括情绪稳定性）、认知能力以及对企业的理解程度。不太清晰的是创造性、灵活性和个人魅力对领导有效性的影响。

总的来说，把领导素质的研究成果用来解释领导行为不能说是一种富有成效的方法，因为并非所有领导人都具备这一切素质，而且许多非领导人也可能具备其中的大部分或全部素质。另外，素质研究方法对人们应该具备的任何品质达到多大程度，没能提供有益的指南。除此之外，已经完成的数十项研究对哪些素质属于领导素质看法不一，或者对素质与实际的领导情况是什么关系的看法也不尽相同。大多数所谓的素质实际上不过是行为方法而已。

个人魅力领导方法

个人魅力领导与上述讨论密切相关，早年对个人魅力特征的研究是由罗伯特·J·豪斯（Robert J. House）承担的。[11]他和其他几位作者指出，个人魅力型领导可能有某些特征，如有自信心、有很强的说服力、清晰地阐明愿景、能够引发变革、沟通高期望值、有影响和支持追随者的需求、热情奔放以及敢于面对现实。[12]尽管这些特征值得称道，但正如本章后面要指出的其他因素，如追随者和情境特征等也可能对领导的有效性产生影响。

领导行为和领导风格

有几种研究领导行为与领导风格的理论。这里集中论述：（1）基于职权的领导；（2）管理方格图；（3）涉及不同风格的领导，从最大限度至最低限度运用权力与影响的领导。

基于职权的领导风格

> **注解**
> **专制的领导者**发号施令，要求他人依从，教条且独断，凭借采用奖惩的能力实施领导。
>
> **注解**
> **民主或参与式领导**同下属磋商，并且鼓励下属参与其中。
>
> **注解**
> **自由放任式领导者**很少运用其权力，在工作中给下属很大的自主权。

早期对领导风格的一些解释是根据领导者如何运用他们的职权来分类的。人们认为，领导者采取的基本风格有三种。**专制的领导者**发号施令，要求他人依从，教条且独断，凭借采用奖惩的能力实施领导。**民主或参与式领导**在拟定行动和决策时同下属磋商，并且鼓励下属参与其中。这种类型的领导包括那些只有在得到下属一致同意后才采取行动的领导者和在做出决策之前要同下属磋商的领导者。

自由放任式领导者很少运用其权力，在工作中给下属很大的自主权。这类领导者主要依靠下属来确定他们自己的目标以及实现目标的方法，他们认为其任务就是为下属提供信息，主要充当群体与外部环境的联系人，以此帮助下属进行工作。图15-1具体表明了三种领导风格下的影响流程。

在简单分类的领导风格中还有不少变异类型，有些专制的领导者被视为"仁慈独裁者"。尽管他们在做出决策之前能很好地听取其下属的意见，但仍由他们自行决策。他们也许乐意听取并考虑下属的想法和疑虑，但当需要做出决策时，他们可能更多地表现为独裁者而不是仁慈者。

参与式领导者的一种变异形式是支持者。这类领导者对自己的任务不仅要同下属磋商，认真考虑他们的意见，而且还要尽其所能地支持下属来履行其职责。

采用任何一种领导风格都要视情况而定。一名管理人员在紧急状态下可能非常专制，人们很难想象消防队长会同队员长时间开会商量灭火的最佳方案。管理人员在只有他们能对某些问题提供答案时，也可能是专制的。

一名领导者通过同下属磋商可以获得相当多的知识和得到相关人员的承诺。正如前面已经阐述过的，这一点在目标管理系统中拟定可考核目标时体现得尤为突出。此外，一名同一批研究型科学家打交道的管理人员，可能在他们探究和实验过程中给予充分的自主权。但同样是这名管理者，在处理某些潜在危险的化学品时，可能非常果断地要求下属必须穿戴防护服。

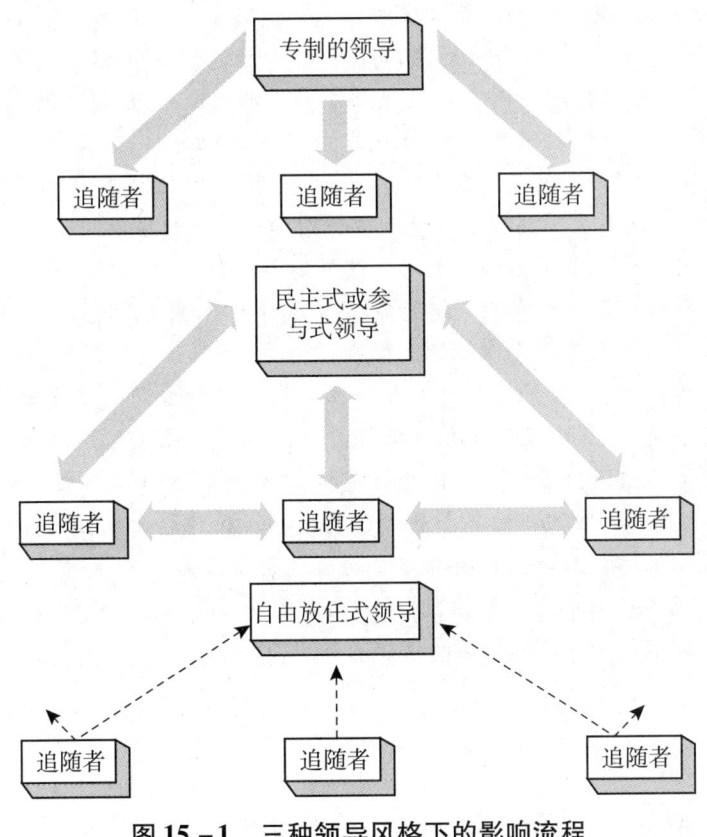

图 15-1　三种领导风格下的影响流程

女性在领导方式上与男性有区别吗?

女性管理人员的管理风格可能与男性有所不同。一项调查表明,女性管理人员将领导视为通过人际关系技能和个人品质来激励下属,将下属的个人利益集成在公司整体利益的过程。[13]这种互动式领导风格需要与下属分享信息和权力,鼓励下属参与并让其感到他们存在的重要性。相比之下,男性领导则更倾向于视领导为一系列与其下属做交易的过程。此外,他们更经常运用资源控制和职权来激励其下属。这并不意味着所有成功的男性或女性管理人员在分别运用各自的领导风格。当然,有些男性管理人员在领导下属时采用互动式领导风格,而一些女性管理人员则采用传统方法。

创新视角 引领创新——与英特尔公司科恩·彭的访谈[14]

彭博士拥有两个博士学位,一个是专门研究纳米复合材料的机械工程学博士学位,另一个是专注运营管理的工商管理博士学位。鉴于他在英特尔公司技术和管理方面的专长和经验,我们向他询问英特尔公司是如何计划和组织创新的。彭博士说,"英特尔公司是一个独特的案例,它在两个方面强调创新:流程创新和产品创新。流程创新涉及芯片是如何制造的,这一点方向非常清晰,即遵循摩尔定律(Moore's Law)。英特尔公司创始人戈登·摩尔(Gordon Moore)于1965年提出了摩尔定律,他认为每隔两年一个芯片上的晶体管数量大约将增加一倍。自从英特尔公司1968年问世以来,摩尔定律一直是公司的指导原则。这样清晰的目标为流程创新设定了框架,公司所有的开发活动都围绕这个框架进行规划。近期开发的三维电晶体(3D Tri-Gate)技术就是英特尔公司在摩尔定律基础上拓展创新的范例。"

彭博士继续说道,"在产品创新方面,业界缺乏具体和清晰的发展方向,英特尔公司采用的方法是:(1)投资于寻找路径方面的研究,主要是通过与大学、政府机构以及产业等有着广泛接触的、被称为'英特尔实验室'的机构未完成;(2)构建'能做'的文化氛围,在组织的各个层面(包括技术人员和业务员的基层)全方位推行创新理念。"他最后总结道,"英特尔公司将创新定义为'想法×执行',所以英特尔公司实施计划时采用的是'滴答模型'(Tick Tock Model),将流程创新与产品创新结合在一起,给市场带来货真价实的价值。"

管理方格图

众所周知的界定领导风格的研究方法之一是管理方格图,这是数十年前由罗伯特·布莱克(Robert Blake)和简·穆顿(Jane Mouton)开发出来的。[15]在此之前的研究表明,既关心生产又关心人对一名管理人员而言具有重要意义,于是,布莱克和穆顿便设计出一个巧妙的方格图，形象地表述了对生产和对人的关注，如图 15-2 所示。这个方格图作为管理人员培训和确定各种领导风格不同组合的手段在全世界得到了广泛的应用。

管理方格图的维度

管理方格图有两个维度：对人的关心与对生产的关心。正像布莱克和穆顿所强调的那样，他们使用"对……关心"这句话的含义是要表明管理人员怎样关心生产，或他们怎样关心人，而不是关心群体中产量之类的事。

> **注解**
> 管理方格图有两个维度：对人的关心与对生产的关心。

关心生产是指一名主管对各种不同情况所持的态度，如政策决议的质量、程序与过程、研究的创造性、服务质量、工作效率和产量等。同样，关心人也有广泛的解释，包含了诸如个人对实现目标的承诺程度、工人自尊心的维护、基于信任而非服从的职责安排、提供良好的工作条件和保持令人满意的人际关系等内容。

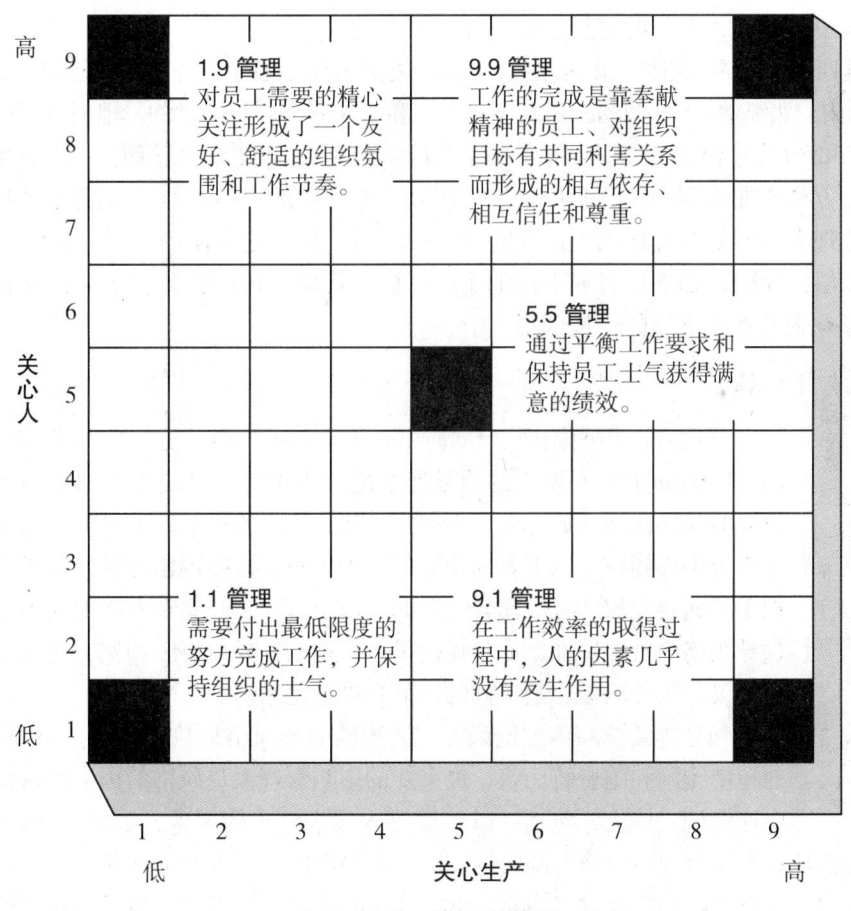

图 15-2 管理方格图

资料来源：Adapted from R. R. Blake and J. S. Mouton, *The Managerial Grid* (Houston, TX: Gulf Publishing Company, 1964), p. 10.

四种极端的管理风格

布莱克和穆顿认定有四种极端的管理风格。在1.1型风格中（称之为"贫乏型管理"），管理人员既不关心人也不关心生产，很少过问他们的工作。实际上他们已放弃了自己的职守，无所事事或者只充当将上级信息向下属传达的传声筒。处于另一个极端的是9.9型的管理人员，他们在工作中不论对人还是对生产都显示出最大的奉献精神，是真正意义上的"团队管理人员"，他们能够把企业的生产需要同个人的需要紧密地结合在一起。

另一种风格是1.9型管理人员（也称为"乡村俱乐部式管理"）。在这类管理中，管理人员很少甚至不关心生产，而只关心人。他们营造了一种人人得以放松，感受友谊与快乐的环境，而没有人关心如何协同努力以实现企业的目标。另一个极端是9.1型管理人员（有时被称为"专制的任务型管理者"），他们只关心如何进行有效率的经营，很少甚至不关心人，他们的领导风格是非常专制的。

把这四种极端的管理类型作为基点，就能够把每种管理技术、方法和风格置于方格图中的某个位置。很显然，5.5型的管理人员对生产和对人的关心是适中的。他们获得的是一般化的士气和产量，但不是最好的；他们制定的目标不高，对人则倾向于采用仁慈的专制态度。

管理方格图在识别和区分管理风格方面是一个有用的工具，但它未能告诉人们为什么一名管理人员会处在方格图上的某一个部位。为了找出这方面的原因，人们不得不考虑一些深层次原因，如领导者或下属的个性特征、管理人员的能力和培训、企业环境以及其他影响领导者和下属的情境因素。

领导连续统一体

> **注解**
> **领导连续统一体概念**
> 系指领导涉及各种各样的风格，从完全以领导者为中心到完全以下属为中心的各种风格。
>
> **注解**
> 适当的领导风格取决于领导、下属和情境。

罗伯特·坦南鲍姆（Robert Tannenbaum）和沃伦·H·施密特（Warren H. Schmidt）开发出的**领导连续统一体概念**，系统地归纳了适合于不同情境的领导风格，如图15-3所示。领导涉及各种各样的风格，从完全以领导者为中心到完全以下属为中心的各种风格。这些风格随领导者或管理人员授予下属自主权的程度而异。因此，这个方法不是要在专制的或民主的两种领导风格中做出选择，而是提出了一系列的领导风格。当然，这个方法并没有建议，某种风格总是正确的，另一种总是错误的。

领导连续统一体理论认为，适当的领导风格取决于领导、下属和情境。对坦南鲍姆和施密特而言，最重要的影响管理人员风格的因素可以体现在一个连续统一体上，包括：（1）管理人员个性中的因素，如他们的价值系统、对下属的信任程度、对领导风格的倾向性，以及不确定情况下的安全感等；（2）影响管理人员行为的、下属个性中的因素，如愿意承担责任的程度、知识和经验以及对模棱两可情况的容忍程度等；（3）情境因素，如组织的价值准则和传统、下属人员作为整体工作的有效性、问题的性质和授权下属处理这一问题的可能性，以及时间的压力等。

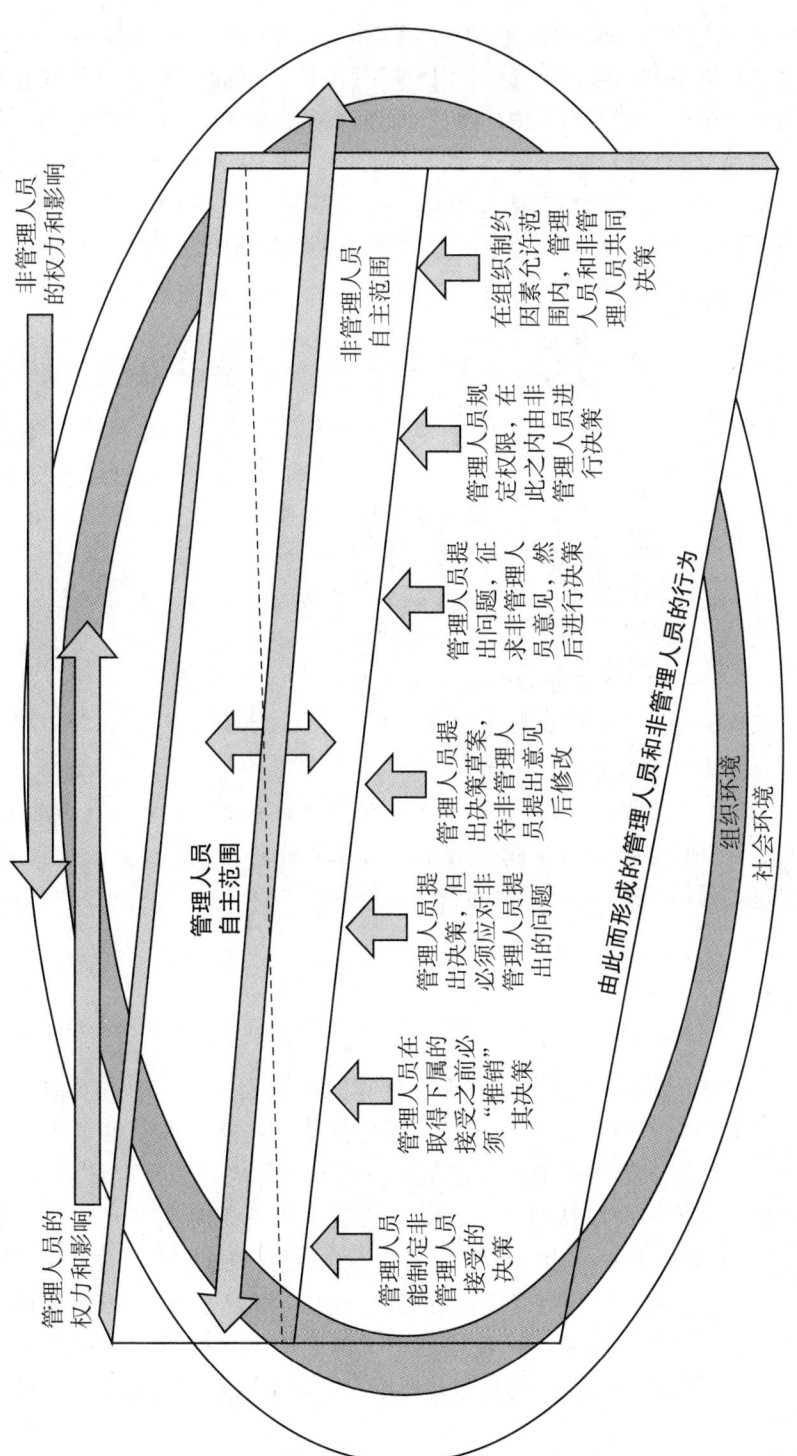

图15-3 管理人员—非管理人员行为连续统一体

资料来源：Used with permission from R. Tannenbaum and W.H.Schmidt, "Retrospective Commentary on How to Choose a Leadership Pattren," *Harvard Business Review*, vol.51, no.3 (May-June 1973), p.167.

1973年坦南鲍姆和施密特重新研究他们的模型时（领导连续统一体模型是在1958年首次提出的），在其周围画了两个圈（如图15-3所示），以此表示组织环境和社会环境对领导风格所施加的影响。[16]这样做的目的是要强调领导风格开放系统的性质，并强调企业外部组织环境和社会环境两者所产生的各种影响。在1973年所作的解释中，他们更加强调领导风格同环境因素的相互依存关系，这些环境因素包括工会、与日俱增的要求企业履行社会责任的压力、民权运动、生态和消费者保护运动等。这些环境因素对管理人员在不顾及组织外部利益的情况下做出决策或处置下属的权力提出了挑战。

领导力视角　意大利电信设备制造公司的领导[17]

马丽萨·贝丽萨里奥（Marisa Bellisario）担任意大利国有电信设备制造公司总裁和首席执行官时，公司正处在困境之中，如高亏损、巨额债务、研究和开发经费不足、人浮于事、工会化组织等。贝丽萨里奥女士采取了一些重大步骤来扭转公司的处境，以提高生产率。下面是新措施的几个实例：

注解
www.italtel.it

- 通过公开沟通和与工会合作改组公司，组成业务单位；
- 领导公司进入电子业，这需要重新培训员工；
- 制订实施低技能熟练女工的升级培训计划；
- 推动本公司同法国、英国和德国的公司开展欧洲内部合作；
- 通过产品和制造工艺创新来提高效率。

像马丽萨·贝丽萨里奥这样的领导，必须按照领导者的特征（技术的、人际关系的、理念上的和设计上的技能）、与下属的关系，尤其是同工会化的员工队伍之间的关系，以及需要有强有力领导人对付危机的情境三个方面来加以分析。

领导情境或权变论

随着人们对以"伟人"论和素质论来解释领导越来越感到失望，于是便把注意力转向对领导所处情境的研究，同时认定领导者是既定情境的产物。人们做了大量的研究，前提条件都是领导行为在很大程度上受造就领导者和领导者赖以生存情境的影响。这一研究方法是有说服力的，可以从20世纪30年代美国大萧条时期富兰克林·迪兰诺·罗斯福（Franklin Delano Roosevelt）和第二次世界大战后中国毛泽东的出现中得到证实。这一研究方法确认，群体与领导者之间存在着一种互动效应，这个方法支持追随者理论，即人们倾向于追随他们认为（正确地或不正确地认为）能帮助他们实现各自愿望的领导者。因此，领导者就是那些确认这些愿望，并且采取实现愿望的行动或承担计划的人。

情境法，或称为权变法显然对管理理论与实务有很重要的意义。这种方法也可同第

14 章中所论述的激励系统结合起来,对在岗的管理人员来说尤为重要,因为他们在设计绩效环境时必须要考虑到情境因素。

菲德勒的领导权变论

虽然说伊利诺伊大学的福来德·E·菲德勒(Fred E. Fiedler)和他的同事研究领导理论的方法主要是一种分析领导风格的方法,但他们却提出了一种**领导权变理论**(contingency theory of leadership)。[18]这个理论认为,人们之所以成为领导者不仅在于他们的个性,而且也在于各种不同的情境因素和领导者与群体成员之间的交互作用。

> **注解**
> 领导权变理论认为,人们之所以成为领导者不仅在于他们的个性,而且也在于各种不同的情境因素和领导者与群体成员之间的交互作用。

领导情境的几个关键性维度

菲德勒根据他们的研究阐明了领导情境的 3 个关键性维度,它们有助于决定采取何种领导风格最为有效:

1. 职位权力。这是指一个领导者所处的职位能使群体成员遵从他们指挥的权力,不同于来自其他方面的诸如个性或专长的权力。就管理人员而言,这是来自组织职权所赋予的权力。正如菲德勒所指出的,有了清晰和相当大职位权力的领导者才能比那些没有此种权力的领导者更易博得下属真诚的追随。

2. 任务结构。菲德勒将这个维度界定为任务能够细分和人员职责划分的清晰程度。只要任务明确(而不是含混不清和非结构性的),工作绩效的质量就能比较容易加以控制,并能更确切地划分群体成员承担绩效的责任。

3. 领导者与成员的关系。从领导者的观点来看,菲德勒将这一维度视为最重要的因素,因为职位权力和任务结构在很大程度上企业是可以控制的。领导者与成员之间关系的前提条件是,群体成员爱戴、信任领导者,并心甘情愿地追随领导者。

领导风格

菲德勒为了进行他的研究确定了两大领导风格,其中之一是任务导向风格,即领导者从设法完成任务中得到满足;另一种取向是实现良好的人际关系和个人获得显赫的职位。

菲德勒运用一种不同寻常的测试方法来测量领导风格和确定领导是否在大体上呈现为是任务型的。他的研究成果基于以下两种来源:(1)"最不喜欢的同事"(LPC)量度的得分,即按群体中人们最不喜欢与之共事的人所定的等级;(2)"假设的相反方面类似点"(ASO)量度的得分,即根据领导者认为群体成员与自己相类似的多少来测定等级,这是基于人们最喜欢与自己相似的人相处共事的假设。现在,在调查研究工作中应用得最普遍的便是 LPC 量度方法。在开发这一方法时,菲德勒要求问卷填表人确定他们认为最不能一起共事的同事的品质。[19]填表人用一个含有 16 个问题的量度表,逐项给被调查人打分,如下所示:

令人愉快的 |＿|＿|＿|＿|＿|＿|＿|＿| 令人不愉快的
拒　　绝 |＿|＿|＿|＿|＿|＿|＿|＿|　　　　接受

菲德勒使用这一方法进行研究的结果以及其他人的研究结果都表明，将他们的同事评分高（即以赞许的词句评分）的人，是那些通过建立良好的人际关系得到极大满足的人；而把他们"最不喜欢的同事"评分低（即以否定的词句评分）的人，是那些从任务绩效中得到极大满足的人。

菲德勒根据他的调查研究，得出了一些有趣的结论。尽管他认识到人的直觉可能是不清晰的，甚至是十分不准确的，但他发现下述情况却是真实的：

"领导工作的绩效取决于组织，在同样程度上也取决于领导本人的品质。也许除了特殊情况外，说什么成功的领导者或不成功的领导者是没有意义的。我们能说的是，有些领导者在某一种情境中是成功的，而在另外的情境中也许是不成功的。如果我们希望提高组织和群体有效性的话，那么，我们不仅必须学会怎样培训领导者，而且必须学会怎样建设一个使领导者能够在其中很好地履行其职能的组织环境。"[20]

图15-4对菲德勒的权变领导模型用示意图做了表述。实际上，这张图是菲德勒调研成果的概括。在研究中他发现，关心任务的领导者在"不利的"或"有利的"情境下，将是最有成效的领导者。菲德勒将**情境有利性**定义为特定情境下领导对群体施加影响的程度。换言之，当领导在职位权力不足、任务结构不明确、领导与其成员关系紧张时，领导者的处境是不利的，在这种情况下，关心任务的领导者将是最有成效的（参照图15-4的右下角）。而在另一个极端情况下，在职位权力很高、任务结构明确、领导与其成员关系良好时，领导者的处境是有利的，在这种情况下，关心任务的领导者也是最有成效的。然而，当情况仅仅是有些不利或有些有利（见图15-4中水平量度的中部）时，注重人际关系的领导者是最有成效的。

在结构非常清晰的情况下，如战争期间的军队，领导者拥有很强的职位权力，与其成员保持良好的关系，在这种有利的情况下注重任务则是最佳的。处在另一个极端的情况下，即关系紧张、任务不明确以及职位权力不足的不利情况下，领导者也主张注重任务，这样可能会减轻因任务安排不当导致的焦虑或模糊不清。在两种极端情况之间，建议采取的领导方法所强调的是领导者要同成员合作并保持良好关系。

菲德勒的研究与管理

人们在评论菲德勒的研究结果时发现，无论是注重任务的领导风格还是注重人际关系的领导风格都不存在自动产生效应，或"好"、"坏"的概念。领导有效性取决于群体环境中的各种因素，这是可以预料到的。处在理想的领导角色的位置上，那些把知识应用于向他们汇报工作的群体事务中的管理人员，一旦认识到他们是在运用一种艺术，他们会做得很好的。但他们这么做时，必须要考虑到那些调动群体成员的激励因素和他们为了实现企业目标而满足群体成员需要的能力。

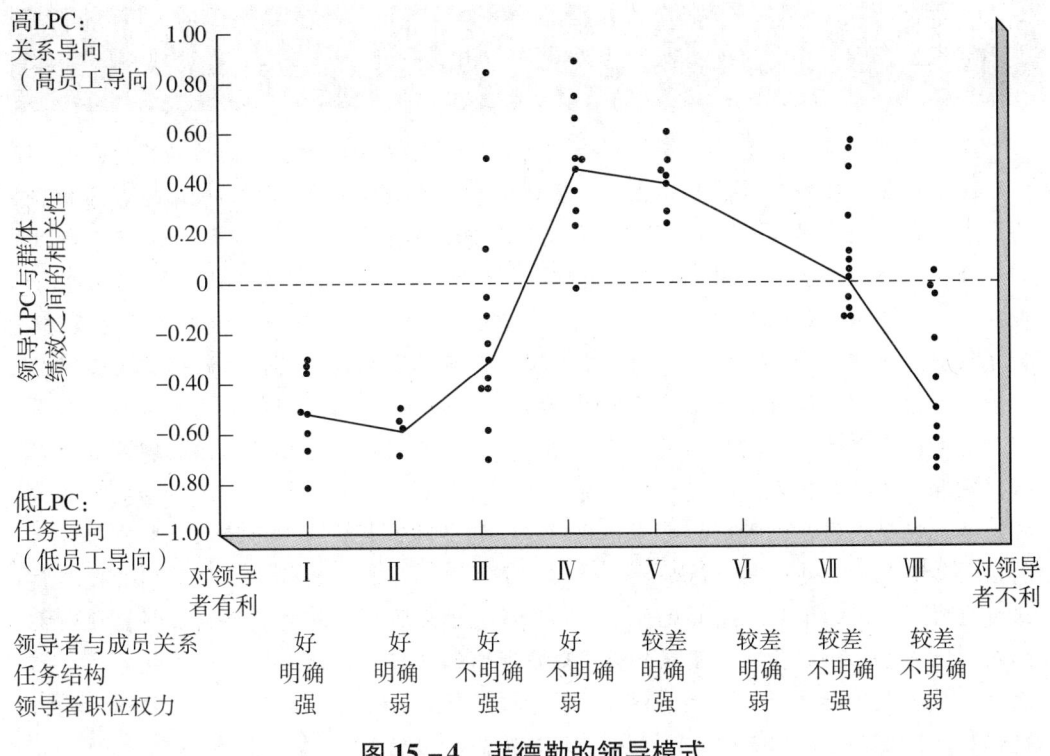

图 15-4 菲德勒的领导模式

注：图中每一个点代表研究中的发现。
资料来源：Adapted from F. E. Fiedler, *A Theory of Leadership Effectiveness* (New York: McGraw-Hill, 1967), p. 146. Used with permission.

有些学者把菲德勒的理论置于各种情境中进行测试。有的对"最不喜欢的同事"（LPC）量度评分法的作用提出质询，有的则认为这个模型并没有说明量度评分（LPC）同绩效好坏的因果关系。有些研究结论从统计学的角度看没有什么意义，对情境的衡量不可能完全摆脱 LPC 评分因素的影响。

尽管存在这些批评意见，但就确认有效的领导风格取决于情境而言，它是有重要意义的。虽然这种理论并非新颖，然而，菲德勒和他的同事们却吸引人们对这一事实给予了关注，并由此还引发了大量的研究活动。

创业视角

与索斯塔公司首席执行官汤姆·娄尼波斯有关领导力的访谈[21]

创业管理人员如何看待领导力?他们所处的企业性质会影响他们的领导方式吗?

汤姆·娄尼波斯(Tom Lounibos)是硅谷索斯塔软件公司(Soasta)的首席执行官,其公司专门提供突破性的、各种自动网络测试视频软件工具。娄尼波斯有着20多年将早期公司转变成行业领导者的经验,他的成功与他的"聆听领导"方式密切相关。在培育一个组织之前,娄尼波斯与许多潜在的消费者谈话,聆听市场的反馈。他不仅会发现消费者需要什么样的解决方案,而且知道如何以及什么时候需要新产品的解决方案。首先聆听消费者使娄尼波斯能够在第一时间创建一个公司。例如,如果消费者倾向于在网上研究和购买软件,那么,娄尼波斯就知道公司应该招聘更多的产品经理和网络服务代表而不是直销人员。

娄尼波斯也同样聆听他的员工。刚刚起步的公司给大量雇用后续人员留有了很大的余地,娄尼波斯充分利用这一灵活性,给消费者提供更好的解决方案,同时使其员工更忠实于自己的企业。除此之外,他的领导艺术还体现在招聘适合创业型企业所需的人才上。他选择那些高科技新兴公司环境所需的非循规蹈矩、乐于变革的人员。那么,如何实现公司愿景?当然,公司的愿景必须落实,但是,在一个大型组织结构出现错位时,娄尼波斯容忍他的消费者们帮助修正公司的愿景。

研究领导有效性的途径—目标方法

> **注解**
> 途径—目标理论认为,领导者的主要职责是为下属澄清和制定目标,帮助他们寻找实现目标的最佳途径,并清除障碍。

途径—目标理论认为,领导者的主要职责是为下属澄清和制定目标,帮助他们寻找实现目标的最佳途径,并清除障碍。赞成这一观点的人研究了各种不同情境中的领导,正如罗伯特·豪斯(Robert House)所指出的,这一理论基于其他人提出的各种激励理论和领导理论基础之上。[22]

该理论指出,应当考虑有助于领导有效性的情境因素。这些因素包括:(1)下属的特性,如他们的需要、自信心和能力;(2)工作环境,包括任务、奖励制度以及与同事的关系等方面(见图15-5)。

途径—目标理论将**领导行为**分为四种类型:

1. 支持型领导行为考虑到下属的需要,对他们的切身利益表示关切,同时,努力营造和谐的组织氛围。当下属受到挫折和不满意时,这类领导行为对下属的绩效影响最大。

2. 参与型领导允许下属对他们的决策施加影响,这样会提高激励效果。

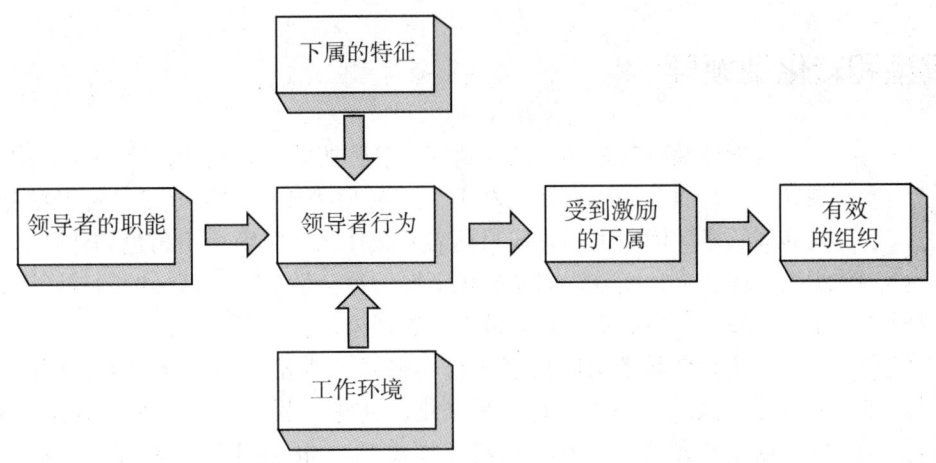

图 15-5 领导有效性的途径—目标方法

3. 指导型领导给予下属相当具体的指导，明确对下属的期望和要求，这涉及领导的计划、组织、协调和控制等方面。

4. 成就导向型领导涉及确定富有挑战性的目标，寻求提高绩效的方法，并深信下属能够实现高目标。

这一理论不是提出了一种最佳的领导方式，而是指出了得当的领导方式取决于情境。模棱两可的和不确定的情境对下属来说可能是令人沮丧的，此时需要更为注重任务的领导方式。换言之，当下属不知所措时，领导者可以告诉他们该做些什么，并清晰地指明实现目标的途径。另外，对诸如装配线那种常规任务若再增加途径说明（通常由注重任务的领导者提供）可能是多此一举，下属会认为这种做法是管得过了头，进而有可能引起不满意。从另一个角度看，员工希望他们的领导者不要妨碍他们；因为他们的途径早已清晰无误了。

这一理论提出，领导者的行为是可以接受的，领导者能在下属视其为满意来源的情况下满足下属的需要。这一理论的又一论点是，领导者的行为增强了下属的努力程度，即产生了激励作用，体现在以下两方面：（1）取决于有效绩效，领导行为满足了下属的需要；（2）领导行为通过辅导、指挥、支持和奖赏来改善下属所处的环境。

这个理论的核心是，领导者影响着介于行为与目标之间的途径。领导者能够这么做是通过确定职位与任务角色，清除实现绩效的障碍，在制定目标方面谋取群体成员的支持，促进群体的凝聚力和协作努力，在工作绩效方面增加个人满意度的机会，减轻压力和外界的控制，使期望目标更加清晰，以及满足成员期望的措施。

途径—目标理论对于在岗的管理人员具有重大意义，同时，人们必须承认，这个方法在能够成为管理工作的明确指南之前，还需要进一步测试。

交易型和转化型领导

> **注解**
> **交易型领导者**确定下属完成目标需要做什么,明晰组织角色和任务,建立组织结构,奖赏绩效,以及提供下属的社会性需要。
>
> **注解**
> **转化型领导者**清晰地展望公司愿景,激发和激励下属,以及创建有利于组织变革的氛围。
>
> **注解**
> www.ibm.com
> www.att.com

管理涉及有效率和有效益地完成管理职能,这些职能之一在总体上与领导有关,而与领导力密切相关。交易型和转化型领导者是可以区分的,**交易型领导者**确定下属完成目标需要做什么,明晰组织角色和任务,建立组织结构,奖赏绩效,以及提供下属的社会性需要。这样的领导者工作勤奋,能竭尽全力有效率且高效益地管理公司。

转化型领导者清晰地展望公司愿景,激发下属为之努力,同时,他们有能力激励下属,培育组织文化,创建有利于组织变革的氛围。诸如国际商用机器公司(IBM)和美国电话电报公司(AT&T)等企业,都有培养转化型领导者的计划,目的在于使公司能够快速应对外部环境的剧烈变化。转化型领导者与个人魅力领导者之间有许多相似之处,其中前者以引发创新和变革而著称。人们在联想到个人魅力领导者时,不禁会回忆起温斯顿·丘吉尔(Winston Churchill)、马丁·路德·金(Martin Luther King)和马瑟·特丽萨(Mother Theresa)这些名人,特丽萨以其对穷人的无私服务激发人们奋进。

创业视角 中国海尔集团和德国大众的领导[23]

张瑞敏先生是海尔集团的创始人和首席执行官,该集团是中国知名度最高的家用电器制造商,其众多的产品包括电冰箱、空调、冷藏柜和微波炉等。在中国的"文化大革命"期间,张先生被下放到一家金属加工厂工作,这一经历很可能帮助了他日后领导这家电器公司。

随着中国的开放,张先生开始学习哈佛教授迈克尔·波特关于竞争战略的书籍,这本书强调认识客户需要的重要性。此外,通用电气公司质量管理的方法及其首席执行官杰克·韦尔奇所强调的公司文化同样影响了张先生的管理理念。

质量是张先生最关心的问题。在他视察其电冰箱公司时,他发现很多产品有缺陷。为了表明他对质量的重视,他将崭新的电冰箱以戏剧性的方式销毁。无须赘言,工人们不但被他对质量的承诺,同时也被他一天14个小时的工作日程所感动。他将员工良好的绩效与资金奖赏和晋升挂钩,这在那个时期的中国是不多见的。

他同时也采用了从其德国合伙企业利波海尔公司(Liebherr)那里学到的其他管理做法。他的以身作则的领导方式将一个官僚型的公司转变成为中国最知名的电冰箱公司,即海尔集团,其业务范围扩展到包括美国在内的众多国家。但是,一个领导者不能满足于所取得的成就,而是必须清晰地展望未来的愿景。在张先生富有远见的领导下，海尔冒着风险进入了电脑和医药行业。中国于2001年加入世界贸易组织不仅为海尔集团带来了机会，同时也带来了挑战。张先生的领导力表明，西方的管理做法可以被移植到中国这样的国家。

在张瑞敏先生从德国管理做法中受益的同时，德国汽车大众公司的最高管理者沃尔夫冈·贝瀚德（Wolfgang Bernhard）却采用了美国的管理方式。

贝瀚德在美国哥伦比亚大学获得了工商管理硕士（MBA）学位，之后在麦肯锡咨询公司工作，后到了戴姆勒—克莱斯勒公司。受聘梅赛德斯—奔驰公司使他走上了快速晋升的通道，之后进入大众公司高层管理团队，负责大众品牌业务。他的任务是降低成本和开发新型号。根据他在戴姆勒—克莱斯勒公司积累的经验，他下令进行了一项研究，结果发现，与效益最好的竞争对手相比，大众装配汽车的时间是其两倍。

注解
www.haier.com
www.ge.com
www.liebherr.com
www.vw.com

贝瀚德没有采取传统的德国方式将任务下达到相关的部门，而是将200名大众员工召集到一个礼堂里，目标是将新近计划推出的运动概念车的成本减少2500美元，在任务完成前谁也不能返回各自单位。每天晚上，贝瀚德都在观察进度，大家都工作到很晚才休息。经过4个星期艰苦的团队作业，终于完成了这个指标。这一切表明，在他们积累国际经验的同时，德国管理人员是完全可以将所获得的技能和方法移植到国内的。

其他领导理论与方法[24]

正如本书所讨论的，人们对领导风格问题产生的极大兴趣形成了许多研究方法。这里还要补充一些其他方法。例如，基于个人能力（自我意识和自我调节）和社会能力（社会意识和关系管理）的"情绪智力"方法（emotional intelligence approach），以及另一个由赫西和布兰查德（Hersey & Blanchard）推出的、颇具影响力的情境领导模式，该模式涉及授权、参与、推行、传授等概念。此外，弗雷德·卢桑斯（Fred Luthans）列举了一些新的、尚在论证中的理论，如电子化领导（e-Leadership）、情境领导、政治领导、正向领导、原生态领导、关系型领导、责任型领导、恭谦型领导，以及分享型领导等。卢桑斯和阿沃利奥（Avolio）之后又推出了属于他们自行研究、称为"真正的领导风格"的方法。

本章小结

领导是影响人们使其愿意为实现群体目标做出积极贡献的一种艺术或过程。领导需要下属的追随，对于领导的研究有各种各样的方法，从素质论到权变方法。方法之一是将重心集中在三种风格上：专制的、民主的或参与的，以及自由放任的。

管理方格图确定了两个维度：对生产的关心和对人的关心。在这两个维度的基础上，形成了四个极端的风格和一个"居中"的风格。领导的风格也可以被视为是一个连续统一体，在这个统一体的一端，管理人员有很大的自主权，而下属的自由度却很少；而在另一端，管理人员自主权有限，而下属则有很大的自由度。

还有另外一种领导方法是基于这样一种假设，即领导者是一定情境的产物，于是将重点集中在对不同情况的研究上。菲德勒的权变方法将领导者的职权、任务结构和领导与群体成员关系纳入考虑范围，其结论是，没有唯一最好的领导风格，但是，领导者一旦处于适合的环境是可以成功的。领导途径—目标研究方法认为，最有效的领导者是那些帮助下属完成企业以及个人目标的管理人员。交易型领导者明晰角色和任务，建立组织结构，并帮助下属完成目标。转化型领导者展望愿景，激发下属，改变组织。转化型领导者和个人魅力领导者概念有相似之处。

主要概念回顾

领导
领导构成要素
领导原则
领导素质论
个人魅力领导

基于职权的领导风格
管理方格图
领导连续统一体
领导情境方法

菲德勒的权变理论
领导的途径—目标方法
交易型领导者
转变型领导者

讨论题

1. 你认为领导的实质是什么？
2. 领导理论和领导风格是如何与激励相关的？
3. 为什么将素质论作为解释领导力的一种方法容易引起争论？
4. 你能否解释为什么管理方格图作为一种培训工具深受欢迎？
5. 针对你所钦佩的一名企业领导人或政治领袖，应用管理方格图或运用坦南鲍姆与施密特的领导行为连续统一体模型来辨析其领导风格。
6. 何谓菲德勒的领导理论？将其应用于你所了解的领导者案例中进行分析，你是否认为这个理论是正确的？
7. 领导途径—目标方法的优点及局限性是什么？
8. 如果你被选拔为课堂练习项目的小组领导（例如，针对某公司的案例研究），那么，你会运用何种领导风格或领导行为？为什么？

练习和具体步骤

1. 分析你充当领导人的情境。本章所论述的研究领导的方法中，哪一种方法能帮助你来解释为什么你会当一名领导者？

2. 运用群体研究方法来分析本书中所举的案例,具体来说,将班级分为五名学生组成小组。每个组应选出一名发言人,由他向全班进行案例分析。每个小组中有一名观察员(此人不应参加案例讨论)描述小组中的互动情况。小组中有没有一名领导者?如果答复是肯定的,那么,为什么认为此人是领导者呢?是否由于他(或她)个性的原因?或由于其他小组成员(追随者)的原因,或此项任务性质(情境)的原因?根据本章所论述的任何一种领导理论来阐释群体活动过程。

互联网检索

1. 使用任何搜索引擎,查找"企业领导"这个词的来源。你是否发现了针对领导力的不同观点?
2. 许多人将通用电气公司的杰克·韦尔奇视为有效的领导者和管理者。在互联网上查找"杰克·韦尔奇",并确定他的领导行为。

创新案例

两个幻想家的传略:比尔·盖茨和史蒂夫·乔布斯[25]

两个全心全意地开拓他们愿景的人推动了个人电脑的一场革命。然而,他们所进行的这项探索之路却是不同的。史蒂夫·乔布斯(Steve Jobs)和比尔·盖茨(Bill Gates)改变了当今这个世界做事的方法,但是,关于他们领导风格的故事却比苹果计算机公司和微软公司所取得的成功和创新更加引人注目。

比尔·盖茨和史蒂夫·乔布斯:早期

比尔·盖茨与他孩提时代的朋友保罗·艾伦(Paul Allen)在西雅图的一所名曰"湖边学校"的地方开始了其开发电脑技能的生涯。在他14岁的时候,他们俩成立了他们的第一家电脑公司。高中学业结束后,艾伦和盖茨离开西雅图前往波士顿,在那里,盖茨去了哈佛大学,而艾伦开始在霍尼韦尔公司谋职。仅在哈佛大学两年之后,盖茨和艾伦便离开波士顿去了阿尔伯克基(Albuquerque),在那里为新款的阿塔利(Altair)8080个人计算机开发计算机语言。这个计算机语言后来成了BASIC语言,为1975年创立的合伙制微软公司奠定了基础。

在新墨西哥州立足5年之后,微软公司于1980年移址到华盛顿的伯乐维区(Bellevue),此时,微软已经掌握了BASIC和另外两种计算机语言(COBOL和FORTRAN)工具。那一年的晚些时候,IBM公司开始开发它的第一台个人计算机,急需一种操作系统。微软公司为IBM开发了微软磁盘操作系统(MS-DOS),同时,另外两家公司推出了与其竞争的系统。盖茨的坚定决心和对其他软件公司开发MS-DOS操作程序的成功斡旋使得微软系统成为IBM的默认平台。

由于微软公司越来越成功,盖茨意识到他需要有人来帮助管理公司。他的热情、愿景和努力工作是公司快速成长背后的驱动力,但他更知道专业化管理的必要。于是,盖茨引进了他在哈佛大学的一个同学史蒂夫·巴尔默(Steve Ballmer)。巴尔默从哈佛大学本科毕业后一直在宝洁公司(Procter & Gamble)工作,此时正在斯坦福大学攻读工商管理硕士。盖茨说服了巴尔默离开学校加入微软。多年后,巴尔默成为对盖茨和微软公司都不可或缺的资产。1983年,盖茨继续展示其企业家的魅力,聘用了乔恩·雪瑞利

（Jon Shriley）加盟公司。后者整顿了微软公司的秩序，调整了组织结构，与此同时，巴尔默成为盖茨的顾问和强有力的董事。在整个20世纪90年代，微软持续着它的增长和繁荣，通过视窗软件统治着操作系统市场，同时，通过微软办公软件支配着办公套装软件市场。

盖茨认识到，他的角色是给公司提供远景展望，所以他需要专业管理人员来经营微软。他将坚定不移的决心和激情与一个架构优化管理团队结合在一起，造就了当今微软这个全球的巨擘。

另一个远景规划者史蒂夫·乔布斯（Steve Jobs）和他的朋友史蒂夫·沃滋尼克（Steve Wozniak），于1976年在加州洛斯阿尔托斯（Los Altos）乔布斯家的车库中启动了苹果计算机公司。与比尔·盖茨相比较，乔布斯和沃滋尼克是电脑硬件专家，始于一个让个人电脑不仅用得起而且简单易用的梦想。当微软将BASIC语言提供给苹果公司时，乔布斯立刻拒绝了，他认为，他和沃滋尼克可以在一个周末就能创造出他们自己版本的BASIC。这就是典型的乔布斯：果断但有时近乎发狂。乔布斯最终同意特许使用微软的BASIC语言，同时继续开发自己的、更便于在个人电脑上使用的友好界面系统。

许多人视乔布斯为盖茨的反对派。与盖茨相反的是，乔布斯是一位先驱者和创造者，而盖茨更像是一位产业标准的整合者。乔布斯的目标是用他的电脑来改变世界，他对其员工十分苛求。乔布斯与盖茨、艾伦和沃滋尼克大相径庭，他不是一个坚定的电脑程序员，他是将个人电脑概念销售给大众的人。乔布斯决定改变苹果公司方向的手段是，开发一款使用新的图形用户界面的麦金托什机，并向全世界推出了鼠标和屏幕上图形命令符。乔布斯迫使人们在微软—IBM操作系统和他的麦金托什操作系统之间做出选择。起初，乔布斯成为改变计算机世界的远景展望家，使苹果计算机公司令微软公司相形见绌。伴随这些成功，苹果公司酝酿着一个严重的问题：史蒂夫·乔布斯过于自负，没有将盖茨和微软公司视为苹果公司的一个重大的威胁。

在麦金托什机推放市场不久，乔布斯要求微软为麦金托什操作系统开发软件。盖茨答应了这一要求，并实施了一个拷贝和改进苹果用户界面的计划。这次合作的结果是微软视窗系统的问世。

乔布斯的傲慢态度和低劣的管理技能成为苹果公司成功的威胁。他从不过问制定预算，与员工的关系紧张。沃滋尼克由于与乔布斯意见相左，在麦金托什机推放市场后离开了苹果公司。1985年，百事可乐的首席执行官约翰·斯库利（John Scully）取代乔布斯，成为苹果计算机公司的总裁和首席执行官。

世纪之交的微软公司和苹果计算机公司：一个产业巨人和一个东山再起的领导

伴随着视窗、办公应用软件套件和互联网浏览器的成功，微软已成为一个家喻户晓的名字，比尔·盖茨被冠以企业天才美誉。事实上，微软的竞争对手、媒体和美国司法部对微软公司是一个垄断者的指控，更增强了盖茨取得成功的决心。许多人质疑微软公司是否能幸免于美国司法部的裁决。然而，比尔·盖茨已经证明，他是适应动态市场环境和技术变化的大师。

在整个20世纪90年代，苹果公司则向相反的方向发展。过时的操作系统和锐减的市场份额最终导致了对麦金托什软件开发的减少。在这紧要关头，史蒂夫·乔布斯于1998年重返苹果公司，担任过渡时期的首席执行官。他的愿景再一次催生了创新的麦金托什机（iMac），其设计是经典的乔布斯型。早在20世纪80年代，他创造了便于操作的麦金托什机以吸引那些使用IBM个人电脑和兼容机的人。现在，他又开发了一个简单、时尚和易于上网的电脑，以此为电脑市场增添了一些久违的刺激。乔布斯也变成了一个管理者和领导者，他变得更加成熟，能够听取其专业人员的建议和想法。虽然他是一个过渡时期的首席执行官，但他卖掉了所有的苹果公司的股票，仅留下一股。甲骨文公司（Oracle）的首席执行官同时也是苹果公司股东的拉里·艾利森（Larry Ellison），将乔布斯领导苹果公司的能力归结于此："他虽然只拥有一股苹果股票，但无疑他拥有着整个公司的产品与概念。麦金托什机是他创造力的表现形式，而苹果公司作为一个整体是史蒂夫的形象。这就是为什么尽管他只有过渡时期头衔，但他仍可在苹果公司中坚持很久。"[26]许多人相信，这将使苹果公司起死回生走上持续成功之路，也将是盖茨和乔布斯之间一场新的争夺战的开始。

2011年的盖茨和乔布斯[27]

苹果与微软之间的争夺战仍在继续，不幸的是，史蒂夫·乔布斯于2011年10月辞世，比尔·盖茨也早在2000年辞去了首席执行官职务，全身心地投入到他的慈善事业"比尔和梅林达·盖茨基金会"（Bill & Melinda Gates Foundation）。人们会永远铭记史蒂夫·乔布斯的创新贡献，就像亨利·福特和托马斯·爱迪生一样，他们都对我们的生活留下了深刻的烙印。

思考题

1. 比尔·盖茨和史蒂夫·乔布斯的领导风格有何不同？
2. 对照和比较盖茨与乔布斯的管理做法。
3. 你认为微软和苹果电脑的前景如何？

注释

1. Kris Hudson, "Turning Shopping Trips Into Treasure Hunts," The Wall Street Journal, August 27, 2007. Alan B. Goldberg and Bill Ritter, "Costco CEO Finds Pro－Worker Means Profitability," 20/20 ABC News, August 2, 2006.

2. See also James O'Toole, "The True Measure of a CEO－Aristotle Has Something to Say About Than" in Annual Editions－Management, Fred H. Maidment, ed.（New York：McGraw－Hill 2009），pp. 92－95 and Noel M. Tichy and Warren G. Bennis, "Making Judgment Calls－The Ultimate Act of Leadership, in Annual Editions－Management, Fred H. Maidment, ed.（New York：McGraw－Hill 2009），pp. 96－102.

3. John Kotter distinguishes between management and leadership. He views management as dealing with complexities, practices, and procedures, primarily responding to emergencies in large organizations. In contrast, leadership is considered as coping with change. Leadership and management are considered complementary. See John P. Kotter, "What Leaders Really Do," Harvard Business Review, December 2001（first published 1990）.

4. For other definitions of leadership, see Warren Bennis and James O'Toole, "Don't Hire the Wrong CEO," Harvard Business Review, May－June 2000.

5. Dean Foust, "US Airways：After the 'Miracle on the Hudson'", Business Week, March 2, 2009, p. 31.

6. See also Howard Gardner, Leading Minds：An Anatomy of Leadership (New York：Basic Books, 1995); Warren Bennis, "The Leader as Storyteller," Harvard Business Review, January－February 1996, pp. 154－60.

7. "Letter from Steve Jobs," http://www.apple.com/pr/library/2011/08/24Letter-from-Steve-Jobs.html, accessed November 22, 2012.

8. John J. Gabarro and John P. Kotter, "Managing Your Boss," Harvard Business Review, January–February 2000.

9. One popular approach in classifying personality traits is the Meyers–Briggs Type Indicator (MBTI). Carl Jung, Psychological Types (London Routledge and Kegan Paul), 1923; N. L. Quenk Essentials of Myers–Briggs Type Indicator Assessment (New York: Wiley, 2000).

10. Ralph M. Stogdill, Handbook of Leadership: A Survey of Theory and Research (New York: Free Press, 1974). See also his earlier study, "Personal Factors Associated with Leadership: A Survey of the Literature," Journal of Psychology, vol. 25 (1948), pp. 35–71. For a discussion of Russian leadership traits, see Sheila M. Puffer, "Understanding the Bear: A Portrait of Russian Business Leaders," Academy of Management Executive, February 1994, pp. 41–54.

11. Robert J. House, "A 1976 Theory of Charismatic Leadership," in J. G. Hunt and L. L. Larson (eds.), Leadership: The Cutting Edge (Carbondale, IL: Southern Illinois University Press, 1977).

12. See, for example, Jay A. Conger and Rabrinda N. Kanung, Charismatic Leadership in Organizations (Thousand Oaks, CA: Sage, 1996); R. W. Rowden, "The Relationship between Charismatic Leadership Behaviors and Organizational Commitment," Leadership and Organization Development Journal, January 2000, pp. 30–35; D. Goleman, Emotional Intelligence (New York: Bantam, 1995).

13. Judy B. Rosener, "Ways Women Lead," Harvard Business Review, November–December 1990, pp. 119–25.

14. Interview conducted by Mark Cannice with Kern Peng of Intel by email in October 2012.

15. The Managerial Grid (Houston, Tex.: Gulf Publishing Company, 1954) and Building a Dynamic Corporation Through Grid Organization Development (Reading, Mass.: AddisonWesley Publishing Company, Inc., 1969). The grid concept has been further refined in Robert R. Blake and Jane S. Mouton, The Versatile Manager: A Grid Profile (Homewood, Ill.: Richard D. Irwin, 1981); and by the same authors, The Managerial Grid III (Houston, Tex.: Gulf Publishing Company, 1985).

16. Robert Tannenbaum and Warren H. Schmidt, "How to Choose a Leadership Pattern," reprinted with a commentary by the authors, Harvard Business Review, May–June 1973, pp. 162–80.

17. Based on a variety of sources, including personal correspondence.

18. Fred E. Fiedler, A Theory of Leadership Effectiveness (New York: McGraw-Hill, 1967). See also Fred E. Fiedler and Martin M. Chemers, Leadership and Effective Management (Glenview, IL: Scott, Foresman and Company, 1974); Fiedler and Chemers, with Linda Mahar, Improving Leadership Effectiveness (New York: Wiley, 1977).

19. Fiedler, A Theory of Leadership Effectiveness, p. 41.

20. Fiedler, p. 261.

21. Interview conducted with Mr. Tom Lounibos, CEO of Soasta, by Mark Cannice on January 9, 2007.

22. Robert J. House, "A Path-Goal Theory of Leadership Effectiveness," Administrative Science Quarterly, September 1971, pp. 321–38; Robert J. House and Terence R. Mitchell, "Path-Goal Theory of Leader-

ship," in Harold Koontz, Cyril O'Donnell, and Heinz Weihrich (eds.), Management: A Book of Readings, 5th ed. (New York: McGraw - Hill, 1980), pp. 533 - 40; Alan C. Filley, Robert J. House, and Steven Kerr, Managerial Process and Organizational Behavior (Glenview, IL: Scott, Foresman and Company, 1976), chap. 12.

23. "Zhang Ruimin, CEO, Haier Group China," Business Week Online, www. businessweek. com, June 14, 1999; "Haier Rises through Reform and Opening Up," People's Daily, August 8, 2001; "The Haier Group (A)," Harvard Business School Case 9 - 398 - 101, rev. July 13, 1999; Michael Arndt, "Can Haier Freeze out Whirlpool and GE?" Business Week, April 11, 2002; Stephen Power, "Top Volkswagen Executive Tries U. S. - Style Turnaround Tactics," The Wall Street Journal, July 18, 2006.

24. Daniel Goleman, "Leadership That Gets Results," Harvard Business Review, (March - April 2000); Paul Hersey and Kenneth H. Blanchard, Management and Organizational Behavior (Englewood Cliffs, N. J. Prentice Hall, 1988); Fred Luthans, Organizational Behavior, - An Evidence - Based Approach (New York: McGraw - Hill, 2011) Chapter 13.

25. A variety of sources have been used, including Philip Rosenzweig, "Bill Gates and the Management of Microsoft," Harvard Business School Case, July 8, 1993; Philip Elmer - DeWitt, "Steve Jobs: Apple's Anti - Gates," Time, December 7, 1998, p. 205ff.; Susan King, "Pirates of a Modern Age," Los Angeles Times, June 20, 1999, p. 3ff.; Walter Isaacson, "In Search of the Real Bill Gates," Time, January 13, 1997, p. 44ff.; Bill Gates, The Road Ahead (New York: Penguin, 1996); Jay Green and others, "On to the Living Room: Can Microsoft Control the Digital Home?" Business Week, January 21, 2002, pp. 68 - 71; Cliff Edwards, "Come on, Steve, Think beyond the Mac," ibid., p. 72; "Microsoft: Extending Its Tentacles," The Economist, October 20, 2001, pp. 59 - 61; Steve Jobs, CEO, www. apple. com/pr/bios/jobs. html, accessed August 19, 2011; See also Apple Computer, www. apple. com, accessed January 28, 2013. Microsoft, "Microsoft," www. microsoft. com, accessed January 28, 2013; IBM, "IBM," www. ibm. com, accessed January 28, 2013.

26. Brent Schlender, "The Three Faces of Steve," Fortune, November 9, 1998, p. 96ff.

27. "Walt Mossberg: Jobs Will be Remembered Like Ford, Edison" http://marketplace.publicradio.org/display/web/2011/10/06/am - walt - mossberg - jobs - will - be - remembered - like - ford - edison accessed October 10, 2011.

16

委员会、团队和集体决策

[学习目标]

学完本章后，你应该能够：

1. 说明各种不同类型的委员会和小组的性质。
2. 概述采用委员会和小组的理由，特别要关注它们在决策中的使用。*
3. 阐述委员会的缺点，特别是在决策中的缺点。
4. 讨论有效使用委员会的要求。
5. 解释各种小组的概念。
6. 理解团队、团队建设、自我管理团队和虚拟团队的性质。
7. 认识委员会、小组和组织冲突问题。

---

* 本书第6章讨论了决策问题。

第16章 委员会、团队和集体决策

一种最为普遍又最有争议的组织方法就是委员会。无论把它称为全体委员会、委员会、突击小组、团队、自我管理团队、自我管理工作小组或自治工作小组，其基本性质是一样的。**委员会**是由承担一定责任的人员组成的。正是这一小组行动的特点决定了委员会和团队与其他组织方法的不同，尽管事实上并非所有的委员会都涉及集体决策。正如本章后面涉及的，团队的定义与委员会很相近，所以，对委员会进行的大量探讨也同样适合团队，尽管团队这个词不经常提及。

> **注解**
> 委员会是由承担一定责任的人员组成的。

委员会和小组的性质

因为委员会被赋予不同的职权，所以，对委员会理解上的混乱在很大程度上与委员会的性质有关。

委员会中的小组进程

有人说小组经过四个发展阶段：（1）形成阶段，小组成员们开始相互认识；（2）动荡阶段，小组成员在确定会议目标时出现争论；（3）规范阶段，此时小组成员就规范和行为准则达成一致意见；（4）实施阶段，小组成员认真着手工作。尽管在大多数小组中都可以发现这些特点，但它们不一定按此顺序显现出来。

> **注解**
> 小组经过四个发展阶段：形成阶段、动荡阶段、规范阶段和实施阶段。

人们在委员会中起着一定的作用。有些人寻求信息，另一些人提供信息；有些人竭力鼓励另一些人出力，另一些人则成为追随者。最后，一些人试图协调小组的工作或在现有分歧的基础上达成和解；另一些人则扮演了更为咄咄逼人的角色。

要使自己在小组中发挥作用，人们不仅要聆听别人发言，而且要观察其非语言行为。此外，通过观察各成员入座情况，可看出委员会成员之间社会关系的一些情况，相互了解的人总是坐在一起。座次的安排会给小组成员的交互作用带来影响。人们常常看到，主席大多数坐在长方形会议桌的首席，但是，在生产奔驰汽车的戴姆勒—奔驰（Daimler Benz）公司，董事会成员是围坐在圆桌旁召开会议的，以此来淡化主席的地位。

> **注解**
> www.mercedes.com

委员会和小组的职能和规则

有些委员会和小组承担计划、组织、人员、领导和控制职能，另一些则不承担这种管理职能；有些委员会和小组制定决策，另一些则仅仅商讨问题而无权做决定；有些委员会和小组有权向管理人员提出建议，而后者可以接受，也可以不接受建议；另一些委员会的组建仅仅是为了收集信息，而不提出任何建议或做出任何决定。

> **注解**
> **多元执行委员会**是行使管理职能的实权委员会，如董事会。

委员会可以行使实权或参谋权限，取决于它的职权。如果它的职权涉及做出影响下属的决定，并承担相应责任，那么，它就是一个**多元执行委员会**，即行使管理职能的实权委员会，如董事会；如果它与下属的职能关系只是顾问性的，那么它就是一个参谋委员会。

全球化视角　　公司治理[1]

> **注解**
> www.tyco.com
> en.wikipedia.org/wiki/WorldCom
> www.enron.com

最近，由于一些组织，如泰科公司（Tyco，一家大型集团企业）、世通（WorldCom，一家大型通讯公司）和安然（Enron，一家能源贸易商）的会计造假行为而导致了美国历史上最大的两桩破产案，美国公司的董事会已经遭到了证券与交易委员会（the Securities and Exchange Commission）和其他团体的严厉审查。加强作为多元执行委员会的董事会的呼声与日俱增，其中由各种团体提出的建议如下所示：

- 改变会计准则和审计规则；
- 在公司网站上公布伦理和公司治理的指导方针；
- 强化独立董事的作用；
- 使董事会对股东负责，并让股东参与董事会成员的选择；
- 获得机构投资者（如养老基金经理）更大的参与；
- 分离董事会主席与首席执行官的工作职能；
- 使董事会更积极地参与推荐首席执行官。

其他国家也开始重新审视公司治理。例如，德国公司有两个董事会，其中，监督委员会进行监管，而管理委员会则负责公司运作。最近有些呼声，要求公开高层管理者的薪金，而这在过去被认为是个人隐私。同时，也有些人要求增加监督委员会对管理委员会活动的监督。在法国与意大利，治理问题还没有成为一个主要的问题。例如，在意大利菲亚特公司，家族成员控制着一个很大比例的股份。尽管如此，公司丑闻的公开可以提升对公司治理作用的认知度。

委员会可以是正式的或非正式的。如果是组织结构的一个组成部分，且委任以专门的职责和职权，那么，这样的委员会就是正式的。长期性的赋有这种职能的大多数委员会都是属于这一类的。通常非正式委员会是在没有具体授权的情况下，由一些想就某一特定问题进行集体研究或决策的人们组建的。例如，管理人员可能就某一问题需要听取其他部门的管理人员或专家的意见，为此，便可召开一个专门的会议来解决这个问题。

此外，委员会相对来说可以是常设的或临时的。人们会认为，正式的委员会比非正式的委员会存在的时间要长，尽管并非绝对如此。一个正式的委员会可能是根据公司总裁的指示而建立的，并在组织结构上有相应的规定，目的只能是研究建设一座新厂的可行性，任务一旦完成，委员会即刻解散。而无限期继续下去的倒可能是工厂经理设立的一个非正式委员会，它可以对如何提高产品质量提出建议或协助协调售货承诺与交货日期。

采用委员会和小组的缘由

人们无须深究广泛应用委员会的理由。虽然人们有时认为委员会有着民主的根源，是民主社会的一个特征，但委员会存在的理由远远超出了仅仅是对集体参与的期望。委员会即使在专制型组织中也是广泛存在的。

集体审议与判断

也许采用委员会最重要的理由是其取得集体审议与判断的优点，正如谚语所说"三个臭皮匠胜过诸葛亮"。企业中很少有这样的情况，即重要的问题都出在诸如生产、工程、财务或销售等单一部门，与此相反，大多数问题都需要用比任何个人能掌握的更多的知识、经验和判断来解决。

不应因此推论只有通过委员会的方式才能得到小组判断。参谋专家与很多人就问题的某一阶段个别商谈可以取得小组判断，而不需要成立委员会。同样，高层管理人员可能要求其主要下属或其他专家提出对问题的分析和建议。有些情况下，上述方法由于不需要委员会长时间的商议，往往能更有效率地取得小组判断。

主导逻辑

公司主导逻辑可以定义为心态、世界观或企业的概念化。[2]一个组织的主导逻辑可以理解为个人启发式聚集或微妙协调后的妥协，或者是高层决策者的偏见。个人偏见在涉及多个参与者的组织决策过程中有可能产生相互作用，尤其是这些参与者的合作和承诺对组织的行动是必要的。

哈罗尼（Aharoni，1966）[3]所从事的开创性研究表明，决策过程有可能制度化，这样一来，它就成了一个组织惯性和前一个上下文的惯例。资深首席执行官招聘和提升那些具有相近观点的人和排斥观点相左的人，久而久之组织就会同质化。[4]首席执行官有可能延续这种凝聚的、内部强化的做法或者在战略、结构和流程要素之间形成纵向"格式塔"（gestalts）。[5]

正是高层管理团队这种横向的或纵向的测定影响又一次强化了公司的主导逻辑，而战略决策就是在此基础上制定的。随着公司领导们不忘过去的成功，并在此基础上制定目前的战略，这种主导逻辑深深地植根于公司内部，有可能影响委员会或小组在做决策时的选择。

唯恐个人权力过大的焦虑

> 注解
> www. supremecourtus.
> gov
> www. house. gov
> www. whitehouse. gov

另一广泛采用委员会的理由是唯恐给一个人授权过多。这种考虑特别在政府方面表现得更为明显，在这种忧虑的支配下，《美利坚合众国宪法》的制定者不仅确立了两院制和多个成员组成的最高法院，而且还将政府权力在国会、最高法院和总统之间进行了划分。然而，尽管唯恐权力过于集中，美利坚合众国的缔造者们还是将法律的行政实施置于最高执行官一人手中。不过，正如前总统尼克松（Nixon）所发现的那样，立法机构有权力免除或迫使最高执行官辞职。

利益相关群体的代表

在企业中，组建委员会和为之设置人员时，代表制也起着作用。董事会的选择经常是根据与公司与之有利害关系的集团做出的。当总经理遇到特别的困难，涉及各个部门和各项活动的管理者和专家的内部问题时，他们可以通过选择委员会的成员的办法，以保证上述有关各方都有代表。

创业视角　　新型公司的顾问委员会

创业者们常常为了寻求有实际价值的建议和高管人员的支持而为其新建公司设置顾问委员会。该委员会以团队机制并以最低的成本为创业者们提供咨询。顾问委员会并没有董事会正式的委任，但是却给创业者们从高管群体的角度提供支持，以帮助他们与消费者和投资者之间建立联系和提出战略性建议。顾问委员会也可能同样适用于非营利的企业，然而，创业者们必须确保他们有效地使用委员会精英们的智慧，并倡导一种激励委员会参与和提供支持的愿景。

部门、计划与政策的协调

人们普遍赞同，委员会对于协调各组织单位之间的活动是非常有用的，同时，委员会对协调计划和政策的制定以及实施也是有用的。现代企业的动态性使管理人员肩负着把计划与业务活动联系在一起的重担。委员会允许委员们不仅取得关于计划和他们在计划中地位的第一手材料，而且还能提出改进计划的建议。

信息的传递和共享

委员会有益于信息的传递和共享。所有受共同问题或项目影响的小组成员都能同时获悉这个问题，能系统地获得决议和指示，并有澄清的机会，由此节省了许多时间。口头的交流与措辞严谨的书面备忘录相比，更能澄清问题。

职权的加强

部门、分公司或科室的管理人员通常只拥有为了完成某项任务所必要的部分职权，也称作离散职权。处理这类问题的一个办法是，把这些部分职权不能处理的问题沿着组织级层向上反映，直到达到具有必要权责的部分为止。但是，通常这种部门是在总裁办公室的职责范围，而有些问题的重要性程度可能尚不足以让这个级别的部门去解决。

例如，某机床制造厂的一位顾客可能希望该厂对某一设备的设计进行某种微小但却非同寻常的改变。他会与销售部接洽，而销售部（对这种改变设计的做法没有既定的程序）在没有工程部、生产部和成本估算部的授权下，是无能为力的。在这种情况下，销售经理可能建立一个专门的委员会来研究这一问题，对改变的性质和成本问题取得一致意见，利用委员会成员的联合权限来批准这一要求。

这种委员会的非正式使用给组织带来很大的灵活性。然而，运用委员会来加强离散职权时必须谨慎行事。为了将适当的职权集中于某一职位以制定重复性决定时，首先要弄清组织结构本身是否需要改变。

参与型激励

委员会容许人们广泛参与决策。参与制订计划或做出决策的人通常在接受和执行这项任务时热情更高，即使参与的范围有限也有好处。

委员会的缺点和使用不当

虽说有许多理由采用委员会这种形式，但它也存在着某些弊端。委员会开支很大；有可能造成最小共同基础上的妥协；议而不决；有可能分散责任。最后，委员会可能导致少数人不容许其他成员参与，将其意愿强加于大多数人的局面。

委员会这种形式常常因为使用不当而名声扫地。一般来说，委员会在调查研究、非重要性决定和超出参与者职权的决定等方面不能取代管理者。

全球化视角　　人们对委员会的评价

以下是一些有关委员会的不屑一顾的评论：
"委员会是在指鹿为马。"
"委员会是由不情愿的人挑选的不适合的人组成的，所做的是那些不必要的事。"
"委员会是一个集一无所有之大成来取代个人独立思考的地方。"

委员会和小组的成功运用

管理人员在委员会上花费了大量的时间。委员会的应用不仅仅与民主传统有关,而且与目前在组织中日益强调的小组管理和小组参与有关。管理人员在设法克服委员会缺点的过程中可能会发现以下指导方针是有益的。

职权

必须明确委员会的职权以便使委员们弄清楚,他们的责任是制定决策、提出建议,还是仅仅进行审议并就讨论的问题向主席提出一些真知灼见。

规模

> **注解**
> 随着委员会规模的增大,委员会关系的复杂性也大大地增加了。

委员会的规模是非常重要的。如图16-1所示,随着委员会规模的增大,委员会关系的复杂性也大大地增加了。如果委员会规模太大,委员之间就可能没有适当交流的机会。另外,假如委员会只有三个成员,则有可能出现其中两人联合起来对付第三人的情况。就委员会的合理规模而言,这里不可能得出精确的结论。一般来说,委员会应大得足以有利于问题的审议,应包括为工作所需的专门知识,但又不能大到浪费时间或议而不决。很明显,委员会规模越大,就越难达到"思想交流",要使每个人都畅所欲言,就需要更多的时间。

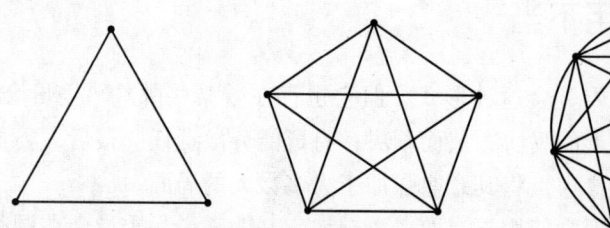

图16-1 随着委员会规模的增大,关系复杂性也在加大

成员资格

必须精心挑选委员会的成员。要使委员会成功,其成员必须是他们想要为之服务的利益群体的代表。他们必须拥有所需要的职权,并能够胜任委员会的工作。最后一点,委员会成员应具备交流的能力,并有通过集思广益而不是通过不恰当的妥协来形成集体决策的能力。

主题事项

必须精心选择议题。委员会的工作必须限制在小组讨论可以处理的主要事项上。有些问题适宜于委员会采取行动,而有些却不适合。例如,管辖范围的争端及战略的制定可能比较适于小组审议,而有些孤立的、技术性的问题,可能由一位相关专业领域的专家解决更好些。如果在会议召开前就可以把日程及相关信息提前发给委员会成员,委员会的效率会更高。

会议主席

会议主席的选定是高效率委员会会议的关键。这样的人可以通过为会议做计划,准备议事日程,确保委员们事先能得到研究的结果,制订讨论或采取行动所需的具体建议方案,并有效地主持会议,来避免委员会可能出现的浪费现象和克服委员会存在的不足。会议主席确定会议的基调,统一思想,并使讨论不偏离主题。

会议记录

委员会中有效的沟通常常要求传阅记录并核对结论。有时委员们会带着对已议定事项的不同解释离开会议。为避免这种情况,最好是认真做好详细的会议记录,并在委员会核准最终文本之前将记录以草案的形式进行传阅或做出修改。

成本效率

委员会必须要做到物有所值。计算委员会的收益可能是困难的,特别是那些无形的因素,如士气、委员会成员地位的提高、委员会作为提高团队精神培训手段的价值等。但只有当成本被有形和无形的收益相抵后,才可证明委员会的存在是有意义的。

与小组相关的其他概念[6]

尽管委员会作为一种组织手段有着特别的重要性,但这确实只是在各组织中存在的许多小组之一。除了委员会外,还有团队、会议、突击小组、谈判会议等,这些都涉及小组活动。

小组可以定义为"两个或两个以上的人为达到共同的目标,以统一的方式互相依赖地工作"。一个小组不仅仅是个人的集合,而是通过他们的相互作用,在他们中间产生需要确定和研究的新的力量和新的特性。目标可能与具体任务相关,但它也意味着这些人有共同的关注点或共同的价值观或世界观,因此,小组成员因某些社会关系而相互吸引。

> **注解**
> 小组是两个或两个以上的人为达到共同的目标,以统一的方式互相依赖地工作。

小组的特点

小组（组织中群体的集中点）有一些特点。第一，小组成员有一个或一个以上的共同的目标，如产品小组的目标是开发、制造和销售新产品。第二，它们一般要求其成员相互交往，相互沟通，没有沟通就不可能协调小组成员的努力。第三，小组成员承担一定的角色。例如，在产品小组中，各成员对产品的设计、生产、销售或分销分工负责。毫无疑问，为了完成小组任务，个人的角色是以某种方式相互联系的。第四，小组通常是一个更大的群体的一部分，如产品小组可能属于产品部，该部生产许多类似的产品。大组也可能是由许多小组构成，所以，产品组中可能由一个小组专门从事产品的销售工作。同样，小组之间也相互联系，因而，产品A组与产品B组在分销它们产品时可能合作。很明显，从侧重于各部分相互联系性的系统观点来看，正确理解小组的作用是至关重要的。

除此之外，人们还必须要看到小组的其他一些社会特征。小组制定要求有关小组成员做到的**行为规范**。如果成员的行为偏离规范，则要对他们施加压力，迫使他们遵守规范。例如，当某个成员因工作常常迟到而受到其他成员的告诫时，便可以起到这种示范效应。当然，也有小组功能出现障碍的情况，例如，那些雄心勃勃、积极性很高的员工可能被迫按统一的规范进行生产，而不是根据他们的能力来生产。

> **注解**
> 行为规范是指所期待的小组成员行为。

全球化视角　迫于顺从的压力：你如何应对？

在一个广为宣传的试验中，S.E.阿施（S.E. Asch）证明了个人在小组压力影响下趋向于顺从。[7] 试验人员要求小组成员把三条对照线（分别为6.254英寸、8英寸和6.75英寸长）与一条标准线（8英寸长）进行匹配（见图16-2）。一个试验小组的成员（首次被测试对象）不知道所有其他的学生（试验人员的同伙）已接受指示，可以偶尔地做错误的回答。例如，6.75英寸长的那条线同8英寸长的标准线一样长。在试验中，有意安排被测试对象在最后做判断。试验发现，当那些合作人全部回答错误时，这个"无知"的成员做了错误的选择。在后来的面谈中，一些被测试对象报告说，他们愿意同意大多数人的选择。这说明甚至在一项很不复杂的任务中，人们都可能由于小组的压力做出与自己较好判断相违背的决定。这些调查结论在一定程度上说明了个人在群体压力影响下的顺从倾向，同时也解释了这一现象有可能导致不甚理想的管理决策。

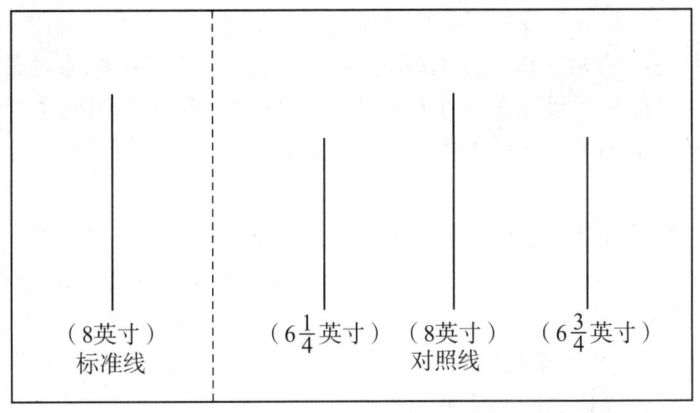

图 16-2 哪一条对照线与标准线长度相同？

一个特殊的小组：焦点问题小组

焦点问题小组常常被用来进行市场调研，例如，在进行大规模的调查之前，将实际的或潜在的顾客分成小组对产品或服务进行评论。评论可能被录音或记录下来，对这些反馈进行分析后即可确定顾客对产品或服务的态度、认知度及满意度。

焦点问题小组已在欧洲使用，德国的公众参加价值研讨会来确定国家长期的能源政策。这种尝试表明，公众可以对价值研讨做出贡献；参与者很满意这个过程；参与者急于帮助解决这些不一致性问题。

焦点问题小组也被用于评价组织内部的管理工作。新墨西哥州的公共服务公司建立了六个焦点问题小组，并通过这些调查组反馈有关绩效考评、报酬和利润系统。基于这些反馈结果，公司实施更灵活的福利计划、工作重新设计计划和新的决策过程。公司允许员工积极参与整个变化过程，而不是把组织变革强加给员工。

注解
www.pnm.com

小组的作用与优点[8]

小组有许多作用。小组在改变其成员的行为、态度、价值观及在加强成员纪律性方面是很有成效的。前面已经提到，越轨的成员可能在压力下遵守小组规范。此外，小组还可用于制定决策、进行谈判和讨价还价之中。因此，不同背景的小组成员可能将不同的观点带到决策过程之中，然而，这并不意味着小组决策一定比个人决策强。

小组观念对本书其他章节涉及的问题也至关重要，特别是不同小组结构影响沟通模式这一点。因此，当通过某个关键成员的渠道进行沟通或在所有成员间自由地进行沟通时，沟通的效果是不一样的。如果团队中的每个成员只与其老板沟通，那就很难将他们视为一个团队，因此，团队工作要求所有成员之间公开沟通。有效的小组互动也可能会影响激励，例如，参与制定目标的小组成员可能为实现小组目标而竭尽全力。最后，领导必须体现在小组的形成和发展过程中。了解小组观念对于理解领导与下属之间的相互作用和小组成员之间的相互作用是有帮助的。简言之，了解和熟悉对履行各种管理职能，尤其是领导职能是很重要的。小组是有组织的生活和非组织的生活的一种客观存在，重要的是要了解小组是如何工作的，以及在有利于小组行动的情况下高效率地发挥小组的作用。

小组对个人也有好处。它确实为其成员提供社交上的满足，使其有一种归属感，并支持个人需要的满足。小组的另一个长处是它能促进沟通，沟通可能是在正式会议上交换意见，也可能是道听途说，即小组成员通过非正式的沟通得知"公司究竟发生了什么事"。小组还为人们提供安全感，有时成立工会正是为了这个原因，即向其会员提供工作保障。最后，通过同僚之间的认可和接受，小组为成员增强自尊心提供了机会。

创新视角 与奥米德亚尔网络公司（Omidyar Network）人力资源副总裁塞拉·吉爱姆班克先生的访谈[9]

塞拉·吉爱姆班克（Sal Giambanco）是奥米德亚尔网络公司人力资源和运营职能部负责人。奥米德亚尔网络公司是由易趣网公司（eBay）创始人皮埃尔·奥米迪亚（Pierre Omidyar）和他夫人创建的，是一个慈善投资公司，投资于那些有利于社会变革的组织。吉爱姆班克先生的责任是培养和考评奥米德亚尔网络公司及其下属组织机构的人才。在他就职奥米德亚尔网络公司之前，吉爱姆班克是PayPal和易趣网公司人力资源副总裁。更早些时候，他是毕马威会计师事务所的"全国招聘经理"。鉴于他在人力资源和创新方面的丰富经验，我们请吉爱姆班克先生谈谈如何通过人力资源战略来增强创新。

塞拉解释说，"过度计划会窒息创新。事实上，组织不可能依赖一个程序化的计划来创新，这是一种矛盾修饰法概念。尽管组织某些职能部门（如支持性小组）非常有必要制订严格的计划，但是在以创新为导向的团队中，你必须采用宽松方式管理。你要招聘最聪明、最能干、最有进取心的人，将他们置于团队中承担角色，让他们能够施展才能，自由自在地进行创新。过度设置一个职位，如制订详尽的员工从哪里招聘、必须承担什么责任等职位要求，会限制他们的创新自主性。例如，为了有利于组织创新，我们宁愿推出一个全新的职位而不是填补目前的职位。"

团队[10]

团队是由一些授权完成目标的人员组成的，正如本章开头所提及的，委员会、小组和团队有许多相似之处。人们可以将**团队**定义为"由少量的具有互补技能的人员组成，其成员致力于一个共同目的，制定绩效目标，并采用共同承担责任的方法。"[11]至于委员会，它下设不同的团队，有的是提供建议的，有的是有权做出决策的，有些则是实际上进行运作的。有的团队是为了解决某些问题而建立的，如"质量圈"；有的则是进行跨职能部门协调的产物，如设计、市场营销、财务、制造、人事等部门。这种跨部门的团队可以用来开发新产品或提高产品或服务的质量。例如，在设计和开发波音777飞机的过程中，有大约200个跨职能的团队参与其中。显而易见，对委员会的所有表述同样适用于团队。

> **注解**
> 团队是由少量的具有互补技能的人员组成的，其成员致力于一个共同目的，制定绩效目标，并采用共同承担责任的方法。
>
> **注解**
> www.boeing.com

团队建设[12]

人们对如何建设有效的团队并没有一个明确的规定，不过，实践证明下面的一些方法是有用的。必须要让团队成员相信，其宗旨是值得的、有意义的，而且是紧迫的。团队成员应该是根据完成目标所需技能选拔的，这种技能应该合理搭配，如有来自职能或技术方面的技能，有专门解决问题和做出决策的技能，以及必不可少的人际关系的技能。团队需要有团队行为规则作指导，如定期参与、保密规定、基于事实的讨论，以及每个成员都要做出贡献等。在组建团队早期就应该确定团队的目标和任务，其成员应该通过认可、及时反馈和奖励相互鼓励。

自我管理团队[13]

近年来许多组织在使用**自我管理团队**，其成员常常是由那些具备完成一项相对完整任务所需各种技能的人员组成的。由此，这样的团队有能力决定需要做什么，如何完成，什么时间完成以及哪些人去完成等事项。团队成员以一个整体来进行评估和奖赏，特别是当团队具有非常大的自主权时，这样的团队可能被称为"高绩效团队"或"超级团队"。

> **注解**
> 自我管理团队是由那些具备完成一项相对完整任务所需各种技能的人员组成的。

虚拟团队

在快速变化的环境中，公司必须应对这种变化以便抓住机遇。这可能需要**虚拟管理**。人们将虚拟管理描述为"管理那些不在同一地区、不向你汇报工作，甚至不在你所在组织工作的成员组成的团队的能力"。[14]不在同一地区，甚至不向同一上级汇报工作使得管理这样的团队更加困难，所以，至关重要的是要有一个清晰的目标，要有明确的任务和假设条件，要有效地通过电子邮件、传真、电话，甚至项目网页进行沟通。同样重要的是要审慎地观察可能出现的冲突，以便尽快地解决这些冲突。

> **注解**
> 虚拟管理是指管理那些不在同一地区、不向你汇报工作，甚至不在你所在组织工作的成员组成的团队。

创业视角　就工作团队管理问题与思科系统公司质量解决方案部高级经理瑞贞诺德·柴特曼的访谈[15]

管理全球化竞争企业中的工作团队需要管理和技术技巧，人们不仅在想，要让那些经验丰富、多元文化背景下的工作团队最大限度地发挥其作用，恐怕也需要考虑一些社会因素。为了确定全球管理者是如何最大限度地发挥国际团队潜力，我们走访了思科系统公司（Cisco Systems）质量解决方案部高级经理瑞贞诺德·柴特曼（Reginald Chatman）先生。他在管理来自世界不同地区背景人员的工作团队方面颇有经验。

我们请瑞贞诺德·柴特曼谈谈他在思科的工作环境下如何成功地管理团队的看法，柴特曼先生说，"要想成功地管理好当今快速发展企业环境下的工作团队，人们必须要展现领导力以应对三种挑战，即不靠权力的影响力、应用新平台进行沟通和与全球各地远距离的团队成员合作。"他补充说，"第一，团队领导要在非正式指挥状态下激励成员实现愿景，需要开发一些目前尚不太普及的软技能，如形成团队成员同心协力、相互信任和尊重氛围的能力。第二，在维基（Wikis）通信时代的沟通，短信、社会网络、博客，以及推特（Twitter）等通信工具意味着人们必须要确保信息随手可得、清晰、一致，适合当地的文化。第三，要领导好那些处在世界不同时差地区工作的团队成员，管理者必须要高度重视各种不同的工作进度表，灵活地评价和安排人员以确保团队成员成功合作，帮助那些边远地区的员工，使他们感觉随时都与其他成员同在。"

尽管通信和信息技术的进步使全球性的合作成为现实，但是这些技术毕竟掌握在人的手中，而人需要受到尊重，需要激励，需要关照。从本质上讲，能够得到全球工作团队潜在贡献的，是那些能够给其管辖下的员工提供这些关键条件的企业领导。

委员会、小组和团队的冲突[16]

> **注解**
> 冲突可能来源于个人、小组和组织与它所在的环境。

尽管委员会、小组和团队有许多优点，但是冲突在所难免。在前面探讨委员会时，已经指出了它的不足之处，这些对小组和团队也是适用的。此外，有大量的文献专门探讨工作小组和团队的冲突。[17]冲突可能来源于个人之间（人际间冲突）、小组之间（小组间冲突），也可能来源于组织和它所在的环境，如与其他组织之间的冲突。除此之外，人们可能对那些不出力却分享奖赏的"独来独往"的成员产生怨恨。

本章小结

委员会是由承担一定责任的人员组成的，它可以是实权性的或参谋性的，可以是正式的或非正式的，也可以是永久的或暂时的。人们用委员会这种方式进行集体讨论和判断，以避免一个人集过多的职权于一身，同时反映不同群体的观点。委员会也可以协调不同部门、计划和政策，同时分享信息。有时，管理人员不一定拥有所有所需职权才做决策，因此，通过委员会这种形式可以巩固职权。除此之外，委员会通过让人们参与决策过程来加大激励的投入。

委员会也有不足之处：它们开支很大，其行为可能会造成在最小共同基础上的妥协，其讨论可能会导致议而不决，在一个人控制整个会议的情况下，委员会内部会出现自我解体的倾向。还有一点不足是，责任被淡化，没人觉得应该为决定负责。此外，委员会少部分成员可能会坚持他们不可取的观点而反对大多数的意愿。

委员会的有效运作需要确定其职权，选择适当的规模，审慎地选拔成员，确定合适的主题事项，任命有能力的主席，做好和沟通会议记录，以及确保只有在好处大于成本的情况下才使用委员会这种形式。

阿施（Asch）的试验表明了小组压力对顺从的影响。焦点问题小组是一种特殊的、用来收集顾客、公众或员工反映的小组。在组织使用小组形式前必须要考虑到这种做法的优缺点，委员会是小组形式的一种体现，另外一种体现形式是团队。在自我管理团队中，成员有着完成相对完整任务所需的各种技能，在虚拟管理中，团队成员不在同一个地区，不向同一上级汇报工作。随着委员会、小组和团队的广泛使用，人际间和小组间冲突在所难免。除此之外，组织之间、组织与环境之间的冲突也需要得到解决。

主要概念回顾

委员会	使用委员会的原因	焦点问题小组
小组过程的四个阶段	委员会的不足之处和使用不当	小组的职能和优点
多元执行委员会和董事会	使委员会成功的建议	团队和团队建设
实权性和职能性委员会	小组的特点	自我管理团队
正式和非正式委员会	规范	虚拟团队
永久和临时委员会	阿施对小组压力的试验	委员会、小组和团队冲突

讨论题

1. 某一著名的管理纪实小说评论家指出："我认为那种雇用10个人去做一个人就能做出决定的奢侈做法不应再继续下去了。尽管职业管理有各种各样的优越性，但它往往促使官僚主义膨胀。"请对此进行评论。

2. 区别委员会、团队和小组。
3. 采用委员会的原因是什么?如果理由充分,为什么委员会又常遭到抨击?
4. 在职能活动中,何谓个人与委员会行动的相对有效性?说明哪些活动由委员会承担最有效?
5. 阐述并讨论委员会应用不当的性质。
6. 你对提高委员会的有效性有何建议?
7. 在互联网上查找有关团队管理的文献。
8. 组织中小组的主要特点是什么?

练习和具体步骤

1. 学生分组讨论本章的案例。将班上学生分为大小不等的小组(例如3、6、9、12人不同的小组)。每组都要进行案例分析,并提出建议。每组挑选一名发言人,陈述小组对案例的看法。发言人是基于什么条件选出的?发言人与主席的相似点与不同点是什么?讨论不同规模小组的优点及遇到的问题。你认为理想小组的规模应为多大?

2. 采访两位管理人员,请他们谈谈对委员会的体验。他们对委员会持支持的还是否定的看法?他们认为要使委员会高效获益最重要的条件是什么?他们认为委员会理想的规模是多大?

互联网检索

1. 在互联网上查找"虚拟团队"这个词,并看一下公司在实际情况下是如何开发和应用虚拟团队工具的。
2. 在互联网上查找"阿施效应"或"阿施试验"这些关键词,并索取试验细节。
3. 你在学校参加团队活动吗?试将本章中涉及团队建设和委员会负责人的概念用于你的团队。汇报一下结果。

全球化案例

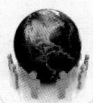

兼并还是不兼并:惠普、康柏以及首席执行官菲奥里娜面对的问题[18]

高科技企业在迅猛发展。诸如戴尔(Dell)和国际商用机器公司(IBM)这样的一些公司实力大大增强,对其他公司如惠普(HP)和康柏(Compaq)构成了威胁。这种情形的出现看上去使后两者的兼并颇有意义,是吧?处于兼并决策中心点的是惠普首席执行官卡尔顿(卡莉)·S·菲奥里娜(Carleton (Carly) S. Fiorina),是她积极促进了这一兼并议案。站在她对立面的是沃尔特·B·休利特(Walter B. Hewlett),他是惠普公司一位创始人的儿子,惠普公司以人性化的组织文化而闻名。休利特代表惠普基金会(HP Foundation)反对这一兼并议案。因此,有关兼并的最终决策将是一个集体决定。

作为外来者的菲奥里娜女士,她是带着重振

组织和将公司引向新方向的重任加盟惠普的。对于这个兼并议案,许多人支持对康柏的兼并,但也有不少人反对推行这一战略。当兼并议案被公布后,两家公司的股票都下跌了。

这两家公司都有其优势和劣势,但双方的产品和服务却有部分重叠。惠普的优势在于成像和打印系统方面,虽然它的软件和服务业务仅占全部业务的一小部分,但它们的增长潜力很大。公司在 UNIX 服务器领域也很强,而这方面曾被阳光微系统公司(Sun Microsystems)控制。[19] 或许最重要的是惠普在创新和质量方面口碑极好。另外,康柏的强项是其硬件业务和其强大的分销渠道。此外,康柏因其信息技术服务能提供一站式解决方案而闻名。

但两家公司也有其劣势。对于惠普来说,其一是它很难在增速锐减的个人电脑市场中与国际商用机器公司和戴尔公司竞争。它的另一个弱项是服务器市场,而这个市场的利润潜力很大(但注意,戴尔也挺进了这一市场)。惠普公司的发展方向有些模糊,且它在市场竞争中锐气不足,而这一问题恰恰是菲奥里娜要解决的。她失去了一部分员工对她的信心。

在提出兼并议案的时候,康柏的一个问题是它的高存货率。相比之下,它的竞争对手戴尔公司采取按订单生产,对电脑进行定制化从而降低了存货成本。同样的,戴尔在线业务的强势则正反映了康柏在此领域的劣势。

很显然,惠普与康柏的兼并可以通过整合产品与服务(尽管有些重叠)使双方受益,虽然有不少意见反对这项兼并议案。反对意见之一是合并两家大型公司的难度(在大约 160 个国家(地区)中有 150000 名员工)。此外,个人电脑市场正在失去其影响力,而且竞争对手如国际商用机器公司和戴尔公司在该领域有更好的定位。再者,合并两家组织文化大相径庭的公司也是困难的。当然,作为惠普公司董事会成员,沃尔特·休利特的反对意见也阻碍了这一战略性举措。

惠普和康柏认为,竞争的形势需要这一兼并,这样可以节约成本(预计到 2004 年能节约 25 亿美元,但也可能过于乐观)。同样,两家公司技术的共享和客户的加强,将使兼并后的新惠普公司受益,并可与国际商用机器公司在规模上相匹敌。

尽管菲奥里娜强烈地为兼并议案争辩,但她也必须认识到兼并的风险,并从正反两方面斟酌这一战略举措。风险不仅是对公司而言,也涉及她能否在惠普生存,是否兼并的决定是一项集体的决策。由公司创建人的子女们领导的戴维和卢斯乐·帕卡德基金会(The David and Lucile Packard Foundation)投票反对兼并。但帕卡德先生在法律上的尝试没能成功,兼并案得以继续。[20]

思考题

1. 列举并讨论兼并案的优缺点。
2. 菲奥里娜女士的个人风险是什么?
3. 她是如何影响小组成员批准惠普与康柏兼并案的?
4. 你认为为什么菲奥里娜女士会失去员工的信任?
5. 菲奥里娜女士需要如何在兼并后的公司中建立一个有凝聚力的管理团队?

注释

1. "Corporate Governance: Under the Board Talk," *The Economist*, June 15, 2002, pp. 13–14; "De-

signed by Committee," ibid., pp. 69 – 71; John A. Byrne, "Restoring Trust in Corporate America," Business Week, June 24, 2002, pp. 31 – 35; Emily Thornton and David Henry, "Big Guns Aim for Change," ibid., pp. 36 – 39. See also Enron, www.enron.com, accessed January 31, 2013; Tyco, "Tyco," www.tyco.com, accessed January 31, 2013.

2. Prahalad, C. K., and Richard A. Bettis (1986). The Dominant Logic: A New Linkage between Diversity and Performance, Strategic Management Journal, 7 (6), pp. 485 – 501.
3. Aharoni, Yair (1966). Foreign Investment Decision Process, Harvard University Press: Boston, MA.
4. Mintzberg, H. (1983). Power in and Around Organizations, Prentice – Hall: Englewood Cliffs.
5. Miller, D. and P. H. Friesen (1980). "Momentum and Revolution in Organization Adaptation", Academy of Management Journal, Vol. 23, pp. 591 – 614.
6. See also Harold J. Leavitt and Jean Lipman – Blumen, "Hot Groups," Harvard Business Review, July – August 1995, pp. 109 – 16.
7. See David Krech, Richard S. Crutchfield, and Egerton L. Ballachey, Individual in Society (New York: McGraw – Hill, 1962), pp. 507 – 8; see also Jerry B. Harvey, "The Abilene Paradox: The Management of Agreement," Organizational Dynamics (Summer 1988), pp. 17 – 43.
8. Erich Brockmann, "Removing the Paradox of Conflict from Group Decisions," Academy of Management Executive, May 1996, pp. 61 – 62.
9. Interview conducted by Mark Cannice by email with Sal Giambanco in October 2012.
10. See Darrel Ray and Howard Bronstein, Teaming Up (New York: McGraw – Hill, 1995). Teams may work better in the Japanese culture than in the U. S. environment, according to Afsaneh Nahavandi and Eileen Aranda, "Restructuring Teams for the Re – engineered Organization," Academy of Management Executive, November 1994, pp. 58 – 68. For managing international teams, see Nicola Phillips, Managing International Teams (Burr Ridge, IL: Irwin, 1994); Don Mankin, Susan G. Cohen, and Tora K. Bikson, Teams and Technology (Boston: Harvard Business School Press, 1996); Ann Donnellon, Team Talk (Boston: Harvard Business School Press, 1996).
11. Jon R. Katzenbach and Douglas K. Smith, "The Discipline of Teams," in Arthur A. Thompson, Jr., A. J. Strickland Ⅲ, and Tracy Robertson Kramer (eds.), Readings in Strategic Management, 5th ed. (Chicago: Irwin, 1995), pp. 483 – 95.
12. Nancy Katz, "Sport Teams as a Model for Workplace Teams: Lessons and Liabilities," Academy of Management Executive, August 2001, pp. 56 – 67.
13. Katzenbach and Smith, "The Discipline of Teams"; James R. Barker, "Tightening the Iron Cage: Concertive Control in Self – managing Teams," Administrative Science Quarterly, September 1993, pp. 408 – 37; Ron Williams, "Self – directed Work Teams: A Competitive Advantage," Quality Digest, November 1995, pp. 50 – 52; Michael Donovan, "Maximizing the Bottom – line Impact of Self – directed Work Teams," Quality Digest, June 1996, pp. 34 – 39; Chantell E. Nicholls, Henry W. Lane, and Mauricio Brehm Bechu, "Taking Self – Management Teams to Mexico," Academy of Management Executive, August 1999, pp. 15 – 25.
14. Charles Wardell, "The Art of Managing Virtual Teams: Eight Key Lessons," Harvard Management Up-

date, November 1998, p. 4. See also Anthony M. Townsend, Samuel M. DeMarie, and Anthony R. Hendrickson, "Virtual Teams: Technology and the Workplace in the Future," Academy of Management Executive, August 1998; Wayne F. Cascio, "Managing a Virtual Workplace," Academy of Management Executive, August 2000, pp. 81–90.

15. Interview conducted by email with Mr. Reginald Chatman of Cisco Systems, on August 30, 2009 by Mark Cannice.

16. Russ Forrester and Allan B. Drexler, "A Model for Team-based Organization Performance," Academy of Management Executive, August 1999, pp. 36–49.

17. See, for example, K. A. Jehn, "A Multimethod Examination of the Benefits and Detriments of Intergroup Conflict," Administrative Science Quarterly, June 1995, pp. 256–82.

18. A variety of sources have been consulted, including the following: Peter Burrows, Andrew Park, and Jim Kerstetter, "Carly's Last Stand?" Business Week, December 24, 2001, pp. 63–70; Andrew Park, "Can Compaq Survive as a Solo Act?" ibid., p. 71; "In the Family's Way," The Economist, December 15, 2001, p. 56.

19. But Sun has to battle with IBM in the server market. See "Sun Microsystems: Stealing Each Other's Clothes," The Economist, October 13, 2001, pp. 61–63.

20. Ms. Fiorina was fired in February 2005 and succeeded by Mark Hurd. Observers said that he brought stability to the company. See Pui-Wing Tam, "Hitting the Ground Running," The Wall Street Journal, April 4, 2005; Pui-Wing Tam, "Hurd's Big Challenge at H-P: Overhauling Corporate Sales," The Wall Street Journal, April 3, 2006; Nicole C. Wong, "HP Has Prospered in CEO Hurd's First Year," The Wall Street Journal, April 7, 2006. Ms. Fiorina discussed the details of her ouster in her memoir; see Don Clark "Fiorina Memoir Details H-P Board Conflicts Preceding Her Ouster," The Wall Street Journal, October 6, 2006.

17

沟　　通

[学习目标]

学完本章后,你应该能够:

1. 描述沟通的目的和基本的沟通过程。
2. 解释组织中沟通的流向。
3. 描述书面、口头和非语言沟通的特征。
4. 确定沟通中的障碍和中断,提出改进沟通的方法。
5. 理解电子媒介在沟通中的作用。

第17章 沟通

虽然在管理工作的各个方面都需要沟通，但在行使领导职能中，沟通的作用却特别重要。**沟通**是信息从发送者到接收者的传递过程，而信息则是接收者所理解的信息。这种定义构成了本章所探讨的沟通过程模型的基础。这个模型集中研究沟通的发送者、信息的传递以及信息接收者，同时，也特别关注那些干扰信息顺利沟通的噪声以及促进沟通的反馈。此外，本章还探讨了电子媒介对沟通的影响。

> 沟通是信息从发送者到接收者的传递过程，而信息则是接收者所理解的信息。

沟通的目的

就广义而言，企业中沟通的目的就是要实现变革，即对有助于企业利益的行动施加影响。由于沟通把各项管理职能连成一体，所以它对企业内部职能的行使至关重要。尤其是，企业需要沟通来实现以下目标：(1) 建立并宣传企业的目标；(2) 制订实现目标的计划；(3) 以最有效果和效率的方式配置人力资源及其他资源；(4) 选拔、培养、考评组织成员；(5) 领导、指导和激励人们，并营造一个人们想要做出贡献的氛围；(6) 控制绩效。

图17-1说明，沟通不仅促进了各项管理职能，而且也把企业同其外部环境联系起来了。企业管理人员通过信息交流了解客户的需要、供应商的可供能力、股东的要求、政府的法律法规以及社区关切的事项等。任何一个组织只有通过沟通才能成为一个与其外部环境发生相互作用的开放系统。正因如此，本书自始至终强调了沟通的重要意义。

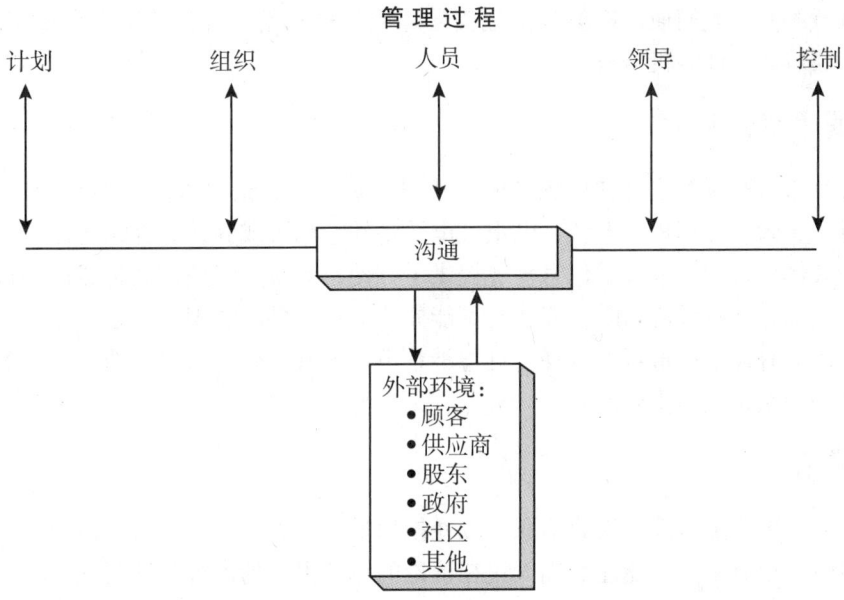

图17-1 沟通的目的和作用

沟通过程

简单地说，沟通过程涉及信息的发送者、通过选定的渠道传递信号以及信号接收者，如图17-2所示。下面仔细地考察一下这种过程的具体步骤。

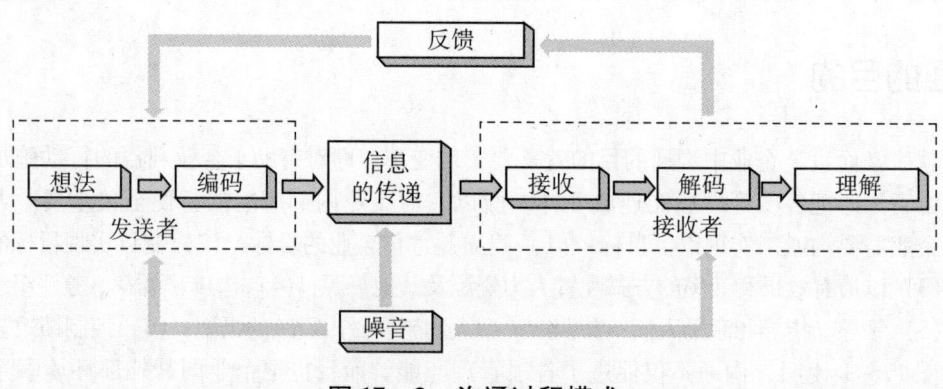

图17-2　沟通过程模式

信号发送者

沟通始于有某种"思想"或想法的发送者，然后以发送者和接收者双方都能理解的方式进行编码。人们通常以为只是把信号编成一种常用语言，其实有许多编码方法，如可把想法编制为计算机语言。

信号传递渠道的应用

信号是通过联系发送者和接收者的渠道进行传递的，信号可以是口头的或书面的，可以通过备忘录、计算机、电话、电报、电子邮件、电视或其他媒介来传递。当然，电视机也为肢体语言和视频提示信息传递提供了方便，有时人们使用两种或两种以上的传递渠道。例如，在电话沟通时，双方有可能先达成一个基本共识，即之后用信函方式予以确认。因为有许多渠道可供选择，且每种渠道都各有利弊，所以，选择恰当的渠道对实施有效的沟通是极为重要的。

信号接收者

信号接收者需随时准备接收信息，以便把信号回译成思想。一个人沉浸在一场精彩的足球赛时，他就不大可能注意别人正在谈论的库存报告的内容，从而加大了沟通故障出现的概率。沟通的下一个步骤是解码，即接收者把信号回译成思想。只有当发送者和接收者对信号所含符号的意思有着相同的，或者至少是类似的理解时，准确的沟通才会产生。显而易见，用法语编码的信号需要懂法语的接收者。但有一个不甚突出而又经常被人忽略的问题，即含有技术术语或专业行话的信号需要懂这种语言的接收者。所以，除非术语是为人们所理解的，否则沟通就是不完整的。理解必须植根于发送者和接收者的心中，那些头脑闭塞的人一般情况下不能完全理解信号，尤其是信息内容与其价值体系相反时更是如此。

全球化视角　　跨文化障碍

人们用不同语言沟通会增加误解。例如，德语在礼节和尊称习俗方面用词很严谨。正式场合中的"Sie"（您）很少被"Du"（你）代替，只有在人们认识很长时间，而且彼此之间非常熟悉后才使用非正式的"Du"。同样，成年人之间相互称呼"Herr"（先生）或"Frau"（女士）。一个人的名字通常只有在亲戚、亲密的朋友或孩子和十几岁的少年中才会出现。被称为"Sie"、"Frau"或"Herr"的外国人，可能会认为这种用法意味着对方不喜欢他（或她），或者想保持社交距离，这可能根本就不是事实，这种用法只是一种文化规范的延伸。在另一方面，如果一个很普通的熟人被直呼其名，就有可能得罪了他。虽然这种语言上的区别对德国以外的人员可能显得不那么重要，但不容忽视的是，这种区别不但会形成沟通障碍，而且可能影响业务关系，甚至使人们失去商业机会。

影响沟通的噪音

遗憾的是，沟通经常受到"噪音"的干扰。无论是在发送者方面，在传递过程中，还是在接收者方面，噪音是指妨碍沟通的任何相关因素。下面是一些噪音方面的实例：

- 噪音或受到限制的环境可能会妨碍清晰思路的形成；
- 由于使用模糊符号可能造成编码错误；
- 传递过程可能在渠道中受静电干扰，如电话连接状况很差；
- 因漫不经心而可能造成不准确的接收；
- 因用词不当和错用符号而可能造成解码误差；
- 各种成见可能影响理解；
- 因唯恐变革产生不良后果使本应沟通的理想变革未能产生；
- 在跨文化沟通中，不仅语言表述，而且手势和姿势都有可能造成沟通不畅。

> **注解**
> "噪音"是指妨碍沟通的任何相关因素，无论是产生于发送者方面、在传递过程中，还是在接收者方面。

沟通的反馈

为了检验沟通的效果，反馈是必不可少的。在没有证实信息反馈之前，人们绝不能肯定信息是否已经得到有效的编码、传递、解码和理解。同样，反馈也可表明，由于沟通的结果，个人的变化和组织的变革是否已经发生。

> **创业视角　　　接受负面反馈**
>
> 　　创业者们天生就是乐观主义者，他们相信自己，也相信自己为公司规划的愿景。然而，在他们的发展道路上，他们将要而且必定会收到有关他们新公司愿景方面的刻薄的反馈。创业者们如何面对和应对这些反馈对其公司的生存至关重要。风险资本家以及其他投资者会想方设法地发现其经营计划中的漏洞或问题，创业者们一定要尊重反馈的意见，并竭尽全力解决这些问题。创业者们在任何情况下都不应对负面反馈进行辩解或抨击。相反，创业者们应该接受批评，在进一步探讨和修正已经发现的不足之处时适当做出理性解释。

沟通中的情境和组织因素

> **注解**
> 有许多情境和组织因素左右着沟通过程。

　　有许多情境和组织因素左右着沟通过程。从外部环境看，可能有教育的、社会学的、法律政治的和经济的因素。例如，压制性的政治环境就会抑制沟通的自由流向。另一种情境因素是沟通距离。面对面的直接沟通既不同于两个人远隔万里的电话交谈，也不同于电报和信函的往来。时间也是沟通中必须考虑的因素之一，一个事务繁忙的高层管理人员恐怕没有足够的时间，准确无误地接收和发送信息。其他影响企业内部沟通的情境因素包括组织结构、管理和非管理流程以及技术等。其中，在技术方面，计算机技术对大量数据的处理有着长期的影响，这是一个很好的例子。

> **注解**
> 沟通模型对沟通过程提供了一个总的看法，即确定关键的影响因素，并指出它们之间的相互关系。

　　总之，沟通模式对沟通过程提供了一个总的看法，即确定关键的影响因素，并指出它们之间的相互关系。这样反过来又帮助企业管理人员找出沟通中存在的问题，并采取解决问题的措施，甚至做得更好些，从源头上防止困难出现。

组织中的沟通

　　在当今企业中，信息流动之快是前所未有的。即使在快速运行的生产线上出现的一个短暂故障，都可能造成产量减少，蒙受损失。因此，迅速沟通生产中出现的问题，对于及时采取矫正措施是非常重要的。另一个重要因素是信息量问题，逐年俱增的信息量往往引起信息的超载。人们经常需要的倒不是更多的信息，而是相关的信息。企业管理人员为了进行有效的决策，有必要确定哪些信息是有用的。这种经常性的相关信息的获得，来源于管理人员的上司和下属，也来源于组织中的各个部门和成员。

> **创新视角** 与风险资本公司投资的下属企业的沟通：与利兹伍德资本公司（Ridgewood Capital）高级常务董事埃尔顿·舍温的访谈
>
> 领导需要关于组织到底在干些什么的信息。那些足不出屋依赖正式沟通渠道的管理人员，可能只会收到对下属有利的信息。为了消除他们与世隔绝的弊端，管理人员需要用非正式渠道来弥补正式渠道的短板。
>
> 风险投资公司尤其需要密切观察和指导。我们邀请著名硅谷风险投资人埃尔顿·舍温（Elton Sherwin）谈谈他是如何与他所投资的新起步公司沟通的。舍温先生是利兹伍德资本公司（Ridgewood Capital）的高级副总经理，他投资了许多包括清洁技术和软件类的技术公司。同时，他也是《硅谷之路》（The Silicon Valley Way）和《沉迷于能源——如何挽救我们的经济和环境：一个风险投资人的视角》（Addicted to Energy, A Venture Capitalist's Perspective on How to Save Our Economy and Our Climate）两本书的作者，其中，《硅谷之路》是一本世界范围内人们广泛使用的创业人员指南。
>
> 舍温先生表示，他与他所投资公司的管理人员通过电话、电子邮件、短信、邮寄书籍、录音（MP3）以及走访等方式沟通。此外，他还花时间与管理团队成员（不仅仅是首席执行官和首席财务官）进行一对一沟通。有着在 25 家公司投资的经验，他说，"一旦我看到问题，我会竭尽全力地解决这个问题。"

管理者须知

企业管理人员要成为有效的管理者，就必须拥有行使管理职能和进行管理活动所必要的信息。但只要偶尔看一下沟通系统的情况即可得知，企业管理人员往往缺乏决策所需的重要信息，或他们得到太多的信息以致超载。很显然，企业管理人员在选取信息时必须有所取舍，一个简单的办法是自问："对于我这个职位而言，我需要知道些什么呢？"或者问："如果我不能定期得到这些信息，将会发生什么后果？"管理人员所需要的并不是最多的信息，而是相关的信息。很显然，并不存在普遍适用的信息系统，相反，信息系统必须与管理人员的需要挂钩。

组织中沟通的流向

在一个有效的组织中，沟通是全方位流动的：自上而下、自下而上、横向交叉。传统管理强调自上而下的沟通，然而，大量的事实证明，如果只有自上而下的沟通就会出问题。实际上，人们知道，有效的沟通必须从下属开始，这意味着主要是自下而上的沟通。信息可以横向流动，也可以斜向流动，图 17-3 展示了各种不同的信息流向，下面

自上而下的沟通

> **注解**
> **自上而下的沟通**就是在组织职权层次中，信息从高层次成员朝低层次成员的流动。

自上而下的沟通就是在组织职权层次中，信息从高层次成员朝低层次成员的流动。这种沟通方式在专制气氛盛行的组织中尤为突出。自上而下的口头沟通所运用的各种媒介方式包括指示、谈话、会议、电话、广播，甚至小道消息；自上而下的书面沟通方式有备忘录、信函、手册、小册子、公司政策声明、工作程序以及电讯新闻展示等。

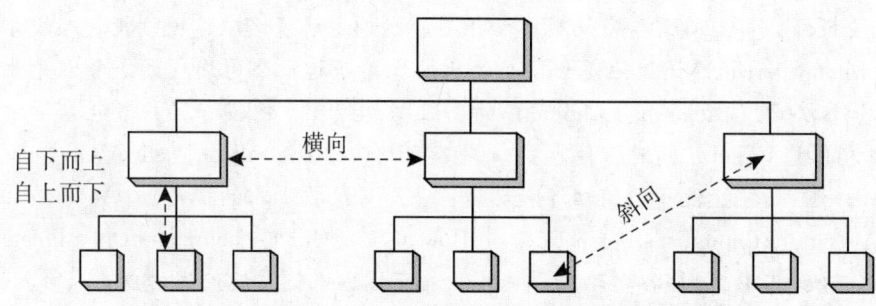

图 17-3　组织中的信息流向

遗憾的是，信息在向下属指挥系统传送时往往遗失或被曲解，最高管理部门颁布的政策和工作程序并不能确保有效的沟通。事实上，许多指示并未被下属所理解，甚至未曾过目。因而，要确保接收者是否按照发送者的意图去理解信息，必须要有一个信息反馈系统。

在组织职权层次中信息自上而下沟通耗时费力。耽误的确令人沮丧，所以一些高层管理人员坚持认为，信息一定要直接传递给需要的个人或团队。

全球化视角　美国总统的感召性沟通[1]

沟通不仅对一个组织重要，而且可能会对政治产生意想不到的影响，如美国总统使用感召性修辞（transformational rhetoric）所带来的变化。领导力意味着影响人们，这种影响作用可以通过行为方式，也可以通过修辞方式获得。人们常常通过领导的重要演说而记住他们。最值得人们回顾的是约翰·肯尼迪总统的就职演说，其中他说道："所以，我的美国同胞们：不要问你的国家能为你们做什么，问一问你们能为你们的国家做什么。我的同属于这个世界的公民们：不要问美国将为你们做什么，问一问我们能为人类的自由共同做些什么。"这一演讲可能导致了"和平组织"（Peace Corps）的诞生，这是一个旨在给其他国家提供技术支持、了解其他国家文化、帮助其他国家了解美国文化的自发性机构。

第17章 沟通

另外一个例子是罗纳德·里根总统在柏林勃兰登堡门所做的演讲,这个演讲可能影响了柏林墙最终倒下,促成了东德和西德的统一。里根说:"戈尔巴乔夫总书记,如果你真的要寻求和平,你真的愿为苏联和东欧寻找繁荣,你真的想寻求自由,那么你就到这扇门前来!戈尔巴乔夫先生,打开这扇门吧!戈尔巴乔夫先生,拆掉这堵墙吧!"

自下而上的沟通

自下而上的沟通就是从下属到上级、按组织职权层次逐级向上的信息流动。遗憾的是,这种流动经常受到沟通环节上的管理人员的阻碍,他们将信息过滤,不把所有信息,特别是不利的消息向上级传送。然而,就控制而言,客观地传递信息至关重要。上层管理部门特别需要知道生产的绩效情况、市场营销信息、财务数据和基层员工在想些什么以及其他情况。

> **注解**
> 自下而上的沟通就是从下属到上级、按组织职权层次逐级向上的信息流动。

自下而上的沟通主要是非指示性的,它通常存在于参与式的和民主的组织环境之中。用于自下而上沟通的典型方法,除指挥系统外,还包括提建议制度、申诉和抱怨程序、控告制度、调解会议、共同制定目标、小道消息、小组会议、门户开放政策的做法、士气问卷调查、离职交谈,以及巡视员(ombudsperson)。

巡视员的概念直到近几年才在美国出现,以前用得很少,它出自于瑞典,在那里本国公民可以向国家公务员调查有关政府官僚主义的申诉。今天,一些美国公司已经专门设置了调查员工关注问题的职位。有些公司发现,巡视员的职位能够提供有价值的自下而上沟通环节,有效地进行自下而上的沟通需要有一个使下属感到可以自由沟通的环境。组织氛围在很大程度上受到高层管理人员的影响,因而,创造自下而上沟通这样一个自由流动的责任,在很大程度上应由上级领导承担,尽管这并非是唯一的途径。

> **注解**
> 巡视员是指专门调查员工关注问题的人员,这样能够提供有价值的自下而上的沟通环节。

领导力视角 缺乏自下而上的沟通可能后果不堪设想

缺乏自下而上的沟通会造成严重的后果。在1986年航天飞机失事事故中,很显然,重要信息未能及时传递到美国宇航局(NASA)最高层管理部门。美洲银行(Bank of America)的几名高级职员都对因不了解本银行中低劣的抵押贷款方案感到震惊,结果造成了该行的巨额亏损。赫顿(E. F. Hutton)经纪行的高层管理人员显然对其基层部门管理人员支票签字的欺诈丑闻并不知情。

在某些组织中,自下而上的沟通受到组织文化的阻碍,也受到那种向最高层管理人员传递其不赏识信息会得到"惩罚"氛围的阻碍。的确,这种向上报喜不报忧的倾向是司空见惯的。然而,为了管理好一个企业,准确的信息是绝对必要的。

> 注解
> www. nasa. gov
> www. bofa. com
> en. wikipedia. org/wiki/
> E. F. _Hutton_&_Co
>
> 那么，管理人员为了促进信息的自由流动能做些什么呢？第一，管理人员必须营造一种自下而上沟通的非正式氛围，门户开放政策只有付诸实践才能发挥作用。第二，信息流动的正式组织机构必须是清晰的。第三，企业管理人员可以在公司走动中了解更多的信息。人们经常提到的惠普公司"漫步式管理"的做法便是开放沟通的一个范例。

横向交叉的沟通

> 注解
> **信息横向流动**是指在同样的或类似的组织层次成员之间的沟通。
>
> 注解
> **信息斜向流动**是处于不同层次的、没有直接隶属关系成员之间的沟通。

横向交叉的沟通既包括信息的**横向流动**，即在同样的或类似的组织层次成员之间的沟通；也包括信息的**斜向流动**，即处于不同层次的、没有直接隶属关系成员之间的沟通。这种沟通方式用来加速信息的流动，促进理解，并为实现组织的目标而协调各方的努力。大量的沟通工作并不是按组织的职权层次进行的，而是跨指挥系统的流动。

企业环境为口头沟通提供了许多场合，这包括从公司保龄球队的非正式碰头会、员工共进午餐，到较为正式的会议、委员会会议和董事会会议等。这种口头沟通也存在于不同部门成员组成的特殊任务小组或项目小组之中。最后，信息的沟通往往超越了组织界限，例如，负有职能权限或咨询权限的参谋人员同不同部门的业务主管人员交往时。

此外，书面沟通的形式能使人们不断了解企业。这些书面形式包括公司主办的报纸或杂志以及布告栏等。现代化企业运用各种口头和书面方式进行横向交叉的沟通，以弥补信息纵向流动之不足。

由于信息可能不按指挥系统流动，所以就需要采取专门的保护措施以免潜在问题的发生。具体来说，横向交叉的沟通必须基于这样的理解，即只要是合适的，横向交叉关系则在任何场合都应受到鼓励；下属要自律，不要做出超越其权限的承诺；下属要随时让上级了解部门之间的重大活动。简言之，横向交叉的沟通可能会带来困难，但是，为了适应复杂而动态的组织环境的需要，这种沟通对于许多企业来说都是必要的。

书面、口头和非语言的沟通[2]

书面和口头沟通媒介这两种形式各有利弊，因此，这两种方式经常同时使用，使之优势互补。除此以外，还可用直观辅助工具来弥补书面和口头沟通之不足。例如，在管理人员培训课上，利用讲义、幻灯片、录像带、电影等可以使讲课更有效果。实践证明，运用多种媒介方式重复某一信号，接收者就会更加准确地领会和记住这一信号。

在选择传递媒介时，人们必须考虑到沟通者、听众及其情境因素。一个在大庭广众面前感到不自如的高层管理人员可能会选择书面沟通的形式，而不是采用演讲的形式。

另外，那些不习惯备忘录的人们很可能因直接的口头沟通而受到激励。

书面沟通

法国管理人员几乎都对书面沟通方式情有独钟，不仅是正式的书面格式，而且包括非正式的口信。法国管理人员认为，只有落实在纸面上的东西才能算数。

书面沟通具有提供记录、可供参考和法律防护依据等优点。人们可以认真准备信息并通过大批量邮寄把信息直接传发给广大听众。书面沟通也能促进政策和程序的一致性，在有些情况下还能降低成本。

书面沟通的缺点是可能造成文件堆积成山，能力差的撰写者写的文件可能措辞不当。书面沟通有可能不能及时提供信息反馈，因此，要花很长的时间来了解信息是否已被接收，并理解无误。

口头沟通

绝大部分的信息是通过口头传递的。口头沟通可能是两个人面对面的交谈，或者是管理人员面对广大听众演讲；可能是正式的或非正式的；可能是计划好的，也可能是即兴的。

口头沟通的优点是交流速度快，及时提供反馈，人们可以提问并澄清疑点。在面对面交往中，人们可以注意到效果反应如何。此外，下属同上级会晤可使下属感觉到自己的重要性。显而易见，非正式的或计划好的会谈可以极大地有助于问题的了解。

但是，口头沟通也有缺陷。这种沟通方式并不总能省时，正如那些参加了既无结果也达不成协议会议的管理人员所了解的那样，就时间和成本而论，这些会议代价可能很大。

领导力视角 一个面对公众说话恐惧的人能够成为最大公众公司的领导吗？[3]

让我们看一下沃尔玛公司的首席执行官李·斯科特（Lee Scott）。他讨厌在大庭广众之下讲话。他曾经回顾到，他害怕在会议上讲话。他说，"我感到浑身发抖，声音变调"。然而，2005年2月，他不得不在洛杉矶面对500名企业界领导，为沃尔玛遭到的批评进行辩解，而他在这种公众场合下的讲话已绝非是第一次。人们对沃尔玛的指责包括：员工的公费医疗费低、工资标准低、要求员工超时间工作、在海外并购伤害美国公司以及导致国内企业破产等。

> 注解
> www.walmart.com

学生们有时也对课程所要求的课上发言存有疑虑，李·斯科特的例子对他们克服在公众面前讲话恐惧而言是否是一个很好的榜样？

非语言沟通

人们用许多不同的方式进行沟通，可以用**非语言沟通**的方式，如用面部表情和肢体语言来加强（或否认）所说的话。人们希望用非语言沟通的方式来强化语言沟通的效果，但有时往往事与愿违。例如，一个作风武断

> 注解
> **非语言沟通**包括面部表情和肢体语言。

的管理人员一面用拳头敲打台面，一面宣称从现在开始实施参与式管理，这种自相矛盾的沟通使其诚信度大打折扣。同样，有些管理人员可能宣布实施门户开放政策，而同时又命令其秘书仔细筛选那些想见他的人，这就造成管理人员言行不一。这是沟通过程模式中"噪声"的具体体现（见图17-2）。显然，非语言沟通既能强化语言沟通的效果，也能起相反作用，由此使人联想起事实胜于雄辩这句名言。

通过观察沟通创新

管理人员可以在公司通过观察与其消费者的沟通方式（口头和非语言）来引导和领导创新。观察消费者在销售或服务过程中互动情况（尤其是关注非语言暗示）可以得到更为真实的、有关公司服务质量的反馈。例如，消费者有可能在回答调查表时表示他们喜欢或不喜欢公司产品的某个特性，但是，通过观察那些试图使用产品的消费者，注意他们的面部表情和肢体语言，一个老练的经理会辨别更真实的情况。艾都设计公司（IDEO）是一家全球性设计公司，率先推出以人为本的设计理念帮助客户开发更好的产品和服务。它的成功方法在一定程度上依赖于大量的观察研究那些客户消费者，以便更深刻地了解消费者潜在的需求和愿望。这样一来，艾都设计公司利用非语言沟通方式创造和创新，帮助客户在市场竞争中获得成功。[4]

除了利用观察进行市场调研外，管理人员可用通过类似的观察方法深入了解自己所在的公司，找出存在的问题以及组织的成功因素。这种管理观察方法比找员工面谈或进行组织氛围调查更微妙但却是更真实的洞察组织的方法。

沟通方法

沟通有不同的方法和渠道，有的采用口头的，有的采用书面方式，有的采用信息技术。这些方法包括面对面的沟通、小组会议以及前面探讨过的各种书面沟通形式。技术用于某些沟通方式，如有线和无线电话、传真、音频邮件（voice mail）、电话会议（teleconference）以及可视会议（videoconference）等。前面特别阐述了各种沟通方式的优点和不足之处，如反馈及时、使用简单、成本低、省时间以及正规化和非正规化。人们可能不愿采用电子邮件邀请一位颇有身份的贵宾，另一方面，对于非正式的沟通，如果时间容许，技术上不存在问题，那么，人们可能更愿意使用电子邮件，而不愿使用常规邮件。

本书其他部分分别探讨了其他沟通专题，例如，第10章讨论了小道消息、非正式和非官方沟通渠道，而技术对沟通的影响将在第19章讨论。

沟通中的障碍和断裂[5]

管理人员频频地谈到沟通故障是他们面临的最重要的问题之一，恐怕这样说是不足为奇的。然而，沟通问题往往是那些根深蒂固的深层次问题的表象。例如，计划工作不当可能是企业发展方向摇摆不定的原因；同理，一个设计糟糕的组织结构也不可能理顺各种组织关系；模糊不清的绩效衡量标准使得管理人员对其预期要求心中无数。因此，有见识的管理人员首先去寻找沟通发生问题的原因，而不是处理表面现象。障碍可能存在于发送者方面，也可能存在于传递过程中，或存在于接收者方面，甚至存在于信息反馈方面。下面具体讨论一些沟通障碍。

缺乏计划

良好的沟通极少是偶然发生的，在很多情况下，人们对口信传送的目的还没有思考、计划和说明就开始议论和写起来了。不过，对一个下达的指令说明理由，选择最合适的沟通渠道和适宜的时间，在很大程度上能增进对信息的理解，并减轻抵制变革的阻力。

未经澄清的假设

经常为人们所忽略而又非常重要的问题是，构成信息基础的假设没有得到沟通。一个客户可能发来一份通知，说她要来参观卖方的工厂，于是她可能假设卖方会到机场迎接她，为她预定旅馆房间，安排好交通工具，制订好参观工厂的整个方案。但是，卖方可能假设该客户此行主要目的是参加婚礼，借此到工厂做一次例行访问。这些未经澄清的假设对双方都会引起混乱，并造成信誉损失。

语义曲解

有效沟通的另一个障碍是语义曲解，这种现象可能是故意的，也可能是偶然的。一则扬言"低价出售"的广告本身就有意含糊不清，引出这样一个问题：究竟比什么低？有些言辞可以引起不同的反应，如"政府"这个词对某些人来说可能意味着干预或财政赤字，而对另一些人来说则可能意味着帮助、平等和公正。

表达不清的信息

不论信息发送者头脑中的想法是多么清晰，但仍有可能受措辞不当、疏忽遗漏、缺乏条理、表达紊乱、句法笨拙、陈词滥调、乱用行话术语以及未能阐明信息的含义等问题的影响。信息表达不清楚和不准确可能造成损失，但这些问题只要在信息编码时高度重视是可以避免的。

国际环境中的沟通障碍[6]

由于语言、文化和礼节的不同，国际环境中的沟通难度更大。[7] 广告用语的翻译就很有风险。例如，埃克森石油公司的广告用语"把老虎放进你的油箱里"（Put a Tiger in Your Tank）风行美国，而在泰国这是一句侮辱人

注解
www.exxon.com

的话。在不同的文化中,颜色也有不同的含义,许多西方国家通常把黑色同死亡相联系,而在远东国家则用白色表示哀悼。在美国商业性交往中,沟通时直呼对方其名是十分普遍的,但是在大多数文化中,尤其是在那些制度等级森严的文化背景中,人们一般都互称对方姓氏。

在中国文化中,有些用词不一定能表达人们的原意,因为有的人希望给人一种谦卑的印象。例如,下属面临晋升时,他(她)可能会说自己不够条件,不足以承担更大的责任。然而他的真实意图是,希望上级敦促其接受这一晋升机会,并会列举其优点和优势,以及他(她)最适合这一新的职位等评论。

全球化视角　直言不讳与含蓄沟通在不同国家的区别

在不同国家的沟通模式因其直言不讳与含蓄程度的不同而有所区别。在德国或美国这样的国家里,人们希望对方所说的话与其要表达的意思一样。这种对于准确性的需要可以从目标管理的广泛运行中表现出来,在尽可能的情况下,目标要用可以量化的、可以衡量的指标准确地规定下来。与之相反,日本的沟通含蓄,其含义难以揣摩。例如,日本人在沟通过程中不喜欢说不,相反,他们用矛盾的语言回答否定。这一点从日本与美国及日本与欧洲的许多协议中可见一斑。

尽管这些观察在某种程度上可能是夸大其词,然而对想了解不同沟通模式的管理人员会从中受益。

注解
www.vw.com

为了克服国际环境中的沟通障碍,一些大型公司采取了各种措施。例如,德国大众汽车公司(Volkswagen)进行广泛的语言训练,此外,这家公司还拥有大批翻译人员。那些既精通驻在国语言又熟悉驻在国文化的当地公民,常常受聘出任该公司的高层职务。在美国,外国企业认为聘用在美国大学留学的本国学生是有利的。

全球化视角　通晓多国语言的首席执行官[8]

注解
www.db.com/index_e.htm

公司高层管理人员如何消遣度假?一些人打高尔夫球,有些人学习出海航行,也有不少人学习古希腊哲学家亚里士多德(Aristotle)的道德经。德意志联邦银行的首席执行官约瑟夫·阿克曼(Josef Ackermann)则在一名私人教师指导下,利用一个星期的休假机会每天6小时学习西班牙语。他已经通晓英语、意大利语、法语和他的母语德文。随着德意志联邦银行的业务已经拓展到全球各地的许多国家,阿克曼先生认为,他的多国语言技能将有助于他与员工、消费者和世界各地的政府领袖们沟通。

> 许多美国高层管理人员在全球各地经营过程中只是依靠本身英语的优势，尽管在大多数的商业沟通中使用英语，但是无须赘言，熟悉其他语言会促进业务发展和增强人们之间的关系。时间是人们个人资源中最重要的因素之一，一些事业心强的高层管理人员正在将自己的消遣与持续不断、永无止境的教育结合在一起。

信息传递中的衰减和截留

信息从一个人传到另一个人的一系列传递过程中会越来越失真。另外，对信息的截留也是一个严重的问题。很明显，人们有必要运用各种渠道反复地沟通信息。因此，许多公司往往运用多种渠道来沟通同样的信息。

不善聆听和过早的评价

能说会道的人很多，而耐心的听众却很少。人们经常看到，有些人用毫不相干的话题插进别人的讨论而自发一通议论。究其原因可能是这些人正在显露自己的问题，如维护他们以自己为中心的自负心态，或是在其他小组成员面前留下好的印象，而不是旁听别人的对话。聆听要全神贯注和自我约束，要避免对他人的发言进行过早的评价。人们普遍的倾向是，急于对别人所说的加以判断，表示赞成或不赞成，而不是试图去理解谈话者的基本内容。但是，聆听意见而不予草率地评判能使整个企业更有效率、效果更好。例如，以同情的心态聆听意见可能带来良好的劳资关系和增进管理人员的理解。具体讲，销售人员能够更好地了解生产人员的问题，而信贷部门管理人员会意识到，限制过严的信贷政策可能会引起销售额不必要的损失。简言之，以同情的态度倾听意见能够减轻工作中一些日常的沮丧，获得更好的沟通效果。

非个人的沟通[9]

有效的沟通不仅是把信息传递给员工而已，它需要在一个公开坦诚和相互信任的环境中进行面对面的沟通。提高沟通效果常常不需要运用大量的和复杂的（非个人的）沟通媒介，而是上级领导愿意与下属进行面对面的沟通。这些不显露地位特征或不基于正式职权地位的非正式聚会，可能对高层管理人员构成威胁，但是，所涉及的风险与由此所产生的好的沟通效果相比，无疑是划得来的。

猜疑、威胁和恐惧

猜疑、威胁和恐惧都是有害于沟通的。在存在这些因素的氛围中，任何口信都要受到怀疑，之所以受到猜疑可能是上司行为前后矛盾的结果，或者是由于曾经因向上司如实反映不利但又是真实的情况而受到惩罚的经历所致。与此相类似的是，面对威胁，不管是真正存在的还是想象中的威胁，人们会表现出神情紧张，心理上处于防卫状态，并且扭曲信息。人们需要有一种信任的氛围，以此促进公开而真诚的沟通。

缺乏适应变化的充裕时间

沟通的目的就是要对与员工切身利益相关的变化施加影响，如工作时间、地点、类别、工作顺序或小组编排顺序或使用技能的变化等。有些沟通需要有进一步的培训、涉及职业生涯的调整或地位的安排。变化以不同的方式对人们产生影响，而这可能需要人们花费一定时间来理解某一信息的全部含义。所以，为了获得最大的效率，在人们尚不能适应这些变化之前，重要的是不要强制变化。

信息量超载

有人也许认为，比较多的、不受限制的信息流动会有助于解决沟通中产生的问题，但是，不受限制的信息流动会导致信息过量。人们以多种方式对付信息超载问题。[10]第一，他们可以无视某些信息。一个人收到的信件太多，可能干脆把应该答复的信件也束之高阁了。第二，一旦人们被过多的信息搞得晕头转向，在处理中就会出差错。例如，人们可能会把信息所传送的"不"字（否定之意）忽略了，从而使原意颠倒。第三，人们可能会延缓信息的处理，既可能无限期地拖延处理信息，也可能放在日后处理。第四，人们可能会对信息进行过滤。如果首先处理那些最紧迫的也是最重要的信息，之后再处理那些不太重要的信息，那么信息过滤是有用的。然而，即使有机会首先关注那些容易处理的事项，但人们往往把难度较大的，也许更为关键的信息忽略了。第五，人们干脆从沟通工作中脱身以此对付信息超载问题。换言之，由于信息超载，人们会把信息束之高阁或者不进行沟通。

应对信息超载也可采用适应性策略，有时也可以是职能性的。例如，在信息量下降之前，延缓处理信息这可能是有效的做法，另外，从沟通工作中撤出是没有意义的。另一种处理信息超载的方法是减少信息需求量。在企业内部，可坚持只处理关键性信息原则，如处理严重偏离计划的信息。减少来自企业外部的信息需求量通常比较困难，因为管理人员很难控制这些信息。例如，如果政府要求所有的政府合同都要提供详细文件，那么，同政府发生业务关系的公司就只好照此办理了。

沟通的其他障碍

除上述障碍以外，还有其他许多影响有效沟通的障碍。在选择性认知方面，人们倾向理解他们认可的东西，这在沟通中意味着人们注意聆听想要听到的信息，却忽略了其他相关的信息。

同认知密切相关的是态度的影响，态度是指采取某种行动或不采取某种行动方式的倾向性，是一种有关事实或事态的心理定式。很显然，如果人们已经下决心做某件事，那么就很难客观地聆听别人的意见。

沟通的另外一些障碍是信息的发送者和接收者双方之间在地位和权力上的差异。此外，信息在通过数道组织等级层次过程时往往会遭到扭曲。

旨在有效的沟通[11]

在本章开始部分所阐述的沟通过程模型（见图17-2）可以帮助人们识别沟通过程中的一些关键因素。在每个阶段都有可能发生沟通断裂，例如，在发送者把信息编码时，在信息的传递过程中，或在接收者对信息解码和理解时。在这个过程的每一个阶段，有效的沟通都会受到噪声的干扰。

创业视角　　就制定有效的企业沟通战略问题与 IQPR 微量子科技股份有限公司合伙人劳里·特拉尼西的访谈[12]

劳里·特拉尼西是 IQPR 微量子科技股份有限公司的合伙人。她长期与新创业公司和跨国公司合作，帮助他们制定沟通战略，提升和修复公司声誉。我们请劳里·特拉尼西谈谈她对正式与非正式沟通在组织发展中作用的看法。特拉尼西女士表示，"人们经常忽略的一点是，沟通是成功起步或快速成长公司的一个重要的组成部分。无论是企业内部的管理人员和员工，还是外部的投资人、当前和潜在的消费者与供应商，有效的沟通战略会提升公司的声誉。"她强调，"沟通建立和维持了公司在产业内以及更大范围的声誉。"

鉴于一家公司的声誉与其沟通方式如此紧密相关，我们请特拉尼西女士解释一下公司成长后沟通作用的变化。劳里说，"从一开始，公司的内部沟通方式就决定了公司文化。随着新起步公司的成长，沟通方式会从最初的楼道碰面和创业者办公桌周边讨论，转向涉及更多人员参与和更为正式的会议形式。没有改变的是，需要确保员工不仅熟悉公司的使命和价值观，而且熟悉公司销售的产品和提供的服务，以便使他们能够将这些信息与员工之间和公司外部市场及时沟通。公司中的每一个人都应被视为潜在的大使"。她还指出，随着公司的发展，沟通越来越复杂，需要更为专业的知识。例如，与投资人、管理部门或政府官员沟通有可能需要附加资源的投资，以确保所传递的信息是有效而又准确的。很显然，有效的沟通战略对完成公司目标、塑造和维系公司品牌以及提升公司竞争优势都是至关重要的。

改进沟通的指南

不论是管理人员还是非管理人员，都是为了企业的共同目标而工作的，因而，有效的沟通是组织中所有人员的职责。沟通是否有效可用预期的效果来评价。以下几条指南可以帮助人们克服沟通中的障碍。

1. 阐明信息的目的性 信号发送者必须阐明他们想要传递的信息，这就意味着，进行沟通的第一步必须阐明信息的目的性，并制订实现预期目的的计划。

2. 使用通俗易懂的编码 有效的沟通要求以信号发送者和接收者都熟悉的符号进行编码和解码，因此，管理人员（特别是参谋人员）应当避免使用不必要的术语，因为这些术语只有各自领域里的专家才懂。

3. 征求别人的意见 沟通计划不是在真空中形成的，相反，应该征求别人的意见，并鼓励他们参与其中，如收集事实、分析信息、选用适当的媒介。例如，管理人员在把一项重要的备忘录下发到组织中去之前，不妨请同事阅读一下，当然，其内容应该同接收者的知识水平和组织氛围相适应。

4. 考虑接收者的需要 要考虑信息接收者的需要。在条件容许的情况下，无论短期或在较远的未来，人们都应该向接收者沟通有价值的信息。尽管有时短期内影响员工的非常规措施，但如果从长远来看对他们有利的话，也比较容易被员工接受。例如，只要公司表明这一措施从长远来说将增强公司的竞争地位和不解雇员工的话，那么，缩短周工时的措施可能更容易为员工所接受。

5. 使用适当的语调和语言以确保可信度 有种说法叫做音调组成音乐。同理，沟通中的语音语调、措辞以及讲话内容与讲话方式之间的和谐一致等都会影响信息接收者所做出的反应。一个作风专制的管理人员命令属下的主管实行参与式管理，这会造成难以克服的信用缺失。

6. 得到反馈 只传递而没有沟通的情况屡见不鲜，这是因为信息只有为接收者所理解了，沟通才算是完整的。除非发送者得到反馈，否则他就不会知道信息是否为人所理解。可以通过提问、要求复函以及鼓励信息接收者对所接收信息做出反应等方式来取得反馈。

7. 考虑接收者的情绪和动机 沟通的作用不只是传递信息而已，它涉及情绪问题。情绪在组织内上下级和同事之间的人际关系方面起着非常重要的作用。除此之外，沟通对于创造一个环境是至关重要的，在这些环境中，人们在追求个人目标的同时，也为企业的目标努力工作。沟通的另一个作用是控制，正如在论述目标管理的章节中所阐述的，控制并非一定意味着自上而下的控制，相反，目标管理理念强调人们的自我控制，这就要求沟通通畅，并了解衡量绩效的标准。

8. 聆听 有效的沟通不仅是发送者的职责，也是接收者的职责。因此，聆听是一个需要另外阐述的话题。

聆听：理解的关键

一个终日忙碌从不聆听意见的管理人员，很少掌握有关组织运行状况的客观看法。对于沟通者的信息要付出时间、要有同情心、要用心，这些都是理解的先决条件。人们希望别人能听到他们的看法，希望别人认真地倾听，也希望被人理解。正因如此，管理人员必须避免打断下属的话，还要避免使他们处于心理防范状态。同时，明智的做法是既要给予反馈也要求得到反馈，因为没有信息反馈，人们不会知道信息是否被人理解。为能得到真实的信息反馈，管理人员应该营造一种相互信任和充满信心的氛围，应该采用支持性的领导作风，少摆领导架子（如坐在豪华宽大的老板台后面与人们谈话）。

聆听是一种能够加以提高的技能。约翰·W·纽斯特姆（John W. Newstrom）和基思·戴维斯（Keith Davis）提出了改善聆听的十条指南：(1) 自己不再讲话；(2) 让谈话者不感到拘束；(3) 向讲话者显示你是要倾听他的讲话；(4) 克服心不在焉的现象；(5) 以同情态度对待谈话者；(6) 要有耐心；(7) 控制自己的情绪；(8) 对争辩和批评要平和；(9) 提问题；(10) 自己不再讲话。第1条和最后一条是最重要的，人们必须先聆听后发言。[13]

> **注解**
> 聆听是一种通过适当的方法能够提高的技能。

改进书面沟通的建议

有效的书面沟通与其说是一种规则，倒不如说是一个例外，受教育和高智商都不能保证良好的书面沟通。许多人热衷于使用那些只为同行专家所能理解的技术行话。书面沟通中的普遍性问题是，撰写者在报告中省略结论，或把结论渗透在了报告中，或行文拖沓，语法不通，用词不当，句子结构混乱以及单词拼写错误等。但遵循以下几条指南也许可以极大地改进书面沟通：[14]

- 使用简明的词汇和词组；
- 使用短语和人们熟悉的词汇；
- 在尽可能的情况下使用人称代词（如"你"）；
- 提供图解和实例，使用图表；
- 使用短句和小段落；
- 使用主动语态（如"管理人员计划……"）；
- 避免使用赘言。

约翰·菲尔登（John Fielden）指出，书写格式应该适合具体情况和撰写者想要达到的效果。[15]他特别建议，当撰写者拥有权力时，其写作风格要有强制性，措辞既彬彬有礼又坚决有力。当撰写者的地位比信息接收者的地位低时，以平铺直叙风格为宜；如果传递好消息和要求采取措施的说服请求，则可以采取私函风格，而传递负面消息通常则以非人称的风格为妥。撰写好消息、广告以及推销函件适宜于采取既生动又光彩的风格。另一方面，书写常用的业务往来信函，可以采取平铺直叙的公函格调，而不必文采飞扬。

改进口头沟通的建议

对于一些人来说，包括一些高层管理人员，一想到要作演讲就如同做噩梦一般。然而，通过学习不仅可以掌握演讲艺术，而且可以从中获得乐趣。一个人怎样学到口头沟通艺术的最典型例子是希腊政治家德摩斯梯尼（Demosthenes），在第一次演讲失败甚感沮丧后，他通过实践、实践、再实践而终于成为最伟大的演讲家之一。

管理人员需要激发、领导和沟通愿景。就领导力而言，对组织目标有清晰的想法尽管很重要，但还不够，这种愿景必须要广而告之。这就意味着不但要将事实表达出来，而且要在传递这些愿景的过程中，通过联系员工的价值观、自豪感和个人目标来激发员工。

尽管大部分改进书面沟通的方法同样适用于口头沟通，但是以下几点改善口头沟通的建议值得在此一提。

创新视角　　　　向新闻节目主持人学习[16]

一些最有效的沟通者是美国电视新闻节目的主持人，如国家广播公司的汤姆·卜罗考（Tom Brokaw）、美国广播公司的彼得·詹宁斯（Peter Jennings）以及哥伦比亚广播公司的丹·拉瑟（Dan Rather）。他们是如何在其他频道节目颇具吸引力的情况下仍然保持电视观众注意力的呢？这里有一些人们可以借鉴的提示：

- 犹如一对一的个人交谈那样与庞大的观众群沟通；
- 讲述一个故事、一段奇闻逸事，并附以实例说明；
- 停顿一下，不要匆忙。在对话中，停顿说明你在聆听；
- 使用视觉工具，如图表、图例、幻灯片和电脑图解演示；
- 沟通信心和形成信任，这可以通过一个有力且清晰的声音、优美的姿势和微笑来做到；
- 使用风趣和清晰的语言，并通过你的肢体语言展现你的自信和对局面的控制。

下一次看电视，想一想你可以从那些拥有数以百万计观众、薪金丰厚的新闻节目主持人那里学到些什么？

电子媒介沟通[17]

组织越来越多地运用各种电子设备来改进沟通，如大型计算机、微型计算机、个人计算机、电子邮件系统、在行进中通话的手机，以及与办公室保持联系的 BP 机（beepers）。关于计算机对管理过程不同阶段产生的影响，将在后面第 19 章中与管理信息系统一并讨论，这里仅稍做概述。首先，让我们总体上讨论一下无线电通讯问题，然后再具体地探讨越来越广为使用的电视会议沟通方式。

无线电通讯

电信业务目前正在广泛地得以应用。许多组织早已采用不同的方式，有效地利用了这种新技术，如以下实例所示：

- 一些银行为公司客户提供硬件和软件，以便让他们把资金转拨给供应商；
- 有些银行现在推出电话银行服务业务，甚至包括个人电话服务；
- 使用传真或电子邮件，可以在几秒钟或几分钟内把信息传递到地球的另一面；
- 汽车公司用无线电通讯方式同它们的供应商保持密切联系，告知它们的需求，以便及时交货降低库存成本；
- 计算机化的民航订票系统方便了人们预定航班；
- 许多公司的数据库中都存有详尽的人事信息，包括绩效考评和职业生涯培养计划。

正如你所知道的，无线电通讯有多种用途。但是，为了使这种电信系统更有效，技术专家必须竭尽全力确定组织和客户的真正需求，并设计有用的、简便易行的系统。现在让我们再来看一下新技术的特殊应用——电视会议。

电视会议

由于各种系统名目繁多，包括音频系统、在视频监视器上显示快照的音频系统以及实况影视系统，现在对电视会议这个词很难下定义。一般来说，大多数人认为，**电视会议**是群体通过带有移动或静止图片的音频和视频媒介进行相互沟通和互动。

> **注解**
> **电视会议**是群体通过带有移动或静止图片的音频和视频媒介进行相互沟通和互动。

全景电视常常用于举行管理人员会议。这样，他们不仅能彼此听见，而且也能看到各自的表情或陈列物。当然，这种沟通很昂贵，可以使用音频和静止视频系统。在讨论技术问题时，这种沟通方法对显示图表和图解很有用。

电视会议的潜在优势包括节约差旅费用和时间，只要需要便可开会，无须提前制订差旅计划。由于这类会议可以频繁召开，进一步加强了公司总部和分散在各地区的分支机构之间的沟通。

电视会议也有弊端。由于这种会议安排起来比较省事，有可能会议开得过多，却实属没有必要。此外，由于这种会议方式运用很新的技术，使用过于频繁，设备容易受损。也许最重要的一点是，电视会议是面对面沟通方式的一种勉强的替代品。尽管存在这些局限性，人们仍可预计今后这种电视会议的形式会与日俱增。

用计算机处理信息和进行网络连接

> 注解
> www.pepsi.com

今天,随着电子数据处理的普及,大量的数据得到处理,也使更多的人能够分享信息。因此,人们能够相当经济地得到数据、分析和及时地归纳数据。但是,人们不能忘记,数据不一定都是信息,信息必须让人们知晓。新的计算机图形能够在几秒内直观地进行沟通,显示公司重要的信息,百事可乐饮料公司的管理人员过去都是从大量的计算机打印件中去挖掘信息,而现在能够很快地从彩色地图上看出公司的竞争形象。

> 注解
> 即时口信是指朋友或同事是否在互联网上,如果是,口信能够即刻传递过去。
>
> 注解
> www.aol.com
> www.attbi.com
> www.earthlink.net
> www.msn.com

新的信息技术从根本上改变了沟通方式。[18]传真、电子邮件和即时口信(instant messaging)正在替换传统的沟通渠道,如邮政业务。**即时口信**是指朋友或同事是否在互联网上,如果是,口信能够即刻传递过去。在诸如美国在线公司(America Online)、美国电话电报公司(AT&T)、环球通公司(Earthlink)、可视通公司(MSN)等互联网接入商提供的系统上,电子信件可以通过高速、低价的方式传递,信息技术使得全球性组织成为可能,使公司能够更快速地应对全球化变革。

在计算机应用的早期,专家、专业人员和管理人员是计算机基础设施的主要用户,而现在,非管理职位的员工也像高层管理人员一样使用这些系统。目前已经出现了从个人电脑向工作团队计算机系统、从公司内部计算机系统向单位间计算机系统的转移倾向,也就是说,将公司内部员工与诸如银行、政府部门、分销商、客户和供应商等外部机构的计算机系统相连接。例如,更快和更好的沟通效果不仅极大地促进了外包业务的发展,同时也促进了协调和合作。

从简单地管理信息扩展到信息的沟通,计算机正在拓展其功能,网络化提供了前所未有的沟通渠道,成为学习型组织的工具。例如,互联网更有利于人类智商的集成,但是,信息技术的新时代也带来了一系列的新问题,如个人隐私的侵犯、[19]违反安全规定,甚至威胁自由。本书第19章将深入探讨计算机和网络化的影响。

本章小结

沟通对组织内部的正常运行和确保组织与外部环境的互动方面至关重要。它是信息由发出者到接收者的传递过程,目的是让接收者能理解信息。沟通的过程始于发出者,发出者以编码方式向接收者发出口头、书面、视觉或其他方式的信息。接收者收到信息后要解码,并正确理解对方所传递的内涵,这反过来可能会导致一些变化或举措。但是,交流的过程可能被那些阻碍沟通的"噪音"所打断。

在组织内部,管理人员为做好工作而应该掌握必要的信息。这种信息不但可以在公司纵向结构上下流动,而且可以横向或斜向流动。信息沟通方式可以是书面的,但更多的是口头性的。此外,人们还可以通过肢体语言和面部表情进行沟通。

第 17 章 沟 通

沟通可能会因沟通过程中的障碍或断裂而受影响，了解这些影响沟通的障碍和善于聆听，不仅易于理解还有利于管理工作的进行。电子媒介可以改善沟通效果，例如，采用电话会议和应用计算机处理组织中日益增多的信息以及应对全球化的浪潮，是许多方法中常见的两种方法。

主要概念回顾

沟通	横向交叉沟通	信息超载的应对措施
沟通过程模型	书面沟通：优点和缺点	改进沟通的指南
沟通中的"噪音"	口头沟通：优点和缺点	聆听是理解的关键
自上而下的沟通	非语言沟通	电视会议
自下而上的沟通	观察研究以人为本设计	即时口信
巡视员	沟通中的障碍和断裂	

讨论题

1. 概要地说明沟通过程模式。在你运用这个模式进行分析时，找出一个沟通方面的问题，并确定造成问题的原因。
2. 列举传递信息的不同渠道。论述各种渠道的优点和缺点。
3. 有哪几种自上而下的沟通？论述一下你所熟悉的企业中哪些沟通方式最为常用，各种方式的有效性如何？
4. 自下而上的沟通有些什么问题？你有什么建议来克服这些困难？
5. 书面和口头沟通各自的优点和缺点是什么？你愿意采用哪一种？在什么情况下采用？
6. 何谓信息超载？你曾遇到过信息超载吗？你是怎么处理的？
7. 你是怎样聆听的？你如何提高本身的聆听技能？
8. 讨论沟通中的电子媒介作用。

练习和具体步骤

1. 选取在家中或在工作时你所经历的某个情境，辨析你所看到或遇到的沟通问题。阐述一下本章中的沟通模式如何能帮助你找出这些问题。
2. 到图书馆查阅那些擅长沟通的著名人士，探讨一下与这位人士个性相关的沟通因素。
3. 在你喜欢的商店里花费半个小时观察消费者和售货员之间的互动情况。根据你的观察，你认为该店在消费者体验方面还有哪些需要改进的地方？

互联网检索

1. 在互联网上查找"电子数据处理"或其缩写"EDP"这个词，找出这个词的定义，并看一下它在企业沟通发展历程中是如何演变而来的。

2. 使用互联网搜索引擎，查找各种类型的无线或移动沟通方式。每一种移动通信设备都是如何提高企业沟通能力的？

全球化案例

"挑战者"号航天飞机事件可以避免吗？[20]

1986年1月28日的"挑战者"号航天飞机事件可能是过去二十几年来最令美国痛心疾首的事件，有7个人在这一悲剧中丧生。现在有证据显示，这些宇航员可能在最初爆炸中幸存，而最终可能丧生于宇宙飞船撞击水面时所产生的强大冲击力。回顾"挑战者"号事件是为了简要地解释当时发生事故的情景、可能发生的原因、怎样可能避免这个事故以及应该得到的教训。

"挑战者"号任务主要由两个复杂的系统组成：技术系统和管理系统。技术上的问题是那个麻烦的O形环（O-rings），它在压力和低温下会失效，达不到规定的密封要求。工程师和管理者们都很清楚这个问题，那么，为什么还同意发射这个航天飞机呢？这个问题能用管理系统的运行方式解释吗？

火箭推进器承包商摩顿—西奥科（Morton Thiokol）公司的工程师们反对这次发射，列举了先前在低温下出现的问题。另外，管理人员可能受到了来自美国国家宇航局（NASA）要求发射的压力。罗杰·贝奥斯波利（Roger Boisjoly）是强烈反对发射的工程师之一，回顾中他认为，管理层给他的印象是："走开，别用这些所谓的事实烦我们，"他说他感到无助。另一个工程师则被告之别管闲事，这是管理人员的事，跟工程师无关。

最后，管理人员下达了发射命令，而工程师们在最终决策时被排除在外。那么，造成灾难可能的原因是什么？许多人认为在管理人员和工程师之间缺乏沟通，他们有不同的目标，一方面是安全，而另一方面是按时发射。另一些人认为，负责任的人不想听到坏消息，所以拒绝聆听。另有一部分人认为，在指挥链之外的纵向沟通不够。还有人建议，管理人员与工程师之间、高层与基层管理人员地位上的差异妨碍了自上而下的沟通。也许在这次任务中还存在着由于以前的幸运而产生的侥幸的自信，管理人员和工程师都知道这个问题，只是没有人员丧生而已。除此之外，在这个组织部门中没有人想成为阻止发射的"坏人"，摩顿—西奥科公司也可能更关心悬而未决的合同。

这一系列事件的结局是7个美国人丧生：贾维斯（Jarvis）、麦考利夫（McAuliffe）、麦克奈（McNair）、奥尼佐克（Onizuka）、雷斯尼克（Resnik）、斯可比（Scobe）和史密斯（Smith）。我们的问题是，这个事件当时能够被阻止吗？

思考题

1. 你能从这个事件中得出哪些与你所在公司或你所知道的公司相关的教训？
2. 你认为"挑战者"号灾难的原因是什么？

注释

1. Jeffery Scott Mio, Ronald E. Riggio, Shana Levin, and Renford Reese, "Presidential Leadership and Charisma: The Effects of Metaphor," Leadership Quarterly 16（2005）pp. 287; http://www.usa-patriot-

ism. com/quotes/_list. htm accessed February 2, 2013.

2. See also Deborah Tannen, "The Power of Talk: Who Gets Heard and Why," Harvard Business Review, September – October 1995, pp. 138 – 48. For written communication, see Arthur H. Bell, NTC's Business Writer's Handbook (Lincolnwood, IL: NTC, 1996); Joy Clayton, "The Ten Principles of Good Business Writing," Harvard Management Communication Letter, September 2000; or the classic book on style by William Strunk, Jr., and E. B. White, The Elements of Style, 4th ed. (New York: Longman, 1999).

3. "Wal – Mart Boss's Unlikely Role: Corporate Defender – in – Chief," The Wall Street Journal, July 26, 2005.

4. See Ideo. com for an introduction to the IDEO method of human centered design and innovation.

5. See also Stever Robbins, "Communication Breakdown: Nine Mistakes Managers Make," Harvard Management Communication Letter, September 2000, pp. 3 – 5.

6. See also Nancy J. Adler, International Dimensions of Organizational Behavior, 3rd ed. (Boston: PWS – Kent, 1997).

7. See, for example, Arvind V. Phatak, International Management (Cincinnati, OH: South – Western, 1997), chap. 6.

8. Carol Hymowitz, "Executives Who Make Their Leisure Time Inspiring and Useful," The Wall Street Journal, August 14, 2006.

9. Dean Williams, "Ethics: Are You up for the Challenge?" International Association of Business Communication, www. iabc. com/help/ethicsresourcelist. htm, accessed October 2, 2006.

10. For a detailed discussion of this topic, see J. D. Miller's analysis of information overload in Daniel Katz and Robert L. Kahn, The Social Psychology of Organizations (New York: Wiley, 1978), pp. 451 – 55.

11. See also Theodore E. Zorn, "Converging within Divergence: Overcoming the Disciplinary Fragmentation in Business Communication, Organizational Communication, and Public Relations," Business Communication Quarterly, March 2002, pp. 44 – 53.

12. Interview conducted by email with Lori Teranishi of IQPR, on August 26, 2009 by Mark Cannice.

13. John W. Newstrom and Keith Davis, Organizational Behavior: Human Behavior at Work, 9th ed. (New York: McGraw – Hill, 1993), p. 109.

14. Keith Davis and John W. Newstrom, Human Behavior at Work: Organizational Behavior (New York: McGraw – Hill, 1985), p. 438.

15. John S. Fielden, "What Do You Mean You Don't Like My Style?" Harvard Business Review, May – June 1982, pp. 128 – 38.

16. William Hennefrund, "Learning from Anchors," The Toastmaster, June 2002, pp. 17 – 19.

17. See also Simon Moore, "Disaster's Future – The Prospect for Corporate Crisis Management and Communication in Annual Editions—Management", Fred H. Maidment, ed. (New York: McGraw – Hill 2009), pp. 106 – 113.

18. Don Tapscott and Art Caston, Paradigm Shift: The New Promise of Information Technology (New York: McGraw – Hill, 1993); Tapscott, The Digital Economy: Promise and Peril in the Age of Networked Intelligence (New York: McGraw – Hill, 1996).

19. See Richard Behar, "Who Is Reading Your E-Mail?" Fortune, February 3, 1997, pp. 56-58; Eryn Brown, "The Myth of E-Mail Privacy," ibid., p. 66.
20. Information for this case was drawn from a variety of sources, including Congressional hearings and a presentation by Roger Boisjoly. See Robert Elliott Allinson, "A Call for Ethically-centered Management," Academy of Management Executive, February 1995, pp. 73-76; Paul W. Mulvey, John F. Veiga, and Priscilla M. Elsass, "When Teammates Raise a White Flag," Academy of Management Executive, February 1996, pp. 40-48; NASA, www.nasa.gov, accessed February 2, 2013.

第5篇结束语

全球化与创业领导

这部分集中探讨全球化与创业领导问题。首先，国际聚焦部分涉及全球化领导的不同方面，尤其是不同文化对领导力的影响。然后，讨论了创业型管理人员可能的领导素质以及"电梯内搞定"式沟通。最后，本篇的全球轿车产业案例涉及了福特汽车公司的首席执行官（CEO），阐述了管理领导力和领导风格。

全球聚焦　　　　不同文化之间的领导[1]

领导的管理职能集中于人际关系之间的交往。那些在全球化环境中从事经营活动的管理人员，至少需要了解他们将要工作的国家的文化因素。一个国家的文化对公司文化的影响不一定会马上显现出来，然而，它却会反映在组织行为和管理做法上。

文化和管理行为

定义文化不是件容易的事情。一种描述文化的方法是，文化是与人们在相当长时间里形成的价值观和信仰相关的行为方式。例如，象征可以表示一个社会或组织成员的价值。的确，人们可以区别一个民族和一个组织的文化。外部环境可以影响一个组织内部人们之间的交往，而且人们必须认识到，即使在一个国家内部，文化也可能有很大的差别，这一点不仅在地域辽阔、多元文化的美国，在诸如德国这样相对狭小、相近文化的国家也是如此。德国北部人们的行为与南部的人们大相径庭，就此而言，人们有必要对文化及其文化对团队的影响进行深入研究。

当今的管理人员需要有全球化的意识，狭隘的视野是不够的。在过去，许多美国公司（跨国公司除外）很少从全球化角度去考虑发展。巨大的美国市场通常对于中小型企业发展已经足够了，这些公司没有看到发展的需要，如跨越国界在不同的文化、不同的语言和更大风险的国家市场上进行扩张和冒险。目前，即使那些不想到海外去发展的公司现在也不能忽视全球竞争环境。越来越多的外国企业进入美国市场，此外，许多美国公司雇用了许多来自不同文化背景的外国员工。

文化差异影响管理行为及其做法，如计划（短期与长期导向）、组织（如组织结构的类型或对授权的态度)、人员(如基于亲缘关系的选拔与基于职业资格的选拔)、领导(如参与式与命令式的领导风格)和控制(如严格和封闭式控制与宽泛的控制)。

文化还可以影响人际关系,如在谈判中发现的一些实例。在俄罗斯,经商人员可能不会寻找与他们建立长期关系的谈判伙伴,[2] 同时人们不会因为在公众场合很少看到笑脸而感到奇怪。在与俄罗斯人的交易中,祝酒是很常见的,所以西方管理人员应该知道不要试图与俄国人比试酒量的大小。

美国人可能发现同英国人做生意要相对容易一些,因为不仅英国人与美国人在许多文化背景中有相近之处,而且他们使用同种语言,这有利于人际关系交往,然而,英国人不喜欢在餐桌上谈生意。

在法国,冲突是人们日常生活的一部分。法国人试图在国际公约中寻找真理,而且他们喜欢将个人的信任建立在人的个性基础而不是职业成就上。此外,竞争的动力在法国也不像在美国那样强烈,社会等级结构和与之相关的身份地位对公司内外的社交都很重要。

鉴于与日本公司的业务关系越来越多,而且西方管理人员不大了解或不是很清楚日本社会交往中的文化因素,以下提供一些这方面的指南。

了解日本的企业文化

西方人在日本做生意时可能会感到不舒服。想要了解日本文化的微妙细节是极其困难的,所以,细致的准备工作对于保持和谐的业务关系至关重要。

建立业务关系

在赴日本进行商务洽谈之前如果没有和日本的生意伙伴建立联系,而直接去拜见新伙伴几乎是不可能的。约会必须在会面之前通过关系和信函方式计划好。尽管日语可能很难学,但人们至少应该学会说一些问候语和日常短语。在男性占主导地位的日本,西方的职业女性在日本可能最先感到不舒服,好在日本人对外国人通常很有礼貌,会减缓这种感觉,另外,即使是日本的女性近年来在一些日本公司也得到了职位升迁。

对于日本人来说,面对面的沟通十分重要。他们在与其外国伙伴做生意之前就想把他们了解得了如指掌。此外,外国人必须记住,在日本管理人员回答问题或做出陈述之前,要在其内部达成一致意见。本书作者之一曾有幸拜访过一个重要的汽车制造商,所提出的问题先由这些日本管理人员之间进行磋商(用日语),然后才指定其中一位管理者逐一作答。

日本人对西方人的认识

日本人可能尊重西方人的创新精神以及他们做事的执著,而另一方面,日本人通常认为外国人无耐心,喜欢见面熟但友情浮浅。此外,日本人经常有被剥夺的感觉,如在经历了第二次世界大战之后,他们工作十分努力。一些政界和企业界的日本领导人认为,日本现在应该发挥世界经济领导地位,他们超过1.2亿人口的经济繁荣依赖于出口和日本海外跨国公司的经营。此外，日本不仅自然资源匮乏，而且必须从国外进口其所需的石油。

了解赠送礼品的艺术

人们可以这样区分礼品的赠送，即以个人名义或以公司名义。个人赠送的礼品可能包括画册或贵国闻名的东西，其他礼品可以是高尔夫球、帽子、领带夹，或是贵国的珠宝。如果日本的国外业务伙伴有小孩，那么礼物可以是T恤衫、儿童书籍、钢笔或铅笔。以公司名义赠送的礼品可以是钢笔、T恤衫、书签或带有公司标记的东西，这些东西应该是贵国制造，而不是日本制造的。

赠送礼品的方式也很重要。礼物应该用适于场合的包装纸包裹好，如蓝色、棕色、灰色或绿色。过分艳丽的颜色如粉色或红色以及带花纹的包装纸不宜使用。此外，黑色和白色被认为是葬礼的颜色，应该避免使用。赠送或接受礼物应该用双手，礼物的包装不应在赠送者面前拆开，以免使其尴尬。如果一份礼物中包括几件类似的物品，那么，避免一样送4件或9件，因为4和9分别意味着死亡或憋死。

与日本人的会面

日本的商业洽谈通常比美国的要正式，准备工作虽然需要大量时间，然而，这是洽谈成功的基础。除非被介绍，否则应首先向日方的高层管理人员介绍自己。这时，需要互相交换名片，如果职务头衔或人名不为所知，通常可以从下属行为表现上看出来，下属往往对头衔高的人显示出极大的尊敬。此外，通常是头衔高的人首先进入房间，在开会的时候，头衔高的人通常坐在桌子的中间或坐在他的助手们的中间（请注意，日本女性几乎没有担任最高职位的，尽管她们近年来已取得一些事业上的成就）。

名片的交换是一项很重要的礼仪程序，人们在赴日本时千万不要忘记带名片。名片上最好印有日语和英语两种语言。年轻人或职位较低的人，应该先向日本业务伙伴递交自己的名片，然而，职位较低的外国管理人员只有在日方的首席执行官给他们名片时，才递交自己的名片。除非在握手时交换名片，否则名片应该用双手接送，而且，印有英语的一面（如果另一面是日语）应该面朝上以便接受者读起来不用翻转它。因为日本人有鞠躬行礼的习惯，对此，外国人应给予礼貌地颔首。

商务洽谈不但行使"成交"的作用，而且还为了建立业务关系。日本商人愿意弄清楚他们是否能放心地与对方做生意。这意味着对方是否可以信赖，是否通晓其提供的产品或服务，是否能够聆听，并考虑对方的需要。美国人一般被认为过于健谈或者在做出决定时过于草率。

现代管理人员需要具备全球市场性的、跨文化的视野，而了解文化差异是个人也是组织成功的前提。

创业聚焦 创业型领导素质与"电梯内搞定"式沟通

创业型领导是天生的吗？长期以来，这个问题一直是人们大量研究和争论的焦点。人们是否生来就有创业能力？是否需要通过外部震撼才能唤醒人们内在的创业意识？人们能够确定那些伟大的创业领袖式人物的特点或素质吗？[3]

当人们想到伟大的创业家时，谁能即刻出现在人们的脑海中？又有哪些鲜明的特点使他们脱颖而出？他们是坚定的幻想家吗？他们是否不仅颇具创造性而且持之以恒？还有哪些因素我们可以界定用来造就伟大的创业家？对创业家的最早定义可以追溯到1734年，当时一位名曰理查德·坎逊龙（Richard Cantillon）的经济学家将创业家定义为"自我雇佣、无确定性回报的人"。[4] 约瑟夫·熊彼特（Joseph A. Schumpeter）认为，创业家是变革驱动力，使现有的产品过时。[5]

尽管研究表明，个性素质并非是衡量人们未来行为的有效指标[6]，研究人员仍然在考察创业家个人特点带来的影响。例如，辛（Singh）和德诺贝尔（DeNoble）在2003年发现，"开放性"个性特点与创业家相关，因为它有助于培养创造性、根源性以及易于接受新经验的能力。[7]

其他常见的与创业家相关的素质包括：进取驱动力、风险承受力（尽管也照样衡量风险）、自信心和坚忍不拔[8]。美国最大的葡萄酒制造商之一的葡萄酒集团公司的董事长阿特·西尔卡（Art Ciocca）认为，"几乎我所认识的每一个创业家对其事业都非常执著，坚忍不拔直至成功。他们中的大多数都有很强的人际关系技能，高智商，有很强的直观直觉性。他们知道如何走上幸运之路！"布莱特·布斯龙（Brett Bonthron）是微软公司的一位销售经理，也是一个连续创业者。他回顾自己的经验时说，"人们都说创业家是乐天派，我也这样认为，但是，最好的创业家从来不会因乐观而忽略其面临的关键问题。成功的创业家有很强的灵活性，并善于变革，这是老生常谈。据我所知，许多创业家对实现他们的愿景是如此的执著，以至于从来就没有灵活过。在压倒一切的现状面前他们不可能变革。"逊莫斯和斯宾奈里（Timmons and Spinelli）在他们的《新公司的创建》教材中指出，"创业型公司的管理人员需要正视和解决创新带来的风险，不仅要快速应对所产生的问题，还要能够承受大的挫折。最有能力的管理人员似乎在一片暗淡、混乱的状态下也能起死回生，视其为挑战和激励，而不是沮丧或不知所措。"[9]

然而，人们并不清楚，上述所及的素质是否早就植根于那些成功的创业家之中，或者是创业家的经验使其形成了这种素质。情景因素确实会影响创业家的行为。例如，创业精神在那些移民人口中尤为明显，也许是因为他们不是土生土长（非本地出生的公民）得不到其他经营机会的缘故。失业或产业萧条也有可能催生了创业行为。

所以问题仍然是，创业家的哪些方面是值得称道的？尽管某些个性素质（如自信心）导致了创业家的成功，但是我们知道，沟通和规划的能力也是至关重要的。创业家必须能够有效地与投资者、消费者、合伙人、潜在员工以及未来企业中各种各样的利益相关者进行沟通。这种沟通能力的一个重要体现方式有时被戏称为"电梯内搞定"(elevator pitch)。

"电梯内搞定"沟通概念源自下列一个情景。一个年轻创业者正好在电梯中碰到一位潜在投资者，他意识到这是一个绝好的机会，但同时知道他只有一分钟的时间介绍自己，向这位未来投资者"推销"自己的想法。创业者的目的不是详细介绍拟建企业的细节，恰恰相反，只要让对方略感兴趣以便能够安排一个正式的面谈足以。所以，这个创业者的介绍必须要简短、果断、清晰、准确。清晰而又有效的沟通的能力尤其在当今日益增长的快速变化的经营环境下更显其重要性。在风险投资者的时间有限、创业者渴望上门寻租的情景下，简捷越来越受人青睐。

以一种高效而又简捷的方式有效地推介经营想法的能力越来越被管理学院认可，体现在他们的课程设置和定期组织的大型学生创业竞赛之中。旧金山大学、威克弗里斯特大学(Wake Forest University)以及其他创业强势大学每年一次的"电梯内搞定式竞赛"，因其推出的强度、提供的创业机会以及给参赛者和观摩者带来的学习价值而获得盛誉。[10]

但是，"电梯内搞定"到底涉及什么？实质上，它包括了与经营计划相同的所有内容，只是它的浓缩版而已。例如，简短自我介绍后，"电梯内搞定"者应该至少涉及：

- 公司名称和简介。

简短而又清晰地介绍公司很关键，否则，推介者在介绍其他要点时，听众还停留在琢磨公司到底是干什么的，其结果可想而知。

- 公司看准的机会或问题。

一个新的公司应该是机会导向的，这也是它存在的原因。创业者要解决什么问题？这个问题是一个许多人或公司所面临的共性问题吗？

- 公司的产品或服务如何能解决这个问题或利用这样一个机会？

应该清楚地知道，创业者的产品是如何圆满或接近圆满地解决消费者所面临的问题，或者给他们带来新的价值。

- 公司的竞争对手在哪里？公司的竞争优势是什么？

换言之，如果创业者表明确实有市场需求，同时其产品能够满足这一需求，那么，潜在投资者要知道还有谁在试图解决这个市场问题，为什么认定这个创业者的公司是最好的并值得投资的。

- 市场规模评估以及市场进入战略。

必须要清楚地知道创业者如何才能接触到首批消费者。

- 介绍公司的经营模式。

经营模式表明公司如何从采购、生产、分销、市场营销到财务收入的全过程。如果时间不够，仅介绍收入模式（公司如何通过产品的销售、广告促销和提取佣金等获得收益)。

- 如果时间来得及,重点介绍管理团队的经验、所需投资额以及融资方式等。

介绍上述这些内容似乎在90秒或少于90秒("电梯内搞定"大约的平均时间)中是不可能的。是的,但是,这是成功创业者的一个非常重要的沟通技能,即使是介绍那些复杂的技术性产品和服务(如医疗器械或软件)也是可能的。没有必要详细介绍产品的制作过程,而是要集中在解决问题的关键点上。要设法用问题的重要性以及解决问题的方案来激发聆听者的兴趣。例如,一个医疗器械公司的创业者可以介绍每年影响许多人的一种特殊疾病,但是,如早期诊断出这种病完全可以医治,而创业者推出的产品能够早期准确诊断这种病症,同时成本很低,可以挽救许多病人的生命。如果生命科学产业的投资者愿意继续聆听,"电梯内搞定"也就成功了。

昂塞特风险投资公司(Onset Ventures)是一家著名的硅谷风险投资公司,在美国、印度和以色列设有子公司。该公司认为,成功"搞定"共享一个共同的DNA,包括以下几个因素:(1)销售而不是解释;(2)想法加上实施产生价值;(3)引用报告给你的主张增加可信度;(4)组建好的团队。

沟通要的是澄清,但同时也可以令人振奋。创业者必须要能够通过其有效的沟通激发投资者,说服朋友和陌生人参加到创新风险型公司的队伍之中。反复训练你的"电梯内"推介技能,不管是乘电梯还是爬楼梯,要随时准备抓住瞬间的机会。

全球轿车产业案例

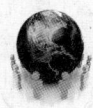

谁能引领轿车产业?[11]

当今世界,大部分轿车都是靠汽油驱动的。然而,未来却给轿车产业提供了许多选择(从电动到混合动力)的机会。柴油和天然气引擎依赖的是过时技术,新开发的技术不仅用于轿车,而且用于公交车、卡车、船舶和其他车辆上。但是,聚焦点却是轿车动力源的应用。

新技术

目前人们很时兴混合动力轿车,电动轿车也越来越引起人们的重视。氢气动力轿车遥遥无期,而基础设施对电动轿车的成功至关重要。

电动轿车

公司开发电动轿车已有很长时间了,但是只是近年来人们才在市场上看到电动轿车。**特斯拉**(Tesla)汽车公司是一家旧金山附近的硅谷公司,已经在生产和销售高价位的特斯拉跑车（Tesla Roadster）。近期，特斯拉公司推出了S款豪华电动轿车（起价为55000美元），虽然价格仍然昂贵，但是比跑车便宜多了。特斯拉轿车使用锂电池，可行驶200英里。特斯拉跑车加速很快，比畅销的丰田普瑞斯车还要省电。可能是受特斯拉轿车影响，通用汽车公司推出了雪佛兰沃尔特（Chevrolet Volt）电动轿车。

  通用汽车公司推出的插电式雪佛兰沃尔特电动轿车引起了轰动。但是，推出不久后公司却计划停产5个星期，临时裁减了1300名员工。[12] 原因是需求大大低于预期。沃尔特轿车电池出了问题，可能导致美国市场销量锐减，也影响了欧洲新"双胞胎"欧宝安培拉（Opel Ampera）的销售。

  日产汽车公司首席执行官卡洛斯·戈恩（Carlos Ghosn）历来强烈主张开发电动轿车，且在对电动轿车研发方面的投资不菲。日产汽车公司于2010年在欧洲、日本和北美市场推出了尼桑叶电动轿车。公司与美国俄勒冈州签署协议，旨在确保使用清洁能源，并在丹麦、法国、西班牙、葡萄牙和其他国家签署了类似联盟协议。公司试图通过开发新的电池技术获利，为此与德国博世公司（Bosch）建立了联盟。日产公司的尼桑叶电动轿车享有盛誉，这款车的电池可行驶100英里（折合160公里），其他款式包括Esflow电动跑车、Townpod电动概念车、NUVU电动轿车和Land Glider电动概念车，也纷纷在汽车展销会上露面。很显然，日产公司的战略是拿电动轿车的未来下注。

混合动力车

  除了特斯拉、通用和日产公司推出的电动轿车，混合动力轿车也越来越流行，尤其是在汽油价格高企不下之际。混合动力轿车使用一台小型内燃机和一个电机（或甚至两个电机），其中内燃机主要使用汽油或柴油，电机由电池驱动。内燃机不仅给电机充电，而且作为轿车的驱动力，其结果是降低了燃油和排放。丰田轿车以其流行的普瑞斯款式领先的混合动力技术，在普瑞斯型号（目前已经是第三代）基础上开发的尺寸稍微大一些的普瑞斯V型号（Prius V）、尺寸稍微小一些的普瑞斯C型号（Prius C）以及插电式混合动力普瑞斯都可以用固定电池充电。丰田公司推出的其他款式包括凯美瑞（Camry）混合动力车和汉兰达混合动力（Highlander Hybrid）车。显而易见，丰田公司是在赌注混合动力车。

氢气动力车

  汽车产业应对未来的另外一种方式是开发装有氢气罐的氢气动力车。许多汽车公司都处在氢气动力车的开发阶段，但主要是用来展示而非大规模生产。美国福特公司和雷诺—日产合资公司已经放弃了氢气动力车的开发，通用公司也减少了这方面的投入，转而集中开发福尔特（Volt）电动轿车。其他一些公司还在设法开发氢气动力车，但因美国能源部长史提芬·储（Steven Chu）宣布削减研究经费而受挫。短期内，更有希望的选择还是插电式电动轿车。

基础设施[13]

随着人们越来越对插电式电动轿车感兴趣，随之而来的是电池充电问题。人们在实验各种充电方法，如欧洲采用的公园充电（Park & Charge）和西班牙推出的标准充电（PARVE）设计方法。充电桩可以放置在出租车站、停车场、购物中心、车库、街边停车处等许多地方。当然，最简单易行的充电是在自己的家里。另外一种创新方法是在指定的电池充电站更换电池。

加利福尼亚旧金山附近有一家美国和以色列合资的、称作"好地方"（Better Place）的公司就是提供电动汽车充（换）电服务的。电动汽车电池充（换）电服务起源于2005年召开的瑞士达沃斯世界经济论坛，之后，以色列、丹麦和夏威夷相继推出了电池充（换）电服务网，其他国家和地区也很感兴趣。雷诺—日产合资公司支持这个项目，其生产的电动车适合电池更换。这样一来，汽车制造商销售电动轿车，而电池则由其他渠道提供。消费者支付电池以及充电费用。电池可以在三分钟之内更换完毕，在某些情况下甚至只需要一分钟时间。在更换电池时，消费者可以坐在车里。

下面这个图里重点标出了未来开发汽车动力方面的一些关注点。

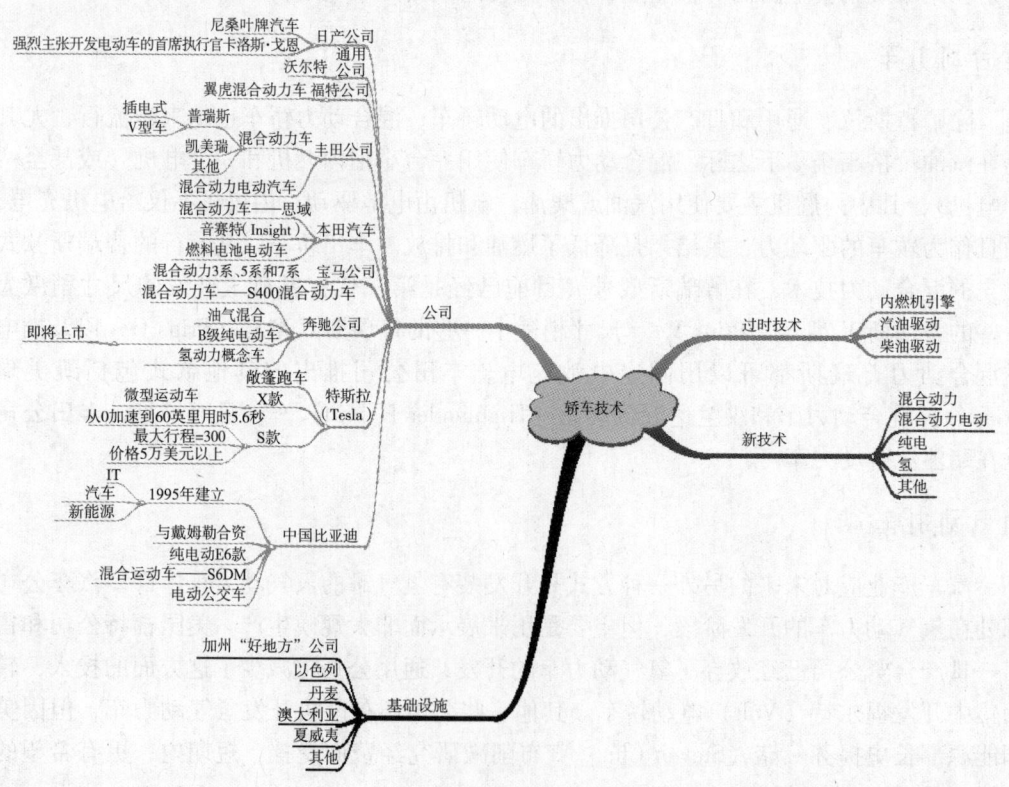

思考题

1. 在轿车产业，哪一种新技术（插电式电动车、混合动力车、混合电动车、氢动力车）会处在领先地位继而成功？让我们假定今后5~10年？
2. 你愿意购买行程大约100或200英里的插电式轿车吗？为什么买或为什么不买？
3. 你下一个购买的轿车是传统的汽油或柴油内燃机引擎吗？如果"是"，那么你是否担心它会对环境产生影响？为什么会或为什么不会？

注释

1. For further reading, see Nancy J. Adler, International Dimensions of Organizational Behavior, 4th ed. (Boston: PWS - Kent, 2002); Simcha Ronen, Comparative and Multinational Management (New York: Wiley, 1986); Philip R. Harris and Robert T. Moran, Managing Cultural Differences, 2nd ed. (Houston, TX: Gulf Publishing, 1987); Christalyn Brannen, Going to Japan on Business (Berkeley, CA: Stone Bridge Press and BLC Intercultural, 1991); John C. Condon, With Respect to the Japanese (Yarmouth, ME: Intercultural Press, 1984); David J. Lu, Inside Corporate Japan: The Art of Fumble - Free Management (Tokyo: Charles E. Tuttle, 1987); Robert Neff, Ted Holden, Karen Lowry Miller, and Joyce Barnathan, "Hidden Japan: The Scandals Start to Reveal How the System Really Works," Business Week, August 26, 1991, pp. 34 - 38; Robert Neff, "Japan's Small Smoke - filled Room," ibid., pp. 42 - 44; Robert Whiting, You Gotta Have Wa (New York: Vintage Books, 1990); Mark Zimmerman, How to Do Business with the Japanese (New York: Random House, 1985). For discussions of management in various countries, see the country close - up articles in various issues of the Academy of Management Executive: Canada, May 1999; Mexico, August 1999; Japan, November 1999; China, February 2000; India, May 2001; Russia, November 2001; Germany, February 2002.
2. For an excellent discussion of entrepreneurial leadership in Russia, see Sheila M. Puffer and Daniel J. McCarthy, "Navigating the Hostile Maze: A Framework for Russian Entrepreneurship," Academy of Management Executive, November 2001, pp. 24 - 36.
3. Please see "How do you teach entrepreneurship", USF Entrepreneur E - newsletter September 2003, for a roundtable discussion on how several professors teach entrepreneurship. http://www.usfca.edu/sobam/nvc/newsletter/2003/9/3.html.
4. Pramodita Sharma and James J. Chriman, "Toward a Reconciliation of the Definitional Issue in the Field of Entrepreneurship", Entrepreneurship Theory and Practice Spring 1999, pp. 11 - 27.
5. Michael Morris, Pamela S. Lewis, and Donald L. Sexton, "Reconceptualizing Entrepreneurship: An Input - Output Perspective," Advanced Management Journal, Winter 1994, p. 21.
6. Nancy G. Boyd and George S. Vozikis, "The Influence of Self - Efficacy on the Development of the Entrepreneur," Entrepreneurship Theory and Practice, Summer 1994.
7. Gangaram Singh and Alex DeNoble, "Views on Self - Employment and Personality: An Exploratory Study," Journal of Development Entrepreneurship, December 2003.

8. Please also see "How do students learn entrepreneurship", USF Entrepreneur E – newsletter November 2003, for a roundtable discussion on entrepreneurial characteristics and motivations by student entrepreneurs. http://www.usfca.edu/sobam/nvc/newsletter/2003/11/2.html.
9. Jeffry A. Timmons and Stephen Spinelli, New Venture Creation: Entrepreneurship for the 21st Century, 7th edition (2007), McGraw – Hill Irwin, p. 266.
10. Please see http://www.usfca.edu/sobam/nvc/pub/bpc05mus.html for an audio recording of the 2005 USF Elevator Pitch Competition.
11. Hydrogen Vehicle, http://en.wikipedia.org/wiki/Hydrogen_vehicle, accessed March 16, 2012; Tesla Motors, http://www.teslamotors.com/, accessed March 16, 2012; Internal Combustion Engine, http://en.wikipedia.org/wiki/Internal_combustion_engine, accessed March 16, 2012; Electric Car, http://en.wikipedia.org/wiki/Electric_car, accessed March 16, 2012; History of the Automobile, http://inventors.about.com/library/weekly/aacarsgasa.htm, accessed March 16, 2012; Don't forget the combustion engine, Washington Post, http://www.washingtonpost.com/opinions/dont – forget – the – combustion – engine/2011/10/06/gIQAtFNzTL_story.html, accessed March 16, 2012; Nissan Elective Vehicles, http://en.wikipedia.org/wiki/Nissan_electric_vehicles, accessed March 17, 2012.
12. G. M. Again Pauses Production of Chevy Volt," http://www.nytimes.com/2012/03/03/business/gm – suspends – production – of – chevrolet – volt.html, accessed March 17, 2012; Toyota, http://www.toyota.com/, accessed March 17, 2012; "Hydrogen Car Goes Like the Hindenburg: DoE Kills the Program", http://blogs.discovermagazine.com/80beats/2009/05/08/hydrogen – car – goes – down – like – the – hindenburg – doe – kills – the – program/, accessed March 18, 2012; Charging Station, http://en.wikipedia.org/wiki/Battery_exchange_station#Battery_swapping, accessed March 18, 2012.
13. Charging Station, http://en.wikipedia.org/wiki/Battery_exchange_station#Battery_swapping, accessed March 18, 2012; Better Place, http://en.wikipedia.org/wiki/Better_Place, accessed March 18, 2012.

第6篇
控　　制

第 18 章　控制系统和控制过程
第 19 章　控制方法和信息技术
第 20 章　生产率、经营管理和全面质量管理
第 6 篇结束语　全球化控制与挑战和创业控制

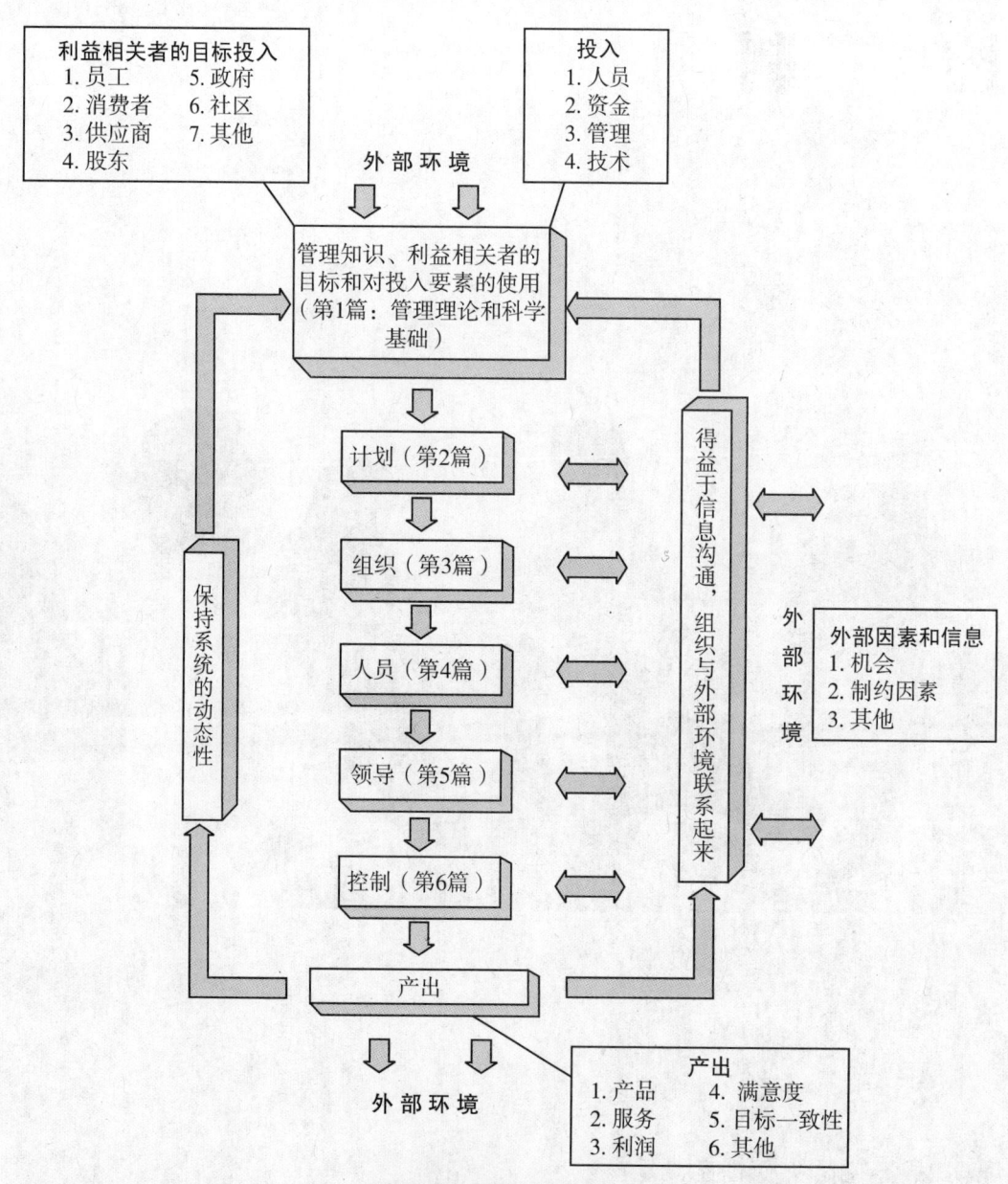

管理的系统方法：控制

18

控制系统和控制过程

[学习目标]

学完本章后，你应该能够：
1. 描述控制的基本过程。
2. 列举和阐释关键控制点、标准和对标。
3. 具体说明反馈系统的应用。
4. 理解即使是实时信息也解决不了所有的管理控制问题。
5. 表明前馈控制系统能使管理控制更有成效。
6. 描述一些最常用的企业全面控制方法。
7. 认识到通过会计师事务所进行管理审计带来的问题。
8. 理解官僚控制与小团体控制的区别。
9. 列举并说明有效控制的必要条件。

> **注解**
> 控制是对绩效进行衡量与矫正，以确保企业目标以及为实现目标所制订的计划能够得以完成。

管理的**控制**职能是对绩效进行衡量与矫正，以确保企业目标以及为实现目标所制订的计划能够得以完成。计划与控制密切相关，事实上，有些管理学作者认为，计划与控制这两项职能是不可能分割的。然而，我们认为从概念上对两者加以区分是明智的，因此，本书第2篇和第6篇分别对此加以论述。即使如此，人们仍然可以把计划和控制看成是一把剪刀的双刃，缺任何一刃，剪刀也就没有用了。没有了目标与计划，控制也就无从谈起，这是因为绩效必须以一些已经确定的标准来衡量。

基本控制过程

控制方法和系统与控制现金、办公程序、员工士气、产品质量和其他任何事项在本质上是相同的。不论在什么地方，也不论所控制的是什么，控制的基本过程都包括三个步骤：(1) 确定标准；(2) 对照这些标准衡量绩效；(3) 纠正偏离标准和计划的情况。

确定标准

> **注解**
> 标准是衡量绩效的尺度。

由于计划是管理人员设计控制工作的基准，所以从逻辑上说，控制过程的第一步总是制订计划。然而，由于计划的明细度和复杂性、差异性很大，并且管理人员通常也不可能面面俱到，所以就得制定具体标准。**标准**是衡量绩效的尺度，是从整个计划方案中挑选出来用以衡量绩效的量度单位，这样管理人员可以得到工作进展状况的信息，而无须过问计划执行过程中的每个步骤。

标准有许多种，其中最佳标准是可考核的目的或目标，这些在目标管理的论述中已经提及（见本书第4章）。本章后面还会涉及更多的有关标准的细节，尤其是在关键点上发生偏差的情况。

衡量效绩

尽管按标准衡量绩效的方法并不总是行得通，但理想的做法是，将绩效衡量建立在前瞻性的基础上，这样，能事先发现偏差并采取适当的措施避免偏差。那些精明而又有远见的管理人员，有时能够预见到偏离标准的做法。但是如果缺乏这种能力，则需要尽早揭示偏差。

纠正偏差

标准应当反映组织结构中各种不同的职位，如果按相应标准来衡量绩效，纠正偏差就容易了。管理人员根据委派给个人或群体的任务，确切地知道必须在何处采取纠正措施。纠正偏差是控制职能的起点，由此可以把控制看成是整个管理系统的一个组成部分,与其他管理职能密切相关。管理人员通过重新制订计划或调整他们的目标来纠正偏差（这是运用导向改变原理），他们也可以运用组织职能重新分派任务或明确职责来纠正偏差,他们还可以采用增加人员,更妥善地选拔和培训下属人员,或采用极端做法解雇人员等办法来纠正偏差。除此以外,他们还可以通过加强领导,如更详细的工作说明和更有效的领导方法来纠正偏差。

全球化视角　　控制国际化公司需要特别注意的事项

控制国内企业常常很困难,更何况对在不同国家经营的企业实施控制了。尽管有了喷气式飞机这样现代化的交通工具,但是国际化经营的远距离使观察这样的控制方法仍难以实施。例如,尽管沃尔玛公司在全球各地都有其分支机构,但也不可能在所有的连锁店采用相同的衡量标准。

控制标准必须根据当地的情况进行调整。与在劳动力成本高的国家开设的子公司相比,设在劳动力成本低的国家的子公司,其成本预算要低一些,而低劳动力成本国家的生产率却可能低于其他国家。

注解
www.walmart.com

注解
www.vw.com

母公司与子公司或子公司与子公司之间的转移定价可能会扭曲利润率和投资回报率。类似的扭曲情况也会因不同国家汇率的变化而发生。此外,短期或长期性的通货膨胀也会使制定标准和用标准进行衡量成为一件难事。

在控制过程中,人们还应该考虑其他一些因素。正如本书组织一章中所提及的,组织结构应当有利于控制。同国内企业相比,跨国公司要实行不同的部门分工。控制工作中防止发生偏差的另一种方法就是挑选有才干的管理人员。过去,跨国公司会派一位有经验的管理人员到国外子公司任主管领导,而现在,这些企业已开始在东道国选拔并培训管理人员。此外,那些有特殊文化适应能力的管理人员也可能来自第三国。例如,大众汽车（美国）公司的首席执行官既不是德国人也不是美国人,而是加拿大人。

控制方法的实施也因不同国家而异。例如在美国,人们总是试图根据标准确定引起偏差的责任,而在许多亚洲国家,上级往往不追究失责的下属,以给其留面子。此外,标准也可能从根本上就是不可量化的,那么,又如何控制呢？像日本这样一个注重群体努力的国家,来自同事的压力可能是进行控制的非常有效的方法。

简言之,控制就是制定标准,衡量绩效以及采取纠正措施,控制工作一定要有灵活性,要适应组织环境和具体的国家环境。

企业分析学

企业分析学领域里一个越来越受人们关注的现象是管理研究和实践。这种关注将组织收集来的大量宝贵的分析数据用以帮助管理人员和决策人员制定更高质量的决策。[1]收集数据到形成分析报告,再到用户为了企业的发展使用这些信息做出关键的决策往往要耽误一些时间。企业分析学重点在于更系统地收集、分析和归纳那些重要的组织数据库,以便使公司能够对其外部市场和竞争环境的变化快速做出反应。

有些咨询公司(如IBM)业务中的一部分就是帮助客户充分利用他们收集到的数据。IBM将这种业务称为"更明智的分析学"(Smarter Analytics),并承诺帮助客户比他们的竞争对手能更好地应对诸如确定消费趋势、寻求降低成本和风险的更有效方法等挑战。[2]

关键控制点、标准和对标[3]

标准是衡量实际绩效和预期绩效的基准。在简单的经营活动中,管理人员可以通过亲自认真观察所做的工作来实行控制。然而,在大多数的经营活动中,由于经营活动的复杂性,这是不可能做到的。管理人员每天所做的工作远不止亲自观察绩效,因此,必须选出一些需要特别关注的控制点,然后,对他们进行观察以确保整个经营活动按计划进行。

> **注解**
> 关键控制点原则要求在实施有效控制时,必须关注那些按照计划评价绩效的关键因素。

所选择的控制点应当是关键性的,其含义在于,它们或者是经营活动中的限制性因素,或者是优于与计划相关的其他因素的更有用的指标。有了这些标准,管理人员便能掌管一大批下属,从而扩大管理幅度,节约成本,改善沟通。**关键控制点原则**是一条重要的控制原则,要求在实施有效控制时,必须关注那些按照计划评价绩效的关键因素。另外一种控制方法是通过对标将本公司的绩效与其他公司进行比较。

关键控制点标准的种类

许多计划方案的每一项目的、每一个目标,这些方案的每一种活动,每一项政策,每一项程序以及每一种预算,都可成为衡量实际绩效和预期绩效的标准。在实际做法上,标准主要体现在以下几个方面:(1)实物标准;(2)成本标准;(3)资本标准;(4)收益标准;(5)计划标准;(6)无形标准;(7)以目标为标准;以及(8)战略控制过程中以战略计划作为控制点。

实物标准

实物标准是非货币衡量标准,通常在耗用原材料、雇用劳力、提供服务及生产产品的操作层面上使用。这些标准反映诸如每单位产出工时数、每小时每马力所耗燃料磅数、货运的吨英里数、单位机器台时的产量、每吨铜的电线英尺数等数量标志。实物标准也可反映品质,如轴承的硬度、公差的精密度、飞机的爬升高度、面料的耐磨度或颜色的牢固度等。

成本标准

成本标准是货币衡量标准，如同实物标准一样，通常用于操作层面，其货币价值是体现在具体的经营业务中的。广泛使用的成本标准包括单位产品的直接成本和间接成本、单位产品或每小时的人工成本、单位产品的原材料成本、工时成本、航班旅客英里费用、每美元或单位销售额的销售费用，以及每英尺钻井成本等。

资本标准

资本标准有多种，全是以货币衡量标准应用于实物的产物。这些标准同投入于企业的资本有关，而同经营成本无关，所以它们主要是同资产负债表相关，而同利润表无关。对于新投资和综合控制而言，使用的最广泛的标准也许是投资报酬率。典型的资产负债表会揭示其他资本标准，如流动资产与流动负债比率、债务与资本净值比率、固定投资与总投资比率、现金及应收账款与应付账款比率、债券与股票比率以及库存量与库存周转比率等。

收益标准

把货币价值用于销售量即为收益标准，包括如每辆公共汽车乘客英里的收入、每位顾客的平均销售额，以及在既定市场范围内的人均销售额。

计划标准

管理人员可能奉命编制一个可变动预算方案，一个正式的新产品开发计划或一个提高销售人员素质的计划。在考评计划绩效时虽然难免夹杂一些主观判断，但可以运用时间选择和其他因素作为客观判断标准。

无形标准

更加难以确定的是既不能以实物又不能以货币来衡量的标准。例如，管理人员能用什么标准来测定事业部采购代理或人事部主任的才能？人们能用什么标准来确定某一广告计划是否符合短期目标和长期目标？怎样确定公共关系计划是否取得成功？主管人员是否忠诚于公司目标？办公室人员是否精干？上述问题足以说明，要确定清晰的定量或定性目标或标准是很困难的。

以目标为标准

目前，一些管理卓有成效的企业倾向于在每一层次的管理部门建立可考核的定性或定量目标的整体网络，这样，无形标准虽然仍很重要，但其用处日益减少。在复杂的计划实施中和管理人员本身的绩效方面，现代管理人员发现，经过研究和思考，有可能确定一些目标作为绩效标准。尽管定量目标固然有可能成为前面概述过的各类标准，但定性目标定义本身代表着标准领域内的一大发展。例如，如果地区销售部的计划明确包括诸如按专业性计划来培训售货员的内容，则这份计划及其本身要求也就成为客观的"有形"的标准。

战略控制过程中以战略计划作为控制点

> **注解**
> 战略控制对战略控制点进行系统监控，并以此为依据来修正组织的战略。

战略控制要求对战略控制点进行系统监控，并以此为依据来修正组织的战略。正如前面论述中提及的，计划与控制两者密切相关，所以，战略计划需要战略控制。此外，由于控制有利于对预期目标同实际绩效做比较，因而也就提供了学习的机会，进而又形成了组织变革的基础。最后，通过战略控制的运用，人们不仅洞察组织的绩效，而且通过监控也审视了不断变化的外部环境。

对标[4]

> **注解**
> 对标是一种根据最好的产业做法来确定目标和生产率衡量标准的方法。

对标是一个广泛使用的概念，是一种根据最好的产业做法来确定目标和生产率衡量标准的方法。对标是从衡量绩效所需数据的过程中开发出来的。应该采用什么标准？如果一家公司需要6天来满足客户订单，在同一产业的竞争对手需要5天，而在另一个非相关产业的公司仅用4天，那么，5天就不能成为标准。即使看上去是难以实现的目标，但是，以4天为标准就成了对标。然后，对满足订单的过程进行认真的分析，鼓励人们推出创新性方法来完成这一对标。

> **注解**
> 对标有三种不同的类型：战略标杆、经营标杆和管理标杆。

对标有三种不同的类型。第一，战略对标比较各种战略，并确定关键的战略成功因素；第二，经营对标比较相关成本或各种产品差异的可能性；第三，管理对标集中在支持性职能方面，如市场计划和信息系统、物流、人力资源管理等。

对标流程始于对标内涵的确定，之后，选择绩效卓越的公司作为对标，收集和分析数据，这些数据将成为绩效评估的基础。在新方法的实施过程中，对绩效要定期进行评估，并采取相应的纠偏措施。

作为反馈系统的控制

管理控制的基本过程，实质上与物理系统、生物系统和社会系统中广为采用的基本过程是相同的。许多系统通过信息反馈进行自我控制，反馈能显示偏离标准的差距，并由此引发变革。换言之，各类系统运用它们自身的一些能量来反馈信息，借以按标准比较绩效，并引发纠偏措施。本书第4章已经演示了一个简明的反馈系统（见图4-1）。

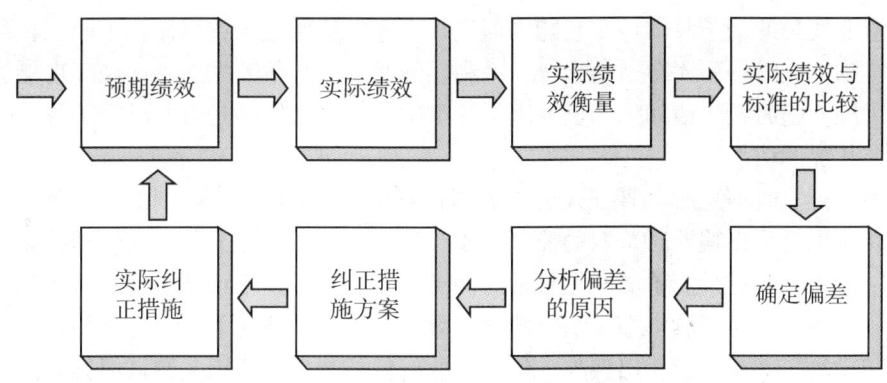

图 18-1 管理控制的反馈回路

全球化视角　　反馈系统的实例

家用恒温器是一个反馈和信息控制系统,当室内温度低于预定温度时,制热系统接到电子信号自动启动;当室内温度升高到预定温度,制热系统接到信号后会自动关闭。这种不间断地衡量与启动和关闭制热系统,使室内始终保持理想的温度。空调器的启动和关闭过程也基本类似,一旦室内温度超过预定水平,空调器自动制冷以达到理想的温度。同样,人体内有多种反馈系统控制温度、血压、运动神经反应以及其他状况。另外一个反馈的例子是学生收到期中考试的成绩,当然,其目的是给学生提供学习好坏的信息,如果成绩不理想,这种反馈就成了必须努力的信号。

管理控制通常被看成是类似于普通的家用恒温器所具有的反馈系统,在图 18-1 中,人们能够清楚地看到管理控制的反馈过程。这个反馈系统把控制不单单看成确定标准、衡量绩效和纠正偏差的工作,而是把控制视为一个非常复杂且更切合实际的过程。管理人员不仅要衡量实际绩效,将绩效与标准相比较,还要确定和分析偏差,但是,为了做出必要的纠正措施,他们必须制订一个纠偏的方案并加以实施,以便达到预期绩效。

> **注解**
> 管理控制通常被看成是类似于普通的家用恒温器所具有的反馈系统。

实时信息与控制

计算机的使用和数据的电子收集、传送和储存的应用,带来了一个令人振奋的进步,即**实时信息**系统的开发。实时信息是事情一旦发生就出现的信息。在许多经营活动中,以各种手段来获得实时数据在技术上是可行的。多年来,航空公司只要把航班班次、飞行航段(如由洛杉矶到纽约)和日期输入记忆系统,就能即刻获得机上座位信息。超级市场和百货公司配

> **注解**
> **实时信息**是事情一旦发生就出现的信息。

备了供营业使用的电子收款机，它能立即把每一笔销售额输入数据储存中心，在那里能在销售货物的同时得到库存、销售额、毛利、纯利以及其他数据。工厂经理也能拥有这样一套系统，随时报告诸如生产进度、累计工时以及某项产品是否及时完工等反映生产计划落实状况的信息。

有些人把实时信息看成管理人员在重要业务领域中取得实时控制的一种手段，换言之，即在信息显示出偏差时采取的控制手段。但是，从图18-1所示的管理控制反馈回路中可以看出，除了最简单的和最异常的例子外，实时信息不可能做到实时控制。在许多管理领域中，有可能收集衡量绩效的实时数据，在许多情况下，也有可能把这些数据与标准相比较，甚至可能找出偏差，但是，分析偏差产生的原因，制订纠偏方案以及实施这些方案都会是极为耗时的工作。

例如，以质量控制而言，可能要花费相当长的时间去查明造成工厂废品的原因，还可能要花更多时间去实施纠正措施。再以更为复杂的库存为例，特别是在制造业公司中，库存物品多种多样，如原料、零部件、半成品和制成品，纠正时间可能非常长。一旦获悉库存量太高，采取措施使库存降至所要求的水平，可能要花上几个月的时间。这种情形与大多数管理控制问题相类似，即时滞是不可避免的。

但这并不意味着及时衡量绩效不重要，事实上，管理人员越及早了解他们负责的业务活动与计划不一致，那么，他们就越能尽快地采取纠正措施。即使如此，问题是节省几天时间是否能抵销为收集实时数据所花的费用。以航空公司业务为例，这样做往往是值得的，因为机舱座位信息对服务乘客和确保机舱满座关系重大，但是，在一家生产某种重点国防设备的大型国防生产企业中，拥有高度精密的信息控制系统，却很少有实时信息。即使有这套系统，收集实时数据的好处也不足以弥补所支付的费用，因为纠正偏差的过程耗时太长。

创业视角　　就产品质量控制问题与戈登—比埃茨啤酒餐厅集团有限公司合伙人丹·戈登的访谈[5]

戈登—比埃茨啤酒餐厅集团有限公司（Gordon Biersch）是由丹·戈登（Dan Gordon）和汀·比埃茨（Dean Biersch）于1987年创办的。公司自创建以来一直强调严格质量标准的德国风味啤酒。事实上，丹·戈登是著名的德国唯森市慕尼黑科技大学五年制啤酒酿造专业过去50多年中培养的第一位美国毕业生。毕业后，戈登与比埃茨联手于1988年在加利福尼亚州帕洛阿托（Palo Alto）开设了第一家啤酒餐厅。此后，公司在美国和国际市场上逐渐扩张。虽然现在他的啤酒餐厅已经转让给了另外一家运营集团公司，但丹·戈登仍在加利福尼亚州硅谷，用最先进的设备和严格的德国质量标准酿造高级啤酒。

> 我们请丹·戈登谈谈他20多年成功酿造高级啤酒的生产质量控制方法，戈登先生解释道，"在承担任何项目之前我都相信成功取决于大量的经验，而我们成功的关键因素是，我和汀·比埃茨在创办啤酒餐厅时积累的丰富知识和经验。当然，我的酿造专业背景对确保啤酒质量至关重要，但是更重要的是，我在多家啤酒酿造企业工作过，走访过数以百计的酿造企业，从而获得了关键的知识。我们的竞争对手大多是没有酿造经验的餐馆，或者是颇有名气但没有任何餐馆经营经验的本土酿造坊。"他继续道，"我们选择的经营地点非常有动态性，很快就成了餐饮行业的质量标兵，形成了颇有影响力的品牌。一旦你被认为是最好，好事会接踵而来。"时至今日，丹·戈登仍然强调上乘的原料、严格的标准，以及先进的生产系统。在他20多年的经营过程中，这样一种执著、独特的教育背景和丰富的经验造就了他所在公司的核心竞争优势。

前馈（或预见性）控制

在管理控制过程中的时滞表明，如果要使控制有效的话，则控制必须面向未来。时滞的存在表明，仅用一个系统的产出作为反馈，并以此作为控制手段衡量产出是有问题的。时滞也表明了来自会计报表的历史性数据的缺陷。这类历史数据的难点之一是，企业管理人员在11月读到的报表所反映的是10月间的亏损（甚至是9月的），而亏损却起因于7月间所做的工作。为时过晚的信息仅是令人扫兴的历史事实而已。

管理人员所需要的有效控制系统是，在他们及时采取纠正措施时，系统能提醒他们，如现在不采取行动，就会出问题。从系统的产出得出的反馈不足以提供有效的控制。这类反馈充其量是事后分析，而对于过去发生的事情人们是无能为力的。

面向未来的控制实际上大都受到忽视，其主要原因是，管理人员为了达到控制目的而过分依赖会计和统计数据。可以肯定，在缺乏任何把握未来手段的情况下，仅仅根据过去是一系列事件开端这一有争议的假设，基于历史数据的控制总比没有任何参考余地要好些。

> **注解**
> 管理人员所需要的有效控制系统是，在问题发生之前，系统能提醒他们潜在的问题，使他们能有时间采取纠正偏差的行动。

人体系统中的前馈控制

我们发现不少人体系统中的前馈控制的实例。例如，一个驾车者想要保持爬坡速度，通常不会等到速度表显示速度下降后才去踩加速器。相反，驾车者知道，山坡是系统中干扰车速的一个变量，所以在速度下降前踩加速器来弥补这一不足。同样，猎人总是瞄准野鸭飞行的前方，以便纠正射击与希望击中目标之间的时滞。

前馈系统与反馈系统

> **注解**
> 前馈系统监测进入运行过程中的投入端，以便确定投入是否符合计划，如果不符合，就要改变投入或运行过程，从而取得预期结果。

简单的反馈系统衡量运行过程中的产出，再将其衡量结果反馈回系统或将纠正措施反馈回系统的投入端以取得预期的产出。就大部分管理问题而论，由于纠正过程中的时滞因素，简单的反馈系统是不够的。前馈系统监测则进入运行过程中的投入端，以便确定投入是否符合计划，如果不符合，就要改变投入或运行过程，从而取得预期结果。图18-2就前馈系统与反馈系统的比较进行了描述。

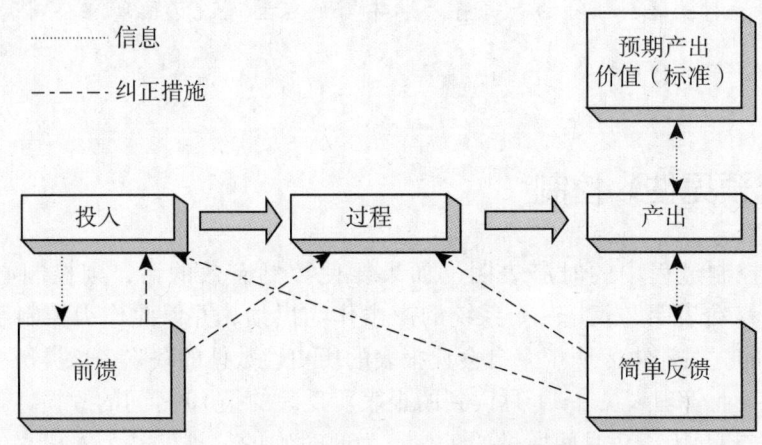

图18-2 简单反馈系统和前馈系统的比较

从某种意义上说，前馈控制系统实际上是一种反馈系统。然而，该系统的信息反馈是在投入端，因而在系统产出未受影响前就加以纠正。此外，即使有了前馈系统，管理人员仍会要衡量系统的最终产出，这是因为谁也无法确保工作完美无缺，足以确保最终产出完全符合预期目标。

管理中的前馈系统*

管理控制的前馈概念可以通过库存计划系统的实例加以说明。图18-3是一个简化的库存计划和控制投入变量示意图，表明如果管理人员要对库存进行有效控制，就必须要确定系统中的变量，有的变量对库存起反面影响，有的则起正面影响。

---

* 有时也称为初步控制或导向控制。

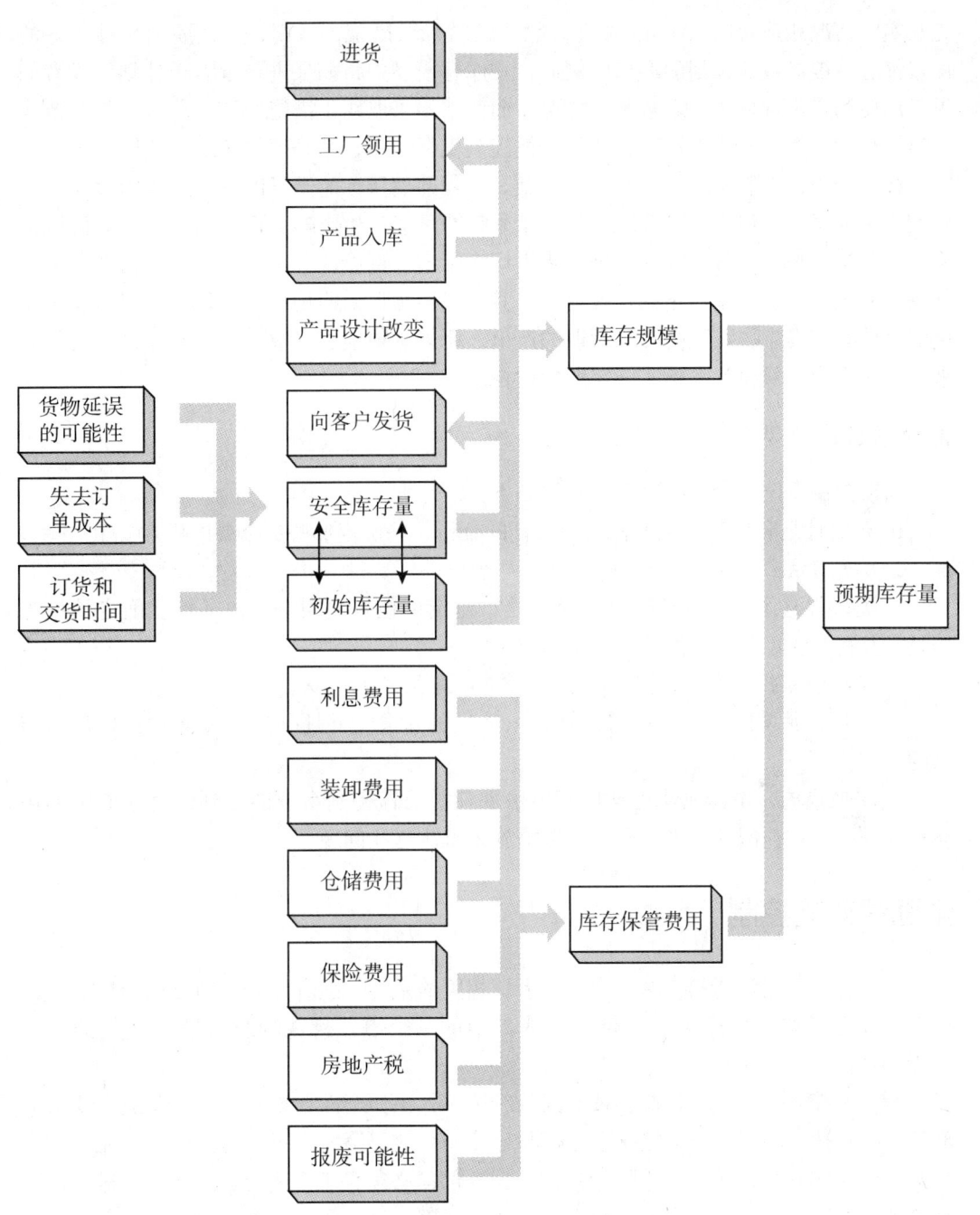

图 18-3　库存前馈控制的投入系统

此外，如果能准确地描述系统中的变量及其对运行过程的影响（每个企业都应设计与其实际情况相适合的系统），那么，除非及时采取措施，否则，任何脱离预计投入的偏差都有可能导致非计划的产出。例如，在库存模型中，如果进货量大于计划，或者如果工厂使用量出现低于计划数量的情况，而假如不采取纠正措施的话，那么，就会造成高出计划的库存量。毫无疑问，要使前馈控制发挥作用，就必须严格地监控投入。

在整个前馈控制系统中，有一个问题是工程师们所称的干扰因素。这些因素在投入模型中未加考虑，但它们对系统和最终结果都有可能产生影响。很显然，把所有可能影响方案实施的投入变量都放在模型中是不切实际的。例如，一家大型供应商的破产可能是一个非预见性、非程序化的投入变量，其结果会延迟采购物品的交货。正因为非程序化的事件时有发生，可能会影响预期的产出，所以必须通过审视和关注不寻常和突如其来的干扰因素，对投入系统实施定期的监控。

前馈控制的必要条件

前馈控制系统可行的必要条件归纳如下：
1. 要对计划和控制系统做仔细和认真的分析，并确定那些更重要的投入变量。
2. 为这个系统建立一个模型。
3. 要确保这个模型的新颖性，换言之，应定期检查模型，以便了解已确定的投入变量及其相互关系是否仍能反映现实情况。
4. 定期收集投入变量数据，并把它们输入到系统中。
5. 定期评估实际投入数据与计划投入数据的差异，并评估这些差异对预期最终结果的影响。
6. 采取措施。像其他计划与控制方法那样，前馈控制系统能做到的就是要向人们显示问题的存在，因此，人们必须采取措施来解决这些问题。

全面绩效的控制[6]

人们越来越把计划和控制视为一个密切相关的系统。随着部分控制方法的出台，人们已经开发了按总目标来衡量企业（或其中的一个事业部或项目）全面绩效的控制手段。

对全面绩效进行控制是有多种原因的。第一，正如全面计划必须与企业或主要事业部的目标相适应一样，全面控制也必须与目标相一致。第二，职权的分权化（尤其是产品部或地区部）形成了半独立性的单位，这些部门必须置于全面控制之下，以避免出现全盘独立的混乱。第三，全面控制容许对地区管理人员的全面工作进行衡量，而不仅仅衡量其中的一部分。

正如人们可能预见到的，许多企业中的全面控制是财务性的。企业是靠赢利才得以生存，其资本资源是稀缺的、生死攸关的要素资源。由于财务是企业的关键要素，财务控制理所当然地成为衡量计划是否成功的重要的客观标准。此外，复杂的计算机项目可以将财务报表作为战略工具。[7]

> **注解**
> 许多企业中的全面控制是财务性的。

财务衡量方法作为共同的标准综合概括了各种计划的实施情况。财务衡量还准确地表明用于完成目标的总资源支出额，这一点在各种企事业单位中都是如此。尽管说学校和政府机构的目的是非营利的，但是，所有管理人员都必须弄清楚为了完成目标要耗费多少资源。适当的会计制度不仅对企业，而且对政府部门也很重要。

像其他控制系统那样，财务控制必须切合具体企业或职位的需要。在不同组织层次工作的医师、律师和管理人员，对控制各自业务的运行都有不同的需要。财务分析能提供一个极好的"窗口"，使人们能从中看到非财务工作完成的情况。例如，发生偏离预计费用情况时，可使管理人员找出计划不周、员工培训不足和其他非财务方面的原因。

利润亏损控制

企业的利润表之所以能服务于重要的控制目的，主要在于它能确定表明企业成败的各项收益和成本因素。很显然，如果利润表首先以预测的形式推出，那么，它就成为一种更加有效的控制工具，因为它可使管理人员有机会在事情发生变化之前就去影响收入、费用以及利润。

创业视角 与索斯塔公司首席执行官汤姆·娄尼波斯有关控制问题的访谈[8]

创业管理人员如何控制其刚刚起步的、基本上无组织框架且高度灵活的公司？

汤姆·娄尼波斯是硅谷索斯塔（Soasta）软件公司的首席执行官，他认为，尽管私营企业不必像公众公司那样受到严格的审查，但是它们必须要对董事会负责。虽然新公司早期主要关注的是其产品因而往往不采用收入和利润控制方法，但是，公司必须要确定绩效的分项预算，并严格实施。例如，雏形产品何时定型？有多少消费者会使用这个雏形产品？逐渐地，人们要提出这样的问题，例如，有多少消费者愿意购买这个产品？合适的产品价格点是什么？

至于销售预测，对销售周期的理解尤为重要。一般来说，高定价产品涉及的销售周期往往需要数个月或更长时间，而收入预测则必须建立在充分理解销售周期并做出相应计划的基础上。如果收入目标很难完成，则必须建立有效的控制系统监控收入的下调，以便使公司能够降低预期的费用。发起一个新公司的最大优势在于，创业者白手起家，不必面对大型组织出现的既成事实。即使如此，管理人员也必须要确保构建一个能够应对市场变化、能够计划并控制生产流程，满足公司分项预算和市场预期的企业。

利润和亏损控制的性质和目的

> **注解**
> 利润表是既定时间内所有收入和费用的财务报表，它也就是企业经营效果的如实总结。

由于一个企业的生存通常取决于利润，而利润则是衡量企业成功的明确标准，所以许多公司都利用利润表来对其事业部或部门进行控制。由于利润表是既定时间内所有收入和费用的财务报表，它也就是企业经营效果的如实总结。把损益控制运用于事业部或部门是基于这样一个前提，即如果企业的总体目标是要获取利润的话，那么，企业内的每一个部门都应为此做出贡献。所以，企业某个部门实现预期利润的能力就成为衡量其绩效的标准。

利润和亏损控制的局限性

损益控制方法因会计核算和公司内部转移成本与收入所引起的账务处理而受到很大限制。但是，计算机的大量应用极大地降低了这些成本。即使如此，就会计记录的重复、许多管理费用的分摊以及为核算公司内部销售所花费的时间与精力而言，如果实施损益控制过头的话，其代价是相当大的。

投资回报率控制[9]

> **注解**
> 投资回报率控制方法用资本投资与收益的比率来衡量公司或公司内部部门的绝对和相对成效。

另外一种控制方法是，用资本投资与收益的比率来衡量公司或公司内部部门的绝对和相对成效。投资回报率衡量方法（常简称为"ROI"）一直是杜邦公司控制系统中的核心部分。回报率是衡量一家公司或分公司所投入资本能够赢得收益的尺度。因此，这个工具不把利润看成是绝对的，而是视之为企业运用资本的所得。同样，企业的目标未必是追求利润的极大化，而是投资于企业的资本回报的最大化。这一标准确认这样一个基本事实，即资本几乎就任何企业而言都是一个关键要素，而资本的稀缺性足以限制企业的发展。这一控制方法也强调了这样一个事实，即主管人员的职责就是要竭尽全力，充分运用托付给他们的资产。

管理审计和会计师事务所

尽管有许多管理咨询公司从事多种评价管理系统的工作（通常把它作为组织研究的一个部分），但对管理审计最感兴趣的却是会计审计公司。近年来的一项重大发展是，管理审计已进入带有广泛咨询性质的管理服务业务领域。由于这些会计审计公司早已了解企业内情，且所掌握的企业财务信息也为其了解管理问题提供了现成的窗口，所以扩展管理审计业务是一个有吸引力的领域，但也由此引起一些利害冲突问题。换言之，问题是，同一家会计审计公司是否能够成为既提供管理咨询建议和服务，同时又能够完全客观地进行会计审计业务。事实上，会计审计公司已经试图从组织上把这两项业务分开，以避免上述冲突问题。

长期以来，会计师事务所享有很高的信誉，然而，美国联邦检察官对安达信（Arthur Andersen）会计师事务所在2002年安然公司倒闭事件中妨碍司法的指控，[10] 使这一切发生了变化。

官僚和小团体控制

组织通过不同方式实施控制。人们可以区分两种控制方法：官僚控制和小团体控制。**官僚控制**的特点是大量使用规则、规章、政策、程序和正式职权，要求有清晰的工作说明、预算，以及常常是标准化的任务。要求员工遵守规章制度，有限度地参与管理。

相比之下，**小团体控制**则是建立在道德规范、共享的价值观、预期行为以及其他与组织文化相关的因素基础上的，这些内容在本书第10章中已经专门阐述过。[11] 小团体控制的特点是，处在动态环境中的团队和组织，必须适应快速变化的环境。诺基亚公司是芬兰最大的手机制造商，试图将官僚控制保持在最低限度，逐渐形成了与芬兰文化相适应的企业环境。

> 注解
> **官僚控制**的特点是大量使用规则、规章、政策、程序和正式职权。
>
> 注解
> **小团体控制**是建立在道德规范、共享的价值观、预期行为以及其他文化因素基础上的。
>
> 注解
> www.nokia.com

有效控制的必要条件

尽管所有精干的管理人员都想要有一个充分而又有效的控制系统来协助他们确保一切按计划行事，但有时未必能认识到，管理人员所采取的控制方法必须按具体任务和预计的对象来设计。虽然说控制的基本过程和基本原理都是普遍适用的，但实际的控制系统却需要专门设计。

的确，如果要使控制系统正常运转，那么，这些系统就必须与计划和职位相适应，与管理人员及其个性相适应，同效率和效益的需要相适应。

控制与计划和岗位挂钩

所有控制方法和系统都应反映所制订的、有待实施的计划。同样，控制应该同职位相适应，主管制造的副总裁所要做的工作肯定不同于车间主任的工作。此外，控制还应反映组织结构，表明谁对计划的实施和产生脱离计划的偏差负责。

控制与每个管理者挂钩

控制也必须依各个管理人员的情况而定。当然,控制系统和信息都是为了帮助各个管理人员履行其控制职能,假如这种系统不是管理人员所能理解或会理解的话,那就是无用的。人们对不能理解的东西是不会信任的,而对不信任的,就不可能使用它。

在关键点上进行例外情况控制

使控制满足效率与效益需要的最重要的方法之一是,要确保设计的控制系统能处理例外情况。换言之,关注预期绩效的例外情况可以使管理人员充分利用由来已久的例外原则,检查他们需要关注的地方。

但是,仅仅注意到例外是不够的,有些偏离标准的情况无关紧要,而另外一些偏差却意义重大,某些方面的细小偏差也许比其他方面较大的例外情况会有更大的影响力。例如,某位管理人员也许对办公室人工成本超出预算5%深感忧虑,但对邮资费用超出预算的20%却无动于衷。

因此,在实际工作中,例外原则必须同控制关键点的原则一并贯彻。仅仅注意例外情况是不够的,人们还必须注意关键点上的例外情况。当然,管理人员越能把控制努力集中于例外,他们的控制就越加有效。但是,有效的控制要求管理人员将主要精力放在那些最为重要的事项上。

> **注解**
> 有效率的控制要求管理人员关注例外情况,而有效益的控制则要求管理人员将主要精力放在那些最为重要的事项上。
>
> **注解**
> www.mcdonalds.com

力求控制的客观性

管理必然带有许多主观成分,但对下属人员工作的好坏不应加以主观评定。如果控制是主观臆断的,管理人员或下属的个性会影响对绩效的判断而使其失去准确性。但是,如果通过定期审核不断更新绩效标准和衡量绩效的方法,人们就很难摆脱对他们的绩效控制了。有效控制要求客观的、准确的和适合的标准。例如,正如在本书第1章中所探讨的麦当劳案例那样,麦当劳公司在其所有的餐馆内都严格实施和保持同样的质量标准。

确保控制的灵活性[12]

面对变更的计划、不可预见的情况或彻底的失败,控制职能仍应能发挥作用。在计划失败或者发生意料不到的变更情况下,要想保持有效控制,则控制系统必须具有灵活性。

灵活控制的必要性是容易加以说明的,预算系统可以预计一定数量的经费,并授权管理人员在此经费标准内雇用劳动力,采购原材料以及提供服务。在通常情况下,预算是以一定的预测销售额为依据的,如果实际销

> **注解**
> 在计划失败或者发生意料不到的变更情况下,要想保持有效控制,则控制系统必须具有灵活性。

售量大大高于或低于预测，那么，这个预算也就变得毫无意义了。由于在这类情况下缺乏灵活性，人们对这种预算制度提出了质疑。无须赘言，人们需要的控制系统既要反映销售量变化，又能反映其他偏离计划的情况。

控制系统与组织文化的匹配

为了确保有效的控制，任何控制系统或方法都必须适合组织文化。例如，一个员工享有相当大的自主权和参与权的企业组织，如果采用严格的控制系统，其结果会违背员工意愿以致注定它要失败。另外，如果下属是由一位几乎不允许员工参与决策的主管来领导，那么，即使采用一般化和随意性控制系统也难以取得成功。凡参与意识不强或不习惯于参与管理的员工，都希望有明确的绩效标准和衡量绩效的方法以及具体的指示。曾几何时，豪华汽车制造商梅赛德斯—奔驰公司张榜公布，公司生产的每一辆汽车都要经过多个检查员的核查，后来，随着组织文化的改变，质量控制的责任在很大程度上给予了一线的生产工人。

> **注解**
> 为了确保有效的控制，任何控制系统或方法都必须适合组织文化。

> **注解**
> www.mercedes.com

控制的经济性

控制一定要物有所值。尽管这个要求很简单，但做起来却常常会遇到困难。管理人员有时难以确定某个具体控制系统是否值得，也难以判断其费用多少。经济与否只是个相对的概念，因为控制的效益随业务活动的重要程度、业务规模、在非控制情况下可能产生的费用以及控制系统起到的作用而有所不同。

> **注解**
> 控制一定要物有所值。

导致纠正措施的控制

一种适宜的控制系统应能揭示何处出现失误，谁对失误负责，并能确保采取纠正措施。只有通过适当的计划、组织、人员和领导的努力纠正了脱离计划的偏差，才能证明控制系统存在的必要性。正如第13章所提及的，通用电气公司和摩托罗拉公司采用六西格玛（Six Sigma）质量控制方法，每百万个运作不能超过3.4个瑕疵。[13]

> **注解**
> 一种适宜的控制系统应能揭示何处出现失误，谁对失误负责，并能确保采取纠正措施。

本章小结

控制的管理职能是对绩效的衡量与纠正，以确保企业的目标以及完成这些目标的计划能得以实现。这是从总裁到基层主管所有管理人员的职能。

不论所要控制的对象是什么，控制方法和系统基本上是相同的。无论在何处进行控制，也不论控制什么，控制的基本过程都包括以下三个步骤：（1）确定标准；（2）用标准来衡量绩效的进展情况；（3）纠正脱离标准和计划的偏差。标准的类型不同，但所有标准都应当能够揭示关键点的偏差。

管理控制常常被看做是类似于普通家用恒温器的一个简单的反馈系统，但是，无论反馈信息的获得有多快（甚至是实时反馈信息，即所获得的有关正在发生事情的信息），在分析偏差、制订纠正方案及实施这一方案时，都会不可避免地存在着时滞。为克服这一控制中的时滞问题，建议管理人员不仅要依赖反馈，还要采用前馈控制方法。前馈控制需建立过程或系统的模型，监控投入因素，以期找出可能会与标准或计划偏差的地方，以便给管理人员留有采取纠正措施的时间。

许多全面控制方法是财务性的，其中之一是利润和亏损控制。另外一个控制方法是计算和比较投资回报率，其基本原理是，不应该视利润为绝对的衡量标准，而是企业或其中部分投入资本的回报所得。管理审计也是一种控制手段。官僚控制是建立在规则、规章、政策、程序和正式职权基础上的，相比之下，小团体控制则是受道德规范、共享的价值观和预期行为影响的。

如果要使控制可行，那么控制必须要与计划和职位相适应，必须与各个管理人员相适应，必须要与效率和效益相适应。为使控制有效，在设计控制方法时应确保能揭示关键点上的例外情况，确保控制的客观性和灵活性，应能适应组织文化，应能经济适用，应能形成纠正措施。

主要概念回顾

控制　　　　　　　　实时信息系统　　　　　　官僚控制
控制步骤　　　　　　前馈控制　　　　　　　　小团体控制
关键点控制　　　　　利润和损失控制　　　　　有效控制要求
关键点标准的种类　　投资回报率控制　　　　　例外原则
对标　　　　　　　　管理审计　　　　　　　　关键点控制原则
反馈系统

讨论题

1. 人们常常认为计划与控制是一个系统，也有人常常把控制称为系统，这两种看法说明了什么？这两种表述都可以成立吗？

2. 为什么说实时信息不足以实施有效的控制？

3. 什么叫前馈控制？为什么它对管理人员有重要作用？除了本章中所列举的库存控制的实例之外，你能否提出有哪些业务领域也可以使用前馈控制？选择其中一个，并解释如何进行控制。

4. 为什么大多数的全面绩效控制往往是财务性的？应该是这样的吗？你还有什么建议吗？

5. "利润和亏损控制是有缺陷的，因为它没有强调投资回报率；但投资回报率也有缺陷，因为它过分强调当前结果而有可能危及未来发展"。请讨论。

6. 如果请你为一家公司制定一个"量体裁衣"的控制系统，你将会怎么办？你还需要了解些什么情况？

7. 在对标过程中，公司用最优的做法与其绩效相比较。你为什么认为那些建有有效系统的公司往往愿意与其他公司分享信息？

练习和具体步骤

1. 运用本章所论述的反馈和前馈概念，设计一个衡量你课程学习进步的控制系统。

2. 向两位管理人员了解有关他们公司所采用的控制方法。你能否确定可以正确衡量绩效的标准？如何按照标准来衡量绩效？如何及时汇报偏差情况？如果查出了偏差，在特定情况下需要多长时间来纠正？

3. 组织中广泛使用分析方法要求从业人员具有良好的教育背景。搜寻一下你所在大学的课程体系，从中确定并选修那些分析或统计学类课程，以增强你在这个新领域的能力。

互联网检索

1. 在互联网上查找"前馈控制"这个词。它与反馈有什么区别？

2. 在互联网上查找"损益表"这个词。损益表是什么？

全球化案例

立足美国本土、面向全球市场的沃尔玛*公司[14]

2011年，沃尔玛公司在保持了两年榜首之后在当年《财富》500强排名榜上位居第二，名次下降的部分原因是美国经济下滑、复苏缓慢所致。此外，公司在美国本土市场上困难重重，但是在国际市场上却呈现出增长的趋势。

沃尔玛公司拥有计算机控制的最先进的物流系统之一。然而，它的总部却坐落在阿肯色州一个名曰本顿威尔（Bentonville）的小镇。正是企业经营中的这种小镇导向风格造就了沃尔玛公司基于价值基础的辉煌。

沃尔玛的成功并非一朝一夕，相反，是建立在经过慎重规划形成的独特的战略基础上的。这一独特性体现为简单的组织结构、高效的人力资源政策、由创始人山姆·沃尔顿（Sam Walton）倡导的令人奋进的领导风格，以及巧妙地运用信息技术管理库存等诸多方面。公司在失误中不断进取，其面临的问题之一是，向农村扩张的战略是否能在美国的城市和全球化的环境中依然有效。

背景

1962年，山姆·沃尔顿注意到农村顾客需要服务之后，沃尔玛就在阿肯色州一个小镇上起步了。凯玛特（Kmart）和西尔斯（Sears）集中在大城市，这就给沃尔玛构成了满足农村顾客需求的机会。这种小城镇导向植根于公司价值观之中，强调与员工和供应商保持良好的关系。山姆·沃尔顿去世后，他的价值观和俭朴的理念仍然在激励着人们，他的降低成本的努力使得公司能够坚持"天天的低价"，而这已经成为人们非常熟悉的沃尔玛公司的口号。

计划：从小城镇走向全球化战略

除了传统意义上的商店外，公司还经营着包括满足一站式家庭购买的全方位杂货商品的超级购物中心（supercenters），这个中心同时还经营包括眼镜、轮胎和润滑油设备以及照片洗印等业务的专卖店。除此之外，山姆俱乐部（Sam's Club）是一种顾客和企业会员制的仓储俱乐部。

自从20世纪90年代初以来，沃尔玛进入了国际化阶段。从最初在墨西哥城建立的山姆俱乐部，到后来全世界各地经营的俱乐部和零售店，包括阿根廷、巴西、加拿大、中国、德国、韩国、墨西哥、波多黎各以及英国，共雇佣了28万多人。

公司巨大的规模构成了极大的购买力，使其能够提供低价格的商品，而这种低价策略把沃尔玛与其他零售商区分开来。公司以国家品牌战略著称，使顾客能够对价格进行比较。此外，沃尔玛在服装、保健品、化妆品、宠物食品和其他产品系列有其自有品牌。

在其车轮形状的分销系统中，商品先运送到批发中心，经过分类、备货，然后再分发到零售店。这些高度自动化的批发中心24小时不间断工作，为150家零售店提供服务。其他商品则直接从供应商运送到零售店。

简单的组织结构：集权化和分权化

公司拥有自主知识产权的信息系统是高度集权管理的，而业务经营则采用分权管理，地方管理人员享有很大的自主权，例如，按当地环境情况对商品进行定价。零售店管理人员享有的自主权意味着，小商店的店主可以依据当地需求做出调整库存的决定。公司员工被称为"合伙人"，在每个星期六早晨的晨会上都会通报情况，对取得的成绩给予表彰和庆贺。晨会也提供了一个强化"顾客第一"理念的机会。

沃尔玛公司的组织文化是建立在山姆·沃尔顿倡导的三个基本价值观基础上的。这些价值观是在1962年确立的，现在仍深植于公司之中，包括：（1）尊重每一个人；（2）服务于顾客；（3）追求完美。其他影响组织文化的因素包括超越顾客的期望值、帮助人们进步、快速接近顾客提供帮助、今天能做的必须今天完成而不是拖延以及价格让利于顾客等。

人力资源管理：员工是最重要的资产

很显然，组织文化会对人员职能产生影响，在这种扁平型的组织结构中，员工以合伙人的身份而得到尊重，受到多方面的激励，培训工作不是在公司总部进行，而是分权到批发中心，由此推出各种管理研讨会。公司氛围鼓励员工提交建议，许多建议通过"是的，我们能够，山姆"建议系统得到了实施。通过公司推出的"收缩激励计划"，对那些降低成本的合伙人给予奖金鼓励，主管人员和管理人员除了拿工资外，还可以根据商店绩效情况得到酬金。员工（合伙人）也可以在预交一定的定金后参加公司推出的利润分享计划。

以身作则的领导：俭朴本身是最好的沟通方式

公司的创始人山姆·沃尔顿是一个以身作则的领导，他的经营理念影响了他的管理风格。曾几何时，他是美国最富有的人，然而他非常节俭，乘飞机坐经济舱，驾驶着一辆破旧的皮卡汽车。同样，现任首席执行官李·斯科特（Lee Scott）驾驶着一辆德国大众生产的甲壳虫轿车。山姆·沃尔顿在其首席执行官任职期间是一个非常好的沟通者，他的领导风格使其经常访问他的零售店而被誉为"走动式和飞行式管理"。尽管

---

* 沃尔玛（Wal-Mart）标识已经更改为（Walmart），See "Walmart U. S. Refreshes Stores'Logo" http://news.walmart.com/news-archive/2008/06/30/walmart-us-refreshes-stores-logo, accessed September 21, 2012.

他深信，信任员工并让他们承担责任是有效的人员管理的核心，然而，他仍然认为有必要发挥其控制系统的作用。虽然沃尔顿于1992年谢世了，但是，他的神话故事和理念却仍然渗透在他的组织之中，这一点从其设在本顿威尔小镇装修简朴的公司总部可见一斑。

大型组织的控制：与供应商分享信息和技术

沃尔玛成功的关键因素之一是采用现代技术建立起来的库存系统，它的拥有自主知识产权的计算机化的物流系统被认为是美国最大的系统之一，仅次于五角大楼的系统。零售店管理人员很容易了解下属部门管理者的工作进展情况以及哪些是高需求的产品。沃尔玛的库存周转率是产业平均值的2倍，极大地降低了库存成本。供应商被认为是沃尔玛家族的一部分，可以共享这套系统，可以同样得到实时数据，以便于他们对那些需求高的商品提前做出安排。

当然，沃尔玛与供应商之间是公事公办的关系，合同的谈判是在仅有一张桌子和几把椅子的房间里进行的，根本找不到装饰豪华的房间。人们能够看到的仅仅是一个广告牌，上面写着沃尔玛的买方不接受贿赂，这样会影响购买决定。

增长和适应

任何公司（同样，任何组织）都必须适应和应对外部环境的变化，下面举例说明。

• 2005年9月，"卡特丽娜"飓风灾难发生后，沃尔玛即可启动它先进的物流系统免费提供物品、食品，并承诺为那些流离失所的工人提供工作机会[15]；

• 公司公布了提高效率的计划，包括运输车队节油和美国商店内减少固体垃圾等。此外，公司还公布了"持续生产指数"（Sustainable Produce Index）以满足1500家供应商的要求。这一指数主要用来评估其产品的持续能力[16]；

• 在2011年，为了响应美国第一夫人米歇尔·奥巴马（Michelle Obama）的号召，沃尔玛承诺提高它所经营产品中的营养价值；

• 公司还启动了通过互联网下载"测试版"电影（"beta" version）项目；

• 在美国市场推出了"沃尔玛西班牙裔专卖店"（Supermercado de Walmart），以满足西班牙裔社区需求[17]；

• 沃尔玛在一些不适合开大店的小镇上推出了小型折扣类的"沃尔玛快捷店"；

• 在2012年，沃尔玛加大了对中国线上超市"一号店"的股本注入，此举必须得到中国政府的批准，这也是中国的一贯做法。[18]

全球化未来挑战[19]

尽管沃尔玛很成功，但是它面临着很多挑战。为了持续增长，沃尔玛不得不在国内和国外继续大幅度地开新店。此外，必须拓宽产品和服务范围，如提供金融服务以及增添食品系列。国际扩张是另外一种增长方式，公司进入加拿大和墨西哥市场是成功的，但是其他国家战略不是很成功，例如，进入德国市场的计划就不是很慎重，李·斯科特认为德国的失败是管理不善造成的。公司试图汲取教训，敦促其员工（合伙人）提供微笑服务。事实上，对于这个快速扩张的公司而言，一个很大的问题是培养有能力的管理人员和员工（合伙人）。

在国内市场上，沃尔玛由于媒体的频频曝光而使其小社区大零售商的形象受到损害，一个长达60分钟的电视节目，向人们展示了小社区的小零售商是如何因无法与零售巨头抗衡而被淘汰出局的。当然了，小社区的消费者却非常欢迎天天的低价。沃尔玛还因给员工提供很低的健康福利待遇受到批评。也可能是为了转移人们的视线，沃尔玛在其连锁零售店中（首先从佛罗里达州做起）推出了大幅度降低一些基本药品价格的战略，以引起人们对美国高额保健成本的关注。虽然一些批评家认为这是作秀，但是广大消费者欢迎这个做法。[20]

沃尔玛试图为保持世界最大的零售商而新近

推出的举措之一是成为人们隔壁的食品店,这在其他食品店中引起了恐慌。食品业务是大宗生意,人们每个星期可能要购买一次或数次食品,而与此同时,他们可能顺便购买沃尔玛推出的其他商品。[21]

沃尔玛有效地实施了计划、组织、人员、领导和控制管理职能,获得了巨大的成功,但是挑战仍然存在。

思考题

1. 随着美国农村零售店的基本饱和,沃尔玛能否在城市建店中推行其相同的战略?为什么?公司可能会遇到什么问题?
2. 在美国非常成功的组织文化能否移植到其他国家?如果有必要,你认为需要哪些变革?
3. 竞争对手能够模仿沃尔玛的库存系统吗?
4. 你愿意成为沃尔玛的管理人员吗?为什么?
5. 为了在其他国家成功,沃尔玛需要做些什么?
6. 沃尔玛如何控制全球化企业?

注释

1. Ron Kohavi, Neal Rothleder, Evangelos Simoudis, "Emergin Trends in Bsuiness Analytics", ACM 45 (8): 45–48, 2002.
2. Please see IBM.com/analytics.
3. See also Robert S. Kaplan and David P. Norton, Balanced Scorecard: Translating Strategy into Action (Boston: Harvard Business School Press, 1996).
4. Robert C. Camp, "Learning from the Best Leads to Superior Performance," in Arthur A. Thompson, Jr., A. J. Strickland Ⅲ, and Tracy Robertson Kramer (eds.), Readings in Strategic Management, 5th ed. (Chicago: Irwin, 1995), pp. 518–24; Y. K. Shetty, "Aiming High: Competitive Benchmarking for Superior Performance," ibid., pp. 525–35; J. M. Juran, "A History of Managing for Quality in the United States, Part 2," Quality Digest, December 1995, p. 40; Charles J. Burke, "10 Steps to Best–Practices Benchmarking," Quality Digest, February 1996, pp. 23–28. For benchmarking in Europe, see www.benchmarking-in-europe.com, accessed August 19, 2011.
5. Interview conducted by email and in person with Dan Gordon of Gordon Biersch Brewing Company on August 16, and August 24, 2009 by Mark Cannice.
6. Another broad measurement is the balanced scorecard, which focuses on financial, customer, internal process, and learning and growth perspectives in clarifying the enterprise vision and strategy. This is not only a measurement system but also a management system. See "What is a Balanced Scoreboard?" www.balancedscorecard.org/basics/bsc1.html, accessed January 5, 2013.
7. Phillip L. Zweig, John Verity, Stephanie Anderson Forrest, Greg Burns, Rob Hof, and Nicole Harris, "Beyond Bean–Counting," Business Week, October 28, 1996, pp. 130–32.
8. Interview conducted with Mr. Tom Lounibos, CEO of Soasta, by Mark Cannice on January 9, 2007.
9. See also W. Brian Arthur, "Increasing Returns and the New World of Business," Harvard Business Review,

July – August 1996, pp. 100 – 9.

10. Wendy Zellner and Dan Carney, "The Price of Victory over Andersen," Business Week, July 1, 2002, P. 38; Joseph Weber, "The Lingering Lessons of Andersen's Fall," ibid., P. 39; Mike France and Dan Carney, "Why Corporate Crooks Are Tough to Nail," ibid., pp. 35 – 37; Joseph Nocera, "System Failure," Fortune, June 24, 2002, pp. 62 – 74. See also Arthur Andersen, www.arthurandersen.com, accessed August 19, 2011, and Enron, www.enron.com, accessed February 5, 2013.

11. William Ouchi described clans as a control system. The characteristics of a clan culture can be found in "Managing Corporate Culture through Reward Systems" by Jeffrey Kerr and John W. Slocum, Jr. in The Academy of Management Executive, November 2005, pp. 132 – 133.

12. See also Mary C. Lacity, Leslie P. Willcocks, and David F. Feeny, "IT Outsourcing: Maximize Flexibility and Control," Harvard Business Review, May – June 1995, pp. 84 – 94.

13. See also the articles in the various issues of Quality Digest. For example, Steve Fleming and E. Lowry Manson, "Six Sigma and Process Simulation," Quality Digest, March 2002, pp. 35 – 39 and http://www.isixsigma.com/sixsigma/six_sigma.asp, accessed January 5, 2013.

14. "Walmart, Wal around the World," The Economist, December 8, 2001, pp. 55 – 57; "Walmart Stores, Inc.," Harvard Business School Case 9 – 794 – 024, rev. August 6, 1996; "Walmart," www.walmartstores.com, accessed November 17, 2011; "H. Lee Scott Jr., Walmart Stores," Business Week, January 14, 2002, P. 71; see also Charles Fishman, The Wall – Mart Effect, Stratford: Penguin Press, 2006; the book has been reviewed by Daniel T. Gillespsie in Academy of Management Learning & Education, September 2006, pp. 378 – 379; "Walmart," http://www.walmart.com accessed November 17, 2011; Charles Fishman, "The Walmart Effect and a Decent Society: Who Know Shopping Was So Important," The Academy of Management Perspective, August 2006, pp. 6 – 25. See also other articles in The Academy of Management Perspective, August 2006; 2. Walmart stores, http://money.cnn.com/magazines/fortune/fortune500/2012/snapshots/2255.html, accessed February 5, 2013.

15. "Walmart at Forefront of Hurricane Relief", The Washington Post, http://www.washingtonpost.com/wp – dyn/content/article/2005/09/05/AR2005090501598.html, accessed February 5, 2013.

16. "Walmart Announces Sustainable Product Index" http://news.walmart.com/news – archive/2009/07/16/walmart – announces – sustainable – product – index, accessed February 5, 2013.

17. "Walmart woos Hispanics with new Supermercado" http://www.reuters.com/article/2009/07/08/us – walmart – supermercado – idUSTRE5676N820090708, accessed February 5, 2013.

18. "Walmart Raises Stake to 51% in Chinese Website Yihaodian," http://www.bloomberg.com/news/2012 – 02 – 20/Walmart – raises – stake – to – 51 – in – chinese – website – yihaodian.html, accessed September 21, 2012.

19. See also Peter Drucker, "The Next Society," The Economist, November 3, 2001, Insert pp. 3 – 20.

20. "Walmart – High Risk, High Reward," The Economist, October 14, 2006, P. 32.

21. Brian O'Keefe, "Meet Your New Neighborhood Grocer," Fortune, May 13, 2002, pp. 93 – 96; Robert Berner and Stephanie Anderson Forest, "Walmart Is Eating Everybody's Lunch," Business Week, April 15, 2002, P. 43.

19

控制方法和信息技术

[学习目标]

学完本章后,你应该能够:

1. 解释预算编制的性质和预算种类。
2. 介绍零基预算。
3. 讨论非预算控制方法。
4. 解释作为主要计划和控制方法的时间——事项网络分析法。
5. 理解信息技术的性质和应用。
6. 认识到计算机在处理信息中的重要作用。
7. 解释新的信息技术带来的机遇和挑战。
8. 讨论数字经济以及电子商务和移动商务的发展。
9. 理解消费者关系管理。

虽然管理控制的基本性质和目的没有改变，但是，多年以来运用了各种手段和方法以帮助管理人员进行控制。正如本章所探讨的，所有这些方法中首先便是用于计划的各种手段。这说明了一个基本真理，即控制的任务就是要保证计划获得成功，理所当然，在实施计划时，控制必须反映计划，而计划则必须先于控制。

预算作为一种控制方法

管理控制中广泛运用的手段是预算。* 的确，有时人们把预算看成是实现控制的手段，但是，许多非预算方法也是必不可少的。

预算概念[1]

预算是以数字表示未来某个时期的计划。据此，预算是以财务术语（如收支预算和资本预算），或者以非财务术语（如直接工时、物资、实际销售量或生产量）来表述预期的结果。例如，有人常把财务预算称为计划的"美元化"过程。

> **注解**
> **预算**是以数字表示未来某个时期的计划。

创业视角　　在新建公司中现金为王

尽管管理有方的企业都会对其经营活动采取严格的预算、跟踪和各种财务控制手段，但是，那些领导新公司的创业管理人员往往更关注现金流。这是因为新公司通常现金比较紧张，现金计划支出和收益对公司的生存至关重要。诸如客户应收账款、与供应商有关延长支付条款的谈判和与借款人建立信贷关系等问题会影响到新公司的发展或终止。在创业管理人员策划其公司未来短期和长远成长战略时，他们必须将融资、运营和投资中的现金流牢记在心。

我们曾向硅谷地区颇有影响力的利兹伍德资本公司（Ridgewood Capital）风险资本家埃尔顿·谢尔文（Elton Sherwin）询问他是如何管控他麾下的投资组合企业的。谢尔文先生表示，他在管控其投资组合企业时采用预算方法。他特别提出了三个问题，即"（1）他们的集资是否充足？（2）他们的资金使用是否适度？（3）他们的资金使用是否得当？"

预算的危险性

预算是用来制订计划和进行控制的一种手段，但不幸的是，有些预算控制方案制订的过于全面、细致，以致显得笨重拖沓、毫无意义、劳民伤财。此外，预算控制也可能

---

* 主要是因为过去形成的对预算的负面影响，人们有时更倾向于使用利润计划这个词，而预算被称为利润计划。

用的不是地方。

人们有多少次会听到管理人员说这样的话:"这个想法不错,但它不在我的预算之内"?预算往往控制了一些不该控制的事情,它衡量了投入却忽略了产出,如产品质量和消费者满意度。这些因素很难衡量,然而它们却可能是企业成功或失败的关键所在。管理人员为了满足预算要求而可能做出不明智的决定,尤其是预算中留有节约预算节余奖。他们可能不在研究和开发方面投资,不把资本投资用于提高生产率上,或不在那些最终会增加市场份额的业务活动上投资,原因是这些投资不会产生即期效果。这里涉及的有些项目应该包括在长期计划之中,而不是年度计划。真正的节约可能来自更有效率的机器、新产品或其他创新性的想法,而不是一味地靠预算。

零基预算

> **注解**
> **零基预算**是把企业的规划划分为由目标、业务活动以及所需资源等组成的几个一揽子计划,然后以零为基数开始计算每个一揽子计划的费用。

编制预算的另一种方法就是**零基预算**。这种预算方法的设想是,把企业的规划划分为由目标、业务活动以及所需资源等组成的几个"一揽子计划",然后以零为基数开始计算每个一揽子计划的费用。由于每个一揽子计划都是以零为基数开始的,因此,对每个预算期间的费用都重新计算,这样可以避免预算编制中只注意前期变化的这种普遍倾向。

这种预算方法通常适用于所谓辅助性业务活动,而不适用于实际的生产过程,其依据是,在诸如市场营销、研究与发展、人员管理、计划与财务等领域的大多数规划中,对各项费用都拥有一定的自主权。先计算合乎需要的各种计划费用,按它们对企业的效益加以审议,然后按效益的大小进行排列,再选择那些能提供合乎所需效益的一揽子计划。

显而易见,这种预算方法的主要优点在于迫使管理人员重新编制每个一揽子计划。这样做的结果就是管理人员可以全面审查连同新计划及其费用在内的现有的规划及其费用。

传统的非预算控制方法

尽管有一些传统的控制方法与预算控制相关,甚至运用了预算控制手段,然而许多传统的控制方法与预算无关。其中较为重要的一些方法包括涉及经营诸多方面的统计数据、具体部门的专门报告和分析、经营审计和由企业内部或外部审计人员做出的独立评估报告以及诸如走动式管理类的亲自观察。

时间—事项网络分析

时间—事项网络分析是又一种计划和控制方法,也称为计划评审法(PERT)。在计划评审法推出之前,已有其他一些方法用来观察在时间和事项推移过程中,如何把计划的各个部分有效地结合在一起。

甘特图

在这些方法中,首先是亨利·L·甘特(Henry L. Gantt)在20世纪初提出的图表系统法(见图19-1),并以他的名字来命名的这种条状图。尽管这种图的概念看起来很简单,只是表明了生产计划中各"事项"之间

> **注解**
> **甘特图**是一种条状图,表明生产计划中各"事项"之间的时间关系。

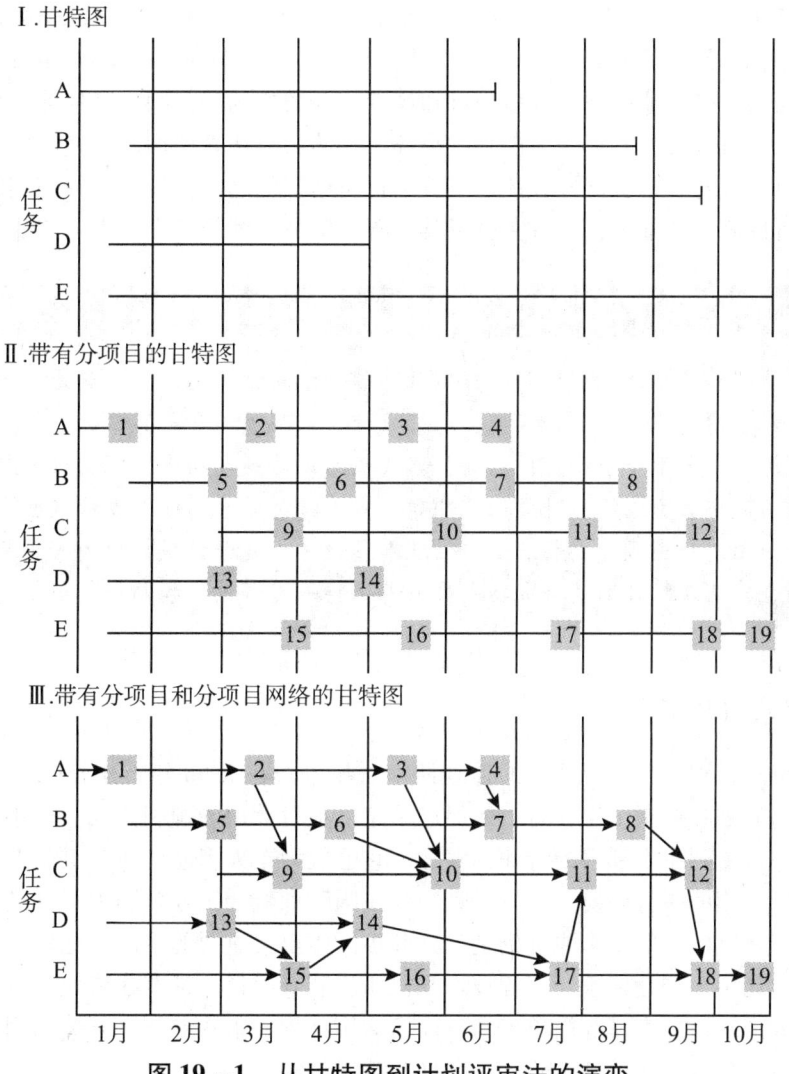

图19-1 从甘特图到计划评审法的演变

注:第一个甘特图表明完成某项任务(如采购,任务A)已经安排的时间进度和完成其他各项任务(如零部件制造,任务B)相关的时间进度。每项任务又细分为若干分项目,如编制采购明细表(任务A-1),然后再确定每项任务与其他任务的各分项目之间的网络关系,其结果就是计划评审法示意图的一些基本要素。

的时间关系，但它被认为是管理中的一次革命。甘特所涉及的是，把总的计划目标看成是人们能够理解和执行的、具有相互关系的一系列的计划或各项事项。这种控制方法最重要的贡献在于，它体现了这样一个既简单又基本的控制原则，即从计划中挑选出那些更具关键性的部分加以密切注视。

分项预算编制

随着基于甘特图原则的控制方法进一步的发展，加上人们对计划的网络性质有了更确切的理解，于是"里程标"或"里程碑"预算方法（Milestone Budgeting）和计划评审法脱颖而出，极大地便利了许多项目和经营活动的计划和控制。里程标或里程碑预算方法把一个项目分解为若干个可控制的小环节，然后再认真地加以实施。即使是比较简单的项目也包含着若干支持性分计划或分项目所组织的网络。按照这种控制方法，分项被定义为可以确认的部分，一旦完成了某个既定部分，就能确定成本或其他结果。

创新视角　　　　　工程计划和控制

工程计划和控制计划与控制工程项目的最佳方法，是把工程分解为若干个主要事项，如基本草图的完成、实验模型、包装设计、产品原型和产品设计。或者把一个项目纵向地细分为若干个子项目，例如，路线板的设计、发动机、驱动机械装置、传感装置、信息反馈装置以及各种类似元件等。可以按时间序列分别设计这些子项目，以备组装时使用。分项预算编制法允许管理人员把一个复杂的规划视为若干简单部分所构成的组合，从获悉计划是否成功或失败而保持一定程度的控制。

计划评审法（PERT）*

美国海军特别项目局所开发的计划评审法技术，在1958年首次正式应用于北极星武器系统的计划和控制工作，有力地促进了整个项目计划的顺利完成。多年来，计划评审法技术一直受到军事部门的青睐，实际上它已成为军火工业和航天工业中各大承包商和分包商所使用的一种必要工具。尽管当今在国防和航天工业合同中不再经常提及计划评审法，但是它的一些基本原理仍是计划和控制中至关重要的手段。此外，在许多非政府的项目活动中，包括建筑、工程技术和机床安装等项目，甚至在诸如为每月发布财务报表所做的活动进度安排等简单事项方面，运用计划评审法或与之有关的网络技术——关键路径法（Critical Path Method），都是有益的。

---

* 杜邦公司的工程师们几乎在同一个时间单独开发了关键路径法，与计划评审法非常相近。本书仅讨论计划评审法是因为尽管关键路径法有些方面与计划评审法略有差异，但它们采用的基本原理是一样的。

计划评审法的主要特征

计划评审法是一种时间—事项网络分析系统,其中,要对计划或项目的各种事项加以确定,并附以具体的完成时间。这些事项被放置在一个网络中,清晰地表明每一个事项与其他事项的关系。从某种意义上讲,计划评审法是分项预算编制的一种变型(见图19-1)。

图19-2 显示的是一架飞机的主要组装流程。这个实例表明这个计划评审法的一些基本特征,其中每个圆圈代表一个事项,即一个分项计划,并按既定的时间来衡量各分项目完成的情况。这些圆圈按事项发生的顺序编号,每个箭头则表示一种作业活动,即某一项计划的耗时因素,也是两个分项目之间所必须做出的努力。箭头旁边的数字代表活动时间,系指完成作业所需要的时间。

> **注解**
> **计划评审法**是一种时间—事项网络分析系统,其中,要对计划或项目的各种事项加以确定,并附以具体的完成时间。

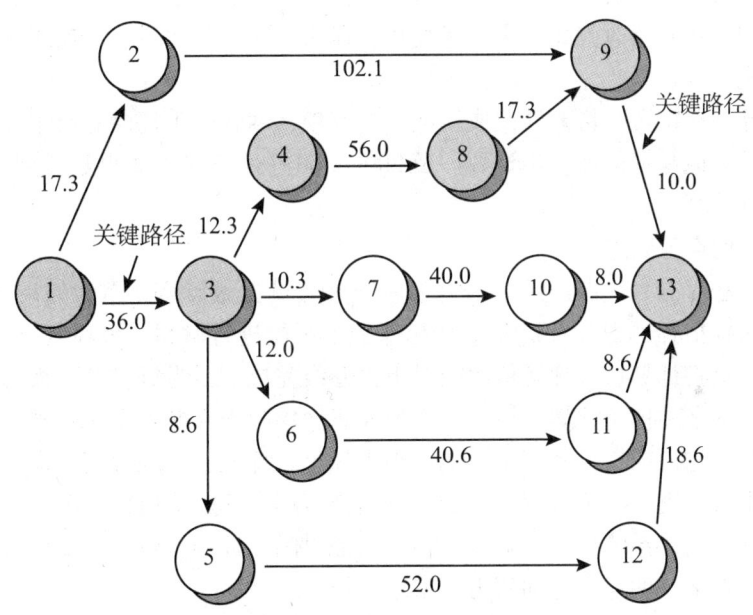

图19-2 计划评审法流程

注:一架飞机的主要组装流程(以周时数表示)涉及的事项(工作进程主要分项目)包括:(1)采购计划;(2)启动发动机采购计划;(3)完成计划和明细表;(4)完成机身设计;(5)提交政府采购需求量(政府提供的飞机设备);(6)签署机尾组装分包合同;(7)签署机翼分包合同;(8)完成机身制造;(9)完成机身发动机装配;(10)验收分包商加工的机翼;(11)验收分包商组装的机尾;(12)验收政府提供的飞机设备;(13)飞机组装完毕。

在这个实例中,仅举了一个时间,但最初的计划评审法中,计划有三种时间估计值:乐观的时间指在工程进展非常顺利的情况下所需用的时间估计值;最可能的时间指项目工程师确信完成任务所需要的一种时间估计值;悲观的时间是假设合乎情理地会碰到运气不好（并不是重大灾难）的情况下所需的时间估计值。在计划评审法中往往包括这三种时间估计值，因为在工程技术和开发项目中，往往难以精确地估计时间。这些若干不同的时间估计值往往是平均值，通常采用加权的方法，对最有可能性的估计值加以较重的权数，然后使用该估计值进行各种计算。

> **注解**
> 关键路径是占用时间最长、没有任何富余时间（或最少）的事项序列。

下一步是计算关键路径，即占用时间最长、没有任何富余时间（或最少）的事项序列。在图 19-2 中，关键路径由 1-3-4-8-9-13 事项所表示。在这一路径上，完成这一事项序列的总作业时间是 131.6 周。如果承诺在 135 周内交货，那么，完成这条关键路径的工作还有 3.4 周的富余时间。有几条其他路线几乎同这一关键路径一样长。例如，1-2-9-13 这条路径是 129.4 周，这在计划评审法图中是很常见的，即通常按重要程度来确定几条关键路径。虽然在计划的其他部分因主要事项受到延误而会导致关键路径的变化，但是，只要在开始时就能确定这些变化，那么，密切关注这一事项序列可以确保计划按进度完成。

典型的计划评审法分析要涉及成百上千个事项，尽管较小规模的计划评审法分析可以用人工完成，但是据估计，当计划涉及 200～300 个事项时，如果不使用电子计算机，简直无法进行计算。

计划评审法的优点与缺点

计划评审法有五大优点：第一，它迫使管理人员去做计划，因为如果不编制计划，如果不了解怎样把各项工作有机地结合起来就不可能进行时间—事项网络分析；第二，它迫使管理人员将计划按管理链依次交付下去逐级完成，因为每一个下级管理人员都必须对其所负责的事项做出计划；第三，它把注意力集中于可能需要采取措施的那些关键因素上；第四，它使前馈控制有了可能，因为如果管理人员不能缩短未来一些行动的时间作为弥补手段，则一次延误就要影响后续各个事项乃至整个项目；第五，拥有包括子系统在内的整个网络系统可使管理人员在恰当的时间，针对组织结构中相应的管理层次提出报告，并在适当的地方施加压力，采取行动。

计划评审法也存在某些局限性。由于作业时间的长短对于计划评审法的运用关系重大，所以，如果计划本身模糊不清，并对时间进度做出不切实际的估计，这样的计划评审法是没有用处的。然而，即使在这种情况下，只要在成本预算范围内，仍可采取安排两批或更多的人员完成某个事项的做法，以确保计划的实现。计划评审法的一大缺点是强调时间，而不是成本。尽管这种强调性对于那些时间因素至关重要或时间和成本之间有直接和密切关系的计划是适用的，但是，如果这种方法的分析中引入的不只是时间因素，那它就更为有用了（不过，还有一种考虑成本的被称为计划评审/成本的方法）。

平衡计分卡

平衡计分卡是一种管理工具，有助于确保公司战略目标与经营活动的一致性。所以，平衡计分卡方法是专门用于制定高层目标的战略规划工具的有益补充。具体来说，平衡计分卡帮助组织形成对其经营活动全方位的看法和确保成功的运营措施，以有利于公司完成其战略目标，获得预期财务绩效。这些措施和看法既有定性的，也有定量的，从企业内部和外部的不同视角来平衡其绩效与战略和管理措施。

> **注解**
> 战略目标使公司成为技术领先、产品创新、收益持续上升的公司。

尽管平衡计分卡方法的推出和完善已有20年之久，[2] 但是，这个工具主要还是用来指导公司职能部门制定目标和衡量绩效，以期完成公司总体目标。例如，公司要求管理人员就财务绩效、消费者认知度、内部流程，以及组织学习和创新等方面制定运营目标和衡量指标，而这些目标应该与公司总体目标相一致。这里的逻辑关系是，如果运营目标得以完成，公司总体目标是可以实现的。

例如，如果总体目标是使公司成为技术领先、产品创新、收益持续上升的公司，那么，公司可以使用平衡计分卡工具，按照表19-1中列出的不同运营活动制定目标。

表 19-1　将平衡计分卡方法用于分解战略目标的范例

事项/目标	短期目标	中期目标
财务绩效	确定并与低成本、高质量供应商签订合同	单位成本比竞争对手低5%，残缺品率比竞争对手低10%
消费者认知	将残缺品率降低到行业平均值10%以下	将消费者建设性反馈率提高25%
内部流程	将管理人员必需的消费者退赔批准率降低一个等级	将员工主动接触消费者次数提高10%
组织学习	对全体员工进行创新培训	将新产品推出率提高10%

正如表19-1所示，平衡计分卡方法将运营管理人员具体、可衡量的目标（如将产品残缺率降低10%）与公司的高层战略目标（如取悦消费者）挂钩。使用平衡计分卡方法的主要目的是给一线管理人员制定可完成的目标，如果目标适当且可完成，那么，公司层面的战略目标是可以实现的。

随着新概念的不断出现，平衡计分卡方法更多地集中用在两个方面，即组织学习和有效的内部流程，做到这些可以提高消费者认知度和财务绩效。[3] 这个方法也同样关注战略路径以便于管理人员区分具体的战略目标和与目标相关的可衡量的目标。

自问世以来，旨在提高公司效益的平衡计分卡方法广泛应用于不同类型的组织。政府部门、社区组织、非营利单位以及高科技企业将平衡计分卡的基本精髓用于各个方面。[4] 尽管人们对平衡计分卡方法用于战略实施有效性的争论仍在继续，但这个方法至今经受住了时间的考验，成为管理人员用来提高企业绩效的工具。

信息技术[5]

信息技术的发展大幅度地降低了组织控制的成本。管理的系统模式（见第1章）认为，有必要通过沟通来实施管理的各项职能，并将组织与外部环境有机地联系起来。沟通和管理信息系统（MIS）使组织的管理成为可能。

人们有必要从一开始就分清数据和信息的区别。数据是原始事实，只有成为信息才有用途，即接收者将这些数据经过处理，成为有用的、可以让人理解的信息（见第17章中的沟通模式部分）。这个原则适用于人际沟通，也同样适用于信息技术。

信息技术包括各种技术，涉及各种不同的硬件（如计算机、打印机等）、软件（如操作系统、文字或数据处理软件等）、计算和通信技术（如电信、数据库管理等）。事实上，诸如4G（第四代无线技术）等新技术的发展突飞猛进，极大地扩展和提高了信息技术的能力。甚至在4G尚没有广泛应用之前，人们已经推出了第五代技术（5G）。[6]

信息技术促进了管理信息系统的开发。人们对**管理信息系统**这个词有不同的称谓。

> **注解**
> **管理信息系统**是一个旨在支持管理人员履行其职能，以及时、有效益和有效率的方式来收集、集成、比较、分析和传播企业内外部信息的正式系统。

本书将其定义为一个旨在支持管理人员履行其职能，以及时、有效益和有效率的方式来收集、集成、比较、分析和传播企业内外部信息的正式系统。管理信息系统必须适合专门用途的需要，包括诸如月度报告这样的日常信息，指出例外情况，特别是在关键点上的例外情况的信息以及预测未来所必需的信息。

电子设备可以快速而又经济地处理大量数据，带有专门程序的计算机在处理数据时能得出合乎逻辑的结论，并能把数据分类随时供管理人员使用。如前所述，在把数据加工成有用的形式之前，数据还不能称为信息。

全球化视角　　中国在信息技术外包中会取代印度的地位吗？[7]

媒体报道了不少有关于印度外包软件项目的消息，的确，印度在软件设计方面现有20万名工程师。除此之外，印度还有精通英语和高教育水平的优势。然而，印度也在担心中国公司提供的竞争性服务。在软件业方面，中国不具竞争优势。中国不仅

> 缺少管理人才，而且缺乏具备英语语言能力的人才。更有甚者，中国分散的信息产业结构无益于开发其信息外包的能力。当然，对外国公司而言，它们更关心的是知识产权的保护。尽管存在这些问题，中国正在做信息产业外包的努力。
>
> 微软公司与上海市政府组建的合资企业完成了一部分微软网络支持软件任务。为了克服英语不强的薄弱环节，公司对员工进行语言技能培训。此外，每个星期都有一次半小时的"英语角"活动，此间人们只能说英语。中国名牌大学要求其一部分课程必须用英语讲授。
>
> 由此可见，印度由于其优越的条件目前无疑是世界信息产业外包的行业领导者，但是，其来自于中国的激烈竞争是不容忽视的。

基本数据的扩充

随着信息处理技术的改善，人们对管理信息的注意力已集中到解决久为人知的信息本身的局限性问题。多年来，管理人员已经认识到，基于计算利润为目的的传统会计信息，对于控制管理的价值是有限的。尽管如此，许多公司实际上仍是仅仅定期地收集和分析这类数据。管理人员需要有关企业外部环境的各种非会计信息，其中包括社会的、经济的、政治的以及技术开发等方面的信息。除此之外，管理人员还需要企业内部运行状况的非会计信息。这些信息应该既是定性的也是定量的。

尽管信息技术尚未取得长足的进展以满足上述需要，但计算机加上运筹学的应用已促成大量现有管理信息的膨胀。人们可以看到，特别是关于市场营销、竞争、生产与分销、产品成本、技术变革与开发、劳动生产率和实现目标等方面的数据。当《经济学家》杂志的读者被问及何种技术影响经济活动时，他们中的大多数都列出了信息技术。[8]

信息消化不良和商情服务机构

对优质、快捷数据处理的效果有所体验的管理人员，正在关注信息"消化不良"的危险。他们对数据的需求胃口很大，而数据收集者和处理者在以惊人的速度提供资料。管理人员一直在抱怨自己被埋在一大堆打印输出件、报告、展望以及各种预测数据之中，他们对于这些资料或者没有时间去读，或者看不懂，或者这些资料并不适合他们的具体要求。

人们试图解决信息超载问题的方法之一是建立商情服务机构和培养新的职业情报专家。这种服务是由专家提供的，这些专家知道（或寻找）信息管理人员需要哪些信息，知道如何消化和解释这些用于管理用途的信息。有的公司在内部建立了一些称为"管理服务"或"管理分析和服务"的部门，以确保信息通俗易懂、颇具实用性。

量化管理[9]

　　早在管理思想发展的初期，人们就试图将管理量化。被誉为科学管理之父的弗雷德里克·泰勒（Frederick Taylor）致力于提高劳动生产率和效率（见本书第1章）。同样，运营管理注重与产品和服务相关的经营活动（见第20章）。人们使用各种各样的工具量化经营活动和任务。质量大师爱德华·W·戴明（W. Edwards Deming）用统计工具改进质量（第1章），近年来，人们又推出了专注质量和消费者满意度的六西格玛工具（参见第13章"通用电气杰克·韦尔奇"部分）。近来，人们试图在诸如国际商用机器公司（IBM）这样的大型企业中推出基于"量化"（numerati）概念的员工管理方法，其目的是在大型组织中建立员工数学模型。

　　下面用诸如IBM一类世界级组织中的基于"量化"概念项目为实例来阐述员工模型。项目可以用数字表述，所需的技能也可以用数字表述。员工可以从世界各地的不同下属机构中招聘，预算也用数字表述。为了招聘到合适的员工，可以在巨大的数据库中寻找数字化的个人简历，就这个复杂的项目而言，可以参照斯蒂芬·贝克力著的《量化》（The Numerati by Stephen Baker）中阐述的概念，即试图借助于大型数据库来量化人员变量，以期达到利用综合因素提高生产率和效率。这些数据库内存有员工邮箱网址、手机谈话内容、电子日历以及计算机信息等。人们也可以用这些数据形成非正式的社交网络。

　　但是，使用这种方法时要慎重，因为人们会担心暴露隐私而抵制将自己量化的做法。人们希望受到人格的尊重，而不是商品。这种方法也使人们自然回忆起工业工程时期的负面影响，从而把公司视为"老大哥"（BIG BROTHER）。

　　正如第1章中讨论过的管理理论丛林内容所示，诸如数学的、或"管理科学方法"、或流程再造方法，或全面质量管理方法等管理的量化方法，对于管理思想的发展做出了巨大的贡献，但是，许多人员变量仍然是不能量化的。本书作者以及大部分管理学教材的作者都认为，最好的方法是根据计划、组织、人员、领导和控制这些管理职能来归纳管理知识，这也是本书的基本框架。

全球化视角　　**美国联合包裹服务公司（UPS）：**
从时间管理到信息技术[10]

　　在快递业务中，时间对美国联合包裹服务公司和联邦快递公司（FedEx）这两个冤家对手而言至关重要。20世纪80年代，联合包裹服务公司以低技术、劳动密集型卡车运输以及深入时间管理研究著称，但是到了2006年，公司非常强调信息技术，

> 部分原因是联邦快递公司推出的高速隔夜服务所致。为了提高速度，联合包裹服务公司的顾客可以在邮件被提取之前，上网至联合包裹服务公司的网页，或者使用公司提供的软件自行准备标签。由于使用了全球卫星定位系统，联合包裹服务公司可以非常准确地掌握交货时间。在不久的将来，联合包裹服务公司甚至可以按顾客预约安排递送业务。

微博推特（Twitter）现象[11]

微博推特（Twitter）可谓是近年来的一个技术神奇，人们可以凭借这个平台，传送不超过140字的短信息。这是一个免费的社会网络服务，发出短信息的作者往往有许多跟随者，发出的短信息可以是公众的，也可以仅限于朋友之间。打开这个平台的首个问题是："你在做什么？"，许多人对此并不做答复。不管怎么说，它启动了链接。

推特于2006年在头脑风暴的基础上推出，之后迅速发展。上推特网的人既有朋友，也有政治家、新闻记者（如美国哥伦比亚广播公司）、抗议者以及仅仅是希望别人了解其观点的人们。参与2008年总统选举的候选人使用了推特，在同一年的孟买袭击案中，现场目睹者用推特发送了诸如医院地址的关键信息。当年美国航空公司的飞机坠落在哈得逊河面上，人们在新闻记者抵达前已经用推特发出了这条信息。在2009年伊朗大选中，抗议者们有效地利用了推特来传递信息。

推特网站从风险资本公司那里筹措到了大量的资金。但是，目前其长期获利前景和商业模式尚不得而知。尽管计算机互联网是今后的发展重点，但是新技术层出不穷，有可能会对推特网站以及其他技术公司的未来构成威胁。

信息技术带来的机遇和挑战

信息技术给企业带来的挑战之一就是要消除未经批准使用的信息。其他的挑战和机遇包括充分利用获取的数据更好地服务消费者和创新。

通过分析学创新

组织广泛地运用互联网收集的数据形成了海量的信息，但是这些信息并没有得到有效地分析或利用。分析学是一个正在崛起的领域，人们用复杂的统计算法来分析所掌握的海量数据，帮助组织改进其消费者服务质量和提高运营效率。在近期发表的一篇"哈佛商业评论"文章中，作者托马斯·达文波特认为，一些组织正在分析学层面上进行竞争。[12]达文波特确认了11个被他称为纯粹的分析学竞争对手，因为分析学对这些企业的总体

> **注解**
> 分析学是一个正在崛起的领域，人们用复杂的统计算法来分析所掌握的海量数据，帮助组织改进其消费者服务质量和提高运营效率。

战略有着举足轻重的作用。一些公司如亚马逊、万豪（Marriott）、联合包裹公司（UPS）全方位地收集、分析和运用消费者和运营信息，用以提高消费者服务质量，以便在现有商业模式下增加收入或减少经营成本。他认为，企业高层管理人员应支持这种分析学方法，构建一种接受和利用分析学的公司文化，以便改进其企业流程。

就消费者体验如何通过推出更多的定制化产品和服务得以提高而言，将分析学用于组织数据所获取的结果很可能带来创新。虽然创新流程有可能起始于对消费者行为的观察，但是对消费者数据认真地分析有助于制定更有效的战略，使企业能以更好的定制化的产品、服务和价格来增强高消费者体验，以提高消费者忠诚度和确保利润增长。

语音识别装置

语音识别装置是鼓励人们使用计算机的另一种方法，其目的就是按照人们正常说话的方式，而不是通过键盘将数据输入到计算机中去。有些公司正在着手开发这种装置，虽然简单的语音识别已经小范围地使用了一段时间，但是，仅仅通过增强存储功能来加大词汇量是不够的。不妨假设一下区分谐音（英语词汇）所需要的复杂程度，如英文谐音单词"then"与"than"，"to"与"too"和"two"之间的差别。尽管存在这些复杂的问题，有些人仍然认为，人们在这方面已经付出了努力，其结果会带来办公自动化的一场革命。

经过缓慢地起步后，语音识别已经广泛地应用在电话公司的呼叫中心、航空和财务服务公司。[13]这种技术的成本效益性是其得以广泛应用的主要原因之一。计算机越来越便宜，互联网的宽带接入和无线局域网的应用越来越普及。此外，语音识别产生的最大影响可能体现在汽车中，而开发语音识别最大的障碍可能是人们无法就其产业标准达成一致意见，至少在美国是这样的。

电讯沟通

> **注解**
> **电讯沟通**意指人们在家里利用计算机终端工作，而不必往返上班。

广泛使用计算机并通过电话线路（或无线装置）把个人家中的计算机同公司的计算机主机连接起来，就形成了**电讯沟通**。也就是说，人们在家里利用计算机终端工作，而不必往返上班。这些好处包括安排工作进程有较大的灵活性，可以避免交通阻塞以及减少办公场地的需要。

未来学家阿尔文·托夫勒（Alvin Toffler）设想在家里有一间装有计算机终端设备的"电子小屋"，但是约翰·奈斯比特（John Naisbitt）在他的《大趋势》（Megatrends）一书中，却对此想法表示怀疑。他指出，电讯沟通的结果是，工作人员将没有机会在办公室跟同事聊天和开展人际交往。[14]那些把工作包给从事电讯沟通人员的公司已受到了指责，因为它们没有提供通常给予办公室工作人员的那些好处。然而，在太平洋贝尔公司（Pacific Bell），自愿参与电讯沟通计划的人员被视为全职员工。除此之外，有些员工每周至少到办公室去一次，查看他们的邮件并和他们的同事联络感情。

随着日益增多的交通阻塞，特别是在大都市，电讯沟通的用途在与日俱增。但是，电讯沟通能否取代当今的办公室，人们正在拭目以待。

计算机网络

广泛使用可独立应用的计算机常常会导致重复劳动。例如，台式计算机不一定能进入大型计算机或微机中的数据库。所以，人们已经开发了连接各个工作站的、连接大型计算机和辅助设备的计算机网络。这种相互连接使几个不同工作站的用户彼此都能相互沟通，也能接入其他计算机中。此外，还可以把工作站同单机用户利用率不足的昂贵硬件相连接。例如，人们可以共享激光打印机或存储数据文件的磁盘备份装置。

计算机网络还有很多用途，例如，电子邮件处理和数据、信息以及知识的收集、传播和交换。尽管计算机联网仍处于初级阶段，但是，新技术的发展将迅速地改变信息处理系统。

创新视角 思科公司的"融合"方法[15]

技术在飞跃发展，思科公司融合计算机、娱乐系统和互联网的做法就是明证。在"融合"市场上，其他竞争对手包括苹果、惠普、微软以及索尼。思科的竞争优势在网络设备方面，如网络连接产品。为了更加专注消费者，思科推出了家庭无线多房间音频系统（Linksys Wireless Home Audiomulti-room system）。思科推出的其他品牌包括科学亚特兰大（Scientific Atlanta）品牌的大屏幕彩电组合箱和纯数字（Pure Digital）品牌的非常简单的摄像机。思科希望充分发挥网络方面的优势，在当前的网络化进程中处在领先地位。

计算机互联网

计算机互联网是最大的计算机网络。1969 年，美国国防部首先推出了互联网，目的在于连接那些军事研究承包商和承担军事研究工作的大学。

互联网由于万维网的问世而得到了极大的发展，万维网是欧洲粒子物理实验室（European Particle Physics Laboratory）开发的。在万维网上表达数据的标准是所谓的超级文本显示语言（Hypertext Markup Language，简称"HTML"），随着伊利诺伊大学（University of Illinois）学生马克·安德森（Marc Andreessen）推出莫扎克浏览器（Mosaic browser），万维网也得到了快速发展。莫扎克浏览器使人们能够运用这个工具，轻松地在世界各地获取信息，如访问公司的网页，了解公司概况以及其产品和服务的信息。莫

> **注解**
> 计算机互联网是最大的计算机网络，也是互联网络的网络。
>
> **注解**
> www.aol.com
> www.compuserve.com
> www.earthlink.net
> www.att.com

扎克浏览器可以从网上免费下载。后来，安德森又推出了莫扎克浏览器的商业化产品，即网景公司，由此，当公司于1995年上市时，安德森成了千万富翁。

创新视角 苹果公司的iPhone手机是真正意义上的全球产品以及iPhone 5新款手机的上市[16]

消费者排队购买新上市的产品是件新鲜事。但是，这样的事情确实在苹果公司推出其基于第三代通信技术（3G）的iPhone手机时发生了。2008年7月11日，苹果的这款技术领先的手机在美国和其他许多国家同时发布。显而易见，这不是传统意义上的手机，其功能类似于微型电脑。为什么人们排数小时的队购买这款手机？有哪些特色使其鹤立鸡群？这里列举几点。首先，它可以与用户的姓名、电话号码、地址、电子邮箱地址以及其他联系方式同步。此外，它还可以与日历相册、网上直播（podcasts）、电影，甚至电视节目相连接。它的一个明显的特色是，如果是从苹果iTune商店购买的，可以免费享用其他公司开发的应用软件。一个普遍的做法是，许多公司建立了电子邮件客户端送推账户（push account），即当有新邮件进入时，它可以无线方式直接进入计算机或苹果iPhone手机。这些信息可以通过手机或无线接入（Wi-Fi）获得。

3G苹果iPhone手机比一年之前推出的旧版iPhone手机有重大改进，新手机速度更快，但售价却大幅度降低了。除了其他考虑因素外，低价格和高速度使消费者更青睐这款手机，以至于排队购买。

这确实是一部全球性手机，手机的一部分是在印度车库里开发出来的，由旧金山附近的硅谷苹果公司设计、在中国生产。正是因为这样一种合作，才使得8兆（8Gig）容量新手机的售价仅为199美元，是速度很慢的旧版本手机的一半。在美国，只有美国电话电报公司（AT&T）和威瑞森（Verizon）通信公司经营这种手机，对此，人们颇有微词。在其他国家，这种手机大多也都是由指定的运营商独家经营，如在德国，T移动公司（T-Mobile）是唯一运营商。

另一个特色是其全球定位系统（GPS），它可以在世界各地寻找方位。人们可以用3G苹果iPhone手机做多项工作，例如，用手机拍照后将照片发送到你联系名单中的任何一个人手中。你也可以上网在苹果应用程序商店购买音乐和光碟。一个非常独特的特点是，全球各地软件开发者都可以给苹果应用程序商店提供iPhone手机应用程序，使人们能够在网上玩游戏、获取新闻和体育信息。这些特色和国际键盘布局使iPhone手机成为名副其实的全球产品。

在3G苹果iPhone手机成为重要创新的同时，技术也在飞速发展。2011年，内置双核A5芯片、800万像素相机和具有基于语音聊天（Siri）功能的4GiPhone手机问世了。4G 苹果 iPhone 手机所采用的 iOS 5 版本操作系统是用于移动设备的最先进的系统。那些充满激情的发烧友们又在苹果商店门前排起了长队购买这个最新的 4G 苹果 iPhone 手机。

在 2012 年 9 月，苹果 iPhone5 手机问世。与先前的苹果 iPhone5 手机相比，新版苹果 iPhone5 手机有以下新的特色：
- 采用新的 A6 芯片（旧版使用的是 A5 芯片）；
- 更长更大的屏幕（屏幕对角长度为 4 英寸），更便于观看视频节目；
- 更薄更轻；
- 也同样具备附加的无线连接功能；
- 改进了用于视频聊天的相机；
- 延长了电池待机时间；
- 新的可逆连接器尺寸更小了，但也招来了一些批评；
- 颇具新特色的苹果地图取代了原先的谷歌地图，但是也缺少了一些谷歌地图的特点（如"街道景观"）。当然，苹果也在计划改进它的地图特色。

尽管竞争在加剧，苹果 iPhone5 手机仍然是市场领导者。在 2012 年，苹果 iPhone5 手机先后在澳大利亚、加拿大、法国、德国、中国香港、日本、新加坡、英国以及苹果所在地美国推出，必将很快成为真正的全球性产品风靡其他国家。

其他类型的网络

除了互联网外，还有其他类型的网络，其中，**内联网**（intranet）是将计算机和互联网技术用于组织或组织内部的相关部门。同样，**外联网**（extranet）是将计算机和互联网技术与组织内部和外部有关部门连接起来。例如，一家采购代理商可能与某些客户相连接，以便于进行销售和购买交易。

计算机群体共享软件

网络有利于管理流程和其他经营活动。网络上的一群人可以通过应用**群体共享软件**在同一时间进行远距离的协作，这一软件使多个用户在其显示器上同时阅读文件，发表评论意见或对文件进行修改。这样，位于世界不同地区的人们可以就同一项任务进行同步协作。

> **注解**
> **群体共享软件**使网络上的一群人同时进行远距离的协作。

免费软件：商业模式的探索[17]

人们对"免费软件"这个词没有取得共识，通常情况下意指没有任何成本的可用软件。但是，有可能使用时附有附加条件，如仅限个人使用，不得用于商业目的。需要注意的是，免费软件与软件不同，后者往往要求用户初步使用一段时间后付费或升级到其他功能。

当今社会中，许多先前涉及成本的信息现在可以免费获取。例如，基于万维网的维基百科（Wikipedia）与贡献者合作，提供免费的网上百科全书。许多网站代替了代理商或公司。网上交易取代了旅行社，会计软件涡轮税网（Turbo Tax）取代了会计师，搜索引擎取代了旅行社。还有其他免费的网站，如在苹果手机（iPhone）或苹果播放触摸器（iPod Touch）上，人们可以免费收听潘德拉音乐频道（Pandora）的音乐，在胡露电影频道（Hulu），人们可以免费看电影，而人们也可以用 Skype 免费网络电话网站免费打电话。YouTube 网络浏览器是个人和组织使用的视频共享网站。例如，在 2009 年，梵蒂冈教廷（Vatican）尝试新技术，在 YouTube 网络浏览器建立了自己的网站*，并提供多种语言服务。由此，这些提供免费接入服务公司的商业模式是什么呢？

传统的模式是这样的：人们首先提出一种想法，然后筹措资金将这个想法推向市场，如果成功，继续融资扩大业务，最后，一家大公司买断这个创业产品或服务。但是，在 2008 年全球金融风暴期间，融资很困难，于是一些公司在寻求新的商业模式。很流行的 Facebook 社交网站有很多消费者，但却很难提高广告收入。广为使用的 YouTube 网络浏览器也在苦苦挣扎。人们可能会问，微软在文字和图表软件免费的市场上是如何竞争的。微软建立了一个自己的商业软件网站，免费提供给小型、组建不足 3 年、营业额不超过 100 万美元的新企业使用，目的是希望这些公司成长后购买和使用微软软件。

软件用户从免费软件中获益匪浅，可提供这些服务的公司仍在强撑着寻求获利的商业模式。

创新视角 全球微波接入互通技术（WiMax）是突破性技术[18]

什么是 WiMax？WiMax 意指使用英特尔芯片的"全球微波接入互通技术"（Worldwide Interoperaility for Microwave Access），也称 IEEE802 无线数字通信系统，是家庭和企业使用的局域无线网络的延伸。相比之下，全球微波接入互通技术可以覆盖 30 英里的范围，速度非常快，很适合无线接入。一些诸如诺基亚、三星、斯普林特（Sprint）等大公司都计划在个人计算机、智能手机、电视机和数字视频录像机中嵌入这种技术。问题是，与美国电报电话公司（AT&T）、威里森无线公司（Verizon Wireless）和 T 移动公司（T-Mobile）相比，斯普林特公司相对较弱，消费者也呈越来越少的趋势。但是，全球微波接入互通技术在搜寻、电子邮件以及谷歌提供的其他网络

---

* http://de.youtube.com/vatican? hL=en, accessed on February 9, 2013.

服务方面有着巨大的潜力。此外，卫星公司可以将全球微波接入互通技术用于其电视服务业务。恐怕只有未来才能告诉人们这项突破性的全球微波接入互通技术是否能够得以广泛应用。

信息安全[19]

随着信息技术的大量应用，人们越来越关注信息安全问题。不仅企业，而且个人也易于受计算机闯入或拦截或电子传输的改变。计算机黑客（非法进入计算机系统的人）可能或甚至销毁银行或其他记录。通过混码器（encryption）可以保护计算机免受侵犯，这个方法是用密码打乱信息，使其无法读出来。使用防火墙也可以起到保护作用。防火墙可以是软件（如诺顿个人防火墙2002版本或区位警报器专业版），或诸如太空路由器（Ethernet router）这样的硬件。人们已经推出了各种不同的防病毒软件，以保护计算机免受病毒侵扰，而这些病毒可能会对计算机和网络造成大面积的损害。除此之外，也要关注组织中与信息系统打交道的人员，他们应该富有责任心，要加强对他们的培训，使其对自己的行为负责，对于破坏安全规定的做法要给予严厉的惩罚。个人和公司都应该保护数据，定期拷贝备份，放置于安全、也许是在他们工作之外的地方。

数字经济、电子商务和移动商务

美国联邦储备委员会主席艾伦·格林斯潘在世界金融界是最有影响力的人物之一，他在1999年时曾经指出："我们称之为信息技术的最新创新举措，已经以5年前人们无法预见的方式，在改变我们企业运作和创造价值的做法。"**电子商务**（网上商务交易）正在改变我们的商务方式。

新兴的数字经济[20]

信息技术在很大程度上影响企业和个人生活。计算机的功能在迅速提高，而它的价格却在大幅度地降低。当今销售的福特公司陶拉斯品牌轿车（Taurus），其计算功能远远超过价值高达百万美元、用于阿波罗空间项目（Apollo space program）的大型计算机主机。信息技术不仅在货物的生产和分销，而且在服务方面也提高了生产率，生产率的改善反过来又提高了人们的生活水平。这种新技术的影响是全球性的，促进了竞争和创新。轻而易举地处理大量的研究和开发数据的能力，缩短了新产品的开发周期，加快了新产品推放市场的速度。[21]

互联网产生的主要影响方面是对企业经营方式的改变，企业与供应商和消费者的关系在发生戏剧性的变化。电信和信息技术对美国和平年代最长时间的经济扩张期的贡献是巨大的，美国在信息技术上的投资最终得到了回报。当今，我们拥有了所有以"电子"为前缀的信息手段（e-everything），如电子邮件、电子商务、电子企业、电子现金（智能卡和数字现金的使用）、电子旅游、电子理财、电子贷款、电子图书、电子邮票以及许多电子经营活动。

电子商务的经济收益来源于在线公司成本的降低（与那些拥有商店的、"砖头加水泥"运营模式的公司相比）、分销成本的降低以及中介机构的取消。购买者在自己舒适的家中或办公室里就可以进行价格上的比较和进行最好的选择，如此一来，那些成本很高的、"砖头加水泥"运营模式的公司又怎么能与电子商务进行竞争呢？像凯玛特和沃尔玛这样的零售公司也在网上进行交易，成为"点击加水泥"或"点击加砖头"运营模式公司，意味着人们可以通过点击鼠标或亲自光顾它们的零售店进行采购。

互联网有助于以下四种交易（如图19-3所示）：

1. 企业与消费者（B2C）。从亚马逊公司的网站上订购书籍或其他物品，或从戴尔公司在线服务上订购计算机，是典型的企业对消费者的实例。安全之路杂货店（Safeway grocery store）按顾客网上采购的订单，直接将商品送到顾客的家中。

2. 消费者与企业（C2B）。消费者与企业交易的例子是那些潜在乘客通过价格在线公司的网上服务，竞标优惠机票。

3. 消费者与消费者（C2C）。易趣公司（eBay）拍卖网站提供消费者与消费者的交易，个人可以通过这个平台销售货物。

4. 企业与企业（B2B）。企业与企业交易也许对经济的影响最大，例如，两家最大的轿车制造商通用汽车公司（GM）和福特公司计划在今后几年内将采购业务全部在网上进行。通用汽车公司宣称，它的网页将是世界上最大的虚拟市场，这对未来的消费者意味着什么？福特和通用两家公司可以根据顾客的订货在数日内交货，就像人们从戴尔公司订购定制的计算机那样容易。[22]很有可能，通用和福特公司将发展成为擅长轿车设计和品牌营销的虚拟公司。

	消费者	企业
消费者	C2C 易趣公司（拍卖）	C2B 价格在线（你自己 定价的旅游报价）
企业	B2C 亚马逊（书籍等） 旅游城（旅游）	B2B 福特、通用汽车、戴姆勒— 克莱斯勒（制造商到供应商）

资料来源：Adapted from "E-Commerce Survey," The Economist, February 26, 2000, Insert p. 11.

图19-3 电子商务矩阵

福特、通用和戴姆勒—克莱斯勒公司组建的新的合资企业考维森特公司（Covisint），与雷诺—日产公司可能会成为供应商与供应商之间进行交易的交换场所。[23] 人们在关注这样的问题，即这一切是否会形成垄断做法，导致美国司法部的调查。

> 注解
> www.covisint.com

民航领域引发了另一场战斗，美国最大的五家航空公司（大陆、达美、西北、联合和合众国航空公司）有一个被称为 Orbitz.com 的共同网页。这个网页与传统的旅行社以及诸如微软公司下属的旅游城（Travelocity）和捷便（Expedia）等在线旅行社发生了冲突，后者在试图削减他们的价格。[24]

> 注解
> www.orbitz.com

电子商务3/4的业务量发生在美国，而90%的商业网页起源于美国。[25] 然而，按居民人均互联网网络流通量（Internet hosts per inhabitant）统计，芬兰排名第一，美国排名第二。由《财富》杂志评出的全球最受尊重的公司中，许多处在信息技术领域。[26] 这里提及几个人们熟悉的名称：微软、戴尔、思科系统、英特尔、诺基亚以及朗讯。然而，在2002年，一些以".com"称谓的公司失去了投资者的青睐。在信息技术产业之外，许多公司采用复杂的技术来获得竞争优势，包括沃尔玛、通用电气和福特。

> 注解
> www.nokia.com
> www.lucent.com

移动商务和无线通信

当电子商务正在改变企业经营方式的同时，无线通信和移动商务（mobile commerce）的出现起到了推波助澜的作用。许多公司试图利用无线通信机会。无线应用可能涉及商业交易，提供财务和旅游信息，提供网上聊天或发送电子明信片场地，开展银行业务、拍卖、市场营销、广告以及其他许多应用。

电子企业、电子商务以及移动商务给企业提供了大量的机会，管理人员需要关注其发展趋势，并充分利用新技术的优势制定战略。

网络连接机会与问题[27]

为了摆脱经济危机，奥巴马政府计划将刺激经济复苏的部分资金用于宽带网络接入。各种技术都在设法参加竞争，以提供更快的网络链接。不同的技术优劣势不同，以下举例说明。

光纤（Fiber–Optic）网络适合家庭服务项目，如高清晰度的视频和其他服务，其高成本的投入使这种接入方式仅适合城市和郊区。

无线网络（Wi–Fi）常常用于家庭和企业的无线接入服务，也可用于农村地区。

全球微波接入互通技术（WiMax）提供宽带服务，适用于远距离的消费者。因此，这种服务一般用来满足边远地区的接入需要。

数字用户线（DSL）是电话公司用其铜质电话线传输数据的一种技术，速度比光纤接入慢。

混合光纤同轴网（HFC）通常使用同轴电视电缆接入，适合于城市和郊区居民消费者使用。

电力线宽带上网（Broadband over power lines）是另外一种通过电线接入的宽带服务，为家政服务类的公司所青睐。用户只要将调制解调器插入电源插座即可接入，非常简单易行，只是费用比其他几种选择方式略高。

奥巴马政府倾向于将刺激经济复苏的部分资金用于哪一种技术，人们正拭目以待。最有可能的情况是，近期将探索大部分技术，而几种不同技术的结合可能会带来最佳结果。

消费者关系管理（CRM）[28]

消费者是组织存在的原因，所以，要想成功，企业必须要关注消费者的需求。消费者关系管理涉及这一需求。公司同时也需要有一套系统，以便降低成本、协调销售、市场营销和服务方面的努力，给消费者带来一种好的体验（如处理怨言等）。正是通过消费者关系管理系统，中央数据库收集了大量的有关顾客方面的信息。

目前尚没有统一的有关消费者关系管理的定义，从宽泛的意义上讲，消费者关系管理意指通过收集、分析和使用信息来促进消费者和公司之间的互动，以便更好地服务顾客。消费者关系管理的提出并非新创，它已经经过了不同更迭阶段。它最初是在1993年由赛博尔系统公司（Siebel Systems Inc.）推出的。诚然，在20世纪90年代，企业在运用消费者关系管理（CRM）方法上有很多失败的范例。在最初阶段，重点强调的是市场营销流程，第二阶段关注顾客关系，第三阶段应用互联网重新评估流程、重新设计系统以及自我服务。只是到了第四阶段，人们才更多地关注顾客的具体需求。

拉布教授（Raab）和其同事认为，消费者关系管理（CRM）基于三个支柱，即技术、组织和人员，这些是消费者导向性、消费者满意度、消费者忠诚度和消费者利润率的基础。[29]另外一种研究消费者关系管理（CRM）流程的方法认为，技术、组织和人员三大支柱的有效利用有利于消费者导向、产品质量、消费者满意度、消费者忠诚度、消费者价值的提升，最终使公司获得成功。

许多组织推行消费者关系管理（CRM），例如，万豪酒店集团（Marriott）采用消费者关系管理（CRM）提升了业务额，管理了"万豪奖励项目"（Marriott Rewards program）以及其宽带系统（Broadsystem）。这套系统拓展了公司的市场营销计划。旅游行业广泛地应用消费者关系管理（CRM）来改善与消费者的关系。例如，西南航空公司、捷蓝（JetBlue）、最佳西方国际公司（Best Western）、英国航空公司、三角洲航空公司（Delta）、美国航空公司、阿拉斯加航空公司（Alaska Airlines）、沃尔特·迪士尼公司（Walt Disney）、环城旅游公司（Travelocity）和快捷公司（Expedia）等都纷纷采用了消费者关系管理（CRM）。

消费者关系管理有人们对它的担忧，同时它本身也有局限性。例如，要建立和维护这套系统需要大量的投资，不仅需要硬件和软件，还要对系统使用人员进行高成本的培训。顾客更关注他们的隐私，担心公司收集的有关他们的信息可能会使用不当。

很显然，消费者关系管理在解决组织与顾客之间的问题方面并非灵丹妙药。然而，可以采取一些措施使其成功。首先，进行审慎的计划是必要的。其次，因为系统的安装要求组织变革，人们应做好文化调整的心理准备。在许多情况下，一开始就推出一套昂贵的复杂系统是不明智的。相反，公司应该先推出一个实验性项目，然后不断地加大这个系统。无论如何，为了保持竞争优势或获取竞争优势，公司可以通过消费者关系管理始终保持与顾客的密切关系，而这一点也正是组织成功的根本原因。

本章小结

有许多的工具和方法用来帮助管理人员实施控制。这些方法通常是制订计划的工具，表明控制必须反映计划。有些工具是管理人员长期以来一直在使用的，而另一些则是传统方法的新发展。较为传统的控制方法之一是预算，编制预算是用数字形式编制未来某个时期的计划。预算编制中有许多危险因素，零基预算方法比较精确，它把项目分为几个"一揽子计划"，然后从零开始计算每个计划的成本。在实际工作中，为使预算控制更为有效，管理人员必须切记，预算只是工具，不能用来取代管理。在传统的非预算控制方法中，有统计数据和分析、专门报表与分析、经营审计和亲自观察等。

一种计划编制和控制技术的方法是时间—事项网络分析。计划评审法（PERT）是在最初甘特图的基础上改进的，甘特图用条状图标明各个必须完成的事项以及为了整个计划的完成，什么时候做这些事情。计划评审法也是分项预算编制方法的改进方法，分项预算编制是把一个工程项目分解为若干个被称为"里程碑"的可控制的小部分，把这些"里程碑"连接在一起形成一个网络，并标明完成每一个"里程碑"所需的时间，就是一个计划评审法/时间—事项网络。使用这些事项的序列和所需的时间，人们就可以确定关键路径，即占用时间最长、没有（或最少）富余时间的序列。

管理信息系统（MIS）是以及时、有效和高效率的方法来收集、集成、比较、分析和传播企业内外部信息以支持管理人员工作的正式系统。

计算机（大型计算机、小型计算机和微型计算机）正在得到广泛应用。计算机对不同层次的管理人员的影响不尽相同。信息技术提出了许多挑战，有些管理人员仍旧抵制使用计算机，但是语音识别系统推动了计算机的使用。计算机也为电讯沟通做出了贡献，使人们可以坐在家里，用其与公司大型主机相连接的计算机工作。计算机网络越来越多地将各个工作站、大型计算机和外围设备连接在一起。

互联网革命给企业和个人生活带来了令人振奋的新的机会，改变了企业的运作方式，使企业与供应商和消费者之间的关系发生了巨大的变化。图19-3显示了四种电子商务交易方式。目前出现了无线通信和移动商务趋势，尤其是在日本和欧洲。消费者关系管理旨在满足顾客的需要。

主要概念回顾

编制预算	关键路径法	互联网
预算种类	信息技术	群体共享软件
预算编制中的问题	管理信息系统	信息安全
零基预算	计算机对管理人员的影响	电子商务：B2C、C2B、C2C、B2B
非预算控制手段	微型计算机的应用	
甘特图	语音识别系统	移动商务和无线通信
分项预算编制	电讯沟通	消费者关系管理
计划评审法（PERT）	计算机网络	

讨论题

1. 控制技术似乎同编制计划的技术一样，都具有控制的性质。在什么情况下这种说法是正确的呢？为什么你会希望出现这种说法？
2. 如果你要为高层主管制订一项有关专门控制的报告计划，并做出分析，那么你将如何着手进行？
3. 计划评审法是管理上的一种创新，它利用了一些基本原理和知识，通过设计而达到预期的目的，提供了一种有用的计划和控制方法。请根据这一认识来分析计划评审法。
4. 举例说明信息技术是如何影响你的。
5. 你为什么认为计算机会对不同管理层次的管理人员产生不同的影响？
6. 电子商务会如何影响你未来产品和服务的购买和销售方式？
7. 如果将你的个人信息存放在与你有业务往来公司的消费者管理系统里，你对此有何想法？

练习和具体步骤

1. 准备一份你上大学的预算。编制预算的好处是什么？有哪些问题？
2. 选择你所了解的某个组织，说明它是怎样使用计算机或开展电子商务活动的？
3. 选择一家你有兴趣为其工作的公司，运用平衡计分卡方法，用现有公开信息对其进行分析。根据你的分析，你认为该公司能够持续成功吗？为了更好地完成其战略目标，你认为该公司在组织学习、内部流程、消费者认知度以及财务指标等方面应该如何运作？

互联网检索

1. B2C、C2B、C2C、B2B 是在互联网经济中广泛使用的词汇。在互联网上查找这些词汇，并找出组织中是如何应用这些概念的。
2. 在互联网上查找"管理信息系统"这个词，并确定这一系统的各种使用方法。

创新案例

亚马逊网上商城（Amazon.com）——美国最大的线上零售商[30]

亚马逊公司是美国最大的线上零售商，由杰夫·贝佐斯（Jeff Bezos）于1995年创办。亚马逊这一名称取材于世界上最长的河流之一亚马逊河。公司最初推出的是线上书店，之后又在网上增加了音乐光盘（CDs）、数字化视频光盘（DVDs）、软件、电子产品、服装、玩具、食品以及各种各样的其他商品。除了在美国运营外，公司还在奥地利、加拿大、中国、法国、德国、意大利、日本和英国开设了网站。多年来，亚马逊公司进行了多次并购，如英国线上书店（Bookpages.co.uk）、即需印制公司（BookSurge）、定制服装和女性装饰品零售公司（Shophop）以及鞋具和服饰线上零售公司（Zappos）。亚马逊公司还与其他公司建立了紧密的联盟关系，如塔基特（Target）公司、天美时手表公司（Timex）、鳄鱼服装公司（Lacoste）以及其他许多公司。

亚马逊经营的一个著名产品是无线电子书阅读器（Kindle），但是，它的功能远远超出阅读书籍，它可以下载报纸和杂志、博客及其他媒体介质。亚马逊经营多种无线电子书阅读器，从普通的阅读器到大屏幕大内存的DX阅读器不一而足。其中DX阅读器尤其适合阅读教材或杂志。电子书阅读器书籍可以下载到计算机。在2011年，亚马逊销售的电子书阅读器书数量远远超过印刷书的数量。[31] 使用"电子书阅读器与计算机转换"功能，使人们能够通过计算机或甚至iPhone手机或音乐播放器（iPod Touch）来购买电子书籍。

亚马逊的许多销售是通过被称作"亚马逊合伙人"（Amazon Associates）的第三方销售商获取的。那些"实践中心"称谓的店铺遍及北美、欧洲和亚洲，常常开设在机场附近，以便于快速运输。

亚马逊招致的批评和埋怨包括专利侵犯、价格歧视、反工会的努力和诽谤，以及出版有问题的书籍等。当前一个主要问题是其销售的产品如何课征销售税，美国只有少数几个州征收这种税，而实体店却要照章缴纳销售税。因此，人们认为亚马逊网上商城的优势是反对竞争。

2011年晚些时候，亚马逊公司推出了被称作"金读之光"的（Kindle Fire）平板电脑，有人视其为苹果iPad平板电脑的竞争产品，其199美元的售价远远低于iPad 2平板电脑499美元的价格。在2012年，带有在线观看（Netflix）、网络视频增强型（Netflix）和亚马逊即时视频三种视频选择功能的、高清晰度"金读之光"（Kindle Fire HD）问世。这一新版"金读"配置了内置麦克风、前置相机，以及高清晰度液晶显示屏，但其售价在美国市场仍为199美元。因此，"金读之光"平板电脑可能更适合那些寻求比iPad 2或iPad 3（也称新版iPad）便宜替代品的消费者。杂志出版商欢迎"金读之光"和"金读之光"高清平板电脑作为iPad的替代品。相比苹果公司，亚马逊公司有明显的优势，即它不仅销售音乐、视频和书籍，而且还出售玩具、服装、器皿和许多其他商品。

亚马逊是一个成功创新的范例，该公司于1995年在低调中起步，现已成长为美国最大的在线零售商。

思考题

1. 亚马逊为什么能够成功？
2. 你愿意在亚马逊网上商城购买商品吗？为什么买或为什么不买？
3. 你愿意在"金读"电子阅读器上阅读书籍（包括教材），还是倾向于阅读印刷书籍？给出你的理由。
4. 你认为高清晰度"金读之光"（Kindle Fire HD）会对苹果新版 iPad（iPad 3 或 iPad 4）构成威胁吗？为什么会或为什么不会？

注释

1. See also Robin Cooper and W. Bruce Chew, "Control Tomorrow's Costs through Today's Design," Harvard Business Review, January-February 1996, pp. 88-97; "Budget Types and Uses," http：//able.harvard.edu/fbud, accessed June 25, 2002.
2. The development of the first balanced scorecard (or corporate scorecard) is credited to Art Schneiderman in 1987. Robert Kaplan and David Norton developed the concept further and published the seminal book, The Balanced Scorecard, in 1996. Kaplan, Norton, and others continue to advance the concept and its application to this date.
3. Kaplan, Robert and David Norton (2004). Strategy Maps：Converting Intangible Assets into Tangible Outcomes, Boston：Harvard Business School Press.
4. See for example, Kaplan and Norton (2004), Keeping Score on Community Investment, Leader to Leader, 33; and Sureshchandar and Leisten (2005), Holistic scorecard：Strategic Performance Measurement and Management in the Software Industry, Measuring Business Excellence, 9.
5. See also Peter F. Drucker, "The Information Executives Truly Need," Harvard Business Review, January-February 1995, pp. 54-63; Drucker, "The Next Society," The Economist, November 3, 2001, Insert pp. 3-20.
6. Brian Nadel, "Waiting for the Wireless Revolution," PC Magazine, May 21, 2002, pp. 84-86.
7. Li Yuan, "Chinese Companies Vie for a Role in U.S. IT Outsourcing," The Wall Street Journal, April 5, 2005.
8. "The Same-Only More So?" The Economist, December 8, 2001, Insert p. 12.
9. "Management by the Numbers" with book excerpts by Stephen Baker, Business Week, September 8, 2008, pp. 32-38; see the cover story "Math Will Rock Your World", Business Week, January 23, 2006; "Math Will Rock Your World," http：//www.businessweek.com/magazine/content/06_04/b3968001.htm accessed August 19, 2011; "The Numerati," http：//thenumerati.net/index.cfm? postID=61, accessed August 19, 2011.
10. Corey Dade, "Moving Ahead-How UPS Went from Low-Tech to IT Power-and Where It's Headed Next," The Wall Street Journal, July 24, 2006.
11. Robert D. Hof, "Betting on the Real-Time Web," Business Week, August 17, 2009, "Twitter," ht-

tps：//twitter.com/，accessed August 2，2012.

12. Thomas Davenport（2006）."Competing on Analytics," Harvard Business Review，January 2006.
13. "Just Talk to Me," The Economist，December 8，2001，Insert pp.13-15.
14. John Naisbitt，Megatrends（New York：Warner Books，1982），chap.1.
15. Stephen H. Wildstrom，"Meet Cisco, the Consumer Company," Business Week，May 4，2009，pp.73-74.
16. Walter Mossberg，"Newer, Faster, Cheaper iPhone 3G," The Wall Street Journal，July 8，2008；"Lab Tests," Consumer Reports，October 2008，p.31；see also the Apple website at http：//www.apple.com/iphone，accessed September 22，2012；and "Apple" at http：//www.apple.com/iphone/features，accessed November 15，2011；iPhone-4s-Review http：//www.engadget.com/2011/10/14/iphone-4s-review，accessed September 22，2012；"iPhone 5 Launches in 9 Countries." http：//betanews.com/2012/09/21/iphone-5-launches-in-9-countries/ accessed September 22，2012；Apple Store, http：//store.apple.com/us/browse/home/shop_iphone/family/iphone/compare accessed September 22，2012.
17. Chris Anderson，"The Economics of Giving It Away," The Wall Street Journal，January 31，2009.
18. Cliff Edwards with Moon Ihlwan，"The Road to WiMax," Business Week，September 3，2007，pp.58-64；4G Wireless Broadband Solutions，http：//www.wimax.com/ accessed September 22，2012；"What is WiMax" http：//www.wimax.com/general/what-is-wimax，accessed September 22，2012.
19. Robert Luhn and Scott Spanbauer，"Protect Your PC," PC World，July 2002，pp.92-106；"Cyberspace Invaders," Consumer Reports，June 2002，pp.16-20；see also "Security," http：//www.pcmag.com/category2/0，2806，4829，00.asp，accessed February 9，2013 and "Security," http：//www.pcworld.com/topics/security.html，accessed February 9，2013.
20. See also Simon Moore，"Disaster's Future-The Prospect for Corporate Crisis Management and Communication" in Annual Editions-Management，Fred H. Maidment，ed.（New York：McGraw-Hill 2009），pp.106-113.
21. "Elementary, My Dear Watson," The Economist，September 23，2000，Insert pp.7-9.
22. Andy Serwer，"Dell Does Domination," Fortune，January 21，2002，pp.71-75.
23. "A Market for Monopoly?" The Economist，June 17，2000，pp.59-60.
24. Tyler Maroney，"An Air Battle Comes to the Web," Fortune，June 26，2000，pp.315-18.
25. "First America, Then the World," The Economist，February 26，2000，Insert pp.49-53.
26. Nicholas Stein，"The World's Most Admired Companies," Fortune，October 2，2000，pp.183-96.
27. Rachael King，"A High-Speed Race for Broadband Billions," Business Week，August 24 & 31，2009，pp.74-75. See also The Mobile Wave-How Mobile Intelligence Will Change Everything，http：//www.microstrategy.com/the-mobile-wave/，accessed October 18，2012.
28. Fraya Wagner-Marsh，"Customer Relationship Management" in Marilyn Helms，ed. Encyclopedia of Management，5th ed.（Detroit：Gale，2006），pp.150-152；"Coffee, Tea, or Mortgage? Banks Are Cozying Up To Customers While Using High-Tech Tools To Identify Prospects" Business Week；（April 3，2006），p.48；"Marriott Uses CRM Application to Boost Sales," http：//www.informationweek.

com/news/showArticle.jhtml? articleID = 6506964, accessed February 9, 2013; "Merging Business Cultures to Support Common Goals," http://www.google.com/search? q = Merging + Business + Cultures + to + Support + Common + Goals&rls = com.microsoft: en - us: IE - SearchBox&ie = UTF - 8&oe = UTF - 8&sourceid = ie7&rlz = 1I7RNWE; http://www.cio.com/article/31068/Merging_Business_Cultures_to_Support_Common_Goals, accessed February 9, 2013; "Marriott Hands CRM to Broad system," http://www.brandrepublic.com/News/854476/Marriott - hands - CRM - duties - Broadsystem/, accessed February 9, 2013; "Battleground CRM: How Are Leading Travel Companies Using CRM to Unlock the Full Revenue Potentials of their Customers?" http://www.hotel - online.com/News/PR2006_4th/Nov06_EyeForTravel.html, accessed February 7, 2013.

29. Gerhard Raab, Riad A. Ajami, Vidyaranya B. Gargeya, and G. Jason Goddard, Customer Relationship Management - A Global Perspective, Burlington VT: Gower Publishing Company, 2008, Chapter 1.

30. "2010 Form 10 - K, Amazon.com, Inc." . United States Securities and Exchange Commission and http://www.sec.gov/Archives/edgar/data/1018724/000119312511016253/d10k.htm accessed February 9, 2013; "The Institutional Yes," http://hbr.org/2007/10/the - institutional - yes/ar/pr accessed February 9, 2013; "Amazon Now Sells More Kindle Books Than Print Books," http://news.searchofficespace.com/sos - news/amazon - now - sells - more - kindle - books - than - print - books.html, accessed August 19, 2011; William Donckels, "Amazon's new 'Kindle Fire' Tablets is the Portal to an Amazon Universe," http://technorati.com/technology/gadgets/article/amazons - new - kindle - fire - tablet - is/ accessed February 9, 2013; Dylan Tweney, "Can the Kindle Fire Disrupt the Tablet Market? Not so Fast," Mobile Beat, http://venturebeat.com/2011/10/02/kindle - fire - disruption/ accessed February 9, 2013; "Kindle Fire HD vs. iPad," http://reviews.cnet.com/8301 - 19736_7 - 57515034 - 251/kindle - fire - hd - vs - ipad/ accessed September 22, 2012; "Kindle Fire HD," http://www.amazon.com/Kindle - Fire - HD/dp/B0083PWAPW, accessed February 9, 2013.

31. "Introducing Amazon Kindle," http://phx.corporate - ir.net/phoenix.zhtml? c = 176060&p = irol - newsArticle&ID = 1079388, accessed February 9, 2013.

20

生产率、经营管理和全面质量管理

[学习目标]

学完本章后，你应该能够：

1. 确定生产率问题的性质，并提出提高效益和效率的方法。
2. 把生产和运作管理作为管理计划和控制工作的一个应用案例来描述。
3. 理解运作管理系统。
4. 讨论提高生产率的工具和方法。
5. 认识质量的重要性、各种改进质量方法的性质以及精细制造。
6. 尽管供应链管理和价值链管理这两个词有时混用，但请加以区别。

从实际意义上说，本书的全部篇幅都在讨论提高生产率的问题。但是，本章对这个重要的问题给予特别的关注，重点放在生产和经营管理的微观方面。*

生产率问题及其衡量

毫无疑问，生产率是21世纪中管理人员所关心的主要问题之一。对生产率的关注是世界性的，甚至在以改善生产率而著称的日本，今天也在关注着如何在世界市场保持其竞争力的问题。

生产率问题

生产率意味着衡量，而衡量又是控制过程中关键性的一步。虽然人们普遍赞同需要提高生产率，但对造成生产率问题的根本原因和如何提高生产率意见却大相径庭，把对生产率问题的责难归咎于各种因素。一些人从整个劳动力结构的角度，认为不熟练工人所占比例太大；另一些人则不同意这一看法。有些人认为，造成生产率问题的主要过错是削减研究经费和强调短期效应；另一个原因是人们越来越富裕，而进取心在递减。还有人把生产率困境归于家庭结构的破裂、工人的工作态度以及政府政策法规上的原因。人们越来越多地把注意力转向管理，认为这是造成生产率低下的原因，也是解决生产率问题的关键，这也是本书所关注的问题。

脑力劳动者生产率的衡量

> **注解**
> 生产率是一定时间内，确保质量前提下的投入—产出的比率。

正如本书第1章中对生产率下的定义，**生产率**是一定时间内，确保质量前提下的投入—产出的比率。这个定义可以应用于组织机构、管理人员、职能人员和其他工人的生产率上。衡量熟练工作相对容易，但衡量脑力工作却比较困难。这两种工作的主要区别在于有关知识和技能的运用，由此，可以把生产线上的人员看做是熟练工人，而以计划工作为自己主要职能的经理助理，则是脑力劳动者。管理人员、工程师、程序员都是脑力劳动者，因为他们大量的工作并不像砌砖工、机械工、屠夫那样需要技能。但是，工作名称并不是区别熟练和脑力工作的唯一准则。加油站的业主也许要安排日常任务进度、决定优先次序、指挥下属，但业主也可能要给驾车者更换刹车片、调换汽化器或调整汽车前轮动平衡。

很显然，脑力劳动者的生产率通常要比熟练工人的生产率更难以衡量（另请注意：衡量工人生产率往往忽视资本成本，因而有些水分）。衡量脑力劳动者生产率的难点之一是，有些产出实际上是一些有助于实现最终结果的活动。因此，工程师是为最终产品

---

* 本书其他章节讨论了另外一些生产和经营管理的专题。例如，第6章涉及了各种决策问题，第11章阐述了工作设计问题，第19章探讨了管理信息系统和各种控制方法。

的形成间接地做出了贡献。另一个难点是，脑力劳动者经常帮助企业组织的其他部门。广告部管理人员所做的努力应该改善销售，但是很难确定什么才是恰如其分的贡献。还有一个问题就是脑力劳动者产出的质量通常是难以衡量的。例如，一种战略决策的效果可能在若干年中并不显著，甚至新战略导向的成败可能取决于超出管理人员控制范围以外的许多外部因素。

那么，通过良好的管理实践来提高生产率这一贯穿本书的观点是不言而喻的。不过，本章的讨论将集中在生产和经营管理这一具体领域，原因是衡量工作较容易进行，且已成为以往提高生产率计划的焦点。

生产和经营管理：制造和服务

在任何一个企事业单位中，不论是工商企业，还是政府部门，或是其他组织，主要业务领域之一就是生产和经营管理。也正是在这个领域，经营作为一门基于科学的艺术问世了。综观管理学的先驱弗雷德里克·泰勒、亨利·甘特、弗兰克·吉尔布里斯（这里仅提到很少的几位）等的贡献，人们就会注意到，他们所关心的主要是提高生产率和最有效地制造产品，尽管他们认识到（正如他们所做的那样）人力要素的重要性，即企业投入中不可或缺的要素。

过去，**生产管理**这个词是指制造产品所必须从事的那些活动。然而，近几年来，生产管理的范围已经普遍扩大，包括诸如采购、仓储、运输以及能够提供给买方产品而进行的从采购原材料到各项活动的其他业务经营。另外，**经营管理**一词是指那些与提供服务和有形产品相关的活动。

> **注解**
> **生产管理**意指制造产品所必须从事的那些活动。
> **经营管理**意指那些与提供服务和有形产品相关的活动。

当然，一家典型的企业还从事一些其他基本活动。这些企业的职能通常包括研究与发展、工程设计、营销和销售、会计和财务工作。本章仅涉及被称为经营管理或生产管理，或通常所说的生产与经营管理这一专题。应该指出，这一专题与运筹管理理论并不是一回事，后者是以理论或科学作为基础对实务（经营）所做的一种研究。

服务性组织不提供有形产出，但提供服务作为产出。例如，学生入学时知识、技能和学习态度有一定的局限性，但通过上课、案例分析、参加课堂练习以及参与其他活动，拓宽了知识面，掌握了技能，形成了以得到学历证书为产出的毕业生。其他提供服务的单位和个人包括医院、医生、顾问、航空公司、餐馆、音乐家以及大量的零售店。

创新视角　通用电气公司从产品向服务的转型[1]

通用电气公司以众多产品而著称,包括诸如CAT扫描仪和核磁共振等医疗设备。现在,公司已将自己的经营扩展到服务领域,不仅对自己的优质产品甚至对竞争对手的产品也给予服务。通用电气公司的前任首席执行官杰克·韦尔奇说:"我们进入服务业务,是为了扩大我们的规模。"

注解
www.ge.com

通用电气公司提供的服务范围从健康保健到公用设施,包括医疗系统的维护保养、飞机发动机的保养及大修、公共发电厂的经营和维护、机车的保养、铁路电子跟踪装置的维修,甚至对公司计算机网络系统提供帮助。其结果是,通用电气公司利润的60%几乎来源于服务业。杰克·韦尔奇希望其服务业的利润收入能达到80%。在美国产业中的新趋势可能是向服务业倾斜,这样产品生产仅仅是企业经营中的一个方面。

信息时代的质量衡量[2]

在过去,质量概念仅限于产品,如轿车、电冰箱等。随着服务公司日益增加,质量概念必须同样要应用于这些企业,这就意味着要对诸如期望值、经验和情绪等指标进行衡量。例如,那些在餐馆或迪士尼乐园过山车前排队等候的消费者是怎么想的?或者那些在电话里等待帮助的人们是怎么想的?

信息时代对质量又赋予了新的内容。软件包装质量不仅包括可靠性,而且包括技术支持服务、兼容性以及软件升级性,其信息基础结构的联系性不仅涉及公司,而且涉及软件供应商和用户。例如,沃尔玛公司通过供应链管理提升了竞争优势。在新信息时代,关注信息基础结构的质量对于公司的成功至关重要。

创业视角　谷歌给广告业带来了质量检测方法

多年来,各种组织通过传统媒介(如报刊、电台、电视)对品牌的塑造和产品的销售投入了大量的广告促销费用,却不清楚这些费用的结果如何。例如,做广告的组织如何知道有多少人真正阅读了它们在当地或全国性的报纸上所做的广告?现在互联网的功能(搜集用户观点和获取网络广告点击率的能力)以及谷歌公司先进的付费广告搜索和出售技术使组织能够放心地了解他们广告支出的有效性和收益程度。在谷歌的系统中,做广告的组织能够精确地知道有多少人看到过他们的广告,有多少人点击过他们的广告,即访问过其网址。此外,在谷歌模式下,做广告的组织按网上实际点击数付费，并免费获取对其广告的反馈意见。这种服务使组织能够更有效地使用有限的广告促销费用，同时，使那些小公司通过经济、高效的互联网媒介进入全球竞争行列。

经营管理系统

必须把经营管理看做是一个系统。图20-1对经营职能提供了一个总的看法，在这个经营管理模型中，投入包括顾客的需要、信息、技术、管理和人工、固定资产以及同转换过程有关的可变资产。管理人员和员工利用信息和物质要素提供产出，其中有些物质要素，如土地、厂房、建筑物、机器和仓库，相对来说是永久的；其他物质要素，如原材料和供应品则消耗于产出的生产过程中。转换过程包括计划、经营和控制系统，涉

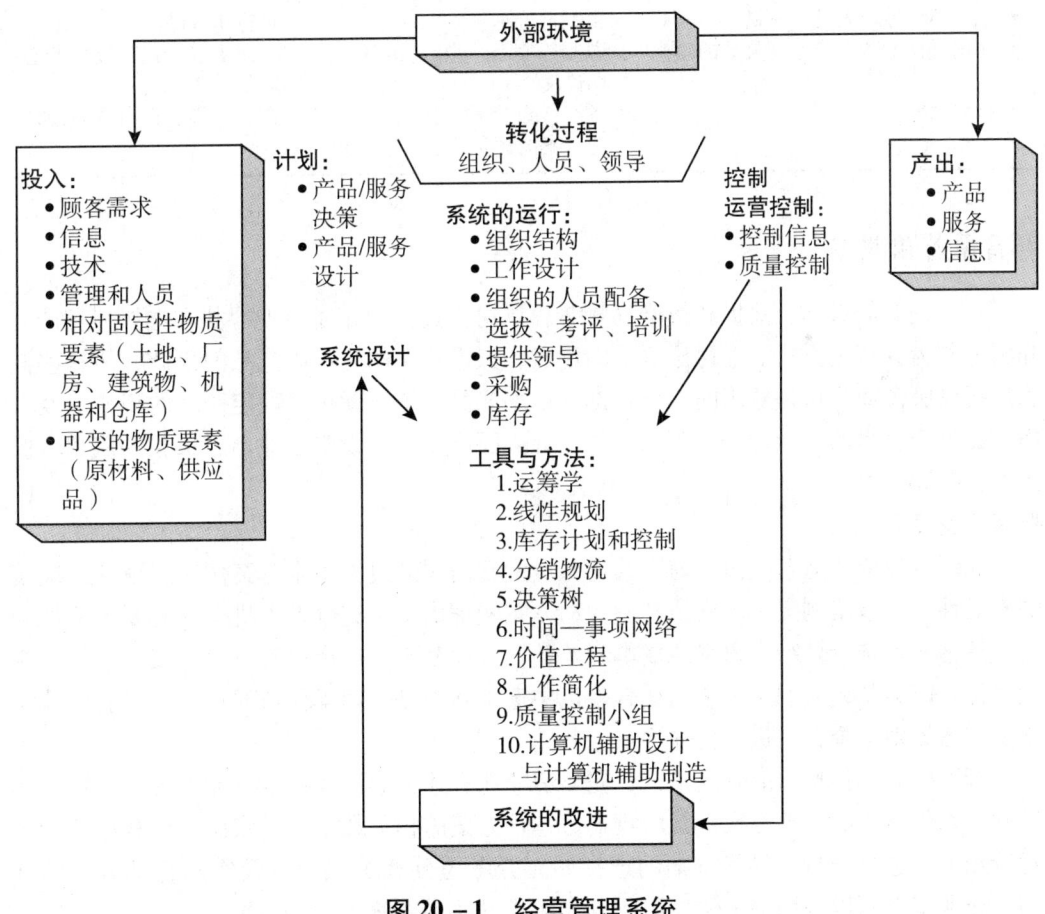

图20-1　经营管理系统

及许多方法和技术。这个模型体现出对系统改善持久性的关注。产出包括产品和服务，甚至包括咨询机构所提供的信息。

这个模型的最后部分表明，许多诸如安全法规或公平劳动力惯例等外部因素都会影响经营活动。本书的其他章节已对外部环境问题进行了阐述（尤其是第2章和第2篇），这里就不再论述了。重要的是，经营管理必须是同其他环境因素互相作用的开放系统。

经营管理模型（见图20-1）作为以下讨论的框架，它与本书第1章中推出的模型（见图1-6）有密切的关系，因为这个经营模型可以被认为是整个管理系统中的一个子系统。表20-1举例说明了经营系统中的投入、转化（有时也叫过程）和产出要素。

表20-1　　　　　　　　　　　　　经营系统范例

投　入	转　化	产　出
• 工厂、机器、人员、材料	装配自行车	自行车成品
• 知识、技能和工作态度欠缺的学生	讲授、案例、拓展训练、学期论文	掌握更多知识、技能和态度的学生
• 客户问题	咨询：数据收集和分析、备选方案的评估、选择和建议	咨询报告、提出行动方案

经营系统的规划

一个企业的目标、前提和战略（第2篇已讨论过）决定了企业寻找和选择何种产品和服务作为其产出方式。在讨论这个问题时，人们注重的是物质产品的生产，但这些概念对提供服务而言也是适用的。一旦选好最终产品，那么就可以确定产品的规格以及考虑产品生产技术的可行性。经营系统的设计需要决定有关设施的地点、采用的流程、产品的数量和质量。

撰写企业案例

在制定投资或运营决策之前，管理人员常常需要通过撰写企业案例来佐证这一决策的有效性。企业案例提供了实施某一行动方案的理由，它充分考虑机会或需要解决的问题，评估各种选择性行动方案的成本和效益，在此基础上选择最终行动方案。例如，企业案例可能会帮助人们从三个备选软件包中选出其中一个用于公司的运营，或者从若干个潜在市场中选择其一进行扩张。

撰写企业案例典型的做法是，首先要清晰地表述机会以及拟定行动方案的目标，然后确定可供选择的行动方案，其后收集每一种方案的相关数据，并依据目标和成功标准对行动方案进行分析。最终方案的选择要充分考虑到相关风险以及实施行动方案的计划。企业案例可以采用书面文件沟通方式或通过演示表达。[3]

产品决策中的特殊利益

企业的基本决策之一,是选择其所要生产和销售的一种或几种产品,这就要求企业收集产品的设计构思,以满足顾客的需要并有助于实现同公司战略相一致的企业目标。在产品决策中,必须考虑到职能部门管理人员的各种利益。例如,生产部门管理人员可能希望生产一种简单易行、成本合理并有较长生产周期的产品。工程师可能分享上述目的中的许多方面,但是他们往往追求工程设计的精密度,而不注重怎样能以合理的成本去生产产品。销售或营销部门管理人员的利益很可能在于满足顾客的需要,因而他们的目的是以迅即供货的能力和以有竞争力的价格来增加产品销售量。此外,销售部门的管理人员可能会提供宽泛的产品系列而不必考虑工程设计、生产、运输和仓储成本等涉及的问题。财务部门管理人员所关注的可能是成本和利润、高投资报酬率和低财务风险。这些各司其职的管理人员和专业人员利益的多样性,会影响产品的生产和营销,因而,总经理必须把各种利益融合在一起,并在收入与成本、利润与风险、长期增长与短期增长之间取得平衡。

产品和生产设计[4]

产品的设计和生产要求一系列的经营活动,常常涉及以下几个步骤:

1. 通过研究顾客的需要和审定各种备选方案,提出产品的构思。
2. 基于各种思路,包括市场数据和经济分析,进行总体的可行性研究。
3. 通过评价各种备选方案,考虑到产品的可靠性、质量及维修要求,拟订一个初步设计方案。
4. 在开发、测试以及模拟运行过程以确定是否可行的基础上做出最终决策。
5. 就企业现有的设施是否够用、是否需要新的或改造现有的设施做出决定。
6. 选择产品的生产流程、考虑技术和方法的可行性。
7. 产品设计后,着手准备拟使用设备的布局、计划生产系统和安排各种任务的时间进度表。

系统设计

产品的生产可以考虑几种基本的生产布局。第一种布局方案是按产品的生产和装配次序布局。例如,可以对一条卡车装配流水线进行这样的安排:把预先装配好的前后轴放到底盘上,然后再安装导向系统、引擎、传动等装置;在卡车进行路面试车之前,把刹车系统和电缆线接通,并将其他部件安装、油漆完毕。

第二种布局方案是根据所使用的流程来设计生产系统。例如,医院很可能遵循特定的程序来安排工作,即从病人接诊、治疗(通常包括特定的分步骤)、付费到出院。出院后可能还要对病人进行愈后跟踪治疗。

第三种布局方案是将产品停留在某一装配地点(有时也称固定位置布局)。这种布局方法用于装配一些特大型的、粗重的物件,如印刷机、大型露天采矿机或船只。

第四种布局方案是根据工程的性质来安排布局。建造一座桥梁或一条隧道通常以一次性工程和设计来适应特殊地理条件的需要。

第五种布局是按有利于产品销售来安排工作流程。在超级市场里，诸如日用品之类及食品通常被排列在远离付款台的地方，这就需要顾客走过长长的通道，以此来希望他们在途中挑选其他一些日用品。

第六种布局方法是设计一种有利于产品仓储和运输的流程。仓储场地费用较大，而有效的和高效率的设计则可以降低仓储成本。此外，为了找到某个物件也无须搬动其他许多物件。

经营系统的运作

选好产品并设计和建立起生产系统之后，下一步就是运行这个系统。这需要建立组织结构、配备人员上岗及培训员工，需要一些能够进行监督和领导的管理人员，以确保为所需产品或服务而必须进行的经营活动。其他诸如采购、维持库存等活动在系统的运行中也是需要的，其目的是在一段时间内适当地考虑质量问题，以便取得最佳的生产比率。

全球化视角　大众汽车公司的高运营成本——大众需要重新调整其战略吗?[5]

2005年，曾经以优质低价著称的德国大众汽车公司因亏损面临战略调整。居高不下的、世界上最高的工人工资使得大众失去了竞争性。据德国汽车产业协会公布的数据，大众工人的小时工资为34欧元（约41美元），而美国汽车生产企业仅为25.49欧元。同时，德国的失业率为11%，位居第二次世界大战后最高点。此外，公司高层管理人员被指控为了得到工会组织在劳动合同方面的配合而贿赂工会领导。大众在欧洲的工厂开工率仅为81%，与其竞争对手丰田和雷诺（均在90%以上）相差甚远。在车型老化、财务绩效低下以及贿赂指控困境下，公司首席执行官波恩·皮舍茨里德（Bern Pischetsrieder）聘用了有着美国教育背景的沃尔夫冈·贝瀚德（Wolfgang Bernhard），他曾在戴姆勒—克莱斯勒公司、麦肯锡咨询公司和梅赛德斯—奔驰短暂工作过。

贝瀚德先生的任务是制定转轨战略，这个战略将包括降低成本、改进质量、关注基于大众化市场的价值、弱化与诸如梅赛德斯—奔驰等高端豪华品牌轿车的竞争。为了实现这个目标，贝瀚德推出了一项奖金与质量改进挂钩的计划。除此之外，他要求工程师们简化产品设计。

大众以低成本、高质量形象起步，之后试图进入高端市场，现在又在竭尽全力接近高价值市场。然而，经营现状迫使公司管理层不得不重新评估这个战略。

注解
www.vw.com

强调信息系统的经营控制

像任何一种管理控制那样，控制经营活动也需要确定绩效标准，并以此来衡量绩效，对那些不理想的偏差采取矫正措施。这样，人们能控制生产、产品质量和可靠性程度、库存水平及劳动力的工作绩效。人们已开发出了一些方法和技术来进行控制，因为这些方法比经营和生产具有更广泛的应用性，前面一些章节中已经对此讨论过了。但是，有些方法对经营活动来说也很重要，这里侧重探讨一下经营控制中的信息系统的作用。

信息系统已使用了若干年，它在几乎是同步基础上集成信息，因而大大地减少了通常妨碍有效控制的延误。随着计算机硬件和软件的发展，现在已经完全有可能在事件发生的同时记录下任何可衡量的数据。这些系统可用来快速而系统地收集对总体经营活动有影响的数据，使其随时可供使用，并在任何时候都能及时汇报大型项目的进展情况。因而，这些系统主要是用来提供有效的计划和控制的信息系统。

创新视角　信息系统如何有益于经营过程

当今广泛应用于采购、储存、制造、运输的那些信息系统，可以通过设置在生产厂内的调度室和投入中心运行。在调度中心，一旦发生了什么情况就把事件记录在案，并迅速把这种信息输入到计算机中去。例如，某个工人完成了一项派给他装配产品的任务后，工作指令时间卡就会输入处理机中，即把诸如通过一定程序完工的X产品、累计人工时数Y、是否符合进度表以及其他有关数据的信息输送给计算机。投入中心配置的相应设备能自动地根据预先编制的指令、采购单、工作单和其他核准事项提供生产计划所需的信息。把这些数据输入到计算机，并将其与生产计划相比较，这样就可以作为衡量实际经营状况的标准。

除快速输入、比较和提取信息外，这种一体化的经营控制系统还可提供诸如采购、生产和库存控制等编制计划所必需的信息。此外，它几乎可以依据计划同步对结果进行比较，指出两者的差别和提供常规的系统报告（每天，必要时还可多提供），可以发现哪些事项可能偏离了时间进度表，或者成本可能超出了预算。

其他已经开发出来的，有关计划、控制和信息系统，能迅速反映生产和分销经营之间的相互关系，并反映出诸如成本、利润和现金流等关键性财务衡量标准。那些装备有实时计算机模型的公司，实际上能够为管理人员提供几乎是同步的分析，例如，如果降低或提高产出会产生什么影响、需求下降的影响、系统对人工成本增长的灵敏度、价格波动以及增添新设备等"如果发生会怎么样"之类的问题。系统模型、模拟实际经营活动及其财务因素的影响等应该说是计划工具，但大部分的控制方法也是计划工具。对许多处在一线的管理人员面对的"如果—应该"问题，系统模型能做出极其迅速的响应，大大地减少了用于纠正脱离计划偏差的时间，也能有效地提高控制效果。

很显然，这些系统和其他运用快速计算技术的系统，只有在所有生产领域中的计划更为精确、控制也更为有效的前提条件下才能起作用。这些系统的不利之处不是成本，而是管理人员不能花费时间和精力把系统及其相互关系概念化，或了解一下组织机构中其他人是怎样做的。无论如何，正如第18章中所指出的，在任何反馈系统中，就解决延误问题而言，提供快速信息本身并非是真正意义上的实时控制，只有前馈控制方法可以克服这类延误。

提高生产率的工具和方法

有许多提高制造和服务经营水平的工具和方法，包括库存计划和控制、适时库存系统、外包、运筹学、价值工程、工作简单化、质量小组、全面质量管理、精细制造、计算机辅助设计以及计算机辅助制造。

库存计划和控制

在运筹学的历史上，人们对库存控制的关注远远超过对其他任何经营领域的关注。人们可以把基本系统的相互关系看做是一个小"黑匣子"，如图20-2所述。

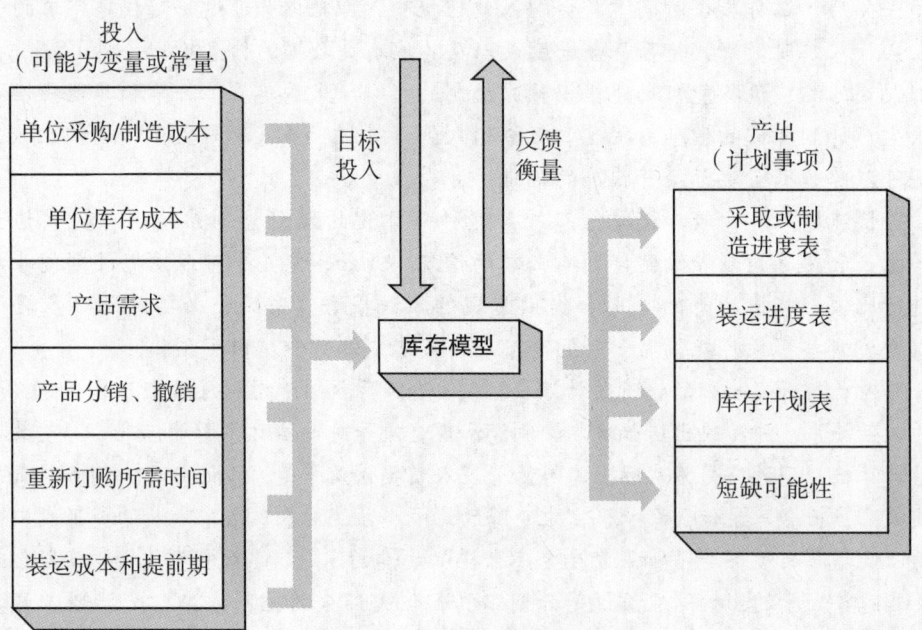

图20-2 库存控制模型

把这些概念性关系用数学公式表示,则如下所示:

$$Q_e = \sqrt{\frac{2DS}{H}}$$

式中:Q_e 为经济订购批量(EOQ);
　　　D 为年需求量;
　　　S 为生产准备费用;
　　　H 为每年每件产品的库存(仓储)费用。

图 20-2 中的模型表明了若干要点。它促使人们考虑期望目标和需要注入产出和投入因素的价值,它也给管理人员提供了制订计划的基础以及衡量绩效的标准。尽管这一模型具有这些优点,但它只是个子系统,不能融合诸如生产计划、分销计划和销售计划等其他子系统。

企业使用**经济订购批量**(EOQ)方法来确定库存水平已有多年了。在全年(如不存在季度变化)需求可预测且相当稳定的情况下,这种方法在确定订购批量时很有成效。但是,在确定某些生产流程中所需零部件和物料的库存水平时,这种方法就很难奏效了。例如,劣质零部件可能会增加这类生产投入的需求量。因此,需求量容易是断断续续的,造成时而库存不足,时而库存积压。那些按此种制造布局确定库存水平的企业发现,诸如物料需求计划(MRP)和"看板"(just-in-time,适时)系统等方法比经济订购批量方法(EOQ)效果更好。

适时库存系统

适时库存系统是指供应商只是在需要和适时装配时才把零部件准时发送到生产企业的生产线。导致日本制造业生产率高的一个原因是运用适时库存方法来降低成本。在这个系统内,供应商只是在需要和适时装配时才把零部件准时发送到生产企业的生产线。这种方法或其他非常相似的方法也称为**零库存**和**无库存**生产。

为使适时库存方法有效,必须要做到:首先,部件必须是高质量的,任何次品都会终止整个装配线的运行;其次,必须与供应商保持可靠的关系和密切合作;最后,理想上供应商应设在公司附近,并有可靠的运输保障。

> 注解
> **适时库存系统**是指供应商只是在需要和适时装配时才把零部件准时发送到生产企业的生产线。

外包[6]

近年来美国和欧洲出现了**外包**趋势,意指将生产和经营承包给那些在某些领域具有专长的外部单位,其目的可能是出于节约人事支出、降低成本、减少人员或将员工调配到其他更为重要的岗位。由此,外包成为公司扩张和维护其竞争地位的重要工具。外包使企业能够专注于核心能力,让外部公司做他们最擅长的业务。例如,大型运动鞋供应商耐克公司将其制

> 注解
> **外包**意指将生产和经营承包给那些在某些领域具有专长的外部单位。

> 注解
> www.nike.com

鞋生产业务全部外包,只将最复杂的耐克空气系统(Nike Air system)的生产保留在自己的内部。[7] 除此之外,耐克公司还将其广告业务外包,专注于自己最擅长的业务,耐克公司取得了超乎寻常的高增长率。

其他外包理由包括在全球范围内寻求最好的货源,公司和其上游供应商共同分担风险,给关键成功因素配置资本,将难以管理的职能外包或外包那些缺乏实施某些任务能力的部门。

外包还可以作为战略武器,例如,通用汽车公司大约2/3的零部件由自己生产,相比之下,克莱斯勒公司自己生产的零部件只有1/3。这给克莱斯勒公司带来了竞争优势,因为通用汽车公司内部生产中劳动力的成本远远高于供应商的成本。柯达公司发现,将其1万辆汽车的日常运营车队外包比自己运作更为有效,同样,宝洁公司也从其车队外包中获益,降低了成本,提高了销售队伍的生产率。另外一个可以外包的职能方面是物业管理,例如,约翰逊控制公司(Johnson Controls)专门提供厂房的运营和维修服务;费城(Philadelphia)的长老会医疗中心(Presbyterian Medical Center)推出了一站式的、集各种管理任务为一身的集成服务,包括食品服务、安全、环境服务、中心处理、运输、维修以及工程服务等。甚至连苹果计算机公司(Apple Computer)也将其系统、网络工程以及通信和问讯服务业务外包给了一家加拿大公司。英国的沃尔沃斯百货公司(Woolworths department store)将其零售商信息系统的一部分外包出去,使其降低了成本,提高了技能。

有人建议,在决定外包之前应该进行企业实务流程再造研究。* 这种分析结果可能会表明,哪些业务最好留在企业内部,哪些应该承包出去。

创新视角　通用电气公司对印度外包业务激增的贡献[8]

1989年,几乎没有公司认识到印度外包的潜力。当时,通用电气的首席执行官杰克·韦尔奇访问印度,人们告诉他,印度需要开发高科技产业。但是,直到1991年印度政府降低了关税壁垒和出口控制,印度经济才开始腾飞。韦尔奇先生强调降低成本的观念使印度公司知道了自己的潜在竞争强势。通用电气对印度竞争优势的信心鼓励带动了其他投资者。通用电气在班加罗尔(Bangalore)建立了技术中心,推出了新型电冰箱、飞机引擎及许多软件项目,提供了数千名就业机会。通用电气和其他公司对2005年印度高达7%的经济增长率做出了贡献。

注解
www.ge.com

与美国的劳动力成本相比,印度的竞争强势是显而易见的。例如,在印度,有着2~4年工作经验的软件程序员年收入大约为1万美元,而在美国则为6万2千美元。同样,在印度的电话中心,工人的年薪为3千美元,而在美国是2万7千美元。当今许多公司将他们的服务中心设在美国,但很少有人意识到通用电气给印度外包繁荣做出的贡献。

---

* 见本书第7章有关流程再造方面的讨论。

外包的不利之处[9]

在许多公司热衷于外包的同时，一些公司在重新审视他们的战略。生产自动柜员机的美国 NCR 公司注意到，越是复杂的机器越是需要消费者直接参与设计过程，对外国生产的产品哪怕是在设计上稍做变动都会延误交货期。而不幸的是，NCR 公司不得不在全球各地跑来跑去做这样的调整。所以，公司将一些机器放在美国生产。同时，公司没有从根本上放弃外包，目前仍然在中国、匈牙利、印度生产自动柜员机。设在拉美、亚洲和欧洲一些地区的生产厂仍在运营中。

运筹学

就运筹学而言，几乎有多少这个专题的作者，便有多少个运筹学的定义。这里为了便于讨论，最能接受的定义是，**运筹学**是运用科学的方法，对某个问题情景中的备选方案进行研究，并着眼于在定量基础上得出最佳解决方案。由此，着重点在于科学方法、定量数据的运用、目标以及实现目标的最佳方法的确定。换言之，运筹学还可以称为"定量化常识"。

> **注解**
> **运筹学**是运用科学的方法，对某个问题情景中的备选方案进行研究，并着眼于在定量基础上得出最佳解决方案。

价值工程

运用**价值工程**能够改进产品，降低成本。它包括分析产品或服务的经营活动，估算每道工序的价值以及在保持每个步骤或部件低成本的基础上，力图提高经营效率。为此，提出以下几个步骤：

1. 把产品分为部件和工序。
2. 确定每个部件和每道工序的成本。
3. 确定每个部件对最终成品所做贡献的相对价值。
4. 找出解决那些高成本低价值工序的新方法。

> **注解**
> **价值工程**是一个过程，包括分析产品或服务的经营活动，估算每道工序的价值以及在保持每个步骤或部件低成本的基础上，力图提高经营效率。

工作简单化

运用**工作简单化**也能够改善工作方法，是通过简化工人作业方式争取他们参与的过程。让工人参加培训项目，给他们讲授一些诸如时间和动作研究、作业流程分析和工作环境布局之类的技术性概念和原理。

> **注解**
> **工作简单化**是通过简化工人作业方式争取他们参与的过程。

质量控制小组

质量控制小组或简称质量小组（QC），是指一组来自相同组织部门的人员，定期会面解决其工作中遇到的问题。小组成员在解决问题、运用统计质量控制方法和在群体工作的过程中得到培训。通常每个小组有一个辅导员，每个小组一般有 6~12 个人，每月碰头开会 4 小时。尽管质量控制小组成员也许会得到认可，但他们一般不收取现金报酬。

> **注解**
> **质量控制小组**是指一组来自相同组织部门的人员，定期会面解决其工作中遇到的问题。

全球化视角　　日本的质量控制小组

在相当长的时间里，日本产品享有盛誉。在很大程度上，这是由于其产品质量所致。但是，情况并不总是这样。事实上，在20世纪50年代和60年代，日本生产的许多产品以低劣而闻名。

为了在世界市场竞争，日本公司不得不提高其产品质量。日本政府通过颁布法律等措施，引发了一场改善质量的运动。第二次世界大战结束后不久，日本人民认识到经济上的成功取决于产品的出口，于是推动其政府制定了一系列法规，强令所有的出口商必须向其政府部门递交出口产品的样本，其产品必须符合质量标准才能得到出口许可证。

政府质量立法的举措得到了各种鼓励或要求产品质量管理方法的支持。这些有益的方法之一就是质量控制（QC），现在已经在日本广为流行。起初，这个方法集中在质量问题的分析层面上，而现在，其他所有问题都要得到解决，如降低成本、生产设施的改进、安全、员工士气、污染控制以及员工教育。

质量控制小组是由建议项目演化而来的，通过这两种方式，工人参与解决与工作相关的问题。建议项目中的问题通常十分具体，但是，质量控制小组处理的问题往往更为复杂，需要几个小组成员共同参与。小组成员主要由普通工人组成，有时也包括一些领班。那些所谓的效率专家往往被排除在小组之外。

令人感兴趣的是，质量控制的理念源于美国，而日本人似乎将质量控制运用到极致。近年来，美国企业已"重新发现"质量的重要性，如克莱斯勒和福特汽车公司都在其广告中强调了质量。无论如何，美国和其他国家的公司也能采用质量控制小组的形式，这一点是不容置疑的，因为这些公司正面临着世界市场范围内要求高质量产品的竞争环境。

创新视角　　确保成功的质量管理

质量管理需要领导能力和勤奋工作，许多公司由于不懈努力已见成效。宝马公司（BMW）首席执行官认为，宝马公司的成功主要是满足不同客户的需求，生产他们所需的轿车，而德国的生产工艺又使这一切成为可能。宝洁公司（Procter & Gamble）引入质量管理理念以防止污染，摩托罗拉公司的目标是将其质量达到六西格玛标准（即为每百万个部件中不合格率不超过3.4个瑕疵），全面提高客户满意度。服务行业也需要质量管理，日产公司英菲尼迪（Infiniti）品牌轿车的经销商们，对员工进行培训，要求他们像对待贵宾一样对待顾客。甚至公共部门也需要质量管理，如犹他州的美国国内税务局和阿肯色州、明尼苏达州和俄勒冈州的州政府，正试图在他们的工作中引入质量观念。提高质量和消费者满意度的方法不尽相同，而质量努力所借助的理

第 20 章　生产率、经营管理和全面质量管理

论也在发生变化。有些质量倡导者提倡的方法似乎相互矛盾,造成了一些认识上的混乱。

全面质量管理[10]

提高质量的一个流行方法被称为**全面质量管理**(以下简称"TQM"),然而这个称谓有多种含义。一般而言,TQM 涉及整个组织系统内长期对持续质量改善的承诺,各个层次所有员工的积极参与以及满足并超出客户的期望值。这种由最高管理层驱动的理念被看做是一种组织生活的方式。从某种意义上讲,TQM 本身就是有效的管理。

尽管所采取的具体方案不同,但通常都要求对客户的需求进行分析,对这些需求目前能够满足的程度进行评估并制订计划以填补现状与期望之间的差距。要使提高质量的方法奏效,常常需要与供应商加强合作。此外,要使 TQM 方法起作用,高层管理人员一定要参与其中。他们必须提供愿景,强化注重质量的价值观念,设定质量目标并为实施质量计划配置资源。很显然,TQM 需要信息纵向、横向和斜向的自由流动。

> **注解**
> **全面质量管理**涉及整个组织系统内长期对持续质量改善的承诺,各个层次所有员工的积极参与以及满足并超出客户的期望值。

人员的培训和培养对开发技能以及学习如何使用诸如统计质量控制方法等工具和方法是非常重要的。改进质量的不懈努力需要一个被称为学习型组织的环境(见本书第 13 章)。任何提高质量的努力不仅需要从上到下各级管理人员和非管理员工的支持,还需要他们的参与。应当赋予人们发起并进行各种变革的权力。在现代的、交叉连锁的组织机构中,团队工作常常是组织有效而又高效率地运行的一个必要的前提条件。

提高质量的各项活动需要通过不断采集数据、评估、反馈和改进方案而得以连续地监督执行。TQM 不是一时的努力,相反,是需要得到人们认可、强化并奖励的一种长期而又持续的努力。

TQM 的有效实施会使客户增强满意度,次品率下降,减少浪费,提高总体生产率水平,降低成本,提高利润率,并营造出一个高度注重质量的环境。

对质量的关注不应仅局限于工商企业。提高质量的原则也适用于政府机构。威斯康星州麦迪逊市的市长向人们表明了质量方案是如何在市政府中得以实施的。该市最初是在汽车设备部门进行尝试,初始成功之后,在全市范围内实施正式的质量方案。令人感到吃惊的是,对质量方案采取抵制的不是工会也不是市议会,而是那些中层官僚,他们认为部门间障碍的消除和更多的团队合作削弱了他们手中的权力。

质量管理引起了全球的关注,所以,本书第 3 章关于全球化管理中,就有关质量大师所做贡献、马尔科姆·鲍德里奇国家质量奖(the Malcolm Baldrige National Quality Award)、ISO9000 质量标准认证以及全面质量管理欧洲模式等专题进行了讨论。

精细制造[11]

麻省理工学院的一项研究就美国、日本和欧洲汽车制造商进行了比较，结果发现，日本通过使用较少的员工、更短的产品开发周期、低库存量、较少的供应商、较少的生产空间以及少量投资而生产更多的车型获得了竞争优势。相比之下，日本公司的交货期比美国和欧洲公司的更短，因而生产力更高。

表20-2中列出了传统大规模生产与精细生产管理做法的差异。

表20-2　　　　大规模生产与精细生产管理的做法

大批量生产	精细生产
• 偶尔和不连续的改进	• 连续改进（管理理念）、战略性突破
• 满足于现状	• 目标为零缺陷
• 可以接受库存积压	• 零库存系统
• 强调个人绩效、以我为主的管理	• "我们"或团队管理
• 工人们被认为是质量不佳的原因	• 问题的责任与每个人都有关，尤其是管理人员

> 注解
> http://www.pw.utc.com

应该指出的是，自从进行这项研究以来，美国和欧洲汽车制造商大量地引用精细生产理念，大大地提高了生产力。精细思维甚至传播到非汽车生产公司，例如，美国零售商沃尔玛公司安装了适时交货系统，将供应商与其自身的计算机化订货系统相连接，这样一来，供应商就可以预测其产品的需求。美国普拉特·惠特尼宇航公司（Pratt & Whitney）重新规划了工作流程，结果降低了70%的库存水平，单位成本减少了20%。

计算机辅助技术

近年来，产品的设计和生产发生巨大的变化，这主要是由于计算机技术的应用。计算机辅助设计（CAD）和计算机辅助制造（CAM）是未来工厂基石中的重要组成部分。

计算机辅助设计（CAD）和计算机辅助制造（CAM），有助于工程师在设计产品时能够比传统的纸加笔的操作方法更快些，其重要性在与日俱增，原因是产品生命周期越来越短。快速占领市场在竞争激烈的环境中至关重要，此外，企业能更迅速地针对特殊要求客户的需要做出反馈。许多公司的最终目标是计算机集成生产。

第20章 生产率、经营管理和全面质量管理

全球化视角　戴姆勒和克莱斯勒公司生产体系的合并：使命可行吗？[12]

戴姆勒公司和克莱斯勒公司合并的主要目的是取得协同效应，降低成本。然而，这种生产体系的合并花费了大量的时间，原因是克莱斯勒公司主要采用大规模生产，每年生产300多万辆轿车，而梅赛德斯公司年产的100万辆小汽车则是专门针对高端消费者设计的。克莱斯勒公司强调"向外推"的方式，汽车生产出来立即交货，而梅赛德斯公司采用"向里拉"的系统，接到汽车订单后才生产，库存成本低，有些车型需要四个月到两年的等候时间。戴姆勒公司和克莱斯勒公司需要相当长的时间进行融合，才能使美国和德国的工程师们相互信任和共享重要的信息。

然而，经过一段时间的磨合，这种努力已经初见成效。这里举例说明协同作用是如何获得的。克莱斯勒公司的工程师把梅赛德斯公司生产的奔驰E-Class型号车拆开，认真研究并汲取和采纳有用的概念。德国工程师们采用类似的做法，对克莱斯勒公司300M型车进行了分析研究。大多数奔驰轿车上安装的、著名的NAG自动变速箱，将要安装在下一代的高级切诺基吉普车（Jeep Grand Cherokees）上，也可能将改进后的柴油发动机安装在这种车上。克莱斯勒公司正在向梅赛德斯公司学习，反过来梅赛德斯公司也在向克莱斯勒公司学习。新的戴姆勒—克莱斯勒公司正在赌注，这种新的合作方式是在激烈竞争的市场中取得成功的关键。

> 注解
> www.daimlerchrysler.com

随着2007年戴姆勒—克莱斯勒公司的解体，人们对这一公司合并案所给予的巨大期望落空了。[13]

供应链和价值链管理[14]

供应链管理和价值链管理这两个词有时混用，但是，《产业周刊》（Industry Week）指出，**供应链管理**关注原材料采购的次序和在制造过程中采用更经济的方法进行装配，而**价值链管理**则包含更广的含义，涉及分析过程中的每一个步骤（从原材料的采购到服务于终端客户）、以最低的成本给它们提供最大的价值。所以有人建议，供应链管理更侧重在企业内部流程，强调诸如材料等资源的有效流通，而价值链管理在目的性上与前者相似，更关注诸如消费者等外部环境。

迈克尔·波特教授推广了**价值链流程模型**，包括诸如投入物流、经营、产出物流、营销和销售以及服务在内的主要业务活动。这个流程得到了企业基础设施、人力资源管理、技术和采购方面的支持。波特的模型表明，价值链分

> 注解
> **供应链管理**关注原材料采购的次序和在制造过程中采用更经济的方法进行装配。
> 注解
> **价值链管理**涉及分析过程中的每一个步骤（从原材料的采购到服务于终端客户）、以最低的成本给它们提供最大的价值。

> **注解**
> **价值链流程模型**包括诸如投入物流、经营、产出物流、营销和销售以及服务在内的主要业务活动。这个流程得到了企业基础设施、人力资源管理、技术和采购方面的支持。

析比供应链管理有着更宽泛的导向性。

价值链管理的目的是通过制造商将涉及供应商到消费者之间的业务活动形成无缝隙链接,借以达到和超出制造商的预期。这个流程要求,所有的计划、组织、人员、领导和控制管理职能以密切合作的方式,高效率地得到有效的实施。除此之外,整个流程要得到技术上的支持,本书第19章关于信息技术的有关内容讨论了如何进行技术支持这一专题。价值链管理可能要求对使用流程再造理念的组织流程进行全面的分析,这一点已经在本书第7章进行了探讨。另一个改善价值链(尤其是制造方面)的方法是研究和采用经营管理模型,如图20-1所示。

价值链与管理职能的整合

图20-3提供了一个假设的计算机制造企业的价值链范例,阐述了管理人员是如何在价值链的每一个环节,运用有效的计划、组织、领导、人员和控制系统管理方法提高公司效益的。系统方法的有效实施降低了投入成本,减少了浪费,提高了品牌价值和定价能力,产生了更好的消费者体验,并最终带来了更高的销售额和利润。

正如图20-3所示,管理的系统方式(全力以赴地关注包括计划、组织、领导、人员和控制这些关键的管理职能)可以提高公司价值链各个环节的效率和效益,有助于整个组织的成功。

制造和销售价值链	采购物流	运营	运输物流	市场营销与销售	服务
价值链活动	确定供应商(集成电路板、平板显示屏等),订购和接收零部件	将来自供应商和公司本身生产的零部件投入到制造流程之中	制订发送给渠道分销商和公司商店终端产品的运输计划	开发营销方案,选择媒介,制定销售人员目标	渠道分销商和终端客户的服务管理

(续)

制造和销售价值链	采购物流	运营	运输物流	市场营销与销售	服务
管理行动的系统方法能提高价值链活动的效益和效率	在评估选择方案基础上做出挑选最佳供应商的计划；准备正式合同的各种承诺（包括及时交货和延期支付条款）；配置有经验的技能齐全的管理人员；主导对供应商的价格和条款谈判；控制供应商提供的货物质量和成本预算控制	计划将供应商零部件用于新产品开发；借助充分授权的生产管理者制定生产指标；制定清晰的岗位设计职责，配备本地和国际人员；领导和激励生产部门管理人员；控制和对标质量以满足品牌形象要求	根据政策和销售预期给渠道分销商供货；根据市场和产品预期安排运输日程；配备经过充分培训的交货人员；领导交货管理人员，加强预期沟通防止亏损；根据适时信息控制精确和及时的交货	制订战略营销方案集中促销活动；组织跨促销点的广告购买；配备经验丰富的销售人员，制定持续的评估标准；领导和激励销售人员队伍；控制销售配额，完成计划指标	计划端对端的客户服务；给关键接触点上并有很强组织文化氛围的服务商放权；安排经验丰富的客户服务代表（CSR）岗位，提供连续反馈；领导和激励客户服务代表（CSR）提供更好的服务；通过客户反馈控制服务质量
基于系统管理行动价值链的显著效果	提高采购品质量，降低采购品成本，减少运输和储存时间	缩短产品开发周期，降低单位成本，提升品牌知名度	防止过量生产，降低运输成本，确保及时供货	提升品牌知名度，提高销售，提高利润	提升客户经验，提升品牌知名度，提高利润率

图 20-3　一家计算机制造企业的价值链经营活动和管理行动示意[15]

全球化视角　相互连接的全球供应链管理

托马斯·弗里德曼（Thomas Friedman）在他的《世界是平的》一书中将全球市场上新的供应链称为"扁平器"，[16] 其含义是，公司使用最廉价的产品，无论这些产品是在哪里生产的，如在中国、印度或任何其他地方。罗宾·梅勒迪斯（Robin Meredith）用了"分执装配线"（disassembly line）这个词，我干脆把这种趋势称做"相互连接的全球供应链"。例如，美国詹姆斯·彭尼公司（J. C. Penney）销售的衣服，可能包括韩国生产的棉纱、中国生产的棉花，最终是在泰国成型的。[17] 同样地，苹果的iPod音乐播放器可能是在中国生产的，但是其中的芯片可能是印度发明的。多年来，汽车公

> 司所用的零部件常常是各个国家生产的，其目的是获取物美价廉的产品。虽然运输成本在一定程度上抵销了劳动力成本，但是，石油危机（尤其是 2008 年之后）对供应链管理产生了极大的影响，这一点对那些沉重的物品更是如此。

　　正如我们在本书中指出的，管理是一种重要的人类活动。我们阐述的系统管理方法，是将关键的管理活动集成在计划、组织、领导、人员和控制管理职能平台上，这些职能对任何组织都是至关重要的。当然，关键管理活动的应用以及每个职能所花费的时间是因每个组织水平和企业性质而异的，即利润导向还是非营利。管理是基于基础科学的一门艺术，所有管理人员的目的是相同的，即产生盈余。这样的结果不仅有利于人民，有利于组织，而且也同样有利于国家和社会。

本章小结

　　生产率是管理人员关心的一个重要问题。生产率意味着衡量，是控制过程中的一个重要步骤。总的来说，衡量技术工人的生产率比衡量诸如管理人员等脑力劳动者的生产率要容易一些。然而，管理的生产率非常重要，特别是对那些处在竞争环境下的组织就更是如此。

　　生产管理是指那些制造产品所必需的活动，也包括采购、仓储、运输和其他活动。经营管理的意义与此类似，是指那些生产并提供服务和物质产品所必需的活动。信息时代的质量衡量，要求包括诸如信息基础设施和软件供应商服务等因素，而不仅仅是可靠性。

　　经营管理系统模式包括投入、转化过程、产出和反馈系统。确定生产产品或提供服务要求考虑消费者的需求、组织目标以及企业职能管理人员的各种利益。计划和设计产品以及生产产品涉及诸多活动，公司可以从六种满足不同生产或经营需要的生产布局中做出选择。为了确保系统的运行，组织、人员和领导管理职能必须要得到有效地实施。控制经营过程要求有一个通常是计算机支持下的信息系统。

　　有各种工具和方法可以使经营更有成效，包括库存计划和控制、适时库存系统、外包、运筹学、价值工程、工作简单化、质量小组、全面质量管理、精细制造以及各种计算机辅助方法。供应链管理与价值链管理的理念相类似，但是，后者比前者更详尽，强调产品或服务的最终用户。

主要概念回顾

生产率问题和衡量	经营管理	经营管理系统
生产管理	信息时代的质量	产品和生产设计的步骤

第20章 生产率、经营管理和全面质量管理

生产布局	工作简单化	计算机辅助制造
库存计划和控制	质量小组	供应链管理
适时库存管理	全面质量管理	价值链管理
外包	精细制造	价值链流程模型
运筹学	计算机辅助设计	价值链管理和管理职能
价值工程		

讨论题

1. 你是如何衡量管理人员和其他脑力劳动者的生产率的?请详细说明。
2. 为什么生产和经营管理领域很适合作为计划和控制方法的案例?为什么你认为管理学界先驱们愿意用这个领域来分析和提高生产率?
3. 区分通常用于生产和经营管理中的计划和控制与应用于所有管理领域中的计划和控制。为什么会有这些差别?
4. 说明在制定生产和经营管理规划中通常涉及的每一步骤的性质和原因。
5. 在生产规划的设计中有许多典型的布局方法。哪种布局方法一般是用于汽车制造?为什么?
6. 在生产领域中可以广泛地利用实时信息,但是它不能解决控制问题,为什么?
7. 运筹学研究中有哪些方法已广泛用于生产和经营管理?这些方法有何共同之处?如果有,应该是什么呢?
8. 在你看来,为什么日本大规模地使用质量控制小组?

练习和具体步骤

1. 画出你的公寓或住宅的布局,标明你在做典型的日常家务杂事时的必经之路。指出如何重新布局能使你更有效率,能提高你的个人生产率?
2. 在当地一家公司访谈几位管理人员,询问他们是如何衡量其公司经营质量的?

互联网检索

1. 丰田公司是第一家采用适时系统的,戴尔公司将虚拟网络用在了适时系统之中。在互联网上查找"适时"一词,并找出企业是如何应用适时系统的。
2. 在互联网上查找"全面质量管理"一词。组织是如何运用这个方法的?在课堂上讲述你的发现。

全球轿车公司案例

丰田汽车的全球化生产战略[18]

丰田汽车公司是世界上最大的汽车制造商之一,尽管总部设在东京以西大约150英里外的丰

田城，但丰田汽车公司在全世界许多地方都有它的生产和装配设施。公司以其高效益和高效率的生产管理方法、优质产品和杰出的劳资关系而著称。

丰田生产系统（TPS）将手工艺生产与大规模生产集成在一起，令它的竞争对手们仰慕。这个系统的目的旨在生产高质量低成本的汽车，这个目标的实现部分归功于零部件适时地运送到生产线，避免了传统装配过程中的高库存成本。有时这个系统被称为"以防万一"的库存系统，意指库存多余部件以防个别部件出现残缺或因为不可预见的情况临时出现部件短缺。丰田生产系统的有效性得到多方面的支持，如公司与供应商的密切合作关系、持续改进、团队作业、决策权的下放以及高激励的员工队伍。公司根据客户的想法设计车辆，客户可以按照他们的要求订购汽车，即便汽车交付使用后，客户仍可因得到良好的售后服务而心满意足。

丰田公司采用各种方法改进生产，工人们通过各类技术培训，可以操作各种机器。电子指示牌，也称 andon 板，显示装配线上每日的产量和出现的问题，它也能显示是否有必要加班。通过零残缺系统确保产品质量达标，工人们通过培训查找问题的根源。如果生产问题出现在装配线上，工人们通过拉动绳索引起大家对这个问题的关注，并要求协助，或使装配线全部停止运转。

公司与供应商们保持着独特的关系，后者每天将部件运送到生产线（经常一天数次），供应商通常对整个系统负责，例如，刹车、座椅或电气系统。为使与供应商的关系更为有效，丰田员工必须非常了解供应商的经营方式，他们经常派代表到供应商所在地以求帮助。丰田公司也对供应商的经营活动提供贷款或进行股权投资，其结果是建立起了长期合作关系。

丰田公司的成功战略之一是推出了豪华的雷克萨斯车型。一定程度上是出于对美国限制日本汽车在美国销售的反应，丰田公司以宝马和奔驰车作为基准，将其重点集中在高级豪华型轿车的生产。雷克萨斯轿车也是针对诸如卡迪拉克和林肯等美国豪华轿车顾客群的。在开发雷克萨斯车的过程中，丰田公司购买了奔驰、宝马和捷豹品牌轿车，对它们进行了全面的检测。然后，丰田在此基础上制定了 11 项性能改善指标。为了使其价格更具竞争性，丰田公司在自动化设备上加大投资以降低劳动力成本，将大量的精力集中在高质量标准上。雷克萨斯车的开发时间相对来说比较短。然而，一些批评家认为，雷克萨斯车车型是在丰田佳美车型（Camry）平台上开发出来的，结果，这个最初低价位的豪华轿车的价格随后被调高了数倍。

日本运作的成功已经延伸到了海外，例如，新联合汽车制造有限公司（NUMMI）就是一个范例。该公司位于旧金山市附近的弗里蒙特（Fremont）。1984 年，丰田和通用汽车公司同意以各自 50% 的股权进行合资，在此之前，通用汽车公司的这个生产厂是效益最差的生产厂之一。合资后，它成为最好的通用汽车生产厂之一。合资成功的关键之处是建立在相互信任和相互尊重各自观点基础上的良好的劳资关系。这种新的安排废除了多工种的分类，广泛采用团队作业，推出质量控制小组，灌输理念和进行培训，许多员工被送到日本进行培训。工厂布局也发生了变化，如重新调整了装配线，更换了旧设备，采用适时库存系统以及授权工人在出现问题时终止装配线的运行。公司与供应商的关系也从仇敌变为了合作者。

1988 年，丰田公司在肯塔基州的乔治敦市又建了另一家生产厂。公司竭尽全力挑选员工，包括各种测试和模拟，不仅评估员工的技术技能，而且也包括个人能力和领导能力。这家工厂也强调团队作业。丰田公司在美国市场上的扩张不仅仅局限在汽车生产方面，在加利福尼亚的卡尔迪设计中心（Calty Design Center）开发了塞利卡（Celica）车型，并为美国消费者特别设计了普拉维（Previa）微型面包车，在加利福尼亚的托兰斯市（Torrance）的技术中心完成了设计和研究工作。

丰田公司还有许多其他的海外业务。欧洲国家，特别是在法国和意大利对日本汽车进口有许多限制。为避开这些限制，丰田公司在英国建立了一个生产厂，英国是欧盟中的一个成员。2001年，丰田公司与法国的标志雪铁龙公司宣布，投资13亿欧元将于2005年建成一个专门生产小型的、初级轿车的生产厂。在每年生产的30万辆轿车中，10万辆将作为丰田品牌车销售，20万辆作为标志或雪铁龙品牌车销售。小型轿车的微薄利润空间将对这个合资企业利润率构成挑战，因而，公司成功的关键在于其成本的下降。丰田公司对这个规划中的合资企业的贡献是其年产500万辆轿车的经验，而标志雪铁龙公司的优势是在这个领域中享有一个引人注目的品牌形象以及对本土市场的深入了解。此外，法国公司拥有生产高级微型轿车的专门技术，但它有时很难形成合资企业或建立自己的生产厂。这种情况在一些亚洲国家，特别是在韩国很普遍，因此，丰田公司在韩国的公司中拥有少数股权。

思考题

1. 为什么丰田公司能够成功？
2. 何谓进入外国市场的战略？
3. 为了确保在那些限制进口的亚洲国家成功，丰田公司应该做些什么？

注释

1. Tim Smart, "Jack Welch's Encore," Business Week, October 28, 1996, pp. 155–60.
2. Richard B. Chase and Nicholas J. Aquilano, Production and Operations Management: A Life Cycle Approach, 8th ed. (Homewood, IL: Irwin, 1997); C. K. Prahalad and M. S. Krishnan, "The New Meaning of Quality in the Information Age," Harvard Business Review, September–October 1999, pp. 109–18.
3. Discussion of developing a business case is based on several sources including Harvard Business Press "Developing a Business Case." 2011.
4. See also Erwin Danneels, "BPS: The Dynamics of Product Innovation and Firm Competences," Academy of Management Proceedings, 2000.
5. Stephen Power, "VW Woes Go Beyond Scandal," The Wall Street Journal, July 8, 2005.
6. Stephanie Overy, Outsourcing Definition and Solutions, http://www.cio.com/article/40380/Outsourcing_Definition_and_Solutions, accessed August 1, 2012.
7. Henry Mintzberg and James Brian Quinn, The Strategy Process, 3rd ed. (Upper Saddle River, NJ: Prentice Hall, 1996), p. 64.
8. "In India's Outsourcing Boom, GE Played a Starring Role," The Wall Street Journal, March 23, 2005.
9. Pete Engardio, "The Reset Economy – Why NCR said, 'Let's Go Back Home'," Business Week, August 24 & 31, 2009, p. 19; see also Maria Bartiromo interviewing Paul Laudicina of A. T. Kearney: "Rethinking Outsourcing," Business Week, August 24 & 31, 2009. pp. 15–17.
10. For a discussion of the integration of leadership and TQM, see Sheila M. Puffer and Daniel J. McCarthy, "A Framework for Leadership in a TQM Context," Journal of Quality Management, vol. 1, no. 1 (1996),

pp. 109 – 30. See also the relationship between quality and performance by Barbara B. Flynn, "The Relationship between Quality and Other Dimensions of Competitive Performance: Tradeoff or Compatibility?" Academy of Management Proceedings, 2000. Note also Praveen Gupta, Six Sigma Business Scorecard (New York: McGraw – Hill, 2004); the book review is by Nicholas Mathys in The Academy of Management Review, May 2005, pp. 163 – 164.

11. See James P. Womack, Daniel T. Jones, and Daniel Roos, The Machine that Changed the World (New York: Harper Perennial, 1990); "Lean and Its Limits," The Economist, September 14, 1996, p. 65.; see also Daniel Friel, "Transferring a Lean Production Concept from Germany to the United States: The Impact of Labor Laws and Training Systems," The Academy of Management Executive, May 2005, pp. 50 – 58.

12. Micheline Maynard, "Amid the Turmoil, a Rare Success at Daimler Chrysler," Fortune, January 22, 2001, pp. 112C – P. See also Daimler Chrysler, www.daimlerchrysler.com, accessed June 29, 2002.

13. Joseph Szczesny, "Daimler – Chrysler Divorce Final with Name Change," Edmunds Auto Observer, October 05, 2007.

14. Michael E. Porter, Competitive Advantage: Creating and Sustaining Superior Performance (New York: Free Press, 1985), especially chap. 2. See also Industry Week The Value Chain www.iwvaluechain.com, accessed August 19, 2011; SAP's supply chain web site, www.sap.com/solutions, accessed December 31, 2008; and Stanford Global Supply Chain Management Forum, www.stanford.edu/group/scforum, accessed August 19, 2011; The value chain model provides little guidance for knowledge – based firms; see the discussion of the value shop approach by Jaana Woiceshyn and Loren Falkenberg, The Academy of Management Perspectives, May 2008, pp. 85 – 99.

15. The Value Chain Concept was introduced by Professor Michael Porter in 1985 in Competitive Advantage, The Free Press: New York, Chapter 2.

16. Thomas L. Friedman, The World is Flat, (New York: Picador, 2007). pp. 151 – 166. See also discussion in The Academy of Management Perspectives, May 2006, p. 78 and Thomas L Friedman, "It's a Flat World, After All," in Annual Editions – Management, Fred H. Maidment, ed. (New York: McGraw – Hill 2009), pp. 19 – 23.

17. Robyn Meredith, The Elephant and the Dragon (New York: W. E. Norton & Company, 2008), Chapter 5.

18. James P. Womack, Daniel T. Jones, and Daniel Roos, The Machine that Changed the World (New York: Harper Perennial, 1990); Jana F. Kuzmicki, "Toyota Motor Corporation in 1994," in Irene Chow, Neil Holbert, Lane Kelley, and Julie Yu, Business Strategy: An Asia – Pacific Focus (Singapore: Prentice Hall, 1997), pp. 124 – 61; "Toyota and PSA Team up to Tackle Toughest Segment," Automotive News, July 16, 2001; Kermit Whitfield, "The Current State of Quality at Honda and Toyota," Automotive Design and Production, August 2001. Information was also gathered during several visits to the NUMMI plant. See also Chester Dawson, "Taking on BMW," Business Week, July 30, 2001; "Toyota Bets on Speed," Far Eastern Economic Review, July 26, 2001; see also www.toyota.com, accessed February 9, 2013.

第6篇结束语

全球化控制与挑战和创业控制

在本篇中,我们首先探讨外部环境因素对计划、组织、人员、领导和控制管理职能的影响,换言之,预测了管理的未来。然后,创业聚焦部分涉及了快速增长与流动性情况的管理。最后,本篇的全球轿车产业案例探讨了"你将来需要什么样的轿车?"这个问题。

全球聚焦 管理的未来

没有人能准确地预知未来,然而,外部环境中存在的一些趋势可能会影响着计划、组织、人员、领导和控制管理职能的做法。

外部环境可以按技术的[1]、经济的、政治和法律的、社会的、道德的以及生态的类别进行分类,如图C6-1中的全球化管理未来矩阵所示。图中强调了外部环境中一些关键趋势以及按照管理职能对关键任务的预测影响。下面就挑选的一些因素进行讨论,重点在技术环境的变化。

人们生活在一个知识社会中,在这里信息技术影响着人们生活的方方面面。甚至是生活在发展中国家的人们,现在也可以以相对低的费用使用互联网,整个世界已经被相互连接在一起。信息技术促进了企业内联网(在组织内部沟通)和外联网(与其他外部企业沟通)的沟通网络。这种联通性导致电子商务和移动商务(使用移动通信手段进行交易)的可行性,这种交易方法反过来又影响了所有的管理职能。

例如,信息技术可帮助预测和权变计划(见本书的第2篇)。由于计算机的计算功能的增强以及大量可利用的、可随时提取的信息,因此,在战略规划中,可以快速开发和评估许多可供选择的方案。事实上,如同前面探讨过的,由于信息量太大而导致了信息超载。沟通的简便性促进了全球化并购浪潮。如德国戴姆勒—奔驰和美国克莱斯勒公司的跨国合并案。

同样,技术的发展促进了新的组织形式(见本书第3篇),如将生产和服务外包给承包商和供应商。知识工作和组织中不同管理层共享数据库的条件使纵向组织结构越来越呈现为扁平型。

管理职能	环境	技术	经济	政治/法律	社会/道德/生态
计划 如确定目标、战略规划和决策		• IT技术的广泛应用 • 知识社会的出现 • 低成本信息的便捷获取 • 广泛和全球性电子商务	• 诸如欧盟和北美自由贸易区减少了区域内壁垒，但增加了外部壁垒 • 美国工会的立场从自由贸易转向贸易保护主义以保护就业 • 无边界社会 • 代表股东利益的退休金计划的开发	• 欧盟在扩展，新成员主要来自东欧 • 由于制造业和服务业就业率下降而引发的贸易保护主义的上升（如由于外包到印度）	• 知识工作者的出现 • 人们更加健康，长寿 • 人口的迁移：低出生率和寿命延长使发达国家出现"灰色"人口 • 发展中国家财富增加，但贫富之间差距在加大 • 全球性"温室效应"引起人们的关注
	• 信息技术有助于清境规划 • 大量的信息有助于决策，但有可能出现过剩 • 消费者获取产品和服务信息所做出的比较对营销战略有启示意义，更需关注消费者需求和服务 • 有助于跨国联盟，合资，合作协议（如产业和大学之间），并购，由此更需要全球战略	• 战略管理的全球化 • 全球范围内寻找机遇与挑战 • 全球竞争加剧 • 无边界社会提供了挑战和机遇	• 东欧国家财富的增加给发达国家提供了机会 • 更加强大的欧盟对美国构成了威胁 • 需要制定针对非关税壁垒的战略	• 存在向发展中国家青年推销产品的机会 • 更多的市场营销集中在老年人口 • 战略必须考虑生态对产品和服务的影响（如再生循环）
组织 如组织结构、隶属关系、放权		• 组织成了变革驱动力 • 出现了新的组织形式（如外包、在线经营） • 外包要求分拆组织结构以及组织变化 • 知识工作者纵非股东持股人从组织结构成为股票特股人的过渡 • 制造商与供应商联手（如通用汽车，福特，戴姆勒一克莱斯勒所为） • 供应商受控于制造商，接受其指挥和建议	• 跨国公司的出现 • 跨国联盟和并购需要产业进行重组	• 需要建立解决国家利益集团内部冲突机制以反制定在其他地区集团进行竞争的政策	• 由于知识社会的影响，社会人结组织有着极大的提升潜力 • 老年人兼职或成为发挥咨询作用的顾问

（续）

人员 如评估、变革管理、管理开发	• 需要特殊技术知识 • 知识工作者在调动工作岗位上的更大流动性 • 信息增加了知识工作者提升的机会 • 特殊知识工作者成为顾问或成为临时或兼职工作的承包商 • 将人力资源外包给国内外专职公司 • 使用老年人、半退休专业人员作顾问 • 持续培训和再培训以跟上新技术的发展 • 开发针对新的知识工作者的评估和奖励方法	• 不同国家工会发展的可能 • 多文化员工队伍 • 需要了解国际宏观经济、对文化敏感性的人才	• 多文化员工队伍带来的政治和道德思考 • 美国2001年9月11日发生的"9.11"事件使获取学生和工作签证更加困难,由此影响了关键工作岗位人员配置 • 发达国家需要移民可能受到限制	• 知识工作者作为关键人力资源更要求正式教育和持续培训 • 退休年限的延长要求组织解决好老年和青年员工之间的沟通问题 • 需要将老移民人员纳入员工队伍 • 在工作中更大发挥妇女的作用
领导 如激励、领导力、沟通、团队作业	• 信息的获取增加了知识消费者的话语权 • 知识工作者要求高需求满意度(认可、自我实现、责任、参与) • 电子沟通技术有助于团队工作 • 较低的沟通成本	• 需要政治领导平衡地区之间的利益 • 需要寻求联系发达国家的途径 • 财富中国家增加要求探索新的激励员工的途径	• 由于多语言使用而带来的潜在沟通障碍 • 英语在全球商务、政治和社会交往中的广泛应用	• 高层管理人员必须平衡不同股东之间的利益(投资人、雇员、政府、社区等) • 更多的妇女出现在领导岗位 • 高层管理人员更要关注生态政策的制定 • 面临老年和青年员工之间沟通的挑战

(续)

控制 如控制技术、生产、信息技术、生产率	• 易于控制，但有可能出现控制过度 • 信息技术有利于发现和纠正偏离计划的偏差 • 信息技术有利于用较低成本衡量生产率 • 互联网有利于全球范围内销售 • 互联网有利于从独家所有到合作伙伴（如采购合作关系）的过渡 • 使用互联网更多地做外部审视，而非内部运营	• 需要对跨国公司进行控制（如税收政策） • 通过互联网向全球消费者延伸 • 存在获取更高生产率的潜力	• 要求对扩充后的欧盟内部企业实施控制	• 日益增强的对环境的控制（如依照关键环境因素考评绩效以及使用环境会计制度）

图 C6-1　全球化未来管理矩阵

资料来源：Peter Drucker, "The Next Society," *The Economist*, November 3, 2001, Insert pp. 3–20; Asia-Pacific Decision Sciences Institute "Decision Making at the Speed of Light: What Is Amiss?" Conference, Bangkok, July 24–27, 2002; Richard N. Coper and Richard Layard (eds.), *What the Future Holds: Insights from Social Science* (Cambridge, MA: MIT Press, 2002); J. Scott Armstrong (ed.), *Principles of Forecasting: A Handbook for Researchers and Practitioners* (Boston, MA: Kluwer, 2001); John T. Landry, "A Future Perfect: The Essentials of Globalization," *Harvard Bushiness Review*, May 2000, p. 192; Karl Albrecht, *Corporate Radar: Tracking the Forces That Are Shaping Your Business* (New York: AM-ACOM, 2000).

信息技术也影响人员管理职能（见本书第4篇）。随着对知识工人需求的增多，不仅提高了他们在组织内部升迁的流动性，而且也加大了他们在组织之间的横向流动性，促使组织不断进行变革。另外，那些具有专长的知识工人可能成为短期顾问或承包人或组织中兼职员工。人力资源活动也可外包给那些专门化的公司。信息技术的迅速变化要求不断进行培训，而对知识工人的考评和补偿可能需要推出新的和创造性的方法。

信息技术的发展也影响着领导的各个方面（见本书第5篇），特别是权利关系正向着有利于知识工人和消费者的方向倾斜。

诸如电子邮件、企业内联网、互联网以及无线方式等电子通信技术更促进了团队的发展。对受过良好教育的知识工人进行激励，可能更多地需要认可、提供参与的机会以及自我实现。从总体上看，新技术的应用会使通信成本下降。

最后，信息技术对控制（见本书第6篇）管理职能起到很大的促进作用，企业能够瞬间查出偏离标准的行为，从而及时采取纠正措施。同样，生产率可以用低成本得到衡量，由此鼓励企业提高生产率。互联网通过电子交易使得世界范围内的买卖成为可能，使诸如通用汽车公司、福特公司和戴姆勒—克莱斯勒公司等汽车制造商能够进行采购方面的合作。互联网也很容易地将企业与它的外部环境连接在一起。

创业聚焦　　快速增长与流动性管理

加利福尼亚的硅谷以吸引了众多的世界级公司著称，这些公司起步时规模都很小，但发展非常快。像思科、雅虎和谷歌这些公司，虽然很新，但已经快速发展为服务于世界各地数以千万计客户的全球性企业。他们是如何取得这样快的高增长的？创业管理人员如何才能把自己的公司发展到这种成功程度？很显然，许多成功的创业者们紧密与风险资本业界合作，从这些风险资本家的战略融资和建议策划中获益。同样，创业者们也从硅谷律师事务所和会计师事务所这些风险生态系统中获益，这个系统极大地帮助了他们快速成长。

高增长公司的那些成功创业者们制定了颇具挑战性且又可以完成的分项预算，包括收入增长率、市场份额、品牌识别度和利润率。这些分项预算常常是与那些给自己融资的风险资本家协商的结果，因此，所提供的资金与完成这些目标紧密相关。那么，确定这些分项预算的过程都涉及哪些方面？了解风险资本融资的过程，对于讨论如何获取高速增长的创业管理方法很有必要。[2]

风险资本公司从机构投资者那里融资，然后将融得的资金投资到私人公司，从中获得并持有一定的股权。这些投资资金最初是不流通的（意指不能轻易地卖掉）。风险资本公司的目的是，数年后待其所投资的公司价值提升时再将其手中持有的股权卖掉，然后再将增值部分返还机构投资者。风险资本收入模式包括两部分内容，就风险资本家们所管理的资金这部分，他们获得的收入很少（约1.5%~2%），但在其投资的组合资金增值部分,他们将获得很高的份额(约20%)。增值的多少取决于两者之间的差额,即风险资本家对某一公司所投入的最初以及后续股权融资的总和与该公司出售时最终价格(不论是通过并购或首次公开招股)之间的差额。[3]

为了完成既定目标,风险资本家通常会建议他们所融资的公司如何使其快速增长,以便使其价值上升到足以首次公开招股或由上市公司收购的程度,由此变成一个投资资金可以流动的公众公司。风险投资的周期一般为8~10年,所以,人们期待着得到融资的公司用7年左右的时间从一个小企业成长为公众公司。换言之,接受风险资本融资的公司,其创业者从一开始就必须确保竭尽全力使公司快速成长。

汉姆贝斯特日内瓦合资公司(Hambrecht Geneva Ventures)的伊哥尔·斯尔,对风险资本公司投资并支持的私人企业流动性的重要性给予了极大的关注,他就有关2006年末硅谷地区高成长风险的环境状况提出了以下见解,"我对当今风险资本行业强势的信心程度,是基于对行业最基本的经济指标,尤其是股票市场投资组合流动性机会的判断。根据现有的证券管理委员会的(SEC)报告,本周的首次公开招股时间表(IPO calendar)标出了13家即将上市的公司,下一周我们已经计划了7家。这意味着与上年同期(2005年10月)相比,目前的首次公开招股公司的数量增长了3倍。

新股上市成倍增长的深层次原因是纳斯达克综合指数(NASDAQ Composite Index)的强势和增速,综合指数是首次公开招股市场的"晴雨表"。那些已经投资到风险型公司,并在很大程度上开发和支持了这些公司快速增长的风险资金,已经获得了高利润和在全球范围内的增值,是上市的最好时机。我预计,颇具吸引力的首次公开招股窗口会一直开到2007年。"同样,高技术公司(Advanced Technology Ventures)的迈克·卡鲁斯(Mike Carusi)认为,"我公司到目前为止已经目睹了好几家公司退出了这个行业,但是仍然有许多强势公司进入,这是行业总体情况良好的预兆,即比较好的退出环境有助于培育竞争实力更强的公司。"卡纳恩合伙公司(Canaan Partners)的帝帕克·卡玛拉(Deepak Kamra)也认为,"流动性期权的前景在美国更为诱人,而海外上市机会看上去也很有吸引力。"[4]

获取高增长往往需要企业做出一定的取舍。利润率有时是以获取高营业额或市场份额为代价的。不要忘记,目标是为了给公司的价值带来高增长,以便使公司的风险投资人最终以5~10倍于他们初始投资的高收益,将他们手中持有的股权变现,并返还于风险资金的投资人。所以,风险资金支持下的公司常常采用野心勃勃的增长战略,并将这一战略分解成公司早期生存期间可以完成、可以操作的一系列的分项预算。例如,企业计划中往往要包括产品开发目标、初始销售额、按地区的销售增长率等,并将这些目标或分项预算与风险投资公司其后的数次融资挂钩。而后续融资或融资评估又与完成这些分项预算联系在一起。所以,这一切激励着创业者努力完成这些增长指标。[5] 图C6-2中演示了一个简单的如何将快速增长指标与融资挂钩的时间序列。

时间跨度	第1个月	第18个月	第27个月	第42个月	第60个月	第72个月
目标	组建公司，进行初步融资，挑选核心管理团队	完成产品开发和市场测试	开始销售	扩大地区销售，目标为1000万美元	扩大全国销售，目标为2500万美元	将全国性销售提升到5000万美元，上市或出售
筹措资金	启动资金50万～100万美元	序列A 200万～500万美元	序列B 500万～1000万美元	序列C 1000万～2000万美元	序列D或折中2000万美元以上	上市融资1亿美元以上

图C6-2 分项和筹措资金以获取快速增长和流动示意

正如图C6-2所示，每一期的融资都与公司某些绩效指标（如成功的产品开发、销售增长、利润率等）紧密相连。这些分项预算指标是由公司的创业领导与公司的风险投资者以及公司董事会联手制定的。风险资本支持下创业公司的成长期是由风险资金的周期决定的（10年或10年以内），所以，风险资本家有理由期待着由他投资的公司，其营业收入从第一期初始投资到其后7～8年期间足以增长到成为首次公开招股的候选公司，或者成为收购的目标。[6]

公司的价值取决于其绝对的收入和营业额以及这些指标的增长速度。由于收入有时是可以加以管理的，而营业额和它的增长速度又常常作为衡量新的私人公司价值的尺度，所以，创业管理人员有可能全力以赴地寻求营业额的增长，而以牺牲利润为代价，其结果是靠公司投资者的融资来弥补经营中的损失。

在管理公司快速增长过程中，创业管理人员必须对其所处的产业环境了如指掌，具体来说，在确保公司快速增长并成为产业成功的独家企业的同时，创业管理人员及其投资者应该清楚地知道，哪些公司在关注自己这个高增长的公司，并有可能将自己锁定为潜在收购对象。所以，要对本公司与产业中哪些实力更为雄厚的公司构成互补性问题进行分析。同时，公司不能指望别人的并购或收购，但是在确保自己高增长的同时，必须高度关注这种可能性，尤其是当由于市场大环境不利（如纳斯达克股市下跌）而使首次公开招股流动性潜力不存在的情况下更是如此。在这种情况下，创业者可能不得不采取更为强硬的立场来应对潜在的收购者。

可以想象，当大多数公司不寻求或没有赢得风险资本的情况下，公司快速增长的需要和寻求流动性动机不是很强烈。很显然，风险投资者的支持和指导通常是希望公司能尽快地在较短的时间里从创意阶段成长为一个全球化的竞争对手，所以那些希望在很大程度上共享其愿景的创业者应该充分考虑这个选择。[7]

高增长的方法是多样化的，公司可以采用有机（通过公司内部因素推动销售的增长）或无机（通过其他公司的收购）方式。如果安排得当，也可能是一家新公司收购其他公司。收购的动因也是多方面的，例如，被收购对象拥有所需要的技术，或者是通过收购可以将对方的销售能力整合过来,以减少产业内的竞争。这种收购增长战略可以用20世纪90年代思科公司的例子来加以说明,而一家新创业公司照样可以推行这种战略。[8] 这些收购可以用现金方式,或者股票买卖,或者兼而有之,至此,动一动笔就可能带来销售的快速增长。

创业者必须时刻警惕高速增长中的危险。例如,公司的增长可能偏离了它的核心竞争力,结果并没有做它最擅长的业务。它也可能看不到如何服务于当前的消费者的重要性,结果由于疏远了他们而失去了核心业务的强势。如果增长进展得不是很理想,稀释现有的股权或过多的负债也是可行的。[9] 除此之外,如果创业者对其企业有感情,通过好的管理可以使自己的公司快速成长,让世界各地的人们都能分享他的创造性。

全球轿车产业案例

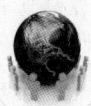

你将来需要什么样的轿车?[10]

轿车在不断地发生着变化,消费者希望更具安全性、更节油的、更为驾驶员"多考虑"的轿车。从某种意义上说,未来轿车就在我们眼前,即展现许多新特点且变化迅速。由于燃油价格飞涨,人们对丰田和本田生产的混合动力车的需求日益上升,诸如丰田的普锐斯(Prius)、雷克萨斯RX 40型(RX 40),本田的思域(Civic)和雅阁(Accord)以及福特的Escape型号越野车经常出现在美国的高速公路上。戴姆勒—克莱斯勒公司和其他汽车制造商正在投资研制氢驱动的轿车,但是,看上去这种技术要达到大规模生产小轿车的程度还需要相当长的时间。高成本仅仅是氢驱动轿车研制减缓的原因之一,人们还需要考虑其安全性和加氢站网络等问题。

但是,更为引人注目的变化将是人们期盼已久的诸如"主动方向指示"电子设备,如宝马轿车中的计算机控制的微型电机,当驾驶员距另一辆车太近时车中的导航控制系统可以自动识别。目前,越来越多的轿车上装配了卫星导航系统。

人们那种传统的与汽车经销商讨价还价的做法也在发生变化。消费者们不仅可以轻而易举地从互联网上获取详细的轿车技术参数,而且包括车辆价格信息。

传统的使用汽油或柴油的内燃机引擎越来越被新技术带来的混合动力车、混合动力与电动车、电动车甚至氢或其他代用燃料车所替代。正如本篇结束语前面所阐述的,几乎所有的轿车制造商都在采用新技术。丰田公司以其普瑞斯(Prius)混合动力车而著称,特斯拉公司生产了价位超过10万美元的敞篷跑车(Roadster),近期又推出了相同价位的2型(Model 2)家庭轿车。中国比亚迪公司则与奔驰公司建立了合资企业。

制约电动车普及的原因之一是基础设施问题。但是,以色列、丹麦、澳大利亚以及美国夏威夷和加利福尼亚州正在支持发展这些基础设施。就此而言,未来已经从这里开始了。

思考题

1. 你所希望的新轿车的特点是什么？
2. 列出你认为重要的特点并对其进行排序。
3. 你如何看待安全性、低油耗、可靠性、外观、娱乐性以及其他特性的重要性？给出你做出这些选择的理由。
4. 你在购买下一辆车时会考虑碳排放问题吗？你是否考虑混合动力车还是电动车？

注释

1. See for example the Technology Quarterly in *The Economist*, December 2, 2006, beginning after page 52.
2. Please see Joseph Bartlett's *Fundamental of Venture Capital*, Madison Books (1999) for a discussion on the mechanics of the venture capital industry.
3. Please also see John Nesheim's *High Tech Start Up* (New York: Free Press, 2000), for a discussion on the process of firm growth from idea to public enterprise.
4. *USF Silicon Valley Venture Capitalist Confidence Index* 2006, Q3 Report, p. 3, http://www.usfca.edu/sobam/nvc/pub/svvcindex.html.
5. Please also see Richard Dorf and Thomas Byers, *Technology Ventures: From Idea to Enterprise* (New York: McGraw Hill, 2005), for a discussion on the setting of growth milestones in a technology firm.
6. According to the National Venture Capital Association, in calendar year 2005, there were 346 mergers and acquisitions and 56 IPOs of venture backed firms.
7. Please also see Guy Kawasaki's "The Art of the Start," Portfolio (2004) for a discussion on the fundamental purpose of creating organizations.
8. Please see Ed Paulson's, *Inside Cisco: The Real Story of Sustained M&A Growth* (New York: Wiley 2001) for a discussion of a growth strategy fueled by acquisitions.
9. Jeffry A. Timmons and Stephen Spinelli, *New Venture Creation: Entrepreneurship for the 21st Century*, 7th ed. (NewYork: McGraw-Hill Irwin 2007).
10. Joseph B. White, "The Car of the Future," *The Wall Street Journal*, July 25, 2005.; see also "Foresight 20/20," Economist Intelligence Unit by *The Economist*, pp. 24–29.

附录 A

计划、组织、人员、领导和控制职能的主要原则或指导方针概述

虽然目前尚没有形成一套完整的、经过实践证明的、相互关联的原则并进行分类，但是，大量管理经验和观察揭示了一些管理的基本原理或者指导方针。它们不仅为管理人员提供了一套系统的概念，而且还指明了学者们研究的方向。可以肯定的是，这些关键的抽象概念需要结合实际情况一并考虑，这也是一种艺术。在本节附录中，这些原则（也许称它们为管理的指导方针更合适）是依据管理职能中的计划、组织、人员、领导和控制有机地结合起来的。每个原则前都有一个由字母和数字组成的编号，每个编号都代表了一种管理职能。

计划职能涉及的主要原则或指导方针

下面是最基本的计划指导原则。

计划的目的和性质

计划的目的和性质可以按下列原则进行归纳。

P1. **对目标的贡献原则**。每个计划和其所有的辅助计划的目的是要有利于企业目标的完成。

P2. **目标原则**。如果目标对管理人员而言是有意义的话，那么，这些目标必须是清晰的、可实现的和可考核的。

P3. **计划领先的原则**。从逻辑意义上讲，计划是一切管理职能的前奏。

P4. **计划的效率原则**。计划的效率性可以表述为：计划在实现和完成目标过程中所起的作用，减去制订和实施计划所发生的费用以及一些非预见性结果而测算形成的。

计划的结构

与计划结构相关的两个主要原则不仅仅将计划紧密联系在一起，更重要的是使辅助计划服务于主要计划，同时确保一个部门的计划与另一个部门的计划相协调。

P5. **计划前提的原则**。那些分管计划的人们越是了解和同意利用一致性的计划前提,那么企业计划就会越协调。

P6. **战略和政策框架原则**。战略和政策越是在实践中清晰地被人们所理解和得到实施,那么,企业的计划框架就会更具一致性和有效性。

计划过程

在计划过程中,有四个原则对计划应用科学的发展起到了促进作用。

P7. **限制因素原则**。在各种备选方案中,人们越是能够准确地认识和采用那些对期望目标的实现起到限制性或关键性的因素,那么他们越能够更容易、更准确地选择最有利的被选方案。

P8. **预约性原则**。一个合理的计划应当留出适当的时间余地,使人们能够预测,并通过一系列行动,最终完成今天做出的决定。

P9. **灵活性原则**。给计划留有一定的灵活性会减少一些突发事件造成损失的风险,当然,也应该计算一下这种灵活性所需的费用是否足以平衡灵活性所带来的利益。

P10. **导向性变化原则**。人们越是按照所计划决定的要求发展,那么定期地检查事件和预期,并在必要时重新制订计划以继续沿着既定目标前进就越发重要。

约定性原则、灵活性和导向性变化原则针对的是计划的权变方法。虽然通过预测未来并据此制订计划看上去应该有把握顺利地完成任务,然而实际上通常是不可能的,或者未来太多的不确定性使得完成这些任务存在太多的风险。

灵活性原则涉及改变计划的能力,另外,导向性变化原则意味着要常常检查这些计划,并根据发生变化的事件和预期需要在必要时重新制订计划。除非在计划中加入了灵活性,否则,导向性变化将会是非常复杂或昂贵。

组织职能涉及的主要原则或指导方针

虽然组织科学还没有发展到原则成为无懈可击的规则,但是管理学者和在职管理人员就许多组织原则达成了一致的看法。虽然这些适用的方法不是非常精确地符合纯科学那种严密的规则,但是这些原则却是普遍适用的真理(或者说被认为是真理)。从本质上讲,这些原则更多地涉及有效组织的基本标准,最基本的组织指导原则归纳如下。

组织存在的目的

组织存在的目的是帮助企业得以实现目标,为提高组织效率做出贡献。

O1. **目标的统一性原则**。如果一个组织结构能够使每个人都去为了同一个企业目标而努力,那么这个组织结构就是有效的。

O2. **组织的效率性原则**。如果组织结构有助于企业目标的实现,其结果是非预见性事件的发生率或成本最低,那么这个组织是有效率的。

建立组织的原因

构建组织结构最基本的原因是管理幅度的局限性。如果没有这种局限性,企业就可能只需要一个管理人员而根本不需要组织结构。

03. **管理幅度的原则**。在每一个管理职位上,一个人所能有效管理的人数是有限的,确切人数取决于内在变量的影响。

组织结构:职权

职权是整个组织结构的黏合剂,是组织结构得以生存的生命线,是将一系列活动安排在管理人员领导之下的工具,它促进了组织内部部门之间的协调。职权也是管理人员运用其自主权和创建发挥个人绩效环境的工具。一些最有用的组织原则都与职权有关系。

04. **等级原则**。在一个企业中,从最高管理职位到各个下级职位的职权界限越清楚,制定决策的责任也就越明了,组织内的沟通也就越有效。

05. **根据预期结果职权委任原则**。委任给各个管理人员的职权要有足够的力度,以确保他们能完成预期的结果。

06. **责任绝对性原则**。绩效是下级对上级应该承担的绝对责任,上级也绝不能为其下属的组织活动推卸责任。

07. **职权和责任对等原则**。对行动所负的责任不应该超越其接受委托的职权,当然也不应该小于这个职权。

08. **统一指挥原则**。下属与其上级的隶属关系越明确,工作指令上引起矛盾的可能性就越小。而下属基于结果的责任感也就越强烈。

09. **职权级别原则**。维持预期的委任要求每个管理人员在其职权范围内做出决策,而不是要推给他们的上级来做。

组织结构:部门化的活动

组织涉及部门框架的设计,尽管在这方面有多个原则,但以下这个原则是最重要的。

10. **职能定义原则**。如果人们对职位或部门的预期结果、承担的活动、组织职权的委托有着清晰的定义,并对职权和职位之间的信息关系有着更加深入的理解,那么,个人所负责任就会对企业目标的实现起到更大的作用。

组织过程

各种职权委任原则和部门化原则是关于组织过程的基本真理。这些原则涉及组织的两个根本方面:职权和活动分类。还有其他一些原则也和组织的过程有关,通过这些原则的实施,可以使管理人员对部分或整个组织过程有所了解。

11. **平衡性原则**。在任何组织结构中都有平衡的需要。这些原则或方法的运用必须是平衡的,这样才能在实现企业目标的过程中确保整个组织结构的有效性。

12. **灵活性原则**。在组织结构中预置的灵活性越多,这个组织结构就越能有助于组织目标的实现。

13. **促进领导力原则**。组织结构和职权委任越能确保管理人员设计和维持一个提高个人绩效的环境,就越能有助于提高管理人员的领导力。

平衡性原则适用于所有的科学领域,同样也适用于管理人员的所有职能。管理幅度过宽带来的低效率必须要与沟通渠道过长导致的低效率进行平衡。重复指令带来的损失,必须要与将参谋职权委任给参谋人员和服务部门以发挥其专长性和一致性带来的利益相平衡。部门化导致职能专业化带来的节约,必须与设立利润责任制、半独立的产品部或区域部带来的利益相平衡。很显然,这些管理理论的运用取决于具体情况。

灵活性原则要求预测和应对变革的手段和方法应预置在每个组织结构中。每个企业都在一个不断变化的内部和外部环境中向目标推进。那些僵化的企业,不论是表现在对变革的抵制和过分繁杂的程序上,还是部门职责过于细化,都会使企业处在无力应对来自经济、科技、生物、政治和社会变革挑战的危险境地。

管理阶层整体的领导力在很大程度上取决于管理职位上人员的素质,所以这正好符合促进领导力原则,即组织结构应该能够构建一个让管理人员能发挥最大作用的环境。就这个意义来说,组织是一个促进领导力的手段。如果职权的分配以及组织结构上的安排给部门负责人创造了一个行使领导权力并得到各方支持的环境,那么,组织结构已经完成了一项重要的任务。

人员管理职能涉及的主要原则或指导方针

尽管不存在被普遍接受的人员管理原则,然而,以下列出来的是一些便于理解人员职能的指导方针。

人员管理的目的

人员管理的目的可以归纳为以下原则。

S1. **人员管理目标原则**。管理人员的目标是要确保整个组织中的工作角色有合格的人员来担任,而这些员工要有能力并愿意从事这些工作。

S2. **人员配备原则**。组织中工作角色和相关人力资源需求的定义越明晰,管理人员考评和培训所用的方法越好,管理人员的素质也就越高。

第一条原则强调了承担管理责任的愿望和能力的重要性。现实工作中由于管理人员素质不高而导致工作失败的例证相当多。第二条原则说明了有关管理实践认识体系的重要性。一方面,一个组织如果没有工作职责说明,没有有效的考评,也没有培训和培养体系,那么,这个组织只能依靠巧合或者外来途径招聘有能力的管理人员,以填补职位空缺。另一方面,采用人员配备和人力资源管理系统方法的企业,将会更加有效地、高效率地利用企业员工的潜能。

人员管理过程

以下原则涉及有效人员管理的方法。

S3. 岗位职责原则。管理人员预期结果越是清晰地得以确定,那么,他们的岗位职责就越能更明确地加以界定。

S4. 管理的考评原则。可考核的目标和所要求的管理活动越是能够明确地加以界定,那么依照这些原则对管理人员的考评就会更加准确。

S5. 公开竞争原则。一个企业越是致力于质量管理,那么这个企业就会更多地鼓励所有管理职位候选人的公开竞争。

第一条原则与组织职能原则很相似,因为组织中的工作角色是根据不同的需要来安置人员的,这些工作角色必须具有许多足以诱导管理人员尽职的因素,如工资、地位、权力、自主权、工作满意度等。第二条原则建议,绩效的衡量应该基于可考核的目标(如建立在目标管理基础上的考评方法)和管理人员绩效标准。以管理人员的标准来考核管理人员,就是要考虑到计划、组织、人员、领导和控制这些职能方面的关键管理活动实施的效果如何。

一些企业没有按照公开竞争原则去做,造成了这些企业任用了能力欠佳的管理人员。虽然社会给企业施加了强大的压力,要求企业优先从内部提拔管理人员,但是不论何时,当企业外部有更优秀的候选人时,企业应该顶住压力选择这些人员。同时,采用这条原则使企业有责任认真地考评其内部人员,并给他们提供发展的机会。

S6. 管理培训和培养原则。管理培训和培养与管理过程和企业目标结合得越紧密,培养计划和行动越有效。

S7. 培训目标原则。培训的目标表述得越明确,落实培训目标的机会也就越大。

S8. 持续发展原则。一个企业越是致力于管理上的成功,那么它就越应该要求管理人员重视自身的持续进步。

以上三条原则中的第一条建议,在系统方法中,培训和培养所做出的努力与管理的职能、企业的目的以及管理人员的专业要求密切相关。

对培训需求的分析是制定培训目标的基础,而培训目标则确定了发展的方向,有助于衡量培训努力所产生的效果。第二条原则重在强调培训对实现企业目标和个人发展所做出的贡献。

第三条原则提醒人们,在一个快速变革和竞争的环境里,管理人员不能停止学习。相反,他们必须要不断地更新他们的管理知识,反复评价他们的管理方法,不断提高他们的管理技能和绩效。

领导职能涉及的主要原则或指导方针

以下涉及的是有关领导管理职能的一些原则或指导方针。

L1. 目标协调原则。管理人员越是和谐地处理好个人目标与企业目标的关系，那么，企业就会更有效益和效率。

L2. 激励原则。由于激励并不仅仅是简单的因果关系，所以管理人员越是谨慎地对奖励措施进行评估，从情境和权变的角度来看待激励，并把激励与整个管理系统结合起来，那么，激励计划就会更有效果。

L3. 领导力原则。由于人们从自身的角度出发，倾向于服从那些能够给他们提供实现个人目标机会的领导，所以管理人员越是能够理解什么能够激励他们的下属以及如何运用这些激励措施，越是把这种理解渗透在他们的管理工作中，那么，他们就越有可能成为有能力的领导。为了使组织沟通更为有效，管理人员应该注意以下几点原则。

L4. 沟通清晰原则。当沟通以一种接受者能够理解的语言和传播方式来进行时，沟通就会很清晰。

L5. 沟通系统性原则。信息发送方发出的书面、口头和非语言信息的系统性和完整性越强，信息发送方的道德行为越好，那么，信息接收人就能更好地接受信息。

L6. 非正式组织的互补原则。当管理人员利用非正式组织对正式组织的沟通渠道进行补充时，沟通就会更为有效。

信息发送方有责任把要传递的内容加工成接受者能理解的信息。这种责任主要涉及书面和口头沟通，如计划传递的内容，说明内在的假设条件，采用普遍使用的、有效地进行写作和表述的规则。

非正式组织是管理人员必须面对的现实。信息无论对错，都会在非正式组织里快速传播。因此，管理人员应该利用这种现实，去纠正误传的信息，并提供那些通过正式沟通系统不能有效地发送或适当地接受的信息。

控制职能涉及的主要原则或指导方针

本书有关管理控制章节的讨论中揭示了一些控制的本质，或者说是基本事实，人们把这些本质或基本事实称为"原则"。旨在重点突出那些被认为最重要的控制方面。虽然控制本身代表了一个系统，但却只是更大的管理领域中的一个子系统，鉴于这种情况，有关控制的一些原则与其他管理职能讨论中涉及的原则非常相似。

控制的目的和性质

以下是有关控制的目的和性质的一些原则。

C1. 控制目的的原则。控制的任务是要保证计划的成功，其方法是要找出计划中的偏差，并以此为基础，采取行动纠正潜在的偏差或实际发生的非预期的偏差。

C2. 未来导向控制原则。整个控制系统运行时总是存在着时间差，因此，如果一个控制系统能更多地建立在前馈而不是简单的信息反馈的基础上，那么，管理人员就有更多的机会在那些非预期的偏差发生前发现它们，并有时间采取行动以防止它们发生。

这两个原则强调，在任何一个管理活动系统中，控制的目的是要通过找出偏差采取行动，纠正或防止偏差来确保目标的实现。控制就像计划一样，应该是向前看的，这条原则在实践中经常被忽视，相当程度上是因为当前的管理艺术尚没有能够提供一个前馈控制系统。管理人员长期以来普遍依赖历史数据，这些数据对于征税、确定股东收益是足够了，但对于要达到最有效地控制则是远远不够的。在缺乏前馈控制方法的情况下，参考历史数据和基于"过去发生的事情是今后将要发生的前奏"这个令人质疑的假设，当然比根本不考虑要好得多。但是，管理控制系统中的时间差，使人们不得不竭尽全力实现前馈控制，这一点至关重要。

C3. 控制的责任原则。控制的主要责任是由那些负有实施计划任务的管理人员来承担的。

C4. 控制的效率性原则。如果控制的技术和方法能够以最低的成本和最少的非预期后果发现并且分析出计划偏差的性质和原因，那么，这些技术和方法就是有效的。

C5. 预防性控制原则。管理系统中管理人员的素质越高，采用直接控制的需要就越少。

要想使控制的效率最大化，人们应该注意运用以上三个原则。首先，因为职权委任、工作任务的指派、某些目标的责任划分都是由管理人员来负责的，所以管理人员应该承担起这些工作的控制责任，在组织结构没有改变的情况下，管理人员是不能推卸或擅自取消应负责任的。

其次，控制方法有可能很昂贵，过于复杂和太累赘。管理人员往往把太多的精力放在控制上，以至于他们所付出的努力与所发现的偏差相比得不偿失。过于详细的预算妨碍了下属能力的发挥、过于复杂的定量控制妨碍了创新、过于烦琐的采购控制延迟了交货期，其成本大大超过了货物的买价，这些都是无效控制的范例。

最后，事实上大多数的控制手段在很大程度上是基于人们会犯错误并且常常不及时妥当地应对出现问题的基础上的。所以，越是素质高的管理人员，越能够及时地发现脱离计划的偏差，并迅速采取行动以防止这些偏差的发生。

附录 A　计划、组织、人员、领导和控制职能的主要原则或指导方针概述

控制结构

以下原则旨在告诉人们如何设计控制系统和控制方法，以提供管理控制的质量。

C6. 反映计划的原则。计划越是清晰、完整、全面，涉及的控制方法越是能够反映计划，那么，控制方法就越能够满足管理人员的需要。

C7. 组织适应性原则。组织结构越是清晰、完整、全面，涉及的控制方法越能反映组织结构中承担相应责任的部门，那么，控制方法就越有助于纠正脱离计划的偏差。

C8. 控制的个性化原则。控制方法和信息越是能够被那些必须使用它的管理人员所理解，那么，使用这些控制方法和信息的机会就越多，从而使控制更加有效。

第一，因为控制的任务是要确保计划向预期的那样得到正常实施，所以没有计划就不可能设计出控制系统。毋庸置疑，这些计划越清晰、完整、全面，控制方法的设计越能跟踪这些计划的进展，那么，控制就越有效果。

第二，计划是由人来实施的，因而，偏离计划的责任肯定应该由那些负责实施计划任务的管理人员来承担。既然组织结构的职能是确定一系列的工作角色，那么，所设计的控制方法必须要对那些负责实施计划的工作角色产生影响。

虽然各种各样的企业和管理人员都采用一些相同形式的控制方法和信息，但是作为一个普遍原则，控制方法应该按管理人员的各自需要量体裁衣。正像第二条原则所涉及的，其中一些个体的需要是与所处组织结构的职位相关的，另一方面个体需要是与管理人员理解的方式和程度相关的。公司总裁和主管们常常对那些无用的、不适当控制信息（出于各种原因）而感到无可奈何，管理人员不能使用的控制信息是毫无价值的。

控制过程

控制通常更多地涉及方法问题，其有效性在很大程度上取决于管理的艺术和在一定具体情况下的经验。但是实践证明，确有一些原则带有普遍的适用性。

C9. 标准原则。有效的控制需要客观的、准确的和合适的标准。

C10. 关键点控制原则。有效的控制需要特别注意那些影响按计划评估绩效的关键性因素。

C11. 例外原则。管理人员越是把注意力放在那些与预期绩效例外情况相关的控制上，那么，这种控制的结果就越为有效。

应该有一个简单、具体、可考核的方法来衡量一项计划是否圆满得到完成。控制是由人来完成的，甚至连最有能力的管理人员也不能摆脱个人因素的干扰，实际绩效有时被淡漠的或充满活力的个性所掩饰，或者被那些有能力掩盖其工作缺陷的下属所掩盖。工作表现良好的绩效标准一旦被客观地采用（按标准原则所要求的那样），下属将认为是公平的、合理的，因而很容易被接受。

管理人员如果按照计划的每一个细节去实施往往会浪费大量时间，也实属没有必

要。他们必须清楚的是计划是否得到了执行。所以，他们把注意力放在那些重要的、能指明偏离计划的、影响工作绩效的突出因素上（关键点）。也许所有的管理人员都应自问，在他们的工作中哪些方面最能表明他们所负责的计划是否已经完成。

例外原则认为，管理人员应该考虑那些重要的偏差，尤其是非常好的或者非常差的情况。这条原则常与关键点控制原则相混淆，这两条原则确实有一些相同点，但是，关键点控制原则强调的是要辨别出关注点，而例外原则关心的是这些关键点上偏离的程度。

C12. 控制灵活性原则。如果不管计划失败或是产生未预料到的计划变化都要求控制有效性的话，那么，在设计控制方法之初就必须把灵活性考虑进去。

C13. 行动原则。只有通过适当的计划、组织、人员、领导职能的作用，纠正那些已经被发现或实际偏离计划的行为，控制才有其存在的必要。

根据灵活性原则，控制不能僵化地与计划捆绑在一起，否则，一旦整个计划失败或者计划突然发生变化，控制就毫无用武之地。需要注意的是，这条原则所指的是计划的失败，而不是实施计划的人失败。

在实际工作中，人们往往把这样一个简单的原则忘掉了，即如果没有相应的行动，控制是管理人员和职能人员时间上的一种浪费，正如行动原则所强调的。如果在实际的或预期的绩效中发现了偏差，表明采取行动的必要性，无论是重新修订计划或是增加新的计划以纠正偏差，这种情况可能有必要对企业进行重组。这也许需要更换下属或对他们进行培训，以利于他们完成所要求的工作。或者这也许表明，工作失误是由于方向不明、领导不利所致，导致下属不能理解工作计划，或者缺乏激励力度不能使下属更好地完成任务。在任何情况下，采取行动都是必要的。

附录 B
管理卓越调查表

导论

从广义上讲,管理教育的目的包括:(1)增加管理的知识;(2)提高案例分析和从事研究的能力;(3)检验一个人的态度及其对管理的影响;(4)将知识、技能和态度移植到工作场所。简而言之,管理教育的目标就是要使管理人员和管理专业的学生有更好的绩效表现。

一种便于理解企业需要较适当的方法是进行一项对其管理人员的调查,以发现那些需要改进的地方。本附录中的调查正是出于这样一种目的。

这些调查结果随后可以用来作为制定战略的依据以加强组织的建设和克服其薄弱环节。学生和管理人员也可以用这项调查,以帮助他们理解这本书中讨论过的概念、理论和原则。例如,那些被发现的薄弱环节可以通过阅读本书中适当的章节加以改进。

在此,作者和出版社允许人们复制这份调查表,用以研究学习。但需要对版权拥有者给予适当的注释。

管理卓越调查表

优秀的组织将其管理和发展建立在对管理的和组织的需要认真分析之上。这项调查旨在确定那些需要。

调查概况

这项全面的调查根据计划、组织、人员、领导和控制管理职能,确定了关键成功因素,并将其集成在一起。表中列出的问题则涉及这些管理职能,适合于一个组织的分部或下属经营单位。例如,它们并不适用于那些整个的全球性组织。

你的回答将有助于使管理和组织发展计划与个人和组织的需要联系在一起,因此,请你在问卷的第二栏（"发展需要"）打分，以评估管理发展需要的重要性。

评估系统

第一栏：按以下分值给每个问题打分（对于每一个打分，只能使用给定的两个分值中的一个。例如，用4.0或4.5表示非常好，而不是其他分值）。

NA = 对我们的组织不适用

? = 了解不充分、不能精确地打分

5.0 = 极好：在评价人已知的任何情况或条件之下不能获得进一步增进的绩效标准

4.0 或 4.5 = 非常好：几近完美无缺的绩效标准

3.0 或 3.5 = 好：在平均值之上并满足所有正常要求的绩效标准

2.0 或 2.5 = 满意：被认为处于平均水平的绩效标准

1.0 或 1.5 = 不合格：低于正常要求，但可以被认为是微小的或暂时可接受的绩效标准

0.0 = 不适合：不能被接受的绩效标准

第二栏：在"发展需要"一栏，就改善组织具体管理活动的重要程度，按以下量度进行打分。

不需要进一步发展　　1　2　3　4　5　　需要大幅度发展

在1~5之间选择你的判断分值。如果你在第一栏（"绩效平分"）中的问题上选择"NA"或"?"，那么，在第二栏给予相同的选择。

在计算这两栏的平均分值时，只对那些打分的问题进行计算，而将那些"不适用的问题"（"NA"）和那些"了解不充分、不能精确地打分"（"?"）的问题排除在外。

第三栏：备注是任选的。你可以使用所给的空间列示出小组讨论的想法。

© 海因茨·韦里克和哈罗德·孔茨版权所有，1995年、1998年、2000年、2002年版。

本调查表与海因茨·韦里克、马克·坎尼斯和哈罗德·孔茨撰写的、印度塔塔麦格劳—希尔出版有限公司2008年出版的《管理学——全球化与创业视角》第十二版同时使用。

卓越计划

计　　划	绩效评分	发展需要	备注
1. 管理人员制定的部门目标可考核吗（短期与长期）？			
2. 组织的目标在多大程度上被理解？			
3. 人们在制定可考核和一致性经营目标时会得到多大程度的帮助？			
4. 一致性的和已经得到批准的计划前提（如预测）在多大范围内得以沟通？			
5. 人们对于公司政策在决策中的作用理解程度如何？			
6. 管理人员鼓励创新吗？			
7. 上级帮助下属获取有助于他们制订计划所需的信息吗？			
8. 管理人员在做决策之前确定备选方案了吗？			
9. 在选择备选方案时，管理人员是否关注那些问题的关键因素？			
10. 管理人员定期检查计划以确定它们是否与当前的期望相一致吗？			
11. 管理人员在制订计划决策时考虑灵活性（以及成本）了吗？			
12. 在开发和执行计划时，管理人员对其短期决策是否考虑到了它的长期意义？			
13. 在提出建议时，下属提交过备选方案的分析意见（有利和不利方面）吗？			
"NA"和"?"的总数			
给予分值评定问题的总数			
给予评分问题的总得分			
卓越计划的平均分值			

计划职能的备注和总体评价（使用此页的背面）：

卓越组织

组　　　　织	绩效评分	发展需要	备注
1. 组织结构能反映主要的结果领域吗？			
2. 管理人员依照对下属的预期结果而相应放权吗？			
3. 管理人员的授权是否清晰？			
4. 管理人员是使用职位指南还是职位说明？			
5. 管理人员阐明了对目标和计划预期贡献的相关责任了吗？			
6. 在向下属放权时，管理人员是否留有了适当的控制？			
7. 管理人员是否认识到，在他们向下属放权（责任）时需要与之共担责任？			
8. 管理人员是否能确保他们的下级管理人员适当地放权于他们的下属？			
9. 管理人员是否在尽可能的情况下保持了命令的统一，只是在优势大于劣势时才使用双重指挥？			
10. 管理人员恰当利用员工建议了吗？			
11. 管理人员使下属清楚直线与参谋关系属性了吗？			
12. 管理人员限定并确定职能职权了吗？			
13. 管理人员是在以有效且有效率的方式运作服务部门吗？			
14. 企业是否避免了过多的组织级层？			
15. 管理人员能区分职权流和信息流吗？			
"NA"和"？"的总数			
给予分值评定问题的总数			
给予评分问题的总得分			
卓越组织的平均分值			

组织职能的注释和总体评价：

卓越人员

人　员	绩效评分	发展需要	备注
1. 管理人员对部门的人员安置负全责吗（尽管得到人事部门的协助）？			
2. 公司是否明确规定，部门中的每个职位都对具有最佳资格的个人开放，无论其来自公司内部还是外部？			
3. 管理人员是否确保给予下属培训的机会以获得更好的职位？			
4. 管理人员是否利用了适当的方法来培训和培养下属？			
5. 管理人员是否有效地对下属进行了指导？			
6. 管理人员是否基于既定的目标对下属的绩效进行客观和定期地考评？			
7. 上级是否客观且定期地考评管理人员计划、组织、人员、领导和控制能力？			
8. 管理人员是否将考评作为一种帮助下属提高其绩效的手段？			
9. 管理人员是否基于对下属绩效的客观考评来选择或推荐其晋升？			
10. 组织是否提供了充分且有激励力度的补偿和工作条件？			
11. 管理人员是否评估和发展了全部组织部门（如通过组织发展）？			
"NA"和"?"的总数			
给予分值评定问题的总数			
给予评分问题的总得分			
卓越人员的平均分值			

人员职能的注释和总体评价（使用此页的背面）：

卓越领导

领　　导	绩效评分	发展需要	备注
1. 管理人员是否清楚激励下属的动因，并努力创造一个令员工高产出的环境？			
2. 管理人员是否引导下属认识到，他们的个人兴趣与公司的或部门的目标是相融合的（尽管不必完全相同）？			
3. 管理人员下达的指令是否清晰，下属是否充分理解这些指示？			
4. 管理人员是否使用了有效的，且有效率的沟通方式？			
5. 管理人员是否采用适当程度的面谈？			
6. 管理人员是否创造了一种激励人们对产品、流程、市场营销或其他领域荐言创新的环境？			
7. 管理人员是否采纳创新性的想法和建议（无论来自上级、同级、下属或客户）？			
8. 下属（管理人员和非管理人员）能自由地对目标、政策、计划或决策提出改变建议吗？			
9. 下属可以很容易地与上级讨论他们的问题并得到指导吗？			
10. 上级是否帮助下属了解公司的计划、目标和组织环境？			
11. 管理人员是否采用参与式领导风格，在必要时使用命令式管理手段？			
12. 总的来说，管理人员是有能力的领导者吗（拥有才能和意愿，团结下属完成共同的目标）？			
13. 管理人员是否仅在其决策决定优于个人决策时才使用委员会或小组讨论？			
14. 管理人员在召开委员会或小组会议前是否确保有适当的议程、信息的汇集、分析和具体的提议？			
"NA"和"?"的总数			
给予分值评定问题的总数			
给予评分问题的总得分			
卓越领导力的平均分值			

领导职能的注释和总体评价：

卓越控制

控 制	绩效评分	发展需要	备注
1. 管理人员应用的控制方法和标准在多大程度上与计划相一致?			
2. 管理人员是否在尽可能的情况下使用控制方法以预期计划偏离(称为预防性控制)情况的发生?			
3. 控制方法和信息是否能迅速地报告计划偏离的情况?			
4. 管理人员是否开发并依赖客观的或可考核的控制信息?			
5. 控制方法是否能发现关键点上的特例情况?			
6. 采用的控制方法和信息是否能用来准确地表明组织中哪些地方发生了偏离情况?			
7. 那些必须采取行动的人们是否理解所采用的控制方法和信息?			
8. 管理人员在其完成任务中能否对那些非预期的偏离情况迅速地采取行动?			
9. 管理人员能否跟踪并利用那些新的计划与控制方法?			
10. 管理人员能否帮助下属进行自我控制和自我指导(通过可考核指标)?			
11. 管理人员能随时向他们的上级汇报运营中出现的重要问题、后果以及纠正的具体措施吗?			
"NA"和"?"的总数			
给予分值评定问题的总数			
给予评分问题的总得分			
卓越控制的平均分值			

控制职能的注释和总体评价(使用此页的背面):

卓越管理调查汇总表

请将每个职能的最后分值汇总在本页内：

绩效评分

问题总数	"NA"和"?"的总数	给予分值评定问题的总数	总分	平均分
13 计划				
15 组织				
11 人员				
14 领导				
11 控制				
64 总计				

发展需要

问题总数	"NA"和"?"的总数	给予分值评定问题的总数	总分	平均分
13 计划				
15 组织				
11 人员				
14 领导				
11 控制				
64 总计				

总体评价：

被评价组织的名称：＿＿＿＿＿＿＿＿＿＿

译者简介

马春光教授1975年毕业于天津南开大学，获本科学历；1985年在美国旧金山大学获工商管理硕士学位（MBA）；1991年在美国乔治·华盛顿大学修完工商管理博士学位（DBA）全部课程，后因校内行政管理和教学工作需要返回学校。现为对外经济贸易大学国际商学院教授、博士生导师，中国企业国际化经营研究中心执行主任。

马春光教授从事工商管理专业教学35年，先后给本科生、研究生、博士生和企业高层管理人员开设了《企业战略管理》、《国际企业管理》、《组织理论》、《人力资源管理》、《组织行为学》等6门课程；指导了900多名企业管理、工商管理专业硕士（MBA）、高级工商管理专业硕士（EMBA）和博士研究生；先后承担了《跨国公司转移定价和我国的管制措施》、《国际企业跨文化管理》等科研项目；著有《管理学精要》、《国际企业管理》、《国际企业跨文化管理》、《中外合资企业案例集》（英文）等专著和教材，发表学术论文、译著等80余篇。多次应邀赴美国哈佛商学院、澳大利亚国立大学、中国香港中文大学、美国马里兰大学管理学院用英语讲授《中国经济和企业管理》课程。

马春光教授在从事管理教育的同时，先后任对外经济贸易大学国际企业管理系主任、国际商学院院长7年。

译者简介

马春光教授企业管理实践经验和国际化阅历丰富。他曾在国内企业和美国加州某公司工作多年，并在中国驻外大使馆商务处任职数年，在国外工作和学习达10年之久。先后担任利安达咨询公司、中国粮油进出口集团公司、深圳华为技术公司、中国通用技术（集团）公司、中博先进材料股份有限公司等公司顾问或独立董事。

马春光教授1999年被国务院学位委员会和教育部分别聘为"全国MBA教育指导委员会"委员和"教育部高等学校工商管理类学科、专业教学指导委员会"委员。1996年起享受国务院专家特殊津贴待遇。

Heinz Weihrich, Mark V. Cannice, Harold Koontz

Management: A Global and Entrepreneurial Perspective, fourteenth edition

ISBN: 978-1-25-902683-6

Copyright© 2014, by McGraw-Hill Education

All Rights reserved. No part of this Publication may be reproduced or transmitted in any form or by any means, electronic or mechanical, including without limitation photocopying, recording, taping, or any database, information or retrieval system, without the prior written permission of the publisher.

This authorized Chinese translation edition is jointly published by McGraw-Hill Education and Economic Science Press. This edition is authorized for sale in the People's Republic of China only, excluding Hong Kong, Macao SAR and Taiwan.

Copyright© 2014 by McGraw-Hill Education and Economic Science Press.

版权所有。未经出版人事先书面许可，对本出版物的任何部分不得以任何方式或途径复制或传播，包括但不限于复印、录制、录音，或通过任何数据库、信息或可检索的系统。

本授权中文简体字翻译版由麦格劳-希尔（亚洲）教育出版公司和经济科学出版社合作出版。此版本经授权仅限在中华人民共和国境内（不包括香港特别行政区、澳门特别行政区和台湾）销售。

版权© 2010 由麦格劳-希尔（亚洲）教育出版公司与经济科学出版社所有。

本书封面贴有 McGraw-Hill 公司防伪标签，无标签者不得销售。

北京市版权局著作权合同登记号：01-2014-8696

教师反馈表

McGraw-Hill Education,麦格劳—希尔教育出版公司,美国著名图书出版与教育服务机构,以出版经典、高质量的理工科、经济管理、计算机、生命科学以及人文社科类高校教材享誉全球,更以网络化、数字化的丰富的教学辅助资源深受高校教师的欢迎。

为了更好地服务中国教育界,提升教学质量,2003 年麦格劳—希尔教师服务中心在京成立。在您确认将本书作为指定教材后,请您填好以下表格并经系主任签字盖章后寄回,麦格劳—希尔教师服务中心将免费向您提供相应教学课件或网络化课程管理资源。如果您需要订购或参阅本书的英文原版,我们也会竭诚为您服务。

书名:	
所需要的教学资料:	
您的姓名:	
系:	
院/校:	
您所讲授的课程名称:	
每学期学生人数:	_____人 _____年级 学时:
您目前采用的教材:	作者:_____ 出版社:_____ 书名:_____
您准备何时用此书授课:	
您的联系地址:	
邮政编码:	联系电话(必填)
E-mail:(必填)	
您对本书的建议:	系主任签字 盖章

麦格劳—希尔教育出版公司教师服务中心
北京 – 清华科技园科技大厦 A 座 906 室
北京 100084
电话:010 – 62790299 – 108
传真:010 62790292
教师服务热线:800 – 810 – 1936
教师服务信箱:instructorchina@ mcgraw-hill. com
网址:http://www.mcgraw-hill.com.cn